# SCÈNES DE LA VIE PARISIENNE

SCÈNES DE LA VIE POLITIQUE

SCÈNES DE LA VIE DE CAMPAGNE

ÉTUDES ANALYTIQUES

SPLENDEURS ET MISÈRES (4ᵉ PARTIE) — DERNIÈRE INCARNATION DE VAUTRIN
L'ENVERS DE L'HISTOIRE CONTEMPORAINE (2ᵉ ÉPISODE)
L'INITIÉ — LES PAYSANS — PETITES MISÈRES DE LA VIE CONJUGALE

**VIGNETTES**

PAR MM. TONY JOHANNOT, MEISSONIER, GAVARNI, HENRI MONNIER
BERTALL, C. NANTEUIL, GÉRARD SÉGUIN, FRANÇAIS, ETC.

PARIS

Vᵉ Adʳᵉ HOUSSIAUX, ÉDITEUR

HÉBERT ET Cⁱᵉ, SUCCESSEURS

7, RUE PERRONET, 7

1874

ŒUVRES COMPLÈTES

DE

# H. DE BALZAC

LA

# COMÉDIE HUMAINE

DIX-HUITIÈME VOLUME

PREMIÈRE PARTIE
ÉTUDES DE MOEURS

TROISIÈME PARTIE
ÉTUDES ANALYTIQUES

PARIS. — IMPRIMERIE DE E. MARTINET, RUE MIGNON, 2

# SCÈNES
## DE LA
# VIE PARISIENNE

SCÈNES DE LA VIE POLITIQUE

SCÈNES DE LA VIE DE CAMPAGNE

ÉTUDES ANALYTIQUES

SPLENDEURS ET MISÈRES DES COURTISANES (4ᵉ PARTIE)
DERNIÈRE INCARNATION DE VAUTRIN
L'ENVERS DE L'HISTOIRE CONTEMPORAINE (2ᵉ ÉPISODE) — L'INITIÉ
LES PAYSANS — PETITES MISÈRES DE LA VIE CONJUGALE

PARIS
Vᵉ Aᵈʳᵉ HOUSSIAUX, ÉDITEUR
HÉBERT ET Cⁱᵉ, SUCCESSEURS
7, RUE PERRONET, 7

1874

AMÉLIE CAMUSOT.   DIANE DE MAUFRIGNEUSE.

La femme de chambre acheva l'œuvre en donnant une robe.

(DERNIÈRE INCARNATION DE VAUTRIN.)

# TROISIÈME LIVRE

## SCÈNES DE LA VIE PARISIENNE.

# SPLENDEURS ET MISÈRES

## DES COURTISANES.

### QUATRIÈME PARTIE.

#### LA DERNIÈRE INCARNATION DE VAUTRIN.

— Qu'y a-t-il, Madeleine? dit madame Camusot en voyant entrer chez elle sa femme de chambre avec cet air que savent prendre les gens dans les circonstances critiques.

— Madame, répondit Madeleine, monsieur vient de rentrer du Palais; mais il a la figure si bouleversée, et il se trouve dans un tel état, que madame ferait peut-être mieux de l'aller voir dans son cabinet.

— A-t-il dit quelque chose? demanda madame Camusot.

— Non, madame; mais nous n'avons jamais vu pareille figure à monsieur, on dirait qu'il va commencer une maladie; il est jaune, il paraît être en décomposition, et...

Sans attendre la fin de la phrase, madame Camusot s'élança hors de sa chambre et courut chez son mari. Elle aperçut le juge d'instruction assis dans un fauteuil, les jambes allongées, la tête appuyée au dossier, les mains pendantes, le visage pâle, les yeux hébétés, absolument comme s'il allait tomber en défaillance.

— Qu'as-tu, mon ami? dit la jeune femme effrayée.

— Ah! ma pauvre Amélie, il est arrivé le plus funeste événement... J'en tremble encore. Figure-toi que le procureur général... Non, que madame de Sérizy... que... Je ne sais par où commencer...

— Commence par la fin !... dit madame Camusot.

— Eh bien ! au moment où, dans la Chambre du conseil de la Première, monsieur Popinot avait mis la dernière signature nécessaire au bas du jugement de non-lieu rendu sur mon rapport qui mettait en liberté Lucien de Rubempré... Enfin, tout était fini ! le greffier emportait le plumitif ; j'allais être quitte de cette affaire... Voilà le président du tribunal qui entre et qui examine le jugement :

— « Vous élargissez un mort, me dit-il d'un air froidement railleur ; ce jeune homme est allé, selon l'expression de M. de Bonald, devant son juge naturel. Il a succombé à l'apoplexie foudroyante... »

Je respirais en croyant à un accident.

« Si je comprends, monsieur le président, a dit monsieur Popinot, il s'agirait alors de l'apoplexie de Pichegru...

— « Messieurs, a repris le président de son air grave, sachez que, pour tout le monde, le jeune Lucien de Rubempré sera mort de la rupture d'un anévrisme. »

Nous nous sommes tous entre-regardés.

— « De grands personnages sont mêlés à cette déplorable affaire, a dit le président. Dieu veuille, dans votre intérêt, monsieur Camusot, quoique vous n'ayez fait que votre devoir, que madame de Sérizy ne reste pas folle du coup qu'elle a reçu ! on l'emporte quasi morte. Je viens de rencontrer notre procureur général dans un état de désespoir qui m'a fait mal. Vous avez donné à gauche, mon cher Camusot ! » a-t-il ajouté en me parlant à l'oreille.

Non, ma chère amie, en sortant, c'est à peine si je pouvais marcher. Mes jambes tremblaient tant, que je n'ai pas osé me hasarder dans la rue, et je suis allé me reposer dans mon cabinet. Coquart, qui rangeait le dossier de cette malheureuse instruction, m'a raconté qu'une belle dame avait pris la Conciergerie d'assaut, qu'elle avait voulu sauver la vie à Lucien de qui elle est folle, et qu'elle s'était évanouie en le trouvant pendu par sa cravate à la croisée de la Pistole. L'idée que la manière dont j'ai interrogé ce malheureux jeune homme, qui, d'ailleurs, entre nous, était parfaitement coupable, a pu causer son suicide, m'a poursuivi depuis que j'ai quitté le Palais, et je suis toujours près de m'évanouir...

— Eh bien! ne vas-tu pas te croire un assassin, parce qu'un prévenu se pend dans sa prison au moment où tu l'allais élargir?... s'écria madame Camusot. Mais un juge d'instruction est alors comme un général qui a un cheval tué sous lui!... Voilà tout.

— Ces comparaisons, ma chère, sont tout au plus bonnes pour plaisanter, et la plaisanterie est hors de saison ici. *Le mort saisit le vif* dans ce cas-là. Lucien emporte nos espérances dans son cercueil.

— Vraiment?... dit madame Camusot d'un air profondément ironique.

— Oui, ma carrière est finie. Je resterai toute ma vie simple juge au tribunal de la Seine. Monsieur de Grandville était, avant ce fatal événement, déjà fort mécontent de la tournure que prenait l'instruction; mais son mot à notre président me prouve que, tant que monsieur de Grandville sera procureur général, je n'avancerai jamais!

Avancer! voilà le mot terrible, l'idée qui, de nos jours, change le magistrat en fonctionnaire.

Autrefois le magistrat était sur-le-champ tout ce qu'il devait être. Les trois ou quatre mortiers des présidences de chambre suffisaient aux ambitions dans chaque parlement. Une charge de conseiller contentait un de Brosses comme un Molé, à Dijon comme à Paris. Cette charge, une fortune déjà, voulait une grande fortune pour être bien portée. A Paris, en dehors du parlement, les gens de robe ne pouvaient aspirer qu'à trois existences supérieures : le contrôle général, les sceaux ou la simarre de chancelier. Au-dessous des parlements, dans la sphère inférieure, un lieutenant de présidial se trouvait être un assez grand personnage pour qu'il fût heureux de rester toute sa vie sur son siége. Comparez la position d'un conseiller à la cour royale de Paris, qui n'a pour toute fortune, en 1829, que son traitement, à celle d'un conseiller au parlement en 1729. Grande est la différence! Aujourd'hui, où l'on fait de l'argent la garantie sociale universelle, on a dispensé les magistrats de posséder, comme autrefois, de grandes fortunes; aussi les voit-on députés, pairs de France, entassant magistrature sur magistrature, à la fois juges et législateurs, allant emprunter de l'importance à des positions autres que celle d'où devrait venir tout leur éclat.

Enfin, les magistrats pensent à se distinguer pour avancer, comme on avance dans l'armée ou dans l'administration.

Cette pensée, si elle n'altère pas l'indépendance du magistrat, est trop connue et trop naturelle, on en voit trop d'effets, pour que la magistrature ne perde pas de sa majesté dans l'opinion publique Le traitement payé par l'Etat fait du prêtre et du magistrat, des employés. Les grades à gagner développent l'ambition; l'ambition engendre une complaisance envers le pouvoir; puis l'égalité moderne met le justiciable et le juge sur la même feuille du parquet social. Ainsi les deux colonnes de tout ordre social, la Religion et la Justice, se sont amoindries au dix-neuvième siècle, où l'on se prétend en progrès sur toute chose.

— Et pourquoi n'avancerais-tu pas? dit Amélie Camusot.

Elle regarda son mari d'un air railleur, en sentant la nécessité de rendre de l'énergie à l'homme qui portait son ambition, et de qui elle jouait comme d'un instrument.

— Pourquoi désespérer? reprit-elle en faisant un geste qui peignit bien son insouciance quant à la mort du prévenu. Ce suicide va rendre heureuses les deux ennemies de Lucien, madame d'Espard et sa cousine, la comtesse Châtelet. Madame d'Espard est au mieux avec le garde des sceaux; et, par elle, tu peux obtenir une audience de Sa Grandeur, où tu lui diras le secret de cette affaire. Or, si le ministre de la justice est pour toi, qu'as-tu donc à craindre de ton président et du procureur général?

— Mais monsieur et madame de Sérizy!... s'écria le pauvre juge. Madame de Sérizy, je te le répète, est folle! et folle par ma faute, dit-on!

— Eh! si elle est folle, juge sans jugement, s'écria madame Camusot en riant, elle ne pourra pas te nuire! Voyons, raconte-moi toutes les circonstances de la journée.

— Mon Dieu, répondit Camusot, au moment où j'avais confessé ce malheureux jeune homme et où il venait de déclarer que ce soi-disant prêtre espagnol est bien Jacques Collin, la duchesse de Maufrigneuse et madame de Sérizy m'ont envoyé, par un valet de chambre, un petit mot où elles me priaient de ne pas l'interroger. Tout était consommé...

— Mais, tu as donc perdu la tête! dit Amélie; car, sûr comme tu l'es de ton commis-greffier, tu pouvais alors faire revenir Lucien, le rassurer adroitement, et corriger ton interrogatoire!

— Mais tu es comme madame de Sérizy, tu te moques de la justice! dit Camusot incapable de se jouer de sa profession.

Madame de Sérizy a pris mes procès-verbaux et les a jetés au feu !

— En voilà une femme ! bravo ! s'écria madame Camusot.

— Madame de Sérizy m'a dit qu'elle ferait sauter le Palais plutôt que de laisser un jeune homme, qui avait eu les bonnes grâces de la duchesse de Maufrigneuse et les siennes, aller sur les bancs de la cour d'assises en compagnie d'un forçat !...

— Mais, Camusot, dit Amélie, en ne pouvant pas retenir un sourire de supériorité, ta position est superbe...

— Ah ! oui, superbe !

— Tu as fait ton devoir...

— Mais malheureusement, et malgré l'avis jésuitique de monsieur de Grandville, qui m'a rencontré sur le quai Malaquais...

— Ce matin ?

— Ce matin !

— A quelle heure ?

— A neuf heures.

— Oh ! Camusot ! dit Amélie en joignant ses mains et les tordant, moi qui ne cesse de te répéter de prendre garde à tout... Mon Dieu, ce n'est pas un homme, c'est une charrette de moellons que je traîne !... Mais, Camusot, ton procureur général t'attendait au passage, il a dû te faire des recommandations.

— Mais oui...

— Et tu ne l'as pas compris ! Si tu es sourd, tu resteras toute ta vie juge d'instruction sans aucune espèce d'instruction. Aie donc l'esprit de m'écouter ! dit-elle en faisant taire son mari qui voulut répondre. Tu crois l'affaire finie ? dit Amélie.

Camusot regarda sa femme de l'air qu'ont les paysans devant un charlatan.

— Si la duchesse de Maufrigneuse et la comtesse de Sérizy sont compromises, tu dois les avoir toutes deux pour protectrices, reprit Amélie. Voyons ? madame d'Espard obtiendra pour toi du garde des sceaux une audience où tu lui donneras le secret de l'affaire, et il en amusera le roi ; car tous les souverains aiment à connaître l'envers des tapisseries, et savoir les véritables motifs des événements que le public regarde passer bouche béante. Dès lors, ni le procureur général, ni monsieur de Sérizy ne seront plus à craindre...

— Quel trésor qu'une femme comme toi ! s'écria le juge en reprenant courage. Après tout, j'ai débusqué Jacques Collin, je vais l'envoyer rendre ses comptes en cour d'assises, je dévoilerai ses crimes. C'est une victoire dans la carrière d'un juge d'instruction qu'un pareil procès...

— Camusot, reprit Amélie en voyant avec plaisir son mari revenu de la prostration morale et physique où l'avait jeté le suicide de Lucien de Rubempré, le président t'a dit tout à l'heure que tu avais donné à gauche; mais ici tu donnes trop à droite... Tu te fourvoies encore, mon ami !

Le juge d'instruction resta debout, regardant sa femme avec une sorte de stupéfaction.

« Le roi, le garde des sceaux pourront être très-contents d'apprendre le secret de cette affaire, et tout à la fois très-fâchés de voir des avocats de l'opinion libérale traînant à la barre de l'opinion et de la cour d'assises, par leurs plaidoiries, des personnages aussi importants que les Sérizy, les Maufrigneuses et les Grandlieu, enfin tous ceux qui sont mêlés directement ou indirectement à ce procès. »

— Ils y sont fourrés tous !... je les tiens ? s'écria Camusot.

Le juge, qui se leva, marcha par son cabinet, à la façon de Sganarelle sur le théâtre quand il cherche à sortir d'un mauvais pas.

— Ecoute, Amélie ! reprit-il en se posant devant sa femme, il me revient à l'esprit une circonstance, en apparence, minime, et qui, dans la situation où je suis, est d'un intérêt capital. Figure-toi, ma chère amie, que ce Jacques Collin est un colosse de ruse, de dissimulation, de rouerie... un homme d'une profondeur... Oh ! c'est... quoi ?... le Cromwell du bagne !... Je n'ai jamais rencontré pareil scélérat, il m'a presque attrapé !... Mais, en instruction criminelle, un bout de fil qui passe vous fait trouver un peloton avec lequel on se promène dans le labyrinthe des consciences les plus ténébreuses, ou des faits les plus obscurs. Lorsque Jacques Collin m'a vu feuilletant les lettres saisies au domicile de Lucien de Rubembré, mon drôle y a jeté le coup d'œil d'un homme qui voulait voir si quelque autre paquet ne s'y trouvait pas, et il a laissé échapper un mouvement de satisfaction visible. Ce regard de voleur évaluant un trésor, ce geste de prévenu qui se dit : « j'ai » mes armes, » m'ont fait comprendre un monde de choses. Il n'y a que vous autres femmes qui puissiez, comme nous et les prévenus, lancer, dans une œillade échangée, des scènes entières où se révèlent des tromperies compliquées comme des serrures de sûreté. On se dit, vois-tu, des volumes de soupçons en une seconde !

C'est effrayant, c'est la vie ou la mort, dans un clin d'œil. Le gaillard a d'autres lettres entre les mains ! ai-je pensé. Puis les mille autres détails de l'affaire m'ont préoccupé. J'ai négligé cet incident, car je croyais avoir à confronter mes prévenus et pouvoir éclaircir plus tard ce point de l'instruction. Mais regardons comme certain que Jacques Collin a mis en lieu sûr, selon l'habitude de ces misérables, les lettres les plus compromettantes de la correspondance du beau jeune homme adoré de tant de...

— Et tu trembles, Camusot ! Tu seras président de chambre à la cour royale, bien plus tôt que je ne le croyais !... s'écria madame Camusot, dont la figure rayonna. Voyons ! il faut te conduire de manière à contenter tout le monde, car l'affaire devient si grave qu'elle pourrait bien nous être VOLÉE !... N'a-t-on pas ôté des mains de Popinot, pour te la confier, la procédure, dans le procès en interdiction intenté par madame à monsieur d'Espard ? dit-elle pour répondre à un geste d'étonnement que fit Camusot. Eh bien ! le procureur général qui prend un air si vif à l'honneur de monsieur et de madame de Sérizy, ne peut-il pas évoquer l'affaire à la cour royale, et faire commettre un conseiller à lui pour l'instruire à nouveau ?...

— Ah çà ! ma chère, où donc as-tu fait ton droit criminel ? s'écria Camusot. Tu sais tout, tu es mon maître...

— Comment ! tu crois que demain matin monsieur de Grandville ne sera pas effrayé de la plaidoierie probable d'un avocat libéral que ce Jacques Collin saura bien trouver; car on viendra lui proposer de l'argent pour être son défenseur !... Ces dames connaissent leur danger aussi bien, pour ne pas dire mieux, que tu ne le connais; elles en instruiront le procureur général, qui, déjà, voit ces familles traînées bien près du banc des accusés, par suite du mariage de ce forçat avec Lucien de Rubempré, fiancé de mademoiselle de Grandlieu, Lucien, amant d'Esther, ancien amant de la duchesse de Maufrigneuse, le chéri de madame de Sérizy. Tu dois donc manœuvrer de manière à te concilier l'affection de ton procureur général, la reconnaissance de M. de Sérizy, celle de la marquise d'Espard, de la comtesse Châtelet, à corroborer la protection de madame de Maufrigneuse par celle de la maison de Grandlieu, et à te faire adresser des compliments par ton président. Moi, je me charge de mesdames d'Espard, de Maufrigneuse et de Grandlieu. Toi, tu dois aller demain matin chez le procureur général. Monsieur de Grandville est un homme qui ne vit pas avec sa femme, il a eu pour maîtresse, pendant une dizaine d'années, une mademoiselle de Bellefeuille, qui lui a donné des enfants adultérins, n'est-ce pas? Eh bien! ce magistrat-là n'est pas un saint, c'est un homme tout comme un autre; on peut le séduire, il donne prise sur lui par quelque endroit, il faut découvrir son faible, le flatter; demande-lui des conseils, fais-lui voir le danger de l'affaire; enfin, tâchez de vous compromettre de compagnie, et tu seras...

— Non; je devrais baiser la marque de tes pas, dit Camusot en interrompant sa femme, la prenant par la taille et la serrant sur son cœur. Amélie! tu me sauves!

— C'est moi qui t'ai remorqué d'Alençon à Mantes, et de Mantes au tribunal de la Seine, répondit Amélie. Eh bien! sois tranquille!... je veux qu'on m'appelle madame la présidente dans cinq ans d'ici; mais, mon chat, pense donc toujours pendant longtemps avant de prendre des résolutions. Le métier de juge n'est pas celui d'un sapeur-pompier, le feu n'est jamais à vos papiers, vous avez le temps de réfléchir; aussi, dans vos places, les sottises sont-elles inexcusables...

— La force de ma position est tout entière dans l'identité du faux prêtre espagnol avec Jacques Collin, reprit le juge après une longue pause. Une fois cette identité bien établie, quand même la cour s'attribuerait la connaissance de ce procès, ce sera toujours un fait acquis dont ne pourra se débarrasser aucun magistrat, juge ou conseiller. J'aurai imité les enfants qui attachent une ferraille à la queue d'un chat; la procédure, n'importe où elle s'instruise, fera toujours sonner les fers de Jacques Collin.

— Bravo! dit Amélie.

— Et le procureur général aimera mieux s'entendre avec moi, qui pourrais seul enlever cette épée de Damoclès suspendue sur le cœur du faubourg Saint-Germain, qu'avec tout autre!... Mais tu ne sais pas combien il est difficile d'obtenir ce magnifique résultat?... Le procureur général et moi, tout à l'heure, dans son cabinet, nous sommes convenus d'accepter Jacques Collin pour ce qu'il se donne, pour un chanoine du chapitre de Tolède, pour Carlos Herrera; nous sommes convenus d'admettre sa qualité d'envoyé diplomatique, et de le laisser réclamer par l'ambassade d'Espagne. C'est par suite de ce plan que j'ai fait le rapport qui met en liberté Lucien de Rubempré, que j'ai recommencé les interrogatoires de mes prévenus, en les rendant blancs comme neige. Demain, messieurs de Rastignac, Bianchon, et je ne sais qui encore, doivent être confrontés avec le soi-disant chanoine du chapitre royal de Tolède, ils ne reconnaîtront pas en lui Jacques Collin, dont l'arrestation a eu lieu en leur présence, il y a dix ans, dans une pension bourgeoise, où ils l'ont connu sous le nom de Vautrin.

Un moment de silence régna pendant lequel madame Camusot réfléchissait.

— Es-tu sûr que ton prévenu soit Jacques Collin, demanda-t-elle.

— Sûr, répondit le juge, et le procureur général aussi.

— Eh bien! tâche donc, sans laisser voir tes griffes de chat fourré de susciter un éclat au Palais de Justice! Si ton homme est encore au secret, va voir immédiatement le directeur de la Conciergerie et fais en sorte que le forçat y soit publiquement reconnu. Au lieu d'imiter les enfants, imite les ministres de la police dans les pays absolus, qui inventent des conspirations contre le souverain pour se donner le mérite de les avoir déjouées et se rendre nécessaires; mets trois familles en danger pour avoir la gloire de les sauver.

— Ah! quel bonheur! s'écria Camusot. J'ai la tête si troublée que je ne me souvenais plus de cette circonstance. L'ordre de mettre Jacques Collin à la pistole a été porté par Cocquart à monsieur Gault, le directeur de la Conciergerie. Or, par les soins de Bibi-Lupin, l'ennemi de Jacques Collin, on a transféré de la Force à la Conciergerie trois criminels qui le connaissent; et, s'il descend demain matin au préau, l'on s'attend à des scènes terribles...

— Et pourquoi?

— Jacques Collin, ma chère, est le dépositaire des fortunes que possèdent les bagnes et qui se montent à des sommes considérables; or, il les a, dit-on, dissipées pour entretenir le luxe de feu Lucien, et on va lui demander des comptes. Ce sera, m'a dit Bibi-Lupin une tuerie qui nécessitera l'intervention des surveillants, et le secret sera découvert. Il y va de la vie de Jacques Collin. Or, en me rendant au Palais de bonne heure, je pourrai dresser procès-verbal de l'identité.

— Ah! si ses commettants te débarrassaient de lui! tu serais regardé comme un homme bien capable ! Ne va pas chez monsieur de Grandville, attends-le à son parquet avec cette arme formidable !. C'est un canon chargé sur les trois plus considérables familles de la cour et de la pairie. Sois hardi, propose à monsieur de Grandville de vous débarrasser de Jacques Collin en le transférant à la Force, où les forçats savent se débarrasser de leurs dénonciateurs. J'irai, moi, chez la duchesse de Maufrigneuse, qui me mènera chez les Grandlieu. Peut-être verrai-je aussi monsieur de Sérizy. Fie-toi à moi pour sonner l'alarme partout. Ecris-moi surtout un petit mot convenu pour que je sache si le prêtre espagnol est judiciairement reconnu pour être Jacques Collin. Arrange-toi pour quitter le Palais à deux heures, je t'aurai fait obtenir une audience particulière du garde des sceaux : peut-être sera-t-il chez la marquise d'Espard.

Camusot restait planté sur ses jambes dans une admiration qui fit sourire la fine Amélie.

— Allons, viens dîner, et sois gai, dit-elle en terminant. Vois ! nous ne sommes à Paris que depuis deux ans, et te voilà en passe de devenir conseiller avant la fin de l'année... De là, mon chat, à la présidence d'une chambre à la cour, il n'y aura pas d'autre distance qu'un service rendu dans quelque affaire politique.

Cette délibération secrète montre à quel point les actions et les moindres paroles de Jacques Collin, dernier personnage de cette étude, intéressaient l'honneur des familles au sein desquelles il avait placé son défunt protégé.

La mort de Lucien et l'invasion à la Conciergerie de la comtesse de Sérizy venaient de produire un si grand trouble dans les rouages de la machine, que le directeur avait oublié de lever le secret du prétendu prêtre espagnol.

Quoiqu'il y en ait plus d'un exemple dans les annales judiciaires, la mort d'un prévenu pendant le cours de l'instruction d'un procès, est un événement assez rare pour que les surveillants, le greffier et le directeur fussent sortis du calme dans lequel ils fonctionnent. Néanmoins, pour eux, le grand événement n'était pas ce beau jeune homme devenu si promptement un cadavre, mais bien la rupture de la barre en fer forgé de la première grille du guichet par les délicates mains d'une femme du monde. Aussi, directeur, greffier et surveillants, dès que le procureur général, le comte Octave de Bauvan, furent partis dans la voiture du comte de Sérizy, en emmenant sa femme évanouie, se groupèrent-ils au guichet en reconduisant M. Lebrun, le médecin de la prison, appelé pour constater la mort de Lucien et s'en entendre avec le *médecin des morts* de l'arrondissement où demeurait cet infortuné jeune homme.

On nomme à Paris *médecin des morts* le docteur chargé, dans chaque mairie, d'aller vérifier le décès et d'en examiner les causes.

Avec ce coup d'œil rapide qui le distinguait, monsieur de Grandville avait jugé nécessaire, pour l'honneur des familles compromises, de faire dresser l'acte de décès de Lucien, à la mairie dont dépend le quai Malaquais, où demeurait le défunt, et de le conduire de son domicile à l'église Saint-Germain-des-Prés, où le service funèbre allait avoir lieu. Monsieur de Chargebœuf, secrétaire de monsieur de Grandville, mandé par lui, reçut des ordres à cet égard. La translation de Lucien devait être opérée pendant la nuit. Le jeune secrétaire était chargé de s'entendre immédiatement avec la mairie, avec la paroisse et l'administration des pompes funèbres. Ainsi, pour le monde, Lucien serait mort libre et chez lui, son convoi partirait de chez lui, ses amis seraient convoqués chez lui pour la cérémonie.

Donc, au moment où Camusot, l'esprit en repos, se mettait à table avec son ambitieuse moitié, le directeur de la Conciergerie et monsieur Lebrun, médecin des prisons, étaient en dehors du guichet, déplorant la fragilité des barres de fer et la force des femmes amoureuses.

— On ne sait pas, disait le docteur à monsieur Gault en le quittant, tout ce qu'il y a de puissance nerveuse dans l'homme surexcité par la passion ! La dynamique et les mathématiques sont sans signes ni calculs pour constater cette force-là. Tenez, hier, j'ai été témoin d'une expérience qui m'a fait frémir et qui rend compte du terrible pouvoir physique déployé tout à l'heure par cette petite dame.

— Contez-moi cela, dit monsieur Gault, car j'ai la faiblesse de m'intéresser au magnétisme, sans y croire, mais il m'intrigue.

— Un médecin magnétiseur, car il y a des gens parmi nous qui croient au magnétisme, reprit le docteur Lebrun, m'a proposé d'expérimenter sur moi-même un phénomène qu'il me décrivait et duquel je doutais. Curieux de voir par moi-même une des étranges crises nerveuses par lesquelles on prouve l'existence du magnétisme, je consentis! Voici le fait. Je voudrais bien savoir ce que dirait notre Académie de médecine si l'on soumettait, l'un après l'autre, ses membres à cette action qui ne laisse aucun échappatoire à l'incrédulité. Mon viel ami...

Ce médecin, dit le docteur Lebrun en ouvrant une parenthèse, est un vieillard persécuté pour ses opinions par la Faculté, depuis Mesmer; il a soixante-dix ou douze ans, et se nomme Bouvard. C'est aujourd'hui le patriarche de la doctrine du magnétisme animal. Je suis un fils pour ce bonhomme, je lui dois mon état. Donc le vieux et respectueux Bouvard me proposait de me prouver que la force nerveuse mise en action par le magnétiseur était non pas infinie, car l'homme est soumis à des lois déterminées, mais qu'elle procédait comme les forces de la nature dont les principes absolus échappent à nos calculs.

— Ainsi, me dit-il, si tu veux abandonner ton poignet au poignet d'une somnambule qui dans l'état de veille ne te le presserait pas au-delà d'une certaine force appréciable, tu reconnaîtras que, dans l'état si sottement nommé somnambulique, ses doigts auront la faculté d'agir comme des cisailles manœuvrées par un serrurier!

Eh bien, monsieur, lorsque j'ai eu livré mon poignet à celui de la femme, non pas *endormie*, car Bouvard réprouve cette expression, mais *isolée*, et que le vieillard eut ordonné à cette femme de me presser indéfiniment et de toute sa force le poignet, j'ai prié d'arrêter au moment où le sang allait jaillir du bout de mes doigts. Tenez! voyez le bracelet que je porterai pendant plus de trois mois?

— Diable! dit monsieur Gault en regardant une ecchymose circulaire qui ressemblait à celle qu'eût produite une brûlure.

— Mon cher Gault, reprit le médecin, j'aurais eu ma chair prise dans un cercle de fer qu'un serrurier aurait vissé par un écrou, je n'aurais pas senti ce collier de métal aussi durement que les doigts de cette femme; son poignet était de l'acier inflexible, et j'ai la conviction qu'elle aurait pu me briser les os et me séparer la main du poignet. Cette pression, commencée d'abord d'une manière insensible, a continué sans relâche en ajoutant toujours une force nouvelle à la force de pression antérieure; enfin un tourniquet ne se serait pas mieux comporté que cette main changée en un appareil de torture. Il me paraît donc prouvé que, sous l'empire de la passion, qui est la volonté ramassée sur un point et arrivée à des quantités de force animale incalculables, comme le sont toutes les différentes espèces de puissances électriques, l'homme peut apporter sa vitalité tout entière, soit pour l'attaque soit pour la résistance, dans tel ou tel de ses organes... Cette petite dame avait, sous la pression de son désespoir, envoyé sa puissance vitale dans ses poignets.

— Il en faut diablement pour rompre une barre de fer forgé... dit le chef des surveillants en hochant la tête.

— Il y avait une paille! fit observer monsieur Gault.

— Moi, reprit le médecin, je n'ose plus assigner de limites à la force nerveuse. C'est d'ailleurs ainsi que les mères, pour sauver leurs enfants, magnétisent des lions, descendent dans un incendie, le long des corniches où les chats se tiendraient à peine, et supportent les tortures de certains accouchements. Là est le secret des tentatives des prisonniers et des forçats pour recouvrer la liberté... On ne connaît pas encore la portée des forces vitales, elles tiennent à la puissance même de la nature, et nous les puisons à des réservoirs inconnus!

— Monsieur, vint dire tout bas un surveillant à l'oreille du directeur qui reconduisait le docteur Lebrun à la grille extérieure de la Conciergerie, le *Secret numéro deux* se dit malade et réclame le médecin; il se prétend à la mort, ajouta le surveillant.

— Vraiment? dit le directeur.

— Mais il râle! répliqua le surveillant.

— Il est cinq heures, répondit le docteur, je n'ai pas dîné... Mais après tout, me voilà tout porté, voyons, allons...

— Le Secret numéro deux est précisément le prêtre espagnol soupçonné d'être Jacques Collin, dit monsieur Gault au médecin, et l'un des prévenus dans le procès où ce pauvre jeune homme était impliqué...

— Je l'ai déjà vu ce matin, répondit le docteur. Monsieur Camusot m'a mandé pour constater l'état sanitaire de ce gaillard-là, qui, soit dit entre nous, se porte à merveille et qui de plus ferait fortune à poser pour les Hercules dans les troupes de saltimbanques.

— Il peut vouloir se tuer aussi, dit monsieur Gault. Donnons un coup de pied aux secrets tous deux, car je dois être là, ne fût ce que pour le transférer à la pistole. Monsieur Camusot a levé le secret pour ce singulier anonyme...

Jacques Collin, surnommé Trompe-la-Mort dans le monde des bagnes, et à qui maintenant il ne faut plus donner d'autre nom que le sien, se trouvait depuis le moment de sa réintégration au secret, d'après l'ordre de Camusot, en proie à une anxiété qu'il n'avait jamais connue pendant sa vie marquée par tant de crimes, par trois évasions du bagne et par deux condamnations en cour d'assises. Cet homme, en qui se résument la vie, les forces, l'esprit, les passions du bagne, et qui vous en présente la plus haute expression, n'est-il pas monstrueusement beau par son attachement digne de la race canine envers celui dont il fait son ami? Condamnable, infâme et horrible de tant de côtés, ce dévouement absolu à son idole le rend si véritablement intéressant, que cette étude, déjà si considérable, paraîtrait inachevée, écourtée, si le dénoûment de cette vie criminelle n'accompagnait pas la fin de Lucien de Rubempré. Le petit épagneul mort, on se demande si son terrible compagnon, si le lion vivra!

Dans la vie réelle, dans la société, les faits s'enchaînent si fatalement à d'autres faits, qu'ils ne vont pas les uns sans les autres. L'eau du fleuve forme une espèce de plancher liquide; il n'est pas de flot, si mutiné qu'il soit, à quelque hauteur qu'il s'élève, dont la puissante gerbe ne s'efface sous la masse des eaux, plus forte par la rapidité de son cours que les rébellions des gouffres qui marchent avec elle. De même qu'on regarde l'eau couler en y voyant de confuses images, peut-être désirez-vous mesurer la pression du pouvoir social sur ce tourbillon nommé Vautrin? voir à quelle distance ira s'abîmer le flot rebelle, comment finira la destinée de cet homme vraiment diabolique, mais rattaché par l'amour à l'humanité? tant ce principe céleste périt difficilement dans les cœurs les plus gangrenés!

L'ignoble forçat en matérialisant le poëme caressé par tant de poëtes, par Moore, par lord Byron, par Mathurin, par Canalis (un démon possédant un ange attiré dans son enfer pour le rafraîchir d'une rosée dérobée au paradis), Jacques Collin, si l'on a bien pénétré dans ce cœur de bronze, avait renoncé à lui-même depuis sept ans. Ses puissantes facultés, absorbées en Lucien, ne jouaient que pour Lucien; il jouissait de ses progrès, de ses amours, de son ambition. Pour lui, Lucien était son âme visible.

Trompe-la-Mort dînait chez les Grandlieu, se glissait dans le boudoir des grandes dames, aimait Esther par procuration. Enfin, il voyait en Lucien un Jacques Collin, beau, jeune, noble, arrivant au poste d'ambassadeur.

Trompe-la-Mort avait réalisé la superstition allemande DU DOUBLE par un phénomène de paternité morale que concevront les femmes qui, dans leur vie, ont aimé véritablement, qui ont senti leur âme passée dans celle de l'homme aimé, qui ont vécu de sa vie, noble ou infâme, heureuse ou malheureuse, obscure ou glorieuse, qui ont éprouvé, malgré les distances, du mal à leur jambe, s'il s'y faisait une blessure, qui ont senti qu'il se battait en duel, et qui, pour tout dire en un mot, n'ont pas eu besoin d'apprendre une infidélité pour la savoir.

Reconduit dans son cabanon, Jacques Collin se disait : — On interroge le petit!

Et il frissonnait, lui qui tuait comme un ouvrier boit.

— A-t-il pu voir ses maîtresses? se demandait-il. Ma tante a-t-elle trouvé ces damnées femelles? Ces duchesses, ces comtesses ont-elles marché, ont-elles empêché l'interrogatoire?... Lucien a-t-il reçu mes instructions?... Et si la fatalité veut qu'on l'interroge, comment *se tiendra-t-il?* Pauvre petit, c'est moi qui l'ai conduit là! C'est ce brigand de Paccard et cette fouine d'Europe qui cause tout ce grabuge, en *chippant* les sept cent cinquante mille francs de l'inscription donnée par Nucingen à Esther. Ces deux drôles nous ont fait trébucher au dernier pas; mais ils paieront cher cette farce-là! Un jour de plus, et Lucien était riche! il épousait sa Clotilde de Grandlieu. Je n'avais plus Esther sur les bras. Lucien aimait trop cette fille, tandis qu'il n'eût jamais aimé cette planche de salut, cette Clotilde... Ah! le petit aurait alors été tout à moi! Et dire que notre sort dépend d'un regard, d'une rougeur de Lucien devant ce Camusot, qui voit tout, qui ne manque pas de la finesse des juges! car nous avons échangé, lorsqu'il m'a montré les lettres, un regard par lequel nous nous sommes sondés mutuellement, et il a deviné que je puis *faire chanter* les maîtresses de Lucien!...

Ce monologue dura trois heures. L'angoisse fut telle qu'elle eut raison de cette organisation de fer et de vitriol. Jacques Collin, dont le cerveau fut comme incendié par la folie, ressentit une soif si dévorante, qu'il épuisa, sans s'en apercevoir, toute la provision d'eau contenue dans un des deux baquets qui forment, avec le lit en bois, tout le mobilier d'un Secret.

— S'il perd la tête, que deviendra-t-il? car ce cher enfant n'a pas la force de Théodore!... se demanda-t-il en se couchant sur le lit de camp, semblable à celui d'un corps de garde.

Un mot sur ce Théodore de qui se souvenait Jacques Collin en ce moment suprême. Théodore Calvi, jeune Corse, condamné à perpétuité pour onze meurtres, à l'âge de dix-huit ans, grâce à certaines protections achetées à prix d'or, avait été le compagnon de chaîne de Jacques Collin, de 1819 à 1820. La dernière évasion de Jacques Collin, une de ses plus belles combinaisons (il était sorti déguisé en gendarme et conduisant Théodore Calvi marchant à ses côtés en forçat, mené chez le commissaire), cette superbe évasion avait eu lieu dans le port de Rochefort, où les forçats meurent dru, et où l'on espérait voir finir ces deux dangereux personnages. Evadés ensemble, ils avaient été forcés de se séparer par les hasards de leur fuite. Théodore, repris, avait été réintégré au bagne. Après avoir gagné l'Espagne et s'y être transformé en Carlos Herrera, Jacques Collin venait chercher son Corse à Rochefort, lorsqu'il rencontra Lucien sur les bords de la Charente. Le héros des bandits et des *macchis* à qui Trompe-la-Mort devait de savoir l'italien, fut sacrifié naturellement à cette nouvelle idole.

La vie avec Lucien, garçon pur de toute condamnation, et qui ne se reprochait que des peccadilles, se levait d'ailleurs belle et magnifique comme le soleil d'une journée d'été; tandis qu'avec Théodore, Jacques Collin n'apercevait plus d'autre dénoûment que l'échafaud, après une série de crimes indispensables.

L'idée d'un malheur causé par la faiblesse de Lucien, à qui le régime du secret devait faire perdre la tête, prit des proportions énormes dans l'esprit de Jacques Collin; et, en supposant la possibilité d'une catastrophe, ce malheureux se sentit les yeux mouillés de larmes, phénomène qui, depuis son enfance, ne s'était pas produit une seule fois en lui.

— Je dois avoir une fièvre de cheval, se dit-il, et peut-être en faisant venir le médecin et lui proposant une somme considérable me mettrait-il en rapport avec Lucien.

En ce moment le surveillant apporta le dîner au prévenu.

— C'est inutile, mon garçon, je ne puis manger. Dites à monsieur le directeur de cette prison de m'envoyer le médecin, je me trouve si mal que je crois ma dernière heure arrivée.

En entendant les sons gutturaux du râle par lesquels le forçat accompagna sa phrase, le surveillant inclina la tête et partit. Jacques Collin s'accrocha furieusement à cette espérance; mais, quand il vit entrer dans son cabanon le docteur en compagnie du directeur, il regarda sa tentative comme avortée, et il attendit froidement l'effet de la visite, en tendant son pouls au médecin.

— Monsieur a la fièvre, dit le docteur à monsieur Gault; mais c'est la fièvre que nous reconnaissons chez tous les prévenus, et qui, dit-il à l'oreille du faux Espagnol, est toujours pour moi la preuve d'une criminalité quelconque.

En ce moment, le directeur, à qui le procureur général avait donné la lettre écrite par Lucien à Jacques Collin pour la lui remettre, laissa le docteur et le prévenu sous la garde du surveillant, et alla chercher cette lettre.

— Monsieur, dit Jacques Collin au docteur en voyant le surveillant à la porte, et ne s'expliquant pas l'absence du directeur, je ne regarderais pas à trente mille francs pour pouvoir faire passer cinq lignes à Lucien de Rubempré.

— Je ne veux pas vous voler votre argent, dit le docteur Lebrun, personne au monde ne peut plus communiquer avec lui...

— Personne? dit Jacques Collin stupéfait, et pourquoi?

— Mais il s'est pendu...

Jamais tigre trouvant ses petits enlevés n'a frappé les jungles de l'Inde d'un cri aussi épouvantable que le fut celui de Jacques Collin, qui se dressa sur ses pieds comme le tigre sur ses pattes, qui lança sur le docteur un regard brûlant, comme l'éclair de la foudre quand elle tombe; puis il s'affaissa sur son lit de camp en disant : — Oh! mon fils!...

— Pauvre homme! s'écria le médecin ému de ce terrible effort de la nature.

En effet, cette explosion fut suivie d'une si complète faiblesse, que ces mots : « Oh! mon fils! » furent comme un murmure.

— Va-t-il aussi nous craquer dans les mains, celui-là? demanda le surveillant.

— Non, ce n'est pas possible! reprit Jacques Collin en se soulevant et regardant les deux témoins de cette scène d'un œil sans flamme ni chaleur. Vous vous trompez, ce n'est pas lui! Vous n'avez pas bien vu. L'on ne peut pas se pendre au secret! Voyez comment pourrais-je me pendre ici? Paris tout entier me répond de cette vie-là! Dieu me la doit!

Le surveillant et le médecin étaient à leur tour stupéfaits, eux que rien depuis longtemps ne pouvait plus surprendre. Monsieur Gault entra, tenant la lettre de Lucien à la main. A l'aspect du directeur, Jacques Collin, abattu sous la violence même de cette explosion de douleur, parut se calmer.

— Voici une lettre que monsieur le procureur général m'a chargé de vous donner, en permettant que vous l'eussiez non décachetée, fit observer monsieur Gault.

— C'est de Lucien... dit Jacques Collin.

— Oui, monsieur.

— N'est-ce pas, monsieur, que ce jeune homme?...

— Est mort, reprit le directeur. Quand même monsieur le docteur se serait trouvé ici, malheureusement il serait toujours arrivé trop tard... Ce jeune homme est mort, là..., dans une des pistoles...

— Puis-je le voir de mes yeux? demanda timidement Jacques Collin; laisserez-vous un père libre d'aller pleurer son fils?

— Vous pouvez, si vous le voulez, prendre sa chambre, car j'ai l'ordre de vous transférer dans une des chambres de la pistole. Le secret est levé pour vous, monsieur.

Les yeux du prévenu, dénués de chaleur et de vie, allaient lentement du directeur au médecin; Jacques Collin les interrogeait, croyant à quelque piége, et il hésitait à sortir.

— Si vous voulez voir le corps, lui dit le médecin, vous n'avez pas de temps à perdre, on doit l'enlever cette nuit...

— Si vous avez des enfants, messieurs, dit Jacques Collin, vous comprendrez mon imbécillité, j'y vois à peine clair... Ce coup est pour moi bien plus que la mort, mais vous ne pouvez pas savoir ce que je dis... Vous n'êtes pères, si vous l'êtes, que d'une manière;... je suis mère, aussi!... Je... je suis fou... je le sens.

En franchissant des passages dont les portes inflexibles ne s'ouvrent que devant le directeur, il est possible d'aller en peu de temps des secrets aux pistoles. Ces deux rangées d'habitations sont séparées par un corridor souterrain formé de deux gros murs qui soutiennent la voûte sur laquelle repose la galerie du Palais de Justice, nommée la galerie Marchande. Aussi, Jacques Collin, accompagné du surveillant qui le prit par le bras, précédé du directeur et suivi par le médecin, arriva-t-il en quelques minutes à la cellule où gisait Lucien, qu'on avait mis sur le lit.

A cet aspect, il tomba sur ce corps et s'y colla par une étreinte désespérée, dont la force et le mouvement passionnés firent frémir les trois spectateurs de cette scène.

— Voilà, dit le docteur au directeur, un exemple de ce dont je vous parlais. Voyez!... cet homme va pétrir ce corps, et vous ne savez pas ce qu'est un cadavre, c'est de la pierre...

— Laissez-moi là!... dit Jacques Collin d'une voix éteinte, je je n'ai pas longtemps à le voir, on va me l'enlever pour...

Il s'arrêta devant le mot *enterrer*.

— Vous me permettrez de garder quelque chose de mon cher enfant!... Ayez la bonté de me couper vous-même, monsieur, dit-il au docteur Lebrun, quelques mèches de ses cheveux, car je ne le puis pas...

— C'est bien son fils! dit le médecin.

— Vous croyez? répondit le directeur d'un air profond, qui jeta le médecin dans une courte rêverie.

Le directeur dit au surveillant de laisser le prévenu dans cette cellule, et de couper quelques mèches de cheveux pour le prétendu père sur la tête du fils, avant qu'on vînt enlever le corps.

A cinq heures et demie, au mois de mai, l'on peut facilement lire une lettre à la Conciergerie, malgré les barreaux des grilles et les mailles du treillis en fil de fer qui en condamnent les fenêtres. Jacques Collin épela donc cette terrible lettre en tenant la main de Lucien.

On ne connaît pas d'homme qui puisse garder pendant dix minutes un morceau de glace, en le serrant avec force dans le creux de sa main. La froideur se communique aux sources de la vie avec une rapidité mortelle. Mais l'effet de ce froid terrible, et agissant comme un poison, est à peine comparable à celui que produit sur l'âme la main raide et glacée d'un mort tenue ainsi, serrée ainsi. La Mort parle alors à la Vie, elle dit des secrets noirs et qui tuent bien des sentiments; car, en fait de sentiment, changer, n'est-ce pas mourir?

En relisant avec Jacques Collin la lettre de Lucien, cet écrit suprême paraîtra ce qu'il fut pour cet homme, une coupe de poison.

## A L'ABBÉ CARLOS HERRERA.

« Mon cher abbé, je n'ai reçu que des bienfaits de vous, et je
» vous ai trahi. Cette ingratitude involontaire me tue, et, quand
» vous lirez ces lignes, je n'existerai plus ; vous ne serez plus là
» pour me sauver.

» Vous m'aviez donné pleinement le droit, si j'y trouvais un
» avantage, de vous perdre en vous jetant à terre comme un bout
» de cigare, mais j'ai disposé de vous sottement. Pour sortir d'em-
» barras, séduit par une captieuse demande du juge d'instruction,
» votre fils spirituel, celui que vous aviez adopté, s'est rangé du
» côté de ceux qui veulent vous assassiner à tout prix, en voulant
» faire croire à une identité que je sais impossible entre vous et
» un scélérat français. Tout est dit.

» Entre un homme de votre puissance et moi, de qui vous avez
» voulu faire un personnage plus grand que je ne pouvais l'être,
» il ne saurait y avoir de niaiseries échangées au moment d'une
» séparation suprême. Vous m'avez voulu faire puissant et glo-
» rieux, vous m'avez précipité dans les abîmes du suicide, voilà
» tout. Il y a longtemps que je voyais venir le vertige pour moi.

» Il y a la postérité de Caïn et celle d'Abel, comme vous disiez
» quelquefois. Caïn, dans le grand drame de l'Humanité, c'est
» l'opposition. Vous descendez d'Adam par cette ligne en qui le
» diable a continué de souffler le feu dont la première étincelle
» avait été jetée sur Ève. Parmi les démons de cette filiation, il s'en
» trouve, de temps en temps, de terribles, à organisations vastes,
» qui résument toutes les forces humaines, et qui ressemblent à
» ces fiévreux animaux du désert dont la vie exige les espaces im-
» menses qu'ils y trouvent. Ces gens-là sont dangereux dans la
» société comme les lions le seraient en pleine Normandie : il leur
» faut une pâture, ils dévorent les hommes vulgaires et broutent
» les écus des niais ; leurs jeux sont si périlleux qu'ils finissent par
» tuer l'humble chien dont ils se sont fait un compagnon, une
» idole. Quand Dieu le veut, ces êtres mystérieux sont Moïse, At-
» tila, Charlemagne, Robespierre ou Napoléon ; mais quand ils
» laissent rouiller au fond de l'océan d'une génération ces instru-
» ments gigantesques, ils ne sont plus que Pugatcheff, Fouché,
» Louvel et l'abbé Carlos Herrera. Doués d'un immense pouvoir

» sur les âmes tendres, il les attirent et les broient. C'est grand,
» c'est beau dans son genre. C'est la plante vénéneuse aux riches
» couleurs qui fascine les enfants dans les bois. C'est la poésie du
» mal.

» Des hommes comme vous autres doivent habiter des antres et
» n'en pas sortir. Tu m'as fait vivre de cette vie gigantesque, et
» j'ai bien mon compte de l'existence. Ainsi, je puis retirer ma
» tête des nœuds gordiens de ta politique, pour la donner au nœud
» coulant de ma cravate.

» Pour réparer ma faute, je transmets au procureur général une
» rétractation de mon interrogatoire ; vous verrez à tirer parti de
» cette pièce. Par le vœu d'un testament en bonne forme, on vous
» rendra, monsieur l'abbé, les sommes appartenant à votre Ordre,
» desquelles vous avez disposé très-imprudemment pour moi,
» par suite de la paternelle tendresse que vous m'avez portée.

» Adieu donc, adieu, grandiose statue du mal et de la corrup-
» tion, adieu, vous qui, dans la bonne voie, eussiez été plus que
» Ximénès, plus que Richelieu ; vous avez tenu vos promesses : je
» me retrouve au bord de la Charente, après vous avoir dû les
» enchantements d'un rêve ; mais, malheureusement, ce n'est plus
» la rivière de mon pays où j'allais noyer les peccadilles de ma jeu-
» nesse ; c'est la Seine, et mon trou, c'est un cabanon de la Con-
» ciergerie.

» Ne me regrettez pas : mon mépris pour vous était égal à mon
» admiration.

» Lucien. »

Avant une heure du matin, lorsqu'on vint enlever le corps, on trouva Jacques Collin agenouillé devant le lit, cette lettre à terre, lâchée sans doute comme le suicidé lâche le pistolet qui l'a tué ; mais le malheureux tenait toujours la main de Lucien entre ses mains jointes et priait Dieu.

En voyant cet homme, les porteurs s'arrêtèrent un moment, car il ressemblait à une de ces figures de pierre agenouillée pour l'éternité sur les tombeaux du moyen âge, par le génie des tailleurs d'images. Ce faux prêtre, aux yeux clairs comme ceux des tigres et raidi par une immobilité surnaturelle, imposa tellement à ces gens, qu'ils lui dirent avec douceur de se lever.

— Pourquoi ? demanda-t-il timidement.

Cet audacieux Trompe-la-Mort était devenu faible comme un enfant.

Le directeur montra ce spectacle à monsieur de Chargebœuf, qui, saisi de respect pour une pareille douleur, et croyant à la qualité de père que Jacques Collin se donnait, expliqua les ordres de monsieur de Grandville relatifs au service et au convoi de Lucien, qu'il fallait absolument transférer à son domicile du quai Malaquais, où le clergé l'attendait pour le veiller pendant le reste de la nuit.

— Je reconnais bien là la grande âme de ce magistrat, s'écria d'une voix triste le forçat. Dites-lui, monsieur, qu'il peut compter sur ma reconnaissance... Oui, je suis capable de lui rendre de grands services... N'oubliez pas cette phrase; elle est, pour lui, de la dernière importance. Ah! monsieur, il se fait d'étranges changements dans le cœur d'un homme, quand il a pleuré pendant sept heures sur un enfant comme celui-ci... Je ne le verrai donc plus!...

Après avoir couvé Lucien par un regard de mère à qui l'on arrache le corps de son fils, Jacques Collin s'affaissa sur lui-même. En regardant prendre le corps de Lucien, il laissa échapper un gémissement qui fit hâter les porteurs.

Le secrétaire du procureur général et le directeur de la prison s'étaient déjà soustraits à ce spectacle.

Qu'était devenue cette nature de bronze, où la décision égalait le coup d'œil en rapidité, chez laquelle la pensée et l'action jaillissaient comme un même éclair, dont les nerfs aguerris par trois évasions, par trois séjours au bagne avaient atteint à la solidité métallique des nerfs du sauvage? Le fer cède à certains degrés de battage ou de pression réitérée; ses impénétrables molécules, purifiées par l'homme et rendues homogènes, se désagrègent; et, sans être en fusion, le métal n'a plus la même vertu de résistance. Les maréchaux, les serruriers, les taillandiers, tous les ouvriers qui travaillent constamment ce métal en expriment alors l'état par un mot de leur technologie : « *Le fer est roui!* » disent-ils en s'appropriant cette expression exclusivement consacrée au chanvre, dont la désorganisation s'obtient par le rouissage. Eh bien, l'âme humaine, ou, si vous voulez la triple énergie du corps, du cœur et de l'esprit se trouve dans une situation analogue à celle du fer, par suite de certains chocs répétés. Il en est alors des hommes comme du chanvre et du fer : ils sont rouis. La science et la justice, le public cherchent mille causes aux terribles catastrophes causées sur les chemins de fer, par la rupture d'une barre de fer, et dont le plus affreux exemple est celui de Bellevue ; mais personne n'a consulté les vrais connaisseurs en ce genre, les forgerons, qui ont tous dit le même mot : « Le fer était roui ! » Ce danger est imprévisible. Le métal devenu mou, le métal resté résistant, offrent la même apparence.

C'est dans cet état que les confesseurs et les juges d'instruction trouvent souvent les grands criminels. Les sensations terribles de la cour d'assises et celles de la *toilette* déterminent presque toujours chez les natures les plus fortes cette dislocation de l'appareil nerveux. Les aveux s'échappent alors des bouches les plus violemment serrées ; les cœurs les plus durs se brisent alors ; et, chose étrange ! au moment où les aveux sont inutiles, lorsque cette faiblesse suprême arrache à l'homme le masque d'innocence sous lequel il inquiétait la Justice, toujours inquiète lorsque le condamné meurt sans avouer son crime.

Napoléon a connu cette dissolution de toutes les forces humaines sur le champ de bataille de Waterloo !

A huit heures du matin, quand le surveillant des pistoles entra dans la chambre où se trouvait Jacques Collin, il le vit pâle et calme, comme un homme redevenu fort par un violent parti pris.

— Voici l'heure d'aller au préau, dit le porte-clefs, vous êtes enfermé depuis trois jours, si vous voulez prendre l'air et marcher, vous le pouvez !

Jacques Collin, tout à ses pensées absorbantes, ne prenant aucun intérêt à lui-même, se regardant comme un vêtement sans corps, comme un haillon, ne soupçonna pas le piége que lui tendait Bibi-Lupin, ni l'importance de son entrée au préau. Le malheureux, sorti machinalement, enfila le corridor qui longe les cabanons pratiqués dans les corniches des magnifiques arcades du palais des rois de France, et sur lesquelles s'appuie la galerie dite de Saint-Louis, par où l'on va maintenant aux différentes dépendances de la cour de cassation. Ce corridor rejoint celui des pistoles ; et, circonstance digne de remarque, la chambre où fut détenu Louvel, l'un des plus fameux régicides, est celle située à l'angle droit formé par le coude des deux corridors. Sous le joli cabinet qui occupe la tour Bonbec se trouve un escalier en colimaçon auquel aboutit ce sombre corridor, et par où les détenus logés, dans les pistoles ou dans les cabanons, vont et viennent pour se rendre au préau.

Tous les détenus, les accusés qui doivent comparaître en cour d'assises et ceux qui y ont comparu, les prévenus qui ne sont plus au secret, tous les prisonniers de la Conciergerie enfin se promènent dans cet étroit espace entièrement pavé, pendant quelques heures de la journée, et surtout le matin de bonne heure en été. Ce préau, l'antichambre de l'échafaud ou du bagne, y aboutit d'un bout, et de l'autre il tient à la société par le gendarme, par le cabinet du juge d'instruction ou par la cour d'assises. Aussi est-ce plus glacial à voir que l'échafaud. L'échafaud peut devenir un piédestal pour aller au ciel; mais le préau, c'est toutes les infamies de la terre réunies et sans issue !

Que ce soit le préau de la Force ou celui de Poissy, ceux de Melun ou de Sainte-Pélagie, un préau est un préau. Les mêmes faits s'y reproduisent identiquement, à la couleur près des murailles, à la hauteur ou à l'espace. Aussi les ÉTUDES DE MOEURS mentiraient-elles à leur titre, si la description la plus exacte de ce *pandémonium* parisien ne se trouvait ici.

Sous les puissantes voûtes qui soutiennent la salle des audiences de la cour de cassation, il existe à la quatrième arcade une pierre qui servait, dit-on, à saint Louis pour distribuer ses aumônes, et qui, de nos jours, sert de table pour vendre quelques comestibles aux détenus. Aussi, dès que le préau s'ouvre pour les prisonniers, tous vont-ils se grouper autour de cette pierre à friandises de détenus, l'eau-de-vie, le rhum, etc.

Les deux premières arcades de ce côté du préau, qui fait face à la magnifique galerie byzantine, seul vestige de l'élégance du palais de saint Louis, sont prises par un parloir où confèrent les avocats et les accusés, et où les prisonniers parviennent au moyen d'un guichet formidable, composé d'une double voie tracée par des barreaux énormes, et comprise dans l'espace de la troisième arcade. Ce double chemin ressemble à ces rues momentanément créées à la porte des théâtres par des barrières pour contenir la queue, lors des grands succès. Ce parloir, situé au bout de l'immense salle du guichet actuel de la Conciergerie, éclairé sur le préau par des hottes, vient d'être mis à jour par des châssis vitrés du côté du guichet, en sorte qu'on y surveille les avocats en conférence avec leurs clients. Cette innovation a été nécessitée par les trop fortes séductions que de jolies femmes exerçaient sur leurs défenseurs. On ne sait plus où s'arrêtera la morale?... Ces précautions ressemblent à ces examens de conscience tout faits, où les imaginations pures se dépravent en réfléchissant à des monstruosités ignorées. Dans ce parloir ont également lieu les entrevues des parents et des amis à qui la police permet de voir des prisonniers, accusés ou détenus.

On doit maintenant comprendre ce qu'est le préau pour les deux cents prisonniers de la Conciergerie; c'est leur jardin, un jardin sans arbres, ni terre, ni fleurs, un préau enfin! Les annexes du parloir et de la pierre de saint Louis, sur laquelle se distribuent les comestibles et les liquides autorisés, constituent l'unique communication possible avec le monde extérieur.

Les moments passés au préau sont les seuls pendant lesquels le prisonnier se trouve à l'air et en compagnie; néanmoins, dans les autres prisons, les détenus sont réunis dans les ateliers du travail; mais, à la Conciergerie, on ne peut se livrer à aucune occupation, à moins d'être à la pistole. Là, le drame de la cour d'assises préoccupe d'ailleurs tous les esprits, puisqu'on ne vient là que pour subir ou l'instruction ou le jugement. Cette cour présente un affreux spectacle; on ne peut se le figurer, il faut le voir, ou l'avoir vu.

D'abord, la réunion, sur un espace de quarante mètres de long sur trente de large, d'une centaine d'accusés ou de prévenus, ne constitue pas l'élite de la société. Ces misérables, qui, pour la plupart, appartiennent aux plus basses classes, sont mal vêtus; leurs physionomies sont ignobles ou horribles; car un criminel venu des sphères sociales supérieures est une exception heureusement assez rare. La concussion, le faux ou la faillite frauduleuse, seuls crimes qui peuvent amener là des gens comme il faut, ont d'ailleurs le privilége de la pistole, et l'accusé ne quitte alors presque jamais sa cellule.

Ce lieu de promenade, encadré par de beaux et formidables murs noirâtres, par une colonnade partagée en cabanons, par une fortification du côté du quai, par les cellules grillagées de la pistole au nord, gardé par des surveillants attentifs, occupé par un troupeau de criminels ignobles et se défiant tous les uns des autres, attriste déjà par les dispositions locales; mais il effraie bientôt, lorsque vous vous y voyez le centre de tous ces regards pleins de haine, de curiosité, de désespoir, en face de ces êtres déshonorés.

Aucune joie! tout est sombre, les lieux et les hommes. Tout est muet, les murs et les consciences. Tout est péril pour ces malheureux ; ils n'osent, à moins d'une amitié sinistre comme le bagne dont elle est le produit, se fier les uns aux autres. La police, qui plane sur eux, empoisonne pour eux l'atmosphère et corrompt tout, jusqu'au serrement de main de deux coupables intimes. Un criminel qui rencontre là son meilleur camarade ignore si ce dernier ne s'est pas repenti, s'il n'a pas fait des aveux dans l'intérêt de sa vie. Ce défaut de sécurité, cette crainte du *mouton* gâte la liberté déjà si mensongère du préau. En argot de prison, le *mouton* est un mouchard, qui paraît être sous le poids d'une méchante affaire, et dont l'habileté proverbiale consiste à se faire prendre pour un *ami*. Le mot *ami* signifie, en argot, un voleur émérite, un voleur consommé, qui, depuis longtemps, a rompu avec la société, qui veut rester voleur toute sa vie, et qui demeure fidèle *quand même* aux lois de la *haute pègre*.

Le crime et la folie ont quelque similitude. Voir les prisonniers de la Conciergerie au préau, ou voir des fous dans le jardin d'une maison de santé, c'est une même chose. Les uns et les autres se promènent en s'évitant, se jettent des regards au moins singuliers, atroces, selon leurs pensées du moment, jamais gais ni sérieux ; car ils se connaissent ou ils se craignent. L'attente d'une condamnation, les remords, les anxiétés donnent aux promeneurs du préau l'air inquiet et hagard des fous. Les criminels consommés ont seuls une assurance qui ressemble à la tranquillité d'une vie honnête, à la sincérité d'une conscience pure.

L'homme des classes moyennes étant là l'exception, et la honte retenant dans leurs cellules ceux que le crime y envoie, les habitués du préau sont généralement mis comme les gens de la classe ouvrière. La blouse, le bourgeron, la veste de velours dominent. Ces costumes grossiers ou sales, en harmonie avec les physionomies communes ou sinistres, avec les manières brutales, un peu domptées néanmoins par les pensées tristes dont sont saisis les prisonniers, tout, jusqu'au silence du lieu, contribue à frapper de terreur ou de dégoût le rare visiteur, à qui de hautes protections ont valu le privilége peu prodigué d'étudier la Conciergerie.

De même que la vue d'un cabinet d'anatomie, où les maladies infâmes sont figurées en cire, rend chaste et inspire de saintes et nobles amours au jeune homme qu'on y mène ; de même la vue de la Conciergerie et l'aspect du préau, meublé de ces hôtes dévoués au bagne, à l'échafaud, à une peine infamante quelconque, donne la crainte de la justice humaine à ceux qui pourraient ne pas craindre la justice divine, dont la voix parle si haut dans la conscience; et ils en sortent honnêtes gens pour longtemps.

Les promeneurs qui se trouvaient au préau quand Jacques Collin y descendit devant être les acteurs d'une scène capitale dans la vie de Trompe-la-Mort, il n'est pas indifférent de peindre quelques-unes des principales figures de cette terrible assemblée.

Là, comme partout où des hommes sont rassemblés; là, comme au collége, règnent la force physique et la force morale. Là donc, comme dans les bagnes, l'aristocratie est la criminalité. Celui dont la tête est en jeu prime tous les autres. Le préau, comme on le pense, est une école de Droit criminel; on l'y professe infiniment mieux qu'à la place du Panthéon. La plaisanterie périodique consiste à répéter le drame de la cour d'assises, à constituer un président, un jury, un ministère public, un avocat, et à juger le procès. Cette horrible farce se joue presque toujours à l'occasion des crimes célèbres. A cette époque, une grande cause criminelle était à l'ordre du jour des assises, l'affreux assassinat commis sur monsieur et madame Crottat, anciens fermiers, père et mère du notaire, qui gardaient chez eux, comme cette malheureuse affaire l'a prouvé, huit cent mille francs en or. L'un des auteurs de ce double assassinat était le célèbre Dannepont, dit La Pouraille, forçat libéré, qui, depuis cinq ans, avait échappé aux recherches les plus actives de la police à la faveur de sept ou huit noms différents. Les déguisements de ce scélérat étaient si parfaits, qu'il avait subi deux ans de prison sous le nom de Delsouq, un de ses élèves, voleur célèbre qui ne dépassait jamais, dans les affaires, la compétence du tribunal correctionnel. La Pouraille en était, depuis sa sortie du bagne, à son troisième assassinat. La certitude d'une condamnation à mort rendait cet accusé, non moins que sa fortune présumée, l'objet de la terreur et de l'admiration des prisonniers; car pas un liard des fonds volés ne se retrouvait. On peut encore, malgré les événements de juillet 1830, se rappeler l'effroi que causa dans Paris ce coup hardi, comparable au vol des médailles de la Bibliothèque pour son importance; car la malheureuse tendance de notre temps à tout chiffrer rend un assassinat d'autant plus frappant que la somme volée est plus considérable.

La Pouraille, petit homme sec et maigre, à visage de fouine, âgé de quarante-cinq ans, l'une des célébrités des trois bagnes qu'il avait habités successivement dès l'âge de dix-neuf ans, connaissait intimement Jacques Collin, et l'on va savoir comment et pourquoi. Transférés de la Force à la Conciergerie depuis vingt-quatre heures avec La Pouraille, deux autres forçats avaient reconnu sur-le-champ, et fait reconnaître au préau cette royauté sinistre de *l'ami* promis à l'échafaud. L'un de ces forçats, un libéré nommé Sélérier, surnommé l'Auvergnat, le père Ralleau, le Rouleur, et qui, dans la société que le bagne appelle la *haute pègre*, avait nom Fil-de-Soie, sobriquet dû à l'adresse avec lequel il échappait aux périls du métier, était un des anciens affidés de Trompe-la-Mort.

Trompe-la-Mort soupçonnait tellement Fil-de-Soie de jouer un double rôle, d'être à la fois dans les conseils de la haute pègre, et l'un des entretenus de la police, qu'il lui avait (Voyez le *Père Goriot*.) attribué son arrestation dans la maison Vauquer, en 1819. Sélérier, qu'il faut appeler Fil-de-Soie, de même que Dannepont se nommera La Pouraille, déjà sous le coup d'une rupture de ban, était impliqué dans des vols qualifiés, mais sans une goutte de sang répandu, qui devaient le faire réintégrer au moins pour vingt ans au bagne. L'autre forçat, nommé Riganson, formait avec sa concubine, appelée la Biffe, un des plus redoutables ménages de la haute pègre. Riganson, en délicatesse avec la justice dès l'âge le plus tendre, avait pour surnom *le Biffon*. Le Biffon était le mâle de la Biffe, car il n'y a rien de sacré pour la haute pègre. Ces sauvages ne respectent ni la loi, ni la religion, rien, pas même l'histoire naturelle, dont la sainte nomenclature est, comme on le voit, parodiée par eux.

Une digression est ici nécessaire; car l'entrée de Jacques Collin au préau, son apparition au milieu de ses ennemis, si bien ménagée par Bibi-Lupin et par le juge d'instruction, les scènes curieuses qui devaient s'ensuivre, tout en serait inadmissible et incompréhensible, sans quelques explications sur le monde des voleurs et des bagnes, sur ses lois, sur ses mœurs, et surtout sur son langage, dont l'affreuse poésie est indispensable dans cette partie du récit. Donc, avant tout, un mot sur la langue des grecs, des filous, des voleurs et des assassins, nommée l'*argot*, et que la littérature a, dans ces derniers temps, employée avec tant de succès, que plus d'un mot de cet étrange vocabulaire a passé sur les lèvres roses des jeunes femmes, a retenti sous les lambris dorés, a réjoui les princes, dont plus d'un a pu s'avouer *floué!* Disons-le, peut-être à l'étonnement de beaucoup de gens, il n'est pas de langue plus énergique, plus colorée que celle de ce monde souterrain qui, depuis l'origine des empires à capitale, s'agite dans les caves, dans les sentines, dans le *troisième-dessous* des sociétés, pour emprunter à l'art dramatique une expression vive et saisissante. Le monde n'est-il pas un théâtre? Le Troisième-Dessous est la dernière cave pratiquée sous les planches de l'Opéra, pour en recéler les machines, les machinistes, la rampe, les apparitions, les diables bleus que vomit l'enfer, etc.

Chaque mot de ce langage est une image brutale, ingénieuse ou terrible. Une culotte est une *montante;* n'expliquons pas ceci. En argot on ne dort pas, *on pionce.* Remarquez avec quelle énergie ce verbe exprime le sommeil particulier à la bête traquée, fatiguée, défiante, appelée Voleur, et qui, dès qu'elle est en sûreté, tombe et roule dans les abîmes d'un sommeil profond et nécessaire sous les puissantes ailes du Soupçon planant toujours sur elle. Affreux sommeil, semblable à celui de l'animal sauvage qui dort, qui ronfle, et dont néanmoins les oreilles veillent doublées de prudence!

Tout est farouche dans cet idiome. Les syllabes qui commencent ou qui finissent, les mots sont âpres et étonnent singulièrement. Une femme est une *largue.* Et quelle poésie! la paille est *la plume de Beauce.* Le mot minuit est rendu par cette périphrase: *douze plombes crossent!* Ça ne donne-t-il pas le frisson? *Rincer une cabriole,* veut dire dévaliser une chambre. Qu'est-ce que l'expression se coucher, comparée à se *piausser,* revêtir une autre peau. Quelle vivacité d'images! *Jouer des dominos,* signifie manger; comment mangent les gens poursuivis?

L'argot va toujours, d'ailleurs! il suit la civilisation, il la talonne, il s'enrichit d'expressions nouvelles à chaque nouvelle invention. La pomme de terre, créée et mise au jour par Louis XVI et Parmentier, est aussitôt saluée par l'argot *d'orange à cochons.* On invente les billets de banque, le bagne les appelle des *fafiots garatés,* du nom de Garat, le caissier qui les signe. *Fafiot!* n'entendez-vous pas le bruissement du papier de soie? Le billet de mille francs est un *fafiot mâle,* le billet de cinq cents un *fafiot fe-*

*melle.* Les forçats baptiseront, attendez-vous-y, les billets de cent ou de deux cents francs de quelque nom bizarre.

En 1790, Guillotin trouve, dans l'intérêt de l'humanité, la mécanique expéditive qui résoud tous les problèmes soulevés par le supplice de la peine de mort. Aussitôt les forçats, les ex-galériens, examinent cette mécanique placée sur les confins monarchiques de l'ancien système, et sur les frontières de la justice nouvelle, ils l'appellent tout à coup *l'Abbaye de Monte-à-Regret!* Ils étudient l'angle décrit par le couperet d'acier, et trouvent pour en peindre l'action, le verbe *faucher!* Quand on songe que le bagne se nomme *le pré,* vraiment ceux qui s'occupent de linguistique doivent admirer la création de ces affreux *vocables,* eût dit Charles Nodier.

Reconnaissons d'ailleurs la haute antiquité de l'argot! il contient un dixième de mots de la langue romane, un autre dixième de la vieille langue gauloise de Rabelais. *Effondrer* (enfoncer), *otolondrer* (ennuyer), *cambrioler* (tout ce qui se fait dans une chambre), *aubert* (argent), *gironde* (belle, le nom d'un fleuve en langue d'Oc), *fouillousse* (poche), appartiennent à la langue du quatorzième et du quinzième siècles. L'*affe,* pour la vie, est de la plus haute antiquité. Troubler *l'affe* a fait les *affres,* d'où vient le mot *affreux,* dont la traduction est *ce qui trouble la vie,* etc.

Cent mots au moins de l'argot appartiennent à la langue de PANURGE, qui, dans l'œuvre rabelaisienne, symbolise le peuple, car ce nom est composé de deux mots grecs qui veulent dire: *Celui qui fait tout.* La science change la face de la civilisation par le chemin de fer, l'argot l'a déjà nommé *le roulant vif.*

Le nom de la tête, quand elle est encore sur leurs épaules, *la sorbonne,* indique la source antique de cette langue dont il est question dans les romanciers les plus anciens, comme Cervantes, comme *les nouvelliers* italiens et l'Arétin. De tout temps, en effet, *la fille,* héroïne de tant de vieux romans, fut la protectrice, la compagne, la consolation du grec, du voleur, du tire-laine, du filou, de l'escroc.

La prostitution et le vol sont deux protestations vivantes, mâle et femelle, de *l'état naturel* contre l'état social. Aussi les philosophes, les novateurs actuels, les humanitaires, qui ont pour queue les communistes et les fouriéristes, arrivent-ils, sans s'en douter, à ces deux conclusions: la prostitution et le vol. Le voleur ne met pas en question dans les livres sophistiques, la propriété, l'hérédité, les garanties sociales ; il les supprime net. Pour lui, voler, c'est rentrer dans son bien. Il ne discute pas le mariage, il ne l'accuse pas, il ne demande pas, dans des utopies imprimées, ce consentement mutuel, cette alliance étroite des âmes impossible à généraliser ; il s'accouple avec une violence dont les chaînons sont incessamment resserrés par le marteau de la nécessité. Les novateurs modernes écrivent des théories pâteuses, filandreuses et nébuleuses, ou des romans philanthropiques ; mais le voleur pratique ! il est clair comme un fait, il est logique comme un coup de poing. Et quel style !...

Autre observation ! Le monde des filles, des voleurs et des assassins, les bagnes et les prisons comportent une population d'environ soixante à quatre-vingt mille individus, mâles et femelles. Ce monde ne saurait être dédaigné dans la peinture de nos mœurs, dans la reproduction littérale de notre état social. La justice, la gendarmerie et la police offrent un nombre d'employés presque correspondant, n'est-ce pas étrange ? Cet antagonisme de gens qui se cherchent et qui s'évitent réciproquement constitue un immense duel, éminemment dramatique, esquissé dans cette étude. Il en est du vol et du commerce de fille publique, comme du théâtre, de la police, de la prêtrise et de la gendarmerie. Dans ces six conditions, l'individu prend un caractère indélébile. Il ne peut plus être que ce qu'il est. Les stigmates du divin sacerdoce sont immuables, tout aussi bien que ceux du militaire. Il en est ainsi des autres états qui sont de fortes oppositions, des *contraires* dans la civilisation. Ces diagnostics violents, bizarres, singuliers, *sui generis*, rendent la fille publique et le voleur, l'assassin et le libéré, si faciles à reconnaître, qu'ils sont pour leurs ennemis, l'espion et le gendarme, ce qu'est le gibier pour le chasseur : ils ont des allures, des façons, un teint, des regards, une couleur, une odeur, enfin des *propriétés* infaillibles. De là, cette science profonde du déguisement chez les célébrités du bagne.

Encore un mot sur la constitution de ce monde, que l'abolition de la marque, l'adoucissement des pénalités et la stupide indulgence du jury rendent si menaçant. En effet, dans vingt ans, Paris sera cerné par une armée de quarante mille libérés. Le département de la Seine et ses quinze cent mille habitants étant le seul point de la France où ces malheureux puissent se cacher. **Paris** est, pour eux, ce qu'est la forêt vierge pour les animaux féroces.

La haute pègre, qui est pour ce monde son faubourg Saint-Germain, son aristocratie, s'était résumée, en 1816, à la suite d'une paix qui mettait tant d'exitences en question, dans une association dite des *Grands Fanandels*, où se réunirent les plus célèbres chefs de bande et quelques gens hardis, alors sans aucun moyen d'existence. Ce mot de *fanandels* veut dire à la fois frères, amis, camarades. Tous les voleurs, les forçats, les prisonniers sont fanandels. Or, les Grands Fanandels, fine fleur de la haute pègre, furent pendant vingt et quelques années la cour de cassation, l'institut, la chambre des pairs de ce peuple. Les Grands Fanandels eurent tous leur fortune particulière, des capitaux en commun et des mœurs à part. Ils se devaient aide et secours dans l'embarras, ils se connaissaient. Tous d'ailleurs au-dessus des ruses et des séductions de la police, ils eurent leur charte particulière, leurs mots de passe et de reconnaissance.

Ces ducs et pairs du bagne avaient formé, de 1815 à 1819, la fameuse société des Dix-Mille (Voyez le *Père Goriot.*) ainsi nommée de la convention en vertu de laquelle on ne pouvait jamais entreprendre une affaire où il se trouvait moins de *dix mille* francs à prendre. En ce moment même, en 1829 et 1830, il se publiait des mémoires où l'état des forces de cette société, les noms de ses membres, étaient indiqués par une des célébrités de la police judiciaire. On y voyait avec épouvante une armée de capacités, en hommes et en femmes ; mais si formidable, si habile, si souvent heureuse, que des voleurs comme les Lévy, les Pastourel, les Collonge, les Chimaux, âgés de cinquante et de soixante ans, y sont signalés comme étant en révolte contre la société depuis leur enfance !... Quel aveu d'impuissance pour la justice que l'existence de voleurs si vieux !

Jacques Collin était le caissier, non-seulement de la Société des Dix-Mille, mais encore des Grands Fanandels, les héros du bagne. De l'aveu des autorités compétentes, les bagnes ont toujours eu des capitaux. Cette bizarrerie se conçoit. Aucun vol ne se retrouve, excepté dans des cas bizarres. Les condamnés, ne pouvant rien emporter avec eux au bagne, sont forcés d'avoir recours à la confiance, à la capacité, de confier leurs fonds, comme dans la société l'on se confie à une maison de banque.

Primitivement, Bibi-Lupin, chef de la police de sûreté depuis dix ans, avait fait partie de l'aristocratie des Grands Fanandels. Sa trahison venait d'une blessure d'amour-propre ; il s'était vu constamment préférer la haute intelligence et la force prodigieuse de Trompe-la-Mort. De là l'acharnement constant de ce fameux chef de la police de sûreté contre Jacques Collin. De là provenaient aussi certains compromis entre Bibi-Lupin et ses anciens camarades, dont commençaient à se préoccuper les magistrats.

Donc, dans son désir de vengeance, auquel le juge d'instruction avait donné pleine carrière par la nécessité d'établir l'identité de Jacques Collin, le chef de la police de sûreté avait très-habilement choisi ses aides en lançant sur le faux Espagnol, La Pouraille, Fil-de-Soie et le Biffon, car La Pouraille appartenait aux Dix-Mille, ainsi que Fil-de-Soie, et le Biffon était un Grand Fanandel.

La Biffe, cette redoutable *largue* du Biffon, qui se dérobe encore à toutes les recherches de la police, à la faveur de ses déguisements en femme comme il faut, était libre. Cette femme, qui sait admirablement faire la marquise, la baronne, la comtesse, a voiture et des gens. Cette espèce de Jacques Collin en jupon est la seule femme comparable à cette Asie, le bras droit de Jacques Collin. Chacun des héros du bagne est, en effet, doublé d'une femme dévouée. Les fastes judiciaires, la chronique secrète du Palais vous le diront : aucune passion d'honnête femme, pas même celle d'une dévote pour son directeur, rien ne surpasse l'attachement de la maîtresse qui partage les périls des grands criminels.

La passion est presque toujours, chez ces gens, la raison primitive de leurs audacieuses entreprises, de leurs assassinats. L'amour excessif qui les entraîne, *constitutionnellement*, disent les médecins, vers la femme, emploie toutes les forces morales et physiques de ces hommes énergiques. De là, l'oisiveté qui dévore les journées ; car les excès en amour exigent et du repos et des repas réparateurs. De là, cette haine de tout travail, qui force ces gens à recourir à des moyens rapides pour se procurer de l'argent. Néanmoins, la nécessité de vivre, et de bien vivre, déjà si violente, est peu de chose en comparaison des prodigalités inspirées par la fille à qui ces généreux Médor veulent donner des bijoux, des robes, et qui, toujours gourmande, aime la bonne chère. La fille désire un châle, l'amant le vole, et la femme y voit une preuve d'amour! C'est ainsi qu'on marche au vol, qui, si l'on veut examiner le cœur humain à la loupe, sera reconnu pour un sentiment presque naturel chez l'homme. Le vol mène à l'assassinat, et l'assassinat conduit de degrés en degrés l'amant à l'échafaud.

L'amour physique et déréglé de ces hommes serait donc, si l'on en croit la Faculté de médecine, l'origine des sept dixièmes des crimes. La preuve s'en trouve toujours, d'ailleurs, frappante, palpable, à l'autopsie de l'homme exécuté. Aussi l'adoration de leur maîtresses est-elle acquise à ces monstrueux amants, épouvantails de la société. C'est ce dévouement femelle accroupi fidèlement à la porte des prisons, toujours occupé à déjouer les ruses de l'instruction, incorruptible gardien des plus noirs secrets, qui rend tant de procès obscurs, impénétrables. Là gît la force et aussi la faiblesse du criminel. Dans le langage des filles, *avoir de la probité*, c'est ne manquer à aucune des lois de cet attachement, c'est donner tout son argent à l'homme *enflacqué* (emprisonné), c'est veiller à son bien-être, lui garder toute espèce de foi, tout entreprendre pour lui. La plus cruelle injure qu'une fille puisse jeter au front déshonoré d'une autre fille, c'est de l'accuser d'infidélité envers un amant *serré* (mis en prison). Une fille, dans ce cas, est regardée comme une femme sans cœur !...

La Pouraille aimait passionnément une femme, comme on va le voir. Fil-de-Soie, philosophe égoïste, qui volait pour se faire un sort, ressemblait beaucoup à Paccard, le séide de Jacques Collin, qui s'était enfui avec Prudence Servien, riches tous deux de sept cent cinquante mille francs. Il n'avait aucun attachement, il méprisait les femmes et n'aimait que Fil-de-Soie. Quant au Biffon, il tirait, comme on le sait maintenant, son surnom de son attachement à la Biffe. Or, ces trois illustrations de la haute pègre avaient des comptes à demander à Jacques Collin, comptes assez difficiles à établir.

Le caissier savait seul combien d'associés survivaient, quelle était la fortune de chacun. La mortalité particulière à ses mandataires était entrée dans les calculs de Trompe-la-Mort, au moment où il résolut de *manger la grenouille* au profit de Lucien. En se dérobant à l'attention de ses camarades et de la police pendant neuf ans, Jacques Collin avait une presque certitude d'hériter, aux termes de la charte des Grands Fanandels, des deux tiers de ses commettants. Ne pouvait-il pas d'ailleurs alléguer des payements faits aux fanandels *fauchés* ? Aucun contrôle n'atteignait enfin ce chef des Grands Fanandels. On se fiait absolument à lui par nécessité, car la vie de bête fauve que mènent les forçats, impliquait entre les gens comme il faut de ce monde sauvage, la plus haute délicatesse. Sur les cent mille écus du délit, Jacques Collin pouvait peut-être alors se libérer avec une centaine de mille francs. En ce moment, comme on le voit, La Pouraille, un des créanciers de Jacques Collin, n'avait que quatre-vingt-dix jours à vivre. Nanti d'une somme sans doute bien supérieure à celle que lui gardait son chef, La Pouraille devait d'ailleurs être assez accommodant.

Un des diagnostics infaillibles auxquels les directeurs de prison et leurs agents, la police et ses aides, et même les magistrats instructeurs reconnaissent les *chevaux de retour*, c'est-à-dire ceux qui ont déjà mangé les *gourganes* (espèce de haricots destinés à la nourriture des forçats de l'Etat), est leur habitude de la prison; les récidivistes en connaissent naturellement les usages; ils sont chez eux, ils ne s'étonnent de rien.

Aussi Jacques Collin, en garde contre lui-même, avait-il jusqu'alors admirablement bien joué son rôle d'innocent et d'étranger, soit à la Force, soit à la Conciergerie. Mais, abattu par la douleur, écrasé par sa double mort; car dans cette fatale nuit, il était mort deux fois, il redevint Jacques Collin. Le surveillant fut stupéfait de n'avoir pas à dire à ce prêtre espagnol par où l'on allait au préau. Cet acteur si parfait oublia son rôle, il descendit la vis de la tour Bonbec en habitué de la Conciergerie.

— Bibi-Lupin a raison, se dit en lui-même le surveillant, c'est un cheval de retour, c'est Jacques Collin. Au moment où Trompe-la-Mort se montra dans l'espèce de cadre que lui fit la porte de la tourelle, les prisonniers ayant tous fini leurs acquisitions à la table en pierre dite de Saint-Louis, se dispersaient sur le préau, toujours trop étroit pour eux : le nouveau détenu fut donc aperçu par tous à la fois, avec d'autant plus de rapidité que rien n'égale la précision du coup d'œil des prisonniers, qui sont tous dans un préau comme l'araignée au centre de sa toile. Cette comparaison est d'une exactitude mathématique, car l'œil étant borné de tous côtés par de hautes et noires murailles, le détenu voit toujours, même sans regarder, la porte par laquelle entrent les surveillants, les fenêtres du parloir et de l'escalier de la tour Bonbec, seules issues du préau. Dans le profond isolement où il est, tout est accident pour l'accusé, tout l'occupe; son ennui, comparable à celui du tigre en cage au jardin des Plantes, décuple sa puissance d'attention. Il n'est pas indifférent de faire observer que Jacques Collin, vêtu comme un ecclésiastique qui ne s'astreint pas au costume, portait un pantalon noir, des bas noirs, des souliers à boucles en argent, un gilet noir, et une certaine redingote marron foncé, dont la coupe trahit le prêtre quoi qu'il fasse, surtout quand ces indices sont complétés par la taille caractéristique des cheveux. Jacques Collin portait une perruque superlativement ecclésiastique, et d'un naturel exquis.

— Tiens! tiens! dit La Pouraille au Biffon, mauvais signe! un *sanglier!* comment s'en trouve-t-il un ici?

— C'est un de leurs *trucs,* un *cuisinier* (espion) d'un nouveau genre, répondit Fil-de-Soie. C'est *quelque marchand de lacets* (la maréchaussée d'autrefois) déguisé qui vient faire son commerce.

Le gendarme a différents noms en argot : quand il poursuit le voleur, c'est *un marchand de lacets;* quand il l'escorte, c'est *une hirondelle de la grève;* quand il le mène à l'échafaud, c'est *le hussard de la guillotine.*

Pour achever la peinture du préau, peut-être est-il nécessaire de peindre en peu de mots les deux autres fanandels. Sélérier, dit l'Auvergnat, dit le père Ralleau, dit le Rouleur, enfin Fil-de-Soie (il avait trente noms et autant de passe-ports), ne sera plus désigné que par ce sobriquet, le seul qu'on lui donnât dans la *haute pègre.* Ce profond philosophe, qui voyait un gendarme dans le faux prêtre, était un gaillard de cinq pieds quatre pouces, dont tous les muscles produisaient des saillies singulières. Il faisait flamboyer, sous une tête énorme, de petits yeux couverts, comme ceux des oiseaux de proie, d'une paupière grise, mate et dure. Au premier aspect, il ressemblait à un loup par la largeur de ses mâchoires vigoureusement tracées et prononcées; mais tout ce que cette ressemblance impliquait de cruauté, de férocité même, était contrebalancé par la ruse, par la vivacité de ses traits, quoique sillonnés de marque de petite vérole. Le rebord de chaque couture, coupé net, était comme spirituel. On y lisait autant de railleries. La vie des criminels, qui implique la faim et la soif, les nuits passées au bivouac des quais, des berges, des ponts et des rues, les orgies de liqueurs sortes par lesquelles on célèbre les triomphes, avait mis sur ce visage comme une couche de vernis. A trente pas, si Fil-de-Soie se fût montré au naturel, un agent de police, un gendarme eût reconnu son gibier; mais il égalait Jacques Collin dans l'art de se grimer et de se costumer. En ce moment, Fil-de-Soie, en négligé comme les grands acteurs qui ne soignent leur mise qu'au théâtre, portait une espèce de veste de chasse où manquaient les boutons, et dont les boutonnières dégarnies laissaient voir le blanc de la doublure, de mauvaises pantoufles vertes, un pantalon de nankin devenu grisâtre, et sur la tête une casquette sans visière par où passaient les coins d'un vieux madras à barbe, sillonné de déchirures et lavé.

A côté de Fil-de-Soie, le Biffon formait un contraste parfait. Ce célèbre voleur, de petite stature, gros et gras, agile, au teint livide, à l'œil noir et enfoncé, vêtu comme un cuisinier, planté sur deux jambes très-arquées, effrayait par une physionomie où prédominaient tous les symptômes de l'organisation particulière aux animaux carnassiers.

Fil-de-Soie et le Biffon faisaient la cour à La Pouraille, qui ne conservait aucune espérance. Cet assassin récidiviste savait qu'il serait jugé, condamné, exécuté avant quatre mois. Aussi Fil-de-Soie et le Biffon, *amis* de La Pouraille, ne l'appelaient-ils pas autrement que *le Chanoine*, c'est-à-dire *chanoine de l'Abbaye de Monte-à-Regret*. On doit facilement concevoir pourquoi Fil-de-Soie et le Biffon câlinaient La Pouraille. La Pouraille avait enterré deux cent cinquante mille francs d'or, sa part du butin fait chez les *époux Crottat*, en style d'acte d'accusation. Quel magnifique héritage à laisser à deux fanandels, quoique ces deux anciens forçats dussent retourner dans quelques jours au bagne. Le Biffon et Fil-de-Soie allaient être condamnés pour des vols qualifiés (c'est-à-dire réunissant des circonstances aggravantes) à quinze ans qui ne se confondraient point avec dix années d'une condamnation précédente qu'ils avaient pris la liberté d'interrompre. Ainsi, quoiqu'ils eussent l'un vingt-deux et l'autre vingt-six années de travaux forcés à faire, ils espéraient tous deux s'évader et venir chercher le tas d'or de La Pouraille. Mais le Dix-Mille gardait son secret, il lui paraissait inutile de le livrer tant qu'il ne serait pas condamné. Appartenant à la haute aristocratie du bagne, il n'avait rien révélé sur ses complices. Son caractère était connu; monsieur Popinot, l'instructeur de cette épouvantable affaire, n'avait rien pu obtenir de lui.

Ce terrible triumvirat stationnait en haut du préau, c'est-à-dire au bas des pistoles. Fil-de-Soie achevait l'instruction d'un jeune homme qui n'en était qu'à son premier coup, et qui, sûr d'une condamnation à dix années de travaux forcés, prenait des renseignements sur les différents *prés*.

— Eh bien, mon petit, lui disait sentencieusement Fil-de-Soie, au moment où Jacques Collin apparut, la différence qu'il y a entre Brest, Toulon et Rochefort, la voici.

— Voyons, mon ancien, dit le jeune homme avec la curiosité d'un novice.

Cet accusé, fils de famille sous le poids d'une accusation de faux, était descendu de la pistole voisine de celle où était Lucien.

— Mon fiston, reprit Fil-de-Soie, à Brest on est sûr de trouver des gourganes à la troisième cuillerée, en puisant au baquet; à Toulon, vous n'en avez qu'à la cinquième; et à Rochefort, on n'en attrape jamais, à moins d'être un *ancien*.

Ayant dit, le profond philosophe rejoignit La Pouraille et le Biffon, qui, très-intrigués par le *sanglier*, se mirent à descendre le préau, tandis que Jacques Collin, abîmé de douleur, le remontait. Trompe-la-Mort, tout à de terribles pensées, les pensées d'un empereur déchu, ne se croyait pas le centre de tous les regards, l'objet de l'attention générale, et il allait lentement, regardant la fatale croisée à laquelle Lucien de Rubempré s'était pendu. Aucun des prisonniers ne savait cet événement, car le voisin de Lucien, le jeune faussaire, par des motifs qu'on va bientôt connaître, n'en avait rien dit. Les trois fanandels s'arrangèrent pour barrer le chemin au prêtre.

— Ce n'est pas un *sanglier*, dit La Pouraille à Fil-de-Soie, c'est un *cheval de retour*. Vois comme il tire la droite!

Il est nécessaire d'expliquer ici, car tous les lecteurs n'ont pas u la fantaisie de visiter un bagne, que chaque forçat est accouplé à un autre (toujours un vieux et un jeune ensemble) par une chaîne. Le poids de cette chaîne, rivée à un anneau au-dessus de la cheville, est tel, qu'il donne, au bout d'une année, un vice de marche éternel au forçat. Obligé d'envoyer dans une jambe plus de force que dans l'autre pour tirer cette *manicle*, tel est le nom donné dans le bagne à ce ferrement, le condamné contracte invinciblement l'habitude de cet effort. Plus tard, quand il ne porte plus sa chaîne, il en est de cet appareil comme des jambes coupées, dont l'amputé souffre toujours; le forçat sent toujours sa manicle, il ne peut jamais se défaire de ce tic de démarche. En termes de police, *il tire la droite*. Ce diagnostic, connu des forçats entre eux, comme il l'est des agents de police, s'il n'aide pas à la reconnaissance d'un camarade, du moins la complète.

Chez Trompe-la-Mort, évadé depuis huit ans, ce mouvement s'était bien affaibli; mais, par l'effet de son absorbante méditation, il allait d'un pas si lent et si solennel que, quelque faible que fût ce vice de démarche, il devait frapper un œil exercé comme celui de La Pouraille. On comprend très-bien d'ailleurs que les forçats, toujours en présence les uns des autres au bagne, et n'ayant qu'eux-mêmes à observer, aient étudié tellement leurs physionomies, qu'ils connaissent certaines habitudes qui doivent échapper à leurs ennemis systématiques : les mouchards, les gendarmes et les commissaires de police. Aussi fut-ce à un certain tiraillement des muscles maxillaires de la joue gauche reconnu par un forçat, qui fut envoyé à une revue de la légion de la Seine, que le lieutenant-colonel de ce corps, le fameux Coignard, dut son arrestation; car, malgré la certitude de Bibi-Lupin, la police n'osait croire à l'identité du comte Pontis de Sainte-Hélène et de Coignard.

— C'est notre *dab!* (notre maître) dit Fil-de-Soie en ayant reçu de Jacques Collin ce regard distrait que jette l'homme abîmé dans le désespoir sur tout ce qui l'entoure.

— Ma foi oui, c'est Trompe-la-Mort, dit en se frottant les mains le Biffon. Oh! c'est sa taille, sa carrure; mais qu'a-t-il fait? il ne se ressemble plus à lui-même.

— Oh! j'y suis, dit Fil-de-Soie, il a un plan! il veut revoir *sa tante* qu'on doit exécuter bientôt.

Pour donner une vague idée du personnage que les reclus, les argousins et les surveillants appellent *une tante*, il suffira de rapporter ce mot magnifique du directeur d'une des maisons centrales au feu lord Durham, qui visita toutes les prisons pendant son séjour à Paris. Ce lord, curieux d'observer tous les détails de la justice française, fit même dresser par feu Sanson, l'exécuteur des hautes œuvres, la mécanique, et demanda l'exécution d'un veau vivant pour se rendre compte du jeu de la machine que la révolution française a illustrée.

Le directeur, après avoir montré toute la prison, les préaux, les ateliers, les cachots, etc., désigna du doigt un local, en faisant un geste de dégoût.

— « Je ne mène pas là Votre Seigneurie, dit-il, car c'est le quartier des *tantes*...

— « *Hao!* fit lord Durham, et qu'est-ce?

— « C'est le troisième sexe, milord. »

— On va *terrer* (guillotiner) Théodore! dit La Pouraille, un gentil garçon! quelle main! quel toupet! quelle perte pour la société!

— Oui, Théodore Calvi *morfile* (mange) sa dernière bouchée, dit le Biffon. Ah! ses largues doivent joliment *chigner des yeux*, car il était aimé, le petit gueux!

— Te voilà, mon vieux? dit La Pouraille à Jacques Collin.

Et, de concert avec ses deux acolytes, avec lesquels il était bras dessus bras dessous, il barra le chemin au nouveau venu.

— Oh! *dab*, tu t'es donc fait *sanglier?* ajouta La Pouraille.

— On dit que tu as *poissé nos philippes* (filouté nos pièces d'or), reprit le Biffon d'un air menaçant.

— Tu vas nous *abouler du carle?* (tu vas nous donner de l'argent) demanda Fil-de-Soie.

Ces trois interrogations partirent comme trois coups de pistolet.

— Ne plaisantez pas un pauvre prêtre mis ici par erreur, répondit machinalement Jacques Collin, qui reconnut aussitôt ses trois camarades.

— C'est bien le son du grelot, si ce n'est pas la *frimousse* (figure), dit La Pouraille en mettant sa main sur l'épaule de Jacques Collin.

Ce geste, l'aspect de ses trois camarades, tirèrent violemment le *dab* de sa prostration, et le rendirent au sentiment de la vie réelle; car, pendant cette fatale nuit, il avait roulé dans les mondes spirituels et infinis des sentiments en y cherchant une voie nouvelle.

— *Ne fais pas de ragoût sur ton dab!* (n'éveille pas les soupçons sur ton maître) dit tout bas Jacques Collin d'une voix creuse et menaçante qui ressemblait assez au grognement sourd d'un lion. *La raille* (la police) est là, laisse-la *couper dans le pont* (donner dans le panneau). Je joue la *mislocq* (la comédie) pour un *fanandel en fine pegrène* (un camarade à toute extrémité).

Ceci fut dit avec l'onction d'un prêtre essayant de convertir des malheureux, et accompagné d'un regard par lequel Jacques Collin embrassa le préau, vit les surveillants sous les arcades, et les montra railleusement à ses trois compagnons.

N'y a-t-il pas ici des *cuisiniers? Allumez vos clairs, et remouchez!* (voyez et observez!) Ne me *conobrez pas, épargnons le poitou et engantez-moi en sanglier* (ne me connaissez plus, prenons nos précautions et traitez-moi en prêtre), ou je vous *effondre*, vous, vos *largues* et votre *aubert* (je vous ruine, vous, vos femmes et votre fortune).

— *T'as donc tafe de nozigues?* (tu te méfies donc de nous?) dit Fil-de-Soie. Tu viens *cromper ta tante* (sauver ton ami).

— Madeleine est *paré* pour la *placarde de vergne* (est prêt pour la place de Grève), dit La Pouraille.

— Théodore! dit Jacques Collin en comprimant un bond et un cri.

Ce fut le dernier coup de la torture de ce colosse détruit.

— On va le *buter*, répéta La Pouraille, il est depuis deux mois *gerbé à la passe* (condamné à mort).

Jacques Collin, saisi par une défaillance, les genoux presque coupés, fut soutenu par ses trois compagnons, et il eut la présence d'esprit de joindre ses mains en prenant un air de componction. La Pouraille et le Biffon soutinrent respectueusement le sacrilége Trompe-la-Mort, pendant que Fil-de-Soie courait vers le surveillant en faction à la porte du guichet qui mène au parloir.

— Ce vénérable prêtre voudrait s'asseoir, donnez une chaise pour lui.

Ainsi, le coup monté par Bibi-Lupin manquait. Trompe-la-Mort, de même que Napoléon reconnu par ses soldats, obtenait soumission et respect des trois forçats. Deux mots avaient suffi. Ces deux mots étaient: vos *largues* et votre *aubert*, vos femmes et votre argent, le résumé de toutes les affections vraies de l'homme. Cette menace fut pour les trois forçats l'indice du suprême pouvoir, le *dab* tenait toujours leur fortune entre ses mains. Toujours out-puissant au dehors, leur *dab* n'avait pas trahi, comme de faux frères le disaient. La colossale renommée d'adresse et d'habileté de leur chef stimula, d'ailleurs, la curiosité des trois forçats; car, en prison, la curiosité devient le seul aiguillon de ces âmes flétries. La hardiesse du déguisement de Jacques Collin, conservé jusque sous les verrous de la Conciergerie, étourdissait d'ailleurs les trois criminels.

— Au secret depuis quatre jours, je ne savais pas Théodore si près de *l'abbaye*... dit Jacques Collin. J'étais venu pour sauver un pauvre petit qui s'est pendu là, hier, à quatre heures, et me voici devant un autre malheur. Je n'ai plus d'as dans mon jeu!...

— Pauvre *dab*! dit Fil-de-Soie.

— Ah! le *boulanger* (le diable) m'abandonne! s'écria Jacques Collin en s'arrachant des bras de ses deux camarades et se dressant d'un air formidable. Il y a un moment où le monde est plus fort que nous autres! *La Cigogne* (le Palais de Justice) finit par nous gober.

Le directeur de la Conciergerie, averti de la défaillance du prêtre espagnol, vint lui-même au préau pour l'espionner, il le fit asseoir sur une chaise, au soleil, en examinant tout avec cette perspicacité redoutable qui s'augmente de jour en jour dans l'exercice de pareilles fonctions, et qui se cache sous une apparente indifférence.

— Ah! mon Dieu! dit Jacques Collin, être confondu parmi ces gens, le rebut de la société, des criminels, des assassins!... Mais Dieu n'abandonnera pas son serviteur. Mon cher monsieur le directeur, je marquerai mon passage ici par des actes de charité dont le souvenir restera! Je convertirai ces malheureux, ils apprendront qu'ils ont une âme, que la vie éternelle les attend, et que, s'ils ont tout perdu sur la terre, ils ont encore le ciel à conquérir, le ciel qui leur appartient au prix d'un vrai, d'un sincère repentir.

Vingt ou trente prisonniers, accourus et groupés en arrière des trois terribles forçats, dont les farouches regards avaient maintenu trois pieds de distance entre eux et les curieux, entendirent cette allocution prononcée avec une onction évangélique.

— Celui-là, monsieur Gault, dit le formidable La Pouraille, eh bien! nous l'écouterions...

— On m'a dit, reprit Jacques Collin, près de qui monsieur Gault se tenait, qu'il y avait dans cette prison un condamné à mort.

— On lui lit en ce moment le rejet de son pourvoi, dit monsieur Gault.

— J'ignore ce que cela signifie, demanda naïvement Jacques Collin en regardant autour de lui.

— Dieu! est-il *sinve* (simple), dit le petit jeune homme qui consultait naguère Fil-de-Soie sur la fleur des *gourganes de prés*.

— Eh bien! aujourd'hui ou demain on le *fauche!* dit un détenu.

— Faucher? demanda Jacques Collin, dont l'air d'innocence et d'ignorance frappa ses trois fanandels d'admiration.

— Dans leur langage, répondit le directeur, cela veut dire l'exécution de la peine de mort. Si le greffier lit le pourvoi, sans doute l'exécuteur va recevoir l'ordre pour l'exécution. Le malheureux a constamment refusé les secours de la religion...

— Ah! monsieur le directeur, c'est une âme à sauver!... s'écria Jacques Collin.

Le sacrilége joignit les mains avec une expression d'amant au désespoir qui parut être l'effet d'une divine ferveur au directeur attentif.

— Ah! monsieur, reprit Trompe-la-Mort, laissez-moi vous prouver ce que je suis et tout ce que je puis, en me permettant de faire éclore le repentir dans ce cœur endurci! Dieu m'a donné la faculté de dire certaines paroles qui produisent de grands changements. Je brise les cœurs, je les ouvre... Que craignez-vous? faites-moi accompagner par des gendarmes, par des gardiens, par qui vous voudrez.

— Je verrai si l'aumônier de la maison veut vous permettre de le remplacer, dit monsieur Gault.

Et le directeur se retira, frappé de l'air parfaitement indifférent, quoique curieux, avec lequel les forçats et les prisonniers regardaient ce prêtre, dont la voix évangélique donnait du charme à son baragouin mi-parti de français et d'espagnol.

— Comment vous trouvez-vous ici, monsieur l'abbé? demanda le jeune interlocuteur de Fil-de-Soie à Jacques Collin.

— Oh! par erreur, répondit Jacques Collin en toisant le fils de famille. On m'a trouvé chez une courtisane qui venait d'être volée après sa mort. On a reconnu qu'elle s'était tuée; et les auteurs du vol, qui sont probablement les domestiques, ne sont pas encore arrêtés.

— Et c'est à cause de ce vol que ce jeune homme s'est pendu?...

— Ce pauvre enfant n'a pas sans doute pu soutenir l'idée d'être flétri par un emprisonnement injuste, répondit Trompe-la-Mort en levant les yeux au ciel.

— Oui, dit le jeune homme, on venait le mettre en liberté quand il s'est suicidé. Quelle chance !

— Il n'y a que les innocents qui se frappent ainsi l'imagination, dit Jacques Collin. Remarquez que le vol a été commis à son préjudice.

— Et de combien s'agit-il ? demanda le profond et fin Fil-de-Soie.

— De sept cent cinquante mille francs, répondit tout doucement Jacques Collin.

Les trois forçats se regardèrent entre eux, et ils se retirèrent du groupe que tous les détenus formaient autour du soi-disant ecclésiastique.

— C'est lui qui a *rincé la profonde* (la cave) de la fille ! dit Fil-de-Soie à l'oreille du Biffon. On voulait nous *coquer le taffe* (faire peur) pour nos *thunes de balles* (nos pièces de cent sous).

— Ce sera toujours le *dab* des *grands* fanandels, répondit la Pouraille. Notre *carle* n'est pas *décaré* (envolé).

La Pouraille, qui cherchait un homme à qui se fier, avait intérêt à trouver Jacques Collin honnête homme. Or, c'est surtout en prison qu'on croit à ce qu'on espère !

— Je gage qu'il *esquinte* le *dab* de la *Cigogne!* (qu'il enfonce le procureur général), et qu'il va *cromper sa tante* (sauver son ami), dit Fil-de-Soie.

— S'il y arrive, dit le Biffon, je ne le crois pas tout à fait *Meg* (Dieu) ; mais il aura, comme on le prétend, *bouffardé* avec le *boulanger* (fumé une pipe avec le diable).

— L'as-tu entendu crier : *Le boulanger m'abandonne!* fit observer Fil-de-Soie.

— Ah ! s'écria La Pouraille, s'il voulait *cromper ma sorbonne* (sauver ma tête), quel *viocque* (vie) je ferais avec mon *fade de carle* (ma part de fortune), et mes *rondins jaunes servis* (et l'or volé que je viens de cacher).

— *Fais sa balle !* (suis ses instructions) dit Fil-de-Soie.

— *Planches-tu ?* (ris-tu ?) reprit La Pouraille en regardant son fanandel.

— Es-tu *sinve* (simple), tu seras roide *gerbé à la passe* (condamné à mort). Ainsi, tu n'as pas d'autre *lourde à pessigner* (porte à soulever) pour pouvoir rester sur tes *paturons* (pieds), *morfiler*, te *dessaler* et *goupiner* encore (manger, boire et voler), lui répliqua le Biffon, que de lui prêter le dos !

— V'là qu'est dit, reprit La Pouraille, pas un de nous *ne sera pour le dab à la manque* (pas un de nous ne le trahira), ou je me charge de l'emmener où je vais...

— Il le ferait comme il le dit ! s'écria Fil-de-Soie.

Les gens les moins susceptibles de sympathie pour ce monde étrange peuvent se figurer la situation d'esprit de Jacques Collin, qui se trouvait entre le cadavre de l'idole qu'il avait adorée pendant cinq heures de nuit et la mort prochaine de son ancien compagnon de chaîne, le futur cadavre du jeune Corse Théodore. Ne fût-ce que pour voir ce malheureux, il avait besoin de déployer une habileté peu commune; mais le sauver, c'était un miracle ! Et il y pensait déjà.

Pour l'intelligence de ce qu'allait tenter Jacques Collin, il est nécessaire de faire observer ici que les assassins, les voleurs, que tous ceux qui peuplent les bagnes ne sont pas aussi redoutables qu'on le croit. A quelques exceptions très-rares, ces gens-là sont tous lâches, sans doute à cause de la peur perpétuelle qui leur comprime le cœur. Leurs facultés étant incessamment tendues à voler, et l'exécution d'un coup exigeant l'emploi de toutes les forces de la vie, une agilité d'esprit égale à l'aptitude du corps, une attention qui abuse de leur moral, ils deviennent stupides, hors de ces violents exercices de leur volonté, par la même raison qu'une cantatrice ou qu'un danseur tombent épuisés après un pas fatigant ou après l'un de ces formidables duos comme en infligent au public les compositeurs modernes. Les malfaiteurs sont en effet si dénués de raison, ou tellement oppressés par la crainte, qu'ils deviennent absolument enfants. Crédules au dernier point, la plus simple ruse les prend dans sa glu. Après la réussite d'une affaire, ils sont dans un tel état de prostration, que livrés immédiatement à des débauches nécessaires, ils s'enivrent de vin, de liqueurs, et se jettent dans les bras de leurs femmes avec rage, pour retrouver du calme en perdant toutes leurs forces, et cherchent l'oubli de leur crime dans l'oubli de leur raison. En cette situation, ils sont à la merci de la police. Une fois arrêtés ils sont aveugles, ils perdent la tête, et ils ont tant besoin d'espérance qu'ils croient à tout; aussi n'est-il pas d'absurdité qu'on ne leur fasse admettre. Un exemple expliquera jusqu'où va la bêtise du criminel *enflacqué*. Bibi-Lupin avait récemment obtenu les aveux d'un assassin âgé de dix-neuf ans, en lui persuadant qu'on n'exécutait jamais les mineurs. Quand on transféra ce garçon à la Conciergerie pour subir son jugement, après le rejet du pourvoi, ce terrible agent était venu le voir.

— Es-tu sûr de ne pas avoir vingt ans?... lui demanda-t-il.

— Oui, je n'ai que dix-neuf ans et demi, dit l'assassin parfaitement calme.

— Eh bien! répondit Bibi-Lupin, **tu peux être tranquille,** tu n'auras jamais vingt ans...

— Et pourquoi?

— Eh! mais, tu seras fauché dans trois jours, répliqua le chef de la sûreté.

L'assassin, qui croyait toujours, même après son jugement, qu'on n'exécutait pas les mineurs, s'affaissa comme une omelette soufflée.

Ces hommes, si cruels par la nécessité de supprimer des témoignages, car ils n'assassinent que pour se défaire de preuves (c'est une des raisons alléguées par ceux qui demandent la suppression de la peine de mort); ces colosses d'adresse, d'habileté, chez qui l'action de la main, la rapidité du coup d'œil, les sens sont exercés comme chez les sauvages, ne deviennent des héros de malfaisance que sur le théâtre de leurs exploits. Non-seulement, le crime commis, leurs embarras commencent, car ils sont aussi hébétés par la nécessité de cacher les produits de leur vol qu'ils étaient oppressés par la misère; mais encore ils sont affaiblis comme la femme qui vient d'accoucher. Energiques à effrayer dans leurs conceptions, ils sont comme des enfants après la réussite. C'est, en un mot, le naturel des bêtes sauvages, faciles à tuer quand elles sont repues. En prison, ces hommes singuliers sont hommes par la dissimulation et par leur discrétion, qui ne cède qu'au dernier moment, alors qu'on les a brisés, roués, par la durée de la détention.

On peut alors comprendre comment les trois forçats, au lieu de perdre leur chef, voulurent le servir; ils l'admirèrent en le soupçonnant d'être le maître des sept cent cinquante mille francs volés, en le voyant calme sous les verrous de la Conciergerie, et le croyant capable de les prendre sous sa protection.

Lorsque monsieur Gault eut quitté le faux Espagnol, il revint par le parloir à son greffe, et alla trouver Bibi-Lupin, qui, depuis **vingt minutes que Jacques Collin était descendu de sa cellule,** observait tout, tapi contre une des fenêtres donnant sur le préau, par un judas.

— Aucun d'eux ne l'a reconnu, dit monsieur Gault, et Napolitas, qui les surveille tous, n'a rien entendu. Le pauvre prêtre, dans son accablement, cette nuit, n'a pas dit un mot qui puisse faire croire que sa soutane cache Jacques Collin.

— Ça prouve qu'il connaît bien les prisons, répondit le chef de la police de sûreté.

Napolitas, secrétaire de Bibi-Lupin, inconnu de tous les gens en ce moment détenus à la Conciergerie, y jouait le rôle du fils de famille accusé de faux.

— Enfin, il demande à confesser le condamné à mort! reprit le directeur.

— Voici notre dernière ressource! s'écria Bibi-Lupin, je n'y pensais pas. Théodore Calvi, ce Corse, est le camarade de chaîne de Jacques Collin; Jacques Collin lui faisait au *pré*, m'a-t-on dit, de bien belles *patarasses*...

Les forçats se fabriquent des espèces de tampons qu'ils glissent entre leur anneau de fer et leur chair, afin d'amortir la pesanteur de la *manicle* sur leurs chevilles et leur cou-de-pied. Ces tampons, composés d'étoupe et de linge, s'appellent, au bagne, des *patarasses*.

— Qui veille le condamné? demanda Bibi-Lupin à monsieur Gault.

— C'est Cœur-la-Virole!

— Bien, je vais me *peausser* en gendarme, j'y serai; je les entendrai, je réponds de tout.

— Ne craignez-vous pas, si c'est Jacques Collin, d'être reconnu et qu'il ne vous étrangle? demanda le directeur de la Conciergerie à Bibi-Lupin.

— En gendarme, j'aurai mon sabre, répondit le chef; d'ailleurs si c'est Jacques Collin, il ne fera jamais rien pour se faire *gerber à la passe*; et, si c'est un prêtre, je suis en sûreté.

— Il n'y a pas de temps à perdre, dit alors monsieur Gault; il est huit heures et demie, le père Sauteloup vient de lire le rejet du pourvoi, monsieur Sanson attend dans la salle l'ordre du parquet.

— Oui, c'est pour aujourd'hui, les *hussards de la veuve* (autre nom, nom terrible de la mécanique!) sont commandés, répondit Bibi-Lupin. Je comprends cependant que le procureur général hésite, ce garçon s'est toujours dit innocent, et il n'y a pas eu, selon moi, de preuves convaincantes contre lui.

— C'est un vrai Corse, reprit monsieur Gault, il n'a pas dit un mot, et il a résisté à tout.

Le dernier mot du directeur de la Conciergerie au chef de la police de sûreté contenait la sombre histoire des condamnés à mort. Un homme que la justice a retranché du nombre des vivants appartient au Parquet. Le Parquet est souverain; il ne dépend de personne, il ne relève que de sa conscience. La prison appartient au Parquet, il en est le maître absolu. La poésie s'est emparée de ce sujet social, éminemment propre à frapper les imaginations, le *Condamné à mort!* La poésie a été sublime, la prose n'a d'autre ressource que le réel, mais le réel est assez terrible comme il est pour pouvoir lutter avec le lyrisme. La vie du condamné à mort qui n'a pas avoué ses crimes ou ses complices est livrée à d'affreuses tortures. Il ne s'agit ici ni de brodequins qui brisent les pieds, ni d'eau ingurgitée dans l'estomac, ni de la distension des membres au moyen d'affreuses machines; mais d'une torture sournoise et pour ainsi dire négative. Le Parquet livre le condamné tout à lui-même, il le laisse dans le silence et dans les ténèbres, avec un compagnon (un mouton) dont il doit se défier.

L'aimable philanthropie moderne croit avoir deviné l'atroce supplice de l'isolement, elle se trompe. Depuis l'abolition de la torture, le Parquet, dans le désir bien naturel de rassurer les consciences déjà bien délicates des jurés, avait deviné les ressources terribles que la solitude donne à la justice contre le remords. La solitude, c'est le vide; et la nature morale en a tout autant d'horreur que la nature physique. La solitude n'est habitable que pour l'homme de génie qui la remplit de ses idées, filles du monde spirituel, ou pour le contemplateur des œuvres divines qui la trouve illuminée par le jour du ciel, animée par le souffle et par la voix de Dieu. Hormis ces deux hommes, si voisins du paradis, la solitude est à la torture ce que le moral est au physique. Entre la solitude et la torture il y a toute la différence de la maladie nerveuse à la maladie chirurgicale. C'est la souffrance multipliée par l'infini. Le corps touche à l'infini par le système nerveux, comme l'esprit y pénètre par la pensée. Aussi, dans les annales du Parquet de Paris, compte-t-on les criminels qui n'avouent pas.

Cette sinistre situation, qui prend des proportions énormes dans certains cas, en politique par exemple, lorsqu'il s'agit d'une dynastie ou de l'Etat, aura son histoire à sa place dans la COMÉDIE HUMAINE. Mais, ici la description de la boîte en pierre, où, sous la Restauration, le Parquet de Paris gardait le condamné à mort, peut suffire à faire entrevoir l'horreur des derniers jours d'un suppliciable.

Avant la révolution de juillet, il existait à la Conciergerie, et il y existe encore aujourd'hui, d'ailleurs, la *chambre du condamné à mort*. Cette chambre, adossée au greffe, en est séparée par un gros mur tout en pierre de taille, et elle est flanquée à l'opposite par le gros mur de sept ou huit pieds d'épaisseur qui soutient une portion de l'immense salle des Pas-Perdus. On y entre par la première porte qui se trouve dans le long corridor sombre où le regard plonge quand on est au milieu de la grande salle voûtée du guichet. Cette chambre sinistre tire son jour d'un soupirail, armé d'une grille formidable, et qu'on aperçoit à peine en entrant à la Conciergerie, car il est pratiqué dans le petit espace qui reste entre la fenêtre du greffe, à côté de la grille du guichet, et le logement du greffier de la Conciergerie, que l'architecte a plaqué comme une armoire au fond de la cour d'entrée. Cette situation explique comment cette pièce, encadrée par quatre épaisses murailles, a été destinée, lors du remaniement de la Conciergerie, à ce sinistre et funèbre usage. Toute évasion y est impossible. Le corridor, qui mène aux secrets et au quartier des femmes, débouche en face du poêle, où gendarmes et surveillants sont toujours groupés. Le soupirail, seule issue extérieure, situé à neuf pieds au-dessus des dalles, donne sur la première cour gardée par les gendarmes en faction à la porte extérieure de la Conciergerie. Aucune puissance humaine ne peut attaquer les gros murs. D'ailleurs, un criminel condamné à mort est aussitôt revêtu de la camisole, vêtement qui supprime, comme on le sait, l'action des mains; puis il est enchaîné par un pied à son lit de camp; enfin il a pour le servir et le garder un mouton. Le sol de cette chambre est dallé de pierres épaisses, et le jour est si faible qu'on y voit à peine.

Il est impossible de ne pas se sentir gelé jusqu'aux os en entrant là, même aujourd'hui, quoique depuis seize ans cette chambre soit sans destination, par suite des changements introduits à Paris dans l'exécution des arrêts de la justice. Voyez-y le criminel en compagnie de ses remords, dans le silence et les ténèbres, deux sources d'horreur, et demandez-vous si ce n'est pas à devenir fou? Quelles organisations que celles dont la trempe résiste à ce régime auquel la camisole ajoute l'immobilité, l'inaction!

Théodore Calvi, ce Corse alors âgé de vingt-sept ans, enveloppé dans les voiles d'une discrétion absolue, résistait cependant depuis deux mois à l'action de ce cachot et au bavardage captieux du mouton!... Voici le singulier procès criminel où le Corse avait gagné sa condamnation à mort. Quoiqu'elle soit excessivement curieuse, cette analyse sera très-rapide.

Il est impossible de faire une longue digression au dénoûment d'une scène déjà si étendue et qui n'offre pas d'autre intérêt que celui dont est entouré Jacques Collin, espèce de colonne vertébrale qui, par son horrible influence, relie pour ainsi dire LE PÈRE GORIOT à ILLUSIONS PERDUES, ET ILLUSIONS PERDUES à cette ÉTUDE. L'imagination du lecteur développera d'ailleurs ce thème obscur qui causait en ce moment bien des inquiétudes aux jurés de la session où Théodore Calvi avait comparu. Aussi, depuis huit jours que le pourvoi du criminel était rejeté par la cour de Cassation, monsieur de Grandville s'occupait-il de cette affaire et suspendait-il l'ordre d'exécution de jour en jour; tant il tenait à rassurer les jurés en publiant que le condamné, sur le seuil de la mort, avait avoué son crime.

Une pauvre veuve de Nanterre, dont la maison était isolée dans cette commune, située, comme on sait, au milieu de la plaine infertile qui s'étale entre le Mont-Valérien, Saint-Germain, les collines de Sartrouville et d'Argenteuil, avait été assassinée et volée quelques jours après avoir reçu sa part d'un héritage inespéré. Cette part se montait à trois mille francs, à une douzaine de couverts, une chaîne, une montre en or et du linge. Au lieu de placer les trois mille francs à Paris, comme le lui conseillait le notaire du marchand de vin décédé de qui elle héritait, la vieille femme avait voulu tout garder. D'abord elle ne s'était jamais vu tant d'argent à elle, puis elle se défiait de tout le monde en toute espèce d'affaires, comme la plupart des gens du peuple ou de la campagne. Après de mûres causeries avec un marchand de vin de

Nanterre, son parent et parent du marchand de vin décédé, cette veuve s'était résolue à mettre la somme en viager, à vendre sa maison de Nanterre et à aller vivre en bourgeoise à Saint-Germain.

La maison où elle demeurait, accompagnée d'un assez grand jardin enclos de mauvaises palissades, était l'ignoble maison que se bâtissent les petits cultivateurs des environs de Paris. Le plâtre et les moellons extrêmement abondants à Nanterre, dont le territoire est couvert de carrières exploitées à ciel ouvert, avaient été, comme on le voit communément autour de Paris, employés à la hâte et sans aucune idée architecturale. C'est presque toujours la hutte du Sauvage civilisé. Cette maison consistait en un rez-de-chaussée et un premier étage au-dessus duquel s'étendaient des mansardes.

Le carrier, mari de cette femme et constructeur de ce logis, avait mis des barres de fer très-solides à toutes les fenêtres. La porte d'entrée était d'une solidité remarquable. Le défunt se savait là, seul, en rase campagne, et quelle campagne ! Sa clientèle se composait des principaux maîtres maçons de Paris, il avait donc rapporté les plus importants matériaux de sa maison, bâtie à cinq cents pas de sa carrière, sur ses voitures qui revenaient à vide. Il choisissait dans les démolitions de Paris les choses à sa convenance et à très-bas prix. Ainsi, les fenêtres, les grilles, les portes, les volets, la menuiserie, tout était provenu de déprédations autorisées, de cadeaux à lui faits par ses pratiques, de bons cadeaux bien choisis. De deux châssis à prendre il emportait le meilleur. La maison, précédée d'une cour assez vaste, où se trouvaient les écuries, était fermée de murs sur le chemin. Une forte grille servait de porte. D'ailleurs, des chiens de garde habitaient l'écurie, et un petit chien passait la nuit dans la maison. Derrière la maison, il existait un jardin d'un hectare environ.

Devenue veuve et sans enfants, la femme du carrier demeurait dans cette maison avec une seule servante. Le prix de la carrière vendue avait soldé les dettes du carrier, mort deux ans auparavant. Le seul avoir de la veuve fut cette maison déserte, où elle nourrissait des poules et des vaches en en vendant les œufs et le lait à Nanterre. N'ayant plus de garçon d'écurie, de charretier, ni d'ouvriers carriers que le défunt faisait travailler à tout, elle ne cultivait plus le jardin, elle y coupait le peu d'herbes et de légumes que la nature de ce sol caillouteux y laisse venir.

Le prix de la maison et l'argent de la succession pouvant produire sept à huit mille francs, cette femme se voyait très-heureuse à Saint-Germain avec sept ou huit cents francs de rentes viagères qu'elle croyait pouvoir tirer de ses huit mille francs. Elle avait eu déjà plusieurs conférences avec le notaire de Saint-Germain, car elle se refusait à donner son argent en viager au marchand de vin de Nanterre qui le lui demandait. Dans ces circonstances, un jour, on ne vit plus reparaître la veuve Pigeau ni sa servante. La grille de la cour, la porte d'entrée de la maison, les volets, tout était clos. Après trois jours, la justice, informée de cet état de choses, fit une descente. Monsieur Popinot, juge d'instruction, accompagné du procureur du roi, vint de Paris, et voici ce qui fut constaté.

Ni la grille de la cour, ni la porte d'entrée de la maison ne portaient de traces d'effraction. La clef se trouvait dans la serrure de la porte d'entrée, à l'intérieur. Pas un barreau de fer n'avait été forcé. Les serrures, les volets, toutes les fermetures étaient intactes.

Les murailles ne présentaient aucune trace qui pût dévoiler le passage des malfaiteurs. Les cheminées en poterie n'offrant pas d'issue praticable, n'avaient pu permettre de s'introduire par cette voie. Les faîteaux, sains et entiers, n'accusaient d'ailleurs aucune violence. En pénétrant dans les chambres au premier étage, les magistrats, les gendarmes et Bibi-Lupin trouvèrent la veuve Pigeau étranglée dans son lit et la servante étranglée dans le sien, au moyen de leurs foulards de nuit. Les trois mille francs avaient été pris, ainsi que les couverts et les bijoux. Les deux corps étaient en putréfaction, ainsi que ceux du petit chien et d'un gros chien de basse-cour. Les palissades d'enceinte du jardin furent examinées, rien n'y était brisé. Dans le jardin, les allées n'offraient aucun vestige de passage. Il parut probable au juge d'instruction que l'assassin avait marché sur l'herbe pour ne pas laisser l'empreinte de ses pas, s'il s'était introduit par là, mais comment avait-il pu pénétrer dans la maison? Du côté du jardin, la porte avait une imposte garnie de trois barreaux de fer intacts. De ce côté, la clef se trouvait également dans la serrure, comme à la porte d'entrée du côté de la cour.

Une fois ces impossibilités parfaitement constatées par M. Popinot, par Bibi-Lupin, qui resta pendant une journée à tout observer, par le procureur du roi lui-même et par le brigadier du poste de Nanterre, cet assassinat devint un affreux problème où la politique et la justice devaient avoir le dessous.

Ce drame, publié par la *Gazette des Tribunaux*, avait eu lieu dans l'hiver de 1828 à 1829. Dieu sait quel intérêt de curiosité cette étrange aventure souleva dans Paris; mais Paris qui, tous les matins, a de nouveaux drames à dévorer, oublie tout. La police, elle, n'oublie rien. Trois mois après ces perquisitions infructueuses, une fille publique, remarquée pour ses dépenses par des agents de Bibi-Lupin, et surveillée à cause de ses accointances avec quelques voleurs, voulut faire engager par une de ses amies douze couverts, une montre et une chaîne d'or. L'amie refusa. Le fait parvint aux oreilles de Bibi-Lupin, qui se souvint des douze couverts, de la montre et de la chaîne d'or volés à Nanterre. Aussitôt les commissionnaires au Mont-de-Piété, tous les receleurs de Paris furent avertis, et Bibi-Lupin soumit Manon-la-Blonde à un espionnage formidable.

On apprit bientôt que Manon-la-Blonde était amoureuse folle d'un jeune homme qu'on ne voyait guère, car il passait pour être sourd à toutes les preuves d'amour de la blonde Manon. Mystère sur mystère. Ce jeune homme, soumis à l'attention des espions, fut bientôt vu, puis reconnu pour être un forçat évadé, le fameux héros des vendettes corses, le beau Théodore Calvi, dit Madeleine.

On lâcha sur Théodore un de ces receleurs à double face, qui servent à la fois les voleurs et la police, et il promit à Théodore d'acheter les couverts, la montre et la chaîne d'or. Au moment où le ferrailleur de la cour Saint-Guillaume comptait l'argent à Théodore, déguisé en femme, à dix heures et demie du soir, la police fit une descente, arrêta Théodore et saisit les objets.

L'instruction commença sur-le-champ. Avec de si faibles éléments, il était impossible, en style de parquet, d'en tirer une condamnation à mort. Jamais Calvi ne se démentit. Il ne se coupa jamais : il dit qu'une femme de la campagne lui avait vendu ces objets à Argenteuil, et, qu'après les lui avoir achetés, le bruit de l'assassinat commis à Nanterre l'avait éclairé sur le danger de posséder ces couverts, cette montre et ces bijoux, qui, d'ailleurs, ayant été désignés dans l'inventaire fait après le décès du marchand de vin de Paris, oncle de la veuve Pigeau, se trouvaient être les objets volés. Enfin, forcé par la misère de vendre ces objets, disait-il, il avait voulu s'en défaire en employant une personne non compromise.

On ne put rien obtenir de plus du forçat libéré, qui sut, par son silence et par sa fermeté, faire croire à la justice que le marchand de vin de Nanterre avait commis le crime, et que la femme de qui il tenait les choses compromettantes était l'épouse de ce marchand. Le malheureux parent de la veuve Pigeau et sa femme furent arrêtés ; mais, après huit jours de détention et une enquête scrupuleuse, il fut établi que ni le mari ni la femme n'avaient quitté leur établissement à l'époque du crime. D'ailleurs, Calvi ne reconnut pas, dans l'épouse du marchand de vin, la femme qui, selon lui, lui aurait vendu l'argenterie et les bijoux.

Comme la concubine de Calvi, impliquée dans le procès, fut convaincue d'avoir dépensé mille francs environ depuis l'époque du crime jusqu'au moment où Calvi voulut engager l'argenterie et les bijoux, de telles preuves parurent suffisantes pour faire envoyer aux assises le forçat et sa concubine. Cet assassinat étant le dix-huitième commis par Théodore, il fut condamné à mort, car il parut être l'auteur de ce crime si habilement commis. S'il ne reconnut pas la marchande de vin de Nanterre, il fut reconnu par la femme et par le mari. L'instruction avait établi, par de nombreux témoignages, le séjour de Théodore à Nanterre pendant environ un mois ; il y avait servi les maçons, la figure enfarinée de plâtre et mal vêtu. A Nanterre, chacun donnait dix-huit ans à ce garçon, qui devait avoir *nourri ce poupon* (comploté, préparé ce crime) pendant un mois.

Le parquet croyait à des complices. On mesura la largeur des tuyaux pour l'adapter au corps de Manon-la-Blonde, afin de voir si elle avait pu s'introduire par les cheminées ; mais un enfant de six ans n'aurait pu passer par les tuyaux en poterie, par lesquels l'architecture moderne remplace aujourd'hui les vastes cheminées d'autrefois. Sans ce singulier et irritant mystère, Théodore eût été exécuté depuis une semaine. L'aumônier des prisons avait, comme on l'a vu, totalement échoué.

Cette affaire et le nom de Calvi dut échapper à l'attention de Jacques Collin, alors préoccupé de son duel avec Contenson, Corentin et Peyrade. Trompe-la-Mort essayait, d'ailleurs, d'oublier le plus possible *les amis*, et tout ce qui regardait le Palais de Justice. Il tremblait d'une rencontre qui l'aurait mis face à face avec un *fanandel* par qui le *dab* se serait vu demander des comptes impossibles à rendre.

Le directeur de la Conciergerie alla sur-le-champ au parquet du procureur général, et y trouva le premier avocat général causant avec monsieur de Grandville, et tenant l'ordre d'exécution à la main. Monsieur de Grandville, qui venait de passer toute la nuit à l'hôtel de Sérizy, quoique accablé de fatigue et de douleurs, car les médecins n'osaient encore affirmer que la comtesse conserverait sa raison, était obligé, par cette exécution importante, de donner quelques heures à son Parquet. Après avoir causé un instant avec le directeur, monsieur de Grandville reprit l'ordre d'exécution à son avocat général et le remit à Gault.

— Que l'exécution ait lieu, dit-il, à moins de circonstances extraordinaires que vous jugerez ; je me fie à votre prudence. On peut retarder le dressage de l'échafaud jusqu'à dix heures et demie, il vous reste donc une heure. Dans une pareille matinée, les heures valent des siècles, et il tient bien des événements dans un siècle ! Ne laissez pas croire à un sursis. Qu'on fasse la toilette, s'il le faut, et s'il n'y a pas de révélation, remettez l'ordre à Sanson à neuf heures et demie. Qu'il attende !

Au moment où le directeur de la prison quittait le cabinet du procureur général, il rencontra sous la voûte du passage qui débouche dans la galerie, monsieur Camusot qui s'y rendait. Il eut donc une rapide conversation avec le juge ; et, après l'avoir instruit de ce qui se passait à la Conciergerie, relativement à Jacques Collin, il y descendit pour opérer cette confrontation de Trompe-la-Mort et de Madeleine ; mais il ne permit au soi-disant ecclésiastique de communiquer avec le condamné à mort qu'au moment où Bibi-Lupin, admirablement déguisé en gendarme, eut remplacé le mouton qui surveillait le jeune Corse.

On ne peut pas se figurer le profond étonnement des trois forçats en voyant un surveillant venir chercher Jacques Collin, pour le mener dans la chambre du condamné à mort. Ils se rapprochèrent de la chaise où Jacques Collin était assis, par un bond simultané.

— C'est pour aujourd'hui, n'est-ce pas, monsieur Julien ? dit Fil-de-Soie au surveillant.

— Mais, oui, Charlot est là, répondit le surveillant avec une parfaite indifférence.

Le peuple et le monde des prisons appellent ainsi l'exécuteur des hautes-œuvres de Paris. Ce sobriquet date de la révolution de 1789. Ce nom produisit une profonde sensation. Tous les prisonniers se regardèrent entre eux.

— C'est fini! répondit le surveillant, l'ordre d'exécution est arrivé à monsieur Gault, et l'arrêt vient d'être lu.

— Ainsi, reprit La Pouraille, la belle Madeleine a reçu tous les sacrements?... Il avala une dernière bouffée d'air.

— Pauvre petit Théodore... s'écria le Biffon, il est bien gentil. C'est dommage d'*éternuer dans le son* à son âge...

Le surveillant se dirigeait vers le guichet, en se croyant suivi de Jacques Collin; mais l'Espagnol allait lentement, et, quand il se vit à dix pas de Julien, il parut faiblir et demanda par un geste le bras de La Pouraille.

— C'est un assassin! dit Napolitas au prêtre en montrant La Pouraille et offrant son bras.

— Non, pour moi c'est un malheureux!... répondit Trompe-la-Mort avec la présence d'esprit et l'onction de l'archevêque de Cambrai.

Et il se sépara de Napolitas, qui du premier coup d'œil lui avait paru très-suspect.

— Il est sur la première marche de l'*Abbaye-de-Monte-à-Regret;* mais j'en suis le prieur! Je vais vous montrer comment je sais *m'entifler* avec *la Cigogne* (rouer le procureur général). Je veux *cromper* cette *sorbonne* de ses *pattes*.

— A cause de *sa montante!* dit Fil-de-Soie en souriant.

— Je veux donner cette âme au ciel! répondit avec componction Jacques Collin en se voyant entouré par quelques prisonniers.

Et il rejoignit le surveillant au guichet.

— Il est venu pour sauver Madeleine, dit Fil-de-Soie, nous avons bien deviné la chose. Quel *dab!*...

— Mais comment?... les *hussards de la guillotine* sont là, il ne le verra seulement pas, reprit le Biffon.

— Il a *le boulanger* pour lui! s'écria La Pouraille. Lui *poisser nos philippes!*... Il aime trop *les amis!* il a trop besoin de nous. On voulait nous *mettre à la manque pour lui* (nous le faire livrer), nous ne sommes pas des *gnioles!* S'il *crompe* sa Madeleine, il aura *ma balle!* (mon secret.)

Ce dernier mot eut pour effet d'augmenter le dévouement des

trois forçats pour leur dieu; car en ce moment leur fameux *dab* devint toute leur espérance.

Jacques Collin, malgré le danger de Madeleine, ne faillit pas à son rôle. Cet homme, qui connaissait la Conciergerie aussi bien que les trois bagnes, se trompa si naturellement, que le surveillant fut obligé de lui dire à tout moment : — « Par ici, — par là! » jusqu'à ce qu'ils fussent arrivés au greffe. Là Jacques Collin vit, du premier regard, accoudé sur le poêle, un homme grand et gros, dont le visage rouge et long ne manquait pas d'une certaine distinction, et il reconnut Sanson.

— Monsieur est l'aumônier, dit-il en allant à lui d'un air plein de bonhomie.

Cette erreur fut si terrible qu'elle glaça les spectateurs.

— Non, monsieur, répondit Sanson, j'ai d'autres fonctions.

Sanson, le père du dernier exécuteur de ce nom, car il a été destitué récemment, était le fils de celui qui exécuta Louis XVI. Après quatre cents ans d'exercice de cette charge, l'héritier de tant de tortionnaires avait tenté de répudier ce fardeau héréditaire. Les Sanson, bourreaux à Rouen pendant deux siècles, avant d'être revêtus de la première charge du royaume, exécutaient de père en fils les arrêts de la justice depuis le treizième siècle. Il est peu de familles qui puissent offrir l'exemple d'un office ou d'une noblesse conservée de père en fils pendant six siècles. Au moment où ce jeune homme, devenu capitaine de cavalerie, se voyait sur le point de faire une belle carrière dans les armes, son père exigea qu'il vînt l'assister pour l'exécution du roi. Puis il fit de son fils son second, lorsqu'en 1793 il y eut deux échafauds en permanence : l'un à la barrière du Trône, l'autre à la place de Grève. Alors âgé d'environ soixante ans, ce terrible fonctionnaire se faisait remarquer par une excellente tenue, par des manières douces et posées, par un grand mépris pour Bibi-Lupin et ses acolytes, les pourvoyeurs de la machine. Le seul indice qui, chez cet homme, trahissait le sang des vieux tortionnaires du moyen âge, était une largeur et une épaisseur formidables dans les mains. Assez instruit d'ailleurs, tenant fort à sa qualité de citoyen et d'électeur, passionné, dit-on, pour le jardinage, ce grand et gros homme, parlant bas, d'un maintien calme, très-silencieux, au front large et chauve, ressemblait beaucoup plus à un membre de l'aristocratie anglaise qu'à un exécuteur des hautes-œuvres. Aussi, un chanoine espagnol devait-il commettre l'erreur que commettait volontairement Jacques Collin.

— Ce n'est pas un forçat, dit le chef des surveillants au directeur.

Je commence à le croire, se dit monsieur Gault en faisant un mouvement de tête à son subordonné.

Jacques Collin fut introduit dans l'espèce de cave où le jeune Théodore, en camisole de force, était assis au bord de l'affreux lit de camp de cette chambre. Trompe-la-Mort, momentanément éclairé par le jour du corridor, reconnut sur-le-champ Bibi-Lupin dans le gendarme qui se tenait debout, appuyé sur son sabre.

— *Io sono Gaba-Morto! Parla nostro italiano*, dit vivement Jacques Collin. *Vengo ti salvar* (je suis Trompe-la-Mort, parlons italien, je viens te sauver).

Tout ce qu'allaient se dire les deux amis devait être inintelligible pour le faux gendarme, et, comme Bibi-Lupin était censé garder le prisonnier, il ne pouvait quitter son poste. Aussi, la rage du chef de la police de sûreté ne saurait-elle se décrire.

Théodore Calvi, jeune homme au teint pâle et olivâtre, à cheveux blonds, aux yeux caves et d'un bleu trouble, très-bien proportionné d'ailleurs, d'une prodigieuse force musculaire cachée sous cette apparence lymphatique que présentent parfois les méridionaux, aurait eu la plus charmante physionomie sans des sourcils arqués, sans un front déprimé, qui lui donnaient quelque chose de sinistre, sans des lèvres rouges d'une cruauté sauvage, et sans un mouvement de muscles qui dénote cette faculté d'irritation particulière aux Corses, et qui les rend si prompts à l'assassinat dans une querelle soudaine.

Saisi d'étonnement par les sons de cette voix, Théodore leva brusquement la tête et crut à quelque hallucination ; mais, comme il était familiarisé par une habitation de deux mois avec la profonde obscurité de cette boîte en pierre de taille, il regarda le faux ecclésiastique et soupira profondément. Il ne reconnut pas Jacques Collin, dont le visage couturé par l'action de l'acide sulfurique ne lui sembla point être celui de son *dab*.

— C'est bien moi, ton Jacques, je suis en prêtre et je viens te sauver. Ne fais pas la bêtise de me reconnaître, et aie l'air de te confesser.

**Ceci fut dit rapidement.**

— Ce jeune homme est très-abattu, la mort l'effraie, il va tout avouer, dit Jacques Collin en s'adressant au gendarme.

— Dis-moi quelque chose qui me prouve que tu es *lui*, car tu n'as que *sa* voix.

— Voyez-vous, il me dit, le pauvre malheureux, qu'il est innocent, reprit Jacques Collin en s'adressant au gendarme.

Bibi-Lupin n'osa point parler, de peur d'être reconnu.

— *Sempremi !* répondit Jacques en revenant à Théodore, et lui etant ce mot de convention dans l'oreille.

— *Sempreti !* dit le jeune homme en donnant la réplique de la passe. C'est bien mon *dab*...

— As-tu fait le coup ?

— Oui.

— Raconte-moi tout, afin que je puisse voir comment je ferai pour te sauver ; il est temps, Charlot est là.

Aussitôt le Corse se mit à genoux et parut vouloir se confesser. Bibi-Lupin ne savait que faire, car cette conversation fut si rapide qu'elle prit à peine le temps pendant lequel elle se lit. Théodore raconta promptement les circonstances connues de son crime et que Jacques Collin ignorait.

— Les jurés m'ont condamné sans preuves, dit-il en terminant.

— Enfant, tu discutes quand on va te couper les cheveux !...

— Mais, je puis bien avoir été seulement chargé de mettre en plan les bijoux. Et voilà comme on juge, et à Paris encore !...

— Mais comment s'est fait le coup ? demanda Trompe-la-Mort.

— Ah ! voilà ! Depuis que je ne t'ai vu, j'ai fait la connaissance d'une petite fille corse, que j'ai rencontrée en arrivant à *Pantin* (Paris).

— Les hommes assez bêtes pour aimer une femme, s'écria Jacques Collin, périssent toujours par là !... C'est des tigres en liberté, des tigres qui babillent et qui se regardent dans des miroirs... Tu n'a pas été sage !...

— Mais...

— Voyons, à quoi t'a-t-elle servi cette sacrée *largue* ?...

— Cet amour de femme grande comme un fagot, mince comme une anguille, adroite comme un singe, a passé par le haut du four et m'a ouvert la porte de la maison. Les chiens, bourrés de boulettes, étaient morts. J'ai *refroidi* les deux femmes. Une fois l'argent pris, La Ginetta a refermé la porte et est sortie par le haut du four.

— Une si belle invention vaut la vie, dit Jacques Collin en admirant la façon du crime, comme un ciseleur admire le modèle d'une figurine.

— J'ai commis la sottise de déployer tout ce talent-là pour mille écus !...

— Non, pour une femme! reprit Jacques Collin. Quand je te disais qu'elles nous ôtent notre intelligence !...

Jacques Collin jeta sur Théodore un regard flamboyant de mépris.

— Tu n'étais plus là! répondit le Corse, j'étais abandonné.

— Et l'aimes-tu, cette petite? demanda Jacques Collin sensible au reproche que contenait cette réponse.

— Ah! si je veux vivre, c'est maintenant pour toi plus que pour elle.

— Reste tranquille! Je ne me nomme pas pour rien Trompe-la-Mort! Je me charge de toi!

— Quoi! la vie!... s'écria le jeune Corse en levant ses bras emmaillottés vers la voûte humide de ce cachot.

— Ma petite Madeleine, apprête-toi à retourner au *pré à vioque*, reprit Jacques Collin. Tu dois t'y attendre, on ne va pas te couronner de roses, comme le bœuf gras !... S'ils nous ont déjà *ferrés* pour Rochefort, c'est qu'ils essaient à se débarrasser de nous! Mais je te ferai diriger sur Toulon, tu t'évaderas, et tu reviendras à *Pantin*, où je t'arrangerai quelque petite existence bien gentille...

Un soupir comme il en avait peu retenti sous cette voûte inflexible, un soupir exhalé par le bonheur de la délivrance, choqua la pierre, qui renvoya cette note, sans égale en musique, dans l'oreille de Bibi-Lupin stupéfait.

— C'est l'effet de l'absolution que je viens de lui promettre à cause de ses révélations, dit Jacques Collin au chef de la police de sûreté. Ces Corses, voyez-vous, monsieur le gendarme, sont pleins de foi! Mais il est innocent comme l'Enfant Jésus, et je vais essayer de le sauver...

— Dieu soit avec vous! monsieur l'abbé!... dit en français Théodore.

— Trompe-la-Mort, plus Carlos Herrera, plus chanoine que

jamais, sortit de la chambre du condamné, se précipita dans le corridor, et joua l'horreur en se présentant à monsieur Gault.

— Monsieur le directeur, ce jeune homme est innocent, il m'a révélé le coupable !... Il allait mourir pour un faux point d'honneur... C'est un Corse ! Allez demander pour moi, dit-il, cinq minutes d'audience à monsieur le procureur général. Monsieur de Grandville ne refusera pas d'écouter immédiatement un prêtre espagnol qui souffre tant des erreurs de la justice française !

— J'y vais ! répondit monsieur Gault au grand étonnement de tous les spectateurs de cette scène extraordinaire.

— Mais, reprit Jacques Collin, faites-moi reconduire dans cette cour en attendant, car j'y achèverai la conversion d'un criminel que j'ai déjà frappé dans le cœur... Ils ont un cœur, ces gens-là !

Cette allocution produisit un mouvement parmi toutes les personnes qui se trouvaient là. Les gendarmes, le greffier des écrous, Sanson, les surveillants, l'aide de l'exécuteur, qui attendaient l'ordre d'aller faire dresser la mécanique, en style de prison; tout ce monde, sur qui les émotions glissent, fut agité par une curiosité très-concevable.

En ce moment, on entendit le fracas d'un équipage à chevaux fins qui arrêtait à la grille de la Conciergerie, sur le quai, d'une manière significative. La portière fut ouverte, le marchepied fut déplié si vivement que toutes les personnes crurent à l'arrivée d'un grand personnage. Bientôt une dame, agitant un papier bleu, se présenta, suivie d'un valet de pied et d'un chasseur, à la grille du guichet. Vêtue tout en noir, et magnifiquement, le chapeau couvert d'un voile, elle essuyait ses larmes avec un mouchoir brodé très-ample.

Jacques Collin reconnut aussitôt Asie, ou, pour rendre son véritable nom à cette femme, Jacqueline Collin, sa tante. Cette atroce vieille, digne de son neveu, dont toutes les pensées étaient concentrées sur le prisonnier, et qui le défendait avec une intelligence, une perspicacité au moins égales en puissance à celles de la justice, avait une permission, donnée la veille au nom de la femme de chambre de la duchesse de Maufrigneuse, sur la recommandation de monsieur de Sérizy, de communiquer avec Lucien et l'abbé Carlos Herrera, dès qu'il ne serait plus au secret, et sur laquelle le chef de division, chargé des prisons, avait écrit un mot. Le papier, par sa couleur, impliquait déjà de puissantes recommandations; car ces permissions, comme les billets de faveur au spectacle, diffèrent de forme et d'aspect.

Aussi le porte-clefs ouvrit-il le guichet, surtout en apercevant ce chasseur emplumé dont le costume vert et or, brillant comme celui d'un général russe, annonçait une visiteuse aristocratique et un blason quasi royal.

— Ah! mon cher abbé! s'écria la fausse grande dame qui versa un torrent de larmes en apercevant l'ecclésiastique, comment a-t-on pu mettre ici, même pour un instant, un si saint homme!

Le directeur prit la permission et lut : *A la recommandation de Son Excellence le Comte de Sérizy.*

— Ah! madame de San-Esteban, madame la marquise, dit Carlos Herrera, quel beau dévouement!

— Madame, on ne communique pas ainsi, dit le bon vieux Gault.

Et il arrêta lui-même au passage cette tonne de moire noire et de dentelles.

— Mais à cette distance! reprit Jacques Collin, et devant vous?... ajouta-t-il en jetant un regard circulaire à l'assemblée.

La tante, dont la toilette devait étourdir le greffe, le directeur, les surveillants et les gendarmes, puait le musc. Elle portait, outre des dentelles pour mille écus, un cachemire noir de six mille francs. Enfin le chasseur paradait dans la cour de la Conciergerie avec l'insolence d'un laquais qui se sait indispensable à une princesse exigeante. Il ne parlait pas au valet de pied, qui stationnait à la grille du quai, toujours ouverte pendant le jour.

— Que veux-tu? Que dois-je faire? dit madame de San-Esteban dans l'argot convenu entre la tante et le neveu.

Cet argot consistait à donner des terminaisons en *ar* ou en *or* en *al* ou en *i*, de façon à défigurer les mots, soit français soit d'argot, en les agrandissant. C'était le chiffre diplomatique appliqué au langage.

— Mets toutes les lettres en lieu sûr, prends les plus compromettantes pour chacune de ces dames, reviens mise en voleuse dans la salle des Pas-Perdus, et attends-y mes ordres.

Asie ou Jacqueline s'agenouilla comme pour recevoir la bénédiction, et le faux abbé bénit sa tante avec une componction évangélique.

— *Addio, marchesa!* dit-il à haute voix. Et, ajouta-t-il en se servant de leur langage de convention, retrouve Europe et Paccard avec les sept cent cinquante mille francs qu'ils ont effarouchés; il nous les faut.

— Paccard est là, répondit la pieuse marquise en montrant le chasseur les larmes aux yeux.

Cette promptitude de compréhension arracha non-seulement un sourire, mais encore un mouvement de surprise à cet homme, qui ne pouvait être étonné que par sa tante. La fausse marquise se tourna vers les témoins de cette scène en femme habituée à se poser.

— Il est au désespoir de ne pouvoir aller aux obsèques de son enfant, dit-elle en mauvais français, car cette affreuse méprise de la justice a fait connaître le secret de ce saint homme!... Moi, je vais assister à la messe mortuaire. Voici, monsieur, dit-elle à monsieur Gault, en lui donnant une bourse pleine d'or, voici pour soulager les pauvres prisonniers...

— Quel *chique-mar!* lui dit à l'oreille son neveu satisfait.

Jacques Collin suivit le surveillant qui le menait au préau.

Bibi-Lupin, au désespoir, avait fini par se faire voir d'un vrai gendarme, à qui, depuis le départ de Jacques Collin il adressait des hem! hem! significatifs, et qui vint le remplacer dans la chambre du condamné. Mais cet ennemi de Trompe-la-Mort ne put arriver assez à temps pour voir la grande dame, qui disparut dans son brillant équipage, et dont la voix, quoique déguisée, apportait à son oreille des sons rogommeux.

— Trois cents *balles* pour les détenus!... disait le chef des surveillants en montrant à Bibi-Lupin la bourse que monsieur Gault avait remise à son greffier.

— Montrez, monsieur Jacomety, dit Bibi-Lupin.

Le chef de la police secrète prit la bourse, vida l'or dans sa main, l'examina attentivement.

— C'est bien de l'or!... dit-il, et la bourse est armoiriée! Ah! le gredin, est-il fort! est-il complet! Il nous met tous dedans, et à chaque instant!... On devrait tirer sur lui comme sur un chien!

— Qu'y a-t-il donc? demanda le greffier en reprenant la bourse.

— Il y a que cette femme doit être *une voleuse!*... s'écria Bibi-Lupin en frappant du pied avec rage sur la dalle extérieure du guichet.

Ces mots produisirent une vive sensation parmi les spectateurs, groupés à une certaine distance de monsieur Sanson, qui restait toujours debout, le dos appuyé contre le gros poêle, au centre de cette vaste salle voûtée, en attendant un ordre pour faire la toilette au criminel et dresser l'échafaud sur la place de Grève.

En se retrouvant au préau, Jacques Collin se dirigea vers ses *amis* du pas que devait avoir un habitué du *pré*.

— Qu'as-tu sur le casaquin? dit-il à La Pouraille.

— Mon affaire est faite, reprit l'assassin que Jacques Collin avait emmené dans un coin. J'ai besoin maintenant d'un *ami sûr*.

— Et pourquoi?

La Pouraille, après avoir raconté tous ses crimes à son chef, mais en argot, lui détailla l'assassinat et le vol commis chez les époux Crottat.

— Tu as mon estime, lui dit Jacques Collin. C'est bien travaillé; mais tu me parais coupable d'une faute.

— Laquelle?

— Une fois l'affaire faite, tu devais avoir un passe-port russe, te déguiser en prince russe, acheter une belle voiture armoiriée, aller déposer hardiment ton or chez un banquier, demander une lettre de crédit pour Hambourg, prendre la poste, accompagné d'un valet de chambre, d'une femme de chambre et de ta maîtresse habillée en princesse; puis, à Hambourg, t'embarquer pour le Mexique. Avec deux cent quatre-vingt mille francs en or, un gaillard d'esprit doit faire ce qu'il veut, et aller où il veut, *sinve!*

— Ah! tu as de ces idées-là, parce que tu es le *dab!*... Tu ne perds jamais la *sorbonne*, toi! Mais moi.

— Enfin, un bon conseil dans ta position, c'est du bouillon pour un mort, reprit Jacques Collin en jetant un regard fascinateur à son *fanandel*.

— C'est vrai! dit avec un air de doute La Pouraille. Donne-le-moi toujours, ton bouillon; s'il ne me nourrit pas, je m'en ferai un bain de pieds...

— Te voilà pris par *la Cigogne*, avec cinq vols qualifiés, trois assassinats, dont le plus récent concerne deux riches bourgeois... Les jurés n'aiment pas qu'on tue des bourgeois... Tu seras *gerbé à la passe*, et tu n'as pas le moindre espoir!...

— Ils m'ont tous dit cela, répondit piteusement La Pouraille.

— Ma tante Jacqueline, avec qui je viens d'avoir un petit bout de conversation en plein greffe, et qui est, tu le sais, *la mère aux*

*Fanandels*, m'a dit que *la Cigogne* voulait se défaire de toi, tant elle te craignait.

— Mais, dit La Pouraille avec une naïveté qui prouve combien les voleurs sont pénétrés du *droit naturel* de voler, je suis riche à présent, que craignent-ils?

— Nous n'avons pas le temps de faire de la philosophie, dit Jacques Collin. Revenons à ta situation...

— Que veux-tu faire de moi? demanda La Pouraille en interrompant son *dab*.

— Tu vas voir! un chien mort vaut encore quelque chose.

— Pour les autres! dit La Pouraille.

— Je te prends dans mon jeu! répliqua Jacques Collin.

— C'est déjà quelque chose!... dit l'assassin. Après?

— Je ne demande pas où est ton argent, mais ce que tu veux en faire?

La Pouraille espionna l'œil impénétrable du *dab*, qui continua froidement.

— As-tu quelque *largue* que tu aimes, un enfant, un *fanandel* à protéger? Je serai dehors dans une heure, je pourrai tout pour ceux à qui tu veux du bien.

La Pouraille hésitait encore, il restait au port d'armes de l'indécision. Jacques Collin fit alors avancer un dernier argument.

— Ta part dans notre caisse est de trente mille francs, la laisses-tu aux *fanandels*, la donnes-tu à quelqu'un? Ta part est en sûreté, je puis la remettre ce soir à qui tu veux la léguer.

L'assassin laissa échapper un mouvement de plaisir.

— Je le tiens! se dit Jacques Collin. — Mais ne flânons pas, réfléchis?... reprit-il en parlant à l'oreille de La Pouraille. Mon vieux, nous n'avons pas dix minutes à nous... Le procureur général va me demander et je vais avoir une conférence avec lui. Je le tiens, cet homme, je puis tordre le cou à la *Cigogne!* je suis certain de sauver Madeleine.

— Si tu sauves Madeleine, mon bon *dab*, tu peux bien me...

— Ne perdons pas notre salive, dit Jacques Collin d'une voix brève. Fais ton testament.

— Eh bien! je voudrais donner l'argent à la Gonore, répondit La Pouraille d'un air piteux.

— Tiens!... tu vis avec la veuve de Moïse, ce juif qui était à la piste des *rouleurs* du midi? demanda Jacques Collin.

Semblable aux grands généraux, Trompe-la-Mort connaissait admirablement bien le personnel de toutes les troupes.

— C'est elle-même, dit La Pouraille excessivement flatté.

— Jolie femme! dit Jacques Collin qui s'entendait admirablement à manœuvrer ces machines terribles. La *largue* est fine! elle a de grandes connaissances et *beaucoup de probité!* c'est une *voleuse* finie. Ah! tu t'es retrempé dans la Gonore! c'est bête de se fait *terrer* quand on tient une pareille *largue*. Imbécile! il fallait prendre un petit commerce honnête, et vivoter!... Et que *goupine-t-elle?*

— Elle est établie rue Sainte-Barbe, elle gère une maison...

— Ainsi, tu l'institues ton héritière? Voilà, mon cher, où nous mènent ces gueuses-là, quand on a la bêtise de les aimer...

— Oui, mais ne lui donne rien qu'après ma culbute!

— C'est sacré, dit Jacques Collin d'un ton sérieux. Rien aux *fanandels?*

— Rien, ils m'ont *servi*, répondit haineusement La Pouraille.

— Qui t'a vendu? Veux-tu que je te venge, demanda vivement Jacques Collin en essayant de réveiller le dernier sentiment qui fasse vibrer ces cœurs au moment suprême. Qui sait, mon vieux *fanandel*, si je ne pourrais pas, tout en te vengeant, faire ta paix avec la *Cigogne?*

Là, l'assassin regarda son *dab* d'un air hébété de bonheur.

— Mais, répondit le *dab* à cette expression de physionomie parlante, je ne joue en ce moment *la mislocq* que pour Théodore. Après le succès de ce vaudeville, mon vieux, pour un de mes *amis*, car tu es des miens, toi! je suis capable de bien des choses.

— Si je te vois seulement faire ajourner la cérémonie pour ce pauvre petit Théodore, tiens, je ferai tout ce que tu voudras.

— Mais c'est fait, je suis sûr de *cromper sa sorbonne* des griffes de la *Cigogne*. Pour se *désenflacquer*, vois-tu, La Pouraille, il faut se donner la main les uns aux autres... On ne peut rien tout seul...

— C'est vrai! s'écria l'assassin.

La confiance était si bien établie, et sa foi dans le *dab* si fanatique, que La Pouraille n'hésita plus.

La Pouraille livra le secret de ses complices, ce secret si bien gardé jusqu'à présent. C'était tout ce que Jacques Collin voulait savoir.

— Voici *la balle*! Dans *le poupon*, Ruffart, l'agent de Bibi-Lupin, était en tiers avec moi et Godet...

— Arrachelaine?... s'écria Jacques Collin en donnant à Ruffard son nom de voleur.

— C'est cela. Les gueux m'ont vendu, parce que je connais leur cachette et qu'ils ne connaissent pas la mienne.

— *Tu graisses mes bottes!* mon amour, dit Jacques Collin.

— Quoi!

— Eh bien! répondit le *dab*, vois ce qu'on gagne à mettre en moi toute sa confiance!... Maintenant ta vengeance est un point de la partie que je joue!... Je ne te demande pas de m'indiquer ta cachette, tu me la diras au dernier moment; mais, dis-moi tout qui regarde Ruffard et Godet.

— Tu es et tu seras toujours notre *dab*, je n'aurai pas de secrets pour toi, répliqua La Pouraille. Mon or est dans la *profonde* (la cave) de la maison à la Gonore.

— Tu ne crains rien de ta *largue*?

— Ah! ouiche! elle ne sait rien de mon tripotage! reprit La Pouraille. J'ai soûlé la Gonore, quoique ce soit une femme à ne rien dire la tête dans la lunette. Mais tant d'or!

— Oui, ça fait tourner le lait de la conscience la plus pure! répliqua Jacques Collin.

— J'ai donc pu travailler sans *luisant* sur moi! Toute la volaille dormait dans le poulailler. L'or est à trois pieds sous terre, derrière les bouteilles de vin. Et par-dessus j'ai mis une couche de cailloux et de mortier.

— Bon! fit Jacques Collin. Et les cachettes des autres?

— Ruffard a *son fade* chez la Gonore, dans la chambre de la pauvre femme, qu'il tient par là, car elle peut devenir complice de recel et finir ses jours à Saint-Lazare.

— Ah! le gredin! comme la *raille* (la police) vous forme un voleur! dit Jacques.

— Godet a mis *son fade* chez sa sœur, blanchisseuse de fin, une honnête fille qui peut attraper cinq ans de *lorcefé* sans s'en douter. Le *fanandel* a levé les carreaux du plancher, les a remis, et a filé.

— Sais-tu ce que je veux de toi? dit alors Jacques Collin en jetant sur La Pouraille un regard magnétique.

— Quoi?

### III. LIVRE, SCÈNES DE LA VIE PARISIENNE.

— Que tu prennes sur ton compte l'affaire de Madeleine...

La Pouraille fit un singulier haut-le-corps; mais il se remit promptement en posture d'obéissance sous le regard fixe du *dab*.

— Eh bien! *tu renâcles déjà!* tu te mêles de mon jeu! Voyons! quatre assassinats ou trois, n'est-ce pas la même chose?

— Peut-être!

— Par le *meg des Fanandels*, tu es sans *raisiné* dans le *vermichels* (sans sang dans les veines). Et moi qui pensais à e sauver!...

— Et comment!

— Imbécile; si l'on promet de rendre l'or à la famille, tu en seras quitte pour aller à *vioque au pré*. Je ne donnerais pas une *face* de ta *sorbonne* si l'on tenait l'argent; mais, en ce moment, tu vaux sept cent mille francs, imbécile!

— *Dab! dab!* s'écria La Pouraille au comble du bonheur.

— Et, reprit Jacques Collin, sans compter que nous rejetterons les assassinats sur Ruffard... Du coup Bibi-Lupin est dégommé... Je le tiens!

La Pouraille resta stupéfait de cette idée, ses yeux s'agrandirent, il fut comme une statue. Arrêté depuis trois mois, à la veille de passer à la cour d'assises, conseillé par ses *amis* de la Force, auxquels il n'avait pas parlé de ses complices, il était si bien sans espoir après l'examen de ses crimes, que ce plan avait échappé à toutes ces intelligences *enflacquées*. Aussi ce semblant d'espoir le rendit-il presque imbécile.

— Ruffard et Godet ont-ils déjà fait la noce? ont-ils fait prendre l'air à quelques-uns de leurs *jaunets*? demanda Jacques Collin.

— Ils n'osent pas, répondit La Pouraille. Les gredins attendent que je sois *fauché*. C'est ce que m'a fait dire ma *largue* par la Biffe, quand elle est venue voir le Biffon.

— Eh bien! nous aurons leurs *fades* dans vingt-quatre heures! s'écria Jacques Collin. Les drôles ne pourront pas restituer comme toi, tu seras blanc comme neige et eux rougis de tout le sang! Tu deviendras, par mes soins, un honnête garçon entraîné par eux. J'aurai ta fortune pour mettre des alibis dans tes autres procès, et une fois au *pré*, car tu y retourneras, tu verras à t'évader... C'est une vilaine vie, mais c'est encore la vie!

Les yeux de la Pouraille annonçaient un délire intérieur.

— Vieux! avec sept cent mille francs on a bien des *cocardes!* disait Jacques Collin en grisant d'espoir son *fanandel.*

— *Dab! dab!*

— J'éblouirai le ministre de la justice... Ah! Ruffard la dansera, c'est une *raille* à démolir. Bibi-Lupin est frit.

— Eh bien! c'est dit, s'écria La Pouraille avec une joie sauvage. Ordonne, j'obéis.

Et il serra Jacques Collin dans ses bras, en laissant voir des larmes de joie dans ses yeux tant il lui parut possible de sauver sa tête.

— Ce n'est pas tout, dit Jacques Collin. La *Cigogne* a la digestion difficile, surtout en fait de *redoublement de fièvre* (révélation d'un nouveau fait à charge). Maintenant il s'agit de *servir de belle une largue* (de dénoncer à faux une femme).

— Et comment? A quoi bon? demanda l'assassin.

— Aide-moi! Tu vas voir!... répondit Trompe-la-Mort.

Jacques Collin révéla brièvement à La Pouraille le secret du crime commis à Nanterre et lui fit apercevoir la nécessité d'avoir une femme qui consentirait à jouer le rôle qu'avait rempli la Ginetta. Puis il se dirigea vers le Biffon avec La Pouraille devenu joyeux.

— Je sais combien tu aimes la Biffe... dit Jacques Collin au Biffon.

Le regard que jeta le Biffon fut tout un poème horrible.

— Que fera-t-elle pendant que tu seras au *pré?*

Une larme mouilla les yeux féroces du Biffon.

— Eh bien! si je te la fourrais à la *lorcefé des largues* (à la Force des femmes, les Madelonnettes ou Saint-Lazare) pour un an, le temps de ton *gerbement* (jugement), de ton départ, de ton arrivée et de ton évasion?

— Tu ne peux faire ce miracle, elle est *nique de mèche* (sans aucune complicité), répondit l'amant de la Biffe.

— Ah! mon Biffon, dit La Pouraille, notre *dab* est plus puissant que le *Meg!...* (Dieu).

— Quel est ton mot de passe avec elle? demanda Jacques Collin au Biffon avec l'assurance d'un maître qui ne doit pas essuyer de refus.

— *Sorgue à Pantin* (nuit à Paris). Avec ce mot, elle sait qu'on vient de ma part, et si tu veux qu'elle t'obéisse, montre-lui une *thune de cinq balles* (pièce de cinq francs), et prononce ce mot-ci : *Tondif!*

— Elle sera condamnée dans le *gerbement* de La Pouraille, et graciée pour révélation après un an *d'ombre !* dit sentencieusement Jacques Collin en regardant La Pouraille.

La Pouraille comprit le plan de son *dab*, et lui promit, par un seul regard, de décider le Biffon à y coopérer en obtenant de la Biffe cette fausse complicité dans le crime dont il allait se charger.

— Adieu, mes enfants. Vous apprendrez bientôt que j'ai sauvé mon petit des mains de *Charlot*, dit Trompe-la-Mort. Oui, Charlot était au greffe avec ses soubrettes pour faire la toilette à Madeleine ! Tenez, dit-il, on vient me chercher de la part du *dab de la Cigogne* (du procureur général).

En effet, un surveillant sorti du guichet fit signe à cet homme extraordinaire, à qui le danger du jeune Corse avait rendu cette sauvage puissance avec laquelle il savait lutter contre la société.

Il n'est pas sans intérêt de faire observer qu'au moment où le corps de Lucien lui fut ravi, Jacques Collin s'était décidé, par une résolution suprême, à tenter une dernière incarnation, non plus avec une créature, mais avec une chose. Il avait enfin pris le parti fatal que prit Napoléon sur la chaloupe qui le conduisit vers le *Bellérophon*. Par un concours bizarre de circonstances, tout aida ce génie du mal et de la corruption dans son entreprise.

Aussi, quand même le dénoûment inattendu de cette vie criminelle perdrait un peu de ce merveilleux, qui, de nos jours, ne s'obtient que par des invraisemblances inacceptables, est-il nécessaire, avant de pénétrer avec Jacques Collin dans le cabinet du procureur général, de suivre madame Camusot chez les personnes où elle alla, pendant que tous ces événements se passaient à la Conciergerie ? Une des obligations auxquelles ne doit jamais manquer l'historien des mœurs, c'est de ne point gâter le vrai par des arrangements en apparence dramatiques, surtout quand le vrai a pris la peine de devenir romanesque. La nature sociale, à Paris surtout, comporte de tels hasards, des enchevêtrements de conjectures si capricieuses, que l'imagination des inventeurs est à tout moment dépassée. La hardiesse du vrai s'élève à des combinaisons interdites à l'art, tant elles sont invraisemblables ou peu décentes, à moins que l'écrivain ne les adoucisse, ne les émonde, ne les châtre.

Madame Camusot essaya de se composer une toilette du matin presque de bon goût, entreprise assez difficile pour la femme d'un juge qui, depuis six ans, avait constamment habité la province. Il s'agissait de ne donner prise à la critique ni chez la marquise d'Espard, ni chez la duchesse de Maufrigneuse, en venant les trouver de huit à neuf heures du matin. Amélie-Cécile Camusot, quoique née Thirion, hâtons-nous de le dire, réussit à moitié. N'est-ce pas, en fait de toilette, se tromper deux fois?...

On ne se figure pas de quelle utilité sont les femmes de Paris pour les ambitieux en tous genres ; elles sont aussi nécessaires dans le grand monde que dans le monde des voleurs, où comme on vient de le voir, elles jouent un rôle énorme. Ainsi, supposez un homme forcé de parler dans un temps donné, sous peine de rester en arrière dans l'arène, à ce personnage, immense sous la restauration, et qui s'appelle encore aujourd'hui le garde des sceaux. Prenez un homme dans la condition la plus favorable, un juge, c'est-à-dire un familier de la maison. Le magistrat est obligé d'aller trouver soit un chef de division, soit le secrétaire particulier, soit le secrétaire général, et de leur prouver la nécessité d'obtenir une audience immédiate. Un garde des sceaux est-il jamais visible à l'instant même ? Au milieu de la journée, s'il n'est pas à la Chambre, il est au conseil des ministres, ou il signe, ou il donne audience. Le matin, il dort on ne sait où. Le soir, il a ses obligations publiques et personnelles. Si tous les juges pouvaient réclamer des moments d'audience, sous quelque prétexte que ce soit, le chef de la justice serait assailli. L'objet de l'audience, particulière, immédiate, est donc soumis à l'appréciation d'une de ces puissances intermédiaires qui deviennent un obstacle, une porte à ouvrir, quand elle n'est pas déjà tenue par un compétiteur. Une femme, elle ! va trouver une autre femme ; elle peut entrer dans la chambre à coucher immédiatement, en éveillant la curiosité de la maîtresse ou de la femme de chambre, surtout lorsque la maîtresse est sous le coup d'un grand intérêt ou d'une nécessité poignante. Nommez la puissance femelle, madame la marquise d'Espard, avec qui devait compter un ministre ; cette femme écrit un petit billet ambré que son valet de chambre porte au valet de chambre du ministre. Le ministre est saisi par le poulet au moment de son réveil, il le lit aussitôt. Si le ministre a des affaires, l'homme est enchanté d'avoir une visite **à rendre à l'une des reines de Paris une des puissances du fau-**

bourg Saint-Germain, une des favorites de Madame, de la dauphine ou du roi. Casimir Périer, le seul premier ministre réel qu'ait eu la révolution de juillet, quittait tout pour aller chez un ancien premier gentilhomme de la chambre du roi Charles X.

Cette théorie explique le pouvoir de ces mots :

— « Madame, madame Camusot pour une affaire très-pressante, et que sait madame ! » dits à la marquise d'Espard par sa femme de chambre qui la supposait éveillée.

Aussi la marquise cria-t-elle d'introduire Amélie incontinent. La femme du juge fut bien écoutée, quand elle commença par ces paroles :

— Madame la marquise, nous sommes perdus pour vous avoir vengée...

— Comment, ma petite belle?... répondit la marquise en regardant madame Camusot dans la pénombre que produisait la porte entr'ouverte. Vous êtes divine, ce matin, avec votre petit chapeau. Où trouvez-vous ces formes-là?...

— Madame, vous êtes bien bonne... Mais vous savez que la manière dont Camusot a interrogé Lucien de Rubempré a réduit ce jeune homme au désespoir, et qu'il s'est pendu dans sa prison...

— Que va devenir madame de Sérizy? s'écria la marquise en jouant l'ignorance pour se faire raconter tout à nouveau.

— Hélas ! on la tient pour folle... répondit Amélie. Ah ! si vous pouvez obtenir de Sa Grandeur qu'il mande aussitôt mon mari par une estafette envoyée au Palais, le ministre saura d'étranges mystères, il en fera bien certainement part au roi..... Dès lors, les ennemis de Camusot seront réduits au silence.

— Quels sont les ennemis de Camusot? demanda la marquise.

— Mais, le procureur général, et maintenant monsieur de Sérizy...

— C'est bon, ma petite, répliqua madame d'Espard, qui devait à messieurs de Grandville et de Sérizy sa défaite dans le procès ignoble qu'elle avait intenté pour faire interdire son mari, je vous défendrai. Je n'oublie ni mes amis, ni mes ennemis.

Elle sonna, fit ouvrir ses rideaux, le jour vint à flots; elle demanda son pupitre, et la femme de chambre l'apporta. La marquise griffonna rapidement un petit billet.

— Que Godard monte à cheval, et porte ce mot à la chancellerie ; il n'y a pas de réponse, dit-elle à sa femme de chambre.

La femme de chambre sortit vivement, et, malgré cet ordre, resta sur la porte pendant quelques minutes.

— Il y a donc de grands mystères ? demanda madame d'Espard. Contez-moi donc cela, chère petite. Clotilde de Grandlieu n'est-elle pas mêlée à cette affaire ?

— Madame la marquise saura tout par Sa Grandeur, car mon mari ne m'a rien dit, il m'a seulement avertie de son danger. Il vaudrait mieux pour nous que madame de Sérizy mourût plutôt que de rester folle.

— Pauvre femme ! dit la marquise. Mais ne l'était-elle pas déjà ?

Les femmes du monde, par leurs cent manières de prononcer la même phrase, démontrent aux observateurs attentifs l'étendue infinie des modes de la musique. L'âme passe tout entière dans la voix aussi bien que dans le regard, elle s'empreint dans la lumière comme dans l'air, éléments que travaillent les yeux et le larynx. Par l'accentuation de ces deux mots : « Pauvre femme ! » la marquise laissa deviner le contentement de la haine satisfaite, le bonheur du triomphe. Ah ! combien de malheurs ne souhaitait-elle pas à la protectrice de Lucien ! La vengeance qui survit à la mort de l'objet haï, qui n'est jamais assouvie, cause une sombre épouvante. Aussi madame Camusot, quoique d'une nature âpre, haineuse et tracassière, fut-elle abasourdie. Elle ne trouva rien à répliquer, elle se tut.

— Diane m'a dit, en effet, que Léontine était allée à la prison, reprit madame d'Espard. Cette chère duchesse est au désespoir de cet éclat, car elle a la faiblesse d'aimer beaucoup madame de Sérizy ; mais cela se conçoit, elles ont adoré ce petit imbécile de Lucien presqu'en même temps, et rien ne lie ou ne désunit plus deux femmes que de faire leurs dévotions au même autel. Aussi cette chère amie a-t-elle passé deux heures hier dans la chambre de Léontine. Il paraît que la pauvre comtesse dit des choses affreuses ! On m'a dit que c'est dégoûtant !... Une femme comme il faut ne devrait pas être sujette à de pareils accès !... Fi ! c'est une passion purement physique... La duchesse est venue me voir pâle comme une morte, elle a eu bien du courage ! Il y a dans cette affaire des choses monstrueuses...

— Mon mari dira tout au garde des sceaux pour sa justification, car on voulait sauver Lucien, et lui, madame la marquise, il a fait son devoir. Un juge d'instruction doit toujours interroger les gens au secret, dans le temps voulu par la loi!... Il fallait bien lui demander quelque chose à ce petit malheureux, qui n'a pas compris qu'on le questionnait pour la forme, et il a fait tout de suite des aveux...

— C'était un sot et un impertinent! dit sèchement madame d'Espard.

La femme du juge garda le silence en entendant cet arrêt.

— Si nous avons succombé dans l'interdiction de monsieur d'Espard, ce n'est pas la faute de Camusot, je m'en souviendrai toujours! reprit la marquise après une pause... C'est Lucien, messieurs de Sérizy, Bauvan et de Grandville qui nous ont fait échouer. Avec le temps, Dieu sera pour moi! Tous ces gens-là seront malheureux. Soyez tranquille, je vais envoyer le chevalier d'Espard chez le garde des sceaux pour qu'il se hâte de faire venir votre mari, si c'est utile...

— Ah! madame...

— Ecoutez! dit la marquise, je vous promets la décoration de la Légion-d'Honneur immédiatement, demain! Ce sera comme un éclatant témoignage de satisfaction pour votre conduite dans cette affaire. Oui, c'est un blâme de plus pour Lucien, ça le dira coupable! On se pend rarement pour son plaisir... Allons, adieu, chère belle!

Madame Camusot, dix minutes après, entrait dans la chambre à coucher de la belle Diane de Maufrigneuse, qui, couchée à une heure du matin, ne dormait pas encore à neuf heures.

Quelque insensibles que soient les duchesses, ces femmes, dont le cœur est en stuc, ne voient pas l'une de leurs amies en proie à la folie sans que ce spectacle ne leur fasse une impression profonde. Puis, les liaisons de Diane et de Lucien, quoique rompues depuis dix-huit mois, avaient laissé dans l'esprit de la duchesse assez de souvenirs pour que la funeste mort de cet enfant lui portât à elle aussi des coups terribles. Diane avait vu pendant toute la nuit ce beau jeune homme, si charmant, si poétique, qui savait si bien aimer, pendu comme le dépeignait Léontine dans les accès et avec les gestes de la fièvre chaude. Elle gardait de Lucien d'éloquentes, d'enivrantes lettres, comparables à celles écrites par Mirabeau à Sophie, mais plus littéraires, plus soignées, car ces lettres avaient été dictées par la plus violente des passions, la vanité! Posséder la plus ravissante des duchesses, la voir faisant des folies pour lui, des folies secrètes, bien entendu, ce bonheur avait tourné la tête à Lucien. L'orgueil de l'amant avait bien inspiré le poëte. Aussi la duchesse avait-elle conservé ces lettres émouvantes, comme certains vieillards ont des gravures obscènes, à cause des éloges hyperboliques donnés à ce qu'elle avait de moins duchesse en elle.

— Et il est mort dans une ignoble prison! se disait-elle en serrant les lettres avec effroi quand elle entendit frapper doucement à sa porte par sa femme de chambre.

— Madame Camusot, pour une affaire de la dernière gravité qui concerne madame la duchesse, dit la femme de chambre.

Diane se dressa sur ses jambes tout épouvantée.

— Oh! dit-elle en regardant Amélie qui s'était composé une figure de circonstance, je devine tout! Il s'agit de mes lettres... Ah! mes lettres!... Ah! mes lettres!... Et elle tomba sur une causeuse. Elle se souvint alors d'avoir, dans l'excès de sa passion, répondu sur le même ton à Lucien, d'avoir célébré la poésie de l'homme comme il chantait les gloires de la femme, et par quels dithyrambes!

— Hélas! oui, madame, je viens vous sauver plus que la vie! il s'agit de votre honneur... Reprenez vos sens, habillez-vous, allons chez la duchesse de Grandlieu; car, heureusement pour vous, vous n'êtes pas la seule de compromise.

— Mais Léontine, hier, a brûlé, m'a-t-on dit, au Palais, toutes les lettres saisies chez notre pauvre Lucien?

— Mais, madame, Lucien était doublé de Jacques Collin! s'écria la femme du juge. Vous oubliez toujours cet atroce compagnonnage, qui, certes, est la seule cause de la mort de ce charmant et regrettable jeune homme! Or, ce Machiavel du bagne n'a jamais perdu la tête, lui! Monsieur Camusot a la certitude que ce monstre a mis en lieu sûr les lettres les plus compromettantes des maîtresses de son...

— Son ami, dit vivement la duchesse. Vous avez raison, ma petite belle, il faut aller tenir conseil chez les Grandlieu. Nous sommes tous intéressés dans cette affaire, et fort heureusement Sérizy nous donnera la main...

Le danger extrême a, comme on l'a vu par les scènes de la Conciergerie, une vertu sur l'âme aussi terrible que celle des puissants réactifs sur le corps. C'est une pile de Volta morale. Peut-être le jour n'est-il pas loin où l'on saisira le mode par lequel le sentiment se condense chimiquement en un fluide, peut-être pareil à celui de l'électricité.

Ce fut chez le forçat et chez la duchesse le même phénomène. Cette femme abattue, mourante, et qui n'avait pas dormi, cette duchesse, si difficile à habiller, recouvra la force d'une lionne aux abois, et la présence d'esprit d'un général au milieu du feu. Diane choisit elle-même ses vêtements et improvisa sa toilette avec la célérité qu'y eût mise une grisette qui se sert de femme de chambre à elle-même. Ce fut si merveilleux, que la soubrette resta sur ses jambes, immobile pendant un instant, tant elle fut surprise de voir sa maîtresse en chemise, laissant peut-être avec plaisir apercevoir à la femme du juge, à travers le brouillard clair du lin, un corps blanc, aussi parfait que celui de la Vénus de Canova. C'était comme un bijou sous son papier de soie. Diane avait deviné soudain où se trouvait son corset de bonne fortune, ce corset qui s'accroche par devant, en évitant aux femmes pressées la fatigue et le temps si mal employé du laçage. Elle avait déjà fixé les dentelles de la chemise et massé convenablement les beautés de son corsage, lorsque la femme de chambre apporta le jupon, et acheva l'œuvre en donnant une robe. Pendant qu'Amélie, sur un signe de la femme de chambre, agrafait la robe par derrière et aidait la duchesse, la soubrette alla prendre des bas en fil d'Écosse, des brodequins de velours, un châle et un chapeau. Amélie et la femme de chambre chaussèrent chacune une jambe.

— Vous êtes la plus belle femme que j'aie vue, dit habilement Amélie en baisant le genou fin et poli de Diane par un mouvement passionné.

— Madame n'a pas sa pareille, dit la femme de chambre.

— Allons, Josette, taisez-vous, répliqua la duchesse. — Vous avez une voiture? dit-elle à madame Camusot. Allons, ma petite belle, nous causerons en route. Et la duchesse descendit le grand escalier de l'hôtel de Cadignan en courant et en mettant ses gants, ce qui ne s'était jamais vu.

— A l'hôtel de Grandlieu, et promptement! dit-elle à l'un de ses domestiques, en lui faisant signe de monter derrière la voiture.

Le valet hésita, car cette voiture était un fiacre.

— Ah! madame la duchesse, vous ne m'aviez pas dit que ce jeune homme avait des lettres de vous! sans cela, Camusot aurait bien autrement procédé...

— La situation de Léontine m'a tellement occupée que je me suis entièrement oubliée, dit-elle. La pauvre femme était déjà quasi folle avant-hier, jugez de ce qu'a dû produire de désordre en elle le fatal événement! Ah! si vous saviez, ma petite, quelle matinée nous avons eue hier... Non, c'est à faire renoncer à l'amour. Hier, traînées toutes les deux, Léontine et moi, par une atroce vieille, une marchande à la toilette, une maîtresse femme, dans cette sentine puante et sanglante qu'on nomme la Justice, je lui disais, en la conduisant au Palais : « N'est-ce pas à tomber sur ses genoux et à crier, comme madame de Nucingen, quand, en allant à Naples, elle a subi l'une de ces tempêtes effrayantes de la Méditerranée : — « Mon Dieu! sauvez-moi, et plus jamais! » Certes, voici deux journées qui compteront dans ma vie! sommes-nous stupides d'écrire?... Mais on aime! on reçoit des pages qui vous brûlent le cœur par les yeux, et tout flambe! et la prudence s'en va! et l'on répond...

— Pourquoi répondre, quand on peut agir! dit madame Camusot.

— Il est si beau de se perdre!... reprit orgueilleusement la duchesse. C'est la volupté de l'âme.

— Les belles femmes, répliqua modestement madame Camusot, sont excusables, elles ont bien plus d'occasions que nous autres de succomber!

La duchesse sourit.

— Nous sommes toujours trop généreuses, reprit Diane de Maufrigneuse. Je ferai comme cette atroce madame d'Espard,

— Et que fait-elle? demanda curieusement la femme du juge.

— Elle a écrit mille billets doux...

— Tant que cela!... s'écria la Camusot en interrompant la duchesse.

— Eh bien! ma chère, on n'y pourrait pas trouver une phrase qui la compromette...

— Vous seriez incapable de conserver cette froideur, cette attention, répondit madame Camusot. Vous êtes femme, vous êtes de ces anges qui ne savent pas résister au diable...

— Je me suis juré de ne plus jamais écrire. Je n'ai, dans toute ma vie, écrit qu'à ce malheureux Lucien... Je conserverai ses lettres jusqu'à ma mort! Ma chère petite, c'est du feu, on a besoin quelquefois.

— Si on les trouvait! fit la Camusot avec un petit geste pudique.

— Oh! je dirais que c'est les lettres d'un roman commencé. Car j'ai tout copié, ma chère, et j'ai brûlé les originaux!

— Oh! madame pour ma récompense, laissez-moi les lire...

— Peut-être, dit la duchesse. Vous verrez alors, ma chère, qu'on n'en a pas écrit de pareilles à Léontine!

Ce dernier mot fut toute la femme, la femme de tous les temps et de tous les pays.

Semblable à la grenouille de la fable de La Fontaine, madame Camusot crevait dans sa peau du plaisir d'entrer chez les Grandlieu en compagnie de la belle Diane de Maufrigneuse. Elle allait former, dans cette matinée, un de ces liens si nécessaires à l'ambition. Aussi s'entendait-elle appeler : — Madame la présidente. Elle éprouvait la jouissance ineffable de triompher d'obstacles immenses, et dont le principal était l'incapacité de son mari, secrète encore, mais qu'elle connaissait bien. Faire arriver un homme médiocre! c'est pour une femme, comme pour les rois, se donner le plaisir qui séduit tant les grands acteurs, et qui consiste à jouer cent fois une mauvaise pièce. C'est l'ivresse de l'égoïsme! Enfin c'est en quelque sorte les saturnales du pouvoir. Le pouvoir ne se prouve sa force à lui-même que par le singulier abus de couronner quelque absurdité des palmes du succès, en insultant au génie, seule force que le pouvoir absolu ne puisse atteindre. La promotion du cheval de Caligula, cette farce impériale, a eu et aura toujours un grand nombre de représentations.

En quelques minutes, Diane et Amélie passèrent de l'élégant désordre dans lequel était la chambre à coucher de la belle Diane, à la correction d'un luxe grandiose et sévère, chez la duchesse de Grandlieu.

Cette Portugaise très-pieuse se levait toujours à huit heures pour aller entendre la messe à la petite église de Sainte-Valère, succursale de Saint-Thomas d'Aquin, alors située sur l'esplanade des Invalides. Cette chapelle, aujourd'hui démolie, a été transportée rue de Bourgogne, en attendant la construction de l'église gothique qui sera, dit-on, dédiée à sainte Clotilde.

Aux premiers mots dits à l'oreille de la duchesse de Grandlieu par Diane de Maufrigneuse, la pieuse femme passa chez monsieur de Grandlieu qu'elle ramena promptement. Le duc jeta sur madame Camusot un de ces rapides regards par lesquels les grands seigneurs analysent toute une existence, et souvent l'âme. La toilette d'Amélie aida puissamment le duc à deviner cette vie bourgeoise depuis Alençon jusqu'à Mantes, et de Mantes à Paris.

Ah! si la femme du juge avait pu connaître ce don des ducs, elle n'aurait pu soutenir gracieusement ce coup d'œil poliment ironique, elle n'en vit que la politesse. L'ignorance partage les privilèges de la finesse.

— C'est madame Camusot, la fille de Thirion, un des huissiers du cabinet, dit la duchesse à son mari.

Le duc salua *très-poliment* la femme de robe, et sa figure perdit quelque peu de sa gravité. Le valet de chambre du duc, que son maître avait sonné, se présenta.

— Allez rue Honoré-Chevalier, prenez une voiture. Arrivé là, vous sonnerez à une petite porte, au numéro 10. Vous direz au domestique qui viendra vous ouvrir la porte que je prie son maître de passer ici; vous me le ramènerez si ce monsieur est chez lui. Servez-vous de mon nom, il suffira pour aplanir toutes les difficultés. Tâchez de n'employer qu'un quart d'heure à tout faire.

— Une autre valet de chambre, celui de la duchesse, parut aussitôt que celui du duc fut parti.

— Allez de ma part chez le duc de Chaulieu, faites-lui passer cette carte. Le duc donna sa carte pliée d'une certaine manière. Quand ces deux amis intimes éprouvaient le besoin de se voir à l'instant pour quelque affaire pressée et mystérieuse qui ne permettait pas l'écriture, ils s'avertissaient ainsi l'un l'autre.

On voit qu'à tous les étages de la société, les usages se ressemblent, et ne diffèrent que par les manières, les façons, les nuances. Le grand monde a son argot. Mais cet argot s'appelle *le style*.

— Êtes-vous bien certaine, madame, de l'existence de ces prétendues lettres écrites par mademoiselle Clotilde de Grandlieu à ce jeune homme? dit le duc de Grandlieu. Et il jeta sur madame Camusot un regard, comme un marin jette la sonde.

— Je ne les ai pas vues, mais c'est à craindre, répondit-elle en tremblant.

— Ma fille n'a rien pu écrire qui ne soit avouable! s'écria la duchesse.

— Pauvre duchesse! pensa Diane en jetant un regard au duc de Grandlieu qui le fit trembler.

— Que crois-tu, ma chère petite Diane? dit le duc à l'oreille de la duchesse de Maufrigneuse en l'emmenant dans l'embrasure d'une fenêtre.

— Clotilde est si folle de Lucien, mon cher, qu'elle lui avait donné un rendez-vous avant son départ. Sans la petite Lenoncourt, elle se serait peut-être enfuie avec lui dans la forêt de Fontainebleau! Je sais que Lucien écrivait à Clotilde des lettres à faire partir la tête d'une sainte! Nous sommes trois filles d'Ève enveloppées par le serpent de la correspondance...

Le duc et Diane revinrent de l'embrasure vers la duchesse et madame Camusot, qui causaient à voix basse. Amélie, qui suivait en ceci les avis de la duchesse de Maufrigneuse, se posait en dévote pour gagner le cœur de la fière Portugaise.

— Nous sommes à la merci d'un ignoble forçat évadé! dit le duc en faisant un certain mouvement d'épaule. Voilà ce que c'est que de recevoir chez soi des gens de qui l'on n'est pas parfaitement sûr! On doit, avant d'admettre quelqu'un, bien connaître sa fortune, ses parents, tous ses antécédents...

Cette phrase est la morale de cette histoire, au point de vue aristocratique.

— C'est fait, dit la duchesse de Maufrigneuse. Pensons à sauver la pauvre madame de Sérizy, Clotilde, et moi...

— Nous ne pouvons qu'attendre Henri, je l'ai fait demander; mais tout dépend du personnage que Gentil est allé chercher. Dieu veuille que cet homme soit à Paris! Madame, dit-il en s'adressant à madame Camusot, je vous remercie d'avoir pensé à nous...

C'était le congé de madame Camusot. La fille de l'huissier du cabinet avait assez d'esprit pour comprendre le duc, elle se leva; mais la duchesse de Maufrigneuse, avec cet adorable grâce qui lui conquérait tant de discrétions et d'amitiés, prit Amélie par la main et la montra d'une certaine manière au duc et à la duchesse.

— Pour mon propre compte, et comme si elle ne s'était pas levée dès l'aurore pour nous sauver tous, je vous demande plus d'un souvenir pour ma petite madame Camusot. D'abord elle m'a déjà rendu de ces services qu'on n'oublie point; puis elle nous est tout acquise, elle et son mari. J'ai promis de faire avancer son Camusot, et je vous prie de le protéger avant tout, pour l'amour de moi.

— **Vous n'avez pas besoin de cette recommandation, dit le duc** à madame Camusot. Les Grandlieu se souviennent toujours des services qu'on leur a rendus. Les gens du roi vont dans quelque temps avoir l'occasion de se distinguer, on leur demandera du dévouement, votre mari sera mis sur la brèche...

Madame Camusot se retira fière, heureuse, gonflée à étouffer. Elle revint chez elle triomphante, elle s'admirait, elle se moquait de l'inimitié du procureur général. Elle se disait : Si nous faisions sauter monsieur de Grandville !

Il était temps que madame Camusot se retirât. Le duc de Chaulieu, l'un des favoris du roi, se rencontra sur le perron avec cette bourgeoise.

— Henri, s'écria le duc de Grandlieu quand il entendit annoncer son ami, cours, je t'en prie, au château, tâche de parler au roi, voici de quoi il s'agit. Et il emmena le duc dans l'embrasure de la fenêtre, où il s'était entretenu déjà avec la légère et gracieuse Diane.

De temps en temps le duc de Chaulieu regardait à la dérobée la folle duchesse, qui, tout en causant avec la duchesse pieuse et se laissant sermonner, répondait aux œillades du duc de Chaulieu.

— Chère enfant, dit enfin le duc de Grandlieu dont l'aparté se termina, soyez donc sage ! Voyons ! ajouta-t-il en prenant les mains de Diane, gardez donc les convenances, ne vous compromettez plus, n'écrivez jamais ! Les lettres, ma chère, ont causé tout autant de malheurs particuliers que de malheurs publics... Ce qui serait pardonnable à une jeune fille comme Clotilde, aimant pour la première fois, est sans excuse chez...

— Un vieux grenadier qui a vu le feu ! dit la duchesse en faisant la moue au duc. Ce mouvement de physionomie et la plaisanterie amenèrent le sourire sur les visages désolés des deux ducs et de la pieuse duchesse elle-même. Voilà quatre ans que je n'ai écrit de billets doux !... Sommes-nous sauvées ? demanda Diane qui cachait ses anxiétés sous ses enfantillages.

— Pas encore ! dit le duc de Chaulieu, car vous ne savez pas combien les actes arbitraires sont difficiles à commettre. C'est, pour un roi constitutionnel, comme une infidélité pour une femme mariée. C'est son adultère.

— Son péché mignon ! dit le duc de Grandlieu.

— Le fruit défendu ! reprit Diane en souriant. Oh ! comme je voudrais être le gouvernement; car je n'en ai plus, moi, de ce fruit, j'ai tout mangé.

— Oh! chère! chère! dit la pieuse duchesse, vous allez trop loin.

Les deux ducs, en entendant une voiture s'arrêter au perron avec le fracas que font les chevaux lancés au galop, laissèrent les deux femmes ensemble après les avoir saluées, et allèrent dans le cabinet du duc de Grandlieu, où l'on introduisit l'habitant de la rue Honoré-Chevalier, qui n'était autre que le chef de la contre-police du château, de la police politique, l'obscur et puissant Corentin.

— Passez, dit le duc de Grandlieu, passez, monsieur de Saint-Denis.

Corentin, surpris de trouver tant de mémoire au duc, passa le premier, après avoir salué profondément les deux ducs.

— C'est toujours pour le même personnage, ou à cause de lui, mon cher monsieur, dit le duc de Grandlieu.

— Mais il est mort, dit Corentin.

— Il reste un compagnon, fit observer le duc de Chaulieu, un rude compagnon.

— Le forçat, Jacques Collin! répliqua Corentin.

— Parle, Ferdinand, dit le duc de Chaulieu à l'ancien ambassadeur.

— Ce misérable est à craindre, reprit le duc de Grandlieu; car il s'est emparé, pour pouvoir en faire une rançon, des lettres que mesdames de Sérizy et de Maufrigneuse ont écrites à ce Lucien Chardon, sa créature. Il paraît que c'était un système chez ce jeune homme d'arracher des lettres passionnées en échange des siennes; car mademoiselle de Grandlieu en a écrit, dit-on, quelques-unes; on le craint, du moins, et nous ne pouvons rien savoir, elle est en voyage...

— Le petit jeune homme, répondit Corentin, était incapable de se faire de ces provisions-là!... C'est une précaution prise par l'abbé Carlos Herrera! Corentin appuya son coude sur le bras du fauteuil où il s'était assis, et se mit la tête dans la main en réfléchissant. De l'argent!... cet homme en a plus que nous n'en avons, dit-il. Esther Gobseck lui a servi d'asticot pour pêcher près de deux millions dans cet étang à pièces d'or appelé Nucingen... Messieurs, faites-moi donner plein pouvoir par qui de droit, je vous débarrasse de cet homme!...

— Et... des lettres? demanda le duc de Grandlieu à Corentin.

— Écoutez, messieurs, reprit Corentin en se levant et montrant sa figure de fouine en état d'ébullition. Il enfonça ses mains dans les goussets de son pantalon de molleton noir à pied. Ce grand acteur du drame historique de notre temps avait passé seulement un gilet et une redingote, il n'avait pas quitté son pantalon du matin, tant il savait combien les grands sont reconnaissants de la promptitude en certaines occurrences. Il se promena familièrement dans le cabinet en discutant à haute voix, comme s'il était seul. — C'est un forçat! on peut le jeter, sans procès, au secret, à Bicêtre, sans communications possibles, et l'y laisser crever... Mais il peut avoir donné des instructions à ses affidés, en prévoyant ce cas-là!

— Mais il a été mis au secret, dit le duc de Grandlieu, sur-le-champ, après avoir été saisi chez cette fille, à l'improviste.

— Est-ce qu'il y a des secrets pour ce gaillard-là? répondit Corentin. Il est aussi fort que... que moi!

— Que faire? se dirent par un regard les deux ducs.

— Nous pouvons réintégrer le drôle au bagne immédiatement... à Rochefort, il y sera mort dans six mois! Oh! sans crimes! dit-il en répondant à un geste du duc de Grandlieu. Que voulez-vous? un forçat ne tient pas plus de six mois à un été chaud quand on l'oblige à travailler réellement au milieu des miasmes de la Charente. Mais ceci n'est bon que si notre homme n'a pas pris des précautions pour ces lettres. Si le drôle s'est méfié de ses adversaires, et c'est probable, il faut découvrir quelles sont ses précautions. Si le détenteur des lettres est pauvre, il est corruptible... Il s'agit donc de faire jaser Jacques Collin! Quel duel! j'y serai vaincu. Ce qui vaudrait mieux, ce serait d'acheter ces lettres par d'autres lettres!... des lettres de grâce, et me donner cet homme dans ma boutique. Jacques Collin est le seul homme assez capable pour me succéder, ce pauvre Contenson et ce cher Peyrade étant morts. Jacques Collin m'a tué ces deux incomparables espions comme pour se faire une place. Il faut, vous le voyez, messieurs, me donner carte blanche. Jacques Collin est à la Conciergerie. Je vais aller voir monsieur de Grandville à son parquet. Envoyez donc là quelque personne de confiance qui me rejoigne; car il me faut, soit une lettre à montrer à monsieur de Grandville, qui ne sait rien de moi, lettre que je rendrai d'ailleurs au président du conseil, soit un introducteur très-imposant... Vous avez une demi-heure, car il me faut une demi-heure environ pour m'habiller, c'est-à-dire pour devenir ce que je dois être aux yeux de monsieur le procureur général.

— Monsieur, dit le duc de Chaulieu, je connais votre profonde habileté, je ne vous demande qu'un oui ou un non. Répondez-vous du succès?...

— Oui, avec l'omnipotence, et avec votre parole de ne jamais me voir questionner à ce sujet. Mon plan est fait.

Cette réponse sinistre occasionna chez les deux grands seigneurs un léger frisson.

— Allez! monsieur, dit le duc Chaulieu. Vous porterez cette affaire dans les comptes de celles dont vous êtes habituellement chargé.

Corentin salua les deux grands seigneurs et partit.

Henri de Lenoncourt, pour qui Ferdinand de Grandlieu avait fait atteler une voiture, se rendit aussitôt chez le roi, qu'il pouvait voir en tout temps, par le privilége de sa charge.

Ainsi, les divers intérêts noués ensemble, en bas et en haut de la société, devaient se rencontrer tous dans le cabinet du procureur général, amenés tous par la nécessité, représentés par trois hommes : la justice par monsieur de Grandville, la famille par Corentin, devant ce terrible adversaire, Jacques Collin, qui configurait le mal social dans sa sauvage énergie.

Quel duel que celui de la justice et de l'arbitraire, réunis contre le bagne et sa ruse! Le bagne, ce symbole de l'audace qui supprime le calcul et la réflexion, à qui tous les moyens sont bons, qui n'a pas l'hypocrisie de l'arbitraire, qui symbolise hideusement l'intérêt du ventre affamé, la sanglante, la rapide protestation de la faim! N'était-ce pas l'attaque et la défense? le vol et la propriété? La question terrible de l'état social et de l'état naturel vidée dans le plus étroit espace possible? Enfin, c'était une terrible, une vivante image de ces compromis antisociaux que font les trop faibles représentants du pouvoir avec de sauvages émeutiers.

Lorsqu'on annonça monsieur Camusot au procureur général, il fit un signe pour qu'on le laissât entrer. Monsieur de Grandville, qui pressentait cette visite, voulut s'entendre avec le juge sur la manière de terminer l'affaire Lucien. La conclusion ne pouvait plus être celle qu'il avait trouvée, de concert avec Camusot, la veille, avant la mort du pauvre poëte.

— Asseyez-vous, monsieur Camusot, dit monsieur de Grandville en tombant sur son fauteuil.

Le magistrat, seul avec le juge, laissa voir l'accablement dans lequel il se trouvait. Camusot regarda monsieur de Grandville et aperçut sur ce visage si ferme une pâleur presque livide, et une fatigue suprême, une prostration complète qui dénotaient des souffrances plus cruelles peut-être que celles du condamné à mort à qui le greffier avait annoncé le rejet de son pourvoi en cassation. Et cependant cette lecture, dans les usages de la justice, veut dire : Préparez-vous, voici vos derniers moments.

— Je reviendrai, monsieur le comte, dit Camusot, quoique l'affaire soit urgente...

— Restez, répondit le procureur général avec dignité. Les vrais magistrats, monsieur, doivent accepter leurs angoisses et savoir les cacher. J'ai eu tort, si vous vous êtes aperçu de quelque trouble en moi...

Camusot fit un geste.

— Dieu veuille que vous ignoriez, monsieur Camusot, ces extrêmes nécessités de notre vie! On succomberait à moins! Je viens de passer la nuit auprès d'un de mes plus intimes amis, je n'ai que deux amis, c'est le comte Octave de Bauvan et le comte de Sérizy. Nous sommes restés, monsieur de Sérizy, le comte Octave et moi, depuis six heures hier au soir jusqu'à six heures ce matin, allant à tour de rôle du salon au lit de madame de Sérizy, en craignant chaque fois de la trouver morte ou pour jamais folle! Desplein, Bianchon, Sinard n'ont pas quitté la chambre avec deux garde-malade. Le comte adore sa femme. Pensez à la nuit que je viens d'avoir entre une femme folle d'amour et mon ami fou de désespoir. Un homme d'Etat n'est pas désespéré comme un imbécile! Sérizy, calme comme sur son siège au conseil d'Etat, se tordait sur son fauteuil pour nous offrir un visage tranquille. Et la sueur couronnait ce front incliné par tant de travaux. J'ai dormi de cinq à sept heures et demie, vaincu par le sommeil, et je devais être ici à huit heures et demie pour ordonner une exécution. Croyez-moi, monsieur Camusot, lorsqu'un magistrat a roulé durant toute une nuit dans les abîmes de la douleur, en sentant la main de Dieu appesantie sur les choses humaines et frappant en plein sur de nobles cœurs, il lui est bien difficile de s'asseoir là, devant son bureau, et de dire froidement : Faites tomber une tête à quatre heures! anéantissez une créature de Dieu pleine de vie, de force, de santé. Et cependant tel est mon devoir!... Abîmé de douleur, je dois donner l'ordre de dresser l'échafaud...

» Le condamné ne sait pas que le magistrat éprouve des angoisses égales aux siennes. En ce moment, liés l'un à l'autre par une feuille de papier, moi la société qui se venge, lui le crime à expier, nous sommes le même devoir à deux faces, deux existences cousues pour un instant par le couteau de la loi. Ces douleurs si profondes du magistrat, qui les plaint? qui les console?... notre gloire est de les enterrer au fond de nos cœurs! Le prêtre, avec sa vie offerte à Dieu, le soldat et ses mille morts données au pays, me semblent plus heureux que le magistrat avec ses doutes, ses craintes, sa terrible responsabilité.

» Vous savez qui l'on doit exécuter? continua le procureur général, un jeune homme de vingt-sept ans, beau comme notre mort d'hier, blond comme lui, dont nous avons obtenu la tête contre notre attente; car il n'y avait à sa charge que les preuves du recel. Condamné, ce garçon n'a pas avoué! Il résiste depuis soixante-dix jours à toutes les épreuves, en se disant toujours innocent. Depuis deux mois j'ai deux têtes sur les épaules! Oh! je payerais son aveu d'un an de ma vie, car il faut rassurer les jurés!... Jugez quel coup porté à la justice si quelque jour on découvrait que le crime pour lequel il va mourir a été commis par un autre.

» A Paris, tout prend une gravité terrible, les plus petits incidents judiciaires deviennent politiques.

» Le jury, cette institution que les législateurs révolutionnaires ont crue si forte, est un élément de ruine sociale; car elle manque à sa mission, elle ne protège pas suffisamment la société. Le jury joue avec ses fonctions. Les jurés se divisent en deux camps, dont l'un ne veut plus de la peine de mort, et il en résulte un renversement total de l'égalité devant la loi. Tel crime horrible, le parricide, obtient dans un département un verdict de non culpabilité (1), tandis que dans tel autre un crime ordinaire, pour ainsi dire, est

---

(1) Il existe dans les bagnes *vingt-trois* PARRICIDES à qui l'on a donné les bénéfices des *circonstances atténuantes*.

puni de mort! Que serait-ce si, dans notre ressort, à Paris, on exécutait un innocent? »

— C'est un forçat évadé, fit observer timidement monsieur Camusot.

— Il deviendrait entre les mains de l'opposition et de la presse un agneau pascal! s'écria monsieur de Grandville, et l'opposition aurait beau jeu pour le savonner, car c'est un Corse fanatique des idées de son pays, ses assassinats sont les effets de la *vendetta!*... Dans cette île, on tue son ennemi, et l'on se croit, et l'on est cru très-honnête homme...

» Ah! les vrais magistrats sont bien malheureux! Tenez! ils devraient vivre séparés de toute société, comme jadis les pontifes. Le monde ne les verrait que sortant de leurs cellules à des heures fixes, graves, vieux, vénérables, jugeant à la manière des grands-prêtres dans les sociétés antiques, qui réunissaient en eux le pouvoir judiciaire et le pouvoir sacerdotal! On ne nous trouverait que sur nos siéges... On nous voit aujourd'hui souffrants ou nous amusant comme les autres!... On nous voit dans les salons, en famille, citoyens, ayant des passions, et nous pouvons être grotesques au lieu d'être terribles... »

Ce cri suprême, scandé par des repos et des interjections, accompagné de gestes qui le rendaient d'une éloquence difficilement traduite sur le papier, fit frissonner Camusot.

— Moi, monsieur, dit Camusot, j'ai commencé hier aussi l'apprentissage des souffrances de notre état!... J'ai failli mourir de la mort de ce jeune homme, il n'avait pas compris ma partialité, le malheureux s'est enferré lui-même...

— Eh! il fallait ne pas l'interroger, s'écria monsieur de Grandville, il est si facile de rendre service par une abstention!...

— Et la loi! répondit Camusot, il était arrêté depuis deux jours!...

— Le malheur est consommé, reprit le procureur général. J'ai réparé de mon mieux ce qui, certes, est irréparable. Ma voiture et mes gens sont au convoi de ce pauvre faible poëte. Sérizy a fait comme moi, bien plus, il accepte la charge que lui a donnée ce malheureux jeune homme, il sera son exécuteur testamentaire. Il a obtenu de sa femme, par cette promesse, un regard où luisait le bon sens. Enfin, le comte Octave assiste en personne à ses funérailles.

— Eh bien! monsieur le comte, dit Camusot, achevons notre ouvrage. Il nous reste un prévenu bien dangereux. C'est, vous le savez aussi bien que moi, Jacques Collin. Ce misérable sera reconnu pour ce qu'il est...

— Nous sommes perdus! s'écria monsieur de Grandville.

— Il est en ce moment auprès de votre condamné à mort, qui fut jadis au bagne pour lui ce que Lucien était à Paris... son protégé! Bibi-Lupin s'est déguisé en gendarme pour assister à l'entrevue.

— De quoi se mêle la police judiciaire? dit le procureur général, elle ne doit agir que par mes ordres!...

— Toute la Conciergerie saura que nous tenons Jacques Collin... Eh bien! je viens vous dire que ce grand et audacieux criminel doit posséder les lettres les plus dangereuses de la correspondance de madame de Sérizy, de la duchesse de Maufrigneuse et de mademoiselle Clotilde de Grandlieu.

— Êtes-vous sûr de cela?... demanda monsieur de Grandville en laissant voir sur sa figure une douloureuse surprise.

— Jugez, monsieur le comte, si j'ai raison de craindre ce malheur. Quand j'ai développé la liasse des lettres saisies chez cet infortuné jeune homme, Jacques Collin y a jeté un coup d'œil incisif, et a laissé échapper un sourire de satisfaction, à la signification duquel un juge d'instruction ne pouvait pas se tromper. Un scélérat aussi profond que Jacques Collin se garde bien de lâcher de pareilles armes. Que dites-vous de ces documents entre les mains d'un défenseur que le drôle choisira parmi les ennemis du gouvernement et de l'aristocratie? Ma femme, pour laquelle la duchesse de Maufrigneuse a des bontés, est allée la prévenir, et, dans ce moment, elles doivent être chez les Grandlieu à tenir conseil...

— Le procès de cet homme est impossible! s'écria le procureur général en se levant et parcourant son cabinet à grands pas. Il aura mis les pièces en lieu de sûreté...

— Je sais où, dit Camusot. Par ce seul mot, le juge d'instruction effaça toutes les préventions que le procureur général avait conçues contre lui.

— Voyons!... dit monsieur de Grandville en s'asseyant.

— En venant de chez moi au Palais, j'ai bien profondément réfléchi à cette désolante affaire. Jacques Collin a une tante, une tante naturelle et non artificielle, une femme sur le compte de laquelle la police politique a fait passer une note à la préfecture. Il est l'élève et le dieu de cette femme, la sœur de son père, elle se nomme Jacqueline Collin. Cette drôlesse a un établissement de marchande à la toilette, et, à l'aide des relations qu'elle s'est créées par ce commerce, elle pénètre bien des secrets de famille. Si Jacques Collin a confié la garde de ses papiers sauveurs pour lui quelqu'un, c'est à cette créature ; arrêtons-la...

Le procureur général jeta sur Camusot un fin regard qui voulait dire : Cet homme n'est pas si sot que je le croyais hier ; seulement il est jeune encore, il ne sait pas manœuvrer les guides de la justice.

— Mais, dit Camusot en continuant, pour réussir, il faut changer toutes les mesures que nous avons prises hier, et je venais vous demander vos conseils, vos ordres...

Le procureur général prit son couteau à papier et en frappa doucement le bord de la table, par un de ces gestes, familiers à tous les penseurs, quand ils s'abandonnent entièrement à la réflexion.

— Trois grandes familles en péril ! s'écria-t-il... Il ne faut pas faire un seul pas de clerc !... Vous avez raison, avant tout, suivons l'axiome de Fouché : *Arrêtons!* Il faut réintégrer au secret, à l'instant, Jacques Collin.

— Nous avouons ainsi le forçat ! C'est perdre la mémoire de Lucien...

— Quelle affreuse affaire ! dit monsieur de Grandville, tout est danger.

En ce moment le directeur de la Conciergerie entra, non sans avoir frappé ; mais un cabinet comme celui du procureur général est si bien gardé, que les familiers du parquet peuvent seuls frapper à la porte.

— Monsieur le comte, dit monsieur Gault, le prévenu qui porte le nom de Carlos Herrera demande à vous parler.

— A-t-il communiqué avec quelqu'un ? demanda le procureur général.

— Avec les détenus, car il est au préau depuis sept heures et demie environ. Il a vu le condamné à mort, qui paraît avoir *causé* avec lui.

Monsieur de Grandville, sur un mot de monsieur Camusot qui lui revint comme un trait de lumière, aperçut tout le parti qu'on pouvait tirer, pour obtenir la remise des lettres, d'un aveu de l'intimité de Jacques Collin avec Théodore Calvi. Heureux d'avoir une raison pour remettre l'exécution, le procureur général appela par un geste monsieur Gault près de lui.

— Mon intention, lui dit-il, est de remettre à demain l'exécution ; mais qu'on ne soupçonne pas ce retard à la Conciergerie. Silence absolu. Que l'exécuteur paraisse aller surveiller les apprêts. Envoyez ici, sous bonne garde, ce prêtre espagnol, il nous est réclamé par l'ambassade d'Espagne. Les gendarmes amèneront le sieur Carlos par votre escalier de communication, pour qu'il ne puisse voir personne. Prévenez ces hommes, afin qu'ils se mettent deux à le tenir, chacun par un bras, et qu'on ne le quitte qu'à la porte de mon cabinet. — Êtes-vous bien sûr, monsieur Gault, que ce dangereux étranger n'a pu communiquer qu'avec les détenus ?

— Ah ! au moment où il est sorti de la chambre du condamné à mort, il s'est présenté pour le voir une dame...

Ici les deux magistrats échangèrent un regard, et quel regard !

— Quelle dame ? dit Camusot.

— Une de ses pénitentes... une marquise, répondit monsieur Gault.

— De pis en pis ! s'écria monsieur de Grandville en regardant Camusot.

— Elle a donné la migraine aux gendarmes et aux surveillants, reprit monsieur Gault interloqué.

— Rien n'est indifférent dans vos fonctions, dit sévèrement le procureur général. La Conciergerie n'est pas murée comme elle l'est pour rien. Comment cette dame est-elle entrée ?

— Avec une permission en règle, monsieur, répliqua le directeur. Cette dame, parfaitement bien mise, accompagnée d'un chasseur et d'un valet de pied, en grand équipage, est venue voir son confesseur avant d'aller à l'enterrement de ce malheureux jeune homme que vous avez fait enlever...

— Apportez-moi la permission de la préfecture, dit monsieur de Grandville.

— Elle est donnée à la recommandation de son Excellence le comte de Sérizy.

— Comment était cette femme ? demanda le procureur général.

— Ça nous a paru devoir être une femme comme il faut.

— Avez-vous vu sa figure ?

— Elle portait un voile noir.

— Qu'ont-ils dit?

— Mais une dévote avec un livre de prières!... que pouvait-elle dire?... Elle a demandé la bénédiction de l'abbé, s'est agenouillée...

— Se sont-ils entretenus pendant longtemps? demanda le juge.

— Pas cinq minutes; mais personne de nous n'a rien compris à leurs discours, ils ont parlé vraisemblablement espagnol.

— Dites-nous tout, monsieur, reprit le procureur général. Je vous le répète, le plus petit détail est, pour nous, d'un intérêt capital. Que ceci vous soit un exemple!

— Elle pleurait, monsieur.

— Pleurait-elle réellement?

— Nous n'avons pas pu le voir, elle cachait sa figure dans son mouchoir. Elle a laissé trois cents francs en or pour les détenus.

— Ce n'est pas elle! s'écria Camusot.

— Bibi-Lupin, reprit monsieur Gault, s'est écrié : — *C'est une voleuse.*

— Il s'y connaît, dit monsieur de Grandville. Lancez votre mandat, ajouta-t-il en regardant Camusot, et vivement les scellés chez elle, partout! Mais comment a-t-elle obtenu la recommandation de monsieur de Sérizy?... Apportez-moi la permission de la préfecture... allez, monsieur Gault! Envoyez-moi promptement cet abbé. Tant que nous l'aurons là, le danger ne saurait s'aggraver. Et, en deux heures de conversation, on fait bien du chemin dans l'âme d'un homme.

— Surtout un procureur général comme vous, dit finement Camusot.

— Nous serons deux, répondit poliment le procureur général. Et il retomba dans ses réflexions.

— On devrait créer, dans tous les parloirs de prison, une place de surveillant, qui serait donnée, avec de bons appointements, comme retraite aux plus habiles et aux plus dévoués agents de police, dit-il après une longue pause. Bibi-Lupin devrait finir là ses jours. Nous aurions un œil et une oreille dans un endroit qui veut une surveillance plus habile que celle qui s'y trouve. Monsieur Gault n'a rien pu nous dire de décisif.

— Il est si occupé, dit Camusot; mais entre les secrets et nous, il existe une lacune, et il n'en faudrait pas. Pour venir de la Conciergerie à nos cabinets, on passe par des corridors, par des cours, par des escaliers. L'attention de nos agents n'est pas perpétuelle, tandis que le détenu pense toujours à son affaire.

— Il s'est trouvé, m'a-t-on dit, une dame déjà sur le passage de Jacques Collin, quand il est sorti du secret pour être interrogé. Cette femme est venue jusqu'au poste des gendarmes, en haut du petit escalier de la Souricière, les huissiers me l'ont dit, et j'ai grondé les gendarmes à ce sujet.

— Oh! le palais est à reconstruire en entier, dit monsieur de Grandville; mais c'est une dépense de vingt à trente millions!... Allez donc demander trente millions aux Chambres pour les convenances de la Justice.

On entendit le pas de plusieurs personnes et le son des armes. Ce devait être Jacques Collin.

Le procureur général mit sur sa figure un masque de gravité sous lequel l'homme disparut. Camusot imita le chef du parquet.

En effet, le garçon de bureau du cabinet ouvrit la porte, et Jacques Collin se montra, calme et sans aucun étonnement.

— Vous avez voulu me parler, dit le magistrat, je vous écoute.

— Monsieur le comte, je suis Jacques Collin, je me rends!

Camusot tressaillit, le procureur général resta calme.

— Vous devez penser que j'ai des motifs pour agir ainsi, reprit Jacques Collin, en étreignant les deux magistrats par un regard railleur. Je dois vous embarrasser énormément; car en restant prêtre espagnol, vous me faites reconduire par la gendarmerie jusqu'à la frontière de Bayonne, et là, des baïonnettes espagnoles vous débarrasseraient de moi!

Les deux magistrats demeurèrent impassibles et silencieux.

— Monsieur le comte, reprit le forçat, les raisons qui me font agir ainsi sont encore plus graves que celles-ci, quoiqu'elles me soient diablement personnelles; mais je ne puis les dire qu'à vous... Si vous aviez peur...

— Peur de qui? de quoi? dit le comte de Grandville. L'attitude, la physionomie, l'air de tête, le geste, le regard, firent en ce moment de ce grand procureur général une vivante image de la Magistrature, qui doit offrir les plus beaux exemples de courage civil. Dans ce moment si rapide, il fut à la hauteur des vieux magistrats **de l'ancien parlement, au temps des guerres civiles où les prési-**

dents se trouvaient face à face avec la mort et restaient alors de marbre comme les statues qu'on leur a élevées.

— Mais peur de rester seul avec un forçat évadé.

— Laissez-nous, monsieur Camusot, dit vivement le procureur général.

— Je voulais vous proposer de me faire attacher les mains et les pieds, reprit froidement Jacques Collin en enveloppant les deux magistrats d'un regard formidable. Il fit une pause et reprit gravement : Monsieur le comte, vous n'aviez que mon estime, mais vous avez en ce moment mon admiration...

— Vous vous croyez donc redoutable? demanda le magistrat d'un air plein de mépris.

— *Me croire* redoutable ! dit le forçat, à quoi bon ? je le suis et je le sais. Jacques Collin prit une chaise et s'assit avec toute l'aisance d'un homme qui se sait à la hauteur de son adversaire dans une conférence où il traite de puissance à puissance.

En ce moment, monsieur Camusot, qui se trouvait sur le seuil de la porte qu'il allait fermer, rentra, revint jusqu'à monsieur de Grandville, et lui remit, pliés, deux papiers...

— Voyez, dit le juge au procureur général en lui montrant l'un des papiers.

— Rappelez monsieur Gault, cria le comte de Grandville aussitôt qu'il eut lu le nom de la femme de chambre de madame de Maufrigneuse, qui lui était connue.

Le directeur de la Conciergerie entra.

— Dépeignez-nous, lui dit à l'oreille le procureur général, la femme qui est venue voir le prévenu.

— Petite, forte, grasse, trapue, répondit monsieur Gault.

— La personne pour qui le permis a été délivré est grande et mince, dit monsieur de Grandville. Quel âge, maintenant ?

— Soixante ans.

— Il s'agit de moi, messieurs ? dit Jacques Collin. Voyons, reprit-il avec bonhomie, ne cherchez pas. Cette personne est ma tante, une tante vraisemblable, une femme, une vieille. Je puis vous éviter bien des embarras... Vous ne trouverez ma tante que si je le veux... Si nous pataugeons ainsi, nous n'avancerons guère.

— Monsieur l'abbé ne parle plus le français en espagnol, dit monsieur Gault, il ne bredouille plus.

— Parce que les choses sont assez embrouillées, mon cher monsieur Gault! répondit Jacques Collin avec un sourire amer et en appelant le directeur par son nom.

En ce moment monsieur Gault se précipita vers le procureur général et lui dit à l'oreille :

— Prenez garde à vous, monsieur le comte, cet homme est en fureur !

Monsieur de Grandville regarda lentement Jacques Collin et le trouva calme; mais il reconnut bientôt la vérité de ce que lui disait le directeur. Cette trompeuse attitude cachait la froide et terrible irritation des nerfs du sauvage. Les yeux de Jacques Collin couvaient une éruption volcanique, ses poings étaient crispés. C'était bien le tigre se ramassant pour bondir sur une proie.

— Laissez-nous, reprit d'un air grave le procureur général en s'adressant au directeur de la Conciergerie et au juge.

— Vous avez bien fait de renvoyer l'assassin de Lucien !... dit Jacques Collin sans s'inquiéter si Camusot pouvait ou non l'entendre, je n'y tenais plus, j'allais l'étrangler...

Et monsieur de Grandville frissonna. Jamais il n'avait vu tant de sang dans les yeux d'un homme, tant de pâleur aux joues, tant de sueur au front, et une pareille contraction de muscles.

— A quoi ce meurtre vous eût-il servi ? demanda tranquillement le procureur général au criminel.

— Vous vengez tous les jours ou vous croyez venger la Société, monsieur, et vous me demandez raison d'une vengeance !... Vous n'avez donc jamais senti dans vos veines la vengeance y roulant ses lames... Ignorez-vous donc que c'est cet imbécile de juge qui nous l'a tué; car vous l'aimiez, mon Lucien, et il vous aimait ! Je vous sais par cœur, monsieur. Ce cher enfant me disait tout, le soir, quand il rentrait; je le couchais, comme une bonne couche son marmot, et je lui faisais tout raconter... Il me confiait tout, jusqu'à ses moindres sensations... Ah ! jamais une bonne mère n'a tendrement aimé son fils unique comme j'aimai cet ange. Si vous saviez ! le bien naissait dans ce cœur comme les fleurs se lèvent dans les prairies. Il était faible, voilà son seul défaut, faible comme la corde de la lyre, si forte quand elle se tend... C'est les plus belles natures, leur faiblesse est tout uniment la tendresse, l'admiration, la faculté de s'épanouir au soleil de l'art, de l'amour, du beau que Dieu a fait pour l'homme sous mille formes !... Enfin, Lucien était une femme manquée. Ah ! que n'ai-je pas dit à la brute bête qui vient de sortir... Ah! monsieur, j'ai fait, dans ma sphère de prévenu devant un juge, ce que Dieu aurait fait pour sauver son fils, si, voulant le sauver, il l'eût accompagné devant Pilate!...

Un torrent de larmes sortit des yeux clairs et jaunes du forçat qui naguère flamboyaient comme ceux d'un loup affamé par six mois de neige en pleine Ukraine. Il continua : Cette buse n'a voulu rien écouter, et il a perdu l'enfant!... Monsieur, j'ai lavé le cadavre du petit de mes larmes, en implorant *celui que je ne connais pas* et qui est au-dessus de nous! Moi qui ne crois pas en Dieu!... (Si je n'étais pas matérialiste, je ne serais pas moi!...) Je vous ai tout dit là dans un mot! Vous ne savez pas, aucun homme ne sait ce que c'est que la douleur ; moi seul je la connais. Le feu de la douleur absorbait si bien mes larmes, que cette nuit je n'ai pas pu pleurer. Je pleure maintenant, parce que je sens que vous me comprenez. Je vous ai vu là, tout à l'heure, posé en justice... Ah! monsieur, que Dieu... (je commence à croire en lui!) que Dieu vous préserve d'être comme je suis... Ce sacré juge m'a ôté mon âme. Monsieur! monsieur! on enterre en ce moment ma vie, ma beauté, ma vertu, ma conscience, toute ma force! Figurez-vous un chien à qui un chimiste soutire le sang... Me voilà! je suis ce chien... Voilà pourquoi je suis venu vous dire : « Je suis Jacques Collin, je me rends!... » J'avais résolu cela ce matin quand on est venu m'arracher ce corps que je baisais comme un insensé, comme une mère, comme la Vierge a dû baiser Jésus au tombeau... Je voulais me mettre au service de la justice sans conditions... Maintenant, je dois en faire, vous allez savoir pourquoi...

— Parlez-vous à monsieur de Grandville ou au procureur général? dit le magistrat.

Ces deux hommes, le CRIME et la JUSTICE, se regardèrent. Le forçat avait profondément ému le magistrat qui fut pris d'une pitié divine pour ce malheureux, il devina sa vie et ses sentiments. Enfin, le magistrat (un magistrat est toujours magistrat) à qui la conduite de Jacques Collin depuis son évasion était inconnue, pensa qu'il pourrait se rendre maître de ce criminel, uniquement coupable d'un faux après tout. Et il voulut essayer de la générosité sur cette nature composée, comme le bronze, de divers métaux, de bien et de mal. Puis monsieur de Grandville, arrivé à cinquante-trois ans sans avoir pu jamais inspirer l'amour, admirait les natures tendres, comme tous les hommes qui n'ont pas été aimés. Peut-être ce désespoir, le lot de beaucoup d'hommes à qui les femmes n'accordent que leur estime ou leur amitié, était-il le lien secret de l'intimité profonde de messieurs de Bauvan, de Grandville et de Sérizy ; car un même malheur, tout aussi bien qu'un bonheur mutuel, met les âmes au même diapason.

— Vous avez un avenir !... dit le procureur général en jetant un regard d'inquisiteur sur ce scélérat abattu.

L'homme fit un geste par lequel il exprima la plus profonde indifférence de lui-même.

« Lucien laisse un testament par lequel il vous lègue trois cent mille francs...

— Pauvre ! pauvre petit ! pauvre petit ! s'écria Jacques Collin, toujours *trop* honnête ! J'étais, moi, tous les sentiments mauvais ; il était, lui, le bon, le noble, le beau, le sublime ! On ne change pas de si belles âmes ! il n'avait pris de moi que mon argent, monsieur !

Cet abandon profond, entier de la personnalité que le magistrat ne pouvait ranimer, prouvait si bien les terribles paroles de cet homme que monsieur de Grandville passa du côté du criminel. Restait le procureur général !

— Si rien ne vous intéresse plus, demanda monsieur de Grandville, qu'êtes-vous donc venu me dire ?

— N'est-ce pas déjà beaucoup que de me livrer ? Vous *brûliez*, mais vous ne me teniez pas ? vous seriez d'ailleurs trop embarrassé de moi !...

— Quel adversaire ! pensa le procureur général.

« Vous allez, monsieur le procureur général, faire couper le cou à un innocent, et j'ai trouvé le coupable, reprit gravement Jacques Collin en séchant ses larmes. Je ne suis pas ici pour eux, mais pour vous. Je venais vous ôter un remords, car j'aime tous ceux qui ont porté un intérêt quelconque à Lucien, de même que je poursuivrai de ma haine tous ceux ou celles qui l'ont empêché de vivre... Qu'est-ce que ça me fait un forçat à moi ? reprit-il après une légère pause. Un forçat, à mes yeux, c'est à peine pour moi ce qu'est une fourmi pour vous. Je suis comme les brigands de l'Italie, de fiers hommes ! tant que le voyageur leur rapporte quelque chose de plus que le prix du coup de fusil, ils l'étendent mort ! Je n'ai pensé qu'à vous. J'ai confessé ce jeune homme, qui ne pouvait se fier qu'à moi c'est mon camarade de chaîne ! Théodore est une bonne nature; il a cru rendre service à une maîtresse en se chargeant de vendre ou d'engager des objets volés; mais il n'est pas plus criminel dans l'affaire de Nanterre que vous ne l'êtes. C'est un Corse, c'est dans leurs mœurs de se venger, de se tuer les uns les autres comme des mouches.

» En Italie et en Espagne, on n'a pas le respect de la vie de l'homme, et c'est tout simple. On nous y croit pourvus d'une âme, d'un quelque chose, une image de nous qui nous survit, qui vivrait éternellement. Allez donc dire cette billevesée à nos annalistes! Ce sont les pays athées ou philosophes qui font payer chèrement la vie humaine à ceux qui la troublent, et ils ont raison, puisqu'ils ne croient qu'à la matière, au présent!

» Si Calvi vous avait indiqué la femme de qui viennent les objets volés, vous auriez trouvé, non pas le vrai coupable, car il est dans vos griffes, mais un complice que le pauvre Théodore ne veut pas perdre, car c'est une femme... Que voulez-vous? chaque état a son point d'honneur, le bagne et les filous ont les leurs! Maintenant je connais l'assassin de ces deux femmes et les auteurs de ce coup hardi, singulier, bizarre, on me l'a raconté dans tous ses détails. Suspendez l'exécution de Calvi, vous saurez tout, mais donnez-moi votre parole de le réintégrer au bagne, en faisant commuer sa peine.... Dans la douleur où je suis, on ne peut prendre la peine de mentir, vous savez cela. Ce que je vous dis est la vérité...

— Avec vous, Jacques Collin, quoique ce soit abaisser la justice, qui ne saurait faire de semblables compromis, je crois pouvoir me relâcher de la rigueur de mes fonctions, et en référer à qui de droit.

— M'accordez-vous cette vie?

— Cela se pourra...

— Monsieur, je vous supplie de me donner votre parole, elle me suffira.

Monsieur de Grandville fit un geste d'orgueil blessé.

« Je tiens l'honneur de trois grandes familles, et vous ne tenez que la vie de trois forçats, reprit Jacques Collin, je suis plus fort que vous.

— Vous pouvez être remis au secret; que ferez-vous?... demanda le procureur général.

— Eh! nous jouons donc! dit Jacques Collin. Je parlais à la

*bonne franquette*, moi ! je parlais à monsieur de Grandville ; mais si le procureur général est là, je reprends mes cartes et je poitrine. Et moi qui, si vous m'aviez donné votre parole, allais vous rendre les lettres écrites à Lucien par mademoiselle Clotilde de Grandlieu ! Cela fut dit avec un accent, un sang-froid et un regard qui révélèrent à M. de Grandville un adversaire avec qui la moindre faute était dangereuse.

— Est-ce là tout ce que vous demandez ? dit le procureur général.

— Je vais vous parler pour moi, dit Jacques Collin. L'honneur de la famille Grandlieu paye la commutation de peine de Théodore : c'est donner beaucoup et recevoir peu. Qu'est-ce qu'un forçat condamné à perpétuité ?... S'il s'évade, vous pouvez vous défaire si facilement de lui ! c'est une lettre de change sur la guillotine ! Seulement, comme on l'avait fourré dans des intentions peu charmantes à Rochefort, vous me promettrez de le faire diriger sur Toulon, en recommandant qu'il y soit bien traité. Maintenant, moi, je veux davantage ; j'ai le dossier de madame de Sérizy et celui de la duchesse de Maufrigneuse, et quelles lettres !... Tenez, monsieur le comte : Les filles publiques en écrivant font du style et de beaux sentiments, eh bien ! les grandes dames qui font du style et de grands sentiments toute la journée, écrivent comme les filles agissent. Les philosophes trouveront la raison de ce chassez-croisez, je ne tiens pas à la chercher. La femme est un être inférieur, elle obéit trop à ses organes. Pour moi, la femme n'est belle que quand elle ressemble à un homme !

» Aussi ces petites duchesses qui sont viriles par la tête ont-elles écrit des chefs-d'œuvre... Oh ! c'est beau, d'un bout à l'autre, comme la fameuse ode de Piron... »

— Vraiment ?

— Vous voulez les voir ?... dit Jacques Collin en souriant.

Le magistrat devint honteux.

— Je puis vous en faire lire ; mais, là, pas de farce ! Nous jouons franc jeu ?... Vous me rendrez les lettres, et vous défendrez qu'on moucharde, qu'on suive et qu'on regarde la personne qui va les apporter.

— Cela prendra du temps ? dit le procureur général.

— Non, il est neuf heures et demie... reprit Jacques Collin en regardant la pendule ; eh bien ! en quatre minutes nous aurons une lettre de chacune de ces deux dames ; et, après les avoir lues, vous contremanderez la guillotine ! Si ça n'était pas ce que cela est, vous ne me verriez pas si tranquille. Ces dames sont d'ailleurs averties...

Monsieur de Grandville fit un geste de surprise.

— Elles doivent se donner à cette heure bien du mouvement, elles vont mettre en campagne le garde des sceaux, elles iront, qui sait, jusqu'au roi... Voyons, me donnez-vous votre parole d'ignorer qui sera venu, de ne pas suivre ni faire suivre pendant une heure cette personne?

— Je vous le promets !

— Bien, vous ne voudriez pas, vous, tromper un forçat évadé. Vous êtes du bois dont sont fait les Turenne et vous tenez votre parole à des voleurs... Eh bien ! dans la salle des Pas-Perdus, il y a dans ce moment une mendiante en haillons, une vieille femme, au milieu même de la salle. Elle doit causer avec un des écrivains publics de quelque procès de mur mitoyen ; envoyez votre garçon de bureau la chercher, en lui disant ceci : *Dabor ti mandana.* Elle viendra... Mais ne soyez pas cruel inutilement !... Ou vous acceptez mes propositions, ou vous ne voulez pas vous compromettre avec un forçat... Je ne suis qu'un faussaire, remarquez !... Eh bien ! ne laissez pas Calvi dans les affreuses angoisses de la toilette...

— L'exécution est déjà contremandée... Je ne veux pas, dit monsieur de Grandville à Jacques Collin, que la justice soit au-dessous de vous !

Jacques Collin regarda le procureur général avec une sorte d'étonnement et lui vit tirer le cordon de sa sonnette.

— Voulez-vous ne pas vous échapper? Donnez-moi votre parole, je m'en contente. Allez chercher cette femme...

Le garçon de bureau se montra.

« Félix, renvoyez les gendarmes... » dit monsieur de Grandville.

Jacques Collin fut vaincu.

Dans ce duel avec le magistrat, il voulait être le plus grand, le plus fort, le plus généreux, et le magistrat l'écrasait. Néanmoins, le forçat se sentit bien supérieur en ce qu'il jouait la justice, qui lui persuadait que le coupable était innocent, et qu'il disputait victorieusement une tête ; mais cette supériorité devait être sourde, secrète, cachée, tandis que la *Gigogne* l'accablait au grand jour, et majestueusement.

Au moment où Jacques Collin sortait du cabinet de monsieur de Grandville, le secrétaire général de la présidence du conseil, un député, le comte des Lupeaulx, se présentait accompagné d'un petit vieillard souffreteux. Ce personnage, enveloppé d'une douillette puce, comme si l'hiver régnait encore, à cheveux poudrés, le visage blême et froid, marchait en goutteux, peu sûr de ses pieds grossis par des souliers en veau d'Orléans, appuyé sur une canne à pomme d'or, tête nue, son chapeau à la main, la boutonnière ornée d'une brochette à sept croix.

— Qu'y a-t-il, mon cher des Lupeaulx? demanda le procureur général.

— Le prince m'envoie, dit-il à l'oreille de monsieur de Grandville. Vous avez carte blanche pour retirer les lettres de mesdames de Sérizy et de Maufrigneuse, et celles de mademoiselle Clotilde de Grandlieu. Vous pouvez vous entendre avec ce monsieur...

— Qui est-ce? demanda le procureur général à l'oreille de des Lupeaulx.

— Je n'ai pas de secrets pour vous, mon cher procureur général, c'est le fameux Corentin. Sa Majesté vous fait dire de lui rapporter vous-même toutes les circonstances de cette affaire et les conditions du succès.

— Rendez-moi le service, répondit le procureur général à l'oreille de des Lupeaulx, d'aller dire au prince que tout est terminé, que je n'ai pas eu besoin de ce monsieur, ajouta-t-il en désignant Corentin. J'irai prendre les ordres de Sa Majesté, quant à la conclusion de l'affaire qui regardera le garde des sceaux, car il y a deux grâces à donner.

— Vous avez sagement agi en allant de l'avant, dit des Lupeaulx en donnant une poignée de main au procureur général. Le roi ne veut pas, à la veille de tenter une grande chose, voir la pairie et les grandes familles tympanisées, salies... Ce n'est plus un vil procès criminel, c'est une affaire d'État...

— Mais dites au prince que, lorsque vous êtes venu, **tout était fini!**

— Vraiment?

— Je le crois.

CORENTIN.  LE COMTE DES LUPEAUX.

Vous pouvez vous entendre avec Monsieur.... c'est le fameux Corentin.

(DERNIÈRE INCARNATION DE VAUTRIN.)

— Vous serez alors garde des sceaux, quand le garde des sceaux actuel sera chancelier, mon cher...

— Je n'ai pas d'ambition!... répondit le procureur général.

Des Lupeaulx sortit en riant.

— Priez le prince de solliciter du roi dix minutes d'audience pour moi, vers deux heures et demie, ajouta monsieur de Grandville, en reconduisant le comte des Lupeaulx.

— Et vous n'êtes pas ambitieux! dit des Lupeaulx en jetant un fin regard à monsieur de Grandville. Allons, vous avez deux enfants, vous voulez être fait au moins pair de France...

— Si monsieur le procureur général a les lettres, mon intervention devient inutile, fit observer Corentin, en se trouvant seul avec monsieur de Grandville, qui le regardait avec une curiosité très-compréhensible.

— Un homme comme vous n'est jamais de trop dans une affaire si délicate, répondit le procureur général en voyant que Corentin avait tout compris ou tout entendu.

Corentin salua par un petit signe de tête presque protecteur.

— Connaissez-vous, monsieur, le personnage dont il s'agit?

— Oui, monsieur le comte, c'est Jacques Collin, le chef de la société des Dix-Mille, le banquier des trois bagnes, un forçat qui, depuis cinq ans, a su se cacher sous la soutane de l'abbé Carlos Herréra. Comment a-t-il été chargé d'une mission du roi d'Espagne pour le feu roi, nous nous perdons tous à la recherche du vrai dans cette affaire? J'attends une réponse de Madrid, où j'ai envoyé des notes et un homme. Ce forçat a le secret de deux rois...

— C'est un homme vigoureusement trempé! Nous n'avons que deux partis à prendre : se l'attacher, ou se défaire de lui, dit le procureur général.

— Nous avons eu la même idée, et c'est un grand honneur pour moi, répliqua Corentin. Je suis forcé d'avoir tant d'idées et pour tant de monde, que sur le nombre je dois me rencontrer avec un homme d'esprit. Ce fut débité si sèchement et d'un ton si glacé, que le procureur général garda le silence et se mit à expédier quelques affaires pressantes.

Lorsque Jacques Collin se montra dans la salle des Pas-Perdus, on ne peut se figurer l'étonnement dont fut saisie mademoiselle Jacqueline Collin. Elle resta plantée sur ses deux jambes, les mains sur ses hanches, car elle était costumée en marchande des quatre saisons. Quelque habituée qu'elle fût aux tours de force de son neveu, celui-là dépassait tout.

— Eh bien! si tu continues à me regarder comme un cabinet d'histoire naturelle, dit Jacques Collin, en prenant le bras de sa tante et l'emmenant hors de la salle des Pas-Perdus, ça nous fera prendre pour deux curiosités, l'on nous arrêterait peut-être, et nous perdrions du temps. Et il descendit l'escalier de la galerie Marchande, qui mène rue de la Barillerie. — Où est Paccard?

— Il m'attend chez la Rousse et se promène sur le quai aux Fleurs.

— Et Prudence?

— Elle est chez elle, comme ma filleule.

— Allons-y...

— Regarde si nous sommes suivis...

La Rousse, quincaillière, établie quai aux Fleurs, était la veuve d'un célèbre assassin, un *Dix-Mille*. En 1819, Jacques Collin avait fidèlement remis vingt et quelques mille francs à cette fille, de la part de son amant, après l'exécution. Trompe-la-Mort connaissait seul l'intimité de cette jeune personne, alors modiste, avec son *fanandel*.

— Je suis le *dab* de ton homme, avait dit alors le pensionnaire de madame Vauquer à la modiste, qu'il avait fait venir au Jardin des Plantes. Il a dû te parler de moi, ma petite. Quiconque me trahit meurt dans l'année! quiconque m'est fidèle n'a jamais rien à redouter de moi. Je suis *ami* à mourir sans dire un mot qui compromette ceux à qui je veux du bien. Sois à moi comme une âme est au diable, et tu en profiteras. J'ai promis que tu serais heureuse à ton pauvre Auguste, qui voulait te mettre dans l'opulence; et il s'est fait *faucher* à cause de toi. Ne pleure pas. Écoute-moi : personne au monde que moi ne sais que tu étais la maîtresse d'un forçat, d'un assassin qu'on a *terré* samedi; jamais je n'en dirai rien. Tu as vingt-deux ans, tu es jolie, te voilà riche de vingt-six mille francs; oublie Auguste, marie-toi, deviens une honnête femme si tu peux. En retour de cette tranquillité, je te demande de me servir, moi et ceux que je t'adresserai, mais sans hésiter. Jamais je ne te demanderai rien de compromettant, ni pour toi, ni pour tes enfants, ni pour ton mari, si tu en as un, ni pour ta famille. Souvent, dans le métier que je fais, il me faut un lieu sûr pour causer, pour me cacher. J'ai besoin d'une femme discrète pour porter une lettre, se charger d'une commission. Tu seras une de mes boîtes à lettres, une de mes loges de portiers, un de mes émissaires, rien de plus, rien de moins. Tu es trop blonde, Auguste et moi nous te nommions *la Rousse*, tu garderas ce nom-là. Ma tante, la marchande au Temple, avec qui je te lierai, sera la seule personne au monde à qui tu devras obéir; dis-lui tout ce qui t'arrivera; elle te mariera, elle te sera très-utile.

Ce fut ainsi que se conclut un de ces pactes diaboliques dans le genre de celui qui, pendant si longtemps, lui avait lié Prudence Servien, et que cet homme ne manquait jamais à cimenter; car il avait, comme le démon, la passion du recrutement.

Jacqueline Collin avait marié la Rousse au premier commis d'un riche quincaillier en gros, vers 1821. Ce premier commis, ayant traité de la maison de commerce de son patron, se trouvait alors en voie de prospérité, père de deux enfants, et adjoint au maire de son quartier. Jamais la Rousse, devenue madame Prélard, n'avait eu le plus léger motif de plainte, ni contre Jacques Collin, ni contre sa tante; mais, à chaque service demandé, madame Prélard tremblait de tous ses membres. Aussi devint-elle pâle et blême en voyant entrer dans sa boutique ces deux terribles personnages.

— Nous avons à vous parler d'affaires, Madame, dit Jacques Collin.

— Mon mari est là, répondit-elle.

— Eh bien! nous n'avons pas trop besoin de vous pour le moment; je ne dérange jamais inutilement les gens.

— Envoyez chercher un fiacre, ma petite, dit Jacqueline Collin, et dites à ma filleule de descendre; j'espère la placer comme femme de chambre chez une grande dame, et l'intendant de la maison veut l'emmener.

Paccard, qui ressemblait à un gendarme mis en bourgeois, causait en ce moment avec monsieur Prélard d'une importante fourniture de fil de fer pour un pont.

Un commis alla chercher un fiacre, et quelques minutes après, Europe, ou pour lui faire quitter le nom sous lequel elle avait servi Esther, Prudence Servien, Paccard, Jacques Collin et sa tante étaient, à la grande joie de la Rousse, réunis dans un fiacre, à qui Trompe-la-Mort donna l'ordre d'aller à la barrière d'Ivry.

Prudence Servien et Paccard, tremblant devant le *dab*, ressemblaient à des âmes coupables en présence de Dieu.

— Où sont les sept cent *cinquante* mille francs? leur demanda le *dab*, en plongeant sur eux un de ces regards fixes et clairs qui troublaient si bien le sang de ces âmes damnées, quand elles étaient en faute, qu'elles croyaient avoir autant d'épingles que de cheveux dans la tête.

— Les sept cent *trente* mille francs, répondit Jacqueline Collin à son neveu, sont en sûreté, je les ai remis ce matin à la Romette, dans un paquet cacheté...

— Si vous ne les aviez pas remis à Jacqueline, dit Trompe-la-Mort, vous alliez droit-là... dit-il en montrant la place de Grève, devant laquelle le fiacre se trouvait.

Prudence Servien fit, à la mode de son pays, un signe de croix, comme si elle avait vu tomber le tonnerre.

— Je vous pardonne, reprit le *dab*, à condition que vous ne commettrez plus de fautes semblables, et que désormais vous serez pour moi ce que sont ces deux doigts de la main droite, dit-il en montrant l'index et le doigt du milieu, car le pouce, c'est cette bonne *largue*-là! Et il frappa sur l'épaule de sa tante. Ecoutez-moi. Désormais, toi, Paccard, tu n'auras plus rien à craindre, et tu peux suivre ton nez dans Pantin à ton aise! Je te permets d'épouser Prudence.

Paccard prit la main de Jacques Collin et la baissa respectueusement.

— Qu'aurai-je à faire? demanda-t-il.

— Rien, et tu auras des rentes et des femmes, sans compter la tienne, car tu es très-Régence, mon vieux!... Voilà ce que c'est que d'être trop bel homme!

Paccard rougit de recevoir ce railleur éloge de son sultan.

— Toi, Prudence, reprit Jacques, il te faut une carrière, un état, un avenir, et rester à mon service. Écoute-moi bien. Il existe rue Sainte-Barbe une très-bonne maison appartenant à cette madame Saint-Estève, à qui ma tante emprunte quelquefois son nom... C'est une bonne maison, bien achalandée, qui rapporte quinze ou vingt mille francs par an. La Saint-Estève fait tenir cet établissement par...

— La Gonore, dit Jacqueline.

— La *largue* à ce pauvre La Pouraille, dit Paccard. C'est là que j'ai filé avec Europe le jour de la mort de cette pauvre madame Van Bogseck, notre maîtresse...

— On jase donc quand je parle? dit Jacques Collin.

Le plus profond silence régna dans le fiacre, et Prudence ni Paccard n'osèrent plus se regarder.

— La maison est donc tenue par la Gonore, reprit Jacques Collin. Si tu y es allé te cacher avec Prudence, je vois, Paccard, que tu as assez d'esprit pour *esquinter la raille* (enfoncer la police), mais que tu n'es pas assez fin pour faire voir des couleurs à la *darbonne*..., dit-il en caressant le menton de sa tante. Je devine maintenant comment elle a pu te trouver... Ça se rencontre bien. Vous allez y retourner, chez la Gonore... Je reprends : Jacqueline va négocier avec madame Nourrisson l'affaire de l'acquisition de son établissement de la rue Sainte-Barbe, et tu pourras y faire fortune avec de la conduite, ma petite! dit-il en regardant Prudence. Abbesse à ton âge! c'est le fait d'une fille de France, ajouta-t-il d'une voix mordante.

Prudence sauta au cou de Trompe-la-Mort et l'embrassa, mais par un coup sec qui dénotait sa force extraordinaire, le *dab* la repoussa si vivement, que, sans Paccard, la fille allait se cogner la tête dans la vitre du fiacre et la casser.

— A bas les pattes! Je n'aime pas ces manières! dit sèchement le *dab*, c'est me manquer de respect.

— Il a raison, ma petite, dit Paccard. Vois-tu, c'est comme si le *dab* te donnait cent mille francs. La boutique vaut cela. C'est sur le boulevard, en face du Gymnase. Il y a la sortie du spectacle...

— Je ferai mieux, j'achèterai aussi la maison, dit Trompe-la-Mort.

— Et nous voilà riches à millions en six ans! s'écria Paccard.

Fatigué d'être interrompu, Trompe-la-Mort envoya dans le tibia de Paccard un coup de pied à le lui casser; mais Paccard avait des nerfs en caoutchouc et des os en fer-blanc.

— Suffit, *Dab!* on se taira, répondit-il.

— Croyez-vous que je dis des sornettes? reprit Trompe-la-Mort qui s'aperçut alors que Paccard avait bu quelques petits verres de trop. Ecoutez. Il y a dans la cave de la maison deux cent cinquante mille francs en or..

Le silence le plus profond régna de nouveau dans le fiacre.

» Cet or est dans un massif très-dur... Il s'agit d'extraire cette somme, et vous n'avez que trois nuits pour y arriver. Jacqueline vous aidera... Cent mille francs serviront à payer l'établissement, cinquante mille à l'achat de la maison, et vous laisserez le reste. »

— Où? dit Paccard.

— Dans la cave! répéta Prudence.

— Silence! dit Jacqueline.

— Oui, mais pour la transmission de cette charge, il faut l'agrément de la *raille* (la police), dit Paccard.

— On l'aura, dit sèchement Trompe-la-Mort. De quoi te mêles-tu?...

Jacqueline regarda son neveu et fut frappée de l'altération de ce visage à travers le masque impassible sous lequel cet homme si fort cachait habituellement ses émotions.

— Ma fille, dit Jacques Collin à Prudence Servien, ma tante va te remettre les sept cent cinquante mille francs.

— Sept cent trente, dit Paccard.

— Hé bien, soit! sept cent trente, reprit Jacques Collin. Cette nuit, il faut que tu reviennes sous un prétexte quelconque à la maison de madame Lucien. Tu monteras par la lucarne, sur le toit; tu descendras par la cheminée dans la chambre à coucher de ta feue maîtresse, et tu placeras dans le matelas de son lit le paquet qu'elle avait fait...

— Et pourquoi pas par la porte? dit Prudence Servien.

— Imbécile, les scellés y sont! répliqua Jacques Collin. L'inventaire se fera dans quelques jours, et vous serez innocents du vol...

— Vive le *dab!* s'écria Paccard. Ah! quelle bonté!

— Cocher, arrêtez!... cria de sa voix puissante Jacques Collin.

Le fiacre se trouvait devant la place des fiacres du Jardin des Plantes.

— Détalez, mes enfants, dit Jacques Collin, et ne faites pas de sottises! Trouvez-vous ce soir sur le pont des Arts, à cinq heures, et là, ma tante vous dira s'il n'y a pas contre-ordre. Il faut tout prévoir, ajouta-t-il à voix basse à sa tante. Jacqueline vous expliquera demain, reprit-il, comment s'y prendre pour extraire sans danger l'or de la *profonde*. C'est une opération très-délicate...

Prudence et Paccard sautèrent sur le pavé du roi, heureux comme des voleurs graciés.

— Ah! quel brave homme que le *dab!* dit Paccard.
— Ce serait le roi des hommes, s'il n'était pas si méprisant pour les femmes!
— Ah! il est bien aimable! s'écria Paccard. As-tu vu quels coups de pieds il m'a donnés! Nous méritions d'être envoyés *ad patres;* car enfin c'est nous qui l'avons mis dans l'embarras...
— Pourvu, dit la spirituelle et fine Prudence, qu'il ne nous fourre pas dans quelque crime pour nous envoyer au *pré*...
— Lui! s'il en avait la fantaisie, il nous le dirait, tu ne le connais pas! Quel joli sort il te fait! Nous voilà bourgeois. Quelle chance! Oh! quand il vous aime, cet homme-là, il n'a pas son pareil pour la bonté!...
— Ma minette! dit Jacques Collin à sa tante, charge-toi de la Gonore, il faut l'endormir; elle sera, dans cinq jours d'ici, arrêtée, et on trouvera dans sa chambre cent cinquante mille francs d'or qui resteront d'une autre part dans l'assassinat des vieux Crottat, père et mère du notaire.
— Elle en aura pour cinq ans de Madelonnettes, dit Jacqueline.
— A peu près, répondit Jacques Collin. Donc, c'est une raison pour la Nourrisson de se défaire de sa maison; elle ne peut pas la gérer elle-même, et on ne trouve pas de gérantes comme on veut. Donc tu pourras très-bien arranger cette affaire. Nous aurons là un *œil*... Mais ces opérations sont toutes les trois subordonnées à la négociation que je viens d'entamer relativement à nos lettres. Ainsi découds ta robbe et donne-moi les échantillons des marchandises. Où se trouvent les trois paquets?
— Parbleu! chez la Rousse.
— Cocher! cria Jacques Collin, retournez au Palais de Justice, et du train!... J'ai promis de la célérité, voici une demi-heure d'absence, et c'est trop! Reste chez la Rousse, et donne les paquets cachetés au garçon de bureau que tu verras venir demander madame de Saint-Estève. C'est le *de* qui sera le mot d'avis, et il devra te dire: *Madame, je viens de la part de monsieur le procureur général pour ce que vous savez.* Stationne devant la porte de la Rousse en regardant ce qui se passe sur le marché aux Fleurs, afin de ne pas exciter l'attention de Prélard. Dès que tu auras lâché les lettres, tu peux faire agir Paccard et Prudence.
— Je te devine, dit Jacqueline, tu veux remplacer Bibi-Lupin. La mort de ce garçon t'a tourné la cervelle!

— Et Théodore, à qui l'on allait couper les cheveux pour le *faucher* à quatre heures ce soir, s'écria Jacques Collin?

— Enfin, c'est une idée ! nous finirons honnêtes gens et bourgeois, dans une belle propriété, sous un beau climat en Touraine.

— Que pouvais-je devenir? Lucien a emporté mon âme, toute ma vie heureuse ; je me vois encore trente ans à m'ennuyer, et je n'ai plus de cœur. Au lieu d'être le *dab* du bagne, je serai le Figaro de la justice, et je vengerai Lucien. Ce n'est que dans la peau de la *raille* (police) que je puis en sûreté démolir Corentin. Ce sera vivre encore que d'avoir à manger un homme. Les états qu'on fait dans le monde ne sont que des apparences; la réalité, c'est l'idée ! ajouta-t-il en se frappant le front. Qu'as-tu maintenant dans notre trésor?

— Rien, dit la tante épouvantée de l'accent et des manières de son neveu. Je t'ai tout donné pour ton petit. La Romette n'a pas plus de vingt mille francs pour son commerce. J'ai tout pris à madame Nourrisson, elle avait environ soixante mille francs à elle... Ah ! nous sommes dans des draps qui ne sont pas blanchis depuis un an. Le petit a dévoré *les fades* des *Fanandels*, notre trésor et tout ce que possédait la Nourrisson.

— Ça faisait?

— Cinq cent soixante mille...

— Nous en avons cent cinquante en or, que Paccard et Prudence nous devront. Je vais te dire où en prendre deux cents autres... Le reste viendra de la succession d'Esther. Il faut récompenser la Nourrisson. Avec Théodore, Paccard, Prudence, la Nourrisson et toi, j'aurai bientôt formé le bataillon sacré qu'il me faut... Écoute, nous approchons...

— Voici les trois lettres, dit Jacqueline qui venait de donner le dernier coup de ciseaux à la doublure de sa robe.

— Bien, répondit Jacques Collin, en recevant les trois précieux autographes, trois papiers vélins encore parfumés. Théodore a fait le coup de Nanterre.

— Ah ! c'est lui !...

— Tais-toi, le temps est précieux, il a voulu donner la becquée à un petit oiseau de Corse nommé Ginetta... Tu vas employer la Nourrisson à la trouver, je te ferai passer les renseignements nécessaires par une lettre que Gault te remettra. Tu viendras au guichet de la Conciergerie dans deux heures d'ici. Il s'agit de làcher cette petite fille chez une blanchisseuse, la sœur à Godet, et qu'elle s'y impatronise... Godet et Ruffard sont des complices à La Pourraille dans le vol et l'assassinat commis chez les Crottat. Les quatre cent cinquante mille francs sont intacts, un tiers dans la cave de la Gonore, c'est la part de La Pourraille ; le second tiers dans la chambre à la Gonore, c'est celle de Ruffard ; le troisième est caché chez la sœur à Godet.

» Nous commencerons par prendre cent cinquante mille francs sur *le fade* de La Pourraille, puis cent sur celui de Godet, et cent sur celui de Ruffard. Une fois Ruffard et Godet *serrés*, c'est eux qui auront mis à part ce qui manquera de leur *fade*. Je leur ferai accroire, à Godet, que nous avons mis cent mille francs de côté pour lui, et à Ruffard et à La Pourraille, que la Gonore leur a sauvé cela !... Prudence et Paccard vont travailler chez la Gonore. Toi et Ginetta, qui me paraît être une fine mouche, vous manœuvrerez chez la sœur à Godet. Pour mon début dans le comique, je fais retrouver à la *Cigogne* quatre cent mille francs du vol Crottat, et les coupables. J'ai l'air d'éclaircir l'assassinat de Nanterre. Nous retrouvons notre *aubert* et nous sommes au cœur de la *raille !* Nous étions le gibier, et nous devenons les chasseurs, voilà tout. Donne trois francs au cocher. »

Le fiacre était au Palais. Jacqueline stupéfaite paya. Trompe-la-Mort monta l'escalier pour aller chez le procureur général.

Un changement total de vie est une crise si violente que, malgré sa décision, Jacques Collin gravissait lentement les marches de l'escalier qui, de la rue de la Barillerie, mène à la galerie Marchande où se trouve, sous le péristyle de la cour d'assises, la sombre entrée du parquet. Une affaire politique occasionnait une sorte d'attroupement au pied du double escalier qui mène à la cour d'assises, en sorte que le forçat, absorbé dans ses réflexions, resta pendant quelque temps arrêté par la foule. A gauche de ce double escalier, il se trouve, comme un énorme pilier, un des contreforts du Palais, et dans cette masse on aperçoit une petite porte. Cette petite porte donne sur un escalier en colimaçon qui sert de communication à la Conciergerie. C'est par là que le procureur général, le directeur de la Conciergerie, les présidents de cour d'assises, les avocats généraux et le chef de la police de sûreté peuvent aller et venir. C'est par un embranchement de cet escalier, aujourd'hui condamné, que Marie-Antoinette, la reine de France, était amenée devant le tribunal révolutionnaire, qui siégeait, comme on le sait, dans la grande salle des audiences solennelles de la cour de cassation.

A l'aspect de cet épouvantable escalier le cœur se serre quand on pense que la fille de Marie-Thérèse, dont la suite, la coiffure et les paniers remplissaient le grand escalier de Versailles, passait par là !... Peut-être expiait-elle le crime de sa mère, la Pologne hideusement partagée. Les souverains qui commettent de pareils crimes ne songent pas évidemment à la rançon qu'en demande la Providence.

Au moment où Jacques Collin entrait sous la voûte de l'escalier, pour se rendre chez le procureur général, Bibi-Lupin sortit par cette porte cachée dans le mur.

Le chef de la police de sûreté venait de la Conciergerie et se rendait aussi chez monsieur de Grandville. On peut comprendre quel fut l'étonnement de Bibi-Lupin en reconnaissant devant lui la redingote de Carlos Herrera, qu'il avait tant étudié le matin ; il courut pour le dépasser. Jacques Collin se retourna. Les deux ennemis se trouvèrent en présence. De part et d'autre, chacun resta sur ses pieds, et le même regard partit de ces deux yeux, si différents, comme deux pistolets qui, dans un duel, partent en même temps.

— Cette fois, je te tiens, brigand ! dit le chef de la police de sûreté.

— Ah ! ah !... répondit Jacques Collin, d'un air ironique. Il pensa rapidement que monsieur de Grandville l'avait fait suivre ; et, chose étrange ! il fut peiné de savoir cet homme moins grand qu'il l'imaginait.

Bibi-Lupin sauta courageusement à la gorge de Jacques Collin, qui, l'œil à son adversaire, lui donna un coup sec et l'envoya les quatre fers en l'air à trois pas de là ; puis Trompe-la-Mort alla posément à Bibi-Lupin, et lui tendit la main pour l'aider à se relever, absolument comme un boxeur anglais qui, sûr de sa force, ne demande pas mieux que de recommencer. Bibi-Lupin était beaucoup trop fort pour se mettre à crier ; mais il se redressa, courut à l'entrée du couloir, et fit signe à un gendarme de s'y placer. Puis, avec la rapidité de l'éclair, il revint à son ennemi, qui le regardait faire tranquillement. Jacques Collin avait pris son parti : Ou le procureur général m'a manqué de parole, ou il n'a pas mis

Bibi-Lupin dans sa confidence, et alors il faut éclaircir ma situation.

— Veux-tu m'arrêter? demanda Jacques Collin à son ennemi. Dis-le sans y mettre d'accompagnement. Ne sais-je pas qu'au cœur de la *Cigogne* tu es plus fort que moi? Je te tuerais à la savate, mais je ne mangerais pas les gendarmes et la ligne. Ne faisons pas de bruit ; où veux-tu me mener?

— Chez monsieur Camusot.

— Allons chez monsieur Camusot, répondit Jacques Collin. Pourquoi n'irions-nous pas au parquet du procureur général?... c'est plus près, ajouta-t-il.

Bibi-Lupin, qui se savait en défaveur dans les hautes régions du pouvoir judiciaire et soupçonné d'avoir fait fortune aux dépens des criminels et de leurs victimes, ne fut pas fâché de se présenter au parquet avec une pareille capture.

— Allons-y, dit-il, ça me va! Mais, puisque tu te rends, laisse-moi t'accommoder, je crains tes giffles! Et il tira des poucettes de sa poche.

Jacques Collin tendit ses mains, et Bibi-Lupin lui serra les pouces.

— Ah! ça, puisque tu es si bon enfant, reprit-il, dis-moi comment tu es sorti de la Conciergerie?

— Mais par où tu es sorti, par le petit escalier.

— Tu as donc fait voir un nouveau tour aux gendarmes?

— Non. Monsieur Grandville m'a laissé libre sur parole.

— *Planches-tu?* (Plaisantes-tu.)

— Tu vas voir!... C'est toi peut-être à qui l'on va mettre les poucettes.

En ce moment, Corentin disait au procureur général :

— Eh bien! Monsieur, voilà juste une heure que notre homme est sorti, ne craignez-vous pas qu'il ne se soit moqué de vous?... Il est peut-être sur la route d'Espagne, où nous ne le trouverons plus, car l'Espagne est un pays tout de fantaisie.

— Ou je ne me connais pas en hommes, ou il reviendra; tous ses intérêts l'y obligent; il a plus à recevoir de moi qu'il ne me donne...

En ce moment Bibi-Lupin se montra.

— Monsieur le comte, dit-il, j'ai une bonne nouvelle à vous donner : Jacques Collin, qui s'était sauvé, est repris.

— Voilà, s'écria Jacques Collin, comment vous avez tenu votre parole! Demandez à votre agent à double face où il m'a trouvé?

— Où? dit le procureur général.

— A deux pas du parquet, sous la voûte, répondit Bibi-Lupin.

— Débarrassez cet homme de vos ficelles, dit sévèrement monsieur de Grandville à Bibi-Lupin. Sachez que, jusqu'à ce qu'on vous ordonne de l'arrêter de nouveau, vous devez laisser cet homme libre... Et sortez!... Vous êtes habitué à marcher et agir comme si vous étiez à vous seul la justice et la police.

Et le procureur général tourna le dos au chef de la police de sûreté, qui devint blême, surtout en recevant un regard de Jacques Collin, où il devina sa chute.

— Je ne suis pas sorti de mon cabinet, je vous attendais, et vous ne doutez pas que j'aie tenu ma parole comme vous teniez la vôtre, dit monsieur de Grandville à Jacques Collin.

— Dans le premier moment, j'ai douté de vous, monsieur, et peut-être à ma place eussiez-vous pensé comme moi; mais la réflexion m'a montré que j'étais injuste. Je vous apporte plus que vous ne me donnez; vous n'aviez pas intérêt à me tromper...

Le magistrat échangea soudain un regard avec Corentin. Ce regard, qui ne put échapper à Trompe-la-Mort, dont l'attention était portée sur monsieur de Grandville, lui fit apercevoir le petit vieux étrange, assis sur un fauteuil, dans un coin. Sur-le-champ, averti par cet instinct si vif et si rapide qui dénonce la présence d'un ennemi, Jacques Collin examina ce personnage; il vit du premier coup d'œil que les yeux n'avaient pas l'âge accusé par le costume, et il reconnut un déguisement. Ce fut en une seconde la revanche prise par Jacques Collin sur Corentin, de la rapidité d'observation avec laquelle Corentin l'avait démasqué chez Peyrade. (Voir Splendeurs et Misères, II^e partie.)

— Nous ne sommes pas seuls!... dit Jacques Collin à monsieur de Grandville.

— Non, répliqua sèchement le procureur général.

— Et monsieur, reprit le forçat, est une de mes meilleures connaissances... je crois?...

Il fit un pas et reconnut Corentin, l'auteur réel, avoué de la chute de Lucien. Jacques Collin, dont le visage était d'un rouge de brique, devint, pour un rapide et imperceptible instant, pâle et presque blanc; tout son sang se porta au cœur, tant fut ardente et frénétique son envie de sauter sur cette bête dangereuse et de l'écraser; mais il refoula ce désir brutal et le comprima par la force qui le rendait si terrible. Il prit un air aimable, un ton de politesse obséquieuse, dont il avait l'habitude depuis qu'il jouait le rôle d'un ecclésiastique de l'ordre supérieur, et il salua le petit vieillard.

— Monsieur Corentin, dit-il, est-ce au hasard que je dois le plaisir de vous rencontrer, ou serais-je assez heureux pour être l'objet de votre visite au parquet?

L'étonnement du procureur général fut au comble, et il ne put l'empêcher d'examiner ces deux hommes en présence. Les mouvements de Jacques Collin et l'accent qu'il mit à ces paroles dénotaient une crise, et il fut curieux d'en pénétrer les causes. A cette subite et miraculeuse reconnaissance de sa personne, Corentin se dressa comme un serpent sur la queue duquel on a marché.

— Oui, c'est moi, mon cher abbé Carlos Herrera.

— Venez-vous, lui dit Trompe-la-Mort, vous interposer entre monsieur le procureur général et moi?... Aurais-je le bonheur d'être le sujet d'une de ces négociations dans lesquelles brillent vos talents? Tenez, monsieur, dit le forçat en se retournant vers le procureur général, pour ne pas vous faire perdre des moments aussi précieux que les vôtres, lisez, voici l'échantillon de mes marchandises... Et il tendit à monsieur de Grandville les trois lettres, qu'il tira de la poche de côté de sa redingote. « Pendant que vous en prendrez connaissance, je causerai, si vous le permettez, avec monsieur. »

— C'est beaucoup d'honneur pour moi, répondit Corentin, qui ne put s'empêcher de frissonner.

— Vous avez obtenu, monsieur, un succès complet dans notre affaire, dit Jacques Collin. J'ai été battu..., ajouta-t-il légèrement et à la manière d'un joueur qui a perdu son argent; mais vous avez laissé quelques hommes sur le carreau... C'est une victoire coûteuse...

— Oui, répondit Corentin, en acceptant la plaisanterie; si vous avez perdu votre reine, moi j'ai perdu mes deux tours...

— Oh! Contenson n'est qu'un pion, répliqua railleusement Jacques Collin. Ça se remplace. Vous êtes, permettez-moi de vous donner cet éloge en face, vous êtes, *ma parole d'honneur*, un homme prodigieux.

— Non, non, je m'incline devant votre supériorité, répliqua Corentin, qui eut l'air d'un plaisant de profession, disant : « Tu veux *blaguer, blaguons!* » Comment, moi, je dispose de tout, et vous, vous êtes pour ainsi dire tout seul...

— Oh! oh! fit Jacques Collin.

— Et vous avez failli l'emporter, dit Corentin en remarquant l'exclamation. Vous êtes l'homme le plus extraordinaire que j'aie rencontré dans ma vie, et j'en ai vu beaucoup d'extraordinaires, car les gens avec qui je me bats sont tous remarquables par leur audace, par leurs conceptions hardies. J'ai, par malheur, été très-intime avec feu monseigneur le duc d'Otrante ; j'ai travaillé pour Louis XVIII, quand il régnait, et quand il était exilé, pour l'Empereur, et pour le directoire... Vous avez la trempe de Louvel, le plus bel instrument politique que j'aie vu ; mais vous avez la souplesse du prince des diplomates. Et quels auxiliaires !... Je donnerais bien des têtes à couper pour avoir à mon service la cuisinière de cette pauvre petite Esther... Où trouvez-vous des créatures belles comme la fille qui a doublé cette juive pendant quelque temps pour monsieur de Nucingen ?... Je ne sais où les prendre quand j'en ai besoin...

— Monsieur, monsieur, dit Jacques Collin, vous m'accablez... De votre part, ces éloges feraient perdre la tête...

— Ils sont mérités ! Comment, vous avez trompé Peyrade, il vous a pris pour un officier de paix, lui !... Tenez, si vous n'aviez pas eu ce petit imbécile à défendre, vous nous auriez rossés...

— Ah ! monsieur, vous oubliez Contenson déguisé en mulâtre... et Peyrade en Anglais. Les acteurs ont les ressources du théâtre ; mais être ainsi parfait au grand jour, à toute heure, il n'y a que vous et les vôtres...

— Eh bien ! voyons, dit Corentin, nous sommes persuadés, l'un et l'autre, de notre valeur, de nos mérites. Nous voilà, tous deux là, bien seuls ; moi je suis sans mon vieil ami, vous sans votre jeune protégé. Je suis le plus fort pour le moment, pourquoi ne ferions-nous pas comme dans *l'Auberge des Adrets?* Je vous tends la main, en vous disant : *Embrassons-nous et que cela finisse.* Je vous offre, en présence de monsieur le procureur général, des lettres de grâce pleine et entière, et vous serez un des miens, le premier, après moi, peut-être mon successeur.

— Ainsi, c'est une position que vous m'offrez ?... dit Jacques Collin. Une jolie position ! Je passe de la brune à la blonde...

— Vous serez dans une sphère où vos talents seront bien appréciés, bien récompensés, et vous agirez à votre aise. La police politique et gouvernementale a ses périls. J'ai déjà, tel que vous me voyez, été deux fois emprisonné... je ne m'en porte pas plus mal. Mais, on voyage! on est tout ce qu'on veut être... On est le machiniste des drames politiques, on est traité poliment par les grands seigneurs... Voyez, mon cher Jacques Collin, cela vous va-t-il?...

— Avez-vous des ordres à cet égard? lui dit le forçat.

— J'ai plein pouvoir... répliqua Corentin, tout heureux de cette inspiration.

— Vous badinez, vous êtes un homme très-fort, vous pouvez bien admettre qu'on se puisse défier de vous... Vous avez vendu plus d'un homme en le liant dans un sac et l'y faisant entrer de lui-même... Je connais vos belles batailles, l'affaire Montauran, l'affaire Simeuse... Ah! c'est les batailles de Marengo de l'espionnage.

— Eh bien! dit Corentin, vous avez de l'estime pour monsieur le procureur général?

— Oui, dit Jacques Collin en s'inclinant avec respect; je suis en admiration devant son beau caractère, sa fermeté, sa noblesse, et je donnerais ma vie pour qu'il fût heureux. Aussi, commencerai-je par faire cesser l'état dangereux dans lequel est madame de Sérizy.

Le procureur général laissa échapper un mouvement de bonheur.

— Eh bien! demandez-lui, reprit Corentin, si je n'ai pas plein pouvoir pour vous arracher à l'état honteux dans lequel vous êtes, et vous attacher à ma personne.

— C'est vrai, dit monsieur de Grandville en observant le forçat.

— Bien vrai! j'aurais l'absolution de mon passé et la promesse de vous succéder en vous donnant des preuves de mon savoir-faire?

— Entre deux hommes comme nous, il ne peut y avoir aucun malentendu, reprit Corentin avec une grandeur d'âme à laquelle tout le monde eût été pris.

— Et le prix de cette transaction est sans doute la remise des rois correspondances?... dit Jacques Collin.

— Je ne croyais pas avoir besoin de vous le dire...

— Mon cher monsieur Corentin, dit Trompe-la-Mort avec une ironie digne de celle qui fit le triomphe de Talma dans le rôle de Nicomède, je vous remercie, je vous ai l'obligation de savoir tout ce que je vaux et quelle est l'importance qu'on attache à me priver de ces armes... Je ne l'oublierai jamais... Je serai toujours et en tout temps à votre service, et au lieu de dire, comme Robert Macaire : Embrassons-nous !... moi, je vous embrasse.

Il saisit avec tant de rapidité Corentin par le milieu du corps, que celui-ci ne put se défendre de cette embrassade ; il le serra comme une poupée sur son cœur, le baisa sur les deux joues, l'enleva comme une plume, ouvrit la porte du cabinet, et le posa hors, tout meurtri de cette rude étreinte.

» Adieu, mon cher, lui dit-il à voix basse et à l'oreille. Nous sommes séparés l'un de l'autre par trois longueurs de cadavres ; nous avons mesuré nos épées, elles sont de la même trempe, de la même dimension... Ayons du respect l'un pour l'autre ; mais je veux être votre égal, non votre subordonné... Armé comme vous le seriez, vous me paraissez un trop dangereux général pour votre lieutenant. Nous mettrons un fossé entre nous. Malheur à vous si vous venez sur mon terrain !... Vous vous appelez l'État, de même que les laquais s'appellent du même nom que leurs maîtres ; moi, je veux me nommer la Justice ; nous nous verrons souvent ; continuons à nous traiter avec d'autant plus de dignité, de convenance, que nous serons toujours... d'atroces canailles, lui dit-il à l'oreille. Je vous ai donné l'exemple en vous embrassant...

Corentin resta sot pour la première fois de sa vie, et il se laissa secouer la main par son terrible adversaire...

— S'il en est ainsi, dit-il, je crois que nous avons intérêt l'un et l'autre à rester *amis*...

— Nous en serons plus forts chacun de notre côté, mais aussi plus dangereux, ajouta Jacques Collin à voix basse. Aussi me permettrez-vous de vous demander demain des arrhes sur notre marché...

— Eh bien ! dit Corentin avec bonhomie, vous m'ôtez votre affaire pour la donner au procureur général ; vous serez la cause de son avancement ; mais je ne puis m'empêcher de vous le dire, vous prenez un bon parti... Bibi-Lupin est trop connu, il a fait son temps ; si vous le remplacez, vous vivrez dans la seule condition qui vous convienne ; je suis charmé de vous y voir... parole d'honneur..

— Au revoir, à bientôt, dit Jacques Collin.

En se retournant, Trompe-la-Mort trouva le procureur général assis à son secretaire, la tête dans les mains.

— Comment, vous pourriez empêcher la comtesse de Sérizy de devenir folle ?... demanda monsieur de Grandville.

— En cinq minutes, répliqua Jacques Collin.

— Et vous pouvez me remettre toutes les lettres de ces dames ?
— Avez-vous lu les trois ?...
— Oui, dit vivement le procureur général ; j'en suis honteux pour celles qui les ont écrites...
— Eh bien ! nous sommes seuls : défendez votre porte, et traitons, dit Jacques Collin.
— Permettez... la justice doit avant tout faire son métier, et monsieur Camusot à l'ordre d'arrêter votre tante...
— Il ne la trouvera jamais, dit Jacques Collin.
— On va faire une perquisition au Temple, chez une demoiselle Paccard qui tient son établissement...
— On n'y verra que des haillons, des costumes, des diamants, des uniformes. Néanmoins, il faut mettre un terme au zèle de monsieur Camusot.

Monsieur de Grandville sonna un garçon de bureau, et lui dit d'aller dire à monsieur Camusot de venir lui parler.

— Voyons, dit-il à Jacques Collin, finissons ! Il me tarde de connaître votre recette pour guérir la comtesse...

— Monsieur le procureur général, dit Jacques Collin en devenant grave, j'ai été, comme vous le savez, condamné à cinq ans de travaux forcés pour crime de faux. J'aime ma liberté !... Cet amour, comme tous les amours, est allé directement contre son but ; car, en voulant trop s'adorer, les amants se brouillent. En m'évadant, en étant repris tour à tour, j'ai fait sept ans de bagne. Vous n'avez donc à me gracier que pour les aggravations de peine que j'ai empoignées au *pré*... (pardon !) au bagne. En réalité, j'ai subi ma peine, et jusqu'à ce qu'on me trouve une mauvaise affaire, ce dont je défie la justice et même Corentin, je devrais être rétabli dans mes droits de citoyen français. Exclu de Paris, et soumis à la surveillance de la police, est-ce une vie ? où puis-je aller ? que puis-je faire ? Vous connaissez mes capacités... Vous avez vu Corentin, ce magasin de ruses et de trahisons, blême de peur devant moi, rendant justice à mes talents... Cet homme m'a tout ravi ! car c'est lui, lui seul qui, par je ne sais quels moyens et dans quel intérêt, a renversé l'édifice de la fortune de Lucien... Corentin et Camusot ont tout fait...

— Ne récriminez pas, dit monsieur de Grandville, et allez au fait.

— Eh bien ! le fait, le voici. Cette nuit, en tenant dans ma main la main glacée de ce jeune mort, je me suis promis à moi-même de renoncer à la lutte insensée que je soutiens depuis vingt ans contre la société tout entière. Vous ne me croyez pas susceptible de faire des capucinades, après ce que je vous ai dit de mes opinions religieuses... Eh bien! j'ai vu, depuis vingt ans, le monde par son envers, dans ses caves, et j'ai reconnu qu'il y a dans la marche des choses une force que vous nommez la *Providence*, que j'appelais le *hasard*, que mes compagnons appellent la *chance*. Toute mauvaise action est rattrapée par une vengeance quelconque, avec quelque rapidité qu'elle s'y dérobe. Dans ce métier de lutteur, quand on a beau jeu, quinte et quatorze en main avec la primauté, la bougie tombe, les cartes brûlent, ou le joueur est frappé d'apoplexie!... C'est l'histoire de Lucien. Ce garçon, cet ange, n'a pas commis l'ombre d'un crime; il s'est laissé faire, il a laissé faire! Il allait épouser mademoiselle de Grandlieu, être nommé marquis, il avait une fortune; eh bien! une fille s'empoisonne, elle cache le produit d'une inscription de rentes, et l'édifice si péniblement élevé de cette belle fortune s'écroule en un instant. Et qui nous adresse le premier coup d'épée? un homme couvert d'infamies secrètes, un monstre qui a commis dans le monde des intérêts, de tels crimes (voir la *Maison Nucingen*), que chaque écu de sa fortune est trempé des larmes d'une famille, par un Nucingen qui a été Jacques Collin légalement et dans le monde des écus. Enfin vous connaissez tout aussi bien que moi les liquidations, les tours pendables de cet homme. Mes fers estampilleront toujours toutes mes actions, même les plus vertueuses. Être un volant entre deux raquettes, dont l'une s'appelle le bagne, et l'autre la police, c'est une vie où le triomphe est un labeur sans fin, où la tranquillité me semble impossible. Jacques Collin est en ce moment enterré, monsieur de Granville, avec Lucien, sur qui l'on jette actuellement de l'eau bénite et qui part pour le Père-Lachaise. Mais il me faut une place où aller, non pas y vivre, mais y mourir... Dans l'état actuel des choses, vous n'avez pas voulu, vous, la justice, vous occuper de l'état civil et social du forçat libéré. Quand la loi est satisfaite, la société ne l'est pas, elle conserve ses défiances, et elle fait tout pour se les justifier à elle-même; elle rend le forçat libéré un être impossible; elle doit lui rendre tous ses droits, mais elle lui interdit de vivre dans une certaine zone. La société dit à ce misérable : Paris, le seul endroit où tu peux te cacher, et sa banlieue sur telle étendue, tu ne l'habiteras pas !... Puis elle soumet le forçat libéré à la surveillance de la police. Et vous croyez qu'il est possible dans ces conditions de vivre ? Pour vivre, il faut travailler, car on ne sort pas avec des rentes de bagne. Vous vous arrangez pour que le forçat soit clairement désigné, reconnu, parqué, puis vous croyez que les citoyens auron confiance en lui, quand la société, la justice, le monde qui l'entoure n'en ont aucune. Vous le condamnez à la faim ou au crime. Il ne trouve pas d'ouvrage, il est poussé fatalement à recommencer son ancien métier qui l'envoie à l'échafaud. Ainsi, tout en voulant renoncer à une lutte avec la loi, je n'ai point trouvé de place au soleil pour moi. Une seule me convient, c'est de me faire le serviteur de cette puissance qui pèse sur nous, et quand cette pensée m'est venue, la force dont je vous parlais s'est manifestée clairement autour de moi.

» Trois grandes familles sont à ma disposition. Ne croyez pas que je veuille les faire *chanter*... Le *chantage* est un des plus lâches assassinats. C'est à mes yeux un crime d'une plus profonde scélératesse que le meurtre. L'assassin a besoin d'un atroce courage. Je signe mes opinions ; car les lettres qui font ma sécurité, qui me permettent de vous parler ainsi, qui me mettent de plain-pied en ce moment avec vous, moi le crime et vous la justice, ces lettres sont à votre disposition...

» Votre garçon de bureau peut les aller chercher de votre part, elles lui seront remises... je n'en demande pas de rançon, je ne les vends pas ! Hélas ! monsieur le procureur général, en les mettant de côté, je ne pensais pas à moi, je songeais au péril où pourrait se trouver un jour Lucien ! Si vous n'obtempérez pas à ma demande, j'ai plus de courage, j'ai plus de dégoût de la vie qu'il n'en faut pour me brûler la cervelle moi-même et vous débarasser de moi... Je puis, avec un passe-port, aller en Amérique et vivre dans la solitude ; j'ai toutes les conditions qui font le sauvage... Telles sont les pensées dans lesquelles j'étais cette nuit. Votre secrétaire a dû vous répéter un mot que je l'ai chargé de vous dire... En voyant quelles précautions vous prenez pour sauver la mémoire de Lucien de toute infamie, je vous ai donné ma vie, pauvre présent ! Je n'y tenais plus, je la voyais impossible sans la lumière qui l'éclairait, sans le bonheur qui l'animait, sans cette pensée qui en était le sens, sans la prospérité de ce jeune poëte qui en était le soleil, et je voulais vous faire donner ces trois paquets de ettres... »

Monsieur de Grandville inclina la tête.

— En descendant au préau, j'ai trouvé les auteurs du crime commis à Nanterre et mon petit compagnon de chaîne sous le couperet pour une participation involontaire à ce crime, reprit Jacques Collin. J'ai appris que Bibi-Lupin trompe la justice, que l'un de ses agents est l'assassin des Crottat; n'était-ce pas, comme vous le dites, providentiel?... J'ai donc entrevu la possibilité de faire le bien, d'employer les qualités dont je suis doué, les tristes connaissances que j'ai acquises, au service de la société; d'être utile au lieu d'être nuisible, et j'ai osé compter sur votre intelligence, sur votre bonté.

L'air de bonté, de naïveté, la simplesse de cet homme, se confessant en termes sans âcreté, sans cette philosophie du vice qui jusqu'alors le rendait terrible à entendre, eussent fait croire à une transformation. Ce n'était plus lui.

— Je crois tellement en vous que je veux être entièrement à votre disposition, reprit-il avec l'humilité d'un pénitent. Vous me voyez entre trois chemins : le suicide, l'Amérique et la rue de Jérusalem. Bibi-Lupin est riche, il a fait son temps; c'est un factionnaire à double face, et si vous vouliez me laisser agir contre lui, *je le paumerais marron* (je le prendrais en flagrant délit) en huit jours. Si vous me donnez la place de ce gredin, vous aurez rendu le plus grand service à la société. *Je n'ai plus besoin de rien.* (Je serai probe.) J'ai toutes les qualités voulues pour l'emploi. J'ai de plus que Bibi-Lupin de l'instruction; on m'a fait suivre mes classes jusqu'en rhétorique; je ne serai pas si bête que lui, j'ai des manières quand j'en veux avoir. Je n'ai pas d'autre ambition que d'être un élément d'ordre et de répression, au lieu d'être la corruption même. Je n'embaucherai plus personne dans la grande armée du vice. Quand on prend à la guerre un général ennemi, voyons, monsieur, on ne le fusille pas, on lui rend son épée, et on lui donne une ville pour prison; eh bien! je suis le général du bagne, et je me rends... Ce n'est pas la justice, c'est la mort qui m'a abattu... La sphère où je veux agir et vivre est la seule qui me convienne, et j'y développerai la puissance que je me sens... Décidez...

Et Jacques Collin se tint dans une attitude soumise et modeste.

— Vous avez mis ces lettres à ma disposition?... dit le procureur général.

— Vous pouvez les envoyer prendre, elles seront remises à la personne que vous enverrez...

— Et comment?

Jacques Collin lut dans le cœur du procureur général et continua le même jeu.

— Vous m'avez promis la commutation de la peine de mort de Calvi en celle de vingt ans de travaux forcés. Oh! je ne vous rappelle pas ceci pour faire un traité, dit-il vivement, en voyant faire un geste au procureur général ; mais cette vie doit être sauvée par d'autres motifs : ce garçon est innocent...

— Comment puis-je avoir les lettres? demanda le procureur général. J'ai le droit et l'obligation de savoir si vous êtes l'homme que vous dites être. Je vous veux sans condition...

— Envoyez un homme de confiance sur le quai aux Fleurs ; il verra sur les marches de la boutique d'un quincaillier, à l'enseigne du *Bouclier d'Achille*.

— La maison du *Bouclier*?...

— C'est là, dit Jacques Collin avec un sourire amer, qu'est mon bouclier. Votre homme trouvera là une vieille femme mise, comme je vous le disais, en marchande de marée qui a des rentes, avec des pendeloques aux oreilles, et sous le costume d'une riche dame de la halle ; il demandera madame de Sainte-Estève. N'oubliez pas le *de*... Et il dira : Je viens de la *part du procureur général chercher ce que vous savez*... A l'instant vous aurez trois paquets cachetés...

— Les lettres y sont toutes? dit monsieur de Grandville.

— Allons, vous êtes fort! Vous n'avez pas volé votre place, dit Jacques Collin en souriant. Je vois que vous me croyez capable de vous tâter et de vous livrer du papier blanc... Vous ne me connaissez pas! ajouta-t-il. Je me fie à vous comme un fils à son père...

— Vous allez être reconduit à la Conciergerie, dit le procureur général, et vous y attendrez la décision qu'on prendra sur votre sort. Le procureur général sonna, son garçon de bureau vint, et lui dit : Priez monsieur Garnery de venir, s'il est chez lui.

Outre les quarante-huit commissaires de police qui veillent sur Paris comme quarante-huit providences au petit pied, sans comp-

ter la police de sûreté, et de là vient le nom de *quart-d'œil* que
les voleurs leur ont donné dans leur argot, puisqu'ils sont quatre
par arrondissement; il y a deux commissaires attachés à la fois à
la police et à la justice pour exécuter les missions délicates, pour
remplacer les juges d'instruction dans beaucoup de cas. Le bureau
de ces deux magistrats, car les commissaires de police sont des
magistrats, se nomme le bureau des délégations, car ils sont en
effet délégués chaque fois et régulièrement saisis pour exécuter
soit des perquisitions, soit des arrestations. Ces places exigent des
hommes mûrs, d'une capacité éprouvée, d'une grande moralité,
d'une discrétion absolue, et c'est un des miracles que la Providence
fait en faveur de Paris que la possibilité de toujours avoir des natures de cette espèce. La description du Palais serait inexacte sans
la mention de ces magistratures *préventives,* pour ainsi dire, qui
sont les plus puissants auxiliaires de la justice; car si la justice a,
par la force des choses, perdu de son ancienne pompe, de sa vieille
richesse, il faut reconnaître qu'elle a gagné matériellement. A Paris surtout, le mécanisme s'est admirablement perfectionné.

Monsieur de Grandville avait envoyé monsieur de Chargebœuf,
son secrétaire, au convoi de Lucien; il fallait le remplacer, pour
cette mission, par un homme sûr; et monsieur Garnery était l'un
des deux commissaires aux délégations. — Monsieur le procureur
général, reprit Jacques Collin, je vous ai déjà donné la preuve que
j'ai mon point d'honneur... Vous m'avez laissé libre et je suis revenu... Voici bientôt onze heures... on achève la messe mortuaire de Lucien, il va partir pour le cimetière... Au lieu de
m'envoyer à la Conciergerie, permettez-moi d'accompagner le
corps de cet enfant jusqu'au Père-Lachaise; je reviendrai me constituer prisonnier...

— Allez, dit monsieur de Granville avec une inflexion de voix
pleine de bonté.

— Un dernier mot, monsieur le procureur général. L'argent de
cette fille, de la maîtresse de Lucien, n'a pas été volé... Dans le
peu de moments de liberté que vous m'avez donnés, j'ai pu interroger les gens... Je suis sûr d'eux comme vous êtes sûr de vos
deux commissaires aux délégations. Donc on trouvera le prix de
l'inscription de rente vendue par mademoiselle Esther Gobseck
dans sa chambre à la levée des scellés. La femme de chambre m'a
fait observer que la défunte était, comme on dit, cachottière et

très défiante, elle doit avoir mis les billets de banque dans son lit.
Qu'on fouille le lit avec attention, qu'on le démonte, qu'on ouvre
les matelas, le sommier, on trouvera l'argent...

— Vous en êtes sûr?...

— Je suis certain de la probité relative de mes coquins, ils ne
e jouent jamais de moi... J'ai droit de vie et de mort sur eux, je
juge et je condamne, et j'exécute mes arrêts sans toutes vos formalités. Vous voyez bien les effets de mes pouvoirs. Je vous retrouverai les sommes volées chez monsieur et madame Crottat; je
vous *serre marron* un des agents de Bibi-Lupin, son bras droit,
et je vous donnerai le secret du crime commis à Nanterre... C'est
des arrhes !... Maintenant, si vous me mettez au service de la justice et de la police, au bout d'un an vous vous applaudirez de ma
révélation, je serai franchement ce que je dois être, et je saurai
réussir dans toutes les affaires qui me seront confiées.

— Je ne puis vous rien promettre, que ma bienveillance. Ce
que vous me demandez ne dépend pas de moi seul. Au roi seul,
sur le rapport du garde des sceaux, appartient le droit de faire
grâce, et la position que vous voulez prendre est à la nomination
de monsieur le préfet de police.

— Monsieur Garnery, dit le garçon de bureau.

Sur un geste du procureur général, le commissaire des délégations entra, jeta sur Jacques Collin un air de connaisseur, et il réprima son étonnement sur ce mot :

— *Allez!* dit par monsieur de Grandville à Jacques Collin.

— Voulez-vous me permettre, répondit Jacques Collin, de ne
pas sortir avant que monsieur Garnery vous ait rapporté ce qui
fait toute ma force, afin que j'emporte de vous un témoignage de
atisfaction? Cette humilité, cette bonne foi complète touchèrent
le procureur général.

— Allez! dit le magistrat. Je suis sûr de vous.

Jacques Collin salua profondément et avec l'entière soumission
l'inférieur devant le supérieur. Dix minutes après, monsieur de
randville avait en sa possession les lettres contenues en trois paquets cachetés et intacts. Mais l'importance de cette affaire, l'espèce de confession de Jacques Collin lui avait fait oublier la promesse de guérison de madame de Sérizy.

Jacques Collin éprouva, quand il fut dehors, un sentiment incroyable de bien-être. Il se sentit libre et né pour une vie nouvelle; il marcha rapidement du Palais à l'église Saint-Germain-des-Prés, où la messe était finie. On jetait l'eau bénite sur la bière, et il put arriver assez à temps pour faire cet adieu chrétien à la dépouille mortelle de cet enfant si tendrement chéri ; puis il monta dans une voiture, et accompagna le corps jusqu'au cimetière.

Dans les enterrements, à Paris, à moins de circonstances extraordinaires, ou dans les cas assez rares de quelque célébrité décédée naturellement, la foule venue à l'église diminue à mesure qu'on s'avance vers le Père-Lachaise. On a du temps pour une démonstration à l'église, mais chacun a ses affaires et y retourne au plus tôt. Aussi, des dix voitures de deuil, n'y en eut-il pas quatre de pleines. Quand le convoi atteignit au Père-Lachaise, la suite ne se composait que d'une douzaine de personnes, parmi lesquelles se trouvait Rastignac.

— C'est bien de *lui* être fidèle, dit Jacques Collin à son ancienne connaissance.

Rastignac fit un mouvement de surprise en trouvant là Vautrin.

— Soyez calme, lui dit l'ancien pensionnaire de madame Vauquer, vous avez en moi un esclave, par cela seul que je vous trouve ici. Mon appui n'est pas à dédaigner, je suis ou je serai plus puissant que jamais. Vous avez filé votre câble, vous avez été très-adroit; mais vous aurez peut-être besoin de moi, je vous servirai toujours.

— Mais qu'allez-vous donc être?

— Le pourvoyeur du bagne au lieu d'en être locataire, répondit Jacques Collin.

Rastignac fit un mouvement de dégoût.

— Ah! si l'on vous volait!...

Rastignac marcha vivement pour se séparer de Jacques Collin.

— Vous ne savez pas dans quelles circonstances vous pouvez vous trouver.

On était arrivé sur la fosse creusée à côté de celle d'Esther.

— Deux créatures qui se sont aimées et qui étaient heureuses ! dit Jacques Collin ; elles sont réunies. C'est encore un bonheur de pourrir ensemble. Je me ferai mettre là.

Quand on descendit le corps de Lucien dans la fosse, Jacques Collin tomba raide, évanoui. Cet homme si fort ne soutint pas ce léger bruit des pelletées de terre que les fossoyeurs jettent sur le corps pour venir demander leur pourboire. En ce moment, deux nts de la brigade de sûreté se présentèrent, reconnurent Jacques Collin, le prirent et le portèrent dans un fiacre.

— De quoi s'agit-il encore?... demanda Jacques Collin, quand eut repris connaissance et qu'il eut regardé dans le fiacre. Il se voyait entre deux agents de police, dont l'un était précisément Ruffard; aussi lui jeta-t-il un regard qui sonda l'âme de l'assassin jusqu'au secret de la Gonore.

— Il y a que le procureur général vous a demandé, répondit Ruffard, qu'on est allé partout, et qu'on ne vous a trouvé que dans le cimetière, où vous avez failli piquer une tête dans la fosse de ce jeune homme.

Jacques Collin garda le silence.

— Est-ce Bibi-Lupin qui me fait chercher? demanda-t-il à l'autre agent.

— Non, c'est monsieur Garnery qui nous a mis en réquisition.

— Il ne vous a rien dit?

Les deux agents se regardèrent en se consultant par une mimique expressive.

— Voyons! comment vous a-t-il donné l'ordre?

— Il nous a, répondit Ruffard, ordonné de vous trouver sur-le-champ, en nous disant que vous étiez à l'église Saint-Germain-des-Prés; que, si le convoi avait quitté l'église, vous seriez au cimetière.

— Le procureur général me demandait?...

— Peut-être.

— C'est cela, répliqua Jacques Collin, il a besoin de moi!...

Et il retomba dans son silence, dont s'inquiétèrent beaucoup les deux agents. A deux heures et demie environ, Jacques Collin entra dans le cabinet de monsieur de Grandville et y vit un nouveau personnage, le prédécesseur de monsieur de Grandville, le comte Octave de Bauvan, l'un des présidents de la cour de cassation.

— Vous avez oublié le danger dans lequel se trouve madame de Sérizy, que vous m'avez promis de sauver.

— Demandez, monsieur le procureur général, dit Jacques Collin, en faisant signe aux deux agents d'entrer, dans quel état ces drôles m'ont trouvé?

— Sans connaissance, monsieur le procureur général, au bord de la fosse du jeune homme qu'on enterrait.

— Sauvez madame de Sérizy, dit monsieur de Bauvan, et vous aurez tout ce que vous demandez !

— Je ne demande rien, reprit Jacques Collin, je me suis rendu à discrétion, et monsieur le procureur général a dû recevoir...

— Toutes les lettres ! dit monsieur de Grandville ; mais vous avez promis de sauver la raison de madame de Sérizy, le pouvez-vous ? n'est-ce pas une bravade ?

— Je l'espère, répondit Jacques Collin avec modestie.

— Eh bien ! venez avec moi, dit le comte Octave.

— Non, monsieur, dit Jacques Collin, je ne me trouverai pas dans la même voiture à vos côtés... Je suis encore un forçat. Si j'ai le désir de servir la justice, je ne commencerai pas par la déshonorer... Allez chez madame la comtesse, j'y serai quelque temps après vous... Annoncez-lui le meilleur ami de Lucien, l'abbé Carlos Herrera... Le pressentiment de ma visite fera nécessairement une impression sur elle et favorisera la crise. Vous me pardonnerez de prendre encore une fois le caractère mensonger du chanoine espagnol ; c'est pour rendre un si grand service !

— Je vous verrai là sur les quatre heures, dit monsieur de Grandville, car je dois aller avec le garde des sceaux chez le roi.

Jacques Collin alla retrouver sa tante, qui l'attendait sur le quai aux Fleurs.

— Eh bien ! dit-elle, tu t'es donc livré à la Cigogne ?

— Oui.

— C'est chanceux !

— Non, je devais la vie à ce pauvre Théodore, et il aura sa grâce.

— Et toi ?

— Moi, je serai ce que je dois être ! Je ferai toujours trembler tout notre monde ! Mais il faut se mettre à l'ouvrage ! Va dire à Paccard de se lancer à fond de train, et à Europe d'exécuter mes ordres.

— Ce n'est rien, je sais déjà comment faire avec la Gonore !..
la terrible Jacqueline. Je n'ai pas perdu mon temps à rester là ns les giroflées !

— Que la Ginetta, cette fille corse, soit trouvée pour demain, prit Jacques Collin en souriant à sa tante.

— Il faudrait avoir sa trace ?

— Tu l'auras par Manon-la-Blonde, répondit Jacques.

— C'est à nous, ce soir! répliqua la tante. Tu es plus pressé qu'un coq! *Il y a donc gras?*

— Je veux surpasser par mes premiers coups tout ce qu'a fait de mieux Bibi-Lupin. J'ai eu mon petit bout de conversation avec le monstre qui m'a tué Lucien, et je ne vis que pour me venger de lui! Nous serons, grâce à nos deux positions, également armés, également protégés! Il me faudra plusieurs années pour atteindre ce misérable; mais il recevra le coup en pleine poitrine.

— Il a dû te promettre le même chien de sa chienne, dit la tante, car il a recueilli chez lui la fille de Peyrade, tu sais, cette petite qu'on a vendue à madame Nourrisson.

— Notre premier point, c'est de lui donner un domestique.

— Ce sera difficile, il doit s'y connaître! fit Jacqueline.

— Allons, la haine fait vivre! qu'on travaille!

Jacques Collin prit un fiacre et alla sur-le-champ au quai Malaquais, dans la petite chambre où il logeait, et qui ne dépendait pas de l'appartement de Lucien. Le portier, très-étonné de le revoir, voulut lui parler des événements qui s'étaient accomplis.

— Je sais tout, lui dit l'abbé. J'ai été compromis, malgré la sainteté de mon caractère; mais grâce à l'intervention de l'ambassadeur d'Espagne, j'ai été mis en liberté.

Et il monta vivement à sa chambre, où il prit, dans la couverture d'un bréviaire, une lettre que Lucien avait adressée à madame de Sérizy, quand madame de Sérizy l'avait mis en disgrâce, en le voyant aux Italiens avec Esther.

Dans son désespoir, Lucien s'était dispensé d'envoyer cette lettre, en se croyant à jamais perdu; mais Jacques Collin avait lu ce chef-d'œuvre, et comme tout ce qu'écrivait Lucien était sacré pour lui, il avait serré la lettre dans son bréviaire, à cause des expressions poétiques de cet amour de vanité. Lorsque monsieur de Grandville lui avait parlé de l'état où se trouvait madame de Sérizy, cet homme si profond avait justement pensé que le désespoir et la folie de cette grande dame devait venir de la brouille qu'elle avait laissée subsister entre elle et Lucien. Il connaissait les femmes, comme les magistrats connaissent les criminels, il devinait les plus secrets mouvements de leur cœur, et il pensa sur-le-champ que la comtesse devait attribuer en partie la mort de Lucien à sa rigueur, et se la reprochait amèrement. Évidemment, un homme comblé d'amour par elle n'eût pas quitté la vie. Savoir qu'elle était toujours aimée, malgré ses rigueurs, pouvait lui rendre la raison.

Si Jacques Collin était un grand général pour les forçats, il faut avouer qu'il n'était pas moins un grand médecin des âmes. Ce fut une honte à la fois et une espérance que l'arrivée de cet homme dans les appartements de l'hôtel de Sérizy. Plusieurs personnes, le comte, les médecins étaient dans le petit salon qui précédait la chambre à coucher de la comtesse ; mais, pour éviter toute tache à l'honneur de son âme, le comte de Bauvan renvoya tout le monde, et resta seul avec son ami. Ce fut un coup sensible déjà pour le vice-président du conseil d'État, pour un membre du conseil privé, que de voir entrer ce sombre et sinistre personnage.

Jacques Collin avait changé d'habits. Il était mis en pantalon et en redingote de drap noir, et sa démarche, ses regards, ses gestes, tout fut d'une convenance parfaite. Il salua les deux hommes d'État, et demanda s'il pouvait entrer dans la chambre de la comtesse.

— Elle vous attend avec impatience, dit monsieur de Bauvan.

— Avec impatience ?... Elle est sauvée, dit ce terrible fascinateur. En effet, après une conférence d'une demi-heure, Jacques Collin ouvrit la porte et dit : « Venez, monsieur le comte, vous n'avez plus aucun événement fatal à redouter. »

La comtesse tenait la lettre sur son cœur ; elle était calme, et paraissait réconciliée avec elle-même. A cet aspect, le comte laissa échapper un geste de bonheur.

— Les voilà donc, ces gens qui décident de nos destinées et de celles des peuples ! pensa Jacques Collin, qui haussa les épaules quand les deux amis furent entrés. Un soupir poussé de travers par une femelle leur retourne l'intelligence comme un gant ! Ils perdent la tête pour une œillade ! Une jupe mise un peu plus haut, un peu plus bas, et ils courent par tout Paris au désespoir. Les fantaisies d'une femme réagissent sur tout l'État ! Oh ! combien de force acquiert un homme quand il s'est soustrait, comme moi, à cette tyrannie d'enfant, à ces probités renversées par la passion, à ces méchancetés candides, à ces ruses de sauvage ! La femme, avec son génie de bourreau, ses talents pour la torture, est et sera toujours la perte de l'homme. Procureur général, ministre, les voilà tous aveuglés, tordant tout pour des lettres de duchesse ou de petites filles, ou pour la raison d'une femme qui sera plus folle avec son bon sens qu'elle ne l'était sans sa raison. Il se mit à sourire superbement. Et, se dit-il, ils me croient, ils obéissent à mes révélations, et ils me laisseront à ma place. Je régnerai toujours sur ce monde, qui, depuis vingt-cinq ans, m'obéit...

Jacques Collin avait usé de cette suprême puissance qu'il exerça jadis sur la pauvre Esther; car il possédait, comme on l'a vu maintes fois, cette parole, ces regards, ces gestes qui domptent les fous, et il avait montré Lucien comme ayant emporté l'image de la comtesse avec lui.

Aucune femme ne résiste à l'idée d'être aimée uniquement.

— Vous n'avez plus de rivale! fut le dernier mot de ce froid railleur.

Il resta pendant une heure entière, oublié, là, dans ce salon. Monsieur de Grandville vint et le trouva sombre, debout, perdu dans une rêverie comme en doivent avoir ceux qui font un dix-huit brumaire dans leur vie.

Le procureur général alla jusqu'au seuil de la chambre de la comtesse, il y passa quelques instants; puis il vint à Jacques Collin et lui dit :

— Persistez-vous dans vos intentions?

— Oui, monsieur.

— Eh bien! vous remplacerez Bibi-Lupin, et le condamné Calvi aura sa peine commuée.

— Il n'ira pas à Rochefort?

— Pas même à Toulon, vous pourrez l'employer dans votre service; mais ces grâces et votre nomination dépendent de votre conduite pendant six mois que vous serez adjoint à Bibi-Lupin.

---

En huit jours, l'adjoint de Bibi-Lupin fit recouvrer quatre cent mille francs à la famille Crottat, livra Ruffart et Godet. Le produit de l'inscription de rentes vendues par Esther Gobseck fut trouvé dans le lit de la courtisane, et monsieur de Sérizy fit attribuer à Jacques Collin les trois cent mille francs qui lui étaient légués par le testament de Lucien de Rubempré.

Le monument ordonné par Lucien, pour Esther et pour lui, passe pour être un des plus beaux du Père-Lachaise, et le terrain audessous appartient à Jacques Collin.

Après avoir exercé ses fonctions pendant environ quinze ans, Jacques Collin s'est retiré vers 1845.

# QUATRIÈME LIVRE

## SCÈNES DE LA VIE POLITIQUE.

### L'ENVERS
### DE
# L'HISTOIRE CONTEMPORAINE

#### DEUXIÈME ÉPISODE.

##### L'INITIÉ.

De même que le mal, le sublime a sa contagion. Aussi, lorsque le pensionnaire de madame de La Chanterie eut habité cette vieille et silencieuse maison pendant quelques mois, après la dernière confidence du bonhomme Alain, qui lui donna le plus profond respect pour les quasi-religieux avec lesquels il se trouvait, éprouvat-il ce bien-être de l'âme que donnent une vie réglée, des habitudes douces et l'harmonie des caractères chez ceux qui nous entourent. En quatre mois, Godefroid, qui n'entendit pas un éclat de voix, ni une discussion, finit par s'avouer à lui-même que, depuis l'âge de raison, il ne se souvenait point d'avoir été si complétement non pas heureux, mais tranquille. Il jugeait sainement du monde, en le voyant de loin. Enfin, le désir qu'il nourrissait depuis trois mois de participer aux œuvres de ces mystérieux personnages devint une passion ; et, sans être un grand philosophe, chacun peut soupçonner la force que prennent les passions dans la solitude.

Un jour donc, jour devenu solennel par la toute-puissance de l'esprit, après s'être sondé le cœur, avoir consulté ses forces, Godefroid monta chez le bon vieil Alain, celui que madame de La Chanterie nommait *son agneau*, celui qui, de tous les commensaux du logis, lui semblait le moins imposant, le plus abordable, dans l'intention d'obtenir du bonhomme quelques lumières sur les conditions du sacerdoce que ces espèces de frères en Dieu exerçaient dans Paris. Les allusions déjà faites à un temps d'épreuves lui pronostiquaient une initiation à laquelle il s'attendait. Sa curiosité n'avait pas été contentée par ce que lui avait dit le vénérable vieillard sur les motifs de son agrégation à l'œuvre de madame de La Chanterie ; il voulait en savoir davantage.

Pour la troisième fois, Godefroid se trouva devant le bonhomme Alain, à dix heures et demie du soir, au moment où le vieillard allait faire sa lecture de l'*Imitation*. Cette fois, le doux initiateur ne put retenir un sourire, et voyant le jeune homme, il lui dit, sans le laisser parler : — Pourquoi vous adressez-vous à moi, mon cher garçon, au lieu de vous adresser à Madame ? Je suis le plus ignorant, le moins spirituel, le plus imparfait de la maison. Voici trois jours que Madame et mes amis lisent dans votre cœur, ajouta-t-il d'un petit air fin.

— Et qu'ont-ils vu ?... demanda Godefroid.

— Ah ! répondit le bonhomme sans aucun détour, ils ont deviné chez vous une envie assez naïve d'appartenir à notre petit troupeau. Mais ce sentiment n'est pas encore chez vous une bien ardente vocation. Oui, reprit-il vivement à un geste de Godefroid, vous avez plus de curiosité que de ferveur. Enfin, vous n'êtes pas tellement détaché de vos anciennes idées, que vous n'ayez entrevu je ne sais quoi d'aventureux, de romanesque, comme on dit, dans les incidents de notre vie...

Godefroid ne put s'empêcher de rougir.

— Vous voyez dans nos occupations une similitude avec celles des califes des *Mille et une Nuits*, et vous éprouvez par avance une sorte de satisfaction à jouer le rôle d'un bon génie dans les romans de bienfaisance que vous vous plaisez à inventer !... Allons mon fils, votre rire de confusion me prouve que nous ne nous sommes pas trompés. Comment croyez-vous pouvoir dérober un sentiment à des gens dont le métier est de deviner les mouvements les plus cachés des âmes, les ruses de la pauvreté, les calculs de l'indigence, et qui sont des espions honnêtes, chargés de la police du bon Dieu, de vieux juges dont le code ne contient que des absolutions, des docteurs en toute souffrance dont l'unique remède est l'argent sagement employé. Mais, voyez-vous, mon enfant, nous ne querellons pas les motifs qui nous amènent un néophyte, pourvu qu'il nous reste et qu'il devienne un frère de notre ordre. Nous vous jugerons à l'œuvre. Il y a deux curiosités, celle du bien et celle du mal; vous avez en ce moment la bonne. Si vous devez être un ouvrier de notre vigne, le jus des grappes vous donnera la soif perpétuelle du fruit divin. L'initiation est, comme en toute science naturelle, facile en apparence et difficile en réalité. C'est en bienfaisance comme en poésie. Rien de plus facile que d'attraper l'apparence. Mais ici, comme au Parnasse, nous ne nous contentons que de la perfection. Pour devenir un des nôtres, vous devez acquérir une grande science de la vie, et de quelle vie, bon Dieu! la vie parisienne qui défie la sagacité de monsieur le préfet de police et de ses messieurs. N'avons-nous pas à déjouer la conspiration permanente du mal? à la saisir dans ses formes si changeantes qu'on les croirait infinies? La Charité, dans Paris, doit être aussi savante que le vice, de même que l'agent de police doit être aussi rusé que le voleur. Chacun de nous doit être candide et défiant; avoir le jugement sûr et rapide autant que le coup d'œil. Aussi, mon enfant, sommes-nous tous vieux et vieillis; mais nous sommes si contents des résultats que nous avons obtenus, que nous ne voulons pas mourir sans laisser de successeurs; et vous nous êtes d'autant plus cher à tous, que vous serez, si vous persistez, notre premier élève. Il n'y a pas de hasard pour nous, nous vous devons à Dieu! Vous êtes une bonne nature aigrie; et depuis que vous demeurez ici, les mauvais levains se sont affaiblis. La nature divine de Madame a réagi sur vous. Hier, nous avons tenu conseil; et, puisque j'ai votre confiance, mes bons frères ont décidé de me donner à vous comme tuteur et instituteur... Etes-vous content?

— Ah! mon bon monsieur Alain! vous avez éveillé par votre éloquence une...

— Ce n'est pas moi, mon enfant, qui parle bien, c'est les choses qui sont éloquentes... On est toujours sûr d'être grandiose en obéissant à Dieu, en imitant Jésus-Christ, autant que des hommes le peuvent, aidés par la foi...

— Eh bien! ce moment a décidé de ma vie, et je me sens la

ferveur! s'écria Godefroid. Moi aussi, je veux passer ma vie à bien faire...

— C'est le secret de rester en Dieu, répliqua le bonhomme. Avez-vous étudié cette devise : *Transire benefaciendo ? Transire* veut dire aller au delà de ce monde, en y laissant une longue traînée de bienfaits.

— J'ai bien compris, et j'ai mis de moi-même la devise de l'ordre devant mon lit.

— C'est bien! Cette action, si légère en elle-même, est beaucoup à mes yeux! Donc, mon enfant, j'ai votre première affaire, votre premier duel avec la misère, et je vais vous mettre le pied à l'étrier... Nous allons nous quitter... Oui, moi-même, je suis détaché du couvent pour prendre place au cœur d'un volcan. Je vais devenir contre-maître dans une grande fabrique dont tous les ouvriers sont infectés des doctrines communistes, et qui rêvent une destruction sociale, l'égorgement des maîtres, sans savoir que ce serait la mort de l'industrie, du commerce, des fabriques... Je resterai là, qui sait? peut-être un an, à tenir la caisse, les livres, et à pénétrer dans cent ou cent vingt ménages de pauvres gens égarés sans doute par la misère, avant de l'être par de mauvais livres. Néanmoins, nous nous verrons ici tous les dimanches et les jours de fête... Comme nous habiterons le même quartier, je vous indique l'église Saint-Jacques du Haut-Pas comme lieu de rendez-vous; j'y entendrai la messe tous les jours, à sept heures et demie du matin. Si vous me rencontrez ailleurs, vous ne me reconnaîtrez jamais, à moins que vous ne me voyiez me frotter les mains à la façon des gens satisfaits. C'est un de nos signes. Nous avons, comme les sourds-muets, un langage par gestes, dont la nécessité vous sera bientôt et surabondamment démontrée.

Godefroid fit un geste que le bonhomme Alain interpréta, car il sourit et reprit aussitôt la parole.

— Maintenant, voici votre affaire. Nous n'exerçons ni la bienfaisance, ni la philanthropie que vous connaissez, et qui se divisent en plusieurs branches exploitées par des filous de probité comme autant de commerces; mais nous pratiquons la charité telle que l'a définie notre grand et sublime saint Paul; car, mon enfant, nous pensons que la charité peut seule panser les plaies de Paris. Ainsi, pour nous, le malheur, la misère, la souffrance, le chagrin, le mal, de quelque cause qu'ils procèdent, dans quelque classe sociale qu'ils se manifestent, ont les mêmes droits à nos yeux. Quelle que soit surtout sa croyance ou ses opinions, un malheureux est avant tout un malheureux; et nous ne devons lui faire tourner la face vers notre sainte mère l'Eglise qu'après l'avoir sauvé du désespoir ou de la faim. Et, encore, devons-nous le convertir plus par l'exemple et par la douceur qu'autrement; car nous croyons que Dieu nous aide en ceci. Toute contrainte est donc mauvaise. De toutes les misères parisiennes, les plus difficiles à découvrir et les plus âpres sont celles des gens honnêtes, celles des hautes classes de la bourgeoisie dont les familles viennent à tomber dans l'indigence, car elles mettent leur honneur à la cacher. Ces malheurs-là, mon cher Godefroid, sont l'objet d'une sollicitude particulière. En effet, les personnes secourues ont de l'intelligence et du cœur, elles nous rendent avec usure les sommes que nous leur avons prêtées; et, dans un temps donné, ces restitutions couvrent les pertes que nous faisons avec les infirmes, les fripons, ou ceux que le malheur a rendus stupides. Nous obtenons bien quelquefois des renseignements par nos propres obligés; mais notre œuvre est devenue si vaste, les détails en sont si multipliés, que nous n'y suffisions plus. Aussi, depuis sept à huit mois, avons-nous un médecin à nous dans chaque arrondissement de Paris. Chacun de nous est chargé de quatre arrondissements. Nous donnons à chaque médecin une indemnité de trois mille francs par an, pour s'occuper de nos pauvres. Il nous doit son temps et ses soins préférablement à tout; mais nous ne l'empêchons pas de soigner d'autres malades. Savez-vous que nous n'avons pas pu trouver douze hommes si précieux, douze braves gens, en huit mois, malgré les ressources que nous offraient nos amis et nos propres connaissances? Ne nous fallait-il pas des personnes d'une discrétion absolue, de mœurs pures, de science éprouvée, actives, aimant à faire le bien? Or, quoiqu'il y ait dans Paris dix mille individus plus ou moins aptes à nous servir, ces douze élus ne se rencontrent pas en un an.

— Notre Sauveur a eu de la peine à rassembler ses apôtres, et encore, s'y était-il fourré un traître et un incrédule! dit Godefroid.

— Enfin, depuis quinze jours, nos arrondissements sont to pourvus d'un visiteur, reprit le bonhomme en souriant, c'est nom que nous donnons à nos médecins; aussi, depuis une qui aine, avons-nous un surcroît de besogne; mais nous redoublons d'activité. — Si je vous confie ce secret de notre Ordre naissant, c'est que vous devez connaître le médecin de l'arrondissement où vous allez, d'autant plus que les renseignements viennent de lui. Ce visiteur se nomme Berton, le docteur Berton, il demeure rue d'Enfer. Et maintenant voici le fait. Le docteur Berton soigne une dame dont la maladie défie en quelque sorte la science. Ceci ne nous regarde pas, mais bien la Faculté; notre affaire à nous est de découvrir la misère de la famille de cette malade, que le docteur soupçonne être effroyable, et surtout cachée avec une énergie, avec une fierté qui veulent tous nos soins. Autrefois, j'aurais suffi, mon enfant, à cette tâche; aujourd'hui, l'œuvre à laquelle je me dévoue exige un aide pour mes quatre arrondissements, et vous serez cet aide. Notre famille demeure rue Notre-Dame des Champs, dans une maison qui donne sur le boulevard du Mont-Parnasse. Vous y trouverez bien une chambre à louer, et vous tâcherez de savoir la vérité pendant le temps que vous habiterez ce logis. Soyez d'une avarice sordide pour vous; mais, quant à l'argent à donner, ne vous en inquiétez point, je vous remettrai les sommes que nous jugerons nécessaires, tout examen fait des circonstances, entre nous. Mais étudiez bien le moral de ces malheureux. Le cœur, la noblesse des sentiments, voilà nos hypothèques! Avares pour nous, généreux avec les souffrants, nous devons être prudents et même calculateurs, car nous puisons dans le trésor des pauvres. Ainsi, demain matin, partez et songez à toute la puissance dont vous disposez. Les Frères sont avec vous!...

— Ah! s'écria Godefroid, vous me donnez un tel plaisir de bien faire et d'être digne de vous appartenir un jour, que, vraiment, je n'en dormirai pas...

— Ah! mon enfant! une dernière recommandation! La défense de me reconnaître, sans le signal, concerne également ces messieurs, Madame, et même les gens de la maison. C'est une nécessité de l'incognito absolu qui nous est nécessaire dans nos entreprises, et nous sommes si souvent obligés de le garder, que nous en avons fait une loi. D'ailleurs, nous devons rester ignorés, perdus dans Paris... Songez aussi, cher Godefroid, à l'esprit de notre ordre, qui consiste à ne jamais paraître des bienfaiteurs, à garder un rôle obscur, celui d'intermédiaires. Nous nous présentons toujours comme les agents d'une personne pieuse, sainte (ne travaillons-nous pas pour Dieu?), afin qu'on ne se croie pas obligé à de la reconnaissance envers nous ou qu'on ne nous prenne point pour des personnages riches. L'humilité vraie, sincère, et non la fausse humilité des gens qui s'effacent pour être mis en lumière, doit vous inspirer et régir toutes vos pensées... Vous pouvez être content d'avoir réussi; mais tant que vous sentirez en vous un mouvement de vanité, d'orgueil, vous ne serez pas digne d'entrer dans l'Ordre. Nous avons connu deux hommes parfaits, l'un, qui fut un de nos fondateurs, le juge Popinot; quant à l'autre, qui s'est révélé par ses œuvres, c'est un médecin de campagne qui a laissé son nom écrit dans un canton. Celui-ci, mon cher Godefroid, est un des plus grands hommes de notre temps ; il a fait passer toute une contrée de l'état sauvage à l'état prospère, de l'état irréligieux à l'état catholique, de la barbarie à la civilisation. Le nom de ces deux hommes sont gravés dans nos cœurs, et nous nous les proposons comme modèles. Nous serions bien heureux si nous pouvions avoir un jour sur Paris l'influence que ce médecin de campagne a eue sur son canton. Mais ici, la plaie est immense, au-dessus de nos forces, quant à présent. Que Dieu nous conserve longtemps Madame, qu'il nous envoie quelques aides comme vous, et peut-être laisserons-nous une institution qui fera bénir sa sainte religion. Allons, adieu... Votre initiation commence... Ah! je suis bavard comme un professeur, et j'oublie l'essentiel. Tenez, voici l'adresse de cette famille, dit-il en remettant à Godefroid un carré de papier; j'y ai ajouté le numéro de la maison où demeure monsieur Berton, rue d'Enfer.... Maintenant allez prier Dieu qu'il vous vienne en aide.

Godefroid prit les mains du bon vieillard, et les lui serra tendrement en lui souhaitant le bonsoir et lui protestant de ne manquer à aucune de ses recommandations.

— Tout ce que vous m'avez dit, ajouta-t-il, est gravé dans ma mémoire pour toute ma vie...

Le vieillard sourit, sans exprimer aucun doute, et se leva pour aller s'agenouiller à son prie-Dieu. Godefroid rentra dans sa chambre, joyeux de participer enfin aux mystères de cette maison, et d'avoir une occupation qui, dans la disposition d'âme où il se trouvait, devenait un plaisir.

Le lendemain matin, au déjeuner, le bonhomme Allain manquait, mais Godefroid ne fit aucune allusion à la cause de son absence; il ne fut pas questionné non plus sur la mission que le vieillard lui avait confiée, il prit ainsi sa première leçon de discrétion. Néanmoins, après le déjeuner, il prit à part madame de La Chanterie, et lui dit qu'il allait être absent pour quelques jours.

— Bien, mon enfant! lui répondit madame de La Chanterie, tâchez de faire honneur à votre parrain, car monsieur Alain a répondu de vous à ses frères.

Godefroid dit adieu aux trois autres frères, qui lui firent un salut affectueux, par lequel ils semblaient bénir son début dans cette pénible carrière.

L'association, une des plus grandes forces sociales et qui a fait l'Europe du Moyen Age, repose sur des sentiments qui, depuis 1792, n'existent plus en France, où l'Individu a triomphé de l'Etat. L'association exige d'abord une nature de dévouement qui n'y est pas comprise, puis une foi candide contraire à l'esprit de la nation, enfin, une discipline contre laquelle tout regimbe, et que la Religion catholique peut seule obtenir. Dès qu'une association se forme dans notre pays, chaque membre, en rentrant chez soi d'une assemblée où les plus beaux sentiments ont éclaté, pense à faire litière de ce dévouement collectif, de cette réunion de forces, et il s'ingénie à traire à son profit la vache commune, qui, ne pouvant suffire à tant d'adresse individuelle, meurt étique.

On ne sait pas combien de sentiments généreux ont été flétris, combien de germes ardents ont péri, combien de ressorts ont été brisés, perdus pour le pays, par les infâmes déceptions de la charbonnerie française, par les souscriptions patriotiques du Champ-d'Asile, et autres tromperies politiques qui devaient être de grands, de nobles drames, et qui ne furent que des vaudevilles de police correctionnelle. Il en fut des associations industrielles comme des associations politiques. L'amour de soi s'est substitué à l'amour du Corps collectif. Les corporations et les Hanses du Moyen Age, auxquelles on reviendra, sont impossibles encore; aussi les seules Sociétés qui subsistent sont-elles des institutions religieuses auxquelles on fait la plus rude guerre en ce moment, car la tendance naturelle des malades est de s'attaquer aux remèdes et souvent aux médecins. La France ignore l'abnégation. Aussi, toute association ne peut-elle vivre que par le sentiment religieux, le seul qui dompte les rébellions de l'esprit, les calculs de l'ambition et les avidités de tout genre. Les chercheurs de mondes ignorent que l'association a des mondes à donner.

En marchant dans les rues, Godefroid se sentait un tout autre homme. Qui l'eût pu pénétrer, aurait admiré le phénomène curieux de la communication du pouvoir collectif. Ce n'était plus un homme, mais bien un être décuplé, se sachant le représentant de cinq personnes dont les forces réunies appuyaient ses actions, et qui marchaient avec lui. Portant ce pouvoir dans son cœur, il éprouvait une plénitude de vie, une puissance noble qui l'exaltait. Ce fut, comme il le dit plus tard, l'un des plus beaux moments de son existence; car il jouissait d'un sens nouveau, celui d'une omnipotence plus certaine que celle des despotes. Le pouvoir moral est comme la pensée, sans limites.

— Vivre pour autrui, se dit-il, agir en commun comme un seul homme, et agir à soi seul comme tous ensemble! avoir pour chef la Charité, la plus belle, la plus vivante des figures idéales que nous avons faite des vertus catholiques, voilà vivre! Allons, réprimons cette joie puérile, et dont rirait le père Alain. N'est-ce pas singulier, cependant, se dit-il, que ce soit en voulant m'annuler, que j'aie trouvé ce pouvoir tant désiré depuis si longtemps? Le monde des malheureux va m'appartenir!

Il fit le trajet du cloître Notre-Dame à l'avenue de l'Observatoire dans une telle exaltation, qu'il ne s'aperçut point de la longueur du chemin.

Arrivé rue Notre-Dame des Champs, dans la partie aboutissant à la rue de l'Ouest, qui, ni l'une ni l'autre, n'étaient encore pavées à cette époque, il fut surpris de trouver de tels bourbiers dans un endroit si magnifique. On ne marchait alors que le long des enceintes en planches qui bordaient des jardins marécageux, ou le long des maisons, par d'étroits sentiers bientôt gagnés par des eaux stagnantes, qui les convertissaient en ruisseaux.

A force de chercher, il finit par trouver la maison indiquée, et il y arriva non sans peine. C'était évidemment une ancienne fabrique abandonnée. Le bâtiment, assez étroit, se présentait comme une longue muraille percée de fenêtres, sans aucun ornement; mais ces ouvertures carrées n'existaient pas au rez-de-chaussée, où l'on ne voyait qu'une misérable porte bâtarde.

Godefroid supposa que le propriétaire avait ménagé de petits logements dans ce local, pour en tirer parti; car il y avait au-dessus

la porte une affiche faite à la main, et ainsi conçue : *Plu-
ieurs chambres à louer.* Godefroid sonna, mais personne ne
vint; et comme il attendait, une personne qui passait lui fit observer que la maison avait une autre entrée sur le boulevard où il
trouverait à qui parler.

Godefroid suivit ce conseil, et vit au fond d'un jardinet qui longeait le boulevard la façade de cette construction, quoique cachée
par les arbres. Le jardinet, assez mal tenu, se trouvait en pente,
car il existe entre le boulevard et la rue Notre-Dame des Champs
une assez forte différence de hauteur qui faisait de ce petit jardin
une espèce de fossé. Godefroid descendit alors dans une allée, au
bout de laquelle il vit une vieille femme dont les vêtements déla-
brés étaient en parfaite harmonie avec la maison.

— N'est-ce pas vous qui avez sonné rue Notre-Dame? demanda-t-elle.

— Oui, madame... Etes-vous chargée de faire voir les logements?

Sur la réponse de cette portière d'un âge douteux, Godefroid
s'enquit si la maison était habitée par des gens tranquilles; il se livrait à des occupations qui exigeaient le silence et le repos; il était
garçon, et voulait s'arranger avec la concierge pour qu'elle fît son
ménage.

A cette insinuation, la portière prit un air gracieux et dit :

— Monsieur est bien tombé en venant ici; car, excepté les jours
de Chaumière, le boulevard est désert comme les marais Pontins...

— Vous connaissez les marais Pontins? dit Godefroid.

— Non, monsieur; mais j'ai là-haut un vieux monsieur dont la
fille a pour état d'être à l'agonie, et qui dit cela; je le répète. Ce
pauvre vieillard sera bien content de savoir que monsieur aime et
veuille du repos; car un locataire qui serait un général Tempête
lui avancerait sa fille... Nous avons, au second, deux espèces
d'écrivains; mais ils rentrent, le jour, à minuit; et la nuit, ils s'en
vont à huit heures du matin. Ils se disent auteurs; mais je ne sais
pas où ni quand ils travaillent.

En parlant ainsi, la portière avait conduit Godefroid par un de
ces affreux escaliers de briques et de bois, si mal mariés qu'on ne
sait si c'est le bois qui veut quitter la brique ou les briques qui
s'ennuient d'être prises dans le bois, et alors ces deux matériaux
se fortifient l'un contre l'autre par des provisions de poussière en
été, de boue en hiver. Les murs en plâtre fendillé offraient aux re-

gards plus d'inscriptions que l'Académie des Belles-Lettres n'en a inventées. La portière s'arrêta sur le premier pallier.

— Voici, monsieur, deux chambres contiguës et très-propres qui donnent sur le carré de monsieur Bernard. C'est le vieux monsieur en question, un homme bien comme il faut. C'est un monsieur décoré, mais qui a eu des malheurs, à ce qu'il paraît, car il ne porte jamais son décor... Ils ont d'abord été servis par un domestique qui était de la province, et ils l'ont renvoyé il y a de ça trois ans... Le jeune fils de la dame suffit pour lors à tout : il fait le ménage...

Godefroid fit un geste.

— Oh! s'écria la portière, soyez tranquille, ils ne vous diront rien, ils ne parlent à personne. Ce monsieur est là depuis la révolution de juillet, il est venu en 1831... C'est des gens de province qui auront été ruinés par le changement de gouvernement; ils sont fiers, ils sont taciturnes comme des poissons... Depuis quatre ans, monsieur, ils n'ont pas accepté de moi le plus petit service, de peur d'avoir à le payer... Cent sous au jour de l'an, voilà tout ce que je gagne avec eux... Parlez-moi des auteurs! j'ai dix francs par mois rien que pour dire qu'ils sont déménagés du dernier terme à tous ceux qui viennent les demander.

Ce bavardage fit espérer à Godefroid un allié dans cette portière, qui lui dit, tout en lui vantant la salubrité des deux chambres et des deux cabinets, qu'elle n'était pas portière, mais bien la femme de confiance du propriétaire, pour qui elle gérait en quelque sorte la maison.

— On peut avoir confiance en moi, monsieur, allez! car madame Vauthier aimerait mieux ne rien avoir que d'avoir un sou à autrui!

Madame Vauthier fut bientôt d'accord avec Godefroid, qui ne voulut louer ce logement qu'au mois et meublé. Ces misérables chambres d'étudiants ou d'auteurs malheureux se louaient meublées ou non meublées. Les vastes greniers qui s'étendaient sur tout le bâtiment contenaient les meubles. Mais monsieur Bernard avait meublé lui-même le logement qu'il occupait.

En faisant causer la dame Vauthier, Godefroid devina que son ambition était de tenir une pension bourgeoise; mais, depuis cinq ans, elle n'avait pu rencontrer dans ses locataires un seul commensal. Elle demeurait au rez-de-chaussée sur le boulevard, et gardait ainsi elle-même la maison, à l'aide d'un gros chien, d'une grosse servante et d'un petit domestique qui faisait les bottes, les chambres et les commissions, deux pauvres gens comme elle, en harmonie avec la misère de la maison, avec celle des locataires, avec l'air sauvage et désolé du jardin qui précédait la maison.

Tous deux étaient des enfants abandonnés de leurs familles, et à qui la veuve Vauthier donnait la nourriture pour tous gages, et quelle nourriture! Le garçon, que Godefroid entrevit, portait une blouse déguenillée pour livrée, des chaussons au lieu de souliers, et dehors il allait en sabots. Ébouriffé comme un moineau qui sort de prendre un bain, les mains noires, il allait travailler à mesurer du bois dans un des chantiers du boulevard, après avoir fait le service du matin; et, après sa journée qui, chez les marchands de bois, est finie à quatre heures et demie, il reprenait ses occupations domestiques. Il allait chercher à la fontaine de l'Observatoire l'eau nécessaire à la maison, et que la veuve fournissait aux locataires, ainsi que de petites falourdes sciées et fabriquées par lui.

Népomucène, ainsi s'appelait cet esclave de la veuve Vauthier, apportait sa journée à sa maîtresse. En été, ce pauvre abandonné devenait garçon chez les marchands de vin de la barrière, les lundis et les dimanches. La veuve l'habillait alors convenablement.

Quant à la grosse fille, elle faisait la cuisine sous la direction de la veuve Vauthier, qu'elle aidait dans son industrie le reste du temps; car cette veuve avait un état, elle faisait des chaussons de lisière pour les vendeurs ambulants.

Godefroid apprit tous ces détails en une heure de temps, car la veuve le promena partout, lui montra la maison en lui en expliquant la transformation. Jusqu'en 1828, une magnanerie avait été établie là, moins pour faire de la soie que pour obtenir ce qu'on nomme de la graine. Onze arpents plantés en mûriers dans la plaine de Montrouge, et trois arpents rue de l'Ouest, convertis plus tard en maisons, avaient alimenté cette fabrique d'œufs de vers à soie. Au moment où la veuve expliquait à Godefroid que monsieur Barbet, qui prêtait de l'argent à un Italien nommé Fresconi, l'entrepreneur de cette fabrique, n'avait recouvré ses fonds hypothéqués sur les constructions et les terrains que par la vente de ces trois arpents, qu'elle lui montrait de l'autre côté de la rue Notre-Dame des Champs, un grand vieillard sec, dont les cheveux étaient entièrement blancs, se montra dans le bout de la rue qui aboutit au carrefour de la rue de l'Ouest.

— Ah! bien! il arrive à propos! s'écria la Vauthier; tenez, voilà votre voisin, monsieur Bernard... — Monsieur Bernard, lui dit-elle dès que le vieillard fut à portée de l'entendre, vous ne serez plus seul, voici monsieur qui vient de louer le logement en face du vôtre...

Monsieur Bernard leva les yeux sur Godefroid dans une appréhension qu'il était facile de pénétrer, il avait l'air de se dire :

— Le malheur que je craignais est donc enfin arrivé...

— Monsieur, dit-il à haute voix, vous comptez demeurer ici?

— Oui, monsieur, répondit honnêtement Godefroid. Ce n'est pas l'asile des gens qui font partie des heureux du monde, et c'est ce que j'ai trouvé de moins cher dans le quartier. Madame Vauthier n'a pas la prétention de loger des millionnaires... Adieu, ma bonne madame Vauthier, disposez tout de manière à ce que je puisse m'installer ce soir à six heures ; je reviendrai très-exactement à cette heure-là.

Et Godefroid se dirigea vers le carrefour de la rue de l'Ouest, en allant avec lenteur, car l'anxiété peinte sur la physionomie du grand vieillard sec lui fit croire qu'ils allaient avoir ensemble une explication. En effet, après quelque hésitation, monsieur Bernard retourna sur ses pas et marcha de manière à rejoindre Godefroid.

— Le vieux mouchard! il va l'empêcher de revenir... se dit la dame Vauthier, voilà deux fois qu'il me joue ce tour-là... Mais patience ! dans cinq jours, il doit payer son loyer, et s'il ne le solde pas *recta*, je le flanque à la porte. M. Barbet est une espèce de tigre qu'on n'a pas besoin d'exciter, et... Mais je voudrais bien savoir ce qu'il leur dit... Félicité!... Félicité! grosse gaupe! arriveras-tu?... cria la veuve de sa voix rêche et formidable, car elle avait pris sa petite voix flûtée pour parler avec Godefroid.

La servante, grosse fille rousse et louche, accourut.

— Veille bien à tout ici pour quelques instants, m'entends-tu ? je reviens dans cinq minutes.

Et la dame Vauthier, ancienne cuisinière du libraire Barbet, un des plus durs prêteurs à la petite semaine, se glissa sur les pas de ses deux locataires, de manière à les épier de loin, et à pouvoir retrouver Godefroid lorsque la conversation entre monsieur Bernard et lui serait finie.

Monsieur Bernard allait lentement, comme un homme indécis ou comme un débiteur qui cherche des raisons à donner à un créancier qui vient de le quitter dans de mauvaises dispositions.

Godefroid, quoiqu'en avant de cet inconnu, le regardait en feignant d'examiner le quartier. Aussi, ne fut-ce qu'au milieu de la grande allée du jardin du Luxembourg que monsieur Bernard aborda Godefroid.

— Pardon, monsieur, dit monsieur Bernard en saluant Godefroy qui lui rendit son salut; mille pardons de vous arrêter, sans avoir l'honneur d'être connu de vous; mais votre dessein de loger dans l'affreuse maison où je me trouve est-il bien arrêté?

— Mais, monsieur...

— Oui, reprit le vieillard en interrompant Godefroy par un geste d'autorité, je sais que vous pouvez me demander à quel titre je me mêle de vos affaires, de quel droit je vous interroge... Ecoutez, monsieur, vous êtes jeune, et je suis bien vieux, j'ai plus que mon âge, et je suis âgé déjà de soixante-sept ans, on m'en donnerait quatre-vingts... L'âge et les malheurs autorisent bien des choses, puisque la loi exempte les septuagénaires de certains services publics; mais je ne vous parle pas des droits qu'ont les têtes blanchies; il s'agit de vous. Savez-vous que le quartier où vous voulez demeurer est désert à huit heures du soir, et que l'on y court des dangers, dont le moindre est d'être volé?... Avez-vous fait attention à ces espaces sans habitations, à ces cultures, à ces jardins?... Vous pouvez me dire que j'y demeure : mais moi, monsieur, je ne sors plus de chez moi passé six heures du soir... Vous me ferez observer qu'il y a deux jeunes gens logés au second étage, au-dessus de l'appartement que vous allez prendre... Mais, monsieur, ces deux pauvres gens de lettres sont sous le coup de lettres de change, poursuivis par des créanciers; ils se cachent, et, partis au jour, ils reviennent à minuit, ne craignant ni les voleurs, ni les assassins ; d'ailleurs ils vont toujours ensemble et sont armés... C'est moi qui leur ai obtenu de la préfecture de police l'autorisation de porter des armes...

— Hé! monsieur, dit Godefroid, je ne crains pas les voleurs, par des raisons semblables à celles qui rendent ces messieurs invulnérables, et j'ai pour la vie un si grand mépris, que si l'on m'assassinait par erreur, je bénirais le meurtrier...

— Vous n'avez cependant pas l'air très-malheureux, répliqua le vieillard qui avait examiné Godefroid.

— J'ai tout au plus de quoi vivre, de quoi manger du pain, et je suis venu là, monsieur, à cause du silence qui y règne. Mais, puis-je vous demander quel intérêt vous avez à m'éloigner de cette maison ?

Le grand vieillard hésitait à répondre; il voyait venir madame Vauthier; mais Godefroy, qui l'examinait attentivement, fut surpris du degré de maigreur auquel les chagrins, la faim peut-être, peut-être le travail, l'avaient fait arriver ; il y avait trace de toutes ces causes d'affaiblissement sur cette figure où la peau desséchée se collait avec ardeur sur les os, comme si elle avait été exposée aux feux de l'Afrique. Le front haut et d'un aspect menaçant, abritait sous sa coupole deux yeux d'un bleu d'acier, deux yeux froids, durs, sagaces et perspicaces comme ceux des sauvages, mais meurtris par un profond cercle noir très-ridé. Le nez grand, long et mince, et le menton très-relevé, donnaient à ce vieillard une ressemblance avec le masque si connu, si populaire attribué à don Quichotte; mais c'était don Quichotte méchant, sans illusions, un don Quichotte terrible.

Ce vieillard, malgré cette sévérité générale, laissait percer la crainte et la faiblesse que prête l'indigence à tous les malheureux. Ces deux sentiments produisaient comme des lézardes dans cette face construite si solidement que le pic dévastateur de la misère semblait s'y ébrécher. La bouche était éloquente et sérieuse. Don Quichotte se compliquait du président de Montesquieu.

Tout le vêtement était de drap noir, mais de drap qui montrait la corde. L'habit, de coupe ancienne, le pantalon, montraient quelques reprises maladroitement travaillées. Les boutons venaient d'être renouvelés. L'habit boutonné jusqu'au menton, ne laissait pas voir la couleur du linge, et la cravate d'un noir rougi cachait l'industrie d'un faux col. Ce noir, porté depuis longues années, puait la misère. Mais le grand air de ce vieillard mystérieux, sa démarche, la pensée qui habitait son front et se manifestait dans ses yeux, excluaient l'idée de pauvreté. L'observateur eût hésité à classer ce Parisien.

M. Bernard paraissait tellement absorbé qu'il pouvait être pris pour un professeur du quartier, pour un savant plongé dans des méditations jalouses et tyranniques ; aussi Godefroid fut-il pris d'un violent intérêt et d'une curiosité que sa mission de bienfaisance aiguillonnait encore.

— Monsieur, si j'étais sûr que vous cherchiez le silence et la retraite, je vous dirais : Logez-vous près de moi, reprit le vieillard en continuant. — Louez cet appartement, dit-il en élevant la voix de manière à se faire entendre de la Vauthier qui passait et qui l'écoutait en effet. Je suis père, monsieur, et je n'ai plus au monde que ma fille et son fils pour m'aider à supporter les misères de la vie; or, ma fille a besoin de silence et d'une absolue tranquillité... Tous ceux qui sont venus jusqu'à présent pour se loger dans l'appartement que vous voulez prendre, se sont rendus aux raisons et à la prière d'un père au désespoir; il leur était indifférent de se loger dans telle ou telle rue d'un quartier vraiment désert, et où les logements à bon marché ne manquent pas plus que les pensions à des prix modérés. Mais je vois en vous une volonté bien arrêtée, et je vous en supplie, monsieur, ne me trompez pas; car, autrement, je serais forcé de partir, et d'aller hors barrière... D'abord, un déménagement peut me coûter la vie de ma fille, dit-il d'une voix altérée; puis, ô qui sait si les médecins qui déjà viennent voir ma fille pour l'amour de Dieu, voudront passer les barrières !...

Si cet homme avait pu pleurer, il aurait eu les joues couvertes de larmes en disant ces dernières paroles ; mais, selon une expression devenue aujourd'hui vulgaire, il eut des larmes dans la voix, et se couvrit le front de sa main, qui ne laissait voir que des os et des muscles.

— Quelle maladie a donc madame votre fille ? demanda Godefroid d'un air insinuant et sympathique.

— Une maladie terrible à laquelle les médecins donnent tous les noms, ou, pour mieux dire, qui n'a pas de nom... Ma fortune a passé... Il se reprit pour dire avec un de ces gestes qui n'appartiennent qu'aux malheureux : Le peu d'argent que j'avais, car je me suis trouvé sans fortune en 1830, renversé d'une haute position, enfin tout ce que je possédais a été dévoré promptement par ma fille, qui déjà, monsieur, avait ruiné sa mère et la famille de son mari... Aujourd'hui, la pension que je touche suffit à peine à payer les nécessités de l'état où se trouve ma pauvre sainte fille... Elle a usé chez moi la faculté de pleurer... J'ai subi mille tortures. Monsieur, je suis de granit pour n'être pas mort, ou, plutôt, Dieu conserve le père à l'enfant pour qu'elle ait une garde, une providence, car sa mère est morte à la peine... Ah! vous êtes venu, jeune homme, dans le moment où le vieil arbre qui n'a jamais plié sent la hache de la misère, aiguisée par la douleur, entamer le cœur... Et moi, qui n'ai jamais proféré de plaintes, je vais vous parler de cette maladie, afin de vous empêcher de venir dans cette maison, ou, si vous persistez, pour vous montrer la nécessité de ne pas troubler notre repos... En ce moment, monsieur, ma fille aboie comme un chien, jour et nuit!...

— Elle est folle! dit Godefroid.

— Elle a toute sa raison, et c'est une sainte, répondit le vieillard. Vous allez tout à l'heure croire que je suis fou, quand je vous aurai tout dit. Monsieur, ma fille unique est née d'une mère qui jouissait d'une excellente santé. Je n'ai dans ma vie aimé qu'une seule femme, c'était la mienne; je l'ai choisie. J'ai fait un mariage d'inclination en épousant la fille d'un des plus braves colonels de la garde impériale, un Polonais, ancien officier d'ordonnance de l'empereur, le brave général Tarlowski. Les fonctions que j'exerçais exigent une grande pureté de mœurs; mais je n'ai pas le cœur fait à loger beaucoup de sentiments, et j'ai fidèlement aimé ma femme, qui méritait un pareil amour. Je suis père comme j'ai été mari, c'est tout vous dire en un mot. Ma fille n'a jamais quitté sa mère, et jamais enfant n'a vécu plus chastement, plus chrétiennement que cette chère fille. Elle est née plus que jolie, belle; et son mari, jeune homme de mœurs duquel j'étais sûr, car il était le fils d'un de mes amis, un président de cour royale, n'a pu, certes, contribuer en rien à la maladie de ma fille.

Godefroid et monsieur Bernard firent une pause involontaire en se regardant tous deux.

— Le mariage, vous le savez, change quelquefois beaucoup les jeunes personnes, reprit le vieillard. La première grossesse s'est bien passée, et a produit un fils, mon petit-fils, qui demeure avec moi maintenant, seul rejeton de deux familles qui se sont alliées. La seconde grossesse fut accompagnée de symptômes si extraordinaires, que les médecins, étonnés tous, les ont attribués à la bizarrerie des phénomènes qui se manifestent quelquefois dans cet état, et qu'ils consignent aux fastes de la science. Ma fille accoucha d'un enfant mort, et, à la lettre, tordu, étouffé par des mouvements intérieurs. La maladie commençait, la grossesse n'y était pour rien... Peut-être êtes-vous étudiant en médecine?

Godefroid fit un geste qui pouvait s'interpréter par une affirmation, tout aussi bien que par une négation.

— Après cet accouchement terrible, laborieux, reprit monsieur Bernard, un accouchement, monsieur, qui fit une impression si violente sur mon gendre, qu'il a commencé la mélancolie dont il est mort, ma fille, deux ou trois mois après, se plaignit d'une faiblesse générale qui affectait particulièrement les pieds, lesquels, selon son expression, lui paraissaient être comme du coton. Cette atonie s'est changée en paralysie; mais quelle paralysie, monsieur! On peut plier les pieds à ma fille sous elle, les tordre sans qu'elle le sente. Le membre existe et n'a en apparence ni sang, ni muscles, ni os. Cette affection, qui ne se rapporte à rien de connu, a gagné les bras, les mains, et nous avons cru à quelque maladie de l'épine dorsale. Médecins et remèdes n'ont fait qu'empirer cet état, et ma pauvre fille ne pouvait plus bouger sans se démettre, soit les reins, soit les épaules ou les bras. Nous avons eu pendant longtemps, chez nous, un excellent chirurgien, presque à demeure, occupé, de concert avec le médecin ou les médecins (car il nous en est venu par curiosité), à remettre les membres à leur place... le croiriez-vous, monsieur? trois ou quatre fois par jour!... Ah!... Cette maladie a tant de formes, que j'oubliais de vous dire que, durant la période de faiblesse, avant la paralysie des membres, il s'est manifesté chez ma fille les cas de catalepsie les plus bizarres... Vous savez ce qu'est la catalepsie. Ainsi, elle restait les yeux ouverts, immobiles, quelques jours, dans la position où cet état la prenait. Elle a subi les faits les plus monstrueux de cette affection, et elle a eu jusqu'à des attaques de tétanos. Cette phase de la maladie m'a suggéré l'idée d'employer le magnétisme à sa guérison, lorsque je la vis paralysée si singulièrement. Ma fille, monsieur, fut d'une clairvoyance miraculeuse; son âme a été le théâtre de tous les prodiges du somnambulisme, comme son corps est le théâtre de toutes les maladies...

Godefroid se demanda en lui-même si le vieillard avait toute sa raison.

— Vraiment, moi qui, nourri de Voltaire, de Diderot et d'Helvétius, suis un enfant du dix-huitième siècle, dit-il en continuant, sans faire attention à l'expression des yeux de Godefroid, qui suis un fils de la Révolution, je me moquais de tout ce que l'Antiquité et le Moyen Age racontent des possédés; eh bien, monsieur, la possession peut seule expliquer l'état dans lequel est mon enfant. Somnambule, elle n'a jamais pu nous dire la cause de ses souffrances; elle ne les voyait point, et toutes les méthodes de traitement qu'elle nous a dictées, quoique scrupuleusement suivies, ne ne lui firent aucun bien. Par exemple, elle voulut être enveloppée dans un porc fraîchement égorgé; puis elle ordonna de lui plonger dans les jambes des pointes de fer aimanté fortement et rougi au feu... de faire fondre le long de son dos de la cire à cacheter...

Et quels désastres, monsieur! Les dents sont tombées! Elle devient sourde, puis muette; et puis, après six mois de mutisme absolu, de surdité complète, tout à coup l'ouïe et la parole lui reviennent. Elle a recouvré capricieusement, comme elle le perd, l'usage de ses mains; mais les pieds sont, depuis sept ans, demeurés perdus. Elle a subi des symptômes et des attaques d'hydrophobie bien prononcés, bien caractérisés. Non-seulement la vue de l'eau, le bruit de l'eau, l'aspect d'un verre, d'une tasse, la mettaient en fureur, mais encore elle a contracté l'aboiement des chiens, un aboiement mélancolique, les hurlements qu'ils font entendre lorsqu'on joue de l'orgue. Elle a été plusieurs fois à l'agonie et administrée, et elle revenait à la vie pour souffrir avec toute sa raison, avec toute sa clarté d'esprit; car les facultés de l'âme et du cœur sont encore inattaquées... Si elle a vécu, monsieur, elle a causé la mort de son mari, de sa mère, qui n'ont pas pu supporter de pareilles crises... Hélas! monsieur... ce que je vous dis là n'est rien! Toutes les fonctions naturelles sont perverties, et la médecine peut seule vous expliquer les étranges aberrations des organes... Et c'est dans cet état que j'ai dû l'amener de province à Paris, en 1829; car les deux ou trois médecins célèbres de Paris à qui je me suis adressé, Desplein, Bianchon et Haudry, tous ont cru qu'on voulait les mystifier. Le magnétisme était alors très-énergiquement nié par les académies; et sans mettre la bonne foi des médecins de la province et la mienne en doute, ils supposaient une inobservation, ou si vous voulez, une exagération assez commune dans les familles ou chez les malades. Mais ils ont été forcés de changer d'avis, et c'est à ces phénomènes que sont dues les recherches faites dans ces derniers temps sur les maladies nerveuses, car ils ont classé cet état bizarre dans les *névroses*. La dernière consultation que ces messieurs ont faite a eu pour résultat de supprimer la médecine ; ils ont décidé qu'il fallait suivre la nature, l'étudier ; et, depuis, je n'ai plus eu qu'un médecin, le dernier est le médecin des pauvres de ce quartier. Il suffit, en effet, de faciliter les douleurs, de les pallier, puisqu'on n'en connaît pas les causes.

Ici le vieillard s'arrêta comme oppressé de cette épouvantable confidence.

— Depuis cinq ans, reprit-il, ma fille vit dans des alternatives de mieux et de rechutes continuelles ; mais aucun phénomène nouveau ne s'est produit. Elle souffre plus ou moins par le fait de ces attaques nerveuses si variées que je vous ai brièvement indiquées ; mais les jambes et la perturbation des fonctions naturelles sont constantes. La gêne où nous sommes, et qui n'a fait que s'accroître, nous a forcés de quitter l'appartement que j'avais pris, en 1829, dans le quartier du faubourg du Roule ; et comme ma fille ne peut supporter le changement, que deux fois déjà j'ai failli la perdre en l'emmenant à Paris et en la transportant du quartier Beaujon ici, j'ai sur-le-champ pris le logement où je suis, en prévision des malheurs qui n'ont pas tardé longtemps à fondre sur moi ; car, après trente ans de service, l'on m'a fait attendre le règlement de ma pension jusqu'en 1833. Ce n'est que depuis six mois que je la touche, et le nouveau gouvernement a joint à tant de rigueurs celle de ne m'accorder que le minimum.

Godefroid fit un geste d'étonnement qui demandait une confidence totale, et le vieillard le comprit ainsi, car il répondit sur-le-champ, non sans laisser échapper un regard accusateur vers le ciel :

— Je suis une des mille victimes des réactions politiques. Je cache un nom objet de bien des vengeances, et si les leçons de l'expérience ne doivent pas toujours être perdues d'une génération à l'autre, souvenez-vous, jeune homme, de ne jamais vous prêter aux rigueurs d'aucune politique... Non que je me repente d'avoir fait mon devoir, ma conscience est parfaitement en repos, mais les pouvoirs aujourd'hui n'ont plus cette solidarité qui lie les gouvernements entre eux, quoique différents ; et si l'on récompense le zèle, c'est l'effet d'une peur passagère. L'instrument dont on s'est servi, quelque fidèle qu'il soit, est tôt ou tard entièrement oublié. Vous voyez en moi l'un des plus fermes soutiens du gouvernement des Bourbons de la branche aînée, comme je le fus du pouvoir impérial, et je suis dans la misère! Trop fier pour tendre la main, jamais on ne songera que je souffre des maux inouïs. Il y a cinq jours, monsieur, le médecin du quartier qui soigne ma fille, ou, si vous voulez, qui l'observe, m'a dit qu'il était hors d'état de guérir une maladie dont les formes variaient tous les quinze jours. Selon lui, les névroses sont le désespoir de la médecine, car les causes s'en trouvent dans un système inexplorable. Il m'a dit d'avoir recours à un médecin juif qui passe pour un empirique; mais il m'a fait observer que c'était un étranger, un Polonais réfugié, que les médecins sont très-jaloux de quelques cures extraordinaires dont on parle beaucoup, et que certaines personnes le croient très-savant, très-habile. Seulement il est exigeant, défiant, il choisit ses malades, il ne perd pas son temps; enfin, il est... communiste... il se nomme Halpersohn. Mon petit-fils est allé déjà voir ce médecin deux fois inutilement, car nous n'avons pas encore eu sa visite, je comprends pourquoi!...

— Pourquoi? dit Godefroid.

— Oh! mon petit-fils, qui a seize ans, est encore plus mal vêtu que je ne le suis; et, le croiriez-vous, monsieur, je n'ose pas me présenter chez ce médecin : ma mise est trop peu d'accord avec ce qu'on attend d'un homme de mon âge, sérieux comme je le suis. S'il voit le grand-père dénué comme le voilà, lorsque le petit-fils s'est montré tout aussi mal, le médecin donnera-t-il à ma fille les soins nécessaires? Il agira comme on agit avec les pauvres... Et pensez, mon cher monsieur, que j'aime ma fille pour toutes les douleurs qu'elles m'a faites, de même que je l'aimais jadis pour toutes les félicités qu'elle me prodiguait. Elle est devenue angélique. Hélas! ce n'est plus qu'une âme, une âme qui rayonne sur son fils et sur moi; le corps n'existe plus, car elle a vaincu la douleur... Jugez quel spectacle pour un père! Le monde pour ma fille, c'est sa chambre! il y faut des fleurs qu'elle aime; elle lit beaucoup; et, quand elle a l'usage de ses mains, elle travaille comme une fée... Elle ignore la profonde misère dans laquelle nous sommes plongés... Aussi notre existence est-elle si bizarre que nous ne pouvons admettre personne chez nous... Me comprenez-vous bien, monsieur? Devinez-vous qu'un voisin est impossible? Je lui demanderais tant de choses que je lui aurais trop d'obligations, et il me serait impossible de m'acquitter. D'abord le temps me manque pour tout : je fais l'éducation de mon petit-fils, et je travaille tant, tant, monsieur, que je ne dors pas plus de trois ou quatre heures par nuit.

— Monsieur, dit Godefroid en interrompant le vieillard qu'il avait écouté patiemment, en l'observant avec une douloureuse attention, je serai votre voisin, et je vous aiderai...

Le veillard laissa échapper un geste de fierté, d'impatience même, car il ne croyait à rien de bon des hommes.

— Je vous aiderai, reprit Godefroid en prenant les mains au vieillard et les lui serrant avec une pieuse affection ; mais comme je puis vous aider... Ecoutez-moi. Que comptez-vous faire de votre petit-fils ?

— Il va bientôt entrer à l'Ecole de droit, car il prendra la carrière du Palais.

— Votre petit-fils vous coûtera six cents francs par an alors...

Le vieillard garda le silence.

— Moi, dit Godefroid en continuant après une pause, je n'ai rien, mais je puis beaucoup ; je vous aurai le médecin juif ! Et si votre fille est guérissable, elle sera guérie. Nous trouverons le moyen de récompenser cet Halpersohn.

— Oh ! si ma fille était guérie, je ferais un sacrifice que je ne puis faire qu'une fois ! s'écria le vieillard. Je vendrai la poire conservée pour la soif !

— Vous garderez la poire...

— Oh ! la jeunesse ! la jeunesse !... s'écria le vieillard en branlant la tête... Adieu, monsieur, ou plutôt au revoir. Voici l'heure de la bibliothèque, et comme j'ai vendu tous mes livres, je suis forcé d'y aller tous les jours pour mes travaux... Je vous tiens compte de ce bon mouvement que vous venez d'avoir ; mais nous verrons si vous m'accordez les ménagements que je dois demander à mon voisin. Voilà tout ce que j'attends de vous...

— Oui, laissez-moi, monsieur, être votre voisin ; car, voyez-vous, Barbet n'est pas homme à subir des non-valeurs pendant longtemps, et vous pourriez rencontrer un plus mauvais compagnon de misère que moi... Maintenant je ne vous demande pas de croire en moi, mais de me permettre de vous être utile...

— Et dans quel intérêt ? s'écria le vieillard qui se disposait à descendre les marches du cloître des Chartreux par où l'on passait alors de la grande allée du Luxembourg dans la rue d'Enfer.

— N'avez-vous donc dans vos fonctions obligé personne ?

Le vieillard regarda Godefroid les sourcils contractés, les yeux pleins de souvenirs, comme un homme qui compulse le livre de sa vie en y cherchant l'action à laquelle il pourrait devoir une si rare reconnaissance, et il se retourna froidement, après un salut empreint de doute.

— Allons, pour une première entrevue, il ne s'est pas extrêmement effarouché, se dit l'Initié.

Godefroid se rendit aussitôt rue d'Enfer, à l'adresse indiquée par monsieur Alain, et y trouva le docteur Berton, homme froid et sévère, qui l'étonna beaucoup en lui assurant l'exactitude de tous les détails donnés par monsieur Bernard sur la maladie de sa fille; et il obtint l'adresse d'Halpersohn.

Ce médecin polonais, devenu depuis si célèbre, demeurait alors à Chaillot, rue Marbœuf, dans une petite maison isolée, où il occupait le premier étage. Le général Roman Tarnowicki logeait au rez-de-chaussée, et les domestiques de ces deux réfugiés habitaient les combles de ce petit hôtel, qui n'avait qu'un étage. Godefroid ne vit pas cette fois le docteur, il apprit qu'il était allé assez loin en province, appelé par un riche malade; mais il fut presque content de ne pas le rencontrer; car dans sa précipitation, il avait oublié de se munir d'argent et fut obligé de retourner à l'hôtel de La Chanterie pour en prendre chez lui.

Ces courses et le temps de dîner à un restaurant de la rue de l'Odéon firent atteindre à Godefroid l'heure où il devait entrer en possession de son logement, au boulevard du Mont-Parnasse. Rien n'était plus misérable que le mobilier avec lequel madame Vauthier avait garni les deux chambres. Il semblait que cette femme eût pour habitude de louer des logements qu'on n'habitait pas. Evidemment, le lit, les chaises, les tables, la commode, le secrétaire, les rideaux provenaient de ventes faites par autorité de justice, où l'usurier les avait gardés pour son compte, en n'en trouvant pas la valeur intrinsèque, cas assez fréquent.

Madame Vauthier, les poings sur les hanches, attendait des remercîments; elle prit donc le sourire de Godefroid pour un sourire de surprise,

— Ah! je vous ai choisi tout ce que nous avons de plus beau, mon cher monsieur Godefroid, dit-elle d'un air triomphant... Voilà de jolis rideaux de soie et un lit en acajou *qui n'est pas piqué des vers!...* il a appartenu au prince de Wissembourg, et vient de son hôtel. Quand il a quitté la rue Louis-le-Grand, en 1809, j'étais fille de cuisine chez lui... De là, je suis entrée pour lors chez mon propriétaire.

Godefroid arrêta le flux des confidences en payant son mois d'avance et donna, d'avance aussi, les six francs qu'il devait à madame Vauthier pour qu'elle fît son ménage. En ce moment il entendit aboyer, et s'il n'avait pas été prévenu par monsieur Bernard, il aurait pu croire que son voisin gardait un chien chez lui.

— Est-ce que ce chien-là jappe la nuit ?...

— Oh! soyez tranquille, monsieur, prenez patience, il n'y a plus que cette semaine à souffrir. Monsieur Bernard ne pourra pas payer son terme et il sera mis dehors... Mais c'est des gens bien singuliers, allez! Je n'ai jamais vu leur chien. Ce chien est des mois, qu'est-ce que je dis des mois ? des six mois sans qu'on l'entende! c'est à croire qu'ils n'ont pas de chien. Cet animal ne quitte pas la chambre de la dame... Il y a une dame bien malade, allez? Elle n'est pas sortie de sa chambre depuis qu'elle est entrée... Le vieux monsieur Bernard travaille beaucoup, et son fils aussi, qui est externe au collége Louis-le-Grand, où il achève sa philosophie, à seize ans! C'est crâne, ça! mais aussi ce petit môme travaille comme un enragé !...... Vous allez les entendre déménager les fleurs qui sont chez la dame, car ils ne mangent que du pain, le grand-père et le petit-fils, mais ils achètent des fleurs et des friandises pour la dame... Il faut que cette dame soit bien mal, pour ne pas être sortie d'ici depuis qu'elle y est entrée; et, à entendre monsieur Berton, le médecin qui vient la voir, elle n'en sortira que les pieds en avant.

— Et que fait-il, ce monsieur Bernard?

— C'est un savant, à ce qu'il paraît; car il écrit, il va travailler aux bibliothèques, et monsieur lui prête de l'argent sur ce qu'il compose.

— Qui! monsieur?

— Mon propriétaire, monsieur Barbet, l'ancien libraire, il était établi depuis seize ans. C'est un Normand qui vendait de la salade dans les rues et qui s'est mis bouquiniste, en 1818, sur les quais, puis il a eu une petite boutique, et il est maintenant bien riche... C'est une manière de juif qui fait trente-six métiers, puisqu'il était comme associé avec l'Italien qui a bâti cette baraque pour loger des vers à soie...

— Ainsi cette maison est le refuge des auteurs malheureux ? dit Godefroid.

— Est-ce que monsieur aurait le malheur d'en être un ? demanda la veuve Vauthier.

— Je n'en suis qu'au début, répondit Godefroid,

— Oh! mon cher monsieur, pour le mal que je vous veux, restez-en là... Journaliste, par exemple, je ne dis pas...

Godefroid ne put s'empêcher de rire, et il souhaita le bonsoir à cette cuisinière qui, sans le savoir, représentait la bourgeoisie. En se couchant dans cette affreuse chambre carrelée en briques rouges qui n'avaient pas seulement été mises en couleur, et tendue d'un papier à sept sous le rouleau, Godefroid regretta non-seulement son petit appartement de la rue Chanoinesse, mais encore la société de madame de La Chanterie. Il sentit en son âme un grand vide. Il avait déjà pris des habitudes d'esprit, et il ne se souvint pas d'avoir éprouvé de pareils regrets pour quoi que ce soit de sa vie antérieure. Cette comparaison si courte fut d'un effet prodigieux sur son âme ; il comprit que nulle vie ne pouvait valoir celle qu'il voulait embrasser, et sa résolution de devenir un émule du bon père Alain fut inébranlable. Sans avoir la vocation, il eut la volonté.

Le lendemain, Godefroid, habitué par sa nouvelle vie à se lever de très-grand matin, vit par sa fenêtre un jeune homme d'environ dix-sept ans, vêtu d'une blouse, qui revenait sans doute d'une fontaine publique en tenant une cruche pleine d'eau dans chaque main. La figure de ce jeune homme, qui ne se savait pas vu, laissait paraître ses sentiments, et jamais Godefroid n'avait rien observé de si naïf, mais aussi rien de si triste. Les grâces de la jeunesse étaient comprimées par la misère, par l'étude et par de grandes fatigues physiques. Le petit-fils de monsieur Bernard était remarquable par un teint d'une excessive blancheur, que rehaussaient encore des cheveux très-bruns. Il fit trois voyages ; au dernier, il vit décharger une voie de bois neuf que Godefroid avait demandée la veille, car l'hiver tardif de 1838 commençait à se faire sentir, et il avait neigé légèrement pendant la nuit.

Népomucène, qui venait de commencer sa journée en allant chercher ce bois, sur lequel madame Vauthier avait prélevé largement sa redevance, causait avec le jeune homme, en attendant que le scieur lui eût fourni la charge qu'il allait monter. Il était facile de deviner que le froid venu subitement causait des inquiétudes au petit-fils de monsieur Bernard, et que la vue de ce bois, autant que le ciel grisâtre, lui rappelait la nécessité de faire sa provision. Mais tout à coup le jeune homme, comme s'il se fût reproché de perdre un temps précieux, reprit ses deux cruches et rentra précipitamment dans la maison. Il était en effet sept heures et demie, et en les entendant sonner à la cloche du couvent de la Visitation, il songea qu'il fallait être au collége Louis-le-Grand à huit heures et demie.

Au moment où le jeune homme rentra, Godefroid allait ouvrir à madame Vauthier qui venait apporter du feu à son nouveau locataire, en sorte que Godefroid fut témoin d'une scène qui eut lieu sur le palier. Un jardinier du voisinage, après avoir sonné plusieurs fois à la porte de monsieur Bernard, sans avoir fait venir personne, car sa sonnette était enveloppée de papier, eut une dispute assez grossière avec le jeune homme en lui demandant de l'argent dû pour la location des fleurs qu'il fournissait. Comme ce créancier élevait la voix, monsieur Bernard parut.

— Auguste, dit-il à son petit-fils, habille-toi, l'heure d'aller au collége est venue.

Il prit les deux cruches et les rentra dans la première pièce de son appartement où se voyaient des fleurs dans des jardinières, puis il ferma la porte et revint parler au jardinier. La porte de Godefroid était ouverte, car Népomucène avait commencé ses voyages et entassait le bois dans la première pièce. Le jardinier s'était tu devant monsieur Bernard qui, vêtu d'une robe de chambre en soie couleur violette, boutonnée jusqu'au menton, avait un air imposant.

— Vous pouvez bien nous demander ce que nous vous devons sans crier, dit monsieur Bernard.

— Soyez juste, mon cher monsieur, dit le jardinier; vous deviez me payer toutes les semaines, et voilà trois mois, dix semaines, que je n'ai rien reçu, et vous me devez cent vingt francs. Nous sommes habitués à louer nos fleurs à des gens riches qui nous donnent notre argent dès que nous le demandons, et voilà cinq fois que je viens. Nous avons nos loyers à payer, nos ouvriers, et je ne suis guère plus riche que vous. Ma femme, qui vous donnait du lait et des œufs, ne viendra pas non plus ce matin : vous lui devez trente francs, et elle aime mieux ne pas venir que de vous tourmenter, car elle est bonne, ma femme! si on l'écoutait, le commerce ne serait pas possible. C'est pour cela que moi qui n'entends pas de cette oreille-là, vous comprenez...

En ce moment, Auguste sortit, vêtu d'un méchant petit habit vert et d'un pantalon en drap de même couleur, d'une cravate noire et de bottes usées. Ces vêtements, quoique soigneusement brossés, accusaient une détresse arrivée au dernier degré, car ils étaient trop courts et trop étroits; en sorte que l'étudiant semblait devoir les faire craquer au moindre mouvement. Les coutures devenues blanches, les contours recroquevillés, les boutonnières crevées, malgré les raccommodages, y montraient aux yeux les moins exercés les ignobles stigmates de l'indigence. Cette livrée contrastait avec la jeunesse d'Auguste, qui s'en alla, mordant un morceau de pain rassis, où ses belles et fortes dents laissaient leur empreinte. Il déjeunait ainsi pendant le trajet du boulevard Mont-Parnasse à la rue Saint-Jacques, tout en tenant ses livres et ses papiers sous le bras, et coiffé d'une casquette aussi trop petite pour sa forte tête, d'où s'échappait sa magnifique chevelure noire.

En passant devant son grand-père, il échangea, mais rapidement, un regard d'une effroyable tristesse; car il le voyait aux prises avec une difficulté presque insurmontable, et dont les conséquences étaient terribles. Pour laisser place à l'élève de philosophie, le jardinier se recula jusqu'à la porte de Godefroid; et au moment où cet homme se trouvait sur la porte, Népomucène, chargé de bois, embarrassa le palier, en sorte que le créancier recula jusqu'à la fenêtre.

— Monsieur Bernard, cria la veuve Vauthier, croyez-vous que monsieur Godefroid ait loué son logement pour que vous y teniez vos séances?

— Pardon, madame, répondit le jardinier, le carré s'est trouvé plein...

— Je ne dis pas cela pour vous, monsieur Cartier, dit la veuve.

— Restez! s'écria Godefroid, en s'adressant au jardinier. Et vous, mon cher voisin, ajouta-t-il en regardant monsieur Bernard, que cette injure atroce trouvait insensible, s'il vous convient de vous expliquer dans cette chambre avec votre jardinier, venez-y.

Le grand vieillard, hébété de douleur, jeta sur Godefroid un coup d'œil qui contenait mille remercîments.

— Quant à vous, ma chère madame Vauthier, ne soyez pas si

rude pour monsieur, qui d'abord est un vieillard et à qui vous avez l'obligation de me voir loger ici.

— Ah bah ! s'écria la veuve.

— Puis, si les gens qui ne sont pas riches ne s'aident pas entre eux, qui donc les aidera ? Laissez-nous, madame Vauthier, je soufflerai mon feu moi-même. Voyez à faire mettre mon bois dans votre cave, je crois que vous en aurez bien soin.

Madame Vauthier disparut ; car Godefroid, en lui donnant le bois à serrer, venait de donner pâture à son avidité.

— Entrez par ici, messieurs, dit Godefroid, qui fit un signe au jardinier en présentant deux chaises au débiteur et au créancier.

Le vieillard conversa debout, mais le jardinier s'assit.

— Voyons, mon cher, les riches ne payent pas aussi régulièrement que vous le dites, et il ne faut pas tourmenter un digne homme pour quelques louis. Monsieur touche sa pension tous les six mois, et il ne peut pas vous faire une délégation pour une si misérable somme ; mais moi j'avancerai l'argent, si vous le voulez absolument.

— Monsieur Bernard a touché l'argent de sa pension, il y a vingt jours environ, et il ne m'a pas payé... Je serais fâché de lui faire de la peine...

— Comment, vous lui fournissez des fleurs depuis...

— Oui, monsieur, depuis six ans, et il m'a toujours bien payé.

Monsieur Bernard, qui prêtait l'oreille à tout ce qui se passait chez lui, sans écouter cette discussion, entendit des cris à travers les cloisons, et il s'en alla tout effrayé, sans dire mot.

— Allons ! allons, mon brave homme, apportez de belles fleurs, vos plus belles fleurs, ce matin même, à monsieur Bernard, et que votre femme envoie de bons œufs et du lait ; je vous payerai ce soir, monsieur.

Cartier regarda singulièrement Godefroid.

— Vous en savez sans doute plus que madame Vauthier, qui m'a fait prévenir de me dépêcher, si je voulais être payé, dit-il. Ni elle, ni moi, monsieur, nous ne pouvons nous expliquer pourquoi des gens qui mangent du pain, qui ramassent des épluchures de légumes, des restes de carottes, de navets et de pommes de terre au coin des portes des restaurateurs.... oui, monsieur, j'ai surpris le petit avec un vieux cabas qu'il emplissait... eh bien ! pourquoi ces gens-là dépensent près de cent francs par mois de fleurs... On dit que le vieux n'a que trois mille francs de pension.

— En tout cas, répliqua Godefroid, ce n'est pas à vous à trouver mauvais qu'ils se ruinent en fleurs.

— Oui, monsieur, pourvu que je sois payé.

— Apportez-moi votre mémoire.

— Très-bien, monsieur... dit le jardinier avec une teinte de respect. Monsieur veut sans doute voir la dame cachée...

— Allons! mon cher ami, vous vous oubliez! répliqua sèchement Godefroid. Retournez chez vous, choisissez vos plus belles fleurs pour remplacer celles que vous devez reprendre. Si vous pouvez me donner à moi de bonne crème et des œufs frais, vous aurez ma pratique et j'irai voir ce matin votre établissement.

— C'est un des plus beaux de Paris, monsieur, et j'expose au Luxembourg. Mon jardin, qui a trois arpents, est situé sur le boulevard, derrière le jardin de la Grande-Chaumière.

— Bien, monsieur Cartier. Vous êtes, à ce que je vois, plus riche que je ne le suis... Ayez donc des égards pour nous, car qui sait si nous n'aurons pas quelque besoin les uns des autres?

Le jardinier sortit, fort inquiet de ce que pouvait être Godefroid.

— J'ai pourtant été comme cela! se dit Godefroid en soufflant son feu. Quel admirable représentant du bourgeois d'aujourd'hui : commère, curieux, dévoré d'égalité, jaloux de la pratique, furieux de ne pas savoir pourquoi un pauvre malade reste dans sa chambre sans se montrer, et cachant sa fortune, vaniteux au point de la découvrir pour pouvoir se mettre au-dessus de son voisin. Cet homme doit être au moins lieutenant dans sa compagnie. Avec quelle facilité se joue à toutes les époques la scène de monsieur Dimanche! Encore un instant et je me faisais un ami du sieur Cartier.

Le grand vieillard interrompit ce soliloque de Godefroid qui prouve combien ses idées étaient changées depuis quatre mois.

— Pardon, mon voisin, dit-il d'une voix troublée, je vois que vous venez de renvoyer le jardinier satisfait, car il m'a salué poliment. En vérité, jeune homme, la Providence semble vous avoir envoyé exprès ici, pour nous, au moment même où nous succombions. Hélas! une indiscrétion de cet homme vous a fait deviner bien des choses. Il est vrai que j'ai touché le semestre de ma pension il y a quinze jours, mais j'avais des dettes plus pressantes que celles-là, et il a fallu réserver la somme de notre loyer, sous peine d'être chassés d'ici. Vous à qui j'ai confié l'état dans lequel est ma fille et qui l'avez entendue...

Il regarda d'un air inquiet Godefroid, qui fit un signe affirmatif.

— Eh bien! jugez si ce ne serait pas le coup de la mort... car il faudrait la mettre dans un hôpital... Mon petit-fils et moi, nous redoutions cette matinée, et ce n'était pas Cartier que nous craignions le plus, mais le froid...

— Mon cher monsieur Bernard, j'ai du bois, prenez-en, reprit Godefroid.

— Comment, s'écria le vieillard, reconnaître jamais de tels services?...

— En les acceptant sans façon, répliqua vivement Godefroid, et en m'accordant toute confiance.

— Mais quels sont mes droits à tant de générosité? demanda monsieur Bernard redevenant défiant. Ma fierté, celle de mon petit-fils, sont vaincues! s'écria-t-il, car nous sommes déjà descendus à des explications avec les deux ou trois créanciers que nous avons. Les malheureux n'ont pas de créanciers; il faut, pour en avoir, une certaine splendeur extérieure que nous avons perdue... Mais je n'ai pas encore abdiqué mon bon sens, ma raison... ajouta-t-il comme s'il se fût parlé à lui-même.

— Monsieur, répondit sérieusement Godefroid, le récit que vous m'avez fait hier tirerait des larmes à un usurier.

— Non, non, car Barbet, ce libraire, notre propriétaire, spécule sur ma misère et la fait espionner par cette Vauthier, son ancienne servante...

— Comment peut-il spéculer sur vous? demanda Godefroid.

— Je vous dirai cela plus tard, répondit le vieillard. Ma fille peut avoir froid, et puisque vous le permettez, je suis dans une situation à recevoir l'aumône de mon plus cruel ennemi...

— Je vais vous porter du bois, dit Godefroid qui traversa le palier en tenant une dizaine de bûches qu'il déposa dans la première pièce de l'appartement du vieillard.

Monsieur Bernard en avait pris autant, et quand il vit cette petite provision de bois, il ne put réprimer le sourire niais et quasiment imbécile par lequel les gens sauvés d'un danger mortel, et qui leur semble inévitable, expriment leur joie, car il y a de la terreur encore dans cette joie.

— Acceptez tout de moi, mon cher monsieur Bernard, sans aucune défiance, et quand votre fille sera sauvée, quand vous e rez heureux, je vous expliquerai tout ; mais jusque-là laissez-moi faire... Je suis allé chez le médecin juif, et malheureusement Hupersohn est absent ; il ne revient que dans deux jours...

En ce moment une voix qui parut être à Godefroid et qui réellement était d'un timbre frais et mélodieux, cria : — Papa ! papa ! sur deux notes expressives.

En parlant au vieillard, Godefroid avait déjà remarqué, dans les rainures de la porte qui faisait face à la porte d'entrée, les lignes blanches d'une peinture soignée qui révélaient de grandes différences entre la chambre de la malade et les autres pièces de ce logement ; mais sa curiosité si vivement excitée fut alors portée au plus haut degré, sa mission de bienfaisance n'était plus qu'un prétexte, le but fut de voir la malade. Il se refusait à croire qu'une créature douée d'une semblable voix pût être un objet de dégoût.

— Vous vous donnez vraiment trop de peine, papa !... disait la voix. Pourquoi ne pas avoir plus de domestiques que vous n'en avez... à votre âge !... Mon Dieu !...

— Tu sais bien, ma chère Vanda, que je ne veux pas que d'autres que ton fils et moi te servent.

Ces deux phrases que Godefroid entendit à travers la porte, ou plutôt devina, car une portière étouffait les sons, lui fit pressentir la vérité. La malade, entourée de luxe, devait ignorer la situation réelle de son père et de son fils. La douillette de soie de monsieur Bernard, les fleurs et sa conversation avec Cartier avaient déjà donné quelques soupçons à Godefroid qui restait là, presque hébété de ce prodige d'amour paternel. Le contraste entre la chambre de la malade telle qu'il se la figurait et le reste, était d'ailleurs étourdissant. Qu'on en juge !

Par la porte de la troisième chambre, que le vieillard avait laissée entr'ouverte, Godefroid aperçut deux couchettes jumelles en bois peint comme les couchettes des pensions infimes, et garnies d'une paillasse et d'un petit matelas mince, sur lesquels il n'y avait qu'une couverture. Un petit poêle en fonte, pareil à ceux sur le couvercle desquels les portiers font leur cuisine, et au bas duquel se voyait une dizaine de mottes, eût expliqué le dénûment de monsieur Bernard sans les autres détails tout à fait en harmonie avec cet horrible poêle.

En avançant d'un pas, Godefroid vit la poterie des plus pauvr ménages : des jattes en terre vernie où nageaient des pommes terre dans de l'eau sale. Deux tables en bois noirci, chargées papiers, de livres, et placées devant la croisée qui donnait rue Notre-Dame des Champs, indiquaient les occupations nocturne du père et du fils. Il y avait sur les deux tables deux chandelier en fer battu comme en ont les pauvres, et dans lesquels Godefroid aperçut des chandelles du moindre prix, c'est-à-dire de celles dont la livre se compose de huit chandelles.

Sur une troisième table, qui servait de table de cuisine, brillaient deux couverts et une petite cuiller en vermeil, des assiettes, un bol, des tasses en porcelaine de Sèvres, un double couteau de vermeil et d'acier dans son écrin, enfin la vaisselle de la malade.

Le poêle était allumé, l'eau contenue dans le fourneau fumait faiblement. Une armoire en bois peint contenait sans doute le linge et les effets de la fille de monsieur Bernard; car sur le lit du père, il vit l'habillement qu'il lui avait vu la veille posé en travers en façon de couvre-pied.

D'autres hardes, placées de la même manière sur le lit du petit-fils, faisaient présumer que toute leur garde-robe était là; car, sous le lit, Godefroid aperçut des chaussures. Le carreau, balayé sans doute rarement, ressemblait à celui des classes dans les pensionnats. Un pain de six livres entamé se voyait sur une planche au-dessus de la table. Enfin c'était la misère à son dernier période, la misère parfaitement organisée, avec la froide décence du parti pris de la supporter; la misère hâtée qui veut, qui doit et qui ne peut pas tout faire chez elle, et qui alors intervertit les usages de tous ses pauvres meubles. Aussi une odeur forte et nauséabonde s'exhalait-elle de cette pièce, rarement nettoyée.

L'antichambre, où se trouvait Godefroid, était au moins convenable, et il devina qu'elle servait à cacher les horreurs de celle où demeuraient le petit-fils et le grand-père. Cette antichambre, tendue d'un papier quadrillé dans le genre écossais, était garnie de quatre chaises en noyer, d'une petite table, et ornée de la gravure en couleur du portrait de l'Empereur, fait par Horace Vernet; du portrait de Louis XVIII, de celui de Charles X et du prince Poniatowski, sans doute l'ami du beau-père de monsieur Bernard. La fenêtre était décorée de rideaux en calicot bordés de bandes rouges et à franges.

Godefroid, qui surveillait Népomucène, l'entendant monter une charge de bois, lui fit signe de la décharger tout doucement dans l'antichambre de monsieur Bernard, et, par une attention qui prouvait quelques progrès chez l'Initié, il ferma la porte du taudis pour que le garçon de la veuve Vauthier ne sût rien de la misère du vieillard.

L'antichambre était alors encombrée de trois jardinières pleines des plus magnifiques fleurs, deux oblongues et une ronde, toutes trois en bois de palissandre, et d'une grande élégance; aussi Népomucène ne put-il s'empêcher de dire, après avoir posé son bois sur le carreau :

— Est-ce gentil!... Ça doit-il coûter cher!...

— Jean! ne faites donc pas tant de bruit!... cria monsieur Bernard.

— Entendez-vous? dit Népomucène à Godefroid. Il est *toqué* pour sûr, le vieux bonhomme!...

— Sais-tu comment tu seras à son âge?...

— Oh! que oui! je le sais! répondit Népomucène. Je serai dans un sucrier.

— Dans un sucrier?...

— Oui, l'on aura sans doute fait du noir avec mes os. J'ai vu les charretiers des raffineurs assez souvent à Montsouris venir chercher du noir pour leurs fabriques; et ils m'ont dit qu'ils en employaient à faire le sucre.

Et il alla chercher une autre charge de bois, après cette réponse philosophique.

Godefroid tira discrètement la porte de monsieur Bernard et le laissa seul avec sa fille. Madame Vauthier, qui pendant ce temps avait fait le déjeuner de son nouveau locataire, vint le servir, aidée de Félicité. Godefroid, plongé dans ses réflexions, regardait le feu de sa cheminée. Il était absorbé par la contemplation de cette misère qui contenait tant de misères différentes, mais où il entrevoyait aussi les joies ineffables des mille triomphes remportés par l'amour filial et paternel. C'était comme des perles semées sur de la bure.

— Quels romans, parmi les plus célèbres, valent ces réalités! se disait-il. Quelle belle vie que celle où l'on épouse de pareilles existences?... où l'âme en pénètre les causes et les effets en y remédiant, en calmant les douleurs, en aidant au bien?... Aller ainsi s'incarner au malheur, s'initier à de tels intérieurs ! Agir perpétuellement dans les drames renaissants dont la peinture nous charme chez les auteurs célèbres... Je ne croyais pas que le Bien fût plus piquant que le Vice.

— Monsieur est-il content ?... demanda madame Vauthier qui, aidée de Félicité, venait d'aporter la table près de Godefroid.

Godefroid aperçut alors une excellente tasse de café au lait, accompagnée d'une omelette fumante, de beurre frais et de petits radis roses.

— Où diable avez-vous pêché des radis ?... demanda Godefroid.

— Ils m'ont été donnés par monsieur Cartier, répondit-elle, j'en ai fait hommage à monsieur.

— Et que me demandez-vous pour un déjeuner pareil, tous les jours ? dit Godefroid.

— Dame ! monsieur, soyez juste ; il est bien difficile de vous le fournir pour moins de trente sous.

— Va pour trente sous ! dit Godefroid ; mais d'où vient qu'on ne demande que quarante-cinq francs par mois pour le dîner, à côté d'ici, chez madame Machillot, ce qui fait trente sous par jour ?...

— Oh ! quelle différence, monsieur, de préparer à dîner pour quinze personnes, ou de vous aller chercher tout ce qu'il faut pour un déjeuner ! Voyez ! un petit pain, des œufs, du beurre, allumer le feu, du sucre, du lait, du café... Songez qu'on vous demande seize sous pour une simple tasse de café au lait sur la place de l'Odéon, et vous donnez un ou deux sous au garçon !... Ici, vous n'avez aucun embarras ; vous déjeunez chez vous en pantoufles.

— Allons, c'est bien, répondit Godefroid.

— Sans madame Cartier, qui me fournit le lait et les œufs, les herbes, je ne m'en tirerais pas. Faut aller voir leur établissement, monsieur. Ah ! c'est une belle chose ! Ils occupent cinq garçons jardiniers, et Népomucène y va tirer de l'eau tout l'été ; on me le loue pour arroser... Ils font beaucoup d'argent avec les melons et les fraises... Il paraît que monsieur s'intéresse beaucoup à monsieur Bernard ?... demanda d'une voix douce la veuve Vauthier, car pour répondre comme cela de leurs dettes... Monsieur ne sait peut-être pas tout ce qu'ils doivent... Il y a la dame du cabinet de lecture de la place Saint-Michel qui vient tous les trois ou quatre jours pour trente francs, et elle en a bien besoin, Dieu de Dieu !

lit-elle, cette pauvre dame malade! Elle lit, elle lit! Enfin, à deux sous le volume, trente francs en trois mois...

— C'est cent volumes par mois! dit Godefroid...

— Ah! voilà le vieux qui va chercher la crème et le petit pain de madame!... reprit la veuve Vauthier. C'est pour le thé, car elle ne vit que de thé cette dame! elle en prend deux fois par jour, et deux fois par semaine il lui faut des douceurs... Elle est friande! Le vieux lui achète des gâteaux, des pâtés de chez le pâtissier de la rue de Bussy. Oh! quand il s'agit d'elle, il ne regarde à rien. Il dit que c'est sa fille!... Plus souvent qu'on fait tout ce qu'il fait, à son âge, pour sa fille!... Il s'extermine, lui et son Auguste, pour elle... Monsieur est-il comme moi? Je donnerais bien vingt francs pour la voir. Monsieur Berton dit que c'est un monstre, une chose à montrer pour de l'argent. Ils ont bien fait de venir dans un quartier comme le nôtre, où il n'y a point de monde... Comme ça, monsieur compte dîner chez madame Machillot?...

— Oui, je compte aller m'arranger là...

— Monsieur, ce n'est pas pour vous détourner de cette intention; mais, gargote pour gargote, vous feriez mieux d'aller dîner rue de Tournon; vous ne seriez point engagé pour un mois et vous auriez un meilleur ordinaire...

— Où, rue de Tournon?

— Chez le successeur de la mère Girard... C'est là que vont souvent ces messieurs d'en haut, et ils sont contents, mais contents comme il n'est pas possible.

— Eh bien, mère Vauthier, je suivrai votre conseil et j'irai dîner là...

— Mon cher monsieur, dit la concierge enhardie par l'air de bonhomie que Godefroid prenait avec intention, là, sérieusement, est-ce que vous seriez assez *jobard* pour vouloir payer les dettes de monsieur Bernard!... Ça me ferait bien du chagrin; car, songez, mon brave monsieur Godefroid, qu'il a bien près de soixante-dix ans, qu'après lui, bernique! plus de pension. Et avec quoi serez-vous remboursé?... Les jeunes gens sont bien imprudents! Savez-vous qu'il doit plus de mille écus?

— Et à qui? demanda Godefroid.

— Oh! à qui? ce n'est pas mes affaires, répondit mystérieusement la Vauthier; suffit qu'il les doit, et, entre nous, il n'est pas à la noce, il ne trouvera pas un liard de crédit dans le quartier, à cause de cela...

— Mille écus! répéta Godefroid; ah! soyez bien tranquille, j'avais mille écus, je ne serais pas votre locataire. Moi, voyez-vous, je ne puis pas voir la souffrance des autres, et pour quelques cents francs que ça me coûtera, je saurai que mon voisin, un homme en cheveux blancs! a du pain et du bois... Que voulez-vous! on perd cela souvent aux cartes... Mais trois mille francs... y pensez-vous, bon Dieu!...

La mère Vauthier, trompée par la feinte franchise de Godefroid, laissa paraître sur son visage douceâtre un rire de satisfaction qui confirma les soupçons du locataire. Godefroid fut persuadé que cette vieille était le complice d'une trame ourdie contre le pauvre monsieur Bernard.

— C'est singulier, monsieur, quelles imaginations on se fourre dans la tête! Vous allez me dire que je suis bien curieuse! mais en vous voyant hier causant avec monsieur Bernard, je me suis figuré que vous étiez commis de librairie, car c'est ici le quartier. J'ai logé un prote d'imprimerie, que son imprimerie était rue de Vaugirard, et il avait le même nom que vous...

— Qu'est-ce que cela vous fait, mon état? dit Godefroid.

— Bah! que vous me le disiez, que vous ne me le disiez pas, reprit la Vauthier, je le saurai toujours... Voilà monsieur Bernard, par exemple, eh bien! pendant dix-huit mois je n'ai rien su de ce qu'il était; mais le dix-neuvième mois j'ai fini par découvrir qu'il avait été magistrat, juge ou n'importe quoi dans la justice, et qu'il écrit là-dessus... Qu'y gagne-t-il? Je le dis! Et s'il me l'avait confié, je me tairais. Voilà!

— Je ne suis pas encore commis libraire, mais je le serai peut-être bientôt.

— Là, je m'en doutais, dit vivement la veuve Vauthier en se retournant et quittant le lit qu'elle faisait pour avoir un prétexte de rester avec son locataire. Vous êtes venu pour couper l'herbe sous le pied à... Bon! un *homme* averti en vaut deux...

— Halte-là, s'écria Godefroid en se mettant entre la Vauthier et la porte. Voyons, quel intérêt vous donne-t-on là-dedans?

— Tiens! tiens! reprit la vieille en guignant Godefroid, vous êtes fièrement malin, tout de même!

Elle alla fermer la porte de la première pièce au verrou, puis elle revint s'asseoir sur une chaise devant le feu.

— Ma parole d'honneur, comme je m'appelle Vauthier, je vous ai pris pour un étudiant, jusqu'à ce que je vous ai vu donnant votre bois au père Bernard. Ah! vous êtes un finaud! Nom d'une pipe, êtes-vous comédien?... je vous prenais pour un *jobard*! Voyons, m'assurez-vous mille francs? Aussi vrai que le jour nous éclaire, mon vieux Barbet et monsieur Métivier m'ont promis cinq cents francs pour veiller au grain.

— Eux! cinq cents francs!... Allons donc! s'écria Godefroid, deux cents tout au plus, la mère, et encore *promis*... et vous ne les assignerez pas!... Si vous me mettiez à même d'avoir l'affaire qu'ils veulent faire avec monsieur Bernard, moi je donnerais quatre cents francs!... Voyons, où en sont-ils?

— Mais ils ont donné quinze cents francs sur l'ouvrage, et le vieux a reconnu devoir mille écus... Ils lui ont lâché cela cent francs à cent francs... en s'arrangeant pour le laisser dans la misère... C'est eux qui lui déchaînent les créanciers, ils ont envoyé pour sûr Cartier...

Là, Godefroid, par un regard plein d'une ironique perspicacité jeté sur la Vauthier, lui fit voir qu'il comprenait le rôle qu'elle jouait au profit de son propriétaire.

Cette phrase fut un double trait de lumière pour lui, car la scène assez singulière qui s'était passée entre le jardinier et lui s'expliquait aussi.

— Oh! reprit-elle, ils le tiennent; car où trouvera-t-il jamais mille écus! Ils comptent lui offrir cinq cents francs le jour où il leur remettra l'ouvrage, et cinq cents francs par chaque volume mis en vente... L'affaire est faite au nom d'un libraire que ces deux messieurs ont établi sur le quai des Augustins...

— Ah! le petit chose?

— Oui, c'est cela, Morand, l'ancien commis de monsieur... Il paraît qu'il y a bien de l'argent à gagner?

— Oh! il y a bien de l'argent à y mettre, répondit Godefroid en faisant une moue significative.

On frappa doucement à la porte, et Godefroid, très-heureux de l'interruption, se leva pour aller ouvrir.

— Ce qui est dit, est dit, mère Vauthier, fit Godefroid en voyant monsieur Bernard.

— Monsieur Bernard, s'écria-t-elle, j'ai une lettre pour vous...

Le vieillard redescendit quelques marches.

— Eh! non, je n'ai pas de lettre, monsieur Bernard. Je voulais seulement vous dire de vous méfier de ce petit jeune homme, c'est un libraire.

— Ah! tout s'explique, se dit en lui-même le vieillard.

Et il revint chez son voisin la physionomie entièrement changée.

L'expression de froideur calme avec laquelle monsieur Bernard se montra, contrastait tellement avec l'air affable et ouvert produit par l'expression de la reconnaissance, que Godefroid fut frappé d'un si subit changement.

— Monsieur, pardonnez-moi de venir troubler votre repos; mais depuis hier vous me comblez, et le bienfaiteur crée des droits à l'obligé.

Godefroid s'inclina.

— Moi qui, depuis cinq ans, ai souffert la passion de Jésus-Christ, tous les quinze jours! Moi qui, pendant trente-six ans, ai représenté la Société, le Gouvernement, qui étais alors la Vengeance publique, et qui, vous le devinez, n'avais plus d'illusions... non je n'ai plus que des douleurs. Eh! bien, monsieur, l'attention que vous avez eue de fermer la porte du chenil où mon petit-fils et moi nous couchons, cette petite chose a été pour moi le verre d'eau dont parle Bossuet... Oui, j'ai retrouvé dans mon cœur... dans ce cœur épuisé, qui ne fournit plus de larmes, comme mon corps ne fournit plus de sueur, j'ai retrouvé la dernière goutte de cet élixir qui, dans la jeunesse, nous fait voir en beau toutes les actions humaines, et je venais vous tendre cette main, que je ne tends qu'à ma fille; je venais vous apporter cette rose céleste de la croyance au bien...

— Monsieur Bernard, dit Godefroid en se souvenant des leçons du bonhomme Alain, je n'ai rien fait dans le but de me voir l'objet de votre reconnaissance... Vous vous trompez en ceci...

— Ah ! voilà de la franchise! reprit l'ancien magistrat. Eh bien! cela me plaît. J'allais vous réprimer... pardon! je vous estime. Ainsi, vous êtes libraire, et vous êtes venu pour enlever mon ouvrage à la compagnie Barbet, Metivier et Morand... Tout est expliqué. Vous me faites des avances comme ils m'en ont fait; seulement vous y mettez de la grâce.

LA MÈRE VAUTHIER.   LE BARON BOURLAC.

Je voulais seulement vous dire de vous méfier de ce jeune homme.

(L'INITIÉ.)

— C'est la Vauthier qui vient de vous dire que je suis un commis libraire ? demanda Godefroid au vieillard.

— Oui, répondit-il.

— Eh bien, monsieur Bernard, pour savoir ce que je puis vous *donner* au-dessus de ce que vous *offrent* ces messieurs, il faudrait me dire les conditions que vous avez faites avec eux.

— C'est juste, reprit l'ancien magistrat, qui parut heureux de se voir l'objet de cette concurrence à laquelle il ne pouvait que gagner. Savez-vous quel est l'ouvrage ?

— Non, je sais seulement qu'il y a une bonne affaire.

— Il n'est que neuf heures et demie, ma fille a déjeuné, mon petit-fils Auguste ne revient qu'à dix heures trois quarts, Cartier n'apportera les fleurs que dans une heure ; nous pouvons causer... Monsieur... monsieur qui ?

— Godefroid.

— Monsieur Godefroid, l'œuvre dont il s'agit a été conçue par moi en 1825, à l'époque où, frappé de la destruction persistante de la propriété immobilière, le ministère proposa cette loi sur le droit d'aînesse qui fut rejetée. J'avais remarqué certaines imperfections dans nos codes et dans les institutions fondamentales de la France. Nos codes ont été l'objet de travaux importants ; mais tous ces traités n'étaient que de la jurisprudence ; personne n'avait osé contempler l'œuvre de la Révolution, ou de Napoléon, si vous voulez, dans son ensemble, étudier l'esprit de ces lois, les juger dans leur application. C'est là mon ouvrage en gros ; il est intitulé provisoirement : *Esprit des lois nouvelles* ; il embrasse les lois organiques aussi bien que les codes, tous les codes ; car nous avons bien plus de cinq codes : aussi mon livre a-t-il cinq volumes et un volume de citations, de notes, de renvois. J'ai pour trois mois encore de travaux. Le propriétaire de cette maison, ancien libraire, sur quelques questions que je lui ai faites, a deviné, flairé, si vous voulez, la spéculation. Moi, primitivement, je ne pensais qu'au bien de mon pays. Ce Barbet m'a circonvenu... Vous allez vous demander comment un libraire a pu entortiller un vieux magistrat ; mais, monsieur, vous connaissez mon histoire, et cet homme est un usurier ; il a le coup d'œil et le savoir-faire de ces gens-là... Son argent a toujours talonné mes besoins... Il s'est toujours trouvé le jour où le désespoir me livrait sans défense.

— Eh ! non, mon cher monsieur, dit Godefroid. Il a tout bonnement un espion dans la mère Vauthier; mais les conditions, voyons?... dites-les nettement.

— On m'a prêté quinze cents francs, représentés aujourd'hui par trois lettres de change de mille francs, et ces trois mille francs sont hypothéqués par un traité sur la propriété de mon ouvrage, dont je ne peux disposer qu'en remboursant les lettres de change, et les lettres de change sont protestées, il y a jugement contradictoire... Voilà, monsieur, les complications de la misère... Dans la plus modeste évaluation, la première édition de cette œuvre immense, l'œuvre de dix ans de travaux et de trente-six ans d'expérience, vaudrait bien dix mille francs... Eh bien, il y a cinq jours, Morand me proposait mille écus et mes lettres de change acquittées pour la toute propriété... Comme je ne saurais trouver trois mille deux cent quarante francs, il faudra, si vous ne vous interposez entre eux et moi, leur céder... Ils ne se sont pas contentés de mon honneur; ils ont voulu, pour plus de garantie, des lettres de change protestées, et arrivées à l'exercice de la contrainte par corps. Si je rembourse, ces usuriers auront doublé leurs fonds; si je traite, ils auront une fortune, car l'un d'eux est un ancien marchand de papier, et Dieu sait combien ils peuvent restreindre les frais de la fabrication. Et comme ils ont mon nom, ils savent que le placement de dix mille exemplaires est assuré.

— Comment, monsieur, vous, ancien magistrat!...

— Que voulez-vous? pas un ami! pas un souvenir!... Et j'ai sauvé bien des têtes, si j'en ai fait tomber!... Enfin! ma fille, ma fille, de qui je suis la garde-malade! à qui je tiens compagnie, car je ne travaille que pendant la nuit... Ah! jeune homme, il n'y a que les malheureux qui puissent être les juges de la misère... Aujourd'hui je trouve que jadis j'étais trop sévère.

— Monsieur, je ne vous demande pas votre nom. Je ne puis pas disposer de mille écus, surtout en payant Halpersohn et vos petites dettes; mais je vous sauverai si vous jurez de ne pas disposer de votre ouvrage sans que j'en sois averti; car il est impossible de faire une affaire aussi importante que celle-là sans consulter les gens du métier. Mes patrons sont puissants, et je puis vous promettre le succès si vous pouvez me promettre le plus profond secret, même avec vos enfants, et me tenir votre promesse...

— Le seul succès que je veuille obtenir, c'est la santé de ma pauvre Vanda; car, monsieur, de telles souffrances, dans le cœur d'un père, éteignent tout autre sentiment, et l'amour de la gloire n'est plus rien pour qui voit la tombe entr'ouverte.

— Je viendrai vous voir ce soir; l'on attend Halpersohn de moment en moment, et je me suis promis d'aller voir tous les jours s'il arrive... Je vais employer pour vous toute cette journée.

— Ah! si vous étiez la cause de la guérison de ma fille, monsieur... monsieur, je voudrais vous donner mon ouvrage!...

— Monsieur, dit Godefroid, je ne suis pas libraire!...

Le vieillard fit un geste de surprise.

— Que voulez-vous, je l'ai laissé croire à la vieille Vauthier pour bien connaître les piéges qui vous étaient tendus...

— Qui donc êtes-vous?...

— Godefroid! répondit l'Initié. Et comme vous me permettrez de vous offrir de quoi mieux vivre, vous pouvez, ajouta-t-il en souriant, me nommer Godefroid de Bouillon.

L'ancien magistrat était trop ému pour rire de cette plaisanterie. Il tendit la main à Godefroid, et lui serra la main que son voisin lui présentait.

— Vous voulez garder l'incognito?... dit l'ancien magistrat en regardant Godefroid avec une tristesse mélangée d'inquiétude.

— Permettez-le moi?...

— Eh bien, faites comme vous voudrez!... Et venez ce soir; vous verrez ma fille, si son état le permet...

C'était évidemment la plus grande concession que le pauvre père pût faire; et, au regard de remercîment que lui jeta Godefroid, le vieillard eut la satisfaction de se voir compris.

Une heure après, Cartier vint avec d'admirables fleurs, renouvela lui-même les jardinières, y mit de la mousse fraîche, et Godefroid paya la facture, de même qu'il paya la note du cabinet de lecture qui fut envoyée quelques instants après. Les livres et les fleurs, c'était le pain de cette pauvre femme malade ou plutôt torturée, qui se contentait de si peu d'aliments.

En pensant à cette famille entortillée par le malheur comme celle de Laocoon (image sublime de tant d'existences!) Godefroid, qui s'en alla vers la rue Marbœuf en se promenant, se sentait au cœur encore plus de curiosité que de bienfaisance. Cette malade entourée de luxe dans une affreuse misère lui faisait oublier les détails horribles de la plus bizarre de toutes les affections nerveuses, et qui fort heureusement est une violente exception constatée par quelques historiens; un de nos plus babillards chroniqueurs, Tallemant des Réaux, en cite un exemple. On aime à se figurer les femmes, élégantes jusque dans leurs plus terribles souffrances; aussi Godefroid se promettait-il comme un plaisir de pénétrer dans cette chambre, où le médecin, le père et le fils étaient seuls entrés depuis six ans. Néanmoins il finit par se gourmander de sa curiosité. Le néophyte comprit même que ce sentiment si naturel finirait par s'éteindre à mesure qu'il exercerait son bienfaisant ministère, à force de voir de nouveaux intérieurs, de nouvelles plaies.

On arrive en effet à la divine mansuétude que rien n'étonne et ne surprend, de même qu'en amour, on arrive à la quiétude sublime du sentiment, sûr de sa force et de sa durée, par une constante pratique des peines et des douceurs.

Godefroid apprit qu'Halpersohn était arrivé dans la nuit; mais, dès le matin, il avait été forcé de monter en voiture et d'aller voir ses malades qui l'attendaient. La portière dit à Godefroid de venir le lendemain avant neuf heures.

En se souvenant de la recommandation de monsieur Alain sur la parcimonie qu'il fallait apporter dans ses dépenses personnelles, Godefroid alla dîner pour vingt-cinq sous rue de Tournon, et fut récompensé de son abnégation en s'y trouvant au milieu de compositeurs et de correcteurs d'imprimerie. Il entendit une discussion sur les prix de fabrication, à laquelle il prit part, et il apprit qu'un volume in-octavo, composé de quarante feuilles, tiré à mille exemplaires, ne coûtait pas plus de trente sous l'exemplaire dans les meilleures conditions de fabrication. Il se proposa d'aller s'informer des prix auxquels les libraires de jurisprudence vendaient leurs volumes, afin d'être dans le cas de soutenir une discussion avec les libraires qui tenaient monsieur Bernard dans leurs mains, s'il se rencontrait avec eux.

Vers sept heures du soir il revint au boulevard du Montparnasse par les rues de Vaugirard, Madame et de l'Ouest, et il reconnut combien ce quartier était désert, car il n'y vit personne. Il est vrai que le froid sévissait, la neige tombait à gros flocons, et les voitures ne faisaient aucun bruit sur les pavés.

— Ah! vous voilà, monsieur! dit la veuve Vauthier en voyant Godefroid; si j'avais su que vous viendriez de si bonne heure, j'aurais fait du feu.

— C'est inutile, répondit Godefroid en voyant que la Vauthier le suivait; je passerai la soirée chez monsieur Bernard...

— Ah! bien, vous êtes donc son cousin, que vous voilà dès le second jour à pot et à rôt avec lui... Je croyais que monsieur achèverait la conversation que nous avions commencée.

— Ah! les quatre cents francs! dit Godefroid tout bas à la veuve. Ecoutez, maman Vauthier, vous les auriez touchés ce soir si vous n'aviez rien dit à monsieur Bernard... Vous ménagez la chèvre et le chou, vous n'aurez ni chèvre ni chou; car, pour ce qui me regarde, vous m'avez trahi... mon affaire est tout à fait manquée...

— Ne croyez pas cela, mon cher monsieur... Demain, pendant votre déjeuner...

— Oh! demain, je pars d'ici, comme vos auteurs, au petit jour...

Les antécédents de Godefroid, sa vie de dandy, de journaliste, le servit en ceci, qu'il avait assez d'acquis pour deviner que, s'il n'agissait pas ainsi, le complice de Barbet irait avertir le libraire de quelque danger, et que les poursuites commenceraient, de manière à compromettre en peu de temps la liberté de monsieur Bernard; tandis qu'en laissant croire à ce trio de négociants avides que leur combinaison ne courait aucun risque, ils resteraient tranquilles. Mais Godefroid ne connaissait pas encore la nature parisienne quand elle se déguise en veuve Vauthier. Cette femme voulait avoir l'argent de Godefroid et l'argent de son propriétaire. Elle courut aussitôt chez son monsieur Barbet, pendant que Godefroid changeait de vêtements pour se présenter chez la fille de monsieur Bernard.

Huit heures sonnaient au couvent de la Visitation, l'horloge du quartier, lorsque le curieux Godefroid frappa doucement à la porte de son voisin. Auguste vint ouvrir, et, comme ce jour était un samedi, le jeune homme avait sa soirée à lui; Godefroid le vit habillé d'une petite redingote en velours noir, d'une cravate en soie bleue, d'un pantalon noir assez propre.; mais son étonnement de trouver le jeune homme si différent de lui-même, cessa tout à coup lorsqu'il fut dans la chambre de la malade : il comprit la nécessité pour le père et pour le fils d'être bien vêtus.

En effet, l'opposition entre la misère du logement qu'il avait vu le matin, et le luxe de cette pièce, était trop forte pour que Godefroid n'en fût pas comme ébloui, quoiqu'il fût habitué à ce qui sert aux recherches et aux élégances de la richesse.

Les murs tendus de soie jaune relevée par des torsades en soie verte d'un ton vif, donnaient une grande gaieté pour ainsi dire à la chambre, dont le carreau froid était caché par un tapis de moquette à fond blanc semé de fleurs. Les deux croisées, drapées de beaux rideaux doublés en soie blanche, formaient comme deux jolis bosquets, tant les jardinières étaient abondamment garnies. Des stores empêchaient de voir du dehors cette richesse, si rare dans ce quartier. La boiserie, peinte à la colle en blanc pur, était rehaussée par quelques filets d'or.

A la porte, une lourde portière en tapisserie au petit point à fond jaune et à feuillages extravagants, étouffait tout bruit du dehors. Cette portière magnifique était l'ouvrage de la malade, qui travaillait comme une fée lorsqu'elle avait l'usage de ses mains.

Au fond de la pièce et en face de la porte, la cheminée, à manteau de velours vert, offrait aux regards une garniture d'une excessive recherche, les seules reliques de l'opulence de ces deux familles, et composée d'une pendule curieuse; un éléphant soutenant une tour en porcelaine, d'où sortaient des fleurs à profusion, de deux candélabres dans le même style et des chinoiseries précieuses. Le garde-cendre, les chenets, les pelles, les pincettes, tout était du plus grand prix.

La plus grande des jardinières occupait le milieu de cette chambre, d'où tombait d'une rosace un lustre en porcelaine à fleurs.

Le lit où gisait la fille du magistrat était un de ces beaux lits blancs et or, en bois sculpté, comme on les faisait sous Louis XV. Il y avait au chevet de la malade une jolie table en marqueterie, où se trouvaient toutes ces choses nécessaires à cette vie qui se passait au lit. A la muraille tenait un flambeau à deux branches, qui se repliait ou s'avançait au moindre mouvement de main. Une petite table excessivement commode et appropriée aux besoins de la malade était devant elle. Le lit, couvert d'une superbe courtepointe et drapé de rideaux retroussés par des embrasses, était embarrassé de livres, d'une corbeille à ouvrage; et, sous toutes ces choses, Godefroid aurait difficilement vu la madame sans les deux bougies du flambeau mobile.

Ce n'était plus qu'un visage d'un teint très-blanc bruni par la souffrance autour des yeux, où brillaient des yeux de feu, et qui, pour principal ornement, offrait une magnifique chevelure noire, dont les boucles nombreuses, énormes, disposées par mèches, annonçaient que l'arrangement et le soin de ces cheveux occupaient la malade une partie de la matinée, ainsi qu'on pouvait le supposer en voyant un miroir portatif au pied du lit.

Aucune des recherches modernes ne manquait là. Quelques colifichets, amusements de la pauvre Vanda, prouvaient que cet amour paternel allait jusqu'au délire.

Le vieillard se leva de dessus une magnique bergère Louis XV, blanc et or, garnie en tapisserie, et fit quelques pas au-devant de Godefroid, qui ne l'eût certes pas reconnu, car cette froide et sévère figure avait cette expression de gaieté particulière aux vieillards qui ont conservé la noblesse de manières et l'apparente légèreté des gens de cour. Sa douillette puce était en harmonie avec ce luxe, et il prisait dans une tabatière d'or enrichie de diamants !...

— Voici, ma chère enfant, dit monsieur Bernard à sa fille, en prenant Godefroid par la main, voici le voisin de qui je t'ai parlé.

Et il fit signe à son petit-fils d'avancer un des deux fauteuils semblables à la bergère, qui se trouvaient de chaque côté de la cheminée.

— Monsieur se nomme monsieur Godefroid, et il est plein d'indulgence pour nous...

Vanda fit un mouvement de tête pour répondre au salut profond de Godefroid; et, à la manière dont le cou se plia, se replia, Godefroid vit bien que toute la vie de la malade résidait dans la tête. Les bras amaigris, les mains molles, reposaient sur le drap blanc et fin, comme deux choses étrangères à ce corps, qui paraissait ne point tenir de place dans le lit. Les objets nécessaires à la malade étaient placés derrière le dossier du lit, dans une étagère fermée par un rideau de soie.

— Vous êtes, monsieur, la première personne, à l'exception des médecins, qui ne sont plus des hommes pour moi, que j'aurai vue depuis six ans; aussi ne vous doutez-vous pas de la passion que vous avez excitée en moi depuis le moment où mon père m'a annoncé votre visite... Non, c'était une curiosité pareille à celle de notre mère Ève... Mon père, si bon pour moi, mon fils que j'aime tant, suffisent bien certainement à remplir le désert d'une âme maintenant à peu près sans corps; mais cette âme est restée femme, après tout, et vous ne serez pas étonné de l'intérêt que j'ai pris à votre visite... Vous me ferez le plaisir de prendre une tasse de thé avec nous...

— Monsieur m'a promis la soirée, répondit le vieillard avec la grâce d'un millionnaire qui fait les honneurs chez lui.

Auguste, assis sur une chaise de tapisserie, à une petite table en marqueterie ornée de cuivres, lisait un livre à la clarté des candélabres de la cheminée.

— Auguste, mon enfant, dis à Jean de venir nous servir le thé dans une heure.

Elle accompagna cette phrase d'un regard expressif, auquel Auguste répondit par un signe.

— Croiriez-vous, monsieur, que depuis six ans, je n'ai pas d'autres serviteurs que mon père et mon fils, et je n'en pourrais plus supporter d'autres. S'ils me manquaient, je mourrais... Mon père ne veut pas que Jean, un pauvre Normand qui nous sert depuis trente ans, vienne dans ma chambre.

— Je crois bien, dit finement le vieillard, monsieur l'a vu, il scie le bois, il le rentre; il fait la cuisine; il fait les commissions; il porte un tablier sale; il aurait fricassé toute cette élégance, si nécessaire aux yeux d'une pauvre fille, pour qui cette chambre est toute la nature...

— Ah! madame, monsieur votre père a bien raison...

— Et pourquoi? dit-elle. Si Jean avait gâté ma chambre, mon père l'aurait renouvelée.

— Oui, mon enfant; mais ce qui m'en empêche, c'est que tu ne peux pas la quitter; et tu ne connais pas les tapissiers de Paris!... Il leur faudrait plus de trois mois pour refaire ta chambre. Songe à la poussière qui s'élèverait de ton tapis, si on l'ôtait. Faire faire ta chambre par Jean? y penses-tu?... En prenant les précautions minutieuses dont sont capables un père et un fils, nous l'avons évité le balayage, la poussière... Si seulement Jean entrait pour nous servir, ce serait fini dans un mois...

— Ce n'est pas par économie, dit Godefroid, c'est pour votre santé. Monsieur votre père a raison.

— Je ne me plains pas, répliqua Vanda d'une voix pleine de coquetterie.

Cette voix faisait l'effet d'un concert. L'âme le mouvement et la vie s'étaient concentrés dans le regard et dans la voix; car Vanda.

par des études auxquelles le temps n'avait certes pas manqué, était arrivée à vaincre les difficultés provenues de la perte de ses dents.

— Je suis encore heureuse, monsieur dans l'effroyable malheur qui m'assiége; car, au moins, la fortune est d'un grand secours pour supporter mes souffrances... Si nous avions été dans l'indigence, il y a dix-huit ans que je n'existerais plus, et je vis!... J'ai des jouissances, elles sont d'autant plus vives que c'est de perpétuelles conquêtes sur la mort... Vous allez me trouver bien bavarde... reprit-elle en souriant.

— Madame, répondit Godefroid, je vous prierais de parler toujours, car je n'ai jamais entendu de voix comparable à la vôtre... c'est une musique: Rubini n'est pas plus enchanteur...

— Ne parlez pas de Rubini, des Italiens, dit le vieillard avec une teinte de tristesse. Quelque riche que nous soyons, il m'est impossible de donner à ma fille, qui était une grande musicienne, ce plaisir dont elle est folle.

— Pardon, fit Godefroid.

— Vous vous ferez à nous, dit le vieillard.

— Voici le procédé, dit la malade en souriant. Quand on vous aura crié *casse-cou* plusieurs fois, vous serez au fait du colin-maillard de notre conversation...

Godefroid échangea rapidement un regard avec monsieur Bernard, qui, voyant des larmes dans les yeux de son voisin, se mit un doigt sur la bouche pour lui recommander de ne pas faillir à l'héroïsme qu'il partageait avec son fils depuis sept ans.

Cette sublime et perpétuelle imposture, accusée par la complète illusion de la malade, produisait en ce moment sur Godefroid l'effet de la contemplation d'un précipice à pic, où deux chasseurs de chamois descendraient avec facilité. La magnifique boîte d'or, enrichie de diamants, avec laquelle jouait insouciamment le vieillard sur le pied du lit de sa fille, était comme le trait de génie qui, dans l'œuvre d'un homme supérieur, enlève le cri d'admiration. Godefroid regardait cette tabatière, se demandant pourquoi elle n'était pas vendue ou au Mont-de-Piété; mais il se réserva d'en parler au vieillard.

— Ce soir, monsieur Godefroid, ma fille a reçu de l'annonce de votre visite une telle excitation, que tous les phénomènes bizarres de sa maladie qui, depuis douze jours, faisaient notre désespoir, ont complétement disparu... Jugez si je vous ai de la reconnaissance.

— Et moi donc?... s'écria la malade d'un son de voix calin et en penchant la tête par un mouvement plein de coquetterie. Monsieur est pour moi le député du monde... Depuis l'âge de vingt ans, monsieur, je n'ai plus su ce que c'était qu'un salon, une soirée, un bal... Et notez que j'aime la danse, que je raffole du spectacle, et surtout de musique. Je devine tout par la pensée! Je lis beaucoup. Puis mon père me raconte les choses du monde...

En entendant ce mot, Godefroid fit un mouvement comme pour plier un genou devant ce pauvre vieillard.

— Oui, quand il va aux Italiens, et il y va souvent, il me dépeint les toilettes, il me décrit les effets du chant. Oh! je voudrais être guérie, d'abord pour mon père, qui vit uniquement pour moi, comme je vis par lui, pour lui; pour mon fils, à qui je voudrais donner une autre mère! Ah! monsieur, quels êtres accomplis que mon vieux père... que mon excellent fils... mais aussi pour entendre Lablache, Rubini, Tamburini, la Grisi et *I Puritani*... Mais...

— Allons, mon enfant, du calme!... Si nous parlons musique, nous sommes perdus! dit le vieillard en souriant.

Il souriait, et ce sourire qui rajeunissait cette figure trompait toujours évidemment la malade.

— Tiens, je serai bien sage, dit Vanda d'un air mutin; mais donne-moi l'accordéon...

On avait inventé dès ce temps cet instrument portatif qui pouvait, à la rigueur, se poser au bord du lit de la malade, et qui, pour donner les sons de l'orgue, n'exigeait que la pression du pied. Cet instrument, dans son plus grand développement, équivalait à un piano; mais il coûtait alors trois cents francs. La malade, qui lisait les journaux, les revues, connaissait l'existence de cet instrument et en souhaitait un depuis deux mois.

— Oui, madame, vous en aurez un, reprit Godefroid à un regard que lui lança le vieillard. Un de mes amis, qui part pour Alger, en a un superbe que je lui emprunterai; car, avant de vous en acheter un, vous essayerez celui-là. Il est possible que les sons si vibrants, si puissants, ne vous conviennent pas...

— Puis-je l'avoir demain?... dit-elle avec la vivacité d'une créole.

— Demain, reprit monsieur Bernard, c'est bientôt, et demain, c'est dimanche.

— Ah!... fit-elle en regardant Godefroid qui croyait voir voltiger une âme en admirant l'ubiquité des regards de Vanda.

Jusqu'alors, Godefroid avait ignoré la puissance de la voix et des yeux, lorsqu'ils sont devenus toute la vie. Le regard n'était plus un regard, mais une flamme, ou mieux, un flamboiement divin, un rayonnement communicatif de vie et d'intelligence, la pensée visible ! Cette voix aux mille intonations remplaçait les mouvements, les gestes et les poses de la tête. Les variations du teint, qui changeait de couleur comme le fabuleux caméléon, rendaient l'illusion, ou, si vous voulez, ce mirage complet. Cette tête souffrante, plongée dans cet oreiller de batiste garni de dentelles, était toute une personne.

Jamais, dans sa vie, Godefroid, n'avait contemplé de si grand spectacle, il suffisait à peine à ses émotions. Autre sublimité, car tout était étrange dans cette situation, pleine de poésie et d'horreur : l'âme seule vivait chez les spectateurs. Cette atmosphère, uniquement remplie de sentiment, avait une influence céleste. On ne s'y sentait pas plus de corps que n'en avait la malade. On s'y trouvait tout esprit. A force de contempler ce mince débris d'une jolie femme, Godefroid oubliait les mille détails élégants de cette chambre, il se croyait en plein ciel. Ce ne fut qu'au bout d'une demi-heure qu'il aperçut une étagère pleine de curiosités, placée sous un portrait magnifique de madame Bernard que la malade le pria d'aller voir, car il était de Géricault.

— Géricault, dit-elle, était de Rouen, et sa famille ayant eu quelques obligations à mon père, le premier président, il nous remercia par ce chef-d'œuvre, où vous me voyez à l'âge de seize ans.

— Vous avez un fort beau tableau, dit Godefroid, il est tout à fait inconnu de ceux qui se sont occupés des œuvres si rares de ce génie.

— Ce n'est plus pour moi, dit-elle, qu'une chose d'affection, car je ne vis que par le cœur, et j'ai la plus belle vie, ajouta-t-elle en regardant son père et lui jetant toute son âme dans ce regard. Ah! monsieur, si vous saviez ce qu'est mon père. Qui jamais pourrait croire que ce grand et sévère magistrat, à qui l'empereur a eu tant d'obligations qu'il lui a donné cette tabatière, et que Charles X a cru le récompenser par ce cabaret de Sèvres, là, dit-elle, en montrant la console, que ce ferme soutien du pouvoir et des lois, ce savant publiciste, a, dans un cœur de rocher, les délicatesses d'un cœur de mère. Oh! papa! papa! embrasse-moi,.. viens! je le veux, si tu m'aimes.

Le vieillard se leva, se pencha sur le lit, et prit un baiser sur front blanc, vaste, poétique de sa fille, de qui les fureurs ne res semblaient pas toujours à cette tempête d'affection.

Le vieillard se promena par la chambre, il avait aux pieds des pantoufles brodées par sa fille, et il ne faisait aucun bruit.

— Et quelles sont vos occupations? demanda-t-elle à Godefroid après une pause.

— Madame, je suis employé par des personnes pieuses à secourir les gens très-malheureux.

— Ah! la belle mission, monsieur! dit-elle. Croyez-vous que l'idée de me vouer à cette occupation m'est venue?... Mais quelles sont les idées que je n'ai pas eues? reprit-elle en faisant un mouvement de tête. La douleur est comme un flambeau qui nous éclaire la vie... Si donc je recouvrais la santé !...

— Tu t'amuserais, mon enfant, dit le vieillard.

— Certainement répondit-elle, j'en ai le désir, mais en aurai-je la faculté? Mon fils sera, je l'espère, un magistrat digne de ses deux grands-pères, il me quittera. Que faire?... Si Dieu me rend la vie, je la lui consacrerai! Oh! après vous avoir donné tout ce que vous en voudrez! s'écria-t-elle en regardant son père et son fils. Il y a des moments, mon père, où les idées de monsieur de Maistre me travaillent, et je crois que j'expie quelque chose.

— Voilà ce que c'est que de tant lire, s'écria le vieillard évidemment chagriné.

— Ce brave général polonais, mon grand-père, a trempé fort innocemment dans le partage de la Pologne.

— Allons, voilà la Pologne! reprit Bernard.

— Que veux-tu, papa! mes souffrances sont infernales, elles donnent horreur de la vie, elles me dégoûtent de moi-même. Eh bien! en quoi les ai-je méritées? De telles maladies ne sont pas un simple dérangement de santé, c'est l'organisation tout entière pervertie, et...

— Chante l'air national que chantait ta pauvre mère, tu feras plaisir à monsieur, à qui j'ai parlé de ta voix, dit le vieillard qui voulait évidemment distraire sa fille des idées dans lesquelles elle s'engageait.

Vanda se mit à chanter d'un ton bas et doux une chanson en langue polonaise qui fit rester Godefroid stupide d'admiration et saisi de tristesse. Cette mélodie, assez semblable aux airs traînants et mélancoliques de la Bretagne, est une de ces poésies qui vibrent dans le cœur longtemps après qu'on les a entendues. En écoutant Vanda, Godefroid la regardait, mais il ne put soutenir les regards extatiques de ce reste de femme, quasi-folle, et il arrêta sa vue sur des glands qui pendaient de chaque côté du ciel de lit.

— Ah! ah! fit Vanda qui se mit à rire de l'attention de Godefroid, vous vous demandez à quoi cela sert?

— Vanda! dit le père, allons, calme-toi, ma fille! tiens, voici le thé. Ceci, monsieur, est une bien coûteuse machine, dit-il à Godefroid. Ma fille ne peut pas se lever, et elle ne peut pas non plus rester dans son lit, sans qu'on le fasse ou qu'on en change les draps. Ces cordons répondent à des poulies, et, en passant sous elle un carré de peau maintenu aux quatre coins par des anneaux qui s'accrochent à quatre cordes, nous pouvons l'enlever sans fatigue pour elle, ni pour nous.

— On m'enlève, répéta follement Vanda.

Heureusement Auguste parut apportant une théière qu'il mit sur une petite table, où il déposa le cabaret de porcelaine de Sèvres et qu'il couvrit de pâtisseries, de sandwichs. Il apporta la crème et le beurre. Cette vue changea tout à fait les dispositions de la malade qui tournaient à une crise.

— Tiens, Vanda, voilà le nouveau roman de Nathan. Si tu t'éveilles cette nuit, tu auras de quoi lire.

— La Perle de Dol! Ah! cela doit être une histoire d'amour. Auguste! dis donc, j'aurai un accordéon.

Auguste leva la tête brusquement et regarda son grand-père d'un air singulier.

— Voyez, comme il aime sa mère! reprit Vanda. Viens m'embrasser, mon petit chat. Non, ce n'est pas ton grand-père, c'est monsieur que tu dois remercier, car notre voisin doit m'en prêter un demain matin. — Comment est-ce fait, monsieur?

Godefroid, sur un signe du vieillard, expliqua longuement l'accordéon, tout en savourant le thé fait par Auguste, et qui, d'une qualité supérieure, était exquis.

Vers dix heures et demie, l'Initié se retira, lassé du spectacle de cette lutte insensée du grand-père et du fils, admirant leur héroïsme et cette patience de tous les jours à jouer un double rôle, également accablant.

— Eh bien! lui dit monsieur Bernard, qui le suivit chez lui, vous comprenez, monsieur, la vie que je mène! C'est à toute heure les émotions du voleur, attentif à tout. Un mot, un geste tuerait ma fille! Une babiole de moins parmi celles qu'elle a l'habitude de voir révélerait tout à cet esprit qui voit à travers les murs.

— Monsieur, répondit Godefroid, lundi Halpersohn prononcera sur votre fille; car il est arrivé. Je doute que la science puisse rétablir ce corps...

— Oh! je n'y compte pas, reprit l'ancien magistrat; mais qu'on lui rende la vie supportable... Je comptais, monsieur, sur votre intelligence, et je voulais vous remercier, car vous avez tout compris... Ah! voilà l'accès! s'écria-t-il en entendant un cri à travers les murs; elle a excédé ses forces!

Et, serrant la main de Godefroid, le vieillard courut chez lui.

A huit heures du matin, le lendemain, Godefroid frappait à la porte du célèbre médecin polonais. Il fut conduit par un valet de chambre au premier étage du petit hôtel qu'il avait pu examiner pendant le temps que le portier mit à trouver et à prévenir le domestique.

Heureusement, comme il s'en doutait, l'exactitude de Godefroid lui sauva l'ennui d'attendre; il était, sans doute, le premier venu. D'une antichambre fort simple, il passa dans un grand cabinet où il aperçut un vieillard en robe de chambre, qui fumait une longue pipe. La robe de chambre, en alépine noire, devenue luisante, portait la date de l'émigration polonaise.

— Qu'y a-t-il pour votre service? lui dit le médecin juif, car vous n'êtes pas malade!

Et il arrêta sur Godefroid un regard qui avait l'expression curieuse et piquante des yeux du juif polonais, ces yeux qui semblent avoir des oreilles.

Halpersohn était, au grand étonnement de Godefroid, un homme de cinquante-six ans, à petites jambes turques et dont le buste était large, puissant. Il y avait en cet homme quelque chose d'oriental, car sa figure avait dû, dans la jeunesse, être fort belle; il en restait un nez hébraïque, long et recourbé comme un sabre de Damas. Le front vraiment polonais, large et noble, mais ridé comme un papier froissé, rappelait celui de saint Joseph des vieux maîtres italiens. Les yeux, vert de mer et enchâssés comme ceux des perroquets, par des membranes grisâtres et froncées, exprimaient la ruse et l'avarice à un degré supérieur. Enfin, la bouche, fendue comme une blessure, ajoutait à cette physionomie sinistre tout le mordant de la défiance.

Cette face pâle et maigre, car Halpersohn était d'une remarquable maigreur, surmontée de cheveux gris mal peignés, avait, pour ornement, une longue barbe très-fournie, noire, mélangée de blanc, qui cachait la moitié du visage, en sorte qu'on n'en voyait que le front, les yeux, le nez, les pommettes et la bouche.

Cet ami du révolutionnaire Lelewel portait une calotte en velours noir qui, mordant par une pointe sur le front, en faisait ressortir la couleur blonde, digne des pinceaux de Rembrandt.

La question que fit ce médecin devenu si célèbre, autant par ses talents que par son avarice, causa quelque surprise à Godefroid, qui se dit en lui-même :

— Me prendrait-il pour un voleur ?

La réponse à cette question se trouvait sur la table et sur la cheminée du docteur. Godefroid croyait arriver le premier, il arrivait le dernier. Les consultants avaient déposé sur la cheminée et sur le bord de la table d'assez grosses offrandes, car Godefroid aperçut des piles de pièces de 20 francs, de 40 francs et deux billets de mille francs. Etait-ce là le produit d'une matinée? Il en douta beaucoup, et il crut à quelque savante invention d'esprit. Peut-être l'avare mais infaillible docteur tenait-il à forcer ainsi ses recettes en laissant croire à ses clients, choisis parmi les riches, qu'on lui donnait des rouleaux au lieu de papillottes.

Moïse Halpersohn devait d'ailleurs être payé largement, car il guérissait, et guérissait précisément les maladies désespérées auxquelles la médecine renonçait. On ignore en Europe que les peuples slaves possèdent beaucoup de secrets; ils ont une collection de remèdes souverains, fruits de leurs relations avec les Chinois, les Persans, les Cosaques, les Turcs et les Tartares. Certaines paysannes, qui passent pour sorcières, guérissent radicalement la rage en Pologne, avec des sucs d'herbe. Il existe dans ce pays un corps d'observations sans code, sur les effets de certaines plantes, de quelques écorces d'arbres réduites en poudre, que l'on se transmet de famille en famille, et il s'y fait des cures miraculeuses.

Halpersohn, qui passa, pendant cinq ou six ans, pour un médicastre, à cause de ses poudres, de ses médecines, possédait la science innée des grands médecins. Non-seulement il était savant et avait beaucoup observé, mais encore il avait parcouru l'Allemagne, la Russie, la Perse, la Turquie, où il avait recueilli bien des traditions; et comme il connaissait la chimie, il devint la bibliothèque vivante de ces secrets épars chez *les bonnes femmes*, comme on dit en France, de tous les pays où il avait porté ses pas, à la suite de son père, marchand ambulant de son état.

Il ne faut pas croire que la scène où, dans *Richard en Palestine*, Saladin guérit le roi d'Angleterre, soit une fiction. Halpersohn possède une bourse de soie qu'il trempe dans l'eau pour la colorer légèrement, et certaines fièvres cèdent à cette eau bue par le malade. La vertu des plantes, selon cet homme, est infinie, et les guérisons des plus affreuses maladies sont possibles. Cependant, lui, comme ses confrères, s'arrête quelquefois devant des incompréhensibilités. Halpersohn aime l'invention de l'homœopathie, plus à cause de sa thérapeutique que pour son système médical; il correspondait alors avec Hédenius de Dresde, Chelius d'Heidelberg et les célèbres médecins allemands, tout en tenant la main fermée, quoique pleine de découvertes. Il ne voulait pas faire d'élèves.

Le cadre était d'ailleurs en harmonie avec ce portrait échappé d'une toile de Rembrandt. Le cabinet, tendu d'un papier qui simulait du velours vert, était mesquinement meublé d'un divan vert. Le tapis vert mélangé montrait la corde. Un grand fauteuil en cuir noir, pour les consultants, se trouvait devant la fenêtre, drapée de rideaux verts. Un fauteuil de bureau, de forme romaine, en acajou, et couvert d'un maroquin vert, était le siége du docteur.

Entre la cheminée et la table longue sur laquelle il écrivait, une caisse commune en fer, placée en face de la cheminée, au milieu de la paroi opposée, supportait une pendule en granit de Vienne sur laquelle s'élevait un groupe en bronze, représentant l'Amour jouant avec la Mort, le présent d'un grand sculpteur allemand qu'Halpersohn avait sans doute guéri. Le chambranle de la cheminée avait une coupe entre deux flambeaux pour tout ornement. De chaque côté du divan, deux encoignures en ébène servaient à mettre des plateaux, où Godefroid vit des cuvettes d'argent, de carafes et des serviettes.

Cette simplicité, qui tenait presque de la nudité, frappa beaucoup Godefroid, pour qui tout voir fut l'affaire d'un coup d'œil, et il recouvra son sang-froid.

— Monsieur, je me porte parfaitement bien : aussi ne viens-je pas pour moi, mais pour une femme à qui vous auriez dû, depuis longtemps, faire une visite. Il s'agit d'une dame qui demeure sur le boulevard du Mont-Parnasse...

— Ah! oui, cette dame m'a déjà plusieurs fois envoyé son fils. Eh! bien, monsieur, qu'elle vienne à ma consultation.

— Qu'elle vienne! répéta Godefroid indigné; mais, monsieur, elle n'est pas transportable de son lit sur un fauteuil; il faut la soulever avec des sangles.

— Vous n'êtes pas médecin, monsieur! demanda le docteur juif avec une singulière grimace qui rendit son masque encore plus méchant qu'il ne l'était.

— Si le baron de Nucingen vous faisait dire qu'il souffre et et veut vous visiter, répondriez-vous : Qu'il vienne !

— J'irais, répliqua froidement le juif en lançant un jet de salive dans un crachoir hollandais en acajou plein de sable.

— Vous iriez, reprit doucement Godefroid, parce que le baron de Nucingen a deux millions de rentes, et...

— Le reste ne fait rien à l'affaire, j'irais.

— Eh bien ! monsieur, vous viendrez voir la malade du boulevard Mont-Parnasse, par la même raison. Sans avoir la fortune du baron de Nucingen, je suis ici pour vous dire que vous mettrez vous-même le prix à la guérison, ou à vos soins si vous échouez... Je suis prêt à vous payer d'avance; mais comment, monsieur, vous qui êtes un émigré polonais, un communiste, je crois, ne feriez-vous pas un sacrifice à la Pologne? car cette dame est la petite-fille du général Tarlowski, l'ami du prince Poniatowski.

— Monsieur, vous êtes venu pour me demander de guérir cette dame, et non pour me donner des conseils. En Pologne, je suis Polonais; à Paris, je suis Parisien. Chacun fait le bien à sa manière, et croyez que l'avidité qu'on me prête a sa raison. Le trésor que j'amasse a sa destination; elle est sainte. Je vends la santé : les riches peuvent la payer, je la leur fais acheter... Les pauvres ont leurs médecins... Si je n'avais pas un but je n'exercerais pas la médecine... Je vis sobrement et je passe mon temps à courir; je suis paresseux et j'étais joueur... Concluez, jeune homme!... Vous n'avez pas l'âge où l'on peut juger les vieillards.

Godefroid garda le silence.

— Vous demeurez avec la petite-fille de cet imbécile qui n'avait de courage que pour se battre, et qui a livré son pays à Catherine II?

— Oui monsieur.

— Soyez chez vous lundi, à trois heures, dit-il en quittant sa pipe et en prenant son agenda sur lequel il traça quelques mots. Vous me remettrez, à mon arrivée, deux cents francs; et si je vous promets la guérison, vous me donnerez mille écus... Il m'a été dit, reprit-il, que cette dame est rapetissée comme si elle était tombée au feu.

— Monsieur, c'est, croyez-en les plus célèbres médecins de Paris, une névrose dont les désordres sont tels, qu'ils les ont niés tant qu'ils ne les ont pas vus.

— Ah! je me rappelle maintenant les détails que ce petit bonhomme m'en a donnés... A demain, monsieur.

Godefroid sortit après avoir salué cet homme aussi singulier qu'extraordinaire. Rien en lui ne sentait, n'indiquait un médecin, pas même ce cabinet nu, et dont le seul meuble qui frappât la vue était cette formidable caisse de Huret ou de Fichet.

Godefroid put arriver assez à temps au passage Vivienne pour acheter, avant que la boutique ne fermât, un magnifique accordéon qu'il fit partir devant lui pour monsieur Bernard, en en indiquant l'adresse.

Puis il alla rue Chanoinesse, en passant par le quai des Augustins, où il espérait trouver encore ouvert un des magasins des commissionnaires en librairie; il en vit effectivement un où il eut une longue conversation avec un jeune commis sur les livres de jurisprudence.

Il trouva madame de La Chanterie et ses amis au retour de la grand'messe; et, au premier regard qu'elle lui jeta, Godefroid répondit par un hochement de tête significatif.

— Eh bien! lui dit-il, notre cher père Alain n'est pas avec vous?

— Il ne viendra pas ce dimanche-ci, répondit madame de La Chanterie; vous ne le verrez que d'aujourd'hui en huit... A moins que vous n'alliez où il vous a donné rendez-vous.

— Madame, dit tout bas Godefroid, vous savez qu'il ne m'intimide pas comme ces messieurs, et je comptais lui faire ma confession.

— Et moi ?

— Oh ! vous, je vous dirai tout, car j'ai bien des choses à raconter. Pour mon début, j'ai trouvé la plus extraordinaire de toutes les infortunes, un sauvage accouplement de la misère et du luxe ; puis des figures d'une sublimité qui dépasse toutes les inventions de nos romanciers les plus en vogue.

— La nature, et surtout la nature morale, est toujours au-dessus de l'art, autant que Dieu est au-dessus de ses créatures. Mais, voyons, dit madame de La Chanterie, venez me raconter votre expédition dans les terres inconnues où vous avez fait votre premier voyage.

Monsieur Nicolas et monsieur Joseph, car l'abbé de Vèze était resté pour quelques moments à Notre-Dame, laissèrent madame de La Chanterie seule avec Godefroid, qui, sous le coup des émotions qu'il venait de ressentir la veille, raconta tout dans les plus petits détails avec la force, avec l'action et la verve que donne la première impression d'un pareil spectacle et de son cadre d'homme et de choses. Il eut un grand succès, car la douce et calme madame de La Chanterie pleura, quelque accoutumée qu'elle fût à descendre dans l'abîme des douleurs.

— Vous avez bien fait, dit-elle, d'envoyer l'accordéon.

— Je voudrais faire bien plus, répondit Godefroid, puisque cette famille est la première qui m'ait fait connaître les plaisirs de la charité ; je désire procurer à ce sublime vieillard la plus grande partie des bénéfices de son grand ouvrage. Je ne sais si vous avez assez de confiance dans ma capacité pour me mettre à même d'entreprendre une pareille affaire. D'après les renseignements que je viens de prendre, il faudrait environ neuf mille francs pour fabriquer ce livre à quinze cents exemplaires, et leur moindre valeur serait alors de vingt-quatre mille francs. Comme nous devons préalablement payer les trois mille et quelques cents francs qui grèvent le manuscrit, c'est donc douze mille francs à risquer. Oh ! madame, si vous saviez quels regrets amers j'ai eus en venant du quai des Augustins ici d'avoir dissipé si follement ma petite fortune ! car l'esprit de la charité m'est comme apparu. J'ai l'ardeur de l'Initié, je veux embrasser la vie de ces messieurs, et je serai digne de vous. J'ai béni plusieurs fois depuis deux jours le hasard qui m'a conduit ici. Je vous obéirai en tout, jusqu'à ce que vous me trouviez capable d'être un des vôtres.

— Eh bien ! répondit gravement madame de La Chanterie après avoir réfléchi, écoutez-moi, car j'ai des choses importantes à vous révéler. Vous avez été séduit, mon enfant, par la poésie du malheur. Oui, souvent le malheur a de la poésie ; car, pour moi, la poésie est un certain excès dans le sentiment, et la douleur est un sentiment. On vit tant par la douleur !...

— Oui, madame, j'ai été pris du démon de la curiosité... Que voulez-vous ? Je n'ai pas encore l'habitude de pénétrer au cœur des existences malheureuses, et je n'y vais pas avec la tranquillité de vos trois pieux soldats du Seigneur. Mais, sachez-le bien, c'est après l'épuisement de cette irritation que je me suis voué à votre œuvre !...

— Ecoutez, mon cher ange, dit madame de La Chanterie, qui prononça ces trois mots avec une douce sainteté dont fut singulièrement touché Godefroid, nous nous sommes interdit, mais absolument, nous ne forçons point les mots ici... Ce qui est interdit n'occupe pas même notre pensée... Donc nous nous sommes interdit d'entrer dans des spéculations. Imprimer un livre pour le vendre, en attendre des bénéfices, c'est une affaire, et les opérations de ce genre nous jetteraient dans les embarras du commerce. Certes, ceci me semble assez faisable, nécessaire même. Croyez-vous que ce soit le premier cas qui se présente ? Nous avons vingt fois, cent fois aperçu le moyen de sauver ainsi des familles, des maisons ! Or, que serions-nous devenus avec des affaires de ce genre ? Nous aurions été négociants... Commanditer le malheur, ce n'est pas travailler soi-même, c'est mettre le malheur à même de travailler. Dans quelques jours vous rencontrerez des misères plus âpres que celle-ci ; ferez-vous la même chose ? Vous seriez accablé ! Songez, mon enfant, que messieurs Mongenod ne peuvent plus, depuis un an, se charger de notre comptabilité. Vous aurez la moitié de votre temps pris par la tenue de nos livres. Nous avons aujourd'hui près de deux mille débiteurs dans Paris ; et au moins faut-il que, pour ceux qui peuvent nous rendre, nous sachions le chiffre de leur dette... Nous ne demandons jamais, nous attendons. Nous calculons que la moitié de l'argent donné se perd. L'autre moitié nous revient quelquefois doublée... Ainsi, supposez que ce magistrat meure, voilà douze mille francs bien aventurés. Mais que sa fille soit guérie, que son petit-fils réussisse, et qu'il devienne un bon magistrat... Eh bien! s'il a de l'honneur, il se souviendra de sa dette, et il nous rendra l'argent des pauvres avec usure. Savez-vous que plus d'une famille, tirée de la misère et mise par nous sur le chemin de la fortune par des prêts sans intérêts, a fait la part des pauvres, et nous a rendu les sommes doublées et quelquefois triplées?... Voilà nos seules spéculations! D'abord, songez, quant à ce qui vous préoccupe (et vous devez vous en préoccuper), que la vente de l'ouvrage de ce magistrat dépend de la bonté de cette œuvre; l'avez-vous lue? Puis, si le livre est excellent, combien d'excellents livres sont restés un, deux ou trois ans sans avoir le succès qu'ils méritent! Combien de couronnes mises sur des tombeaux! Et je sais que les libraires ont des façons de traiter, de réaliser, qui font de leur commerce le plus chanceux et le plus difficile à débrouiller de tous les commerces parisiens. Monsieur Nicolas vous parlera de ces difficultés, inhérentes à la nature des livres. Ainsi, vous le voyez, nous sommes raisonnables; nous avons l'expérience de toutes les misères, comme celle de tous les commerces, car nous étudions Paris depuis longtemps... Les Mongenod nous aident; nous avons en eux des flambeaux; et c'est par eux que nous savons que la Banque de France a le commerce de la librairie en suspicion constante, quoique ce soit un des plus beaux commerces, mais il est mal fait... Quant aux quatre mille francs nécessaires pour sauver cette noble famille des horreurs de l'indigence, car il faut que ce pauvre enfant et son grand-père se nourrissent et puissent s'habiller convenablement, je vais vous les donner... Il est des souffrances, des misères, des plaies que nous pansons immédiatement, sans hésitation, sans chercher à savoir qui nous secourons : religion, honneur, caractère, tout est indifférent; mais dès qu'il s'agit de prêter l'argent des pauvres pour aider le malheur sous la forme agissante de l'industrie, du commerce... oh! alors nous cherchons des garanties, avec la rigidité des usuriers. Aussi, pour le surplus, bornez votre enthousiasme à trouver à ce vieillard le plus honnête libraire possible. Ceci regarde monsieur Nicolas. Il connaît des avocats, des professeurs, auteurs de livres sur la jurisprudence; et, dimanche prochain, il aura bien certainement un bon conseil à vous donner... Soyez tranquille, si c'est possible, cette difficulté sera résolue. Cependant, peut-être serait-il bon que monsieur Nicolas lût l'ouvrage de ce magistrat... Si cela se peut, obtenez-en la communication...

Godefroid restait stupéfait du bon sens de cette femme, qu'il croyait uniquement animée par l'esprit de charité. L'Initié plia le genou, baisa l'une des belles mains de madame de La Chanterie en lui disant :

— Vous êtes donc aussi la raison ?

— Il faut être tout dans notre état, reprit-elle avec la gaieté douce particulière aux vraies saintes.

— Comment, deux mille comptes ! s'écria-t-il, mais c'est immense !

— Oh ! deux mille comptes et qui peuvent donner lieu, répondit-elle, à des restitutions basées, comme je viens de vous le dire, sur la délicatesse de nos obligés; car nous avons bien trois mille autres familles qui ne nous rendront jamais que des actions de grâce. Aussi, sentons-nous, je vous le répète, la nécessité d'avoir des livres. Et si vous avez une discrétion à toute épreuve, vous serez notre oracle financier. Nous sommes obligés de tenir un journal, le grand-livre des comptes-courants et un livre de caisse. Nous avons bien des notes, mais nous perdons trop de temps à chercher... Voilà ces messieurs, reprit-elle.

Godefroid, grave et pensif, prit peu de part d'abord à la conversation, il était abasourdi par la révélation que madame de La Chanterie venait de lui faire d'un ton qui prouvait qu'elle voulait le récompenser de son ardeur.

— Deux mille familles obligées ! se disait-il ; mais, si elles coûtent autant que va nous coûter monsieur Bernard, nous avons donc des millions semés dans Paris ?

Ce sentiment fut un des derniers mouvements de l'esprit du monde qui s'éteignait insensiblement chez Godefroid. En réfléchissant, il comprit que les fortunes réunies de madame de La Chanterie, de messieurs Alain, Nicolas, Joseph et celle du juge Popinot, les dons recueillis par l'abbé de Vèse et les secours prêtés par la maison Mongenod avaient dû produire un capital considérable ; et que, depuis douze ou quinze ans, ce capital, accru par ceux d'entre les obligés qui se montraient reconnaissants, avait dû grossir à la façon des boules de neige, puisque ces charitables personnes n'en distrayaient rien. Il voyait clair peu à peu dans cette œuvre immense, et son désir d'y coopérer s'en accrut.

Il voulut sur les neuf heures retourner à pied au boulevard du Mont-Parnasse ; mais madame de La Chanterie, craignant la solitude du quartier, le contraignit à prendre un cabriolet. En descendant de voiture, quoique les volets fussent si soigneusement fermés qu'il ne passait pas une ligne de lueur, Godefroid entendit les sons de l'instrument ; et, quand il fut sur le palier, Auguste, qui sans doute guettait l'arrivée de Godefroid, entr'ouvrit la porte de l'appartement et dit :

— Maman voudrait bien vous voir, et mon grand-père vous offre une tasse de thé.

En entrant, Godefroid trouva la malade transfigurée par le plaisir de faire de la musique ; le visage étincelait et les yeux brillaient comme deux diamants.

— J'aurais dû vous attendre pour vous donner les premiers accords ; mais je me suis jetée sur ce petit orgue comme un affamé se jette sur un festin. Vous avez une âme à me comprendre, et alors je suis pardonnée.

Et Vanda fit un signe à son fils, qui vint se placer de manière à presser la pédale par laquelle respira le soufflet intérieur de l'instrument ; et, les yeux au ciel, comme sainte Cécile, la malade, dont les doigts avaient retrouvé momentanément de la force et de l'agilité, répéta des variations sur la Prière de Moïse que son fils était allé lui acheter, et qu'elle avait composées dans quelques heures. Godefroid reconnut un talent identique avec celui de Chopin. C'était une âme qui se manifestait par des sons divins où dominait une douceur mélancolique. Monsieur Bernard avait salué Godefroy par un regard où se peignait un sentiment inexprimé depuis longtemps. Si les larmes n'eussent pas été à jamais taries chez ce vieillard desséché par tant de douleurs cuisantes, ce regard aurait été mouillé. Cela se devinait.

Monsieur Bernard jouait avec sa tabatière, en contemplant sa fille dans une indicible extase.

— Demain, madame, reprit Godefroid lorsque la musique eut cessé, demain votre sort sera fixé, car je vous apporte une bonne ouvelle. Le célèbre Halpersohn viendra demain à trois heures. — Et il m'a promis, ajouta-t-il à l'oreille de monsieur Bernard, de me dire la vérité.

Le vieillard se leva, prit Godefroid par la main, l'entraîna dans un coin de la chambre, du côté de la cheminée, il tremblait.

— Ah! quelle nuit vais-je passer! C'est un arrêt définitif! lui dit-il à l'oreille. Ma fille sera guérie ou condamnée!

— Prenez courage, répondit Godefroid, et, après le thé, venez chez moi.

— Cesse, cesse, ma fille, dit le vieillard, tu te donneras des crises. A ce développement de forces succédera l'abattement.

Il fit enlever l'instrument par Auguste et présenta la tasse de thé destinée à sa fille avec toute la câlinerie d'une nourrice qui veut prévenir l'impatience d'un petit enfant.

— Comment est-il, ce médecin? demanda-t-elle déjà distraite par la perspective de voir un être nouveau.

Vanda, comme tous les prisonniers, était dévorée de curiosité. Quand les autres phénomènes physiques de sa maladie cessaient, ils semblaient se reporter dans le moral, et alors elle concevait des caprices étranges, des fantaisies violentes. Elle voulait voir Rossini; elle pleurait de ce que son père, qu'elle croyait tout-puissant, refusait de le lui amener.

Godefroid fit alors une description minutieuse du médecin juif et de son cabinet, car elle ignorait les démarches de son père. Monsieur Bernard avait recommandé le silence à son petit-fils sur ses visites chez Halpersohn, tant il avait craint d'exciter chez sa fille des espérances qui ne se seraient pas réalisées. Vanda restait comme attachée aux paroles qui sortaient de la bouche de Godefroid, elle était charmée, et elle tomba dans une espèce de folie, tant son désir de voir cet étrange Polonais devint ardent.

— La Pologne a souvent fourni de ces êtres singuliers, mystérieux, dit l'ancien magistrat. Aujourd'hui, par exemple, outre ce médecin, nous avons Hoëné Wronski, le mathématicien illuminé, le poëte Mickievicz, Towianski l'inspiré, Chopin au talent surnaturel. Les grandes commotions nationales produisent toujours des espèces de géants tronqués.

— Oh! cher papa! quel homme vous êtes! Si vous mettiez par écrit tout ce que nous vous entendons dire, seulement pour m'amuser, vous feriez une fortune... car, figurez-vous, monsieur, que mon bon vieux père invente pour moi des histoires admirables lorsque je n'ai plus de romans à lire, et il m'endort ainsi. Sa voix me berce, et il calme souvent mes douleurs par son esprit... Qui jamais le récompensera!... Auguste, mon enfant, tu devrais baiser pour moi les marques des pas de ton grand-père.

Le jeune homme leva sur sa mère ses beaux yeux humides, et un ard, où débordait une compassion longtemps comprimée, fut tout poëme. Godefroid se leva, prit la main d'Auguste et la lui serra.

— Dieu, madame, a mis deux anges près de vous!... s'écria-t-il.

— Oui, je le sais. Aussi me reproché-je souvent de les faire enrager. Viens, cher Augustin, embrasse ta mère. C'est un enfant, monsieur, dont seraient fières toutes les mères. C'est pur comme l'or, c'est franc, c'est une âme sans péché; mais une âme un peu trop passionnée, comme celle de la maman. Dieu m'a peut-être clouée dans un lit pour me préserver des sottises que commettent les femmes... qui ont trop de cœur... ajouta-t-elle en souriant.

Godefroid répondit par un sourire et par un salut.

— Adieu, monsieur, et surtout remerciez votre ami, car il fait le bonheur d'une pauvre infirme.

— Monsieur, dit Godefroid quand il fut chez lui seul avec monsieur Bernard qui l'avait suivi, je crois pouvoir vous assurer que vous ne serez point dépouillé par ce trio de braves gens. J'aurai la somme nécessaire, mais il faudra me confier votre traité relatif au réméré... Pour faire plus pour vous, vous devriez me confier votre ouvrage à lire... non pas à moi, je n'aurais pas assez de connaissances pour en juger, mais à un ancien magistrat d'une intégrité parfaite, qui se chargera, d'après le mérite de l'œuvre, de trouver une honorable maison avec laquelle vous contracterez équitablement... Je n'insiste pas là-dessus. En attendant, voici cinq cents francs, ajouta-t-il en tendant un billet de banque à l'ancien magistrat stupéfait, pour subvenir à vos besoins les plus pressants. Je ne vous en demande point de reçu, vous ne serez obligé que par votre conscience, et votre conscience ne doit parler qu'au cas où vous retrouveriez quelque aisance... Je me charge de satisfaire Halpersohn...

— Qui donc êtes-vous? dit le vieillard qui tomba sur une chaise.

— Moi, répondit Godefroid, rien ; mais je sers des personnes puissantes à qui votre détresse est maintenant connue et qui s'intéressent à vous... Ne m'en demandez pas davantage.

— Quel est donc le mobile de ces gens?... dit le vieillard.

— La religion, monsieur, répliqua Godefroid.

— Serait-ce possible!... la religion...

— Oui, la religion catholique, apostolique et romaine...

— Eh! vous appartenez à l'ordre de Jésus?

— Non, monsieur, répondit Godefroid. Soyez sans inquiétude : ces personnes n'ont aucun dessein sur vous, hors celui de vous secourir, et de rendre votre famille au bonheur.

— La philanthropie deviendrait-elle donc autre chose qu'une vanité ?...

— Eh ! monsieur, ne déshonorez pas, dit vivement Godefroid, la sainte charité catholique, la vertu définie par saint Paul !...

Monsieur Bernard, en entendant cette réponse, se mit à marcher à grands pas dans la chambre.

— J'accepte, dit-il tout à coup, et je n'ai qu'une façon de vous remercier, c'est de vous confier mon ouvrage. Les notes, les citations sont inutiles à un ancien magistrat ; et j'ai pour deux mois de travaux encore à copier mes citations, comme je vous l'ai dit... A demain, ajouta-t-il en donnant une poignée de main à Godefroid.

— Aurais-je fait une conversion ?... se dit Godefroid, qui fut frappé de l'expression nouvelle que la physionomie de ce grand vieillard avait prise à sa dernière réponse.

Le surlendemain, à trois heures, un cabriolet de place s'arrêta devant la maison, et Godefroid en vit sortir Halpersohn, enseveli dans une énorme pelisse d'ours. Pendant la nuit, le froid avait redoublé, le thermomètre marquait dix degrés.

Le médecin juif examina curieusement, quoique à la dérobée, la chambre où son client de la veille le recevait, et Godefroid aperçut une pensée de défiance qui rayonna dans ses yeux, comme une pointe de poignard. Ce rapide pointillement du soupçon fit éprouver un froid intérieur à Godefroid, qui pensa que cet homme devait être impitoyable dans les affaires ; et il est si naturel de supposer le génie uni à la bonté, qu'il eut un nouveau mouvement de dégoût.

— Monsieur, dit-il, je vois que la simplicité de mon appartement vous inquiète ; aussi ne serez-vous pas étonné de ma manière d'agir. Voici vos cent francs, et voici trois billets de mille francs, ajouta-t-il en tirant de son portefeuille les billets que madame de La Chanterie lui avait remis pour dégager l'ouvrage de monsieur Bernard ; mais, dans le cas où vous auriez des craintes sur ma solvabilité, je vous offrirais, pour garants de l'exécution de nos conventions, messieurs Mongenod, banquiers, rue de la Victoire.

— Je les connais, répondit Halpersohn en serrant les dix pièces d'or dans sa poche.

— Il ira chez eux, pensa Godefroid.

— Et où demeure la malade? demanda le médecin en se levant comme un homme qui connaît le prix du temps.

— Venez par ici, monsieur, dit Godefroid en passant le premier pour montrer le chemin.

Le juif examina d'un œil soupçonneux et sagace les lieux par lesquels il passa, car il avait le coup d'œil de l'espion; aussi vit-il fort bien les horreurs de l'indigence par la porte de la pièce où couchaient le magistrat et son petit-fils; par malheur, monsieur Bernard était allé prendre le costume avec lequel il paraissait chez sa fille, et, dans son empressement à venir ouvrir la porte, il ferma mal celle de son chenil.

Il salua noblement Halpersohn, et ouvrit avec précaution la chambre de sa fille. — Vanda, mon enfant, voici le médecin, dit-il.

Et il se rangea pour laisser passer Halpersohn qui conservait sa pelisse. Le juif fut surpris du contraste de cette pièce, qui, dans ce quartier, dans cette maison surtout, était une anomalie; mais l'étonnement d'Halpersohn dura peu, car il avait vu souvent, chez les juifs d'Allemagne et de Russie, de semblables oppositions entre une excessive misère apparente et des richesses cachées. En marchant de la porte au lit de la malade, il ne cessa de la regarder, et, en arrivant à son chevet, il lui dit en polonais :

— Vous êtes Polonaise?

— Non pas moi, mais ma mère.

— Qui votre grand-père, le général Tarlowski, avait-il épousé?

— Une Polonaise.

— De quelle province?

— Une Sobolewska de Pinska.

— Bien. Monsieur est votre père?

— Oui, monsieur.

— Monsieur, demanda-t-il, madame votre femme...

— Elle est morte, répondit monsieur Bernard.

— Etait-elle très-blanche? dit Halpersohn avec un léger mouvement d'impatience d'être interrompu.

— Voici son portrait, répondit monsieur Bernard en allant décrocher un magnifique cadre où se trouvaient plusieurs belles miniatures. Halpersohn tâtait la tête et maniait la chevelure de la malade, tout en regardant le portrait de Vanda Tarlowska, née comtesse Sobolewska.

— Racontez-moi les désordres causés par la maladie. Et il se mit dans la bergère en regardant Vanda fixement pendant les vingt minutes que dura le récit alternatif du père et de la fille.

— Quel âge a madame?

— Trente-huit ans.

— Ah! bon, s'écria-t-il en se levant, je réponds de la guérir. Je n'assure pas de lui rendre l'exercice de ses jambes, mais pour guérie, elle le sera. Seulement il faut la mettre dans une maison de santé de mon quartier.

— Mais, monsieur, ma fille n'est pas transportable.

— Je vous réponds d'elle, dit sentencieusement Halpersohn; mais je ne vous réponds de votre fille qu'à ces conditions... Savez-vous qu'elle va troquer sa maladie actuelle contre une autre maladie épouvantable, et qui durera peut-être un an, ou tout au moins six mois?... Vous pouvez venir voir madame, puisque vous êtes son père.

— Est-ce sûr? demanda monsieur Bernard.

— Sûr! répéta le juif. Madame a dans le corps un principe, une humeur nationale, il faut l'en délivrer. Quand vous viendrez, vous me l'amènerez, rue Basse-Saint-Pierre, à Chaillot, maison de santé du docteur Halpersohn.

— Mais comment?

— Sur un brancard, comme on transporte tous les malades aux hôpitaux.

— Mais le trajet la tuera.

— Non. Et Halpersohn, en disant ce non sec, était à la porte, où Godefroid le rejoignit dans l'escalier. Le juif, qui étouffait de chaud, lui dit à l'oreille: — Outre les mille écus, ce sera quinze francs par jour; on paie trois mois d'avance.

— Bien monsieur. Et, demanda Godefroid en montant sur le marchepied du cabriolet où le docteur s'était élancé, vous répondez de la guérison.

— J'en réponds, répéta le Polonais. Vous aimez cette dame?

— Non, dit Godefroid.

— Vous ne répéterez pas ce que je vais vous confier, car je ne vous le dis que pour vous prouver que je suis sûr de la guérison, et si vous faisiez une indiscrétion, vous tueriez cette dame...

Godefroid lui répondit par un seul geste.

— Elle est depuis dix-sept ans victime du principe de la plique polonaise qui produit tous ces ravages, j'en ai vu de plus terribles exemples. Or, moi seul aujourd'hui sais comment faire sortir la plique de manière à pouvoir la guérir, car on n'en guérit pas toujours. Vous voyez, monsieur, que je suis bien désintéressé. Si cette dame était une grande dame, une baronne de Nucingen ou toute autre femme ou fille des Crésus modernes, cette cure me serait payée cent, deux cent mille francs, enfin tout ce que je demanderais!... Mais c'est un petit malheur.

— Et le trajet!...

— Bah! elle aura l'air de mourir, mais elle ne mourra pas!... Elle a de la vie pour cent ans, une fois guérie. Allons, Jacques?... vite, rue de Monsieur!... et vite!... dit-il au cocher. Et il laissa Godefroid sur le boulevard, où Godefroid resta stupide à regarder s'enfuir le cabriolet.

— Qu'est-ce donc que ce drôle d'homme vêtu de peau d'ours? demanda la mère Vauthier à qui rien n'échappait. Est-ce vrai, ce que m'a dit le cocher du cabriolet, que c'est le plus fameux médecin de Paris?

— Et qu'est-ce que cela vous fait, mère Vauthier?

— Ah, rien du tout! reprit-elle en grimaçant.

— Vous avez eu bien tort de ne pas vous mettre de mon côté, dit Godefroid en revenant à pas lents vers la maison; vous auriez plus gagné qu'avec messieurs Barbet et Métivier, de qui vous n'aurez rien.

— Est-ce que je suis pour ces messieurs? reprit-elle en haussant les épaules. Monsieur Barbet est mon propriétaire, voilà tout!

Il fallut deux jours pour décider monsieur Bernard à se séparer de sa fille et la transporter à Chaillot. Godefroid et l'ancien magistrat firent la route chacun d'un côté du brancard couvert en coutil rayé de blanc et de bleu, sur lequel était la chère malade, quasi liée au matelas, tant le père craignait les soubresauts d'une attaque de nerfs. Enfin, parti à trois heures, le convoi parvint à la maison de santé vers cinq heures, à la chute du jour. Godefroid paya sur quittance les quatre cent cinquante francs du trimestre exigé; puis, quand il descendit pour donner le pourboire des deux porteurs, il fut rejoint par monsieur Bernard, qui prit sous le matelas un paquet cacheté très-volumineux, et qui le tendit à Godefroid.

— L'un de ces gens va vous aller chercher un cabriolet, dit le vieillard, car vous ne pourriez pas porter longtemps ces quatre votumes. Voici mon ouvrage, remettez-le à mon censeur, je le lui confie pour toute cette semaine. Je vais rester au moins huit jours dans ce quartier, car je ne veux pas laisser ainsi ma fille à l'abandon. Je connais mon petit-fils, il peut garder la maison, surtout aidé par vous; d'ailleurs, je vous le recommande. Si j'étais encore ce que je fus, je vous demanderais le nom de mon critique, de cet ancien magistrat, car il en est peu que je ne connaisse...

— Oh! ce n'est pas un mystère, dit Godefroid en interrompant monsieur Bernard. Du moment ou vous avez en moi cette entière confiance, je puis vous dire que votre censeur est l'ancien président Lecamus de Tresnes.

— Oh! de la cour royale de Paris! Prenez!.... allez! c'est l'un des plus beaux caractères de ce temps-ci... Lui, et feu Popinot, le juge au tribunal de première instance, ont été des magistrats dignes des plus beaux jours des anciens parlements. Toutes mes craintes, si j'en avais conservé, seraient dissipées... Et où demeure-t-il? Je voudrais l'aller remercier de la peine qu'il aura prise.

— Vous le trouverez rue Chanoinesse, sous le nom de monsieur Nicolas... J'y vais à l'instant. Et votre compromis avec vos coquins?...

— Auguste vous le remettra, dit le vieillard qui rentra dans la cour de la maison de santé.

Un cabriolet trouvé sur le quai de Billy, et ramené par un des commissionnaires, arrivait; Godefroid y monta et stimula le cocher par la promesse d'un bon pourboire, s'il arrivait rue Chanoinesse à temps, car Godefroid voulait y dîner.

Une demi-heure après le départ de Vanda, trois hommes vêtus de drap noir, que la Vauthier introduisit par la rue Notre-Dame des Champs, où ils attendaient sans doute le moment favorable, montèrent l'escalier, accompagnés de ce Judas femelle, et frappèrent doucement à la porte du logement de monsieur Bernard. Comme ce jour était précisément un jeudi, le collégien avait pu garder la maison. Il ouvrit, et trois hommes se glissèrent comme des ombres dans la première pièce.

— Que voulez-vous, messieurs? demanda le jeune homme.

— Nous sommes bien ici chez monsieur Bernard... c'est-à-dire chez monsieur le baron?...

— Mais que voulez-vous?

— Ah! vous le savez bien, jeune homme, car on nous a dit

votre grand-père vient de partir avec un brancard couvert...
ne nous étonne pas! mais il est dans son droit. Je suis huissier,
viens tout saisir ici... Lundi, vous avez eu sommation de payer
ois mille francs de principal, plus les frais, à monsieur Métivier,
us peine de la contrainte par corps que nous avons dénoncée;
et comme un ancien marchand d'oignons se connaît en ciboules, le
débiteur a pris la clef des champs pour éviter celle de Clichy. Mais
si nous ne l'avons pas, nous aurons pied ou aile de son riche mobilier, car nous savons tout, jeune homme, et nous allons verbaliser.

— Voilà des papiers timbrés que votre grand-papa n'a jamais voulu prendre, dit alors la Vauthier en fourrant dans la main d'Auguste trois exploits.

— Restez, madame, nous allons vous constituer gardienne judiciaire. La loi vous accorde quarante sous par jour; ce n'est pas à dédaigner.

— Ah! je verrai donc ce qu'il y a dans la belle chambre!..... s'écria la Vauthier.

— Vous n'entrerez pas dans la chambre de ma mère! s'écria d'une voix formidable le jeune homme en s'élançant entre la porte et les trois hommes noirs.

Sur un signe de l'huissier, les deux praticiens et le premier clerc qui survint saisirent Auguste.

— Pas de rébellion, jeune homme; vous n'êtes pas le maître ici; nous dresserions procès-verbal, et vous iriez coucher à la Préfecture... En entendant ce mot redoutable, Auguste fondit en larmes.

— Ah! quel bonheur, disait-il, que maman soit partie! cela l'aurait tuée!

Une espèce de conférence se tenait entre les praticiens, l'huissier et la Vauthier. Auguste comprit, quoiqu'ils parlassent à voix basse, qu'on voulait surtout saisir les manuscrits de son grand-père; et il ouvrit alors la porte de la chambre.

— Entrez, messieurs, et ne gâtez rien, dit-il. On vous payera demain matin. Puis il s'en alla tout pleurant dans le taudis, où, saisissant les notes de son grand-père, il les mit dans le poële, qu'il savait être sans une étincelle de feu.

Cette action fut faite si rapidement que l'huissier, gaillard fin, rusé, digne de ses clients Barbet et Métivier, trouva le jeune homme en pleurs sur sa chaise, lorsqu'il se précipita dans le taudis, après avoir jugé que les manuscrits ne se trouvaient point dans l'antichambre. Quoiqu'on ne puisse point saisir les livres ni le manuscrits, le réméré souscrit par l'ancien magistrat eût justifié cette manière de procéder. Mais il était facile d'opposer des moyens dilatoires à cette saisie; ce que monsieur Bernard n'eût pas manqué de faire. De là, la nécessité d'agir avec sournoiserie. Aussi, la veuve Vauthier avait-elle merveilleusement servi son propriétaire en ne remettant pas ses significations aux locataires; elle comptait les jeter dans l'appartement en y entrant à la suite des gens de justice, ou dire, au besoin, à monsieur Bernard qu'elle croyait ces actes faits contre les deux auteurs qui depuis deux jours étaient absents.

Le procès-verbal de saisie prit environ une heure; car l'huissier n'omit rien et regarda la valeur des objets saisis comme suffisante à payer la dette. Une fois l'huissier parti, le pauvre jeune homme prit les exploits et courut pour retrouver son grand-père à la maison de santé; car l'huissier lui dit que, sous des peines graves, la Vauthier devenait responsable des objets saisis. Il put donc quitter le logis sans avoir rien à redouter.

L'idée de savoir son grand-père traîné en prison pour dettes rendit le pauvre enfant exactement fou, mais fou comme les jeunes gens sont fous, c'est-à-dire qu'il était en proie à l'une de ces exaltations dangereuses et funestes, où toutes les puissances de la jeunesse fermentent à la fois et peuvent faire commettre de mauvaises actions aussi bien que des traits d'héroïsme. Arrivé rue Basse-Saint-Pierre, le concierge dit au pauvre Auguste qu'il ignorait ce qu'était devenu le père de la malade amenée à quatre heures et demie, mais que l'ordre de monsieur Halpersohn était de ne laisser personne, pas même le père, voir cette dame d'ici à huit jours, sous peine de mettre sa vie en danger.

Cette réponse acheva de porter au comble l'exaspération d'Auguste. Il reprit le chemin du boulevard Mont-Parnasse en marchant dans son désespoir et en roulant les desseins les plus extravagants. Il arriva vers huit heures et demie du soir, presque à jeun, et tellement épuisé par la faim et par la douleur, qu'il écouta la Vauthier lorsqu'elle lui proposa de prendre part à son souper qui consistait en un ragoût de mouton aux pommes de terre. Le pauvre enfant tomba quasi mort sur une chaise, chez cette atroce femme. Encouragé par le patelinage et les paroles mielleuses de cette vieille, il répondit à quelques questions adroitement faites sur Godefroid, et il fit entendre que c'était le locataire qui, demain, allait payer les dettes de son grand-père, car on lui devait les changements heureux survenus dans leur position depuis une semaine. La veuve écoutait ces propos d'un air dubitatif, en forçant Auguste à boire quelques verres de vin.

Vers dix heures, on entendit le roulement d'un cabriolet qui arrêta devant la maison, et la veuve s'écria :

— Oh! c'est monsieur Godefroid.

Aussitôt Auguste prit la clef de l'appartement et monta pour rencontrer le protecteur de sa famille; mais il trouva la figure de Godefroid tellement changée, qu'il hésitait à lui parler, lorsque le danger de son grand-père décida ce généreux enfant. Voici ce qui s'était passé rue Chanoinesse et la cause de la sévérité répandue sur la figure de Godefroid.

Arrivé à temps, le néophyte avait trouvé madame de La Chanterie et ses fidèles au salon, et il y avait pris à part monsieur Nicolas pour lui remettre les quatre volumes de l'*Esprit des lois modernes*. Monsieur Nicolas porta sur-le-champ ce volume manuscrit dans sa chambre et descendit pour dîner; puis, après avoir causé pendant la première partie de la soirée, il remonta dans l'intention de commencer la lecture de cet ouvrage.

Godefroid fut très-étonné lorsque, quelques instants après la disparition de monsieur Nicolas il fut prié par Manon, de la part de l'ancien président, de venir lui parler. Il monta chez monsieur Nicolas, conduit par Manon, et il ne put faire aucune attention à l'intérieur de ce logement, tant il fut saisi par la figure bouleversée de cet homme si placide et si ferme.

— Saviez-vous, demanda monsieur Nicolas redevenu président, saviez-vous le nom de l'auteur de cet ouvrage?

— Monsieur Bernard, répondit Godefroid, je ne le connais que sous ce nom. Je n'ai pas ouvert le paquet...

— Ah! c'est vrai, se dit monsieur Nicolas, je l'ai décacheté moi-même. Vous n'avez pas cherché, reprit-il, à connaître ses antécédents?

— Non. Je sais qu'il a épousé par amour la fille du général Tarlowski; que sa fille se nomme comme la mère, Vanda, le petit-fils Auguste, et le portrait que j'ai vu de monsieur Bernard est, je crois, celui d'un président de cour royale en robe rouge.

— Tenez, lisez! dit monsieur Nicolas qui montra le titre de l'ouvrage écrit en caractères dus à la calligraphie d'Auguste, et disposés ainsi :

# ESPRIT
# DES LOIS MODERNES

#### PAR M. BERNARD-JEAN-BAPTISTE-MACLOD,
#### BARON BOURLAC,
##### ancien procureur général près la cour royale de Rouen, grand officier de la Légion d'honneur.

— Ah! le bourreau de madame, de sa fille, du chevalier du Vissard! dit d'une voix faible Godefroid. Et ses jambes s'affaiblissant, le néophyte se laissa aller sur un fauteuil. — Joli début! dit-il en murmurant.

— Ceci, mon cher Godefroid, reprit monsieur Nicolas, est une affaire qui nous regarde tous : vous en avez fait votre part, à nous le reste! Je vous en prie, ne vous mêlez plus de rien, allez chercher ce que vous pouvez avoir laissé là-bas! Pas un mot! Enfin, une discrétion absolue! Et dites au baron Bourlac de s'adresser à moi. D'ici là, nous aurons décidé comment il nous convient d'agir en cette circonstance.

Godefroy descendit, sortit, prit un cabriolet et arriva rapidement au boulevard du Mont-Parnasse, plein d'horreur au souvenir du réquisitoire du parquet de Caen, du drame sanglant terminé sur l'échafaud, et du séjour de madame de La Chanterie à Bicêtre. Il comprit l'abandon dans lequel cet ancien procureur général, assimilé presque à Fouquier-Tinville, achevait ses jours, et les raisons de son incognito si soigneusement gardé.

— Puisse monsieur Nicolas venger terriblement cette pauvre adame de La Chanterie! Il achevait en lui-même ce vœu peu catholique, lorsqu'il aperçut Auguste.

— Que me voulez-vous? demanda Godefroid.

— Mon bon monsieur, il vient de nous arriver un malheur qui me rend fou! Des scélérats sont venus saisir tout chez ma mère, et l'on cherche mon grand-père pour le mettre en prison. Mais ce n'est pas à cause de ces malheurs que je vous implore, dit ce garçon, avec une fierté romaine, c'est pour vous prier de me rendre un service que l'on rend à des condamnés à mort...

— Parlez, dit Godefroid.

— On est venu pour s'emparer des manuscrits de mon grand-père ; et, comme je crois qu'il vous a remis l'ouvrage, je viens vous prier de prendre les notes, car la portière ne me laissera rien emporter d'ici... Joignez-les aux volumes, et...

— Bien, bien, répondit Godefroid, allez vite les chercher.

Pendant que le jeune homme entrait chez lui pour en revenir aussitôt, Godefroid pensa que cet enfant n'était coupable d'aucun crime, et qu'il ne fallait pas le désespérer en lui parlant de son grand-père, de l'abandon qui punissait cette triste vieillesse des fureurs de la vie politique, et il prit le paquet avec une sorte de bonne grâce.

— Quel est le nom de votre mère ? demanda-t-il.

— Ma mère, monsieur, est la baronne de Mergi ; mon père est le fils du premier président de la cour royale de Rouen.

— Ah ! dit Godefroid, votre grand-père a marié sa fille au fils du fameux président Mergi.

— Oui, monsieur.

— Mon petit ami, laissez-moi, dit Godefroid. Il conduisit le jeune baron de Mergi jusque sur le palier, et appela la Vauthier.

— Mère Vauthier, lui dit-il, vous pouvez disposer de mon logement, je ne reviendrai jamais ici.

Et il descendit pour remonter en voiture.

— Avez-vous remis quelque chose à ce monsieur-là ? demanda la Vauthier à Auguste.

— Oui, dit le jeune homme.

— Vous êtes propre ! c'est un agent de vos ennemis ! Il a tout conduit, c'est sûr. A preuve que le tour est fait, c'est qu'il ne reviendra jamais ici... Il m'a dit que je pouvais mettre son logement à louer. Auguste se précipita sur le boulevard, courut après le cabriolet, et finit par le faire arrêter tant il criait.

— Que me voulez-vous ? demanda Godefroid.

— Les manuscrits de mon grand-père ?...

— Dites-lui de les réclamer à monsieur Nicolas.

Le jeune homme prit ce mot pour l'atroce plaisanterie d'un voleur qui a bu toute honte, et il s'assit dans la neige en voyant le cabriolet reprendre sa course au grand trot. Il se releva dans un accès de sauvage énergie, revint se coucher, harassé de ses courses rapides, et le cœur brisé. Le lendemain matin, Auguste de Mergi s'éveilla seul dans ce logement, habité la veille par sa mère et par son grand-père, et il fut en proie aux émotions pénibles de sa situation, dans laquelle il se retrouva pleinement. La solitude profonde d'un appartement si rempli naguère, où chaque moment apportait un devoir, une occupation, lui fit tant de mal à voir, qu'il descendit demander à la mère Vauthier si son grand-père était venu pendant la nuit ou de grand matin; car il s'était éveillé fort tard, et il supposait que, dans le cas où le baron Bourlac serait retourné, la portière l'aurait instruit des poursuites. La portière répondit en ricanant qu'il savait bien où devait se trouver son grand-père; et que s'il n'était pas rentré ce matin, c'est qu'il habitait le château de Clichy. Cette raillerie chez une femme qui, la veille, l'avait si bien cajolé, rendit à ce pauvre jeune homme toute sa frénésie, et il courut à la maison de santé de la rue Basse-Saint-Pierre, en proie au désespoir de supposer son grand-père en prison.

Le baron Bourlac avait rôdé pendant toute la nuit autour de la maison de santé dont l'entrée lui avait été interdite, et autour de la maison du docteur Halpersohn, à qui naturellement il voulait demander compte d'une pareille conduite. Le docteur n'était rentré chez lui qu'à deux heures du matin. Le vieillard, venu à une heure et demie à la porte du docteur, était retourné se promener dans la grande allée des Champs-Élysées; lorsqu'il revint, à deux heures et demie, le portier lui dit que monsieur Halpersohn était rentré, couché, qu'il dormait et qu'il ne pouvait pas le réveiller.

En se trouvant à deux heures et demie du matin dans ce quartier, le pauvre père, au désespoir, erra sur le quai, sous les arbres chargés de givre des contre-allées du Cours-la-Reine, et attendit le jour. A neuf heures du matin, il se présenta chez le médecin, et lui demanda pourquoi il tenait ainsi sa fille en charte privée.

— Monsieur, lui répondit le docteur, hier, je vous ai répondu de la santé de votre fille; mais en ce moment je vous réponds de sa vie, et vous comprenez que je dois être souverain dans un pareil cas. Apprenez que votre fille a pris hier un remède qui doit lui donner *la plique*, et que, tant que cette horrible maladie ne sera pas sortie, elle ne sera pas visible. Je ne veux pas qu'une émotion vive, une erreur de régime, m'enlèvent ma malade et vous enlèvent à vous votre fille; si vous la voulez voir absolument, je demanderai une consultation de trois médecins, afin de mettre à couvert ma responsabilité, car la malade pourrait mourir.

Le vieillard, accablé de fatigue, tomba sur une chaise et se releva promptement en disant : — Pardonnez-moi, monsieur. J'ai passé la nuit à vous attendre dans des angoisses affreuses ; car vous ne savez pas à quel point j'aime ma fille, que je garde depuis quinze ans entre la vie et la mort, et c'est un supplice que ces huit jours d'attente !

Le baron sortit du cabinet d'Halpersohn en chancelant comme un homme ivre. Environ une heure après la sortie de ce vieillard, que le médecin juif avait conduit en le soutenant par le bras jusqu'à la rampe de son escalier, il vit entrer Auguste de Mergi. En questionnant la portière de la maison de santé, ce pauvre jeune homme venait d'apprendre que le père de la dame amenée la veille était revenu dans la soirée, qu'il l'y avait demandée, et avait parlé d'aller ce matin chez le docteur Halpersohn, et que là sans doute on lui donnerait de ses nouvelles. Au moment où Auguste de Mergi se présenta dans le cabinet d'Halpersohn, le docteur déjeunait d'une tasse de chocolat, accompagnée d'un verre d'eau, le tout servi sur un petit guéridon ; il ne se dérangea pas pour le jeune homme, et continua de tremper sa mouillette dans le chocolat ; car il ne mangeait pas autre chose qu'une flûte coupée en quatre avec une précision qui prouvait une certaine habileté d'opérateur. Halpersohn avait, en effet, pratiqué la chirurgie dans ses voyages.

— Hé bien ! jeune homme, dit-il, en voyant entrer le fils de Vanda, vous venez aussi me demander compte de votre mère...

— Oui, monsieur, répondit Auguste de Mergi.

Auguste s'était avancé jusqu'à la table où brillèrent tout d'abord à ses yeux plusieurs billets de banque parmi quelques piles de pièces d'or. Dans les circonstances où se trouvait ce malheureux enfant, la tentation fut plus forte que ses principes, quelque solides qu'ils pussent être. Il vit le moyen de sauver son grand-père et les fruits de vingt années de travail menacés par d'avides spéculateurs. Il succomba. Cette fascination fut rapide comme la pensée et justifiée par une idée de dévouement qui sourit à cet enfant. Il se dit : « Je me perds, mais je sauve ma mère et mon grand-père !... »

Dans cette étreinte de sa raison aux prises avec le crime, il acquit, comme les fous, une singulière et passagère habileté ; car au lieu de donner des nouvelles de son grand-père, il abonda dans le sens du médecin. Halpersohn, comme tous les grands observateurs, avait deviné rétrospectivement la vie du vieillard, de cet enfant et de la mère. Il pressentit ou entrevit la vérité, que les discours de la baronne de Mergi lui dévoilèrent, et il en résultait chez lui comme une sorte de bienveillance pour ses nouveaux clients ; car, du respect ou de l'admiration, il en était incapable.

— Hé bien ! mon cher garçon, répondit-il familièrement au jeune baron, je vous garde votre mère, et je vous la rendrai jeune, belle et bien portante. C'est une de ces malades rares auxquelles les médecins s'intéressent ; d'ailleurs, c'est, par sa mère, une compatriote à moi. Vous et votre grand-père, ayez le courage de rester deux semaines sans voir madame...

— La baronne Mergi...

— Si elle est baronne, vous êtes baron ? demanda Halpersohn.

En ce moment le vol était accompli. Pendant que le médecin regardait sa mouillette alourdie par le chocolat, Auguste avait saisi quatre billets pliés et les avait mis dans la poche de son pantalon, en ayant l'air d'y fourrer la main par contenance.

— Oui, monsieur, je suis baron. Mon grand-père est baron aussi ; il était procureur général sous la Restauration.

— Vous rougissez, jeune homme, il ne faut pas rougir d'être pauvre et baron, c'est fort commun.

— Qui vous a dit, monsieur, que nous sommes pauvres ?

— Mais votre grand-père m'a dit avoir passé la nuit dans les Champs-Elysées ; et, quoique je ne connaisse pas de palais où il se trouve d'aussi belle voûte que celle qui brillait à deux heures du matin, je vous assure qu'il faisait froid dans le palais où se promenait votre grand-père. On ne choisit pas par goût l'hôtel de la Belle-Étoile...

— Mon grand père sort d'ici ? reprit Auguste, qui saisit cette occasion de faire retraite ; je vous remercie, monsieur, et je viendrai, si vous le permettez, savoir des nouvelles de ma mère.

Aussitôt sorti, le jeune baron alla chez l'huissier en prenant un cabriolet pour s'y rendre plus promptement, et il paya la dette de son grand-père. L'huissier remit les pièces et le mémoire des frais acquittés, puis il dit au jeune homme de prendre un de ses clercs avec lui pour qu'il relevât le gardien judiciaire de ses fonctions.

— D'autant plus que messieurs Barbet et Metivier demeurent dans votre quartier, ajouta-t-il ; mon jeune homme ira leur porter les fonds, et leur dire de vous rendre l'acte de réméré...

Auguste, qui ne comprenait rien à ces termes et à ces formalités, se laissa faire. Il reçut sept cents francs en argent qui lui revenaient sur les quatre mille francs, et sortit accompagné d'un clerc. Il monta dans le cabriolet dans un état de stupeur indicible; car, le résultat obtenu, les remords commencèrent, et il se vit déshonoré, maudit par son grand-père, dont l'inflexibilité lui était connue, et il pensa que sa mère mourrait de douleur de le savoir coupable. La nature entière changeait pour lui d'aspect. Il avait chaud, il ne voyait plus la neige, les maisons lui semblaient être des spectres. Arrivé chez lui, le jeune baron prit son parti, qui certes était celui d'un honnête jeune homme. Il alla dans la chambre de sa mère y prendre la tabatière garnie de diamants que l'empereur avait donnée à son grand-père, pour l'envoyer avec les sept cents francs au docteur Halpersohn, en y joignant la lettre suivante qui nécessita plusieurs brouillons.

« Monsieur,

» Les fruits d'un travail de vingt années, fait par mon grand-
» père, allaient être dévorés par des usuriers, qui menacent sa
» liberté. Trois mille trois cents francs le sauvaient, et en voyant
» tant d'or sur votre table, je n'ai pu résister au bonheur de ren-
» dre mon aïeul libre, en lui rendant aussi le salaire de ses veilles.
» Je vous ai emprunté sans votre consentement, quatre mille francs;
» mais comme trois mille trois cents francs seulement sont néces-
» saires, je vous envoie les sept cents francs restant, et j'y joins
» une tabatière enrichie de diamants, donnée par l'empereur à
» mon grand-père, et dont la valeur peut vous répondre de la
» somme.
» Dans le cas où vous ne croiriez pas à l'honneur de celui qui
» verra toute sa vie en vous un bienfaiteur, si vous daignez garder
» le silence sur une action injustifiable en toute autre circonstance,
» vous sauverez mon grand-père comme vous sauverez ma mère,
» et je serai toute la vie votre esclave dévoué.
» Auguste de Mergi. »

Vers deux heures et demie, Auguste, qui était allé jusqu'aux Champs-Élysées, fit remettre par un commissionnaire, à la porte du docteur Halpersohn, une boîte cachetée où se trouvaient dix louis, un billet de cinq cents francs et la tabatière; puis il revint lentement à pied chez lui, par le pont d'Iéna, les Invalides et les boulevards, comptant sur la générosité du docteur Halpersohn. Le médecin, qui s'était aperçu du vol, avait aussitôt changé d'opinion sur ses clients. Il pensa que le vieillard était venu pour le voler, et que, n'ayant pas réussi, il avait envoyé ce petit garçon. Il se mit en doute les qualités qu'ils se donnaient, et il alla droit ua parquet du procureur du roi, rendre sa plainte, en ordonnant qu'on fît aussitôt des poursuites.

La prudence avec laquelle procède la justice permet rarement d'aller aussi vite que les parties plaignantes le veulent; mais vers trois heures, un commissaire de police, accompagné d'agents qui se tenaient en flâneurs sur les boulevards, faisait des questions à la mère Vauthier sur ses locataires, et la veuve augmentait, sans le savoir, les soupçons du commissaire de police.

Népomucène, qui flaira des agents de police, crut qu'on allait arrêter le vieillard; et, comme il aimait monsieur Auguste, il courut au-devant de monsieur Bernard; et l'apercevant dans l'avenue de l'Observatoire :

— Sauvez-vous, monsieur! cria-t-il, on vient vous arrêter. Les huissiers sont venus hier chez vous; ils ont tout saisi. La mère Vauthier, qui vous a caché des papiers timbrés, disait que vous coucheriez à Clichy ce soir ou demain. Tenez, voyez-vous ces argousins?

Un regard suffit à l'ancien procureur général pour reconnaître des recors dans les agents de police, et il devina tout.

— Et monsieur Godefroid?

— Parti pour ne plus revenir. La mère Vauthier dit que c'était une mouche à vos ennemis...

Aussitôt le baron Bourlac prit le parti d'aller chez Barbet, et il y fut en un quart d'heure, l'ancien libraire demeurait dans la rue Sainte-Catherine-d'Enfer.

— Ah! vous venez chercher votre acte de réméré? dit l'ancien libraire en répondant au salut de sa victime; le voici.

Et, au grand étonnement du baron Bourlac, il lui tendit l'acte que l'ancien procureur général prit, en disant :

— Je ne comprends pas...

— Ce n'est donc pas vous qui m'avez payé? répliqua le libraire.

— Vous êtes payé!

— Mon petit-fils a porté les fonds chez l'huissier ce matin.

— Est-il vrai que vous m'ayez fait saisir hier?...
— Vous n'étiez donc pas rentré chez vous depuis deux jours? demanda Barbet; mais un procureur général sait bien ce que c'est que la dénonciation de la contrainte par corps...

En entendant cette phrase, le baron salua froidement Barbet, et revint vers sa maison en pensant que le garde du commerce était là sans doute pour les auteurs cachés au deuxième étage. Il allait lentement, perdu dans de vagues appréhensions; car à mesure qu'il marchait, les paroles de Népomucène lui apparaissaient de plus en plus obscures, inexplicables. Godefroid pouvait-il bien l'avoir trahi! Il prit machinalement par la rue Notre-Dame des Champs et rentra par la petite porte, qu'il trouva par hasard ouverte, et heurta Népomucène.

— Ah! monsieur, arrivez donc! On emmène monsieur Auguste en prison! Il a été pris sur le boulevard; c'est lui qu'on cherchait; il a été interrogé...

Le vieillard bondit comme un tigre, passa l'allée sur le boulevard en traversant la maison, et le jardin comme une flèche, et il put arriver assez à temps pour voir son petit-fils montant en fiacre entre trois hommes.

— Auguste, dit-il, qu'est-ce que cela veut dire?

Le jeune homme fondit en larmes et s'évanouit.

— Monsieur, je suis le baron Bourlac, ancien procureur général, dit-il au commissaire de police dont l'écharpe frappa son regard; de grâce, expliquez-moi ceci...

— Monsieur, si vous êtes le baron Bourlac, vous comprendrez tout en deux mots : je viens d'interroger ce jeune homme, et il a malheureusement avoué...

— Quoi?...

— Un vol de quatre mille francs fait chez le docteur Halpersohn.

— Est-il possible! Auguste?

— Grand-papa, je lui ai envoyé en nantissement votre tabatière de diamants, je voulais vous sauver de l'infamie d'aller en prison.

— Ah! malheureux, qu'as-tu fait! s'écria le baron. Les diamants sont faux, car j'ai vendu les vrais depuis trois ans.

Le commissaire de police et son greffier se regardèrent d'une singulière façon. Ce regard, plein de choses, surpris par le baron Bourlac, le foudroya.

— Monsieur le commissaire, reprit l'ancien procureur général, soyez tranquille, je vais aller voir monsieur le procureur du roi; mais vous pouvez attester l'erreur dans laquelle j'ai maintenu mon petit-fils et ma fille. Vous devez faire votre devoir; mais, au nom de l'humanité, mettez mon petit-fils à la pistole... Je passerai à la prison... Où le menez-vous?

— Êtes-vous le baron de Bourlac? dit le commissaire de police.

— Oh! monsieur.

— C'est que monsieur le procureur du roi, le juge d'instruction et moi, nous doutions que des gens comme vous et votre petit-fils pussent être coupables, et comme le docteur, nous avons cru que des fripons avaient pris vos noms.

Il prit le baron Bourlac à part et lui dit :

— Vous êtes allé ce matin chez le docteur Halpersohn?...

— Oui, monsieur.

— Votre petit-fils s'y est présenté une demi-heure après vous?

— Je n'en sais rien, monsieur, car je rentre, et je n'ai pas vu mon petit-fils depuis hier.

— Les exploits qu'il nous a montrés et le dossier m'ont tout expliqué, reprit le commissaire de police, je connais la cause du crime. Monsieur, je devrais vous arrêter comme complice de votre petit-fils, car vos réponses confirment les faits allégués dans la plainte; mais les actes qui vous ont été signifiés et que je vous rends, dit-il en tendant un volume de papier timbré qu'il tenait à la main, prouvent que vous êtes bien le baron Bourlac. Néanmoins, soyez prêt à comparaître devant M. Marest, juge d'instruction commis à cette affaire. Je crois devoir me relâcher des rigueurs ordinaires devant votre ancienne qualité. Quant à votre petit-fils, je vais parler à monsieur le procureur du roi en rentrant, et nous aurons tous les égards possibles pour le petit-fils d'un ancien premier président, victime d'une erreur de jeunesse. Mais il y a plainte : le délinquant avoue, j'ai dressé procès-verbal, il y a mandat de dépôt; je ne puis rien. Quant à l'incarcération, nous mettrons votre petit-fils à la Conciergerie.

— Merci! monsieur, dit le malheureux Bourlac.

Il tomba roide dans la neige, et roula dans une des cuvettes qui séparaient alors les arbres du boulevard.

Le commissaire de police appela du secours, et Népomucène accourut avec la mère Vauthier. On porta le vieillard chez lui, et la Vauthier pria le commissaire de police, en passant par la rue d'Enfer, d'envoyer au plus vite le docteur Berton.

— Qu'a donc mon grand-père? demanda le pauvre Auguste.

— Il est fou! monsieur!... Voilà ce que c'est que de voler!...

Auguste fit un mouvement pour se briser la tête; mais les deux agents le continrent.

— Allons, jeune homme, du calme! dit le commissaire, du calme. Vous avez des torts, mais ils ne sont pas irréparables!...

— Mais, monsieur, dites donc à cette femme que vraisemblablement mon grand-père est à jeun depuis vingt-quatre heures!...

— Oh! les pauvres gens! s'écria tout bas le commissaire.

Il fit arrêter le fiacre qui marchait, dit un mot à l'oreille de son secrétaire, qui courut parler à la Vauthier et qui revint aussitôt.

Monsieur Berton jugea que la maladie de monsieur Bernard, car il le connaissait sous ce seul nom, était une fièvre chaude d'une grande intensité; mais comme la veuve Vauthier lui raconta les événements qui motivaient cet état, à la façon dont racontent les portières, il jugea nécessaire d'informer le lendemain matin, à Saint-Jacques du Haut-Pas, monsieur Alain de cette aventure, et monsieur Alain fit parvenir par un commissionnaire un mot qu'il écrivit au crayon à monsieur Nicolas, rue Chanoinesse.

Godefroid, en arrivant, avait remis la veille au soir les notes de l'ouvrage à monsieur Nicolas, qui passa la plus grande partie de la nuit à lire le premier volume de l'ouvrage du baron Bourlac.

Le lendemain matin, madame de La Chanterie dit au néophyte qu'il allait, si sa résolution tenait toujours, se mettre immédiatement à l'ouvrage. Godefroid, initié par elle aux secrets financiers de la société, travailla sept ou huit heures par jour, pendant plusieurs mois, sous l'inspection de Frédéric Mongenod, qui venait tous les dimanches examiner la besogne, et il reçut de lui des éloges sur ses travaux,

— Vous êtes, lui dit-il, quand tous les comptes furent à jour et clairement établis, une acquisition précieuse pour les saints au milieu de qui vous vivez. Maintenant, deux ou trois heures par jour vous suffiront à maintenir cette comptabilité au courant, et vous pourrez, le surplus du temps, les aider, si vous avez encore la vocation que vous manifestiez il y a six mois...

On était alors au mois de juillet 1838. Pendant tout le temps qui s'était écoulé depuis l'aventure du boulevard Mont-Parnasse,

Godefroid, jaloux de se montrer digne de ses amis, n'avait pas fait une seule question relative au baron Bourlac; car, n'en entendant pas dire un mot, ne trouvant rien dans les écritures qui concernât cette affaire, il regarda le silence gardé sur la famille des deux bourreaux de madame La Chanterie ou comme une épreuve à laquelle on le soumettait, ou comme une preuve que les amis de cette sublime femme l'avaient vengée.

En effet, il était allé, deux mois après, en se promenant, jusqu'au boulevard Mont-Parnasse; il avait su rencontrer la veuve Vauthier, et il lui avait demandé des nouvelles de la famille Bernard.

— Est-ce qu'on sait, mon cher monsieur Godefroid, où ces gens-là sont passés!... Deux jours après votre expédition, car c'est vous, finaud, qui avez soufflé l'affaire à mon propriétaire, il est venu du monde qui nous a débarrassé de ce vieux fiérot-là. Bah! l'on a tout déménagé en vingt-quatre heures, et, ni vu, ni connu! Personne ne m'a voulu dire un mot. Je crois qu'il est parti pour Alger avec son brigand de petit-fils; car Népomucène, qui avait un faible pour ce voleur, et qui ne vaut pas mieux que lui, ne l'a pas trouvé à la Conciergerie, et lui seul sait où ils sont, le gredin m'ayant plantée là... Élevez donc des enfants trouvés! Voilà comme ils vous récompensent, ils vous mettent dans l'embarras. Je n'ai pas encore pu le remplacer; et, comme le quartier gagne beaucoup, la maison est toute louée, je suis écrasée de travail.

Jamais Godefroid n'aurait rien su de plus sur le baron Bourlac, sans le dénoûment qui se fit de cette aventure, par suite d'une de ces rencontres comme il s'en fait à Paris.

Au mois de septembre, Godefroid descendait la grande avenue des Champs-Élysées, et il pensait au docteur Halpersohn, en passant devant la rue Marbœuf.

— Je devrais, se dit-il, aller le voir pour savoir s'il a guéri la fille de Bourlac!... Quelle voix! quel talent elle avait!... Elle voulait se consacrer à Dieu!

Parvenu au rond-point, Godefroid le traversa promptement à cause des voitures qui descendaient avec rapidité, et il heurta dans l'allée un jeune homme qui donnait le bras à une jeune dame.

— Prenez donc garde! s'écria le jeune homme, êtes-vous donc aveugle?

— Hé! c'est vous! répondit Godefroid en reconnaissant Auguste de Mergi dans ce jeune homme.

Auguste était si bien mis, si joli, si coquet, si fier de donner le bras à cette femme, que, sans les souvenirs auxquels il s'abandonnait, il ne l'aurait pas reconnu.

— Hé! c'est ce cher monsieur Godefroid, dit la dame.

En entendant les notes célestes de l'organe enchanteur de Vande qui marchait, Godefroid resta cloué par les pieds à la place où il était.

— Guérie!... dit-il.

— Depuis dix jours, il m'a permis de marcher!... répondit-elle.

— Halpersohn?...

— Oui! dit-elle. Hé, comment n'êtes-vous pas venu nous voir? reprit-elle... Oh! vous avez bien fait! Mes cheveux n'ont été coupés qu'il y a huit jours! ceux que vous me voyez, sont une perruque; mais le docteur m'a juré qu'ils repousseraient!... Mais combien n'avons-nous pas de choses à nous dire!... Venez donc dîner avec nous!... Oh! votre accordéon!... oh! monsieur...

Et elle porta son mouchoir à ses yeux.

— Je le garderai toute ma vie! mon fils le conservera comme une relique! Mon père vous a cherché dans tout Paris; il est, d'ailleurs, à la recherche de ses bienfaiteurs inconnus; il mourra de chagrin si vous ne l'aidez pas à les retrouver... Il est rongé par une mélancolie noire dont je ne triomphe pas tous les jours.

Autant séduit par la voix de cette délicieuse femme rappelée de la tombe que par la voix d'une fascinante curiosité, Godefroid prit le bras que lui tendit la baronne de Mergi, qui laissa son fils aller en avant, chargé par elle d'une commission par un signe de tête, que le jeune homme avait compris.

— Je ne vous emmène pas bien loin, nous demeurons allée d'Antin, dans une jolie maison bâtie à l'anglaise; nous l'occupons tout entière; chacun de nous a tout un étage. Oh! nous sommes très-bien. Mon père croit que vous êtes pour beaucoup dans les félicités qui nous accablent!...

— Moi!...

— Ne savez-vous pas que l'on a créé pour lui, sur un rapport du ministre de l'Instruction publique, une chaire de législation comparée à la Sorbonne? Mon père commencera son premiers cours au mois de novembre prochain. Le grand ouvrage auquel il travaillait paraîtra dans un mois, car la maison Cavalier le publie en partageant les bénéfices avec mon père. et elle lui a remis trente mille francs à-compte sur sa part; aussi mon père achète-t-il la maison où nous sommes. Le ministère de la justice me fait une pension de douze cents francs, à titre de secours annuels à la fille d'un ancien magistrat; mon père a sa pension de mille écus; il a cinq mille francs comme professeur. Nous sommes si économes, que nous serons presque riches. Mon Auguste va commencer son droit dans deux mois; mais il est employé au parquet du procureur général, et gagne douze cents francs... Ah! monsieur Godefroid, ne parlez pas de la malheureuse affaire de mon Auguste. Moi, je le bénis tous les matins pour cette action, que son grand-père ne lui pardonne pas encore! sa mère le bénit, Halpersohn l'adore, et l'ancien procureur général est implacable.

— Quelle affaire? dit Godefroid.

— Ah! je reconnais bien là votre générosité! s'écria Vanda. Quel noble cœur vous avez!... Votre mère doit être fière de vous.

Elle s'arrêta comme si elle avait ressenti des douleurs dans le cœur.

— Je vous jure que je ne sais rien de l'affaire dont vous me parlez, dit Godefroid.

— Ah! vous ne la connaissez pas!

Et elle raconta naïvement, en admirant son fils, l'emprunt fait par Auguste au docteur.

— Si nous ne pouvons rien dire de cela devant monsieur le baron Bourlac, fit observer Godefroid, racontez-moi comment votre fils s'en est tiré...

— Mais, répondit Vanda, je vous ai dit, je crois, qu'il est employé chez le procureur général, qui lui témoigne la plus grande bienveillance. Il n'est pas resté plus de quarante-huit heures à la Conciergerie, où il avait été mis chez le directeur. Le bon docteur, qui n'a trouvé la belle, la sublime lettre d'Auguste que le soir, a retiré sa plainte; et, par l'intervention d'un ancien président de la cour royale que mon père n'a jamais vu, le procureur général a fait anéantir le procès-verbal du commissaire de police et le mandat de dépôt. Enfin il n'existe aucune trace de cette affaire que dans mon cœur, dans la conscience de mon fils et dans la tête de son grand-père, qui, depuis ce jour, dit *vous* à Auguste et le traite comme un étranger. Hier encore, Halpersohn demandait grâce pour lui; mais mon père, qui me refuse, moi qu'il aime tant, a répondu : — Vous êtes le volé; vous pouvez, vous devez pardonner; mais moi, je suis responsable du voleur... et quand j'étais procureur général, je ne pardonnais jamais !... — Vous tuerez votre fille! a dit Halpershon que j'écoutais. Mon père a gardé le silence.

— Mais qui donc vous a secourus ?
— Un monsieur que nous croyons chargé de répandre les bienfaits de la reine.
— Comment est-il? demanda Godefroid.
— C'est un homme solennel et sec, triste dans le genre de mon père... C'est lui qui fit transporter mon père dans la maison où nous sommes, lorsqu'il fut atteint de sa fièvre chaude. Figurez-vous que, dès que mon père fut rétabli, l'on m'a retirée de la maison de santé et installée là, où je me suis retrouvée dans ma chambre, comme si je ne l'avais pas quittée. Halpersohn, que ce grand monsieur a séduit, je ne sais comment, m'a donc alors appris toutes les souffrances endurées par mon père! Et les diamants vendus de sa tabatière! mon fils et mon père la plupart du temps sans pain, et faisant les riches en ma présence... Oh! monsieur Godefroid!... Ces deux êtres-là sont des martyrs... Que puis-je dire à mon père?... Entre mon fils et lui, je ne peux que leur rendre la pareille en souffrant pour eux, comme eux.

— Et ce grand monsieur n'a-t-il pas un peu l'air militaire?...
— Ah! vous le connaissez! lui cria Vanda sur la porte de sa maison.

Elle saisit Godefroid par la main avec la vigueur d'une femme lorsqu'elle éprouve une attaque de nerfs, elle le traîna dans un salon dont la porte s'ouvrit et cria :

— Mon père! monsieur Godefroid connaît ton bienfaiteur.

Le baron Bourlac, que Godefroid aperçut vêtu comme devait l'être un ancien magistrat d'un rang si éminent, se leva, tendit la main à Godefroid, et dit : — Je m'en doutais!

Godefroid fit un geste de dénégation, quant aux effets de cette noble vengeance; mais le procureur général ne lui laissa pas le temps de parler.

— Ah! monsieur, dit-il en continuant, il n'y a que la Providence de plus puissante, que l'amour de plus ingénieux, que la maternité de plus clairvoyante que vos amis qui tiennent de ces trois grandes divinités... Je bénis le hasard à qui nous devons notre rencontre; car monsieur Joseph a disparu pour toujours, et comme il a su se soustraire à tous les piéges que j'ai tendus pour savoir son vrai nom, sa demeure, je serais mort de chagrin...... Tenez, lisez sa lettre. Mais vous le connaissez?

Godefroid lut ce qui suit :

« Monsieur le baron Bourlac, les sommes que, par ordre d'une
» dame charitable, nous avons dépensées pour vous, montent à
» quinze mille francs. Prenez-en note, pour les faire rendre, soit
» par vous-même, soit par vos descendants, lorsque la prospérité
» de votre famille le permettra; car c'est le bien des pauvres.
» Quand cette restitution sera possible, versez les sommes dont
» vous serez débiteur chez les frères Mongenod, banquiers. Que
» Dieu vous pardonne vos fautes! »

Cinq croix formaient la mystérieuse signature de cette lettre, que Godefroid rendit.

— Les cinq croix y sont... dit-il en se parlant à lui-même.

— Ah! monsieur, dit le vieillard, vous qui savez tout, qui avez été l'envoyé de cette dame mystérieuse... dites-moi son nom!

— Son nom! cria Godefroid, son nom! Mais malheureux ne le demandez jamais! ne cherchez jamais à le savoir! Ah! madame, dit Godefroid en prenant dans ses mains tremblantes la main de madame de Mergi, si vous tenez à la raison de votre père, faites qu'il reste dans son ignorance, qu'il ne se permette pas la moindre démarche!

Un étonnement profond glaça le père, la fille et Auguste.

— C'est? demanda Vanda.

— Eh bien, celle qui vous a sauvé votre fille, reprit Godefroid en regardant le vieillard, qui vous l'a rendue jeune, belle, fraîche, ranimée, qui l'a retirée du cercueil; celle qui vous a épargné l'infamie de votre petit-fils! celle qui vous a rendu la vieillesse heureuse, honorée, qui vous a sauvé tous trois...

Il s'arrêta.

— C'est une femme que vous avez envoyée innocente au bagne pour vingt ans! s'écria Godefroid en s'adressant au baron Bourlac; à qui vous avez prodigué, dans votre ministère, les plus cruelles injures, à la sainteté de laquelle vous avez insulté, et à qui vous avez arraché une fille délicieuse pour l'envoyer à la plus affreuse des morts, car elle a été guillotinée!...

Godefroid, voyant Vanda tombée sur un fauteuil, évanouie,

sauta dans le corridor; de là, dans l'allée d'Antin, et se mit à courir à toutes jambes.

— Si tu veux ton pardon, dit le baron Bourlac à son petit-fils, suis-moi cet homme et sache où il demeure!...

Auguste partit comme une flèche.

Le lendemain matin, le baron Bourlac frappait, à huit heures et demie, à la vieille porte jaune de l'hôtel de La Chanterie, rue Chanoinesse, et demanda madame La Chanterie au concierge, qui lui montra le perron. C'était heureusement à l'heure du déjeuner, et Godefroid reconnut le baron dans la cour, par un des croisillons qui donnaient du jour à l'escalier; il n'eut que le temps de descendre, de se jeter dans le salon, où tout le monde se trouvait, et de crier :

— Le baron de Bourlac!...

En entendant ce nom, madame de La Chanterie, soutenue par l'abbé de Véze, rentra dans sa chambre.

— Tu n'entreras pas, suppôt de Satan! s'écriait Manon qui reconnut le procureur général et qui se mit devant la porte du salon. Viens-tu pour tuer madame?

— Allons, Manon, laissez passer monsieur, dit monsieur Alain.

Manon s'assit sur une chaise comme si les deux jambes lui eussent manqué à la fois.

— Messieurs, dit le baron d'une voix excessivement émue en reconnaissant Godefroid et monsieur Joseph, et en saluant les deux autres, la bienfaisance donne des droits à l'obligé!

— Vous ne nous devez rien, monsieur, dit le bon Alain, vous devez tout à Dieu..,

— Vous êtes des saints et vous avez le calme des saints, dit l'ancien magistrat. Vous m'écouterez!... Je sais que les bienfaits surhumains qui m'accablent depuis dix-huit mois sont l'œuvre d'une personne que j'ai gravement offensée en faisant mon devoir; il a fallu quinze ans pour que je reconnusse son innocence, et c'est là, messieurs, le seul remords que je doive à l'exercice de mes fonctions. — Ecoutez! j'ai peu de vie à vivre, mais je vais perdre ce peu de vie, encore si nécessaire à mes enfants, sauvés par madame de La Chanterie, si je ne puis obtenir d'elle mon pardon. Messieurs, je resterai sur le parvis Notre-Dame, à genoux, jusqu'à ce qu'elle m'ait dit un mot... Je l'attendrai là... Je baiserai la trace de ses pas, je trouverai des larmes pour l'attendrir, moi que les tortures de mon enfant ont desséché comme une paille...

La porte de la chambre de madame de La Chanterie s'ouvrit, l'abbé de Vèse se glissa comme une ombre, et dit à monsieur Joseph : — Cette voix tue madame.

— Ah ! elle est là ! Elle passe par là ! dit le baron Bourlac.

Il tomba sur ses genoux, baisa le parquet, fondit en larmes, et d'une voix déchirante, il cria : — Au nom de Jésus, mort sur la croix, pardonnez ! pardonnez ! car ma fille a souffert mille morts !

Le vieillard s'affaissa si bien que les spectateurs émus le crurent mort. En ce moment, madame de La Chanterie apparut comme un spectre à la porte de sa chambre, sur laquelle elle s'appuyait défaillante.

— Par Louis XVI et Marie-Antoinette, que je vois sur leur échafaud, par madame Elisabeth, par ma fille, par la vôtre, par Jésus, je vous pardonne...

En entendant ce dernier mot, l'ancien procureur leva les yeux et dit : — Les anges se vengent ainsi.

Monsieur Joseph et monsieur Nicolas relevèrent le baron Bourlac et le conduisirent dans la cour ; Godefroid alla chercher une voiture, et quand on entendit le roulement, monsieur Nicolas dit en y mettant le vieillard :

— Ne revenez plus, monsieur, autrement vous tueriez aussi la mère, car la puissance de Dieu est infinie, mais la nature humaine a ses limites.

Ce jour-là Godefroid fut acquis à l'Ordre des Frères de la Consolation.

Août 1848.

FIN DE L'INITIÉ.

# SIXIÈME LIVRE

## SCÈNES DE LA VIE DE CAMPAGNE

# LES PAYSANS

### A M. P. S. B. GAVAULT.

J. J. *Rousseau mit en tête de la* Nouvelle Héloïse : J'ai vu les mœurs de mon temps et j'ai publié ces lettres. *Ne puis-je pas vous dire, à l'imitation de ce grand écrivain :* J'étudie la marche de mon époque et je publie cet ouvrage?

*Le but de cette étude, d'une effrayante vérité, tant que la société voudra faire de la philanthropie un principe, au lieu de la prendre pour un accident, est de mettre en relief les principales figures d'un peuple oublié par tant de plumes à la poursuite de sujets nouveaux. Cet oubli n'est peut-être que de la prudence, par un temps où le peuple hérite de tous les courtisans de la royauté. On a fait de la poésie avec les criminels, on s'est apitoyé sur les bourreaux, on a presque déifié le prolétaire ! Des sectes se sont émues et crient par toutes leurs plumes : Levez-vous, travailleurs, comme on a dit au tiers état : Lève-toi ! On voit bien qu'aucun de ces Erostrates n'a eu le courage d'aller au fond des campagnes étudier la conspiration permanente de ceux que nous appelons encore les faibles, contre ceux qui se croient les forts, du paysan contre le riche... Il s'agit ici d'éclairer, non pas le législateur d'aujourd'hui, mais celui de demain. Au milieu du vertige démocratique auquel s'adonnent tant d'écrivains aveugles, n'est-il pas urgent de peindre enfin ce paysan qui rend le Code inapplicable, en faisant arriver la propriété à quelque chose qui est et qui n'est pas ? Vous allez voir cet infatigable sapeur, ce rongeur qui morcelle et divise le sol, le partage, et coupe un arpent de terre en cent morceaux, convié toujours à ce festin par une petite bourgeoisie qui fait de lui, tout à la fois, son auxiliaire et sa proie. Cet élément insocial créé par la révolution absorbera quelque jour la bourgeoisie comme la bourgeoisie a dévoré la noblesse. S'élevant au-dessus de la loi par sa propre petitesse, ce Robespierre à une tête et à vingt millions de bras, travaille sans jamais s'arrêter, tapi dans toutes les communes, intronisé au conseil municipal, armé en garde national dans tous les cantons* de France, par l'an 1830, qui ne s'est pas souvenu que Napoléon a préféré les chances de son malheur à l'armement des masses.

Si j'ai, pendant huit ans, cent fois quitté, cent fois repris ce livre, le plus considérable de ceux que j'ai résolu d'écrire, c'est que tous mes amis, comme vous-même, ont compris que le courage pouvait chanceler devant tant de difficultés, tant de détails mêlés à ce drame doublement terrible et si cruellement ensanglanté ; mais, au nombre des raisons qui me rendent aujourd'hui presque téméraire, comptez le désir d'achever une œuvre destinée à vous donner un témoignage de ma vive et durable reconnaissance pour un dévouement qui fut une de mes plus grandes consolations dans l'infortune.

DE BALZAC.

# PREMIÈRE PARTIE

## QUI TERRE A, GUERRE A.

### I. — LE CHATEAU.

A MONSIEUR NATHAN.

Aux Aigues, le 6 août 1823.

» Toi qui procures de délicieux rêves au public avec tes fantaisies, mon cher Nathan, je vais te faire rêver avec du vrai. Tu me diras si jamais le siècle actuel pourra léguer de pareils songes aux Nathan et aux Blondet de l'an 1923 ! Tu mesureras la distance à laquelle nous sommes du temps où les Florine du dix-huitième siècle trouvaient, à leur réveil, un château comme les Aigues, dans un contrat.

» Mon très-cher, si tu reçois ma lettre dans la matinée, vois-tu, de ton lit, à cinquante lieues de Paris environ, au commencement de la Bourgogne, sur une grande route royale, deux petits pavillons en brique rouge, réunis ou séparés par une barrière peinte en vert ?... Ce fut là que la diligence déposa ton ami.

» De chaque côté du pavillon serpente une haie vive, d'où s'échappent des ronces semblables à des cheveux follets. Çà et là, une pousse d'arbres s'élève insolemment. Sur le talus du fossé,

de belles fleurs baignent leurs pieds dans une eau dormante et
verte. A droite et à gauche, cette haie rejoint deux lisières de
» bois, et la double prairie à laquelle elle sert d'enceinte, a sans
» doute été conquise par quelque défrichement.

» A ces pavillons déserts et poudreux commence une magnifique
» avenue d'ormes centenaires, dont les têtes en parasol se penchent
» les unes sur les autres et forment un long, un majestueux berceau. L'herbe croît dans l'avenue ; à peine y remarque-t-on les
» sillons tracés par les doubles roues des voitures. L'âge des ormes,
» la largeur des deux contre-allées, la tournure vénérable des pa-
» villons, la couleur brune des chaînes de pierre, tout indique les
» abords d'un château quasi royal.

» Avant d'arriver à cette barrière, du haut d'une de ces éminen-
» ces que, nous autres Français, nous nommons assez vaniteuse-
» ment une montagne, et au bas de laquelle se trouve le village de
» Conches, le dernier relais, j'avais aperçu la longue vallée des
» Aigues, au bout de laquelle la grande route tourne pour aller
» droit à la petite sous-préfecture de la Ville-aux-Fayes, où trône
» le neveu de notre ami des Lupeaulx. D'immenses forêts posées
» à l'horizon, sur une vaste colline côtoyée par une rivière, domi-
» nent cette riche vallée encadrée au loin par les monts d'une pe-
» tite Suisse, appelée le Morvan. Ces épaisses forêts appartiennent
» aux Aigues, au marquis de Ronquerolles et au comte de Sou-
» langes, dont les châteaux et les parcs, dont les villages vus de
» loin et de haut donnent de la vraisemblance aux fantastiques paysa-
» ges de Breughel-de-Velours.

» Si ces détails ne te remettent pas en mémoire tous les châteaux
» en Espagne que tu as désiré posséder en France, tu ne serais
» pas digne de cette narration d'un Parisien stupéfait. J'ai enfin
» joui d'une campagne où l'art se trouve mêlé à la nature, sans
» que l'un soit gâté par l'autre, où l'art semble naturel, où la na-
» ture est artiste. J'ai rencontré l'oasis que nous avons si souvent
» rêvée d'après quelques romans : une nature luxuriante et parée,
» des accidents sans confusion, quelque chose de sauvage et
» d'ébouriffé, de secret, de pas commun. Enjambe la barrière et
» marchons.

» Quand mon œil curieux a voulu embrasser l'avenue où le
» soleil ne pénètre qu'à son lever ou à son coucher, en la zébrant
» de ses rayons obliques, ma vue a été barrée par le contour que

» produit une élévation du terrain; mais, après ce détour, la longue
» avenue est coupée par un petit bois, et nous sommes dans un
» carrefour, au centre duquel se dresse un obélisque en pierre,
» absolument comme un éternel point d'admiration. Entre les as-
» sises de ce monument, terminé par une boule à piquants (quelle
» idée!), pendent quelques fleurs purpurines ou jaunes, selon la
» saison. Certes, les Aigues ont été bâtis par une femme, ou pour
» une femme; un homme n'a pas d'idées si coquettes; l'architecte
» a eu quelque mot d'ordre.

» Après avoir franchi ce bois posé comme en sentinelle, je suis
» arrivé dans un délicieux pli de terrain, au fond duquel bouil-
» lonne un ruisseau que j'ai passé sur une arche en pierres mous-
» sues, d'une superbe couleur, la plus jolie des mosaïques entre-
» prises par le temps. L'avenue remonte le cours d'eau par une
» pente douce. Au loin, se voit le premier tableau; un moulin et
» son barrage, sa chaussée et ses arbres, ses canards, son linge
» étendu, sa maison couverte en chaume, ses filets et sa boutique
» à poisson, sans compter un garçon meunier qui déjà m'exami-
» nait. En quelque endroit que vous soyez à la campagne, et quand
» vous vous y croyez seul, vous êtes le point de mire de deux yeux
» couverts d'un bonnet de coton; un ouvrier quitte sa houe, un
» vigneron relève son dos voûté, une petite gardeuse de chèvres,
» de vaches ou de moutons, grimpe dans un saule pour vous es-
» pionner.

» Bientôt l'avenue se transforme en une allée d'acacias qui
» mène à une grille du temps où la serrurerie faisait de ces fili-
» granes aériens qui ne ressemblent pas mal aux traits enroulés
» dans l'exemple d'un maître d'écriture. De chaque côté de la
» grille s'étend un saut de loup, dont la double crête est garnie des
» lances et des dards les plus menaçants, de véritables hérissons
» en fer. Cette grille est d'ailleurs encadrée par deux pavillons de
» concierge semblables à ceux du palais de Versailles, et couronnés
» par des vases de proportions colossales. L'or des arabesques a
» rougi, la rouille y a mêlé ses teintes; mais cette porte, dite de
» l'Avenue, et qui révèle la main du grand Dauphin, à qui les
» Aigues la doivent, ne m'en a paru que plus belle. Au bout de
» chaque saut de loup commencent des murailles non crépies, où
» les pierres, enchâssées dans un mortier de terre rougeâtre, mon-
» trent leurs teintes multipliées : le jaune ardent du silex, le blanc

» de la craie, le brun rouge de la meulière, et les formes les plus
» capricieuses. Au premier abord, le parc est sombre, ses murs
» sont cachés par des plantes grimpantes, par des arbres qui, de-
» puis cinquante ans, n'ont pas entendu la hache. On dirait d'une
» orêt redevenue vierge par un phénomène exclusivement réservé
» aux forêts. Les troncs sont enveloppés de lianes qui vont de l'un
» à l'autre. Des guis d'un vert luisant pendent à toutes les bifur-
» cations des branches où il a pu séjourner de l'humidité. J'ai
» retrouvé les lierres gigantesques, les arabesques sauvages qui ne
» fleurissent qu'à cinquante lieues de Paris, là, où le terrain ne
» coûte pas assez cher pour qu'on l'épargne. Le paysage, ainsi
» compris, veut beaucoup de terrain. Là, donc, rien de peigné,
» le râteau ne se sent pas, l'ornière est pleine d'eau, la grenouille
» y fait tranquillement ses têtards, les fines fleurs de forêt y pous-
» sent, et la bruyère y est aussi belle que celle que j'ai vue en
» janvier sur ta cheminée, dans le riche cachepot apporté par
» Florine. Ce mystère enivre, il inspire de vagues désirs. Les
» odeurs forestières, senteurs adorées par les âmes friandes de
» poésie, à qui plaisent les mousses les plus innocentes, les cryp-
» togames les plus vénéneux, les terres mouillées, les saules, les
» baumes, le serpolet, les eaux vertes d'une mare, l'étoile arrondie
» des nénuphars jaunes; toutes ces vigoureuses fécondations se
» livraient au flair de mes narines, en me livrant toutes une pen-
» sée, leur âme peut-être. Je pensais alors à une robe rose, on-
» doyant à travers cette allée tournante.

» L'allée finit brusquement par un dernier bouquet où tremblent
» les bouleaux, les peupliers et tous les arbres frémissants, famille
» intelligente, à tiges gracieuses, d'un port élégant, les arbres de
» l'amour libre ! De là j'ai vu, mon cher, un étang couvert de
» nymphéas, de plantes aux larges feuilles étalées ou aux petites
» feuilles menues, et sur lequel pourrit un bateau peint en blanc
» et noir, coquet comme la chaloupe d'un canotier de la Seine,
» léger comme une coquille de noix. Au delà s'élève un château
» signé 1560, en briques d'un beau rouge, avec des chaînes en
» pierre et des encadrements aux encoignures et aux croisées qui
» sont encore à petits carreaux (ô Versailles !). La pierre est taillée
» en pointes de diamant, mais en creux, comme au palais ducal
» de Venise dans la façade du pont des Soupirs. Ce château n'a de
» régulier que le corps du milieu, d'où descend un perron orgueil-

» leux à double escalier tournant, à balustres arrondis, fins à leur
» naissance et à mollets épatés. Ce corps de logis principal est
» accompagné de tourelles à clochetons où le plomb dessine ses
» fleurs, de pavillons modernes à galeries et à vases plus ou moins
» grecs. Là, mon cher, point de symétrie. Ces nids assemblés au
» hasard sont comme empaillés par quelques arbres verts dont le
» feuillage secoue sur les toits ses mille dards bruns, entretient
» les mousses et vivifie de bonnes lézardes où le regard s'amuse.
» Il y a le pin d'Italie à écorce rouge avec son majestueux para-
» sol ; il y a un cèdre âgé de deux cents ans, des saules pleureurs,
» un sapin du Nord, un hêtre qui le dépasse ; puis, en avant de la
» tourelle principale, les arbustes les plus singuliers : un if taillé
» qui rappelle quelque ancien jardin français détruit, des magno-
» lias et des hortensias à leurs pieds ; enfin, c'est les Invalides des
» héros de l'horticulture, tour à tour à la mode, et oubliés comme
» tous les héros.

» Une cheminée à sculptures originales et qui fumait à grands
» bouillons dans un angle, m'a certifié que ce délicieux spectacle
» n'était pas une décoration d'opéra. La cuisine y révélait des êtres
» vivants. Me vois-tu, moi Blondet, qui crois être en des régions
» polaires quand je suis à Saint-Cloud, au milieu de cet ardent
» paysage bourguignon? Le soleil verse sa plus piquante chaleur,
» le martin-pêcheur est au bord de l'étang, les cigales chantent,
» le grillon crie, les capsules de quelques graines craquent, les
» pavots laissent aller leur morphine en larmes liquoreuses, tout
» se découpe nettement sur le bleu foncé de l'éther. Au-dessus
» des terres rougeâtres de la terrasse s'échappent les joyeuses flam-
» beries de ce punch naturel qui grise les insectes et les fleurs, qui
» nous brûle les yeux et qui brunit nos visages. Le raisin se perle,
» son pampre montre un voile de fils blancs dont la délicatesse
» fait honte aux fabriques de dentelle. Enfin, le long de la maison
» brillent des pieds d'alouette bleus, des capucines aurore, des
» poids de senteur. Quelques tubéreuses éloignées, des orangers
» parfument l'air. Après la poétique exhalation des bois qui m'y
» avait préparé, venaient les irritantes pastilles de ce sérail botani-
» que. Au sommet du perron, comme la reine des fleurs, vois
» enfin une femme en blanc et en cheveux, sous une ombrelle
» doublée de soie blanche, mais plus blanche que la soie, plus
» blanche que les lis qui sont à ses pieds, plus blanche que les

» jasmins étoilés qui se fourrent effrontément dans les balustra-
» des, une Française née en Russie qui m'a dit : « — Je ne vous
» espérais plus! » Elle m'avait vu dès le tournant. Avec quelle
» perfection toutes les femmes, même les plus naïves, entendent la
» mise en scène? Le bruit des gens occupés à servir m'annonçait
» qu'on avait retardé le déjeuner jusqu'à l'arrivée de la diligence
» Elle n'avait pas osé venir au-devant de moi.

» N'est-ce pas là notre rêve, n'est-ce pas là celui de tous les
» amants du beau sous toutes ses formes, du beau séraphique que
» Luini a mis dans le mariage de la Vierge, sa belle fresque de
» Sarono, du beau que Rubens a trouvé pour sa mêlée de la bataille
» du Thermodon, du beau que cinq siècles élaborent aux cathé-
» drales de Séville et de Milan, du beau des Sarrasins à Grenade,
» du beau de Louis XIV à Versailles, du beau des Alpes et du
» beau de la Limagne?

» De cette propriété qui n'a rien de trop princier ni rien de tro
» financier, mais où le prince et le fermier général ont demeuré,
» ce qui sert à l'expliquer, dépendent deux mille hectares de bois,
» un parc de neuf cents arpents, le moulin, trois métairies, une
» immense ferme à Conches et des vignes, ce qui devrait produire
» un revenu de soixante-douze mille francs. Voilà les Aigues, mon
» cher, où l'on m'attendait depuis deux ans, et où je suis en ce
» moment, *dans la chambre perse* destinée aux amis du cœur.

» En haut du parc, vers Conches, sortent une douzaine de
» sources claires, limpides, venues du Morvan, qui se versent toutes
» dans l'étang, après avoir orné de leurs rubans liquides et les
» vallées du parc et ses magnifiques jardins. Le nom des Aigues
» vient de ces charmants cours d'eau. On a supprimé le mot *Vives*,
» car dans les vieux titres, la terre s'appelle Aigues-Vives, contre-
» partie d'Aigues-Mortes. L'étang se décharge dans le cours d'eau
» de l'avenue, par un large canal droit, bordé de saules pleureurs
» dans toute sa longueur. Ce canal, ainsi décoré, produit un effet
» délicieux. En y voguant assis sur un banc de la chaloupe, on se
» croit sous la nef d'une immense cathédrale, dont le chœur est
» figuré par les corps de logis qui se trouvent au bout. Si le soleil
» couchant jette sur le château ses tons orangés entrecoupés
» d'ombres et allume le verre des croisées, il vous semble alors
» voir des vitraux flamboyants. Au bout du canal, on aperçoit
» Blangy, chef-lieu de la commune, contenant soixante maisons

» environ, avec une église de village, c'est-à-dire une maison mal
» entretenue, ornée d'un clocher de bois soutenant un toit de
» tuiles cassées. On y distingue une maison bourgeoise et un pres-
» bytère. La commune est d'ailleurs assez vaste ; elle se compose
» de deux cents autres feux épars auxquels cette bourgade sert de
» chef-lieu. Cette commune est, çà et là, coupée en petits jardins ;
» les chemins sont marqués par des arbres à fruits. Les jardins, en
» vrais jardins de paysan, ont de tout : des fleurs, des oignons,
» des choux et des treilles, des groseilles et beaucoup de fumier.
» Le village paraît naïf ; il est rustique ; il a cette simplicité parée
» que cherchent tant les peintres. Enfin, dans le lointain, on aper-
» çoit la petite ville de Soulanges posée au bord d'un vaste étang
» comme une fabrique du lac de Thoune.

» Quand vous vous promenez dans ce parc, qui a quatre portes,
» chacune d'un superbe style, l'Arcadie mythologique devient
» pour vous plate comme la Beauce. L'Arcadie est en Bourgogne
» et non en Grèce ; l'Arcadie est aux Aigues et non ailleurs. Une
» rivière, faite à coups de ruisseaux, traverse le parc, dans sa
» partie basse, par un mouvement serpentin, et y imprime une
» tranquillité fraîche, un air de solitude qui rappelle d'autant mieux
» les Chartreuses, que, dans une île factice, il se trouve une char-
» treuse sérieusement ruinée, et d'une élégance intérieure digne
» du voluptueux financier qui l'ordonna. Les Aigues, mon cher,
» ont appartenu à ce Bouret, qui dépensa deux millions pour recevoir
» une fois Louis XV. Combien de passions fougueuses, d'esprits
» distingués, d'heureuses circonstances n'a-t-il pas fallu pour
» créer ce beau lieu ? Une maîtresse d'Henri IV a rebâti le château
» là où il est et y a joint la forêt. La favorite du grand Dauphin,
» mademoiselle Choin, à qui les Aigues furent donnés, les a
» augmentés de quelques fermes. Bouret a mis dans le château
» toutes les recherches des petites maisons de Paris, pour une des
» célébrités de l'Opéra. Les Aigues doivent à Bouret la restauration
» du rez-de-chaussée dans le style Louis XV.

» Je suis resté stupéfait en admirant la salle à manger. Les yeux
» sont d'abord attirés par un plafond peint à fresque dans le goût
» italien, et où volent les plus folles arabesques. Des femmes en
» stuc, finissant en feuillages, soutiennent de distance en distance
» des paniers de fruits, sur lesquels portent les rinceaux du pla-
» fond. Dans les panneaux qui séparent chaque femme, d'admi-

» rables peintures, dues à quelques artistes inconnus, représentent
» les gloires de la table : les saumons, les hures de sanglier, les
» coquillages; enfin tout le monde mangeable qui, par de fantas-
» tiques ressemblances, rappelle l'homme, les femmes, les enfants,
» et qui lutte avec les plus bizarres imaginations de la Chine, le
» pays où, selon moi, l'on comprend le mieux le décor. Sous son
» pied, la maîtresse de la maison trouve un ressort de sonnette
» pour appeler les gens, afin qu'ils n'entrent qu'au moment voulu,
» sans jamais rompre un entretien ou déranger une attitude. Les
» dessus de porte représentent des scènes voluptueuses. Toutes les
» embrasures sont en mosaïque de marbre. La salle est chauffée
» en dessous. De chaque fenêtre, on aperçoit des vues délicieuses.

» Cette salle communique à une salle de bain d'un côté, de
» l'autre à un boudoir qui donne dans le salon. La salle de bain est
» revêtue en briques de Sèvres peintes en camaïeu, le sol est en
» mosaïque, la baignoire est en marbre. Une alcôve, cachée par un
» tableau peint sur cuivre, et qui s'enlève au moyen d'un contre-
» poids, contient un lit de repos en bois doré du style le plus
» Pompadour. Le plafond est en lapis-lazuli, étoilé d'or. Les ca-
» maïeux sont faits d'après les dessins de Boucher. Ainsi, le bain,
» la table et l'amour sont réunis.

» Après le salon qui, mon cher, offre toutes les magnificences
» du style Louis XIV, vient une magnifique salle de billard, à la-
» quelle je ne connais pas de rivale à Paris. L'entrée de ce rez-de-
» chaussée est une antichambre demi-circulaire, au fond de la-
» quelle on a disposé le plus coquet des escaliers, éclairé par en
» haut, et qui mène à des logements bâtis tous à différentes épo-
» ques! Et l'on a coupé le cou, mon cher, à des fermiers géné-
» raux en 1793! Mon Dieu, comment ne comprend-on pas que
les merveilles de l'art sont impossibles dans un pays sans grandes
» fortunes, sans grandes existences assurées? Si la gauche veut
» absolument tuer les rois, qu'elle nous laisse quelques petits
» princes, grands comme rien du tout!

» Aujourd'hui, ces richesses accumulées appartiennent à une
» petite femme artiste qui, non contente de les avoir magnifique-
» ment restaurées, les entretient avec amour. De prétendus philo-
» sophes, qui s'occupent d'eux en ayant l'air de s'occuper de l'hu-
» manité, nomment ces belles choses des extravagances. Ils se
» pâment devant les fabriques de calicot et les plates inventions de

» l'industrie moderne, comme si nous étions plus grands et plus
» heureux aujourd'hui que du temps de Henri IV, de Louis XIV
et de Louis XVI, qui tous ont imprimé le cachet de leur règne
aux Aigues. Quel palais, quel château royal, quelles habitations,
quels beaux ouvrages d'art, quelles étoffes brochées d'or lais-
sons-nous? Les jupes de nos grand'mères sont aujourd'hui recherchées pour couvrir nos fauteuils. Usufruitiers égoïstes et
ladres, nous rasons tout et nous plantons des choux là où s'élevaient des merveilles. Hier, la charrue a passé sur Persan, magnifique domaine qui donnait un titre à l'une des plus opulentes
» familles du parlement de Paris; le marteau a démoli Montmo-
» rency, qui coûta des sommes folles à l'un des Italiens groupés
» autour de Napoléon; enfin, le Val, création de Regnault-Saint-
» Jean d'Angely; Cassan, bâti par une maîtresse du prince de
» Conti; en tout, quatre habitations royales viennent de dis raître
» dans la seule vallée de l'Oise. Nous préparons autour de Paris
» la campagne de Rome, pour le lendemain d'un saccage dont la
» tempête soufflera du nord sur nos châteaux de plâtre et nos or-
» nements en carton-pierre.

» Vois, mon très-cher, où vous conduit l'habitude de *tartiner*
» dans un journal, voilà que je fais une espèce d'article. L'esprit
» aurait-il donc, comme les chemins, ses ornières? Je m'arrête,
» car je vole mon gouvernement, je me vole moi-même, et vous
» pourriez bâiller. La suite à demain. J'entends le second coup de
» cloche qui m'annonce un de ces plantureux déjeuners dont
» l'habitude est depuis longtemps perdue, à l'ordinaire s'entend,
» par les salles à manger de Paris.

» Voici l'histoire de mon Arcadie. En 1815 est morte, aux
» Aigues, l'une des *impures* les plus célèbres du dernier siècle,
» une cantatrice oubliée par la guillotine et par l'aristocratie,
» par la littérature et par la finance, après avoir tenu à la finance,
» à la littérature, à l'aristocratie et avoir frôlé la guillotine; oubliée
» comme beaucoup de charmantes vieilles femmes qui s'en vont
» expier à la campagne leur jeunesse adorée, et qui remplacent
» leur amour perdu par un autre, l'homme par la nature. Ces
» femmes vivent avec les fleurs, avec la senteur du bois, avec le
» ciel, avec les effets du soleil, avec tout ce qui chante, frétille,
» brille et pousse, les oiseaux, les lézards, les fleurs et les herbes;
» elles n'en savent rien, elles ne se l'expliquent pas, mais elles

» aiment encore; elles aiment si bien, qu'elles oublient les ducs,
» les maréchaux, les rivalités, les fermiers généraux, leurs folies
» et leur luxe effréné, leurs strass et leurs diamants, leurs mules
» à talons et leur rouge, pour les suavités de la campagne.

» J'ai recueilli, mon cher, de précieux renseignements sur la
» vieillesse de mademoiselle Laguerre, car la vieillesse des filles
» qui ressemblent à Florine, à Mariette, à Suzanne du Val-Noble,
» à Tullia, m'inquiétait de temps en temps, absolument comme
» je ne sais quel enfant s'inquiétait de ce que devenaient les
» vieilles lunes.

» En 1790, épouvantée par la marche des affaires publiques,
» mademoiselle Laguerre vint s'établir aux Aigues, acquis pour
» elle par Bouret, et où il avait passé plusieurs saisons avec elle ;
» le sort de la Dubarry la fit tellement trembler, qu'elle enterra
» ses diamants. Elle n'avait alors que cinquante-trois ans; et selon
» sa femme de chambre, devenue la femme d'un gendarme, une
» madame Soudry, à qui l'on dit madame la mairesse gros comme
» le bras : « Madame était plus belle que jamais. » Mon cher, la
» nature a sans doute ses raisons pour traiter ses sortes de créa-
» tures en enfants gâtés; les excès, au lieu de les tuer, les en-
» graissent, les conservent, les rajeunissent ; elles ont, sous une
» apparence lymphatique, des nerfs qui soutiennent leur merveil-
» leuse charpente; elles sont toujours belles par la raison qui en-
» laidirait une femme vertueuse. Décidément le hasard n'est pas
» moral.

» Mademoiselle Laguerre a vécu là d'une manière irréprocha-
» ble, et ne peut-on pas dire comme une sainte? après sa fameuse
» aventure. Un soir, par un désespoir d'amour, elle se sauve de
» l'Opéra dans son costume de théâtre, va dans les champs, et
» passe la nuit à pleurer au bord d'un chemin. (A-t-on calomnié
» l'amour au temps de Louis XV!) Elle était si déshabituée de
» voir l'aurore, qu'elle la salue en chantant un de ses plus beaux
» airs. Par sa pose, autant que par ses oripeaux, elle attire les
» paysans qui, tout étonnés de ses gestes, de sa voix, de sa beauté
» la prennent pour un ange et se mettent à genoux autour d'elle.
» Sans Voltaire, on aurait eu, sous Bagnolet, un miracle de plus.
» Je ne sais si le bon Dieu tiendra compte à cette fille de sa vertu
» tardive, car l'amour est bien nauséabond à une femme aussi
» lassée d'amour que devait l'être une *impure* de l'ancien Opéra.

» Mademoiselle Laguerre était née en 1740, son beau temps fut
» en 1760, quand on nommait monsieur de… (le nom m'échappe)
» *le premier commis de la guerre*, à cause de sa liaison avec
» elle. Elle quitta ce nom tout à fait inconnu dans le pays, et s'y
» nomma madame des Aigues, pour mieux se blottir dans sa
» terre qu'elle se plut à entretenir dans un goût profondément ar-
» tiste. Quand Bonaparte devint premier consul, elle acheva d'ar-
» rondir sa propriété par des biens d'Église, en y consacrant le
» produit de ses diamants. Comme une fille d'Opéra ne s'entend
guère à gérer ses biens, elle avait abandonné la gestion de sa
terre à un intendant, en ne s'occupant que du parc, de ses
fleurs et de ses fruits.

» Mademoiselle, morte et enterrée à Blangy, le notaire de Sou-
» langes, cette petite ville située entre la Ville-aux-Fayes et Blangy,
» le chef-lieu du canton, fit un copieux inventaire, et finit par dé-
» couvrir les héritiers de la chanteuse, qui ne se connaissait point
» d'héritiers. Onze familles de pauvres cultivateurs aux environs
» d'Amiens, couchés dans des torchons, se réveillèrent un beau
» matin dans des draps d'or. Il fallut liciter. Les Aigues furent
» alors achetés par Montcornet, qui, dans ses commandements en
» Espagne et en Poméranie, se trouvait avoir économisé la somme
» nécessaire à cette acquisition, quelque chose comme onze cent
» mille francs, y compris le mobilier. Ce beau lieu devait toujours
» appartenir au ministère de la guerre. Le général a sans doute
» ressenti les influences de ce voluptueux rez-de-chaussée, et je
» soutenais hier à la comtesse que son mariage avait été déterminé
» par les Aigues.

» Mon cher, pour apprécier la comtesse, il faut savoir que le
» général est un homme violent, haut en couleur, de cinq pieds
» neuf pouces, rond comme une tour, un gros cou, des épaules de
» serrurier qui devaient mouler fièrement une cuirasse. Montcornet
» a commandé les cuirassiers au combat d'Essling, que les Autri-
» chiens appellent Gross-Aspern, et n'y a pas péri quand cette
» belle cavalerie a été refoulée vers le Danube. Il a pu traverser
» le fleuve à cheval sur une énorme pièce de bois. Les cuirassiers,
» en trouvant le pont rompu, prirent, à la voix de Montcornet, la
» résolution sublime de faire volte-face et de résister à toute l'ar-
» mée autrichienne, qui, le lendemain, emmena trente et quelques
» voitures pleines de cuirasses. Les Allemands ont créé, pour ces

» cuirassiers, un seul mot qui signifie hommes de fer (1). Mont-
» cornet a les dehors d'un héros de l'antiquité. Ses bras sont gros
» et nerveux, sa poitrine est large et sonore, sa tête se recommande
» par un caractère léonin, sa voix est de celles qui peuvent com-
» mander la charge au fort des batailles ; mais il n'a que le courage
» de l'homme sanguin, il manque d'esprit et de portée. Comme

(1) En principe, je n'aime pas les notes, voici la première que je me permets ; son intérêt historique me servira d'excuse ; elle prouvera, d'ailleurs, que la description des batailles est à faire autrement que par les sèches définitions des écrivains techniques qui, depuis trois mille ans, ne nous parlent que de l'aile droite ou gauche, du centre, plus ou moins enfoncé, mais qui, du soldat, de ses héroïsmes, de ses souffrances, ne disent pas un mot. La conscience avec laquelle je prépare les *Scènes de la vie militaire*, me conduit sur tous les champs de bataille arrosés par le sang de la France et par celui de l'étranger ; j'ai donc voulu visiter la plaine de Wagram. En arrivant sur les bords du Danube, en face de la Lobau, je remarquai sur la rive, où croît une herbe fine, des ondulations semblables aux grands sillons des champs de luzerne. Je demandai d'où provenait cette disposition du terrain, pensant à quelque méthode d'agriculture : « — Là, me dit le paysan qui nous servait de
» guide, dorment les cuirassiers de la garde impériale ; ce que vous voyez, c'est
» leurs tombes ! » Ces paroles me causèrent un frisson, le prince Frédéric Schwartzenberg, qui les traduisit, ajouta que ce paysan avait conduit le convoi des charrettes chargées de cuirasses. Par une de ces bizarreries fréquentes à la guerre, notre guide avait fourni le déjeuner de Napoléon le matin de la bataille de Wagram. Quoique pauvre, il gardait le double napoléon que l'empereur lui avait donné de son lait et de ses œufs. Le curé de Gross-Aspern nous introduisit dans ce fameux cimetière où Français et Autrichiens se battirent, ayant du sang jusqu'à mi-jambe, avec un courage et une persistance également glorieuses de part et d'autre. C'est là que, nous expliquant qu'une tablette de marbre sur laquelle se porta toute notre attention, et où se lisaient les noms du propriétaire de Gross-Aspern, tué dans la troisième journée, était la seule récompense accordée à la famille, il nous dit avec une profonde mélancolie :
« — Ce fut le temps des grandes misères, et ce fut le temps des grandes pro-
» messes ; mais aujourd'hui, c'est le temps de l'oubli.... » Je trouvai ces paroles d'une magnifique simplicité ; mais, en y réfléchissant, je donnai raison à l'apparente ingratitude de la maison d'Autriche. Ni les peuples, ni les rois ne sont assez riches pour récompenser tous les dévouements auxquels donnent lieu les luttes suprêmes. Que ceux qui servent une cause avec l'arrière-pensée de la récompense, estiment leur sang et se fassent *condottieri !*... Ceux qui manient ou l'épée ou la plume pour leur pays, ne doivent penser qu'à *bien faire*, comme disaient nos pères, et ne rien accepter, pas même la gloire, que comme un heureux accident.
Ce fut en allant reprendre ce fameux cimetière pour la troisième fois que Masséna, blessé, porté dans une caisse de cabriolet, fit à ses soldats cette sublime allocution : « — *Comment*, s..... mâtins, vous n'avez que cinq sous par
» jour, j'ai quarante millions, et vous me laissez en avant ?... » On sait l'ordre du jour de l'empereur à son lieutenant, et apporté par monsieur de Sainte-Croix, qui passa trois fois le Danube à la nage. « Mourir ou reprendre le vil-
» lage ; il s'agit de sauver l'armée ! les ponts sont rompus. »

(L'AUTEUR.)

» beaucoup de généraux à qui le bon sens militaire, la défiance
» naturelle à l'homme sans cesse en péril, les habitudes du com-
» mandement donnent les apparences de la supériorité, Montcornet
» impose au premier abord ; on le croit un Titan, mais il recèle un
» nain, comme le géant de carton qui salue Elisabeth à l'entrée du
» château de Kenilworth. Colère et bon, plein d'orgueil impérial,
» il a la causticité du soldat, la répartie prompte et la main plus
» prompte encore. S'il a été superbe sur un champ de bataille, il
» est insupportable dans un ménage ; il ne connaît que l'amour de
» garnison, l'amour du militaire, à qui les anciens, ces ingénieux
» faiseurs de mythes, avaient donné pour patron le fils de Mars et
» de Vénus, *Eros*. Ces délicieux chroniqueurs de religions s'étaient
» approvisionnés d'une dizaine d'amours différents. En étudiant les
» pères et les attributs de ces amours, vous découvrez la nomen-
» clature sociale la plus complète, et nous croyons inventer quelque
» chose ! Quand le globe se retournera comme un malade qui
» rêve, et que les mers deviendront des continents, les Français
» de ce temps-là trouveront au fond de notre Océan actuel une
» machine à vapeur, un canon, un journal et une charte, enve-
» loppés dans des plantes marines.

» Or, mon cher, la comtesse de Montcornet est une petite femme
» frêle, délicate et timide. Que dis-tu de ce mariage ? Pour qui
» connaît le monde, ces hasards sont si communs, que les mariages
» bien assortis sont l'exception. Je suis venu voir comment cette
» petite femme fluette arrange ses ficelles pour mener ce gros,
» grand, carré, général, précisément comme il menait, lui, ses cui-
» rassiers.

» Si Montcornet parle haut devant sa Virginie, Madame lève un
» doigt sur ses lèvres, et il se tait. Le soldat va fumer sa pipe et
» ses cigares dans un kiosque à cinquante pas du château, et il en
» revient parfumé. Fier de sa sujétion, il se tourne vers elle comme
» un ours enivré de raisins, pour dire, quand on lui propose quel-
» que chose : « Si Madame le veut. » Quand il arrive chez sa
» femme de ce pas lourd qui fait craquer les dalles comme des
» planches, si elle lui crie de sa voix effarouchée : « N'entrez pas ! »
» il accomplit militairement demi-tour par flanc droit en jetant ces
» humbles paroles : « Vous me ferez dire quand je pourrai vous
» parler... » de la voix qu'il eut sur les bords du Danube, quand
» il cria à ses cuirassiers : « Mes enfants, il faut mourir, et très-

» bien, quand on ne peut pas faire autrement! » J'ai entendu ce
» mot touchant dit par lui en parlant de sa femme : « Non-seule-
» ment je l'aime, mais je la vénère. » Quand il lui prend une de
» ces colères qui brisent toutes les bondes et s'échappent en cas-
» cades indomptables, la petite femme va chez elle et le laisse crier.
» Seulement, quatre ou cinq jours après : « Ne vous mettez pas
» en colère, lui dit-elle, vous pouvez vous briser un vaisseau dans
» la poitrine, sans compter le mal que vous me faites. » Et alors
» le lion d'Essling se sauve pour aller essuyer une larme. Quand
» il se présente au salon, et que nous y sommes occupés à causer :
« Laissez-nous, il me lit quelque chose, » dit-elle, et il nous laisse.

» Il n'y a que les hommes forts, grands et colères, de ces fou-
» dres de guerre, de ces diplomates à tête olympienne, de ces
» hommes de génie, pour avoir ces partis pris de confiance, cette
» générosité pour la faiblesse, cette constante protection, cet amour
» sans jalousie, cette bonhomie avec la femme. Ma foi! je mets la
» science de la comtesse autant au-dessus des vertus sèches et har-
» gneuses, que le satin d'une causeuse est préférable au velours
» d'Utrecht d'un sale canapé bourgeois.

» Mon cher, je suis dans cette admirable campagne depuis six
» jours, et je ne me lasse pas d'admirer les merveilles de ce parc,
» dominé par de sombres forêts, et où se trouvent de jolis sentiers
» le long des eaux. La nature et son silence, les tranquilles jouis-
» sances, la vie facile à laquelle elle invite, tout m'a séduit. Oh! voilà
» la vraie littérature, il n'y a jamais de faute de style dans une prai-
» rie. Le bonheur serait de tout oublier ici, même les *Débats*. Tu
» dois deviner qu'il a plu pendant deux matinées. Pendant que la
» comtesse dormait, pendant que Montcornet courait dans ses pro-
» priétés, j'ai tenu par force la promesse si imprudemment donnée
» de vous écrire.

» Jusqu'alors, quoique né dans Alençon, d'un vieux juge et d'un
» préfet, à ce qu'on dit, quoique connaissant les herbages, je re-
» gardais comme une fable l'existence de ces terres au moyen des-
» quelles on touche par mois quatre à cinq mille francs. L'argent,
» pour moi, se traduisait par deux horribles mots : le travail et le
» libraire, le journal et la politique... Quand aurons-nous une
» terre où l'argent poussera dans quelque joli paysage? C'est ce
» que je vous souhaite au nom du théâtre, de la presse et du livre.
» Ainsi soit-il.

» Florine va-t-elle être jalouse de feu mademoiselle Laguerre?
» Nos Bourets modernes n'ont plus de noblesse française qui leur
» apprenne à vivre, ils se mettent trois pour payer une loge à
» l'Opéra, se cotisent pour un plaisir, et ne coupent plus d'in-
quarto magnifiquement reliés pour les rendre pareils aux in-
octavo de leur bibliothèque, à peine achète-t-on les livres bro-
chés! Où allons-nous? Adieu, mes enfants! aimez toujours

» Votre doux BLONDET. »

Si, par un hasard miraculeux, cette lettre, échappée à la plus paresseuse plume de notre époque, n'avait pas été conservée, il eût été presque impossible de peindre les Aigues. Sans cette description, l'histoire doublement horrible qui s'y est passée serait peut-être moins intéressante.

Beaucoup de gens s'attendent sans doute à voir la cuirasse de l'ancien colonel de la garde impériale éclairée par un jet de lumière, à voir sa colère allumée, tombant comme une trombe sur cette petite femme, de manière à rencontrer vers la fin de cette histoire ce qui se trouve à la fin de tant de drames modernes, un drame de chambre à coucher. Ce drame moderne pourrait-il éclore dans ce joli salon à dessus de portes en camaïeu bleuâtre, où babillaient les amoureuses scènes de la Mythologie, où de beaux oiseaux fantastiques étaient peints au plafond et sur les volets, où sur la cheminée riaient à gorge déployée les monstres de porcelaine chinoise, ou sur les plus riches vases, des dragons bleu et or tournaient leur queue en volute autour du bord que la fantaisie japonaise avait émaillé de ses dentelles de couleurs, où les duchesses, les chaises longues, les sofas, les consoles, les étagères inspiraient cette paresse contemplative qui détend toute énergie? Non, le drame ici n'est pas restreint à la vie privée, il s'agite ou plus haut ou plus bas. Ne vous attendez pas à de la passion, le vrai ne sera que trop dramatique. D'ailleurs l'historien ne doit jamais oublier que sa mission est de faire à chacun sa part; le malheureux et le riche sont égaux devant sa plume; pour lui, le paysan a la grandeur de ses misères, comme le riche a la petitesse de ses ridicules; enfin, le riche a des passions, le paysan n'a que des besoins, le paysan est donc doublement pauvre; et si, politiquement, ses agressions doivent être impitoyablement réprimées, humainement et religieusement, il est sacré.

## II. — UNE BUCOLIQUE OUBLIÉE PAR VIRGILE.

Quand un Parisien tombe à la campagne, il s'y trouve sevré de toutes ses habitudes, et sent bientôt le poids des heures, malgré les soins les plus ingénieux de ses amis. Aussi, dans l'impossibilité de perpétuer les causeries du tête-à-tête, si promptement épuisées, les châtelains et les châtelaines vous disent-ils naïvement : Vous vous ennuierez bien ici. En effet, pour goûter les délices de la campagne, il faut y avoir des intérêts, en connaître les travaux, et le concert alternatif de la peine et du plaisir, symbole éternel de la vie humaine.

Une fois que le sommeil a repris son équilibre, quand on a réparé les fatigues du voyage et qu'on s'est mis à l'unisson des habitudes champêtres, le moment de la vie de château le plus difficile à passer pour un Parisien qui n'est ni chasseur ni agriculteur, et qui porte des bottes fines, est la première matinée. Entre l'instant du réveil et celui du déjeuner, les femmes dorment ou font leur toilette et sont inabordables ; le maître du logis est parti de bonne heure à ses affaires : un Parisien se voit donc seul de huit à onze heures, l'instant choisi dans presque tous les châteaux pour déjeuner. Or, après avoir demandé des amusements aux minuties de la toilette, il a perdu bientôt cette ressource, s'il n'a pas apporté quelque travail impossible à réaliser, et qu'il remporte vierge en en connaissant seulement les difficultés ; un écrivain est donc obligé alors de tourner dans les allées du parc, de bayer aux corneilles, de compter les gros arbres. Or, plus la vie est facile, plus ces occupations sont fastidieuses, à moins d'appartenir à la secte des quakers-tourneurs, à l'honorable corps des charpentiers ou des empailleurs d'oiseaux. Si l'on devait, comme les propriétaires, rester à la campagne, on meublerait son ennui de quelque passion géologique, minéralogique, entomologique ou botanique ; mais un homme raisonnable ne se donne pas un vice pour tuer une quinzaine de jours. La plus magnifique terre, les plus beaux châteaux deviennent donc assez promptement insipides pour ceux qui n'en possèdent que la vue. Les beautés de la nature semblent bien mesquines, comparées à leur représentation au théâtre. Paris scintille alors par toutes ses facettes. Sans l'intérêt particulier qui nous attache, comme Blondet, *aux lieux honorés par les pas, éclai-*

*rés par les yeux* d'une certaine personne, on envierait aux oiseaux leurs ailes, pour retourner aux perpétuels, aux émouvants spectacles de Paris et à ses déchirantes luttes.

La longue lettre écrite par le journaliste doit faire supposer aux esprits pénétrants qu'il avait atteint moralement et physiquement à cette phase particulière aux passions satisfaites, aux bonheurs assouvis, et que tous les volatiles engraissés par force représentent parfaitement quand, la tête enfoncée dans leur gésier qui bombe, ils restent sur leurs pattes, sans pouvoir ni vouloir regarder le plus appétissant manger. Aussi, quand sa formidable lettre fut achevée, Blondet éprouva-t-il le besoin de sortir des jardins d'Armide et d'animer la mortelle lacune des trois premières heures de la journée; car, entre le déjeuner et le dîner, le temps appartenait à la châtelaine qui savait le rendre court. Garder, comme le fit madame de Montcornet, un homme d'esprit pendant un mois à la campagne, sans avoir vu sur son visage le rire faux de la satiété, sans avoir surpris le bâillement caché d'un ennui qui se devine toujours, est un des plus beaux triomphes d'une femme. Une affection qui résiste à ces sortes d'essais doit être éternelle. On ne comprend point que les femmes ne se servent pas de cette épreuve pour juger leurs amants; il est impossible à un sot, à un égoïste, à un petit esprit d'y résister. Philippe II lui-même, l'Alexandre de la dissimulation, aurait dit son secret durant un mois de tête-à-tête à la campagne. Aussi les rois vivent-ils dans une agitation perpétuelle, et ne donnent-ils à personne le droit de les voir pendant plus d'un quart d'heure.

Nonobstant les délicates attentions d'une des plus charmantes femmes de Paris, Émile Blondet retrouva donc le plaisir oublié depuis longtemps de l'école buissonnière, quand, le lendemain du jour où sa lettre fut finie, il se fit éveiller par François, le premier valet de chambre attaché spécialement à sa personne, avec l'intention d'explorer la vallée de l'Avonne.

L'Avonne est la petite rivière qui, grossie au-dessus de Conches par de nombreux ruisseaux, dont quelques-uns sourdent aux Aigues, va se jeter à la Ville-aux-Fayes dans un des plus considérables affluents de la Seine. La disposition géographique de l'Avonne, flottable pendant environ quatre lieues, avait, depuis l'invention de Jean Rouvet, donné toute leur valeur aux forêts des Aigues, de Soulanges et de Ronquerolles, situées sur la crête des collines au bas desquelles coule cette charmante rivière. Le parc des Aigues occupait la partie la plus large de la vallée, entre la rivière que la forêt, dite des Aigues, borde des deux côtés, et la grande route royale que de vieux ormes tortillards indiquent à l'horizon sur une côte parallèle à celle des monts dits de l'Avonne, premier gradin du magnifique amphithéâtre appelé le Morvan.

Quelque vulgaire que soit cette comparaison, le parc ressemait, ainsi posé au fond de la vallée, à un immense poisson dont la te touchait au village de Conches et la queue au bourg de langy ; car, plus long que large, il s'étalait au milieu par une argeur d'environ deux cents arpents, tandis qu'il en comptait à peine trente vers Conches, et quarante vers Blangy. La situation de cette terre, entre trois villages, à une lieue de la petite ville de Soulanges, d'où l'on plongeait sur cet Eden, a peut-être fomenté la guerre et conseillé les excès qui forment le principal intérêt de cette scène. Si, vu de la grande route, vu de la partie haute de la Ville-aux-Fayes, le paradis des Aigues fait commettre le péché d'envie aux voyageurs, comment les riches bourgeois de Soulanges et de la Ville-aux-Fayes auraient-ils été plus sages, eux qui l'admiraient à toute heure ?

Ce dernier détail topographique était nécessaire pour faire comprendre la situation, l'utilité des quatre portes par lesquelles on entrait dans le parc des Aigues, entièrement clos de murs, excepté les endroits où la nature avait disposé des points de vue et où l'on avait creusé des sauts-de-loup. Ces quatre portes, dites la porte de Conches, la porte d'Avonne, la porte de Blangy et la porte de l'Avenue, révélaient si bien le génie des diverses époques où elles furent construites, que, dans l'intérêt des archéologues, elles seront décrites, mais aussi succinctement que Blondet a déjà décrit celle de l'Avenue.

Après huit jours de promenades avec la comtesse, l'illustre rédacteur du journal des *Débats* connaissait à fond le pavillon chinois, les ponts, les îles, la chartreuse, le châlet, les ruines du temple, la glacière babylonienne, les kiosques, enfin tous les détours inventés par les architectes de jardins, et auxquels neuf cents arpents peuvent se prêter; il voulait donc s'ébattre aux sources de l'Avonne, que le général et la comtesse lui vantaient tous les jours, en formant chaque soir le projet oublié chaque matin d'aller les visiter. En effet, au-dessus du parc des Aigues, l'Avonne a l'apparence d'un torrent alpestre. Tantôt elle se creuse un lit entre les roches, tantôt elle s'enterre comme dans une cuve profonde; là, des ruisseaux y tombent brusquement en cascade; ici, elle s'étale à la façon de la Loire, en effleurant des sables et rendant le flottage impraticable, par le changement perpétuel de son chenal. Blondet prit le chemin le plus court à travers les labyrinthes du parc pour gagner la porte de Conches. Cette porte exige quelques mots, pleins d'ailleurs de détails historiques sur la propriété.

Le fondateur des Aigues fut un cadet de la maison de Soulanges, enrichi par un mariage, qui voulut narguer son aîné. Ce sentiment nous a valu les féeries de l'Isola-Bella, sur le lac Majeur. Au moyen âge, le château des Aigues était situé sur l'Avonne. De ce castel, la porte seule subsistait, composée d'un porche semblable à celui des villes fortifiées, et flanqué de deux tourelles à poivrières. Au-dessus de la voûte du porche s'élevaient de puissantes assises ornées de végétations et percées de trois larges croisées à croisillons. Un escalier en colimaçon, ménagé dans une des tourelles, menait à deux chambres, et la cuisine occupait la seconde tourelle. Le toit du porche, à forme aiguë, comme toute vieille charpente, se distinguait par deux girouettes, perchées aux deux bouts d'une cime ornée de serrureries bizarres. Beaucoup de localités n'ont pas d'hôtel de ville si magnifique. Au dehors, le claveau du cintre offrait encore l'écusson des Soulanges, conservé par la dureté de la pierre de choix, où le ciseau du tailleur d'images l'avait gravé : *d'azur à trois bourdons en pal d'argent, à la farce brochante de gueules, chargée de cinq croisettes d'or au pied aiguisé*, et il portait la déchiqueture héraldique imposée aux cadets. Blondet déchiffra la devise : *Je soule agir*, un de ces calembours que les croisés se plaisaient à faire avec leurs noms, et qui rappelle une belle maxime de politique, malheureusement oubliée par Montcornet, comme on le verra. La porte, qu'une jolie fille avait ouverte à Blondet, était en vieux bois alourdi par des quinconces de ferraille. Le garde, réveillé par le grincement des gonds, mit le nez à sa fenêtre et se laissa voir en chemise.

— Comment! nos gardes dorment encore à cette heure-ci, se dit le Parisien en se croyant très-fort sur la coutume forestière.

En un quart d'heure de marche, il atteignit aux sources de la rivière, à la hauteur des Conches, et ses yeux furent alors ravis par un de ces paysages dont la description devrait être faite comme

Un de ces vieillards affectionnés par le crayon de Charlet.

(LES PAYSANS.)

l'histoire de France, en mille volumes ou en un seul. Contentons-nous de deux phrases.

Une roche ventrue et veloutée d'arbres nains, rongée au pied par l'Avonne, disposition à laquelle elle doit un peu de ressemblance avec une énorme tortue mise en travers de l'eau, figure une arche, par laquelle le regard embrasse une petite nappe claire comme un miroir, où l'Avonne semble endormie, et que terminent au loin des cascades à grosses roches, ou de petits saules, pareils à des ressorts, vont et viennent constamment sous l'effort des eaux.

Au delà de ces cascades, les flancs de la colline, coupés roide comme une roche du Rhin vêtue de mousses et de bruyères, mais troués comme elle par des arêtes schisteuses, versant çà et là de blancs ruisseaux bouillonnants, auxquels une petite prairie, toujours arrosée et toujours verte, sert de coupe; puis, comme contraste à cette nature sauvage et solitaire, les derniers jardins de Conches se voient de l'autre côté de ce chaos pittoresque, au bout des prés, avec la masse du village et son clocher.

Voilà les deux phrases, mais le soleil levant, mais la pureté de l'air, mais l'âcre rosée, mais le concert des eaux et des bois?... devinez-les!

— Ma foi! c'est presque aussi beau qu'à l'Opéra! se dit Blondet en remontant l'Avonne innavigable, dont les caprices faisaient ressortir le canal droit, profond et silencieux de la basse Avonne, encaissée par les grands arbres de la forêt des Aigues.

Blondet ne poussa pas très-loin sa promenade matinale, il fut bientôt arrêté par un des paysans qui sont, dans ce drame, des comparses si nécessaires à l'action, qu'on hésitera peut-être entre eux et les premiers rôles.

En arrivant à un groupe de rochers où la source principale est serrée comme entre deux portes, le spirituel écrivain aperçut un homme qui se tenait dans une immobilité capable de piquer la curiosité d'un journaliste, si déjà la tournure et l'habillement de cette statue animée ne l'avaient profondément intrigué.

Il reconnut dans cet humble personnage un de ces vieillards affectionnés par le crayon de Charlet, qui tenait aux troupiers de cet Homère des soldats, par la solidité d'une charpente habile à porter le malheur, et à ses immortels balayeurs, par une figure rougie, violacée rugueuse, inhabile à la résignation. Un chapeau de feutre grossier, dont les bords tenaient à la calotte par des reprises, garantissait des intempéries cette tête presque chauve ; il s'en échappait deux flocons de cheveux, qu'un peintre aurait payé quatre francs à l'heure pour pouvoir copier cette neige éblouissante, et disposée comme celle de tous les Pères éternels classiques. A la manière dont les joues rentraient en continuant la bouche, on devinait que le vieillard édenté s'adressait plus souvent au tonneau qu'à la huche. Sa barbe blanche, clair-semée, donnait quelque chose de menaçant à son profil par la roideur des poils coupés courts. Ses yeux, trop petits pour son énorme visage, inclinés comme ceux du cochon, exprimaient à la fois la ruse et la paresse ; mais en ce moment ils jetaient comme une lueur, tant le regard jaillissait droit sur la rivière. Pour tout vêtement, ce pauvre homme portait une vieille blouse, autrefois bleue, et un pantalon de cette toile grossière qui sert à Paris à faire des emballages. Tout citadin aurait frémi de lui voir aux pieds des sabots cassés, sans même un peu de paille pour en adoucir les crevasses. Assurément, la blouse et le pantalon n'avaient de valeur que pour la cuve d'une papeterie.

En examinant ce Diogène campagnard, Blondet admit la possibilité du type de ces paysans qui se voient dans les vieilles tapisseries, les vieux tableaux, les vieilles sculptures, et qui lui paraissait jusqu'alors fantastique. Il ne condamna plus absolument l'école du laid, en comprenant que, chez l'homme, le beau n'est qu'une flatteuse exception, une chimère à laquelle il s'efforce de croire.

— Quelles peuvent être les idées, les mœurs d'un pareil être, à quoi pense-t-il ? se disait Blondet pris de curiosité. Est-ce là mon semblable ? Nous n'avons de commun que la forme, et encore ?...

Il étudiait cette rigidité particulière au tissu des gens qui vivent en plein air, habitués aux intempéries de l'atmosphère, à supporter les excès du froid et du chaud, à tout souffrir enfin, qui font de leur peau des cuirs presque tannés, et de leurs nerfs un appareil contre la douleur physique, aussi puissant que celui des Arabes ou des Russes.

— Voilà des Peaux-Rouges de Cooper, se dit-il, il n'y a pas besoin d'aller en Amérique pour observer des sauvages.

Quoique le Parisien ne fût qu'à deux pas, le vieillard ne tourna pas la tête, et regarda toujours la rive opposée avec cette fixité que les fakirs de l'Inde donnent à leurs yeux vitrifiés et à leurs membres ankilosés. Vaincu par cette espèce de magnétisme, plus communicatif qu'on ne le croit, Blondet finit par regarder l'eau.

— Eh bien! mon bonhomme, qu'y a-t-il donc là? demanda Blondet, après un gros quart d'heure, pendant lequel il n'aperçut rien qui motivât cette profonde attention.

— Chut!... dit tout bas le vieillard en faisant signe à Blondet de ne pas agiter l'air par sa voix. Vous allez l'effrayer...

— Qui?...

— Une *loute*, mon cher monsieur. Si *alle* nous entend, *alle* est *capabe ed* filer sous l'eau! Et, *gnia* pas à dire, elle a sauté là, tenez!... Voyez-vous où l'eau *bouille*... Oh! elle guette un poisson; mais quand elle va vouloir rentrer, mon petit l'empoignera. C'est que, voyez-vous, la *loute* est ce qu'il y a de plus rare. C'est un gibier scientifique, *ben* délicat, tout de même; on me la payerait dix francs aux Aigues, vu que leur dame fait maigre, et c'est maigre demain. Dans les temps, défunt madame m'en a payé jusqu'à vingt francs et *a* me rendait la peau!... Mouche, appela-t-il à voix basse, regarde bien...

De l'autre côté de ce bras de l'Avonne, Blondet vit deux yeux brillants, comme des yeux de chat, sous une touffe d'aunes; puis il aperçut le front brun, les cheveux ébouriffés d'un enfant d'environ douze ans, couché sur le ventre, qui fit un signe pour indiquer la loutre et avertir le vieillard qu'il ne la perdait pas de vue. Blondet, subjugué par le dévorant espoir du vieillard et de l'enfant, se laissa mordre par le démon de la chasse.

Ce démon à deux griffes, l'espérance et la curiosité, vous mène où il veut.

— La peau se vend aux chapeliers, reprit le vieillard. C'est si beau, si doux! Ça se met aux casquettes...

— Vous croyez, vieillard? dit Blondet en souriant.

— Certainement, monsieur, vous devez en savoir plus long que moi, quoique j'aie soixante-dix ans, répondit humblement et respectueusement le vieillard en prenant une pose de donneur d'eau bénite, et vous pourriez peut-être *ben* me dire pourquoi ça plaît tant aux conducteurs et aux marchands de vin.

Blondet, ce maître en ironie, déjà mis en défiance par le mot *scientifique*, en souvenir du maréchal de Richelieu, soupçonna quelque raillerie chez ce vieux paysan ; mais il fut détrompé par la naïveté de la pose et par la bêtise de l'expression.

— Dans ma jeunesse, on en voyait beaucoup eu d'*loutes*, le pays leur est si favorable, reprit le bonhomme ; mais on les a tant chassées, que c'est tout au plus si nous en apercevons la queue d'*eune* par sept ans... Aussi el's*ouparfait* de la Ville-aux-Fayes... Monsieur le connaît-il ? Quoique Parisien, c'est un brave jeune homme comme vous, il aime les curiosités. Pour lors, sachant mon talent pour prendre les *loutes*, car je les connais comme vous pouvez connaître votre alphabet, il m'a donc dit comme ça : — Père Fourchon, quand vous trouverez une *loute*, apportez-la-moi, *qui* me dit, je vous la payerai bien, et si elle était tachetée de blanc *sul'dos*, qui me dit, je vous en donnerais trente francs. V'la ce *qui* me dit sur le port de la Ville-aux-Fayes, aussi vrai que je *crais* en Dieu le Père, le Fils et le Saint-Esprit. Il y a *core* un savant, à Soulanges, M. Gourdon, *nout* médecin, qui fait comme ils disent, un cabinet d'histoire naturelle, qu'il n'y a pas son pareil à Dijon, enfin le premier savant de ces pays-ci qui me la payerait bien cher !... Il sait empailler *les houmes* et les bêtes ! Et dont que mon garçon me soutient que c'te *loute* a des poils blancs... Si c'est ça, que je lui ai dit, *ei* bon Dieu nous veut du bien, à ce matin ! Voyez-vous l'eau qui bouille ?... Oh ! elle est là... Quoique ça vive dans une manière de terrier, ça reste des jours entiers sous l'eau. Ah ! elle vous a entendu, mon cher monsieur, *alle se* défie, car gn'y a pas *d'animau* plus fin que celui-là ; c'est pire qu'une femme.

— C'est peut-être pour cela qu'on les appelle au féminin des loutres ? dit Blondet.

— Dame, monsieur, vous qu'êtes de Paris, vous savez cela mieux que nous ; mais vous auriez ben mieux fait pour nous, *ed'dormi* la grasse matinée, car, voyez-vous c'te manière de flot ? elle s'en va par en dessous... Va, Mouche ! elle a entendu monsieur, la *loute*, et elle est capable de nous faire droguer jusqu'à *ménuit*, allons-nous-en... V'la nos trente francs qui nagent !...

Mouche se leva, mais à regret ; il regardait l'endroit où bouillonnait l'eau, le montrant du doigt et ne perdant pas tout espoir. Cet enfant, à cheveux crépus, la figure brunie comme celle des anges dans les tableaux du quinzième siècle, paraissait être en culotte, car son pantalon finissait au genou par des déchiquetures

Son costume l'emportait encore en simplicité sur celui du père Fourchon.

(LES PAYSANS.)

ornées d'épines et de feuilles mortes. Ce vêtement nécessaire tenait par deux cordes d'étoupes en guise de bretelles. Une chemise de toile de la même qualité que celle du pantalon du vieillard, mais épaissie par des raccommodages barbus, laissait voir une poitrine hâlée. Ainsi, le costume de Mouche l'emportait encore en simplicité sur celui du père Fourchon.

— Ils sont bien bons enfants ici, se dit en lui-même Blondet; les gens de la banlieue de Paris vous apostropheraient drôlement un bourgeois qui ferait envoler leur gibier !

Et comme il n'avait jamais vu de loutres, pas même au Muséum, il fut enchanté de cet épisode de sa promenade.

— Allons, reprit-il, touché de voir le vieillard s'en allant sans rien demander, vous vous dites un chasseur de loutres fini... Si vous êtes sûr que la loutre soit là... De l'autre côté, Mouche leva le doigt et fit voir des bulles d'air montées du fond de l'Avonne, qui vinrent expirer en cloches au milieu du bassin.

— Elle est revenue là, dit le père Fourchon, elle a respiré, la gueuse, c'est *alle qu'a fait ces boutifes-là.* Comment s'arrangent-elles pour respirer au fond de l'eau ? Mais c'est si malin, que ça se moque de la science.

— Eh bien ! reprit Blondet, à qui ce dernier mot parut être une plaisanterie plutôt due à l'esprit paysan qu'à l'individu, attendez et prenez la loutre.

— Et notre journée à Mouche et à moi ?

— Que vaut-elle, votre journée ?

— A nous deux, mon apprenti et moi ?... cinq francs... dit le vieillard en regardant Blondet dans les yeux, avec une hésitation qui révélait un surfaix énorme.

Le journaliste tira dix francs de sa poche en disant :

— En voilà dix, et je vous en donnerai tout autant pour la loutre.

— Elle ne vous coûtera pas cher, si elle a du blanc sur le dos, car *el'souparfait* m'disait *c'que nout Muséon* n'en a qu'une de ce genre-là. — Mais c'est qu'il est instruit *tout de même, nout souparfait !* et pas bête. Si je chasse à la *loute,* M. des Lupeaulx chasse à la fille de *môsieu* Gaubertin, *qu'a eune fiare dot blanche sul'dos.* — Tenez, mon cher môsieur, sans vous commander, allez vous *bouter au mitant* de l'Avonne, à *c'te piarre,* là bas... Quand nous aurons forcé la loute, elle descendra le fil de l'eau, car voilà leur ruse à ces bêtes, elles remontent plus haut que leur trou pour pêcher, et une fois chargées de poisson, elles savent qu'elles iront mieux à la dérive. Quand je vous dis que c'est fin... Si j'avais appris la finesse à leur école, je vivrais à c'te heure de mes rentes... J'ai su trop tard qu'il fallait *eurmonter* le courant *ed'grand* matin pour trouver le butin avant les autres. Enfin, on m'a jeté un sort à ma naissance. A nous trois, nous serons peut-être plus fins que *c'te loute*.

— Et comment, mon vieux nécromancien ?

Ah ! dame ! nous sommes si bêtes, nous aut' *pésans*, que nous finissons par entendre les bêtes. V'là comme nous ferons. Quand la *loute* voudra s'en revenir chez elle, nous l'effrayerons ici, vous l'effrayerez là-bas ; effrayée par nous, effrayée par vous, elle se jettera sur le bord ; si elle prend la voie de *tarre*, elle est perdue. Ça ne peut pas marcher ; c'est fait pour la nage avec leurs pattes d'oie. Oh ! ça va-t-il vous amuser, car c'est un vrai carambolage : on pêche et l'on chasse à la fois !... Le général, chez qui vous êtes aux Aigues, y est revenu trois jours de suite, tant il s'y entêtait !

Blondet, muni d'une branche coupée par le vieillard, qui lui dit de s'en servir pour fouetter la rivière à son commandement, alla se poster au milieu de l'Avonne en sautant de pierre en pierre.

— Là, bien ! mon cher monsieur.

Blondet resta là, sans s'apercevoir de la fuite du temps; car de moment en moment un geste du vieillard lui faisait espérer un heureux dénoûment; mais d'ailleurs rien ne dépêche mieux le temps que l'attente de l'action vive qui va succéder au profond silence de l'affût.

— Père Fourchon, dit tout bas l'enfant en se voyant seul avec le vieillard, *gnia* tout de même une *loute...*

— Tu la vois !...

— La v'là !

Le vieillard fut stupéfait en apercevant entre deux eaux le pelage brun-rouge d'une loutre.

— *A va su me!* dit le petit.

— Fiche l'y un petit coup sec sur la tête et jette-toi dans l'eau pour la tenir au fin fond sans la lâcher...

Mouche fondit dans l'Avonne comme une grenouille effrayée.

— Allez ! allez ! mon cher monsieur, dit le père Fourchon à

Blondet, en se jetant aussi dans l'Avonne et en laissant ses sabots sur le bord, effrayez-la donc! la voyez-vous... *a* nage *su* vous.

Le vieillard courut sur Blondet en fendant les eaux et lui criant avec le sérieux que les gens de la campagne gardent dans leurs plus grandes vivacités : — La voyez-vous là, *el'*long des roches!

Blondet, placé par le vieillard de manière à recevoir les rayons du ciel dans les yeux, frappait sur l'eau de confiance.

— Allez! allez! du côté des roches! cria le père Fourchon, le trou est là-bas, à *vout* gauche.

Emporté par son dépit, qu'une longue attente avait stimulé, Blondet prit un bain de pieds en glissant de dessus les pierres.

— Hardi! mon cher monsieur, hardi! vous y êtes. Ah! vingt bon Dieu! la voilà qui passe entre vos jambes! Ah! *alle* passe... *all'*passe! dit le vieillard au désespoir.

Et comme pris à l'ardeur de cette chasse, le vieux paysan s'avança dans les profondeurs de la rivière jusque devant Blondet.

— Nous l'avons manquée par *vout* faute! dit le père Fourchon, à qui Blondet donna la main et qui sortit de l'eau comme un triton, mais comme un triton vaincu. La *garse*, elle est là, sous les rochers!... Elle a lâché son poisson, dit le bonhomme en regardant au loin et montrant quelque chose qui flottait... Nous aurons toujours la tanche, car c'est une vraie tanche!...

En ce moment, un valet en livrée et à cheval qui menait un autre cheval par la bride se montra galopant sur le chemin de Conches.

— Tenez, v'la les gens du château qui font mine de vous chercher, dit le bonhomme. Si vous voulez repasser la rivière, je vas vous donner la main... Ah! ça m'est égal de me mouiller, ça m'évite du blanchissage!...

— Et les rhumes? dit Blondet.

— Ah! *ouin!* Ne voyez-vous pas que le soleil nous a culottés, Mouche et moi, comme des pipes *ed'major!* Appuyez-vous sur moi, mon cher monsieur... Vous êtes de Paris, vous ne savez pas vous tenir sur *nous* roches, vous qui savez tant de choses... Si vous restez longtemps ici, vous apprendrez *ben* des choses dans *el'livre ed'*la nature, vous qui, dit-on, *escrivez* dans les *papiers nouvelles*.

Blondet était arrivé sur l'autre bord de l'Avonne, quand Charles, le valet de pied, l'aperçut.

— Ah! monsieur, s'écria-t-il, vous ne vous figurez pas l'inquiétude dans laquelle est madame, depuis qu'on lui a dit que vous étiez sorti par la porte de Conches : elle vous croit noyé. Voilà trois fois qu'on sonne le second coup du déjeuner à grandes volées, après vous avoir appelé partout dans le parc, où monsieur le curé vous cherche encore.

— Quelle heure est-il donc, Charles?...

— Onze heures trois quarts!...

— Aide-moi à monter à cheval...

— Est-ce que par hasard monsieur aurait donné dans la loutre du père Fourchon? dit le valet, en remarquant l'eau qui s'égouttait des bottes et du pantalon de Blondet.

Cette seule question éclaira le journaliste.

— Ne dis pas un mot de cela, Charles, et j'aurai soin de toi, s'écria-t-il.

— Oh! pardi! monsieur le comte lui-même a été pris à la loutre du père Fourchon, répondit le valet. Dès qu'il arrive un étranger à Aigues, le père Fourchon se met aux aguets, et si le bourgeois va voir les sources de l'Avonne, il lui vend sa loutre... Il joue ça si bien que monsieur le comte y est revenu trois fois, et lui a payé six journées pendant lesquelles ils ont regardé l'eau couler.

— Et moi qui croyais avoir vu dans Potier, dans Baptiste cadet, dans Michot et dans Monrose, les plus grands comédiens de ce temps-ci!... se dit Blondet, que sont-ils auprès de ce mendiant?

— Oh! il connaît très-bien cet exercice-là, le père Fourchon, dit Charles. Il a en outre une autre corde à son arc, car il se dit cordier de son état. Il a sa fabrique le long du mur de la porte de Blangy. Si vous vous avisiez de toucher à sa corde, il vous entortille si bien qu'il vous prend l'envie de tourner la roue et de faire un peu de corde; il vous demande alors la gratification due au maître par l'apprenti. Madame y a été prise, et lui a donné vingt francs. C'est le roi des finauds, dit Charles en se servant d'un mot honnête.

Ce bavardage de laquais permit à Blondet de se livrer à quelques réflexions sur la profonde astuce des paysans, en se rappelant tout ce qu'il avait entendu dire par son père, le juge d'Alençon. Puis toutes les plaisanteries cachées sous la malicieuse rondeur du père Fourchon lui revenant à la mémoire, éclairées par les confidences de Charles, il s'avoua *gaussé* par le vieux mendiant bourguignon.

— Vous ne sauriez croire, monsieur, disait Charles en arrivant au perron des Aigues, combien il faut se défier de tout dans la campagne, et surtout ici, que le général n'est pas très-aimé...

— Pourquoi donc ?

— Ah ! dame ! je ne sais pas, répondit Charles en prenant l'air bête sous lequel les domestiques savent abriter leurs refus à des supérieurs, et qui donna beaucoup à penser à Blondet.

— Vous voilà donc, coureur ? dit le général, que le pas des chevaux amena sur le perron. Le voilà ! soyez calme ! cria-t-il à sa femme, dont le petit pas se faisait entendre, il ne nous manque plus maintenant que l'abbé Brossette ; va le chercher, Charles ! dit-il au domestique.

### III. — LE CABARET.

La porte dite de Blangy, due à Bouret, se composait de deux larges pilastres à bossages vermiculés, surmontés chacun d'un chien dressé sur ses pattes de derrière, et tenant un écusson entre ses pattes de devant. Le voisinage du pavillon où logeait le régisseur avait dispensé le financier de bâtir une loge de concierge. Entre ces deux pilastres, une grille somptueuse, dans le genre de celle forgée au temps de Buffon pour le Jardin des Plantes, s'ouvrait sur un bout de pavé conduisant à la route cantonale, jadis entretenue soigneusement par les Aigues, par la maison de Soulanges, et qui relie Conches, Cerneux, Blangy, Soulanges à la Ville-aux-Fayes, comme par une guirlande, tant cette route est fleurie d'héritages entourés de haies et parsemée de maisonnettes à rosiers, chèvrefeuilles et plantes grimpantes.

Là, le long d'une coquette muraille qui s'étendait jusqu'à un saut-de-loup par lequel le château plongeait sur la vallée jusqu'au delà de Soulanges, se trouvaient le poteau pourri, la vieille roue et les piquets à râteaux qui constituent la fabrique d'un cordier de village.

Vers midi et demi, au moment où Blondet s'asseyait à un bout de la table, en face de l'abbé Brossette, en recevant les caressants reproches de la comtesse, le père Fourchon et Mouche arrivaient à leur établissement. De là, le père Fourchon, sous prétexte de fabriquer des cordes, surveillait les Aigues, et pouvait y voir les maîtres entrant ou sortant. Aussi, les persiennes ouvertes, les pro-

menades à deux, le plus petit incident de la vie au château, rien
n'échappait à l'espionnage du vieillard, qui ne s'était établi cordier
que depuis trois ans, circonstance minime que ni les gardes des
Aigues, ni les domestiques, ni les maîtres n'avaient encore remarquée.

— Fais le tour par la porte de l'Avonne pendant que je vas
serrer nos agrès, dit le père Fourchon, et quand tu leur auras dé-
goisé la chose, on viendra sans doute me chercher au Grand-I-
Vert, où je vas me rafraîchir, car ça donne soif d'être sur l'eau
comme ça ! Si tu t'y prends comme je viens de te le dire, tu leur
accrocheras un bon déjeuner; tâche de parler à la comtesse, et
*tape su* moi, de manière à ce qu'ils aient l'idée de me chanter un
air de leur morale, quoi !... Y aura quelques verres de bon vin à
*siffler.*

Après ces dernières instructions, que l'air narquois de Mouche
rendait presque superflues, le vieux cordier, tenant sa loutre sous
le bras, disparut dans le chemin cantonal.

A mi-chemin de cette jolie porte de village, se trouvait, au moment où Emile Blondet vint aux Aigues, une de ces maisons qui
ne se voient qu'en France, partout où la pierre est rare. Les morceaux de briques ramassés de tous côtés, les gros cailloux sertis
comme des diamants dans une terre argileuse qui formaient des
murs solides, quoique rongés, le toit soutenu par de grosses branches et couvert en jonc et en paille, les grossiers volets, la porte,
tout de cette chaumière provenait de trouvailles heureuses ou de
dons arrachés par l'importunité.

Le paysan a pour sa demeure l'instinct qu'a l'animal pour son
nid ou pour son terrier, et cet instinct éclatait dans toutes les dispositions de cette chaumière. D'abord la fenêtre et la porte regardaient au nord. La maison, assise sur une petite éminence dans
l'endroit le plus cailloureux d'un terrain à vignes, devait être sa-
lubre. On y montait par trois marches industrieusement faites avec
des piquets, avec des planches et remplies de pierrailles. Les eaux
s'écoulaient donc rapidement. Puis, comme en Bourgogne la pluie
vient rarement du nord, aucune humidité ne pouvait pourrir les
fondations, quelque légères qu'elles fussent. Au bas, le long du
sentier, régnait un rustique palis, perdu dans une haie d'aubépine
et de ronces. Une treille, sous laquelle de méchantes tables, accompagnées de bancs grossiers, invitaient les passants à s'asseoir, cou-

vrait de son berceau l'espace qui séparait cette chaumière du chemin. A l'intérieur, le haut du talus offrait pour décor des roses, des giroflées, des violettes, toutes les fleurs qui ne coûtent rien. Un chèvrefeuille et un jasmin attachaient leurs brindilles sur le toit déjà chargé de mousses, malgré son peu d'ancienneté.

A droite de sa maison, le possesseur avait adossé une étable pour deux vaches. Devant cette construction en mauvaises planches, un terrain battu servait de cour; et, dans un coin, se voyait un énorme tas de fumier. De l'autre côté de la maison et de la treille, s'élevait un hangar en chaume soutenu par deux troncs d'arbres, sous lequel se mettaient les ustensiles des vignerons, leurs futailles vides, des fagots de bois empilés autour de la bosse que formait le four, dont la bouche s'ouvre presque toujours, dans les maisons de paysans, sous le manteau de la cheminée.

A la maison attenait environ un arpent enclos d'une haie vive et plein de vignes, soignées comme le sont celles des paysans, toutes si bien fumées, provignées et bêchées, que leur pampres verdoient les premiers à trois lieues à la ronde. Quelques arbres, des amandiers, des pruniers et des abricotiers montraient leurs têtes grêles, çà et là, dans cet enclos. Entre les ceps, le plus souvent on cultivait des pommes de terre ou des haricots. En hache, vers le village, et derrière la cour, dépendait encore de cette habitation un petit terrain humide et bas, favorable à la culture des choux, des oignons, légumes favoris de la classe ouvrière, et fermé d'une porte à claire-voie par où passaient les vaches, en pétrissant le sol et y laissant leurs bouses étalées.

Cette maison, composée de deux pièces au rez-de-chaussée, avait sa sortie sur le vignoble. Du côté des vignes, une rampe en bois, appuyée au mur de la maison et couverte d'une toiture en chaume, montait jusqu'au grenier, éclairé par un œil-de-bœuf. Sous cet escalier rustique, un caveau, tout en briques de Bourgogne, contenait quelques pièces de vin.

Quoique la batterie de cuisine du paysan consiste ordinairement en deux ustensiles avec lesquels on fait tout, une poêle et un chaudron de fer, par exception, il se trouvait dans cette chaumière deux casseroles énormes, accrochées sous le manteau de la cheminée, au-dessus d'un petit fourneau portatif. Malgré ce symptôme d'aisance, le mobilier était en harmonie avec les dehors de la maison. Ainsi, pour contenir l'eau, une jarre; pour argenterie, des cuillers

de bois ou d'étain, des plats en terre brune au dehors et blanche
en dedans, mais écaillés et raccommodés avec des attaches; enfin,
autour d'une table solide, des chaises en bois blanc, et pour plancher de la terre battue. Tous les cinq ans les murs recevaient une
couche d'eau de chaux, ainsi que les maigres solives du plafond,
auxquelles pendent du lard, des bottes d'oignons, des paquets de
chandelles et les sacs où le paysan met ses graines; auprès de la
huche, une antique armoire en vieux noyer garde le peu de linge,
les vêtements de rechange et les habits de fête de la famille.

Sur le manteau de la cheminée brillait un vieux fusil de braconnier ; vous n'en donneriez pas cinq francs, le bois est quasi brûlé,
le canon, sans aucune apparence, ne semble pas nettoyé. Vous
pensez que la défense d'une cabane à loquet, dont la porte extérieure, pratiquée dans le palis, n'est jamais fermée, n'exige pas
mieux, et vous vous demandez à quoi peut servir une pareille
arme. D'abord, si le bois est d'une simplicité commune, le canon,
choisi avec soin, provient d'un fusil de prix, donné sans doute à
quelque garde-chasse. Aussi le propriétaire de ce fusil ne manque-t-il jamais son coup; il existe entre son arme et lui l'intime connaissance que l'ouvrier a de son outil. S'il faut abaisser le canon
d'un millimètre au-dessous ou au-dessus du but, parce qu'il relève ou tombe de cette faible estime, le braconnier le sait, il obéit
à cette loi sans se tromper. Puis, un officier d'artillerie trouverait
les parties essentielles de l'arme en bon état : rien de moins, rien
de plus. Dans tout ce qu'il s'approprie, dans tout ce qui doit lui
servir, le paysan déploie la force convenable, il y met le nécessaire
et rien au delà. La perfection extérieure, il ne la comprend jamais.
Juge infaillible des nécessités en toutes choses, il connaît tous les
degrés de force, et sait, en travaillant pour le bourgeois, donner
le moins possible pour le plus possible. Enfin, ce fusil méprisable
entre pour beaucoup dans l'existence de la famille, et vous saurez
tout à l'heure comment.

Avez-vous bien saisi les mille détails de cette hutte assise à cinq
cents pas de la jolie porte des Aigues? La voyez-vous accroupie là
comme un mendiant devant un palais? Eh bien ! son toit chargé
de mousses veloutées, ses poules caquetant, son cochon qui se
vautre, sa génisse qui vague, toutes ces poésies champêtres avaient
un horrible sens. A la porte du palis, une grande perche élevait à
une certaine hauteur un bouquet flétri, composé de trois branches

de pin et d'un feuillage de chêne réuni par un chiffon. Au-dessus de la porte, un peintre forain avait, pour un déjeuner, peint dans un tableau de deux pieds carrés, sur un champ blanc, un *I* majuscule en vert, et pour ceux qui savent lire, ce calembour en douze lettres : Au Grand-I-Vert (hiver). A gauche de la porte éclataient les vives couleurs de cette vulgaire affiche : Bonne bière de mars, où de chaque côté d'un cruchon qui lance un jet de mousse se carrent une femme en robe excessivement décolletée et un hussard, tous deux grosièrement coloriés. Aussi, malgré les fleurs et l'air de la campagne s'exhalait-il de cette chaumière la forte et nauséabonde odeur de vin et de mangeaille qui vous saisit à Paris en passant devant les gargotes de faubourg.

Vous connaissez les lieux. Voici les êtres et leur histoire qui contient plus d'une leçon pour les philanthropes.

Le propriétaire du Grand-I-Vert, nommé François Tonsard, se recommande à l'attention des philosophes par la manière dont il avait résolu le problème de la vie fainéante et de la vie occupée, de manière à rendre la fainéantise profitable et l'occupation nulle.

Ouvrier en toutes choses, il savait travailler à la terre, mais pour lui seul. Pour les autres, il creusait des fossés, fagottait, écorçait des arbres ou les abattait. Dans ces travaux, le bourgeois est à la discrétion de l'ouvrier. Tonsard avait dû son coin de terre à la générosité de mademoiselle Laguerre. Dès sa première jeunesse, Tonsard faisait des journées pour le jardinier du château, car il n'y avait pas son pareil pour tailler les arbres d'allée, les charmilles, les haies, les marronniers de l'Inde. Son nom indique assez un talent héréditaire. Au fond des campagnes, il existe des priviléges obtenus et maintenus avec autant d'art qu'en déploient les commerçants pour s'attribuer les leurs. Un jour, en se promenant, Madame entendit Tonsard, garçon bien découplé, disant : « Il me suffirait pourtant d'un arpent de terre pour vivre, et pour vivre heureusement ! » Cette bonne fille, habituée à faire des heureux, lui donna cet arpent de vignes en avant de la porte de Blangy, contre cent journées (délicatesse peu comprise !), en lui permettant de rester aux Aigues, où il vécut avec les gens du château auxquels il parut être le meilleur garçon de la Bourgogne.

Ce pauvre Tonsard (ce fut le mot de tout le monde) travailla pendant environ trente journées sur les cent qu'il devait ; le reste du temps il baguenauda, riant avec les femmes de Madame, et surtout avec mademoiselle Cochet, la femme de chambre, quoiqu'elle fût laide comme toutes les femmes de chambre des belles actrices. Rire avec mademoiselle Cochet signifiait tant de choses que Soudry, l'heureux gendarme dont il est question dans la lettre de Blondet, regardait encore Tonsard de travers, après vingt-cinq ans. L'armoire en noyer, le lit à colonnes et à bonnes grâces, ornements de la chambre à coucher, furent sans doute le fruit de quelque *risette*.

Une fois en possession de son champ, au premier qui lui dit que madame le lui avait donné, Tonsard répondit : « Je l'ai parguienne bien acheté et bien payé. Est-ce que les bourgeois nous donnent jamais quelque chose ? Est-ce donc rien que cent journées ? Ça me coûte trois cents francs et c'est tout cailloux ! » Le propos ne dépassa point la région populaire.

Tonsard se bâtit alors cette maison lui-même, en prenant les matériaux de ci et de là, se faisant donner un coup de main par l'un et l'autre, grapillant au château les choses de rebut, ou les demandant et les obtenant toujours. Une mauvaise porte de montreuil, démolie pour être reportée plus loin, devint celle de l'étable. La fenêtre venait d'une vieille serre abattue. Les débris du château servirent donc à élever cette fatale chaumière.

Sauvé de la réquisition par Gaubertin, le régisseur des Aigues, dont le père était accusateur public au département, et qui d'ailleurs ne pouvait rien refuser à mademoiselle Cochet, Tonsard se maria dès que sa maison fut terminée et sa vigne en rapport. Garçon de vingt-trois ans, familier aux Aigues, ce drôle, à qui madame venait de donner un arpent de terre et qui paraissait travailleur, eut l'art de faire sonner haut toutes ses valeurs négatives, et il obtint la fille d'un fermier de la terre de Ronquerolles, située au delà de la forêt des Aigues.

Ce fermier tenait une ferme à moitié qui dépérissait entre ses mains, faute d'une fermière. Veuf et inconsolable, il tâchait, à la manière anglaise, de noyer ses soucis dans le vin ; mais quand il ne pensa plus à sa pauvre chère défunte, il se trouva marié, selon une plaisanterie de village, avec la Boisson. En peu de temps, de fermier le beau-père redevint ouvrier, mais ouvrier buveur et paresseux, méchant et hargneux, capable de tout comme les gens du peuple qui, d'une sorte d'aisance, retombent dans la misère.

Cet homme, que ses connaissances pratiques, la lecture et la science de l'écriture mettaient au-dessus des autres ouvriers, mais que ses vices tenaient au niveau des mendiants, venait de se mesurer, comme on l a vu, sur les bords de l'Avonne, avec un des hommes les plus spirituels de Paris, dans une bucolique oubliée par Virgile.

Le père Fourchon, d'abord maître d'école à Blangy, perdit sa place à cause de son inconduite et de ses idées sur l'instruction publique. Il aidait beaucoup plus les enfants à faire des petits bateaux et des cocottes avec leurs abécédaires qu'il ne leur apprenait à lire ; il les grondait si curieusement, quand ils avaient *chippé* des fruits, que ses semonces pouvaient passer pour des leçons sur la manière d'escalader les murs. On cite encore à Soulanges sa réponse à un petit garçon venu trop tard, et qui s'excusait ainsi : Dame m'sieur, j'ai mené boire notre *chevau!* — On dit cheval, *animau!*

D'instituteur, il fut nommé piéton. Dans ce poste, qui sert de retraite à tant de vieux soldats, le père Fourchon fut réprimandé tous les jours. Tantôt il oubliait les lettres dans les cabarets, tantôt il les gardait sur lui. Quand il était gris, il remettait les paquets d'une commune dans une autre, et quand il était à jeun, il lisait les lettres. Il fut donc promptement destitué. Ne pouvant être rien dans l'Etat, le père Fourchon avait fini par devenir fabricant. Dans la campagne, les indigents exercent une industrie quelconque, ils ont tous un prétexte d'existence honnête. A l'âge de soixante-huit ans, le vieillard entreprit la corderie en petit, un des commerces qui demandent le moins de mise de fonds. L'atelier est, comme on l'a vu, le premier mur venu, les machines valent à peine dix francs, l'apprenti couche comme son maître dans une grange, et vit de ce qu'il ramasse. La rapacité de la loi sur les portes et fenêtres expire *sub dio*. On emprunte la matière première pour la rendre fabriquée. Mais le principal revenu du père Fourchon et de son apprenti Mouche, fils naturel d'une de ses filles naturelles, leur venait de sa chasse aux loutres, puis des déjeuners ou dîners que leur donnaient les gens qui, ne sachant ni lire ni écrire, usaient des talents du père Fourchon dans le cas d'une lettre à répondre ou d'un compte à présenter. Enfin il savait jouer de la clarinette, et tenait compagnie à l'un de ses amis appelé Vermichel, le ménétrier de Soulanges, dans les noces des villages, ou les jours de grand bal au Tivoli de Soulanges.

Vermichel s'appelait Michel Vert, mais le calembour fait avec le nom vrai devint d'un usage si général, que dans ses actes, Brunet, huissier audiencier de la justice de paix de Soulanges, mettait Michel-Jean-Jérôme Vert, *dit Vermichel*, praticien. Vermichel, violon très-distingué de l'ancien régiment de Bourgogne, par reconnaissance des services que lui rendait le papa Fourchon, lui avait procuré cette place de praticien dévolue à ceux qui, dans les campagnes, savent signer leur nom. Le père Fourchon servait donc de témoin ou de praticien pour les actes judiciaires, quand le sieur Brunet venait instrumenter dans les communes de Cerneux, Conches et Blangy. Vermichel et Fourchon, liés par une amitié qui comptait vingt ans de bouteille, constituaient presque une raison sociale.

Mouche et Fourchon, unis par le vice comme Mentor et Télémaque le furent jadis par la vertu, voyageaient comme eux, à la recherche de leur père, *panis angelorum*, seuls mots latins qui restassent dans la mémoire du vieux villageois. Ils allaient haricotant les restes du Grand-I-Vert, et ceux des châteaux circonvoisins ; car, à eux deux, dans les années les plus occupées, les plus prospères, ils n'avaient jamais pu fabriquer en moyenne trois cent soixante brasses de corde. D'abord, aucun marchand, dans un rayon de vingt lieues, n'aurait confié d'étoupe ni à Fourchon ni à Mouche. Le vieillard, devançant les miracles de la chimie moderne, savait trop bien changer l'étoupe en benoît jus de treille. Puis, ses triples fonctions d'écrivain public de trois communes, de praticien de la justice de paix, de joueur de clarinette, nuisaient, disait-il, aux développements de son commerce.

Ainsi Tonsard fut déçu tout d'abord dans l'espérance assez joliment caressée, de conquérir une espèce de bien-être par l'augmentation de ses propriétés. Le gendre paresseux rencontra, par un accident assez ordinaire, un beau-père fainéant. Les affaires devaient aller d'autant plus mal que la Tonsard, douée d'une espèce de beauté champêtre, grande et bien faite, n'aimait point à travailler en plein air. Tonsard s'en prit à sa femme de la faillite paternelle, et la maltraita par suite de cette vengeance familière au peuple, dont les yeux, uniquement occupés de l'effet, remontent rarement jusqu'à la cause.

En trouvant sa chaîne pesante, cette femme voulut l'alléger. Elle se servit des vices de Tonsard pour se rendre maîtresse de lui.

Gourmande, aimant ses aises, elle encouragea la paresse et la gourmandise de cet homme. D'abord, elle sut se procurer la faveur des gens du château, sans que Tonsard lui reprochât les moyens, en voyant les résultats. Il s'inquiéta fort peu de ce que faisait sa femme, pourvu qu'elle fît tout ce qu'il voulait. C'est la secrète transaction de la moitié des ménages. La Tonsard créa donc la buvette du Grand-I-Vert, dont les premiers consommateurs furent les gens des Aigues, les gardes et les chasseurs.

Gaubertin, l'intendant de mademoiselle Laguerre, un des premiers chalands de la belle Tonsard, lui donna quelques pièces d'excellent vin pour allécher la pratique. L'effet de ces présents, périodiques, tant que le régisseur resta garçon, et la renommée de beauté peu sauvage qui signala cette femme aux dons Juans de la vallée, achalandèrent le Grand-I-Vert. En sa qualité de gourmande, la Tonsard devint excellente cuisinière, et quoique ses talents ne s'exerçassent que sur les plats en usage dans la campagne, le civet, la sauce de gibier, la matelotte, l'omelete, elle passa dans le pays pour savoir admirablement cuisiner un de ces repas qui se mangent sur le bout de la table, et dont les épices, prodiguées outre mesure, excitent à boire. En deux ans, elle se rendit ainsi maîtresse de Tonsard et le poussa sur une pente mauvaise, à laquelle il ne demandait pas mieux que de s'abandonner.

Ce drôle braconna constamment sans avoir rien à craindre. Les liaisons de sa femme avec Gaubertin l'intendant, avec les gardes particuliers, et les autorités champêtres, le relâchement du temps, lui assurèrent l'impunité. Dès que ses enfants furent assez grands, il en fit les instruments de son bien-être, sans se montrer plus scrupuleux pour leurs mœurs que pour celles de sa femme. Il eut des filles et deux garçons. Tonsard, qui vivait, ainsi que sa femme, au jour le jour, aurait vu finir sa joyeuse vie, s'il n'eût pas maintenu constamment chez lui la loi quasi martiale de travailler à la conservation de son bien-être, auquel sa famille participait d'ailleurs. Quand sa famille fut élevée aux dépens de ceux à qui sa femme savait arracher des présents, voici quels furent la charte et le budget du Grand-I-Vert.

La vieille mère de Tonsard et ses deux filles, Catherine et Marie, allaient continuellement au bois, et revenaient deux fois par jour chargées à plier sous le poids d'un fagot qui tombait à leurs chevilles et dépassait leurs têtes de deux pieds. Quoique fait en dessus avec du bois mort, l'intérieur se composait de bois vert, coupé souvent parmi les jeunes arbres. A la lettre, Tonsard prenait son bois pour l'hiver dans la forêt des Aigues. Le père et les deux fils braconnaient continuellement. De septembre en mars, les lièvres, les lapins, les perdrix, les grives, les chevreuils, tout le gibier qui ne se consommait pas au logis, se vendait à Blangy, dans la petite ville de Soulanges, chef-lieu du canton, où les deux filles de Tonsard fournissaient du lait, et d'où elles rapportaient chaque jour des nouvelles, en y colportant celles des Aigues, de Cerneux et de Conches. Quand on ne pouvait plus chasser, les trois Tonsard tendaient des collets. Si les collets rendaient trop, la Tonsard faisait des pâtés expédiés à la Ville-aux-Fayes. Au temps de la moisson, sept Tonsard, la vieille mère, les deux garçons, tant qu'ils n'eurent pas dix-sept ans, les deux filles, le vieux Fourchon et Mouche glanaient, ramassaient près de seize boisseaux par jour, glanant seigle, orge, blé, tout grain bon à moudre.

Les deux vaches, menées d'abord par la plus jeune des filles, le long des routes, s'échappaient la plupart du temps dans les prés des Aigues; mais comme au moindre délit trop flagrant pour que le garde se dispensât de le constater, les enfants étaient ou battus ou privés de quelques friandises, ils avaient acquis une habileté singulière pour entendre les pas ennemis, et presque jamais le garde champêtre ou le garde des Aigues ne les surprenaient en faute. D'ailleurs, les liaisons de ces dignes fonctionnaires avec Tonsard et sa femme leur mettaient une taie sur les yeux. Les bêtes, conduites par de longues cordes, obéissaient d'autant mieux à un seul coup de rappel, à un cri particulier qui les ramenaien sur le terrain commun, qu'elles savaient, le péril passé, pouvoir achever leur lippée chez le voisin. La vieille Tonsard, de plus en plus débile, avait succédé à Mouche, depuis que Fourchon gardait son petit-fils naturel avec lui, sous prétexte de soigner son éducation. Marie et Catherine faisaient de l'herbe dans le bois. Elles y avaient reconnu des places où vient ce foin forestier si joli, si fin, qu'elles coupaient, fanaient, bottelaient et engrangeaient; elles y trouvaient les deux tiers de la nourriture des vaches en hiver, qu'on menait d'ailleurs paître pendant les plus belles journées aux endroits bien connus où l'herbe verdoie. Il y a, dans certains endroits de la vallée des Aigues, comme dans tous les pays dominés par des chaînes de montagnes, des terrains qui donnent, comme en Piémont et en Lombardie, de l'herbe en hiver. Ces prairies, nommées en Italie *marciti*, ont une grande valeur ; mais en France, il ne leur faut ni trop grandes glaces, ni trop de neige. Ce phénomène est dû sans doute à une exposition particulière, à des infiltrations d'eaux qui conservent une température chaude.

Les deux veaux produisaient environ 80 francs. Le lait, déduction faite du temps ou les vaches nourrissaient ou vêlaient, rapportait environ 160 francs, et elles pourvoyaient en outre aux besoins du logis en fait de laitage. Tonsard gagnait une cinquantaine d'écus en journées faites de côté et d'autre.

La cuisine et le vin vendu donnaient, tous les frais déduits, une centaine d'écus, car les régalades, essentiellement passagères, venaient en certains temps et pendant certaines saisons ; d'ailleurs, les gens à régalades prévenaient la Tonsard et son mari, qui prenaient alors à la ville le peu de viande et de provisions nécessaires. Le vin du clos de Tonsard était vendu, année commune, 20 francs le tonneau, sans fût, à un cabaretier de Soulanges avec lequel Tonsard entretenait des relations. Par certaines années plantureuses, Tonsard récoltait douze pièces dans son arpent ; mais la moyenne était de huit pièces, et Tonsard en gardait moitié pour son débit. Dans les pays vignobles, le glanage des vignes constitue le *hallebotage*. Par le hallebotage, la famille Tonsard recueillait trois pièces de vin environ. Mais à l'abri sous les usages, elle mettait peu de conscience dans ses procédés ; elle entrait dans les vignes avant que les vendangeurs n'en fussent sortis; de même qu'elle se ruait sur les champs de blé quand les gerbes amoncelées attendaient les charrettes. Ainsi, les sept ou huit pièces de vin, tant halleboté que récolté, se vendaient à un bon prix. Mais sur cette somme, le Grand-I-Vert réalisait des pertes provenant de la consommation de Tonsard et de sa femme, habitués tous deux à manger les meilleurs morceaux, à boire du vin meilleur que celui qu'ils vendaient et fourni par leur correspondant de Soulanges, en payement du leur. L'argent gagné par cette famille allait donc à environ 900 francs, car ils engraissaient deux cochons par an, un pour eux, un autre pour le vendre.

Les ouvriers, les mauvais garnements du pays prirent, à la longue, en affection le cabaret du Grand-I-Vert, autant à cause des talents de la Tonsard que de la camaraderie existant entre cette famille et le menu peuple de la vallée. Les deux filles, toutes deux remarquablement belles, continuaient les mœurs de leur mère. Enfin, l'ancienneté du Grand-I-Vert, qui datait de 1795, en faisait une chose consacrée dans la campagne. Depuis Conches jusqu'à la Ville-aux-Fayes, les ouvriers y venaient conclure leurs marchés, y apprendre les nouvelles pompées par les filles à Tonsard, par Mouche, par Fourchon, dites par Vermichel, par Brunet, l'huissier le plus en renom à Soulanges, quand il y venait chercher son praticien. Là s'établissaient les prix des foins, des vins, celui des journées et celui des ouvrages à tâche. Tonsard, juge souverain en ces matières, y donnait des consultations, tout en trinquant avec les buveurs. Soulanges, selon le mot du pays, passait pour être uniquement une ville de société, d'amusement, et Blangy était le bourg commercial, écrasé néanmoins par le grand centre de la Ville-aux-Fayes, devenue en vingt-cinq ans la capitale de cette magnifique vallée. Le marché des bestiaux, de grains, se tenait à Blangy, sur la place, et ses prix servaient de mercuriale à l'arrondissement.

En restant au logis, la Tonsard était restée fraîche, blanche, potelée, par exception aux femmes des champs, qui passent aussi rapidement que les fleurs, et qui sont déjà vieilles à trente ans. Aussi la Tonsard aimait-elle à être bien mise. Elle n'était que propre; mais au village, cette propreté vaut le luxe. Les filles, mieux vêtues que ne le comportait leur pauvreté, suivaient l'exemple de leur mère. Sous leur corps de jupe, presque élégant relativement, elles portaient du linge plus fin que celui des paysannes les plus riches. Aux jours de fête, elles se montraient en jolies robes, gagnées Dieu sait comme! La livrée des Aigues leur vendait, à des prix facilement payés, la défroque des femmes de chambre, qui avait balayé les rues de Paris, et qui, refaite à l'usage de Marie et de Catherine, s'étalait triomphante sous l'enseigne du Grand-I-Vert. Ces deux filles, les bohémiennes de la vallée, ne recevaient pas un liard de leurs parents, qui leur donnaient uniquement la nourriture et les couchaient sur d'affreux grabats, avec leur grand'-mère, dans le grenier où leurs frères couchaient, blottis à même le foin comme des animaux. Ni le père ni la mère ne songeaient à cette promiscuité.

L'âge de fer et l'âge d'or se ressemblent plus qu'on ne le pense. Dans l'un, l'on ne prend garde à rien; dans l'autre, on prend garde à tout; pour la société, le résultat est peut-être le même.

La présence de la vieille Tonsard, qui ressemblait bien plus à une nécessité qu'à une garantie, était une immoralité de plus.

Aussi l'abbé Brossette, après avoir étudié les mœurs de ses paroissiens, disait-il à un évêque ce mot profond : — « Monseigneur, à voir comment ils s'appuient de leur misère, on devine que ces paysans tremblent de perdre le prétexte de leurs débordements. »

Quoique tout le monde sût combien cette famille avait peu de principes et peu de scrupules, personne ne trouvait à redire aux mœurs du Grand-I-Vert. Au commencement de cette scène, il est nécessaire d'expliquer une fois pour toutes aux gens habitués à la moralité des familles bourgeoises, que les paysans n'ont, en fait de mœurs domestiques, aucune délicatesse. Ils n'invoquent la morale, à propos d'une de leurs filles séduites, que si le séducteur est riche et craintif. Les enfants, jusqu'à ce que l'État les leur arrache, sont des capitaux ou des instruments de bien-être. L'intérêt est devenu, surtout depuis 1789, le seul mobile de leurs idées ; il ne s'agit jamais pour eux de savoir si une action est légale ou immorale, mais si elle est profitable. La moralité, qu'il ne faut pas confondre avec la religion, commence à l'aisance ; comme on voit, dans la sphère supérieure, la délicatesse fleurir dans l'âme quand la Fortune a doré le mobilier. L'homme absolument probe et moral est, dans la classe des paysans, une exception. Les curieux demanderont pourquoi ? De toutes les raisons qu'on peut donner de cet état de choses, voici la principale : Par la nature de leurs fonctions sociales, les paysans vivent d'une vie purement matérielle, qui se rapproche de l'état sauvage auquel les invite leur union constante avec la Nature. Le travail, quand il écrase le corps, ôte à la pensée son action purifiante, surtout chez des gens ignorants. Enfin, pour les paysans, la misère est leur *raison d'État*, comme le disait l'abbé Brossette.

Mêlé à tous les intérêts, Tonsard écoutait les plaintes de chacun et dirigeait les fraudes utiles aux nécessiteux. La femme, bonne personne en apparence, favorisait par des coups de langue les malfaiteurs du pays, ne refusait jamais ni son approbation, ni même un coup de main à ses pratiques, quoi qu'elles fissent, contre *le bourgeois*. Dans ce cabaret, vrai nid de vipères, s'entretenait donc, vivace et venimeuse, chaude et agissante, la haine du prolétaire et du paysan contre le maître et le riche.

La vie heureuse des Tonsard fut alors d'un très-mauvais exemple. Chacun se demanda pourquoi ne pas prendre, comme Tonsard, dans la forêt des Aigues, son bois pour le four, pour la cuisine et pour se chauffer l'hiver ? Pourquoi ne pas avoir la nourriture d'une vache et trouver comme eux du gibier à manger ou à vendre ? Pourquoi, comme eux, ne pas récolter sans semer, à la moisson et aux vendanges ? Aussi, le vol sournois qui ravage les bois, qui dîme les guérets, les prés et les vignes, devenu général dans cette vallée, dégénéra-t-il promptement en droit dans les communes de Blangy, de Conches et de Cerneux, sur lesquelles s'étendait le domaine des Aigues. Cette plaie, par des raisons qui seront dites en temps et lieu, frappa beaucoup plus la terre des Aigues que les biens de Ronquerolles et de Soulanges. Ne croyez pas, d'ailleurs, que jamais Tonsard, sa femme, ses enfants et sa vieille mère se fussent dit, de propos délibéré : Nous vivrons de vols, et nous les commettrons avec habileté ! Ces habitudes avaient grandi lentement. Au bois mort, la famille mêla quelque peu de bois vert ; puis, enhardie par l'habitude et par une impunité calculée, nécessaire à des plans que ce récit va développer, en vingt ans, elle en était arrivée à faire *son bois*, à voler presque toute sa vie. Le pâturage des vaches, les abus du glanage et du hallebotage s'établirent ainsi par degrés. Une fois que la famille et les fainéants de la vallée eurent goûté les bénéfices de ces quatre droits conquis par les pauvres de la campagne, et qui vont jusqu'au pillage, on conçoit que les paysans ne pouvaient y renoncer que contraints par une force supérieure à leur audace.

Au moment où cette histoire commence, Tonsard, âgé d'environ cinquante ans, homme fort et grand, plus gras que maigre, les cheveux crépus et noirs, le teint violemment coloré, jaspé comme une brique de tons violâtres, l'œil orangé, les oreilles rabattues et largement ourlées, d'une constitution musculeuse, mais enveloppée d'une chair molle et trompeuse, le front écrasé, la lèvre inférieure pendante, cachait son vrai caractère sous une stupidité entremêlée des éclairs d'une expérience qui ressemblait d'autant plus à de l'esprit, qu'il avait acquis dans la société de son beau-père un parler *gouailleur*, pour employer une expression du dictionnaire Vermichel et Fourchon. Son nez, aplati du bout comme si le doigt de Dieu avait voulu le marquer, lui donnait une voix qui partait du palais, comme chez tous ceux que la maladie a défigurés en tronquant la communication des fosses nasales, où l'air passe alors péniblement. Ses dents supérieures, entrecroisées, laissaient d'autant mieux voir ce défaut, terrible au dire de Lavater, que ses dents offraient la blancheur de celle d'un chien. Sans la fauve bonhomie du fainéant et le laisser-aller du gobelotteur de campagne, cet homme eût effrayé les gens les moins perspicaces.

Si le portrait de Tonsard, si la description de son cabaret, celle de son beau-père apparaissent en première ligne, croyez bien que cette place est due à l'homme, au cabaret et à la famille. D'abord, cette existence, si minutieusement expliquée, est le type de celle que menaient cent autres ménages dans la vallée des Aigues. Puis, Tonsard, sans être autre chose que l'instrument de haines actives et profondes, eut une influence énorme dans la bataille qui devait se livrer, car il fut le conseil de tous les plaignants de la basse classe. Son cabaret servit constamment, comme on va le voir, de rendez-vous aux assaillants, de même qu'il devint leur chef, par suite de la terreur qu'il inspirait à cette vallée, moins par ses actions que par ce qu'on attendait toujours de lui. La menace de ce braconnier étant aussi redoutée que le fait, il n'avait jamais eu besoin d'en exécuter aucune.

Toute révolte, ouverte ou cachée, a son drapeau. Le drapeau des maraudeurs, des fainéants, des buveurs, était donc la terrible perche du Grand-I-Vert. On s'y amusait, chose aussi recherchée et aussi rare à la campagne qu'à la ville. Il n'existait d'ailleurs pas d'auberges sur une route cantonale de quatre lieues, que les voitures chargées faisaient facilement en trois heures; aussi, tous ceux qui allaient de Conches à la Ville-aux-Fayes, s'arrêtaient-ils au Grand-I-Vert, ne fût-ce que pour se rafraîchir. Enfin, le meunier des Aigues, adjoint du maire, et ses garçons y venaient. Les domestiques du général eux-mêmes ne dédaignaient pas ce bouchon, que les filles à Tonsard rendaient attrayant, en sorte que le Grand-I-Vert communiquait souterrainement avec le château par les gens, et pouvait en savoir tout ce qu'ils en savaient. Il est impossible, ni par le bienfait, ni par l'intérêt, de rompre l'accord ernel du domestique avec le peuple. La livrée sort du peuple, elle lui reste attachée. Cette funeste camaraderie explique déjà la réticence que contenait le dernier mot dit au perron par Charles, le valet de pied, à Blondet.

## IV. — AUTRE IDYLLE.

— Ah! nom d'un nom! papa, dit Tonsard en voyant entrer son beau-père et le soupçonnant d'être à jeun, vous avez la gueule hâtive, ce matin. Nous n'avons rien à vous donner... Et s'*te* corde, s'*te* corde que nous devions faire? C'est étonnant comme vous en fabriquez la veille, et comme vous en trouvez peu de faite au lendemain. Il y a longtemps que vous auriez dû tortiller celle qui mettra fin à votre existence, car vous nous devenez beaucoup trop cher...

La plaisanterie du paysan et de l'ouvrier est très-attique, elle consiste à dire toute sa pensée, en la grossissant par une expression grotesque. On n'agit pas autrement dans les salons. La finesse de l'esprit y remplace le pittoresque de la grossièreté, voilà toute la différence.

— Y a pas de beau-père! dit le vieillard, parle-moi en pratique, je veux une bouteille du meilleur.

Ce disant, Fourchon frappa d'une pièce de cent sous, qui dans sa main brillait comme un soleil, la méchante table à laquelle il s'était assis, et que son tapis de graisse rendait aussi curieuse à voir que ses brûlures noires, ses marques vineuses et ses entailles. Au son de l'argent, Marie Tonsard, taillée comme une corvette pour la course, jeta sur son grand-père un regard fauve qui jaillit de ses yeux bleus comme une étincelle. La Tonsard sortit de sa chambre, attirée par la musique du métal.

— Tu brutalises toujours mon pauvre père, dit-elle à Tonsard, il gagne pourtant bien de l'argent depuis un an; Dieu veuille que ce soit honnêtement. Voyons ça?... dit-elle en sautant sur la pièce et l'arrachant des mains de Fourchon.

— Va, Marie, dit gravement Tonsard, au-dessus de la planche, y a encore *du vin bouché*.

Dans la campagne, le vin n'est que d'une seule qualité, mais il se vend sous deux espèces; le vin au tonneau, le vin bouché.

— D'où ça vous vient-il? demanda la Tonsard à son père en coulant la pièce dans sa poche.

— Philippine! tu finiras mal, dit le vieillard en hochant la tête et sans essayer de reprendre son argent.

Déjà, sans doute, Fourchon avait reconnu l'inutilité d'une lutte entre son terrible gendre, sa fille et lui.

— V'là une bouteille de vin que vous me vendez encore cent sous, ajouta-t-il d'un ton amer ; mais aussi sera-ce la dernière. Je donnerai ma pratique au café de la Paix.

— Tais-toi ! papa, reprit la blanche et grasse cabaretière, qui ressemblait assez à une matrone romaine ; il te faut une chemise, un pantalon propre, un autre chapeau, je veux te voir enfin un gilet.

— Je t'ai déjà dit que ce serait me ruiner, s'écria le vieillard. Quand on me croira riche, personne ne me donnera plus rien.

La bouteille apportée par la blonde Marie arrêta l'éloquence du vieillard, qui ne manquait pas de ce trait particulier à ceux dont la langue se permet de tout dire, et dont l'expression ne recule devant aucune pensée, fût-elle atroce.

— Vous ne voulez donc pas nous dire où vous *pigez* tant de monnaie ? demanda Tonsard ; nous irions aussi, nous autres !...

Tout en finissant un collet, le féroce cabaretier espionnait le pantalon de son beau-père, et il y vit bientôt la rondeur dessinée en saillie par la seconde pièce de cinq francs.

— A votre santé, je deviens capitaliste, dit le père Fourchon.

— Si vous vouliez, vous le seriez, dit Tonsard, vous avez des moyens, vous !... Mais le diable vous a percé au bas de la tête un trou par où tout s'en va !

— Hé ! j'ai fait le tour de la *loute* à ce petit bourgeois des Aigues qui est venu de Paris, voilà tout !

— S'il venait beaucoup de monde voir les sources d'Avonne, dit Marie, vous seriez riche, papa Fourchon.

— Oui, reprit-il en buvant le dernier verre de sa bouteille ; mais à force de jouer avec les *loutes*, les *loutes* se sont mises en colère, et il s'en est jeté une entre mes jambes, qui va me rapporter *pus* de vingt francs.

— Gageons, papa, que *t'as* fait une loutre en filasse ?... dit la Tonsard en regardant son père d'un air finaud.

— Si tu me donnes un pantalon, un gilet, des bretelles en lisière pour ne pas trop faire honte à Vermichel, sur notre estrade à Tivoli, car le père Socquard grogne toujours après moi, je te laisse la pièce, ma fille, ton idée la vaut bien. Je pourrai repincer le bourgeois des Aigues, qui, du coup, va peut-être s'adonner aux *loutes !*

— Va nous quérir une autre bouteille, dit Tonsard à sa fille. S'il avait une *loute*, ton père nous la montrerait, répondit-il en s'adressant à sa femme et tâchant de réveiller la susceptibilité de Fourchon.

— J'ai trop peur de la voir dans votre poêle à frire! dit le vieillard, qui cligna de l'un de ses petits yeux verdâtres en regardant sa fille. Philippine m'a déjà *esbigné* ma pièce ; et combien donc que vous m'en avez effarouché *ed'* mes pièces, sous couleur de me vêtir, de me nourrir?... Et vous me dites que ma gueule est hâtive, et je vas toujours tout nu.

— Vous avez vendu votre dernier habillement pour boire du vin cuit au café de la Paix, papa!... dit la Tonsard, à preuve que Vermichel a voulu vous en empêcher...

— Vermichel!... lui que j'ai régalé! Vermichel est incapable d'avoir trahi l'amitié. Ce sera ce quintal de vieux lard à deux pattes qu'il n'a pas honte d'appeler sa femme!

— Lui ou elle, répondit Tonsard, ou Bonnébault...

— Si c'était Bonnébault, reprit Fourchon, lui *qu'est* un des piliers du café... je... le... suffit.

— Mais, licheur, *quéque* ça fait que vous ayez vendu vos effets? Vous les avez vendus parce que vous les avez vendus ; vous êtes majeur! reprit Tonsard en frappant sur le genou du vieillard. Allez, faites concurrence à mes futailles, rougissez-vous le gosier! Le père à *mame* Tonsard en a le droit, et vaut mieux ça que de porter votre argent blanc à Socquard!

— Dire que voilà quinze ans que vous faites danser le monde à Tivoli, sans avoir pu deviner le secret du vin cuit de Socquard, vous qui êtes si fin! dit la fille à son père. Vous savez pourtant bien qu'avec ce secret-là nous deviendrions aussi riches que Rigou!

Dans le Morvan et dans la partie de la Bourgogne qui s'étale à ses pieds du côté de Paris, ce vin cuit, reproché par la Tonsard au père Fourchon, est un breuvage assez cher, qui joue un grand rôle dans la vie des paysans, et que savent faire plus ou moins bien les épiciers ou les limonadiers, là où il existe des cafés. Cette benoîte liqueur, composée de vin choisi, de sucre, de cannelle et autres épices, est préférable à tous les déguisements ou mélanges de l'eau-de-vie appelée ratafia, cent-sept-ans, eau des braves, cassis, vespétro, esprit de soleil, etc. On retrouve le vin cuit jusque sur les frontières de la France et de la Suisse. Dans le Jura, dans les lieux sauvages où pénètrent quelques touristes sérieux, les aubergistes donnent, sur la foi des commis-voyageurs, le nom de vin de Syracuse à ce produit industriel, excellent d'ailleurs, et qu'on est enchanté de payer trois ou quatre francs la bouteille, par la faim canine qui se gagne à l'ascension des pics. Or, dans les ménages morvandiaux et bourguignons, la plus légère douleur, le plus petit tressaillement de nerfs est un prétexte à vin cuit. Les femmes, pendant, avant et après l'accouchement, y joignent des rôties au sucre. Le vin cuit a dévoré des fortunes de paysan. Aussi plus d'une fois ce séduisant liquide a-t-il nécessité des corrections maritales.

— Et y a pas mèche! répondit Fourchon. Socquard s'est toujours enfermé pour fabriquer son vin cuit! Il n'en a pas dit le secret à défunt sa femme. Il tire tout de Paris pour *s'te* fabrique-là!

— Ne tourmentes donc pas ton père! s'écria Tonsard; il ne sait pas, eh bien! il ne sait pas! On ne peut pas tout savoir!

Fourchon fut saisi d'inquiétude en voyant la physionomie de son gendre s'adoucir aussi bien que sa parole.

— *Quéque* tu veux me voler? dit naïvement le vieillard.

— Moi, dit Tonsard, je n'ai rien que de légitime dans ma fortune, et quand je vous prends quelque chose, je me paye de la dot que vous m'aviez promise.

Fourchon, rassuré par cette brutalité, baissa la tête en homme vaincu et convaincu.

— V'là un joli collet, reprit Tonsard en se rapprochant de son beau-père et lui posant le collet sur les genoux, ils auront besoin de gibier aux Aigues, et nous arriverons bien à leur vendre le leur, ou y aurait pas de bon Dieu pour nous autres pauvres gens.

— Un solide travail, dit le vieillard en examinant cet engin malfaisant.

— Laissez-nous ramasser des sous, allez, papa, dit la Tonsard, nous aurons notre part au gâteau des Aigues!...

— Oh! les bavardes! dit Tonsard. Si je suis pendu, ce ne sera pas pour un coup de fusil, ce sera pour un coup de langue de votre fille.

— Vous croyez donc que les Aigues seront vendus en détail pour votre fichu nez? répondit Fourchon. Comment! depuis trente ans que le père Rigou vous suce la moelle de vos os, vous n'avez pas *core* vu que les bourgeois seront pires que les sergneurs? Dans cette affaire-là, mes petits, les Soudry, les Gaubertin, les Rigou vous feront danser sur l'air : *J'ai du bon tabac, tu n'en auras pas!* l'air national des riches, quoi!... Le paysan sera toujours le paysan ! Ne voyez-vous pas (mais vous ne connaissez rien à la politique!...) que le gouvernement n'a tant mis de droits sur le vin que pour nous repincer notre *quibus* et nous maintenir dans la misère ! Les bourgeois et le gouvernement, c'est tout un. *Qué* qu'ils deviendraient si nous étions tous riches? Laboureraient-ils leurs champs, feraient-ils la moisson? Il leur faut des malheureux ! J'ai été riche pendant dix ans, et je sais bien ce que je pensais des gueux!...

— Faut tout de même chasser avec eux, répondit Tonsard, puisqu'ils veulent *allotir* les grandes terres, et après nous nous retournerons contre les Rigou. A la place de Courte-Cuisse qu'il dévore, il y a longtemps que je lui aurais soldé son compte avec d'autres balles que celles que ce pauvre homme lui donne...

— Vous avez raison, répondit Fourchon. Comme dit le père Nizeron, qu'est resté républicain après tout le monde : le peuple a la vie dure, il ne meurt pas, il a le temps pour lui!...

Fourchon tomba dans une sorte de rêverie, et Tonsard en profita pour reprendre son collet; mais en le reprenant, il coupa d'un coup de ciseaux le pantalon, pendant que le père Fourchon levait son verre pour boire, et il mit le pied sur la pièce de cent sous, qui alla tomber sur la partie du sol toujours humide là, où les buveurs égouttaient leurs verres. Quoique lestement faite, cette soustraction aurait peut-être été sentie par le vieillard, sans l'arrivée de Vermichel.

— Tonsard, savez-vous où se trouve le papa? demanda le fonctionnaire au pied du palier.

Le cri de Vermichel, le vol de la pièce et l'épuisement du verre eurent lieu simultanément.

— Présent! mon officier, dit le père Fourchon en tendant la main à Vermichel pour l'aider à monter les marches du cabaret.

De toutes les figures bourguignonnes, Vermichel vous eût semblé la plus bourguignonne. Le praticien n'était pas rouge, mais écarlate. Sa face, comme certaines parties tropicales du globe, éclatait sur plusieurs points par de petits volcans desséchés qui dessinaient de ces mousses plates et vertes appelées assez poétiquement par Fourchon *des fleurs de vin.* Cette tête ardente, dont les traits avaient été démesurément grossis par de continuelles ivresses, paraissait cyclopéenne, allumée du côté droit par une prunelle vive, éteinte de l'autre côté par un œil couvert d'une taie jaunâtre. Des cheveux roux toujours ébouriffés, une barbe semblable à celle de Judas, rendaient Vermichel aussi formidable en apparence qu'il était doux en réalité. Le nez en trompette ressemblait à un point d'interrogation auquel la bouche, excessivement fendue, paraissait toujours répondre, même quand elle ne s'ouvrait pas. Vermichel, homme de petite taille, portait des souliers ferrés, un pantalon de velours vert bouteille, un vieux gilet rapetassé d'étoffes diverses qui paraissait avoir été fait avec une courte-pointe, une veste en gros drap bleu et un chapeau gris à larges bords. Ce luxe imposé par la ville de Soulanges, où Vermichel cumulait les fonctions de concierge de l'hôtel de ville, de tambour, de geôlier, de ménétrier et de praticien, était entretenu par madame Vermichel, une terrible antagoniste de la philosophie rabelaisienne. Cette virago à moustaches, large d'un mètre, d'un poids de cent vingt kilogrammes, et néanmoins agile, avait établi sa domination sur Vermichel, qui, battu par elle pendant ses ivresses, la laissait encore faire quand il était à jeun. Aussi le père Fourchon disait-il en méprisant la tenue de Vermichel : C'est la livrée d'un esclave.

— Quand on parle du soleil, on en voit les rayons, reprit Fourchon en répétant une plaisanterie inspirée par la rutilante figure de Vermichel, qui ressemblait en effet à ces soleils d'or peints sur les enseignes d'auberges en province. *Mame* Vermichel a-t-elle aperçu trop de poussière sur ton dos, que tu fuis tes quatre cinquièmes, car on ne peut pas l'appeler ta moitié, *c'te* femme? Qui t'amène de si bonne heure ici, tambour battu?

— Toujours la politique! répondit Vermichel, évidemment accoutumé à ces plaisanteries.

— Ah! le commerce de Blangy va mal, nous allons protester des billets, dit le père Fourchon en versant un verre de vin à son ami.

— Mais notre *singe* est sur mes talons, répondit Vermichel en haussant le coude.

Dans l'argot des ouvriers, le *singe* c'est le maître. Cette locution faisait partie du dictionnaire Vermichel et Fourchon.

— Quéque m'sieur Brunet vient donc tracasser par ici? demanda la Tonsard.

— Hé! pardi, vous autres, dit Vermichel, vous lui rapportez depuis trois ans *pus* que vous ne valez... Ah! il vous travaille joliment les côtes, le bourgeois des Aigues! Il va bien, le Tapissier... Comme dit le père Brunet : « S'il y avait trois propriétaires comme lui dans la vallée, ma fortune serait faite!... »

— *Qué* qu'ils ont donc inventé de nouveau contre le pauvre monde? dit Marie.

— Ma foi! reprit Vermichel, ça n'est pas bête, allez! et vous finirez par mettre les pouces... Que voulez-vous? les voilà bien en force, depuis bientôt deux ans, avec trois gardes, un garde à cheval, tous actifs comme des fourmis, et un garde champêtre qu'est un dévorant. Enfin la gendarmerie se botte maintenant à tout propos pour eux... Ils vous écraseront...

— Ah! *ouin!* dit Tonsard, nous sommes trop plats... Ce qu'il y a de plus résistant, c'est pas l'arbre, c'est l'herbe.

— Ne t'y fies pas, répondit le père Fourchon à son gendre, t'as des propriétés...

— Enfin, reprit Vermichel, ils vous aiment, ces gens, car ils ne pensent qu'à vous du matin au soir! Ils se sont dit comme ça : « Les bestiaux de ces gens nous mangent nos prés; nous allons les leur prendre, leurs bestiaux; ils ne pourront pas manger eux-mêmes l'herbe de nos prés. » Comme vous avez tous des condamnations sur le dos, ils ont dit à notre *singe* de saisir vos vaches. Nous commencerons ce matin par Conches, nous allons y saisir la vache à la mère Bonnébault, la vache à la Godain, la vache à la Mitant...

Dès qu'elle eut entendu le nom de Bonnébault, Marie, l'amoureuse de Bonnébault, le petit-fils de la vieille à la vache, sauta dans le clos de vigne, après avoir guigné son père et sa mère. Elle passa comme une anguille à travers un trou de la haie, et s'élança vers Conches avec la rapidité d'un lièvre poursuivi.

— Ils en feront tant, dit tranquillement Tonsard, qu'ils se feront casser les os, et ce sera dommage, leurs mères ne leur en feront pas d'autres.

— Ça se pourrait bien tout de même, ajouta le père Fourchon. Mais vois-tu, Vermichel, je ne peux pas être à vous avant une heure d'ici, j'ai des affaires importantes au château.

— Plus importantes que trois vacations à cinq sous? Faut pas cracher sur la vendange, a dit papa Noé.

— Je te dis, Vermichel, que mon commerce m'appelle au château des Aigues, répéta le vieux Fourchon en prenant un air de risible importance.

— D'ailleurs, ça ne serait pas, dit la Tonsard, que mon père ferait bien de s'évanouir. Est-ce que, par hasard, vous voudriez trouver les vaches?

— Monsieur Brunet, qui est un bonhomme, ne demande pas mieux que de n'en trouver que les bouses, répondit Vermichel. Un homme obligé comme lui de trotter par les chemins à la nuit doit être prudent.

— S'il l'est, il a raison, dit sèchement Tonsard.

— Donc, reprit Vermichel, il a dit comme ça à monsieur Michaud : « J'irai dès que l'audience sera terminée. » S'il voulait trouver les vaches, il y serait allé demain à sept heures. Mais il faudra qu'il marche, allez, monsieur Brunet. On n'attrappe pas deux fois le Michaud, c'est un chien de chasse fini. Ah! *qué* brigand!

— Ça devrait rester à l'armée, des sacripants comme ça, dit Tonsard, ça n'est bon qu'à lâcher sur les ennemis... Je voudrais bien qu'il me demandât mon nom; il a beau se dire un vieux de la Jeune Garde, je suis sûr qu'après avoir mesuré nos ergots, il n'en resterait plus long qu'à lui dans les pattes.

— Ah ça! dit la Tonsard à Vermichel, et les affiches de la fête de Soulanges, quand les verra-t-on? Nous voici le 8 août.

— Je les ai portées à imprimer chez monsieur Bournier, hier, à la Ville-aux-Fayes, répondit Vermichel. On a parlé chez *mame* Soudry d'un feu d'artifice sur le lac.

— Quel monde nous aurons! s'écria Fourchon.

— En v'là des journées pour Socquard, dit le cabaretier d'un air envieux.

— Oh! s'il ne pleut pas, ajouta sa femme comme pour se rassurer elle-même.

On entendit le trot d'un cheval venant de Soulanges, et cinq minutes après, l'huissier attachait son cheval à un poteau mis exprès à la claire-voie par où passaient les vaches. Puis il montra sa tête à la porte du Grand-I-Vert.

— Allons, allons, mes enfants, ne perdons pas de temps, dit-il en affectant d'être pressé.

— Ah! dit Vermichel, vous avez un réfractaire, monsieur Brunet. Le père Fourchon a la goutte.

— Il a plusieurs gouttes, répliqua l'huissier, mais la loi ne lui demande pas d'être à jeun.

— Pardon, monsieur Brunet, dit Fourchon, je suis attendu pour affaire aux Aigues, nous sommes en marché pour une *loute*...

Brunet, petit homme sec, au teint bilieux, vêtu tout en drap noir, l'œil fauve, les cheveux crépus, la bouche serrée, le nez pincé, l'air inquiet, la parole enrouée, offrait le phénomène d'une physionomie, d'un maintien et d'un caractère en harmonie avec sa profession. Il connaissait si bien le Droit, ou pour mieux dire, la chicane, qu'il était à la fois la terreur et le conseiller du canton; aussi ne manquait-il pas d'une certaine popularité parmi les paysans auxquels il demandait la plupart du temps son payement en denrées. Toutes ses qualités actives et négatives et ce savoir faire lui valaient la clientèle du canton, à l'exclusion de son confrère maître Plissoud, dont il sera question plus tard. Ce hasard d'un huissier qui fait tout et d'un huissier qui ne fait rien est fréquent dans les justices de paix, au fond des campagnes.

— Ça chauffe donc? dit Tonsard au petit père Brunet.

— Que voulez-vous, vous le pillez aussi par trop, cet homme! Il se défend! répondit l'huissier; ça finira mal, toutes vos affaires, le gouvernement s'en mêlera.

— Il faudra donc que nous autres malheureux nous crevions? dit la Tonsard en offrant un petit verre sur une soucoupe à l'huissier.

— Les malheureux peuvent crever, on n'en manquera jamais, dit sentencieusement Fourchon.

— Vous dévastez aussi par trop les bois, répliqua l'huissier.

— Ne croyez pas ça, monsieur Brunet, on fait bien du bruit, allez! pour quelques misérables fagots, dit la Tonsard.

— On n'a pas assez rasé de riches pendant la révolution, voilà tout, dit Tonsard.

En ce moment, l'on entendit un bruit horrible en ce qu'il était inexplicable. Le galop de deux pieds enragés, mêlé à un cliquetis d'armes, dominait un bruissement de feuillages et de branches entraînées par des pas encore plus précipités. Deux voix aussi différentes que les deux galops lançaient des interjections braillardes. Tous les gens du cabaret devinèrent la poursuite d'un homme et la fuite d'une femme; mais à quel propos?... L'incertitude ne dura pas.

LA MÈRE TONSARD.

Un bruit inexplicable... un cliquetis d'armes dominait un bruissement de feuillage et de branches entraînées.

(LES PAYSANS.)

— C'est la mère, dit Tonsard en se dressant, je reconnais sa *grelotte!*

Et soudain, après avoir gravi les méchantes marches du Grand-I-Vert, par un dernier effort dont l'énergie ne se trouve qu'aux jarrets des contrebandiers, la vieille Tonsard tomba, les quatre fers en l'air, au milieu du cabaret. L'immense lit de bois de son fagot fit un fracas terrible en se brisant contre le haut de la porte et sur le plancher. Tout le monde s'était écarté. Les tables, les bouteilles, les chaises atteintes par les branches s'éparpillèrent. Le tapage n'eût pas été si grand si la chaumière se fût écroulée.

— Je suis morte du coup! Le gredin m'a tuée!...

Le cri, l'action et la course de la vieille femme s'expliquèrent par l'apparition sur le seuil d'un garde habillé tout en drap vert, le chapeau bordé d'une ganse d'argent, le sabre au côté, la bandoulière de cuir aux armes de Montcornet avec celles des Troisvilles en abîme, le gilet rouge d'ordonnance, les guêtres de peau montant jusqu'au-dessus du genou.

Après un moment d'hésitation, le garde dit, en voyant Brunet et Vermichel :

— J'ai des témoins.

— De quoi!... dit Tonsard.

— Cette femme a dans son fagot un chêne de dix ans coupé en rondins, un vrai crime!...

Vermichel, dès que le mot *témoins* eut été prononcé, jugea très à propos d'aller dans le clos prendre l'air.

— De quoi!... de quoi!... dit Tonsard en se plaçant devant le garde pendant que la Tonsard relevait sa belle-mère, veux-tu bien me montrer tes talons, Vatel?... Verbalise et saisis sur le chemin, tu es là chez toi, brigand, mais sors d'ici. Ma maison est à moi, peut-être? Charbonnier est maître chez lui...

— Il y a flagrant délit, ta mère va me suivre.

— Arrêter ma mère chez moi? tu n'en a pas le droit. Mon domicile est inviolable, on sait ça, du moins. As-tu un mandat de monsieur Guerbet, notre juge d'instruction? Ah! c'est qu'il faut la justice pour entrer ici. Tu n'es pas la justice, quoique tu aies prêté serment au tribunal de nous faire crever de faim, méchant gabelou de forêt!

La fureur du garde était arrivée à un tel paroxisme qu'il voulut s'emparer du fagot; mais la vieille, un affreux parchemin noir doué de mouvement et dont le pareil ne se voit que dans le tableau des *Sabines* de David, lui cria :

— N'y touche pas, ou je te saute aux yeux!

— Eh bien! osez défaire votre fagot en présence de monsieur Brunet, dit le garde.

Quoique l'huissier affectât cet air d'indifférence que l'habitude des affaires donne aux officiers ministériels, il fit à la cabaretière et à son mari ce clignement d'yeux qui signifie : mauvaise affaire!... Le vieux Fourchon, lui! montra du doigt à sa fille le tas de cendres amoncelées dans la cheminée. La Tonsard, qui comprit à la fois par ce geste significatif le danger de sa belle-mère et le conseil de son père, prit une poignée de cendres et la jeta dans les yeux du garde. Vatel se prit à hurler; Tonsard, éclairé de toute la lumière que perdait le garde, le poussa rudement sur les méchantes marches extérieures où les pieds d'un aveugle devaient si facilement trébucher, que Vatel roula jusque dans le chemin en lâchant son fusil. En un moment le fagot fut défait, les bûches en furent extraites et cachées avec une prestesse qu'aucune parole ne peut rendre. Brunet, ne voulant pas être témoin de cette opération prévue par lui, se précipita sur le garde pour le relever, il l'assit sur le talus et alla mouiller son mouchoir dans l'eau pour laver les yeux au patient, qui, malgré ses souffrances, essayait de se traîner vers le ruisseau.

— Vatel, vous avez tort, lui dit l'huissier, vous n'avez pas le droit d'entrer dans les maisons, voyez-vous...

La vieille, petite femme presque bossue, lançait autant d'éclairs par ses yeux que d'injures par sa bouche démeublée et couverte d'écume, en se tenant sur le seuil de la porte, les poings sur ses hanches et criant à se faire entendre de Blangy :

— Ah! gredin, c'est bien fait, va! Que l'enfer le confonde!... me soupçonner de couper des *âbres*! moi, la *pus* honnête femme du village, et me chasser comme une bête malfaisante! Je voudrais te voir perdre tes maudits yeux, le pays y gagnerait sa tranquillité. Vous êtes tous des porte-malheurs, toi et tes compagnons qui supposez des infamies pour animer la guerre entre votre maître et nous!...

Le garde se laissait nettoyer les yeux par l'huissier, qui, tout en le pansant, lui démontrait toujours qu'en Droit il était répréhensible.

— La gueuse! elle nous a mis sur les dents, dit enfin Vatel, elle est dans le bois depuis cette nuit...

Tout le monde ayant prêté main-vive au recel de l'arbre coupé, les choses furent promptement remises en état dans le cabaret; Tonsard vint alors sur la porte d'un air rogue :

— Vatel, mon fiston, si tu t'avises une autre fois de violer mon domicile, c'est mon fusil qui te répondra, dit-il; aujourd'hui tu as eu la cendre, tu pourrais bien voir le feu un autre jour. Tu ne sais pas ton métier... Après cela, tu as chaud, si tu veux un verre de vin, on te l'offre, tu pourras voir que le fagot de ma mère n'a pas un brin de bois suspect, c'est tout broussailles.

— Canaille!... dit tout bas à l'huissier le garde plus vivement atteint au cœur par cette ironie qu'il n'avait été atteint aux yeux par la cendre.

En ce moment, Charles, le valet de pied, naguère envoyé à la recherche de Blondet, parut à la porte du Grand-I-Vert.

— Qu'avez-vous donc, Vatel? dit le valet au garde.

— Ah! répondit le garde-chasse en s'essuyant les yeux, qu'il avait plongés tout ouverts dans le ruisseau pour achever de les nettoyer, j'ai là des débiteurs à qui je ferai maudire le jour où ils ont vu la lumière.

— Si vous l'entendez ainsi, monsieur Vatel, dit froidement Tonsard, vous vous apercevrez que nous n'avons pas froid aux yeux en Bourgogne!

Vatel disparut. Peu curieux d'avoir le mot de cette énigme Charles regarda dans le cabaret.

— Venez au château, vous et votre loutre, si vous en avez un... dit-il au père Fourchon.

Le vieillard se leva précipitamment et suivit Charles.

— Eh bien! où donc est-elle, cette loutre? dit Charles en souriant d'un air de doute.

— Par ici, dit le vieux cordier en allant vers la Thune.

Ce nom est celui du ruisseau fourni par le trop plein des eaux du moulin et du parc des Aigues. La Thune court tout le long du chemin cantonal jusqu'au petit lac de Soulanges qu'elle traverse, et d'où elle regagne l'Avonne, après avoir alimenté les moulins et les eaux du château de Soulanges.

— La voilà, je l'ai cachée dans le *ru* des Aigues avec une pierre son cou.

En se baissant et se relevant, le vieillard ne sentit plus la pièce de cent sous dans sa poche, où le métal habitait si peu, qu'il devait s'apercevoir aussi bien du vide que du plein.

— Ah! les *guerdins!* s'écria-t-il, si je chasse aux *loutes*, ils chassent au beau-père, eux!... Ils me prennent tout ce que je gagne, et ils disent que c'est pour mon bien. Ah! je le crois, qu'il s'agit de mon bien! Sans mon pauvre Mouche, qu'est la consolation de mes vieux jours, je me noyerais. Les enfants, c'est la ruine des pères. Vous n'êtes pas marié, vous, monsieur Charles, ne vous mariez jamais! vous n'aurez pas à vous reprocher d'avoir semé de mauvaises graines. Moi qui croyais pouvoir acheter de la filasse, la v'la filée, ma filasse! Ce monsieur, qui est gentil, m'avait donné dix francs, eh ben! la v'la ben renchérie, ma *loute*, à s'te heure!

Charles se défiait tellement du père Fourchon, qu'il prit ses doléances, cette fois bien sincères, pour la préparation de ce qu'en style d'office il appelait *une couleur*, et il commit la faute de laisser percer son opinion dans un sourire que surprit le malicieux vieillard.

— Ah ça! père Fourchon, de la tenue, hein! vous allez parler à madame, dit Charles en remarquant une assez grande quantité de rubis flamboyant sur le nez et les joues du vieillard.

— Je suis à mon affaire. Charles, à preuve que si tu veux me régaler à l'office des restes du déjeuner et d'une bouteille ou deux de vin d'Espagne, je te dirai trois mots qui t'éviteront de recevoir une *danse*...

— Dites, et François aura l'ordre de monsieur de vous donner un verre de vin, répondit le valet de pied.

— C'est dit?

— C'est dit.

— Eh bien! tu vas causer avec ma petite fille Catherine sous l'arche du pont d'Avonne; Godain l'aime; il vous a vus, et il a la bêtise d'être jaloux... Je dis une bêtise, car un paysan ne doit pas avoir de sentiments qui ne sont permis qu'aux riches. Si donc tu vas le jour de la fête de Soulanges à Tivoli pour danser avec elle, tu danseras plus que tu ne voudras!... Godain est avare et méchant, il est *capabe* de te casser le bras sans que tu puisses l'assigner.

— C'est trop cher; Catherine est une belle fille, mais elle ne vaut pas ça, dit Charles. Et pourquoi donc qu'il se fâche, Godain? Les autres ne se fâchent pas?

— Ah! il l'aime pour l'épouser...

— En voilà une qui sera battue!... dit Charles.

— C'est selon, dit le vieillard; elle tient de sa mère, sur qui Tonsard n'a pas levé la main, tant il a eu peur de lui voir lever le pied. Une femme qui sait se remuer, c'est bien profitant... Et d'ailleurs, à la main chaude avec Catherine, quoiqu'il soit fort, Godain n'aurait pas le dernier.

— Tenez, père Fourchon, v'la quarante sous pour boire à ma santé, dans le cas où nous ne pourrions pas siroter du vin d'Alicante.

Le père Fourchon détourna la tête en empochant la pièce pour que Charles ne pût pas voir une expression de plaisir et d'ironie qu'il lui fut impossible de réprimer.

— Catherine, reprit le vieillard, c'est une fière ribaude, elle aime le malaga, il faut lui dire de venir en chercher aux Aigues, imbécile!

Charles regarda le père Fourchon avec une naïve admiration, sans pouvoir deviner l'immense intérêt que les ennemis du général avaient à glisser un espion de plus dans le château.

— Le général doit être heureux, demanda le vieillard, les paysans sont bien tranquilles maintenant. Qu'en dit-il? est-il toujours content de Sibilet?

— Il n'y a que monsieur Michaud qui tracasse monsieur Sibilet; on dit qu'il le fera renvoyer.

— Jalousie de métier! reprit Fourchon. Je gage que tu voudrais bien voir congédier François, et devenir premier valet de chambre à sa place?

— Dame! il a douze cents francs, dit Charles; mais on ne peut pas le renvoyer, il a les secrets du général...

— Comme madame Michaud avait ceux de madame la comtesse, répliqua Fourchon en espionnant Charles jusque dans les yeux. Voyons, mon gars, sais-tu si monsieur et madame ont chacun leur chambre?

— Parbleu, sans cela monsieur n'aimerait pas tant madame, dit Charles.

— Tu n en sais pas plus? demanda Fourchon.

Il fallut se taire, Charles et Fourchon se trouvaient devant les croisées des cuisines

## V. — LES ENNEMIS EN PRÉSENCE.

Au début du déjeuner, François, le premier valet de chan
vint dire tout bas à Blondet, mais assez haut pour que le co
l'entendit : — Monsieur, le petit au père Fourchon prétend qu
ont fini par prendre une loutre, et demande si vous la voul
avant qu'ils ne la portent au sous-préfet de la Ville-aux-Fayes.

Emile Blondet, quoique professeur en mystification, ne put
s'empêcher de rougir comme une vierge à qui l'on dit une histoire
un peu leste, dont le mot lui est connu.

— Ah! vous avez chassé la loutre ce matin avec le père Fourchon ? s'écria le général pris d'un fou rire.

— Qu'est-ce ? demanda la comtesse inquiétée par ce rire de son mari.

— Du moment où un homme d'esprit comme lui, reprit le général, s'est laissé enfoncer par le père Fourchon, un cuirassier retiré n'a pas à rougir d'avoir chassé cette loutre, qui ressemble énormément au troisième cheval que la poste vous fait toujours payer et qu'on ne voit jamais. A travers de nouvelles explosions de fou rire, le général put encore dire : — Je ne m'étonne plus si vous avez changé de bottes et de pantalon, vous vous serez mis à la nage. Moi, je ne suis pas allé si loin que vous dans la mystification, je suis resté à fleur d'eau ; mais aussi, avez-vous beaucoup plus d'intelligence que moi...

— Vous oubliez, mon ami, reprit madame de Montcornet, que je ne sais de quoi vous parlez.

— A ces mots, dits d'un air piqué que la confusion de Blondet inspirait à la comtesse, le général devint sérieux, et Blondet raconta lui-même sa pêche à la loutre.

— Mais, dit la comtesse, s'ils ont une loutre, ces pauvres gens ne sont pas si coupables.

— Oui, mais il y a dix ans qu'on n'a pas vu la loutre, reprit l'impitoyable général.

— Monsieur le comte, dit François, le petit jure tous ses serments, qu'il en tient une...

— S'ils en ont une, je la leur paye, dit le général.

— Dieu, fit observer l'abbé Brossette, n'aura pas condamné les Aigues à n'avoir jamais de loutres.

Ah! monsieur le curé, s'écria Blondet, si vous déchaînez Dieu contre moi...

— Qui donc est venu? demanda vivement la comtesse.

— Mouche, madame, ce petit qui va toujours avec le père Fourchon, répondit le valet de chambre.

— Faites-le venir... si madame le permet, dit le général, vous amusera peut-être.

— Mais au moins faut-il savoir à quoi s'en tenir, dit la comtesse.

Mouche comparut quelques instants après dans sa presque nudité. En voyant cette personnification de l'indigence au milieu de cette salle à manger, dont un trumeau seul aurait donné, par son prix, presque une fortune à cet enfant, pieds nus, jambes nues, poitrine nue, tête nue, il était impossible de ne pas se laisser aller aux inspirations de la charité. Les yeux de Mouche, comme deux charbons ardents, regardaient tour à tour les richesses de cette salle et celles de la table.

— Tu n'as donc pas de mère? demanda madame de Montcornet, qui ne pouvait pas autrement expliquer un pareille dénûment.

— Non, *ma'me*, *m'man* est morte *d'chagrin* de n'avoir pas revu *p'pa* qui est parti pour l'armée, en 1812, sans l'avoir épousée *avec les papiers*, et qu'a sous vot'respect été gelé... Mais j'ai mon grand'*p'pa* Fourchon qu'est un *ben* bon homme, quoiqu'y me batte *quéquefois*, comme un Jésus.

— Comment se fait-il, mon ami, qu'il y ait sur votre terre des gens si malheureux? dit la comtesse en regardant le général.

— Madame la comtesse, dit le curé, nous n'avons dans cette commune que des malheurs volontaires. Monsieur le comte a de bonnes intentions; mais nous avons affaire à des gens sans religion, qui n'ont qu'une seule pensée, celle de vivre à vos dépens.

— Mais, dit Blondet, mon cher curé, vous êtes ici pour leur faire de la morale.

— Monsieur, répondit l'abbé Brossette à Blondet, monseigneur m'a envoyé ici comme en mission chez des sauvages; mais, ainsi que j'ai eu l'honneur de le lui dire, les sauvages de France sont inabordables; ils ont pour loi de ne pas nous écouter, tandis qu'on peut intéresser les sauvages de l'Amérique.

— *M'sieu* le curé, on m'aide encore un peu; mais si j'allais à *vout'*église, on ne m'aiderait *pus* du tout et on me ficherait des calottes.

— La religion devrait commencer par lui donner des pantalons, mon cher abbé, dit Blondet. Dans vos missions, ne débutez-vous pas par amadouer les sauvages?

— Il aurait bientôt vendu ses habits, répondit l'abbé Brossette à voix basse, et je n'ai pas un traitement qui me permette de faire un pareil commerce.

— Monsieur le curé a raison, dit le général en regardant Mouche.

La politique du petit gars consistait à paraître ne rien comprendre à ce qu'on disait quand on avait raison contre lui.

— L'intelligence du petit drôle vous prouve qu'il sait discerner le bien du mal, reprit le comte. Il est en âge de travailler, et il ne songe qu'à commettre des délits impunément. Il est bien connu des gardes... Avant que je ne fusse maire, il savait déjà qu'un propriétaire, témoin d'un délit sur ses terres, ne peut pas faire de procès-verbal, il restait effrontément dans mes prés avec ses vaches, sans en sortir quand il m'apercevait, tandis que maintenant il se sauve.

— Ah! c'est bien mal, dit la comtesse, il ne faut pas prendre le bien d'autrui, mon petit ami.

— Madame, faut manger; mon grand-père me donne *pus* de coups que de miches, et ça creuse l'estomac, les giffles! Quand les vaches ont du lait, j'en trais un peu, ça me soutient. Monseigneur est-il donc si pauvre qu'il ne puisse me laisser boire un peu de son herbe!

— Mais il n'a peut-être rien mangé d'aujourd'hui, dit la comtesse, émue par cette profonde misère. Donnez-lui donc du pain et ce reste de volaille; enfin qu'il déjeune!... ajouta-t-elle en regardant le valet de chambre. — Où couches-tu?

— Partout, madame, où l'on veut bien nous souffrir l'hiver, et à la belle étoile quand il fait beau.

— Quel âge as-tu?

— Douze ans.

— Mais il est encore temps de le mettre en bon chemin, dit la comtesse à son mari.

— Ça fera un soldat, dit rudement le général, il est bien préparé. J'ai souffert tout autant que lui, moi, et me voilà.

— Pardon, général, je ne suis pas déclaré, dit l'enfant, je ne tirerai pas au sort. Ma pauvre mère, qu'était fille, est accouchée aux champs. Je suis fils de la *tarre*, comme dit mon grand-papa.

*M'man* m'a sauvé de la milice. Je ne m'appelle pas plus Mouche que rien du tout. Grand-papa m'a *ben* appris *m's'avantaiges*; je ne suis pas mis sur les *papiers* du gouvernement, et quand j'aurai l'âge de la conscription, je ferai mon tour de France! on ne m'attrappera pas.

— Tu l'aimes, ton grand-père? dit la comtesse en essayant de lire dans ce cœur de douze ans.

— Dame! *y me fiche* des giffles quand il est dans le train; mais que voulez-vous? il est si amusant! si bon enfant! Et puis, il dit qu'il se paye de m'avoir enseigné à lire et à écrire.

— Tu sais lire?... dit le comte.

— *Eh dà, voui*, monsieur le comte, et dans la fine écriture encore, vrai comme nous avons une loutre.

— Qu'y a-t-il? dit le comte en lui présentant le journal.

— La *Cu-o-tidienne*, répliqua Mouche en n'hésitant que trois fois. Tout le monde, même l'abbé Brossette, se mit à rire.

— Eh! dame! vous me faites lire *el'journiau*, s'écria Mouche exaspéré. Mon grand-papa dit que c'est fait pour les riches, et qu'on sait toujours, plus tard, ce qu'il y a là dedans.

— Il a raison, cet enfant, général, il me donne envie de revoir mon vainqueur de ce matin, dit Blondet; je vois que sa mystification était mouchetée...

Mouche comprenait admirablement qu'il posait pour les menus plaisirs des bourgeois; l'élève du père Fourchon fut alors digne de son maître, il se mit à pleurer...

— Comment pouvez-vous plaisanter un enfant qui va pieds nus? dit la comtesse.

— Et qui trouve tout simple que son grand-père se rembourse en tapes des frais de son éducation? dit Blondet.

— Voyons, mon pauvre petit, avez-vous pris une loutre? dit la comtesse.

— Oui, madame, aussi vrai que vous êtes la plus belle femme que j'aie vue et que je verrai jamais, dit l'enfant en essuyant ses larmes.

— Montre donc cette loutre, dit le général.

— Oh! *m'sieu* le comte, mon grand-papa l'a cachée; mais elle gigotait *core* quand nous étions à notre corderie... Vous pouvez faire venir mon grand-*p'pa*, car il veut la vendre lui-même.

— Emmenez-le à l'office, dit la comtesse à François, qu'il y déjeune en attendant le père Fourchon, que vous enverrez chercher par Charles. Voyez à trouver des souliers, un pantalon et une veste pour cet enfant. Ceux qui viennent ici tout nus, doivent en sortir habillés...

— Que Dieu vous bénisse, ma chère dame, dit Mouche en s'en allant. M'sieu le curé peut être certain que venant de vous, je garderai ces hardes pour les jours de fête.

Émile et madame de Montcornet se regardèrent étonnés de cet à-propos, et parurent dire au curé par un coup d'œil : Il n'est pas si sot !...

— Certes, madame, dit le curé quand l'enfant ne fut plus là, l'on ne doit pas compter avec la Misère; je pense qu'elle a des raisons cachées dont le jugement n'appartient qu'à Dieu, des raisons physiques souvent fatales, et des raisons morales nées du caractère, produites par des dispositions que nous accusons et qui parfois sont le résultat de qualités, malheureusement pour la société, sans issue. Les miracles accomplis sur les champs de bataille nous ont appris que les plus mauvais drôles pouvaient s'y transformer en héros... Mais ici, vous êtes dans des circonstances exceptionnelles, et si votre bienfaisance ne marche pas accompagnée de la réflexion, vous courrez risque de solder vos ennemis...

— Nos ennemis? s'écria la comtesse.

— De cruels ennemis, répéta gravement le général.

— Le père Fourchon est avec son gendre Tonsard, reprit le curé, toute l'intelligence du menu peuple de la vallée, on les consulte pour les moindres choses. Ces gens-là sont d'un machiavélisme incroyable. Sachez-le, dix paysans réunis dans un cabaret sont la monnaie d'un grand politique...

En ce moment, François annonça monsieur Sibilet.

— C'est le ministre des finances, dit le général en souriant- faites-le entrer, il vous expliquera la gravité de la question, ajouta-t-il en regardant sa femme et Blondet.

— D'autant plus qu'il ne vous la dissimule guère, dit tout b le curé.

Blondet aperçut alors le personnage dont il entendait parler depuis son arrivée, et qu'il désirait connaître, le régisseur des Aigues. Il vit un homme de moyenne taille, d'environ trente ans, doué d'un air boudeur, d'une figure disgracieuse, à qui le rire allait mal. Sous un front soucieux, des yeux d'un vert changeant se fuyaient l'un l'autre en déguisant ainsi la pensée. Sibilet, vêtu d'une redingote brune, d'un pantalon et d'un gilet noirs, portait les cheveux longs et plats, ce qui lui donnait une tournure cléricale. Le pantalon cachait très-imparfaitement des genoux cagneux. Quoique son teint blafard et ses chairs molles pussent faire croire à une constitution maladive, Sibilet était robuste. Le son de sa voix, un peu sourde, s'accordait avec cet ensemble peu flatteur.

Blondet échangea secrètement un regard avec l'abbé Brossette; et le coup d'œil par lequel le jeune prêtre lui répondit, apprit au journaliste que ses soupçons sur le régisseur était une certitude chez le curé.

— N'avez-vous pas, mon cher Sibilet, dit le général, évalué ce que nous volent les paysans, au quart des revenus?

— A beaucoup plus, monsieur le comte, répondit le régisseur. Vos pauvres touchent de vous plus que l'État ne vous demande. Un petit drôle comme Mouche glane ses deux boisseaux par jour. Et les vieilles femmes, que vous diriez à l'agonie, se trouvent à l'époque du glanage de l'agilité, de la santé, de la jeunesse. Vous pouvez être témoin de ce phénomène, dit Sibilet en s'adressant à Blondet; car, dans six jours, la moisson, retardée par les pluies du mois de juillet, commencera... Les seigles vont se couper la semaine prochaine. On ne devrait glaner qu'avec un certificat d'indigence donné par le maire de la commune, et surtout les communes ne devraient laisser glaner sur leurs territoires que les indigents; mais les communes d'un canton glanent les unes chez les autres, sans certificat. Si nous avons soixante pauvres dans la commune, il s'y joint quarante fainéants. Enfin les gens établis, eux-mêmes, quittent leurs occupations pour glaner et pour halleboter. Ici, tous ces gens-là récoltent trois cents boisseaux par jour, la moisson dure quinze jours, c'est quatre mille cinq cents boisseaux qui s'enlèvent dans le canton. Aussi le glanage représente-t-il plus que la dîme. Quant au pâturage abusif, il gâche environ le sixième du produit de nos prés. Quant aux bois, c'est incalculable; on est arrivé à couper des arbres de six ans... Les dommages que vous souffrez, monsieur le comte, vont à vingt et quelques mille francs par an.

— Eh bien! madame! dit le général à la comtesse, vous l'entendez.

— N'est-ce pas exagéré? demanda madame de Montcornet.

— Non, madame, malheureusement, répondit le curé. Le pauvre père Niseron, ce vieillard à tête blanche, qui cumule les fonctions de sonneur, de bedeau, de fossoyeur, de sacristain et de chantre, malgré ses opinions républicaines, enfin le grand-père de cette petite Geneviève que vous avez placée chez madame Michaud...

— La Péchina! dit Sibilet en interrompant l'abbé.

— Quoi! la Péchina, demanda la comtesse, que voulez-vous dire?

— Madame la comtesse, quand vous avez rencontré Geneviève sur le chemin dans une si misérable situation, vous vous êtes écriée en italien : *Piccina!* Ce mot là, devenu son sobriquet, s'est si bien corrompu, qu'aujourd'hui toute la commune appelle votre protégée la Péchina, dit le curé. La pauvre enfant est la seule qui vienne à l'église, avec madame Michaud et madame Sibilet.

— Et elle ne s'en trouve guère bien! dit le régisseur, on la maltraite en lui reprochant sa religion.

— Eh bien! ce pauvre vieillard de soixante-douze ans ramasse, honnêtement d'ailleurs, près d'un boisseau et demi par jour, reprit le curé; mais la rectitude de ses opinions lui défend de vendre ses glanes comme les vendent tous les autres, il les garde pour sa consommation. En ma faveur, monsieur Langlumé, votre adjoint, lui moud son grain gratis, et ma domestique lui cuit son pain avec le mien.

— J'avais oublié ma petite protégée, dit la comtesse, que le mot de Sibilet avait épouvantée. Votre arrivée ici, reprit-elle en regardant Blondet, m'a fait tourner la tête. Mais après déjeuner, nous irons ensemble à la porte d'Avonne, je vous montrerai vivante une de ces figures de femme comme en inventaient les peintres du quinzième siècle.

En ce moment le père Fourchon, amené par François, fit entendre le bruit de ses sabots cassés, qu'il déposait à la porte de l'office. Sur une inclination de tête de la comtesse à François qui l'annonça, le père Fourchon, suivi de Mouche, la bouche pleine, se montra tenant sa loutre à la main, pendue par une ficelle nouée à des pattes jaunes, étoilées comme celles des palmipèdes. Il jeta sur les quatre maîtres assis à table et sur Sibilet ce regard empreint de défiance et de servilité qui sert de voile aux paysans, puis il brandit l'amphibie d'un air de triomphe.

— La voilà, dit-il en s'adressant à Blondet.

— Ma loutre, reprit le Parisien, car je l'ai bien payée.

— Oh! mon cher monsieur, répondit le père Fourchon, la vôtre s'est enfuie, elle est à cette heure dans son trou d'où elle n'a pas voulu sortir, car c'est la femelle, *au lieur* que celle-là, c'est le mâle!... Mouche l'a vu venir de loin quand vous vous êtes en allé. Aussi vrai que monsieur le comte s'est couvert de gloire avec ses cuirassiers à Vaterloo, la *loute* est à moi, comme les Aigues sont à monseigneur le général... Mais pour vingt francs la *loute* est à vous, ou je la porte à notre *sou parfait*. Si monsieur Gourdon la trouve trop chère, comme nous avons chassé ce matin ensemble, je vous donne la *parférence,* ça vous est dû.

— Vingt francs? dit Blondet, en bon français, ça ne peut pas s'appeler *donner* la préférence.

— Eh! mon cher monsieur... s'écria le vieillard, je sais si peu le français, que je vous les demanderai, si vous voulez, en Bourguignon, pourvu que je les aie, ça m'est égal, je parlerai latin : *latinus, latina, latinum!* Après tout, c'est ce que vous m'avez promis ce matin. D'ailleurs, mes enfants m'ont déjà pris votre argent, que j'en ai pleuré dans le chemin en venant. Demandez à Charles?... Je ne peux pas les *assiner* pour dix francs et publier leurs méfaits *au Tribunau*. Dès que j'ai quelques sous, ils me les volent en me faisant boire... C'est dur d'en être réduit à aller prendre un verre de vin ailleurs que chez ma fille! Mais voilà les enfants aujourd'hui!... C'est ce que nous avons gagné à la Révolution; il n'y a plus que pour les enfants, on a supprimé les pères! Ah! j'éduque Mouche tout autrement; il m'aime, le petit *guerdin,* dit-il en donnant une tape à son petit-fils.

— Il me semble que vous en faites un petit voleur tout comme les autres, dit Sibilet, car il ne se couche jamais sans avoir un délit sur la conscience.

— Ah! monsieur Sibilet, il a la conscience *pu* tranquille que la vôtre... Pauvre enfant! *qué* qu'il prend donc? Un peu *d'harbe;* ça vaut mieux que d'étrangler un homme! Dame! il ne sait pas, comme vous, les mathématiques, il ne connait pas *core* la soustraction, l'addition, la multiplication... Vous nous faites bien du mal, allez! Vous dites que nous sommes des tas de brigands, et vous êtes cause *ed'* la division entre notre seigneur que voilà, qu'est un brave homme, et nous autres, qui sommes de braves gens... Et *gnia* pas un *pus* brave pays que celui-ci. Voyons? est que nous avons des rentes? est-ce qu'on ne va pas quasiment nu, et Mouche aussi! Nous couchons dans de beaux draps, lavés tous les matins par la rosée, et à moins qu'on nous envie l'air que nous respirons et les rayons du soleil *eq'* nous buvons, je ne vois pas ce qu'on peut nous vouloir ôter?... Les bourgeois volent au coin d feu, c'est plus profitant que de ramasser ce qui traîne au coin de bois. Il n'y a ni gardes champêtres, ni garde à cheval pour *m'sieu* Gaubertin qu'est entré ici nu comme *un var*, et *qu'a* deux millions! C'est bientôt dit : Voleurs! *V'là* quinze ans que le père Guerbel, *el parcepteur* de Soulanges, s'en va *ed'* nos villages à la nuit avec sa recette, et qu'on ne lui a pas *core* demandé deux liards. Ce n'est pas le fait d'un pays *ed'* voleurs? Le vol ne nous enrichit guère. Montrez-moi donc qui de nous ou de vous *aut*' bourgeois ont *d' quoi viv'* à rien faire?

— Si vous aviez travaillé, vous auriez des rentes, dit le curé. Dieu bénit le travail.

— Je ne veux pas vous démentir, *m'sieu* l'abbé, car vous êtes plus savant que moi, et vous saurez peut-être m'expliquer *c'te* chose-ci. Me voilà, n'est-ce pas? Moi le paresseux, le fainéant, l'ivrogne, le propre à rien de *pare* Fourchon, qui a eu de l'éducation, *qu'a* été *farmier*, *qu'a* tombé dans le malheur et ne s'en est pas *erlevé!*... Eh bien! *qué* différence y a-t-il donc entre moi et ce brave, *c't'honnête* père Niseron, un vigneron de soixante-dix ans, car il a mon âge, qui, pendant soixante ans a pioché la terre, qui s'est levé tous les matins avant le jour pour aller au labour, qui s'est fait un corps *ed'* fer, et *eune* belle âme! Je le vois tout aussi pauvre que moi. La Péchina, sa petite-fille, est en service chez madame Michaud, tandis que mon petit Mouche est libre comme l'air. Ce pauvre bonhomme est donc récompensé de ses *vartus* de la même manière que je suis puni de mes vices? il ne sait pas ce qu'est un verre de vin, il est sobre comme un apôtre, il enterre les morts, et moi je fais danser les vivants. Il a mangé de la vache enragée, et moi je me suis rigolé comme une joyeuse créature du diable. Nous sommes aussi avancés l'un que l'autre, nous avons la même neige sur la tête, le même avoir dans nos poches, et je lui fournis la corde pour sonner la cloche. Il est républicain, et je ne suis pas même publicain. *V'là* tout. Que le *pésan* vive de bien et de mal faire, à *vout'* idée, il s'en va comme il est venu, dans des haillons, et vous dans de beaux linges!...

Personne n'interrompit le père Fourchon, qui paraissait devoir son éloquence au vin bouché; d'abord, Sibilet voulut lui couper la parole, mais un geste de Blondet rendit le régisseur muet. Le curé, le général et la comtesse comprirent, aux regards jetés par l'écrivain, qu'il voulait étudier la question du paupérisme sur le vif, et peut-être prendre sa revanche avec le père Fourchon.

— Et comment entendez-vous l'éducation de Mouche? Comment vous y prenez-vous pour le rendre meilleur que vos filles?.. demanda Blondet.

— Lui parle-t-il seulement de Dieu! dit le curé.

— Oh! non, non, *m'sieu* le curé, je ne lui *disons* pas de craindre Dieu, mais *l'zhoumes!* Dieu est bon, et nous a promis, selon *vous aut'*, le royaume du ciel, puisque les riches gardent celui de la terre. Je lui dis : Mouche! crains la prison, c'est par là qu'on sort pour aller à l'échafaud. Ne vole rien, fais-toi donner! Le vol mène à l'assassinat, et l'assassinat appelle la justice *ed' z'houmes*. E'l' rasoir de la justice, *v'là* ce qu'il faut craindre, il garantit le sommeil des riches contre les insomnies des pauvres. Apprends à lire. Avec de l'instruction, tu trouveras des moyens d'amasser de l'argent à couvert de la loi, comme ce beau monsieur Gaubertin; tu seras régisseur, quoi! comme M. Sibilet, à qui monsieur le comte laisse prendre ses rations... Le fin est d'être à côté des riches, il y a des miettes sous leurs tables... *V'là* ce que j'appelle *eune fiarre* éducation et solide. Aussi le petit mâtin est-il toujours du *coûté* de la loi... Ce sera *ein* bon sujet, il aura soin de moi.

— Et qu'en ferez-vous? demanda Blondet.

— Un domestique pour commencer, reprit Fourchon, parce qu'en voyant les maîtres *ed'* près, il s'achèvera *ben*, allez! Le bon exemple lui fera faire fortune la loi en main, comme vous *aut'!...* Si *m'sieu* le comte le mettait dans ses écuries, pour apprendre à panser les chevaux, le petit garçon serait bien content... vu que s'il craint *l' z'houmes*, il ne craint pas les bêtes.

— Vous avez de l'esprit, père Fourchon, reprit Blondet, vous savez bien ce que vous dites, et vous ne parlez pas sans raison.

— Oh! *ma fine!* si, car elle est au Grand-I-Vert, ma raison, avec mes deux pièces *ed'* cent sous.

— Comment un homme comme vous s'est-il laissé tomber dans

la misère ? Car, dans l'état actuel des choses, un paysan n'a qu'à s'en prendre à lui-même de son malheur ; il est libre, il peut devenir riche. Ce n'est plus comme autrefois. Si le paysan sait amasser un pécule, il trouve de la terre à vendre, il peut l'acheter, il est son maître !

— J'ai vu l'ancien temps et je vois le nouveau, mon cher savant monsieur, répondit Fourchon ; l'enseigne est changée, c'est vrai, mais le vin est toujours le même ! *Aujourd'hui* n'est que le cadet d'*hier*. Allez ! mettez ça dans *vout' journiau !* Est-ce que nous sommes affranchis ? Nous appartenons toujours au même village, et le seigneur est toujours là, je l'appelle travail. La houe, qui est toute notre chevance, n'a pas quitté nos mains. Que ce soit pour un seigneur ou pour l'impôt, qui prend le plus clair de notre avoir, faut toujours dépenser notre vie en sueurs...

— Mais vous pouvez choisir un état, tenter ailleurs la fortune dit Blondet.

— Vous me parlez d'aller quérir la fortune ?... Où donc irais-je ? Pour franchir mon département, il me faut un passe-port, qui coûte quarante sous ! V'là quarante ans que je n'ai pu me voir une gueuse *ed'* pièce de quarante sous sonnant dans ma poche avec une voisine. Pour aller devant soi, faut autant d'écus que l'on trouve de villages, et il n'y a pas beaucoup de Fourchon qui aient de quoi visiter six villages ! Il n'y a que la conscription qui nous tire *ed'* nos communes. Et à quoi nous sert l'armée ? A faire vivre le colonel par le soldat, comme le bourgeois vit par le paysan. Compte-t-on, sur cent, un colonel sorti de nos flancs ? C'est là, comme dans le monde, un enrichi sur cent *aut'* qui tombent. Faute de quoi tombent-ils ?... Dieu le sait et *l' z'usuriers* aussi ! Ce que nous avons de mieux à faire est donc de rester dans nos communes, où nous sommes parqués comme des moutons par la force des choses, comme nous l'étions par les seigneurs. Et je me moque bien de ce qui m'y cloue ! Cloué par la loi de la nécessité, cloué par celle de la seigneurie, on est toujours condamné à perpétuité à remuer la *tarre*. Là, où nous sommes, nous la creusons la *tarre* et nous la bêchons, nous la fumons et nous la travaillons pour vous autres *qu'*êtes nés riches, comme nous sommes nés pauvres. La masse sera toujours la même, elle reste ce qu'elle est... Les gens de *cheux* nous qui s'élèvent ne sont pas si nombreux que ceux de *cheux* vous qui dégringolent !... Nous savons *ben* ça, si nous ne sommes pas savants; faut pas nous faire *nout'* procès à tout moment. Nous vous laissons tranquilles, laissez-nous vivre... Autrement si ça continue, vous serez forcés de nous nourrir dans vos prisons où l'on est *ben* mieux que *su nout'* paille... Vous voulez rester les maîtres, nous serons toujours ennemis, aujourd'hui comme il y a trente ans. Vous avez tout, nous n'avons rien, vous ne pouvez pas encore prétendre à notre amitié.

— Voilà ce qui s'appelle une déclaration de guerre, dit le général.

— Monseigneur, répliqua Fourchon, quand les Aigues appartenaient à *s'te* pauvre Madame que Dieu veuille prendre soin de son âme, puisqu'elle a chanté l'iniquité dans sa jeunesse, nous étions heureux. *Alle* nous laissait ramasser notre vie dans ses champs, et notre bois dans ses forêts, *alle* n'en était pas plus pauvre pour cela ! Et vous au moins aussi riche qu'elle, vous nous pourchassez, ni plus ni moins que des bêtes féroces, et vous traînez le petit monde au *tribunau !*... Eh bien ! ça finira mal ! vous serez cause de quelque mauvais coup ! Je viens de voir votre garde, ce gringalet de Vatel, qui a failli tuer une pauvre vieille femme pour un brin de bois. On fera de vous un ennemi du peuple, et l'on s'aigrira contre vous dans les veillées ; l'on vous maudira tout aussi dru qu'on maudissait feu Madame !... La malédiction des pauvres, monseigneur, ça pousse ! et ça devient *pus* grand que le *pus* grand *ed'* vos chênes, et le chêne fournit la potence... Personne ici ne vous dit la vérité ; la *v'là,* la *varité.* J'attends tous les matins la mort, je ne risque pas grand'chose à vous la donner par-dessus le marché, la *varité !*.. Moi qui fais danser les *pésans* aux grandes fêtes, en accompagnant Vermichel au café de la Paix, à Soulanges, j'entends leurs discours ; eh bien ! ils sont mal disposés, et ils vous rendront le pays difficile à habiter. Si votre damné Michaud ne change pas, on vous forcera *ed' i'* changer... *S'*avis-là et la *loute,* ça vaut *ben* vingt francs, allez !...

Pendant que le vieillard disait cette dernière phrase, un pas d'homme se fit entendre, et celui que Fourchon menaçait ainsi se montra sans être annoncé. Au regard que Michaud lança sur l'orateur des pauvres, il fut facile de voir que la menace était arrivée à son oreille, et toute l'audace de Fourchon tomba. Ce regard produisit sur le pêcheur de loutre l'effet du gendarme sur le voleur. Fourchon se savait en faute. Michaud semblait avoir le droit de lui demander compte de discours évidemment destinés à effrayer les habitants des Aigues.

— Voilà le ministre de la guerre, dit le général en s'adressant à Blondet et lui montrant Michaud.

— Pardonnez-moi, madame, dit ce ministre à la comtesse, d'être entré par le salon sans vous avoir demandé si vous vouliez me recevoir; mais l'urgence des affaires exige que je parle à mon général.

Michaud, tout en s'excusant, observait Sibilet, à qui les hardis propos de Fourchon causaient une joie intime dont la révélation n'existait, sur son visage, pour aucune des personnes assises à table, car Fourchon les préoccupait étrangement, tandis que Michaud, qui par des raisons secrètes observait constamment Sibilet, fut frappé de son air et de sa contenance.

— Il a bien, comme il le dit, gagné ses vingt francs, monsieur le comte, s'écria Sibilet; la loutre n'est pas chère...

— Donne lui vingt francs, dit le général à son valet de chambre.

— Vous me la prenez donc? demanda Blondet au général.

— Je veux la faire empailler! s'écria le comte.

— Ah! ce cher monsieur m'avait laissé la peau, monseigneur!.. dit le père Fourchon.

— Eh bien! s'écria la comtesse, vous aurez cent sous pour la peau; mais laissez-nous...

La forte et sauvage odeur des deux habitués du grand chemin empestait si bien la salle à manger, que madame de Montcornet, dont les sens délicats en étaient offensés, eût été forcée de sortir, si Mouche et Fourchon fussent restés plus longtemps. Ce fut à cet inconvénient que le vieillard dut ses vingt-cinq francs; il sortit en regardant toujours monsieur Michaud d'un air craintif, et en lui faisant d'interminables salutations.

— Ce que *j'ons* dit à monseigneur, monsieur Michaud, ajouta-t-il, c'est pour votre bien.

— Ou pour celui des gens qui vous payent, répliqua Michaud en lui lançant un regard profond.

— Une fois le café servi, laissez-nous, dit le général à ses gens et surtout fermez les portes.

Blondet, qui n'avait pas encore vu le garde général des Aigues, éprouvait, en le regardant, des impressions bien différentes de celles que Sibilet venait de lui donner. Autant le régisseur inspirait de répulsion, autant Michaud commandait l'estime et la confiance.

Le garde général attirait tout d'abord l'attention par une figure heureuse, d'un ovale parfait, fine de contours, que le nez partageait également, régularité qui manque à la plupart des figures françaises. Tous les traits, bien que d'un dessin correct, ne manquaient cependant pas d'expression, peut-être à cause d'un teint harmonieu où dominaient ces tons d'ocre et de rouge, indices du courag physique. Les yeux brun clair, vifs et perçants, ne marchandaien pas l'expression de la pensée, ils regardaient toujours en face. Le front large et pur était encore mis en relief par des cheveux noirs abondants. La probité, la décision, une sainte confiance animaient cette belle figure, où le métier des armes avait laissé quelques rides sur le front. Le soupçon et la défiance s'y lisaient aussitôt formés. Comme tous les hommes triés pour la cavalerie d'élite, sa taille belle et svelte encore, pouvait faire dire du garde qu'il était bien découplé. Michaud, qui gardait ses moustaches, ses favoris et un collier de barbe, rappelait le type de cette figure martiale que le déluge de peintures et de gravures patriotiques a failli ridiculiser. Ce type a eu le défaut d'être commun dans l'armée française; mais peut-être aussi la continuité des mêmes émotions, les souffrances du bivouac, dont ne furent exempts ni les grands ni les petits, enfin les efforts semblables chez les chefs et les soldats sur le champ de bataille, ont-ils contribué à rendre cette physionomie uniforme. Michaud, entièrement vêtu de drap bleu de roi, conservait le col de satin noir et les bottes du militaire, comme il en offrait l'attitude un peu roide. Les épaules s'effaçaient, le buste était tendu, comme si Michaud se trouvait encore sous les armes. Le ruban rouge de la Légion d'honneur florissait sa boutonnière. Enfin, pour achever en un seul mot au moral cette esquisse purement physique, si le régisseur, depuis son entrée en fonctions, n'avait jamais manqué de dire monsieur le comte à son patron, jamais Michaud n'avait nommé son maître autrement que mon général.

Blondet échangea derechef avec l'abbé Brossette un regard qui voulait dire : Quel contraste! en lui montrant le régisseur et le garde général; puis, pour savoir si le caractère, la pensée, la parole s'harmonisaient avec cette stature, cette physionomie et cette contenance, il regarda Michaud en lui disant : — Mon Dieu! je suis sorti ce matin de bonne heure, et j'ai trouvé vos gardes dormant encore.

— A quelle heure? demanda l'ancien militaire avec inquiétude.

— A sept heures et demie.

Michaud lança un regard presque malicieux à son général.

— Et par quelle porte monsieur est-il sorti ? dit Michaud.

— Par la porte de Conches. Le garde en chemise, à sa fenêtre, me regardait, répondit Blondet.

— Gaillard venait sans doute de se coucher, répliqua Michaud. Quand vous m'avez dit que vous étiez sorti de bonne heure, j'ai cru que vous vous étiez levé au jour, et alors il eût fallu, pour que mon garde fût déjà rentré, qu'il eût été malade ; mais à sept heures et demie, il allait se mettre au lit. Nous passons les nuits, reprit Michaud après une pause, en répondant ainsi à un regard étonné de la comtesse, mais cette vigilance est toujours en défaut ! Vous venez de faire donner vingt-cinq francs à un homme qui tout à l'heure aidait tranquillement à cacher les traces d'un vol commis ce matin chez vous. Enfin, nous en causerons quand vous aurez fini, mon général, car il faut prendre un parti.

— Vous êtes toujours plein de votre droit, mon cher Michaud, et, *summum jus, summa injuria*. Si vous n'usez pas de tolérance, vous vous ferez de mauvaises affaires, dit Sibilet. J'aurais voulu que vous entendissiez le père Fourchon, tout à l'heure, le vin l'ayant fait parler un peu plus franchement que de coutume.

— Il m'a effrayée, dit la comtesse.

— Il n'a rien dit que je ne sache depuis longtemps, répondit le général.

— Oh ! le coquin n'était pas gris ; il a joué son rôle, au profit de qui ?... Vous le savez peut-être ? reprit Michaud en faisant rougir Sibilet par le regard fixe qu'il lui jeta.

— *O Rus!...* s'écria Blondet en guignant l'abbé Brossette.

— Ces pauvres gens souffrent, dit la comtesse, et il y a du vrai dans ce que vient de nous *crier* Fourchon, car on ne peut pas dire qu'il nous *ait parlé*.

— Madame, répondit Michaud, croyez-vous que pendant quatorze ans les soldats de l'empereur aient été sur des roses ?... Mon général est comte, il est grand officier de la Légion d'honneur, il a eu des dotations ; me voyez-vous jaloux de lui, qui me suis battu comme lui ? Ai-je envie de lui chicaner sa gloire, de lui voler sa dotation, de lui refuser les honneurs dus à son grade ? Le paysan doit obéir, comme les soldats obéissent, il doit avoir la probité du soldat, son respect pour les droits acquis, et tâcher de devenir officier, loyalement, par son travail et non par le vol. Le soc et le briquet sont deux jumeaux. Le soldat a de plus que le paysan, à toute heure, la mort à fleur de tête.

— Voilà ce que je voudrais leur dire en chaire! s'écria l'abbé Brossette.

— De la tolérance? reprit le garde général, en répondant à l'invitation de Sibilet, je tolérerais bien dix pour cent de perte sur les revenus bruts des Aigues; mais à la façon dont vont les choses, c'est trente pour cent que vous perdez, mon général; et si monsieur Sibilet a tant pour cent sur la recette, je ne comprends pas sa tolérance, car il renonce assez bénévolement à mille ou douze cents francs par an.

— Mon cher monsieur Michaud, répliqua Sibilet d'un ton bourru, je l'ai dit à monsieur le comte, j'aime mieux perdre douze cents francs que la vie. Réfléchissez-y sérieusement; je ne vous épargne pas les conseils à cet égard!...

— La vie? s'écria la comtesse, il s'agirait dans ceci de la vie de quelqu'un?

— Nous ne devrions pas discuter ici les affaires de l'Etat, reprit le général en riant. Tout ceci, madame, signifie que Sibilet, en sa qualité de financier, est timide et poltron, tandis que mon ministre de la guerre est brave, et, de même que son général, ne redoute rien.

— Dites prudent! monsieur le comte, s'écria Sibilet.

— Ah çà! nous sommes donc ici comme les héros de Cooper dans les forêts de l'Amérique, entourés de piéges par les sauvages? demanda railleusement Blondet.

— Allons! votre état, messieurs, est de savoir administrer sans nous effrayer par le bruit des rouages de l'administration, dit madame de Montcornet.

— Ah! peut-être est-il nécessaire, madame la comtesse, que vous sachiez tout ce qu'un de ces jolis bonnets que vous portez coûte de sueurs ici, dit le curé.

— Non, car je pourrais bien alors m'en passer, devenir respectueuse devant une pièce de vingt francs, être avare comme tous les campagnards, et j'y perdrais trop, répliqua la comtesse en riant.

— Tenez, mon cher abbé, donnez-moi le bras, laissons le général entre ses deux ministres, et allons à la porte d'Avonne voir madame Michaud, à qui, depuis mon arrivée, je n'ai pas fait de visite; il est temps de m'occuper de ma petite protégée.

Et la jolie femme, oubliant déjà les haillons de Mouche et de Fourchon, leurs regards haineux et les terreurs de Sibilet, alla se faire chausser et mettre un chapeau.

L'abbé Brossette et Blondet obéirent à l'appel de la maîtresse la maison en la suivant, et l'attendirent sur la terrasse devant façade.

— Que pensez-vous de tout cela? dit Blondet à l'abbé.

— Je suis un paria, l'on m'espionne comme l'ennemi commun; je suis forcé d'ouvrir à tous moments les yeux et les oreilles de la prudence, pour éviter les piéges qu'on me tend, afin de se débarrasser de moi, répondit le desservant. J'en suis, entre nous, à me demander s'ils ne me tireront pas un coup de fusil...

— Et vous restez? dit Blondet.

— On ne déserte pas plus la cause de Dieu que celle d'un empereur! répondit le prêtre avec une simplicité qui frappa Blondet.

L'écrivain prit la main du prêtre et la lui serra cordialement.

— Vous devez comprendre alors, reprit l'abbé Brossette, comment je ne puis rien savoir de ce qui se trame. Néanmoins, il me semble que le général est ici sous le coup de ce qu'en Artois et en Belgique on appelle *le mauvais gré*.

Quelques phrases sont ici nécessaires sur le curé Blangy.

Cet abbé, quatrième fils d'une bonne famille bourgeoise d'Autun, était un homme d'esprit, portant le rabat très-haut. Petit et fluet, il rachetait sa piètre figure par cet air têtu qui sied aux Bourguignons. Il avait accepté ce poste secondaire par dévouement, car sa conviction religieuse était doublée d'une conviction politique. Il y avait en lui du prêtre des anciens temps; il tenait à l'Eglise et au clergé passionnément; il voyait l'ensemble des choses, et l'égoïsme ne gâtait pas son ambition : *servir* était sa devise, servir l'Eglise et la monarchie sur le point le plus menacé, servir au dernier rang, comme un soldat qui se sent destiné, tôt ou tard, au généralat, par son désir de bien faire et par son **courage**. Il ne transigeait avec aucun de ses vœux de chasteté, de pauvreté, d'obéissance, il les accomplissait comme tous les autres devoirs de sa position, avec cette simplicité et cette bonhomie, indices certains d'une âme honnête, vouée au bien par l'élan de l'instinct naturel autant que par la puissance et la solidité des convictions religieuses.

Du premier coup d'œil, ce prêtre éminent devina l'attachement de Blondet pour la comtesse, il comprit qu'avec une Troisville et un écrivain monarchique, il devait se montrer homme d'esprit, parce que sa robe serait toujours respectée. Presque tous les soirs, il venait faire le quatrième au whist. L'écrivain, qui sut reconnaître la valeur de l'abbé Brossette, avait eu pour lui tant de déférence, qu'ils s'étaient pris de sympathie l'un pour l'autre, comme il arrive à tout homme d'esprit enchanté de trouver un compère, ou, si vous voulez, un écouteur. Toute épée aime son fourreau.

— Mais à quoi, monsieur l'abbé, vous qui vous trouvez par votre dévouement au-dessus de votre position, attribuez-vous cet état de choses?

— Je ne veux pas vous dire de banalités après une si flatteuse parenthèse, reprit en souriant l'abbé Brossette. Ce qui se passe dans cette vallée a lieu partout en France, et tient aux espérances que le mouvement de 1789 a infiltré pour ainsi dire dans l'esprit des paysans. La révolution a plus profondément affecté certains pays que d'autres, et cette lisière de la Bourgogne, si voisine de Paris, est un de ceux où le sens de ce mouvement a été pris comme le triomphe du Gaulois sur le Franc.

Historiquement, les paysans sont encore au lendemain de la Jacquerie, leur défaite est restée inscrite dans leur cervelle. Ils ne se souviennent plus du fait, il est passé à l'état d'idée instinctive. Cette idée est dans le sang paysan, comme l'idée de la supériorité fut jadis dans le sang noble. La révolution de 1789 a été la revanche des vaincus. Les paysans ont mis le pied dans la possession du sol que la loi féodale leur interdisait depuis douze cents ans. De là leur amour pour la terre qu'ils partagent entre eux jusqu'à couper un sillon en deux parts, ce qui souvent annule la perception de l'impôt, car la valeur de la propriété ne suffirait pas à couvrir les frais de poursuite pour le recouvrement...

— Leur entêtement, leur défiance, si vous voulez, est telle à cet égard, que dans mille cantons sur les trois mille dont se compose le territoire français, il est impossible à un riche d'acheter bien de paysan, dit Blondet en interrompant l'abbé. Les paysa qui se cèdent leurs lopins de terre entre eux, ne s'en dessaisisse à aucun prix ni à aucune condition pour le bourgeois. Plus le gran propriétaire offre d'argent, plus la vague inquiétude du paysan augmente. L'expropriation seule fait rentrer le bien du paysan sous la loi commune des transactions. Beaucoup de gens ont observé ce fait et n'y trouvent point de cause.

— Cette cause, la voici, reprit l'abbé Brossette, en croyant avec raison que chez Blondet une pause équivalait à une interrogation. Douze siècles ne sont rien pour une caste que le spectacle historique de la civilisation n'a jamais divertie de sa pensée principale, et qui conserve encore orgueilleusement le chapeau à grands rebords et à tour en soie de ses maîtres, depuis le jour où la mode abandonnée le lui a laissé prendre. L'amour, dont la racine plongeait jusqu'aux entrailles du peuple, et qui s'attacha violemment à Napoléon, dans le secret duquel il ne fut même pas autant qu'il le croyait, et qui peut expliquer le prodige de son retour en 1815, procédait uniquement de cette idée. Aux yeux du peuple, Napoléon, sans cesse uni au peuple par son million de soldats, est encore le roi sorti des flancs de la révolution, l'homme qui lui assurait la possession des biens nationaux. Son sacre fut trempé dans cette idée...

— Une idée à laquelle 1814 a touché malheureusement, et que la monarchie doit regarder comme sacrée, dit vivement Blondet, car le peuple peut trouver auprès du trône, un prince à qui son père a laissé la tête de Louis XVI comme une valeur d'hoirie.

— Voici madame, taisons-nous, dit tout bas l'abbé Brossette, Fourchon lui a fait peur; et il faut la conserver ici, dans l'intérêt de la religion, du trône et de ce pays même.

Michaud, le garde général des Aigues, était sans doute amené par l'attentat perpétré sur les yeux de Vatel. Mais avant de rapporter la délibération qui allait avoir lieu dans le conseil de l'État, l'enchaînement des faits exige la narration succincte des circonstances dans lesquelles le général avait acheté les Aigues, des causes graves qui firent de Sibilet le régisseur de cette magnifique propriété, des raisons qui rendirent Michaud garde général; enfin des antécédents auxquels étaient dues et la situation des esprits et les craintes exprimées par Sibilet.

Ce précis rapide aura le mérite d'introduire quelques-uns des principaux acteurs du drame, de dessiner leurs intérêts et de faire comprendre les dangers de la situation où se trouvait alors le général comte de Montcornet.

## VI. — UNE HISTOIRE DE VOLEURS.

Vers 1791, en visitant sa terre, mademoiselle Laguerre accepta pour intendant le fils de l'ex-bailli de Soulanges, appelé Gaubertin. La petite ville de Soulanges, aujourd'hui simple chef-lieu du canton, fut la capitale d'une comté considérable au temps où la maison de Bourgogne guerroyait contre la maison de France. La Ville-aux-Fayes, aujourd'hui siége de la sous-préfecture, simple petit fief, relevait alors de Soulanges, comme les Aigues, Ronquerolles, Cerneux, Conches, et quinze autres clochers. Les Soulanges sont restés comtes, tandis que les Ronquerolles sont aujourd'hui marquis par le jeu de cette puissance, appelée la cour, qui fit le fils du capitaine du Plessis duc avant les premières familles de la conquête. Ceci prouve que les villes ont, comme les familles, de très-changeantes destinées.

Le fils du bailli, garçon sans aucune espèce de fortune, succédait à un intendant enrichi par une gestion de trente années, et qui préféra la troisième part dans la fameuse compagnie Minoret à la gestion des Aigues. Dans son propre intérêt, le futur vivrier avait présenté pour régisseur François Gaubertin, alors majeur, son comptable depuis cinq ans, chargé de protéger sa retraite, et qui, par reconnaissance pour les instructions qu'il reçut de son maître en intendance, lui promit d'obtenir un *quitus* de mademoiselle Laguerre, en la voyant très-effrayée de la révolution. L'ancien bailli, devenu accusateur public au département, fut le protecteur de la peureuse cantatrice. Ce Fouquier-Tinville de province arrangea contre une reine de théâtre, évidemment suspecte à raison de ses liaisons avec l'aristocratie, une fausse émeute pour donner à son fils le mérite d'un sauvetage postiche, à l'aide duquel on eut le *quitus* du prédécesseur. La citoyenne Laguerre fit alors de François Gaubertin son premier ministre, autant par politique que par reconnaissance.

Le futur fournisseur des vivres de la république n'avait pas gâté mademoiselle ; il lui faisait passer à Paris environ trente mille livres par an, quoique les Aigues en dussent dès ce temps rapporter quarante au moins ; l'ignorante fille d'Opéra fut donc émerveillée quand Gaubertin lui en promit trente-six.

Pour justifier de la fortune actuelle du régisseur des Aigues au tribunal des probabilités, il est nécessaire d'en expliquer les commencements. Protégé par son père, le jeune Gaubertin fut nommé maire de Blangy. Il put donc faire payer en argent, malgré les lois, *en terrorisant* (un mot du temps) les débiteurs qui pouvaient, à sa guise, être ou non frappés par les écrasantes réquisitions de la république. Le régisseur, lui, donna des assignats à sa bourgeoise, tant que dura le cours de ce papier-monnaie, qui, s'il ne fit pas la fortune publique, fit du moins beaucoup de fortunes particulières. De 1792 à 1795, pendant trois ans, le jeune Gaubertin récolta cent cinquante mille livres aux Aigues, avec lesquelles il opéra sur la place de Paris. Bourrée d'assignats, mademoiselle Laguerre fut obligée de battre monnaie avec ses diamants désormais inutiles; elle les remit à Gaubertin, qui les vendit et lui en rapporta fidèlement le prix en argent. Ce trait de probité toucha beaucoup mademoiselle, elle crut dès lors en Gaubertin comme en Piccini.

En 1796, époque de son mariage avec la citoyenne Isaure Mouchon, fille d'un ancien conventionnel, ami de son père, Gaubertin possédait trois cent cinquante mille francs en argent; et comme le Directoire lui parut devoir durer, il voulut, avant de se marier, faire approuver ses cinq ans de gestion par mademoiselle, en prétextant d'une nouvelle ère.

— Je serai père de famille, dit-il; vous savez quelle est la réputation des intendants; mon beau-père est un républicain d'une probité romaine, un homme influent d'ailleurs; je veux lui prouver que je suis digne de lui.

Mademoiselle Laguerre arrêta les comptes de Gaubertin dans les termes les plus flatteurs.

Pour inspirer de la confiance à madame des Aigues, le régisseur essaya, dans les premiers temps, de réprimer les paysans en craignant, avec raison, que les revenus ne souffrissent de leurs dévastations, et que les prochains pots-de-vin du marchand de bois fussent moindres; mais alors le peuple souverain se regardait partout comme chez lui; madame eut peur de ses rois en les voyant de si près, et dit à son Richelieu qu'elle voulait, avant tout, mourir en paix. Les revenus de l'ancien Premier Sujet du Chant étaient si fort au-dessus de ses dépenses, qu'elle laissa s'établir les plus funestes précédents. Ainsi, pour ne pas plaider, elle souffrit les empiétements de terrain de ses voisins. En voyant son parc entouré de murs infranchissables, elle ne craignit point d'être troublée dans ses jouissances immédiates, et ne souhaitait pas autre chose que la paix, en vraie philosophe qu'elle fut. Quelques mille livres de rentes de plus ou de moins, des indemnités demandées sur le prix du bail par le marchand de bois pour les dégâts commis par les paysans, qu'était-ce aux yeux d'une ancienne fille d'Opéra, prodigue, insouciante, à qui ses cent mille livres de revenu n'avaient coûté que du plaisir, et qui venait de subir, sans se plaindre, la réduction des deux tiers sur soixante mille francs de rente.

— Eh! disait-elle avec la facilité des impures de l'ancien régime, il faut que tout le monde vive, même la république!

La terrible mademoiselle Cochet, sa femme de chambre, et son visir femelle, avait essayé de l'éclairer en voyant l'empire que Gaubertin prit sur celle qu'il appela tout d'abord madame, malgré les lois révolutionnaires sur l'égalité; mais Gaubertin éclaira de son côté mademoiselle Cochet, en lui montrant une dénonciation soi-disant envoyée à son père, l'accusateur public, et où elle était véhémentement accusée de correspondre avec Pitt et Cobourg. Dès lors, ces deux puissances partagèrent, mais à la Montgommery. La Cochet vanta Gaubertin à mademoiselle Laguerre, comme Gaubertin lui vanta la Cochet. Le lit de la femme de chambre était d'ailleurs tout fait, elle se savait couchée sur le testament de madame pour soixante mille francs. Madame ne pouvait plus se passer de la Cochet, tant elle y était habituée. Cette fille connaissait tous les secrets de la toilette de chère maîtresse; elle avait le talent d'endormir chère maîtresse, le soir, par mille contes, et de la réveiller le lendemain par des paroles flatteuses; enfin jusqu'au jour de la mort, elle ne trouva jamais chère maîtresse changée, et quand chère maîtresse fut dans son cercueil, elle la trouva sans doute encore bien mieux qu'elle ne l'avait jamais vue.

Les gains annuels de Gaubertin et ceux de mademoiselle Cochet, leurs appointements, leurs intérêts devinrent si considérables, que les parents les plus affectueux n'eussent pas été plus attachés qu'eux à cette excellente créature. On ne sait pas encore combien le fripon dorlote sa dupe. Une mère n'est pas si caressante ni si prévoyante pour une fille adorée, que l'est tout commerçant en tartuferie pour sa vache à lait. Aussi quel succès n'ont pas les représentations de *Tartufe* jouées à huis-clos? Ça vaut l'amitié. Molière est mort trop tôt, il nous aurait montré le désespoir d'Orgon ennuyé par sa famille, tracassé par ses enfants, regrettant les flatteries de Tartufe, et disant : — C'était le bon temps !

Dans les huit dernières années de sa vie, mademoiselle Laguerre ne toucha pas plus de trente mille francs sur les cinquante que rapportait en réalité la terre des Aigues. Gaubertin en était arrivé, comme on voit, au même résultat administratif que son prédécesseur, quoique les fermages et les produits territoriaux eussent notablement augmenté de 1791 à 1815, sans compter les continuelles acquisitions de mademoiselle Laguerre. Mais le plan formé par Gaubertin pour hériter des Aigues à la mort prochaine de madame, l'obligeait à maintenir cette magnifique terre dans un état patent de dépréciation, quant aux revenus ostensibles. Initié à cette combinaison, la Cochet devait en partager les profits. Comme au déclin de ses jours, l'ex-reine de théâtre, riche de vingt mille livres de rente dans les fonds appelés les consolidés (tant la langue politique se prête à la plaisanterie), dépensait à peine lesdits vingt mille francs par an ; elle s'étonnait des acquisitions annuelles faites par son régisseur pour employer les fonds disponibles, elle qui jadis anticipait toujours sur ses revenus. L'effet du peu de besoins de sa vieillesse, lui semblait un résultat de la probité de Gaubertin et de mademoiselle Cochet.

— Deux perles ! disait-elle aux personnes qui la venaient voir.

Gaubertin gardait d'ailleurs dans ses comptes les apparences de la probité. Il portait exactement en recette les fermages. Tout ce qui devait frapper la faible intelligence de la cantatrice en fait d'arithmétique, était clair, net, précis. Le régisseur demandait ses bénéfices à la dépense, aux frais d'exploitation, aux marchés à conclure, aux ouvrages, aux procès qu'il inventait, aux réparations, détails que jamais madame ne vérifiait et qu'il lui arrivait quelquefois de doubler, d'accord avec les entrepreneurs, dont le silence s'achetait par des prix avantageux. Cette facilité conciliait l'estime publique à Gaubertin, et les louanges de madame sortaient de toutes les bouches ; car, outre ses arrosages en travaux, elle faisait beaucoup d'aumônes en argent.

— Que Dieu la conserve, la chère dame ! était le mot de tout le monde.

Chacun obtenait en effet quelque chose d'elle, en pur don ou indirectement. En représailles de sa jeunesse, la vieille artiste était exactement pillée, et si bien pillée que chacun y mettait une certaine mesure, afin que les choses n'allassent pas si loin qu'elle n'ouvrît les yeux, ne vendît les Aigues et ne retournât à Paris.

Cet intérêt de grappillage fut, hélas! la raison de l'assassinat de Paul-Louis Courrier, qui fit la faute d'annoncer la vente de sa terre et son projet d'emmener sa femme, dont vivaient plusieurs Tonsards de Touraine. Dans cette crainte, les maraudeurs des Aigues ne coupaient un jeune arbre qu'à la dernière extrémité, quand ils ne voyaient plus de branches à la hauteur des faucilles mises au bout d'une perche. On faisait le moins de tort possible, dans l'intérêt même du vol. Néanmoins, pendant les dernières années de la vie de mademoiselle Laguerre, l'usage d'aller ramasser du bois était devenu l'abus le plus effronté. Par certaines nuits claires, il ne se liait pas moins de deux cents fagots. Quant au glanage et au hallebotage, les Aigues y perdaient, comme l'a demontré Sibilet, le quart des produits.

Mademoiselle Laguerre avait interdit à la Cochet de se marier de son vivant, par une sorte d'égoïsme de maîtresse à femme de chambre dont beaucoup d'exemples peuvent avoir été remarqués en tout pays, et qui n'est pas plus absurde que la manie de garder jusqu'au dernier soupir des biens parfaitement inutiles au bonheur matériel, au risque de se faire empoisonner par d'impatients héritiers. Aussi, vingt jours après l'enterrement de mademoiselle Laguerre, mademoiselle Cochet épousa-t-elle le brigadier de la gendarmerie de Soulanges, nommé Soudry, très-bel homme de quarante-deux ans, qui depuis 1800, époque de la création de la gendarmerie, la venait voir presque tous les jours aux Aigues, et qui, par semaine, dînait au moins quatre fois avec elle et les Gaubertin.

Madame, pendant toute sa vie, eut une table servie pour elle seule ou pour sa compagnie. Malgré leur familiarité, jamais ni la Cochet ni les Gaubertin ne furent admis à la table du Premier Sujet de l'Académie Royale de Musique et de Danse, qui conserva jusqu'à sa dernière heure son étiquette, ses habitudes de toilette, son rouge et ses mules, sa voiture, ses gens et sa majesté de Déesse. Déesse au théâtre, Déesse à la ville, elle resta Déesse jusqu'au fond de la campagne, où sa mémoire est encore adorée et balance bien certainement la cour de Louis XVI dans l'esprit de la *première société* de Soulanges.

Ce Soudry, qui dès son arrivée dans le pays fit la cour à la Cochet, possédait la plus belle maison de Soulanges, six mille francs environ, et l'espérance de quatre cents francs de retraite le jour où il quitterait le service. Devenu madame Soudry, la Cochet obtint dans Soulanges une grande considération. Quoiqu'elle gardât un secret absolu sur le montant de ses économies, placées comme les fonds de Gaubertin, à Paris, chez le commissionnaire des marchands de vin du département, un certain Leclercq, enfant du pays, que le régisseur commandita, l'opinion générale fit de l'ancienne femme de chambre une des premières fortunes de cette petite ville d'environ douze cents âmes.

Au grand étonnement du pays, monsieur et madame Soudry reconnurent pour légitime, par leur acte de mariage, un fils naturel du gendarme, à qui dès lors la fortune de madame Soudry devait appartenir. Le jour où ce fils acquit officiellement une mère, il venait d'achever son droit à Paris, et se proposait d'y faire son stage, afin d'entrer dans la magistrature.

Il est presque inutile de faire observer qu'une mutuelle intelligence de vingt années engendra l'amitié la plus solide entre les Gaubertin et les Soudry. Les uns et les autres devaient, jusqu'à la fin de leurs jours, se donner réciproquement, *ubi et orbi*, pour *les plus honnêtes gens* de France. Cet intérêt, basé sur une connaissance réciproque des taches secrètes que portait la blanche tunique de leur conscience, est un des liens les moins dénoués ici-bas. Vous en avez, vous qui lisez ce drame social, une telle certitude, que pour expliquer la continuité de certains dévouements qui font rougir votre égoïsme, vous dites de deux personnes : « Elles ont, pour sûr, commis quelque crime ensemble ! »

Après vingt-cinq ans de gestion, l'intendant se voyait alors à la tête de six cent mille francs en argent, et la Cochet possédait environ deux cent cinquante mille francs. Le revirement agile et perpétuel de ces fonds, confiés à la maison Leclercq et compagnie, du quai de Béthune, à l'île Saint-Louis, antagoniste de la fameuse maison Grandet, aida beaucoup à la fortune de ce commissionnaire en vins et à celle de Gaubertin. A la mort de mademoiselle Laguerre, Jenny, fille aînée du régisseur, fut demandée en mariage par Leclercq, chef de la maison du quai de Béthune. Gaubertin se flattait alors de devenir le maître des Aigues par un complot ourdi dans l'étude de maître Lupin, notaire, établi par lui depuis onze ans à Soulanges.

Lupin, fils du dernier intendant de la maison de Soulanges, s'était prêté à de faibles expertises, à une mise à prix de cinquante pour cent au-dessous de la valeur, à des affichages inédits, à toutes les manœuvres, malheureusement si communes au fond des provinces, pour adjuger, sous le manteau, selon le proverbe, d'importants immeubles. Dernièrement il s'est formé, dit-on, à Paris, une compagnie dont le but est de rançonner les auteurs de ces trames, en les menaçant d'enchérir. Mais, en 1816, la France n'était pas, comme aujourd'hui, brûlée par une flamboyante publicité ; les complices pouvaient donc compter sur le partage des Aigues fait secrètement entre la Cochet, le notaire et Gaubertin, qui se réservait *in petto* de leur offrir une somme pour les désintéresser de leurs lots, une fois la terre en son nom. L'avoué chargé de poursuivre la licitation au tribunal par Lupin avait vendu sa charge sur parole à Gaubertin pour son fils, en sorte qu'il favorisa cette spoliation, si tant est que les onze cultivateurs picards à qui cette succession tomba des nues se regardèrent comme spoliés.

Au moment où tous les intéressés croyaient leur fortune doublée, un avoué de Paris vint, la veille de l'adjudication définitive, charger l'un des avoués de la Ville-aux-Fayes, qui se trouvait être un de ses anciens clercs, d'acquérir les Aigues, et il les eut pour onze cent mille cinquante francs. A onze cent mille francs, aucun des conspirateurs n'osa continuer d'enchérir. Gaubertin crut à quelque trahison de Soudry, comme Lupin et Soudry se crurent joués par Gaubertin ; mais la déclaration de *command* les réconcilia. Quoique soupçonnant le plan formé par Gaubertin, Lupin et Soudry, l'avoué de province se garda bien d'éclairer son ancien patron. Voici pourquoi : en cas d'indiscrétion des nouveaux propriétaires, cet officier ministériel aurait eu trop de monde à dos pour pouvoir rester dans le pays. Ce mutisme, particulier à l'homme de province, sera d'ailleurs parfaitement justifié par les événements de cette étude. Si l'homme de province est sournois, il est obligé de l'être ; sa justification se trouve dans son péril, admirablement exprimé par ce proverbe : *Il faut hurler avec les loups !* le sens du personnage de Philinte.

Quand le général Montcornet prit possession des Aigues, Gaubertin ne se trouva plus assez riche pour quitter sa place. Afin de marier sa fille aînée au riche banquier de l'Entrepôt, il était obligé de la doter de deux cent mille francs : il devait payer trente mille francs la charge achetée à son fils ; il ne lui restait donc plus que trois cent soixante-dix mille francs, sur lesquels il lui faudrait tôt ou tard prendre la dot de sa dernière fille Élisa, à laquelle il se flattait de moyenner un mariage au moins aussi beau que celui de l'aînée. Le régisseur voulut étudier le comte de Montcornet, afin de savoir s'il pourrait le dégoûter des Aigues, en comptant alors réaliser pour lui seul la conception avortée.

Avec la finesse particulière aux gens qui font leur fortune par la cautèle, Gaubertin crut à la ressemblance, assez probable d'ailleurs, du caractère d'un vieux militaire et d'une vieille cantatrice. Une fille d'Opéra, un vieux général de Napoléon, n'étaient-ce pas les mêmes habitudes de prodigalité, la même insouciance ? A la fille comme au soldat, le bien ne vient-il pas capricieusement et au feu ? S'il se rencontre des militaires rusés, astucieux, politiques, n'est-ce pas l'exception ? Et le plus souvent, le soldat, surtout un sabreur fini comme Montcornet, doit être simple, confiant, novice en affaires, et peu propre aux mille détails de la gestion d'une terre. Gaubertin se flatta de prendre et de tenir le général dans la nasse où mademoiselle Laguerre avait fini ses jours. Or, l'empereur avait jadis permis, par calcul, à Montcornet d'être en Poméranie ce que Gaubertin était aux Aigues ; le général se connaissait donc en fourrages d'intendance.

En venant planter ces choux, suivant l'expression du premier duc de Biron, le vieux cuirassier voulut s'occuper de ses affaires pour se distraire de sa chute. Quoiqu'il eût livré son corps d'armée aux Bourbons, ce service commis par plusieurs généraux et nommé licenciement de l'armée de la Loire ne put racheter le crime d'avoir suivi l'homme des Cent-Jours sur son dernier champ de bataille. En présence des étrangers, il fut impossible au pair de 1815 de se maintenir sur les cadres de l'armée, à plus forte raison de rester au Luxembourg. Montcornet alla donc, selon le conseil d'un maréchal en disgrâce, cultiver les carottes en nature. Le général ne manquait pas de cette ruse particulière aux vieux loups de guérite ; et, dès les premiers jours consacrés à l'examen de ses propriétés, il vit dans Gaubertin un véritable intendant de l'ancien régime, un fripon, comme les maréchaux et les ducs de Napoléon, ces champignons nés sur la couche populaire en avaient presque tous rencontré.

En s'apercevant de la profonde expérience de Gaubertin en administration rurale, le sournois cuirassier sentit combien il était utile de le conserver pour se mettre au courant de cette agriculture correctionnelle; aussi se donna-t-il l'air de continuer mademoiselle Laguerre, fausse insouciance qui trompa le régisseur. Cette apparente niaiserie dura pendant tout le temps nécessaire au général pour connaître le fort et le faible des Aigues, les détails des revenus, la manière de les percevoir, comment et où l'on volait, les améliorations et les économies à réaliser. Puis, un beau jour, ayant surpris Gaubertin la main dans le sac, suivant l'expression consacrée, le général entra dans une de ces colères particulières à ces dompteurs de pays. Il fit alors une de ces fautes capitales, susceptibles d'agiter toute la vie d'un homme qui n'aurait pas eu sa grande fortune ou sa consistance, et d'où sourdirent d'ailleurs les malheurs, grands et petits, dont fourmille cette histoire. Elève de l'Ecole impériale, habitué à tout sabrer, plein de dédain pour les *péquins*, Montcornet ne crut pas devoir prendre des gants pour mettre à la porte un coquin d'intendant. La vie civile et ses mille précautions étaient inconnues à ce général aigri déjà par sa disgrâce, il humilia donc profondément Gaubertin, qui s'attira d'ailleurs ce traitement cavalier par une réponse dont le cynisme excita la fureur de Montcornet.

— Vous vivez de ma terre? lui avait dit le comte avec une railleuse sévérité.

— Croyez-vous donc que j'aie pu vivre du ciel? répliqua Gaubertin en riant.

— Sortez, canaille; je vous chasse! cria le général en lui donnant des coups de cravache que le régisseur a toujours niés, les ayant reçus à huis-clos.

— Je ne sortirai pas sans mon *quitus*, dit froidement Gaubertin après s'être éloigné du violent cuirassier.

— Nous verrons ce que pensera de vous la police correctionnelle, répondit Montcornet en haussant les épaules.

En s'entendant menacer d'un procès en police correctionnelle, Gaubertin regarda le comte en souriant. Ce sourire eut la vertu de détendre le bras du général, comme si les nerfs en eussent été coupés. Expliquons ce sourire.

Depuis deux ans, le beau-frère de Gaubertin, un nommé Gendrin, longtemps juge au tribunal de première instance de la Ville-aux-Fayes, en était devenu le président par la protection du comte de Soulanges. Nommé pair de France en 1814, et resté fidèle aux Bourbons pendant les Cent-Jours, monsieur de Soulanges avait demandé cette nomination au garde des sceaux. Cette parenté donnait à Gaubertin une certaine importance dans le pays. Relativement, d'ailleurs, un président de tribunal est, dans une petite ville, un plus grand personnage qu'un premier président de cour royale qui trouve au chef-lieu des égaux dans le général, l'évêque, le préfet, le receveur général, tandis qu'un simple président de tribunal n'en a pas, le procureur du roi, le sous-préfet étant amovibles ou destituables. Le jeune Soudry, le camarade à Paris comme aux Aigues de Gaubertin fils, venait alors d'être nommé substitut du procureur du roi dans le chef-lieu du département. Avant de devenir brigadier de gendarmerie, Soudry père, fourrier dans l'artillerie, avait été blessé dans une affaire en défendant monsieur de Soulanges, alors adjudant général. Lors de la création de la gendarmerie, le comte de Soulanges, devenu colonel, avait demandé pour son sauveur la brigade de Soulanges; et, plus tard, il sollicita le poste où Soudry fils avait débuté. Enfin, le mariage de mademoiselle Gaubertin étant chose conclue au quai de Béthune, le comptable infidèle se sentait plus fort dans le pays qu'un lieutenant général mis en disponibilité.

Si cette histoire ne devait offrir d'autre enseignement que celui qui ressort de la brouille du général et de son régisseur, elle serait déjà profitable à bien des gens pour leur conduite dans la vie. A qui sait lire fructueusement Machiavel, il est démontré que la prudence humaine consiste à ne jamais menacer, à faire sans dire, à favoriser la retraite de son ennemi en ne marchant pas, selon le proverbe, sur la queue du serpent, et à se garder comme d'un meurtre de blesser l'amour-propre de plus petit que soi. Le Fait, quelque dommageable qu'il soit aux intérêts, se pardonne à la longue, il s'explique de mille manières ; mais l'amour-propre, qui saigne toujours du coup qu'il a reçu, ne pardonne jamais à l'Idée. La personnalité morale est plus sensible, plus vivante en quelque sorte que la personnalité physique. Le cœur et le sang sont moins impressibles que les nerfs. Enfin notre être intérieur nous domine, quoi que nous fassions. On réconcilie deux familles qui se sont entretuées, comme en Bretagne ou en Vendée, lors des guerres civiles ; mais on ne réconciliera pas plus les spoliés et les spoliateurs que les calomniés et les calomniateurs. On ne doit s'injurier que dans les poëmes épiques avant de se donner la mort. Le Sauvage, le Paysan, qui tient beaucoup du Sauvage, ne parlent jamais que pour tendre des piéges à leurs adversaires. Depuis 1789, la France essaye de faire croire, contre toute évidence, aux hommes qu'ils sont égaux; or, dire à un homme : Vous êtes un fripon ! est une plaisanterie sans conséquence ; mais le lui prouver en le prenant sur le fait et le cravachant ; mais le menacer d'un procès correctionnel sans le poursuivre, c'est le ramener à l'inégalité des conditions. Si la masse ne pardonne à aucune supériorité, comment un fripon pardonnerait-il à l'honnête homme ?

Montcornet aurait renvoyé son intendant sous prétexte d'acquitter d'anciennes obligations en mettant à sa place quelque ancien militaire ; certes, ni Gaubertin, ni le général ne se seraient trompés, l'un aurait compris l'autre ; mais l'autre, en ménageant l'amour-propre du premier, lui eût ouvert une porte pour se retirer, Gaubertin eût alors laissé le grand propriétaire tranquille, il eût oublié sa défaite à l'audience des criées ; et peut-être eût-il cherché l'emploi de ses capitaux à Paris. Ignominieusement chassé, le régisseur garda contre son maître une de ces rancunes qui sont un élément de l'existence en province, et dont la durée, la persistance, les trames étonneraient les diplomates habitués à ne s'étonner de rien. Un cuisant désir de vengeance lui conseilla de se retirer à la Ville-aux-Fayes, d'y occuper une position d'où il pût nuire à Montcornet, et lui susciter assez d'ennemis pour le forcer à remettre les Aigues en vente.

Tout trompa le général, car les dehors de Gaubertin n'étaient pas de nature à l'avertir ni à l'effrayer. Par tradition, le régisseur affecta toujours, non pas la pauvreté, mais la gêne. Il tenait cette règle de conduite de son prédécesseur. Aussi, depuis douze ans, mettait-il à tout propos en avant ses trois enfants, sa femme et les énormes dépenses causées par sa nombreuse famille. Mademoiselle Laguerre, à qui Gaubertin se disait trop pauvre pour payer l'éducation de son fils à Paris, en avait fait tous les frais, elle donnait cent louis par an à son cher filleul, car elle était la marraine de Claude Gaubertin.

Le lendemain, Gaubertin vint, accompagné d'un garde nommé Courtecuisse, demander très-fièrement au général son *quitus*, en lui montrant les décharges données par feu mademoiselle, en termes flatteurs, et il le pria très-ironiquement de chercher où se trouvaient ses immeubles et propriétés. S'il recevait des gratifications des marchands de bois et des fermiers au renouvellement des baux, mademoiselle Laguerre les avait, dit-il, toujours autorisées, et non-seulement elle y gagnait en les lui laissant prendre, mais encore elle y trouvait sa tranquillité. On se serait fait tuer dans le pays pour mademoiselle, tandis qu'en continuant ainsi, le général se préparait bien des difficultés.

Gaubertin, et ce dernier trait est fréquent dans la plupart des professions où l'on s'approprie le bien d'autrui par des moyens non prévus par le Code, se croyait un parfait honnête homme. D'abord, il possédait depuis si longtemps l'argent extirpé par la terreur aux fermiers de mademoiselle Laguerre, payée en assignats, qu'il le considérait comme légitimement acquis. Ce fut une affaire de change. A la longue, il pensait même avoir couru des dangers en acceptant des écus. Puis, légalement, madame ne devait recevoir que des assignats. *Légalement* est un adverbe robuste, il supporte bien des fortunes! Enfin, depuis qu'il existe des grands propriétaires et des intendants, c'est-à-dire depuis l'origine des sociétés, l'intendant a forgé, pour son usage, un raisonnement que pratiquent aujourd'hui les cuisinières, et que voici dans sa simplicité :

— Si ma bourgeoise, se dit chaque cuisinière, allait elle-même au marché, peut-être payerait-elle ses provisions plus que je ne les qui compte ; elle y gagne, et le bénéfice que j'y trouve est mieux placé dans mes poches que dans celles des marchands.

— Si mademoiselle exploitait elle-même les Aigues, elle n'en tirerait pas trente mille francs; les paysans, les marchands, les ouvriers lui voleraient la différence : il est plus naturel que je la garde, et je lui épargne bien des soucis, se disait Gaubertin.

La religion catholique a seule le pouvoir d'empêcher de semblables capitulations de conscience; mais depuis 1789, la religion est sans force sur les deux tiers de la population en France. Aussi, es paysans, dont l'intelligence est très-éveillée, et que la misère pousse à l'imitation, étaient-ils dans la vallée des Aigues, arrivés à un état effrayant de démoralisation. Ils allaient à la messe le dimanche, mais en dehors de l'église, car ils s'y donnaient toujours par habitude, rendez-vous pour leurs marchés et leurs affaires.

On doit maintenant mesurer tout le mal produit par l'incurie et par le laisser-aller de l'ancien Premier Sujet du Chant de l'Académie royale de Musique. Mademoiselle Laguerre avait, par égoïsme, trahi la cause de ceux qui possèdent, tous en but à la haine de ceux qui ne possèdent pas. Depuis 1792, tous les propriétaires de France sont devenus solidaires. Hélas! si les familles féodales, moins nombreuses que les familles bourgeoises, n'ont compris leur solidarité ni en 1400 sous Louis XI, ni en 160? sous Richelieu, peut-on croire que, malgré les prétentions du dix neuvième siècle au Progrès, la Bourgeoisie sera plus unie que ne le fut la Noblesse? Une oligarchie de cent mille riches a tous les inconvénients de la démocratie sans en avoir les avantages. Le *chacun chez soi, chacun pour soi*, l'égoïsme de famille tuera l'égoïsme oligarchique, si nécessaire à la société moderne, et que l'Angleterre pratique admirablement depuis trois siècles. Quoi qu'on fasse, les propriétaires ne comprendront la nécessité de la discipline qui rendit l'Église un admirable modèle de gouvernement, qu'au moment où ils se sentiront menacés chez eux, et il sera trop tard. L'audace avec laquelle le communisme, cette logique vivante et agissante de la Démocratie, attaque la Société dans l'ordre moral, annonce que dès aujourd'hui, le Samson populaire, devenu prudent, sape les colonnes sociales dans la cave, au lieu de les secouer dans la salle de festin.

### VII. — ESPÈCES SOCIALES DISPARUES.

La terre des Aigues ne pouvait se passer d'un régisseur, car le général n'entendait pas renoncer aux plaisirs de l'hiver à Paris, où il possédait un magnifique hôtel, rue Neuve-des-Mathurins. Il chercha donc un successeur à Gaubertin; mais il ne chercha certes pas avec plus de soin que Gaubertin en mit à lui en donner un de sa main.

De toutes les places de confiance, il n'en est pas qui demande à la fois plus de connaissances acquises ni plus d'activité que celle de régisseur d'une grande terre. Cette difficulté n'est connue que des riches propriétaires dont les biens sont situés au delà d'une certaine zone autour de la capitale, et qui commence à une distance d'environ quarante lieues. Là, cessent les exploitations agricoles, dont les produits trouvent à Paris des débouchés certains, et qui donnent des revenus assurés par de longs baux, pour lesquels il existe de nombreux preneurs, riches eux-mêmes. Ces fermiers viennent en cabriolet apporter leurs termes en billets de banque, si toutefois leurs facteurs à la halle ne se chargent pas de leurs payements. Aussi, les fermes en Seine-et-Oise, en Seine-et-Marne, dans l'Oise, dans Eure-et-Loir, dans la Seine-Inférieure et dans le Loiret, sont-elles si recherchées, que les capitaux ne s'y placent pas toujours à un et demi pour cent. Comparé au revenu des terres en Hollande, en Angleterre et en Belgique, ce produit est encore énorme. Mais, à cinquante lieues de Paris, une terre considérable implique tant d'exploitations diverses, tant de produits de différentes natures, qu'elle constitue une industrie avec toutes les chances de la fabrique. Tel riche propriétaire n'est qu'un marchand obligé de placer ses productions, ni plus ni moins qu'un fabricant de fer ou de coton. Il n'évite même pas la concurrence ; le paysan, la petite propriété la lui font acharnée en descendant à des transactions inabordables aux gens bien élevés.

Un régisseur doit savoir l'arpentage, les usages du pays, ses modes de vente et d'exploitation, un peu de chicane pour défendre les intérêts qui lui sont confiés, la comptabilité commerciale, et se trouver doué d'une excellente santé, d'un goût particulier pour le mouvement et l'équitation. Chargé de représenter le maître, et toujours en relations avec lui, le régisseur ne saurait être un homme du peuple. Comme il est peu de régisseurs appointés à mille écus, ce problème paraît insoluble. Comment rencontrer tant de qualités pour un prix modique, dans un pays où les gens qui en sont pourvus sont admissibles à tous les emplois ?... Faire venir un homme à qui le pays est inconnu, c'est payer cher l'expérience qu'il y acquerra. Former un jeune homme pris sur les lieux, c'est souvent nourrir une ingratitude à l'épinette. Il faut donc choisir entre quelque inepte Probité qui nuit par inertie ou par myopie, et l'Habileté qui songe à elle. De là cette nomenclature sociale et l'histoire naturelle des intendants, ainsi définis par un grand seigneur polonais : « — Nous avons, disait-il, deux sortes de régisseurs : celui qui ne pense qu'à lui et celui qui pense à nous et à lui; heureux le propriétaire qui met la main sur le second ! Quant à celui qui ne penserait qu'à nous, il ne s'est jamais rencontré jusqu'ici. »

On a pu voir ailleurs le personnage d'un régisseur songeant à ses intérêts et à ceux de son maître (voir *Un début dans la vie, scènes de la vie privée*) ; Gaubertin est l'intendant exclusivement occupé de sa fortune. Présenter le troisième terme de ce problème, ce serait offrir à l'admiration publique un personnage invraisemblable que la vieille noblesse a néanmoins connu (voir le *Cabinet des Antiques, scène de la vie de province*), mais qui disparut avec elle. Par la division perpétuelle des fortunes, les mœurs aristocratiques seront inévitablement modifiées. S'il n'y a pas actuellement en France vingt fortunes gérées par des intendants, il n'existera pas dans cinquante ans cent grandes propriétés à régisseurs, à moins de changements dans la loi civile. Chaque riche propriétaire devra veiller par lui-même à ses intérêts.

Cette transformation, déjà commencée, a suggéré cette réponse dite par une spirituelle vieille femme à qui l'on demandait pourquoi, depuis 1830, elle restait à Paris pendant l'été : — « Je ne vais plus dans les châteaux depuis qu'on en a fait des fermes. » Mais qu'arrivera-t-il de ce débat de plus en plus ardent, d'homme à homme, entre le riche et le pauvre ? Cette étude n'est écrite que pour éclairer cette terrible question sociale.

On peut comprendre les étranges perplexités auxquelles le général fut en proie après avoir congédié Gaubertin. Si, comme toutes les personnes libres de faire ou de ne pas faire, il s'était dit vaguement : — « Je chasserai ce drôle-là, » il avait négligé le hasard, oubliant les éclats de sa bouillante colère, la colère du sabreur sanguin, au moment où quelque méfait relèverait les paupières à sa cécité volontaire.

Propriétaire pour la première fois, Montcornet, enfant de Paris, ne s'était pas muni d'un régisseur à l'avance ; et, après avoir étudié le pays, il sentait combien un intermédiaire devenait indispensable à un homme comme lui, pour traiter avec tant de gens et de si bas étage.

Gaubertin, à qui les vivacités d'une scène, qui dura deux heures, avaient révélé l'embarras où le général allait se trouver, enfourcha son bidet en quittant le salon où la dispute avait eu lieu, galopa jusqu'à Soulanges et y consulta les Soudry.

Sur ce mot : — Nous nous quittons, le général et moi ; qui pouvons-nous lui présenter pour régisseur, sans qu'il s'en doute? les Soudry comprirent la pensée de leur ami. N'oubliez pas que le brigadier Soudry, chef de la police depuis dix-sept ans dans le canton, est doublé par sa femme de la ruse particulière aux soubrettes des filles d'Opéra.

— Il ferait bien du chemin, dit madame Soudry, avant de trouver quelqu'un qui valût notre pauvre petit Sibilet.

— Il est cuit! s'écria Gaubertin encore rouge de ses humiliations. Lupin, dit-il au notaire qui assistait à cette conférence, allez donc à la Ville-aux-Fayes y seriner Maréchal, en cas que notre beau cuirassier lui demande des renseignements.

Maréchal était cet avoué que son ancien patron, chargé à Paris des affaires du général, avait naturellement recommandé, comme conseil à monsieur de Montcornet, après l'heureuse acquisition des Aigues.

Ce Sibilet, fils aîné du greffier du tribunal de la Ville-aux-Fayes, clerc de notaire, sans sou ni maille, âgé de vingt-cinq ans, s'était épris de la fille du juge de paix de Soulanges à en perdre la raison.

Ce digne magistrat, à quinze cents francs d'appointements, nommé Sarcus, avait épousé une fille sans fortune, la sœur aînée de monsieur Vermut, l'apothicaire de Soulanges. Quoique fille unique, mademoiselle Sarcus, riche de sa beauté pour toute fortune, devait mourir et non vivre des appointements qu'on donne à un clerc de notaire en province. Le jeune Sibilet, parent de Gaubertin par une alliance assez difficile à reconnaître dans les croisements de famille qui rendent cousins presque tous les bourgeois des petites villes, dut aux soins de son père et de Gaubertin une maigre place au cadastre. Le malheureux eut l'affreux bonheur de se voir père de deux enfants en trois ans. Le greffier chargé, lui, de cinq autres enfants, ne pouvait venir au secours de son fils aîné. Le juge de paix ne possédait que sa maison à Soulanges et cent écus de rentes. La plupart du temps, madame Sibilet la jeune restait donc chez son père et y vivait avec ses deux enfants. Adolphe Sibilet, obligé de courir à travers le département, venait voir son Adeline de temps en temps. Peut-être le mariage, ainsi compris, explique-t-il la fécondité des femmes.

L'exclamation de Gaubertin, quoique facile à comprendre par ce sommaire de l'existence du jeune Sibilet, exige encore quelques détails.

Adolphe Sibilet, souverainement disgracieux, comme on a pu le voir d'après son esquisse, appartenait à ce genre d'hommes qui ne peuvent arriver au cœur d'une femme que par le chemin de la mairie et de l'autel. Doué d'une souplesse comparable à celle des ressorts, il cédait, sauf à reprendre sa pensée; cette disposition trompeuse ressemble à de la lâcheté; mais l'apprentissage des affaires, chez un notaire de province, avait fait contracter à Sibilet l'habitude de cacher ce défaut sous un air bourru qui simulait une force absente. Beaucoup de gens faux abritent leur platitude sous la brusquerie; brusquez-les, vous produirez l'effet du coup d'épingle sur le ballon. Tel était le fils du greffier. Mais comme les hommes, pour la plupart, ne sont pas observateurs, et que, parmi les observateurs, les trois quarts observent après coup, l'air grognon d'Adolphe Sibilet passait pour l'effet d'une rude franchise, d'une capacité vantée par son patron, et d'une probité revêche qu'aucune éprouvette n'avait essayée. Il est des gens qui sont servis par leurs défauts comme d'autres par leurs qualités.

Adeline Sarcus, jolie personne élevée par sa mère, morte trois ans avant ce mariage, aussi bien qu'une mère peut élever une fille unique au fond d'une petite ville, aimait le jeune et beau Lupin, fils unique du notaire de Soulanges. Dès les premiers chapitres de ce roman, le père Lupin, qui visait pour son fils mademoiselle Elise Gaubertin, envoya le jeune Amaury Lupin à Paris, chez son correspondant, maître Crottat, notaire, où, sous prétexte d'apprendre à faire des actes et des contrats, Amaury fit plusieurs actes de folie et contracta des dettes, entraîné par un certain Georges Marest, clerc de l'Etude, jeune homme riche, qui lui révéla les mystères de la vie parisienne. Quand maître Lupin alla chercher son fils à Paris, Adeline s'appelait déjà madame Sibilet. En effet, lorsque l'amoureux Adolphe se présenta, le vieux juge de paix, stimulé par Lupin le père, hâta le mariage auquel Adeline se livra par désespoir.

Le Cadastre n'est pas une carrière. Il est comme beaucoup de ces sortes d'administrations sans avenir, une espèce de trou dans l'écumoire gouvernementale. Les gens qui se lancent par ces trous (la topographie, les ponts et chaussées, le professorat, etc.) s'apercoivent toujours un peu tard que de plus habiles, assis à côté d'eux, s'humectent des sueurs du peuple, disent les écrivains de l'Opposition, toutes les fois que l'écumoire plonge dans l'Impôt, au moyen de cette machine appelée Budget. Adolphe, travaillant du matin au soir et gagnant peu de choses à travailler, reconnut bientôt l'infertile profondeur de son trou. Aussi songeait-il, en trottant de commune en commune et dépensant ses appointements en souliers **et en frais de voyage, à chercher une place stable et bénéficieuse.**

On ne peut se figurer, à moins d'être louche et d'avoir deux enfants, en légitime mariage, ce que trois années de souffrances entremêlées d'amour avaient développé d'ambition chez ce garçon dont l'esprit et le regard louchaient également, dont le bonheur était mal assis, pour ne pas dire boiteux. Le plus grand élément des mauvaises actions secrètes, des lâchetés inconnues, est peut-être un bonheur incomplet. L'homme accepte peut-être mieux une misère sans espoir que ces alternatives de soleil et d'amour à travers des pluies continuelles. Si le corps y gagne des maladies, l'âme y gagne la lèpre de l'envie. Chez les petits esprits, cette lèpre tourne en cupidité lâche et brutale à la fois, à la fois audacieuse et cachée ; chez les esprits cultivés, elle engendre des doctrines antisociales dont on se sert comme d'une escabelle pour dominer ses supérieurs. Ne pourrait-on pas faire un proverbe de ceci ? « Dis-moi ce que tu as, je te dirai ce que tu penses. »

Tout en aimant sa femme, Adolphe se disait à toute heure : « J'ai fait une sottise ! j'ai trois boulets et je n'ai que deux jambes. Il fallait avoir gagné ma fortune avant de me marier. On trouve toujours une Adeline, et Adeline m'empêchera de trouver une fortune. »

Adolphe, parent de Gaubertin, était venu lui faire trois visites en trois ans. A quelques paroles, Gaubertin reconnut dans le cœur de son allié cette boue qui veut se cuire aux brûlantes conceptions du vol légal. Il sonda malicieusement ce caractère propre à se courber aux exigences d'un plan, pourvu qu'il y trouvât sa pâture. A chaque visite, Sibilet grognait.

— Employez-moi donc, mon cousin, disait-il ; prenez-moi pour commis, et faites-moi votre successeur. Vous me verrez à l'œuvre ! Je suis capable d'abattre des montagnes pour donner à mon Adeline, je ne dirai pas le luxe, mais une aisance modeste. Vous avez fait la fortune de monsieur Leclercq, pourquoi ne me placeriez-vous pas à Paris dans la banque ?

— Nous verrons plus tard, je te caserai, répondait le parent ambitieux ; acquiers des connaissances, tout sert !

En de telles dispositions, la lettre par laquelle madame Soudry écrivit à son protégé d'arriver en toute hâte, fit accourir Adolphe à Soulanges, à travers mille châteaux en Espagne.

Sarcus père, à qui les Soudry démontrèrent la nécessité de faire une démarche dans l'intérêt de son gendre, était allé, le lendemain même, se présenter au général, et lui proposer Adolphe pour régisseur. Par les conseils de madame Soudry, devenue l'oracle de la petite ville, le bonhomme avait emmené sa fille, dont en effet l'aspect disposa favorablement le comte de Montcornet.

— Je ne me déciderai pas, répondit le général, sans prendre des renseignements; mais je ne chercherai personne jusqu'à ce que j'aie examiné si votre gendre remplit toutes les conditions nécessaires à sa place. Le désir de fixer aux Aigues une si charmante personne...

— Mère de deux enfants, général, dit assez finement Adeline pour éviter la galanterie du cuirassier.

Toutes les démarches du général furent admirablement prévues par les Soudry, par Gaubertin et Lupin, qui ménagèrent à leur candidat la protection, au chef-lieu du département où siége une cour royale, du conseiller Gendrin, parent éloigné du président de la Ville-aux-Fayes, celles du baron Bourlac, procureur général de qui relevait Soudry fils, le procureur du roi; puis celle d'un conseiller de préfecture appelé Sarcus, cousin au troisième degré du juge de paix. Depuis son avoué de la Ville-aux-Fayes jusqu'à la préfecture où le général alla lui-même, tout le monde fut donc favorable au pauvre employé du Cadastre, si intéressant, disait-on, d'ailleurs... Son mariage rendait Sibilet irréprochable comme un roman de miss Edgeworth, et le posait, de plus, comme un homme désintéressé.

Le temps que le régisseur chassé passa nécessairement aux Aigues fut mis à profit par lui pour créer des embarras à son ancien maître, et qu'une seule des petites scènes jouées par lui fera deviner. Le matin de son départ, il fit en sorte de rencontrer Courtecuisse, le seul garde qu'il eût pour les Aigues, dont l'étendue en exigeait au moins trois.

— Eh bien! monsieur Gaubertin, lui dit Courtecuisse, vous avez donc eu des raisons avec notre bourgeois?

— On t'a déjà dit cela? répondit Gaubertin. Eh bien! oui, le général a la prétention de nous mener comme ses cuirassiers; il ne connaît pas les Bourguignons. Monsieur le comte n'est pas content de mes services, et comme je ne suis pas content de ses façons, nous nous sommes chassés tous deux, presque à coups de poing, car il est violent comme une tempête... Prends garde à toi, Courtecuisse! Ah! mon vieux, j'avais cru pouvoir te donner un meilleur maître...

— Je le sais bien, répondit le garde, et je vous aurais bien servi. Dame! quand on se connaît depuis vingt ans? Vous m'avez mis ici, du temps de cette pauvre chère sainte madame! Ah! *qué bonne femme!* on n'en fait plus comme ça... Le pays a perdu sa mère...

— Dis-donc, Courtecuisse, si tu veux, tu peux nous bâiller un fier coup de main?

— Vous restez donc dans le pays? On nous disait que vous alliez à Paris!

— Non, en attendant la fin des choses, je ferai des affaires à la Ville-aux-Fayes. Le général ne se doute pas de ce que c'est que le pays, et il y sera haï, vois-tu... Faut voir comment cela tournera. Fais mollement ton service, il te dira de mener les gens à la baguette, car il voit bien par où coule la vendange ; mais tu ne seras pas si bête que de t'exposer à être rossé et peut-être pis encore, par les gens du pays, pour l'amour de son bois.

— Il me renverra, mon cher monsieur Gaubertin, il me renverra! et vous savez comme je suis heureux à la porte d'Avonne....

— Le général se dégoûtera bientôt de sa propriété, lui dit Gaubertin, et tu ne seras pas longtemps dehors, si par hasard il te renvoyait. D'ailleurs, tu vois bien ces bois-là... dit-il en montrant le paysage, j'y serai plus fort que les maîtres !...

Cette conversation avait lieu dans un champ.

— Ces *Arminacs* de Parisiens devraient bien rester dans leurs boues de Paris, dit le garde.

Depuis les querelles du quinzième siècle, le mot *Arminac* (Armagnacs, les Parisiens, antagonistes des ducs de Bourgogne) est resté comme un terme injurieux sur la lisière de la haute Bourgogne, où, selon les localités, il s'est différemment corrompu.

— Il y retournera, mais battu! dit Gaubertin, et nous cultiverons un jour le parc des Aigues, car c'est voler le peuple que de consacrer à l'agrément d'un homme neuf cents arpents des meilleures terres de la vallée !

— Ah ! dame ! ça ferait vivre quatre cents familles,... dit Courtecuisse.

— Si tu veux deux arpents, à toi, là-dedans, il faut nous aider à mettre ce mâtin-là hors la loi !...

Au moment où Gaubertin fulminait cette sentence d'excommunication, le respectable juge de paix présentait au célèbre colonel des cuirassiers son gendre Sibilet, accompagné d'Adeline et de ses deux enfants, venus tous dans une carriole d'osier prêtée par le greffier de la justice de paix, un monsieur Gourdon, frère du médecin de Soulanges, et plus riche que le magistrat. Ce spectacle, si contraire à la dignité de la magistrature, se voit dans toutes les justices de paix, dans tous les tribunaux de première instance, où la fortune du greffier éclipse celle du président, tandis qu'il serait si naturel d'appointer les greffiers et de diminuer d'autant les frais de procédure.

Satisfait de la candeur et du caractère du digne magistrat, de la grâce et des dehors d'Adeline, qui furent l'un et l'autre de bonne foi dans leurs promesses, car le père et la fille ignorèrent toujours le caractère diplomatique imposé par Gaubertin à Sibilet, le comte accorda tout d'abord à ce jeune et touchant ménage des conditions qui rendirent la situation du régisseur égale à celle d'un sous-préfet de première classe.

Un pavillon bâti par Bouret, pour faire point de vue et pour loger le régisseur, construction élégante que Gaubertin habitait, et dont l'architecture est suffisamment indiquée par la description de la porte de Blangy, fut maintenu aux Sibilet pour leur demeure. Le général ne supprima point le cheval que mademoiselle Laguerre accordait à Gaubertin, à cause de l'étendue de sa propriété, de l'éloignement des marchés où se concluaient les affaires et de la surveillance. Il alloua vingt-cinq setiers de blé, trois tonneaux de vin, le bois à discrétion, de l'avoine et du foin en abondance, et enfin trois pour cent sur la recette. Là où mademoiselle Laguerre devait toucher plus de quarante mille livres de rentes, en 1800, le général voulait avec raison en avoir soixante mille en 1818, après les nombreuses et importantes acquisitions faites par elle. Le nouveau régisseur pouvait donc se faire un jour près de deux mille francs en argent. Logé, nourri, chauffé, quitte d'impôts, son cheval et sa basse-cour défrayés, le comte lui permettait encore de cultiver un potager, promettant de ne pas le chicaner sur quelques journées de jardinier. Certes, de tels avantages représentaient plus de deux mille francs. Aussi, pour un homme qui gagnait douze cents francs au Cadastre, avoir les Aigues à régir, était-ce passer de la misère à l'opulence.

— Dévouez-vous à mes intérêts, dit le général, et ce ne sera pas mon dernier mot. D'abord, je pourrai vous obtenir la perception de Conches, de Blangy, de Cerneux, en les faisant distraire de la perception de Soulanges. Enfin, quand vous m'aurez porté mes revenus à soixante mille francs nets, vous serez encore récompensé.

Malheureusement, le digne juge de paix et Adeline, dans l'épanouissement de leur joie, eurent l'imprudence de confier à madame Soudry la promesse du comte relative à cette perception, sans songer que le percepteur de Soulanges était un nommé Guerbet, frère du maître de poste de Conches et allié, comme on le verra plus tard, aux Gaubertin et aux Gendrin.

— Ce ne sera pas facile, ma petite, dit madame Soudry; mais n'empêche pas monsieur le comte de faire des démarches; on ne sait pas comment les choses difficiles réussissent facilement à Paris. J'ai vu le chevalier Gluck aux pieds de feu madame, et elle a chanté son rôle, elle qui se serait fait hacher pour Piccini, l'un des hommes les plus aimables de ce temps-là. Jamais ce cher monsieur n'entrait chez madame sans me prendre la taille en m'appelant *sa belle friponne*.

— Ah çà! croit-il, s'écria le brigadier, quand sa femme lui dit cette nouvelle, qu'il va mener notre pays, y tout déranger à sa façon, et qu'il fera faire des à-droite et des à-gauche aux gens de la vallée, comme aux cuirassiers de son régiment? Ces officiers ont des habitudes de domination!... Mais patience! nous avons messieurs de Soulanges et de Ronquerolles pour nous. Pauvre père Guerbet! il ne se doute guère qu'on veut lui voler les plus belles roses de son rosier!...

Cette phrase du genre Dorat, la Cochet la tenait de mademoiselle, qui la tenait de Bouret, qui la tenait de quelque rédacteur du *Mercure*, et Soudry la répétait tant qu'elle est devenue proverbiale à Soulanges.

Le père Guerbet, le percepteur de Soulanges, était l'homme d'esprit, c'est à dire le loustic de la petite ville, et l'un des héros du salon de madame Soudry. Cette sortie du brigadier peint parfaitement l'opinion qui se forma sur le *bourgeois* des Aigues, depuis Conches jusqu'à la Ville-aux-Fayes, où partout elle fut profondément envenimée par les soins de Gaubertin.

L'installation de Sibilet eut lieu vers la fin de l'automne de 1817. L'année 1818 se passa sans que le général mît le pied aux Aigues, car les soins de son mariage avec mademoiselle de Troisville, conclu dans les premiers jours de l'année 1819, le retinrent la plus grande partie de l'été précédent auprès d'Alençon, au château de son beau-père, à faire la cour à sa prétendue. Outre les Aigues et son magnifique hôtel, le général Montcornet possédait soixante mille francs de rentes sur l'Etat et jouissait du traitement des lieutenants généraux en disponibilité. Quoique Napoléon eût nommé cet illustre sabreur comte de l'empire, en lui donnant pour armes un écusson *écartelé au un d'azur au désert d'or à trois pyramides d'argent; au deux, de sinople à trois cors de chasse d'argent; au trois, de gueules au canon d'or monté sur un affût de sable, au croissant d'or en chef; au quatre, d'or à la couronne de sinople,* avec cette devise digne du moyen âge : SONNEZ LA CHARGE! Montcornet se savait issu d'un ébéniste du faubourg Saint-Antoine, encore qu'il l'oubliât volontiers. Or, il se mourait du désir d'être nommé pair de France. Il ne comptait pour rien le grand cordon de la Légion d'honneur, sa croix de Saint-Louis et ses cent quarante mille francs de rente. Mordu par le démon de l'aristocratie, la vue d'un cordon bleu le mettait hors de lui. Le sublime cuirassier d'Essling eût lappé la boue du pont Royal pour être reçu chez les Navarrins, les Lenoncourt, les Grandlieu, les Maufrigneuse, les d'Espard, les Vandenesse, les Verneuil, les d'Hérouville, les Chaulieu, etc.

Dès 1818, quand l'impossibilité d'un changement en faveur de la famille Bonaparte lui fut démontrée, Montcornet se fit tambouriner dans le faubourg Saint-Germain par quelques femmes de ses amies, offrant son cœur, sa main, son hôtel, sa fortune au prix d'une alliance quelconque avec une grande famille.

Après des efforts inouïs, la duchesse de Carigliano découvrit chaussure au pied du général, dans une des trois branches de la famille de Troisville, celle du vicomte au service de la Russie depuis 1789, revenu d'émigration en 1815. Le vicomte, pauvre comme un cadet, avait épousé une princesse Scherbellof, riche d'environ un million; mais il s'était appauvri par deux fils et trois filles. Sa famille, ancienne et puissante, comptait un pair de France, le marquis de Troisville, chef du nom et des armes; deux députés ayant tous nombreuse lignée et occupés pour leur compte au budget, au ministère, à la cour, comme des poissons autour d'une croûte. Aussi, dès que Montcornet fut présenté par la maréchale, une des duchesses napoléoniennes les plus dévouées aux Bourbons, fut-il accueilli favorablement. Montcornet demanda, pour prix de sa fortune et d'une tendresse aveugle pour sa femme, d'être employé dans la garde royale, d'être nommé marquis et pair de France ; mais les trois branches de la famille Troisville lui promirent seulement leur appui.

— Vous savez ce que cela signifie, dit la maréchale à son ancien ami qui se plaignit du vague de cette promesse. On ne peut pas disposer du roi, nous ne pouvons que le faire vouloir.

Montcornet institua Virginie de Troisville son héritière au contrat. Complétement subjugué par sa femme, comme la lettre de Blondet l'explique, il attendait encore un commencement de postérité ; mais il avait été reçu par Louis XVIII, qui lui donna le cordon de Saint-Louis, lui permit d'écarteler son ridicule écusson avec les armes des Troisville, en lui promettant le titre de marquis quand il aurait su mériter la pairie par son dévouement.

Quelques jours après cette audience, le duc de Berry fut assassiné ; le pavillon Marsan l'emporta, le ministère Villèle prit le pouvoir, tous les fils tendus par les Troisville furent cassés, il fallut les rattacher à de nouveaux piquets ministériels.

— Attendons, dirent les Troisville à Montcornet qui fut d'ailleurs abreuvé de politesse dans le faubourg Saint-Germain.

Ceci peut expliquer comment le général ne revint aux Aigues qu'en mai 1820.

Le bonheur, ineffable pour le fils d'un marchand du faubourg Saint-Antoine, de posséder une femme jeune, élégante, spirituelle, douce, une Troisville enfin, qui lui avait ouvert les portes de tous les salons du faubourg Saint-Germain, les plaisirs de Paris à lui prodiguer, ces diverses joies firent tellement oublier la scène avec le régisseur des Aigues, que le général avait oublié tout de Gaubertin jusqu'au nom. En 1820, il conduisit la comtesse à sa terre des Aigues pour la lui montrer ; il approuva les comptes et les actes de Sibilet, sans y trop regarder : le bonheur n'est pas chicanier. La comtesse, très-heureuse de trouver une charmante personne dans la femme du régisseur, lui fit des cadeaux ainsi qu'aux enfants dont elle s'amusa un instant.

Elle ordonna quelques changements aux Aigues, à un architecte venu de Paris, car elle se proposait, ce qui rendit le général fou de joie, de venir passer six mois de l'année dans ce magnifique séjour. Toutes les économies du général furent épuisées par les changements que l'architecte eut ordre d'exécuter et par un délicieux mobilier envoyé de Paris. Les Aigues reçurent alors ce dernier cachet qui les rendit un monument unique des diverses élégances de quatre siècles.

En 1821, le général fut presque sommé par Sibilet d'arriver avant le moi de mai. Il s'agissait d'affaires graves. Le bail de neuf ans et de trente mille francs, passé en 1812 par Gaubertin avec un marchand de bois, finissait au 15 mai de cette année.

Ainsi, d'abord Sibilet, jaloux de sa probité, ne voulait pas se mêler du renouvellement du bail. « Vous savez, monsieur le comte, » écrivait-il, que je ne bois pas de ce vin-là. » Puis le marchand de bois prétendait à l'indemnité partagée avec Gaubertin, et que mademoiselle Laguerre s'était laissée arracher en haine des procès. Cette indemnité se fondait sur la dévastation des bois par les paysans, qui traitaient la forêt des Aigues comme s'ils y avaient droit d'affouage. Messieurs Gravelot frères, marchands de bois à Paris, se refusaient à payer le dernier terme, en offrant de prouver, par experts, que les bois présentaient une diminution d'un cinquième, et ils arguaient du mauvais précédent établi par mademoiselle Laguerre.

« J'ai déjà, disait Sibilet dans sa lettre, assigné ces messieurs au » tribunal de la Ville-aux-Fayes, car ils ont élu domicile, à raison » de ce bail, chez mon ancien patron, maître Corbinet. Je redoute » une condamnation. »

— Il s'agit de nos revenus, ma belle, dit le général en montrant la lettre à sa femme ; voulez-vous venir plus tôt que l'année dernière aux Aigues ?

— Allez-y, je vous rejoindrai dès les premiers beaux jours, répondit la comtesse qui fut assez contente de rester seule à Paris.

Le général, qui connaissait la plaie assassine par laquelle la fleur de ses revenus était dévorée, partit donc seul avec l'intention de prendre des mesures rigoureuses. Mais le général comptait, comme on va le voir, sans son Gaubertin.

VIII. — LES GRANDES RÉVOLUTIONS D'UNE PETITE VALLÉE.

— Eh bien ! maître Sibilet, disait le général à son régisseur, le lendemain de son arrivée, en lui donnant un surnom familier qui prouvait combien il appréciait les connaissances de l'ancien clerc, nous sommes donc, selon le mot ministériel, dans des circonstances graves?

— Oui, monsieur le comte, répondit Sibilet, qui suivit le général.

L'heureux propriétaire des Aigues se promenait devant la régie, le long d'un espace où madame Sibilet cultivait des fleurs, et au bout duquel commençait la vaste prairie arrosée par le magnifique canal que Blondet a décrit. De là, l'on apercevait dans le lointain le château des Aigues, de même que des Aigues on voyait le pavillon de la régie posé de profil.

— Mais, reprit le général, où sont les difficultés? Je soutiendrai le procès avec les Gravelot, plaie d'argent n'est pas mortelle, et j'afficherai si bien le bail de ma forêt, que, par l'effet de la concurrence, j'en trouverai la véritable valeur.

— Les affaires ne vont pas ainsi, monsieur le comte, reprit Sibilet. Si vous n'avez pas de preneurs, que ferez-vous?

— J'abattrai mes coupes moi-même, et je vendrai mon bois...

— Vous serez marchand de bois? dit Sibilet, qui vit faire un mouvement d'épaules au général, je le veux bien. Ne nous occupons point de vos affaires ici. Voyons Paris? Il vous y faudra louer un chantier, payer patente et des impositions, payer les droits de navigation, ceux d'octroi, faire les frais de débardage et de mise en pile; enfin avoir un agent comptable...

— C'est impraticable, dit vivement le général épouvanté. Mais pourquoi n'aurais-je pas de preneurs?

— Monsieur le comte a des ennemis dans le pays?...

— Et qui?...

— Monsieur Gaubertin d'abord...

— Serait-ce le fripon que vous avez remplacé?

— Pas si haut, monsieur le comte! dit Sibilet effaré; de grâce, pas si haut; ma cuisinière peut nous entendre...

— Comment! je ne puis pas, chez moi, parler d'un misérabl qui me volait? répondit le général.

— Au nom de votre tranquillité, monsieur le comte, venez plus loin. Monsieur Gaubertin est maire de la Ville-aux-Fayes.

— Ah! je lui en fais bien mes compliments à la Ville-aux-Fayes; voilà, mille tonnerres! une ville bien administrée!...

— Faites-moi l'honneur de m'écouter, monsieur le comte, et croyez qu'il s'agit des choses les plus sérieuses, de votre avenir ici.

— J'écoute ; allons nous asseoir sur ce banc.

— Monsieur le comte, quand vous avez renvoyé monsieur Gaubertin, il a fallu qu'il se fît un état, car il n'était pas riche...

— Il n'était pas riche ! et il volait ici plus de vingt mille francs par an !

— Monsieur le comte, je n'ai pas la prétention de le justifier, reprit Sibilet, je voudrais voir prospérer les Aigues, ne fût-ce que pour démontrer l'improbité de Gaubertin ; mais ne nous abusons pas, nous avons en lui le plus dangereux coquin qui soit dans toute la Bourgogne, et il s'est mis en état de vous nuire.

— Comment ? dit le général devenu soucieux.

— Tel que vous le voyez, Gaubertin est à la tête du tiers environ de l'approvisionnement de Paris. Agent général du commerce des bois, il dirige les exploitations en forêt, l'abatage, la garde, le flottage, le repêchage et la mise en trains. En rapports constants avec les ouvriers, il est le maître des prix. Il a mis trois ans à se créer cette position ; mais il y est comme dans une forteresse. Devenu l'homme de tous les marchands, il n'en favorise pas un plus que l'autre ; il a régularisé tous les travaux à leur profit, et leurs affaires sont beaucoup mieux et moins coûteusement faites que si chacun d'eux avait, comme autrefois, son comptable. Ainsi, par exemple, il a si bien écarté toutes les concurrences, qu'il est le maître absolu des adjudications ; la Couronne et l'Etat sont ses tributaires. Les coupes de la Couronne et de l'Etat, qui se vendent aux enchères, appartiennent aux marchands de Gaubertin ; personne aujourd'hui n'est assez fort pour les leur disputer. L'année dernière, monsieur Mariotte, d'Auxerre, stimulé par le directeur des Domaines, a voulu faire concurrence à Gaubertin ; d'abord, Gaubertin lui a fait payer l'ordinaire ce qu'il valait ; puis, quand il s'est agi d'exploiter, les ouvriers avonnais ont demandé de tels prix, que monsieur Mariotte a été obligé d'en amener d'Auxerre, et ceux de la Ville-aux-Fayes les ont battus. Il y a eu procès correctionnel sur le chef de coalition, et sur le chef de rixe. Ce procès a coûté de l'argent à monsieur Mariotte, qui, sans compter l'odieux d'avoir fait condamner de pauvres gens, a payé tous les frais, puisque les perdants ne possédaient pas un rouge liard. Un procès contre des indigents ne rapporte que de la haine à qui vit près d'eux. Laissez-moi vous dire cette maxime en passant, car vous aurez à lutter contre tous les pauvres de ce canton-ci. Ce n'est pas tout. Tous calculs faits, le pauvre père Mariotte, un brave homme, perd à cette adjudication. Forcé de payer tout au comptant, il vend à terme; Gaubertin livre des bois à des termes inouïs pour ruiner son concurrent; il donne son bois à cinq pour cent au-dessous du prix de revient; aussi le crédit du pauvre bon homme Mariotte a-t-il reçu de fortes atteintes. Enfin, aujourd'hui Gaubertin poursuit encore et tracasse tant ce pauvre monsieur Mariotte, qu'il va quitter, dit-on, non-seulement Auxerre, mais encore le département, et il fait bien. De ce coup-là, les propriétaires ont été pour longtemps immolés aux marchands qui, maintenant, font les prix, comme à Paris les marchands de meubles, à l'hôtel des commissaires-priseurs. Mais Gaubertin évite tant d'ennuis aux propriétaires, qu'ils y gagnent.

— Et comment? dit le général.

— D'abord, toute simplification profite tôt ou tard à tous les intéressés, répondit Sibilet. Puis, les propriétaires ont de la sécurité pour leurs revenus. En matière d'exploitation rurale, c'est le principal, vous le verrez! Enfin, monsieur Gaubertin est le père des ouvriers; il les paye bien et les fait toujours travailler; or, comme leurs familles habitent la campagne, les bois des marchands et ceux des propriétaires qui confient leurs intérêts à Gaubertin, comme font messieurs de Soulanges et de Ronquerolles, ne sont point dévastés. On y ramasse le bois mort, et voilà tout.

— Ce drôle de Gaubertin n'a pas perdu son temps!... s'écria le général.

— C'est un fier homme, reprit Sibilet. Il est, comme il le dit, le régisseur de la plus belle moitié du département, au lieu d'être le régisseur des Aigues. Il prend peu de chose à tout le monde, et ce peu de chose sur deux millions lui fait quarante ou cinquante mille francs par an. — « C'est, dit-il, les cheminées de Paris qui payent tout! » Voilà votre ennemi, monsieur le comte! Aussi, mon avis serait-il de capituler en vous réconciliant avec lui. Il est lié, vous le savez, avec Soudry, le brigadier de la gendarmerie à Soulanges; avec M. Rigou, notre maire de Blangy; les gardes champêtres sont ses créatures; la répression des délits qui vous grugent devient alors impossible. Depuis deux ans surtout, vos bois sont perdus. Aussi messieurs Gravelot ont-ils de la chance pour le gain de leur procès, car ils disent : « — Aux termes du bail, la garde du bois est à votre charge; vous ne les gardez pas, vous me faites un tort; donnez-moi des dommages-intérêts. » C'est assez juste, mais ce n'est pas une raison pour gagner un procès.

— Il faut savoir accepter un procès et y perdre de l'argent pour n'en plus avoir à l'avenir ! dit le général.

— Vous rendrez Gaubertin bien heureux, répondit Sibilet.

— Comment ?

— Plaider contre les Gravelot, c'est vous battre corps à corps avec Gaubertin qui les représente, reprit Sibilet; aussi ne désire-t-il rien tant que ce procès. Il l'a dit, il se flatte de vous mener jusqu'en cour de cassation.

— Ah ! le coquin !... le...

— Si vous voulez exploiter, continua Sibilet en retournant le poignard dans la plaie, vous serez dans les mains des ouvriers qui vous demanderont le *prix bourgeois* au lieu du *prix marchand*, et qui vous *couleront du plomb*, c'est-à-dire qui vous mettront, comme ce brave Mariotte, dans la situation de vendre à perte. Si vous cherchez un bail, vous ne trouverez pas de preneurs, car ne vous attendez pas à ce qu'on risque pour un particulier ce que le père Mariotte a risqué pour la Couronne et pour l'État. Et, encore, que le bonhomme aille donc parler de ses pertes à l'Administration ? L'Administration est un monsieur qui ressemble à votre serviteur quand il était au Cadastre, un digne homme en redingote râpée qui lit le journal devant une table. Que le traitement soit de douze cents ou de douze mille francs, on n'en est pas plus tendre. Parlez donc de réductions, d'adoucissements au Fisc représenté par ce monsieur ?... Il vous répond *turlututu* en taillant sa plume. Vous êtes *hors la loi*, monsieur le comte.

— Que faire ? s'écria le général dont le sang bouillonnait, et qui se mit à marcher à grands pas devant le banc.

— Monsieur le comte, répondit Sibilet brutalement, ce que je vais vous dire n'est pas dans mes intérêts; il faut vendre les Aigues et quitter le pays !

En entendant cette phrase, le général fit un bond sur lui-même, comme si quelque balle l'eût atteint, et il regarda Sibilet d'un air diplomatique.

— Un général de la garde impériale lâcher pied devant de pareils drôles ! et quand madame la comtesse se plaît aux Aigues !... dit-il. Enfin, j'irais plutôt souffleter Gaubertin sur la place de la

Ville-aux-Fayes, jusqu'à ce qu'il se batte avec moi, pour pouvoir le tuer comme un chien !

— Monsieur le comte, Gaubertin n'est pas si sot que de se commettre avec vous. D'ailleurs, on n'insulte pas impunément le maire d'une sous-préfecture aussi importante que celle de la Ville-aux-Fayes.

— Je le ferai destituer; les Troisville me soutiendront, il s'agit de mes revenus.

— Vous n'y réussirez pas, monsieur le comte, Gaubertin a les bras bien longs! et vous vous seriez créé des embarras d'où vous ne pourriez plus sortir...

— Et le procès?... dit le général, il faut songer au présent.

— Monsieur le comte, je vous le ferai gagner, dit Sibilet d'un petit air entendu.

— Brave Sibilet, dit le général en donnant une poignée de main à son régisseur. Et comment?

— Vous le gagnerez à la Cour de cassation, par la procédure. Selon moi, les Gravelot ont raison, mais il ne suffit pas d'être fondé en droit et en fait, il faut s'être mis en règle par la forme, et ils ont négligé la forme, qui toujours emporte le fond. Les Gravelot devaient vous mettre en demeure de mieux garder les bois. On ne demande pas une indemnité à fin de bail, relativement à des dommages reçus pendant une exploitation de neuf ans; il se trouve un article du bail dont on peut exciper à cet égard. Vous perdrez à la Ville-aux-Fayes, vous perdrez peut-être encore à la Cour, mais vous gagnerez à Paris. Vous aurez des expertises coûteuses, des frais ruineux. Tout en gagnant, vous dépenserez plus de douze à quinze mille francs; mais vous gagnerez, si vous tenez à gagner. Ce procès ne vous conciliera pas les Gravelot, car il sera plus ruineux pour eux que pour vous; vous deviendrez leur bête noire, vous passerez pour processif, on vous calomniera, mais vous gagnerez...

— Que faire, répéta le général, sur qui les argumentations de Sibilet produisaient l'effet des plus violents topiques.

Dans ce moment, en se souvenant des coups de cravache sanglés à Gaubertin, il aurait voulu se les être donnés à lui-même, et il montrait, sur son visage en feu, tous ses tourments à Sibilet.

— Que faire? monsieur le comte... Il n'y a qu'un moyen, transiger; mais vous ne pouvez pas transiger par vous-même. Je dois avoir l'air de vous voler! Or, quand toute notre fortune et notre consolation sont dans notre probité, nous ne pouvons guère, nous autres pauvres diables, accepter l'apparence de la friponnerie. On nous juge toujours sur les apparences. Gaubertin a, dans le temps, sauvé la vie à mademoiselle Laguerre, et il a eu l'air de la voler; aussi l'a-t-elle récompensé de son dévouement en le couchant sur son testament, pour un solitaire de dix mille francs que madame Gaubertin porte en ferronnière.

Le général jeta sur Sibilet un second regard tout aussi diplomatique que le premier; mais le régisseur ne paraissait pas atteint par cette défiance enveloppée de bonhomie et de sourires.

— Mon improbité réjouirait tant monsieur Gaubertin, que je m'en ferais un protecteur, reprit Sibilet. Aussi, m'écoutera-t-il de ses deux oreilles, quand je lui soumettrai cette proposition : « Je peux arracher à monsieur le comte vingt mille francs pour messieurs Gravelot, à la condition qu'ils les partageront avec moi. » Si vos adversaires consentent, je vous apporte dix mille francs; vous n'en perdez que dix mille, vous sauvez les apparences, et le procès est éteint.

— Tu es un brave homme, Sibilet, dit le général en lui prenant la main et la lui serrant. Si tu peux arranger l'avenir aussi bien que le présent, je te tiens pour la perle des régisseurs?...

— Quant à l'avenir, reprit le régisseur, vous ne mourrez pas de faim pour ne pas faire des coupes pendant deux ou trois ans. Commencez par bien garder vos bois. D'ici là, certes, il aura coulé de l'eau dans l'Avonne. Gaubertin peut mourir, il peut se trouver assez riche pour se retirer; enfin, vous avez le temps de lui susciter un concurrent; le gâteau est assez beau pour être partagé; vous chercherez un autre Gaubertin à lui opposer.

— Sibilet, dit le vieux soldat émerveillé de ces diverses solutions, je te donne mille écus si tu termines ainsi; puis, pour le surplus, nous y réfléchirons.

—Monsieur le comte, dit Sibilet, avant tout, gardez vos bois. Allez voir dans quel état les paysans les ont mis pendant vos deux ans d'absence... Que pouvais-je faire ? Je suis régisseur, je ne suis pas garde. Pour garder les Aigues, il vous faut un garde général à cheval et trois gardes particuliers.

— Nous nous défendrons. C'est la guerre, eh bien! nous la ferons! Ça ne m'épouvante pas, dit Montcornet en se frottant les mains.

— C'est la guerre des écus, dit Sibilet, et celle-là vous semblera plus difficile que l'autre. On tue les hommes, on ne tue pas les intérêts. Vous vous battrez avec votre ennemi sur le champ de bataille où combattent tous les propriétaires, *la réalisation!* Ce n'est rien que de produire, il faut vendre, et pour vendre, il faut être en bonnes relations avec tout le monde.

— J'aurai les gens du pays pour moi.

— Et comment? demanda Sibilet.

— En leur faisant du bien.

— Faire du bien aux paysans de la vallée, aux petits bourgeois de Soulanges? dit Sibilet en louchant horriblement par l'effet de l'ironie qui flamba plus dans un œil que dans l'autre. Monsieur le comte ne sait pas ce qu'il entreprend. Notre-Seigneur Jésus-Christ y périrait une seconde fois sur la croix! Si vous voulez votre tranquillité, monsieur le comte, imitez feu mademoiselle Laguerre, laissez-vous piller, ou faites peur aux gens. Le peuple, les femmes et les enfants se gouvernent de même, par la terreur. Ce fut là le grand secret de la Convention et de l'Empereur.

— Ah çà! nous sommes donc dans la forêt de Bondy! s'écria Montcornet.

— Mon ami, vint dire Adeline à Sibilet, ton déjeuner t'attend. Pardonnez-moi, monsieur le comte; mais il n'a rien pris depuis ce matin, et il est allé jusqu'à Ronquerolles pour y livrer du grain.

— Allez! allez! Sibilet.

Le lendemain matin, levé bien avant le jour, l'ancien cuirassier revint par la porte d'Avonne, dans l'intention de causer avec son unique garde et d'en sonder les dispositions.

Une portion de sept à huit cents arpents de la forêt des Aigues longeait l'Avonne, et pour conserver à la rivière sa majestueuse physionomie, on avait laissé de grands arbres en bordure, d'un côté comme de l'autre de ce canal, presque en droite ligne, pendant trois lieues. La maîtresse de Henri IV, à qui les Aigues avaient appartenu, folle de la chasse autant que le Béarnais, fit bâtir, en 1593, un pont d'une seule arche et en dos d'âne, pour passer de cette partie de la forêt à celle beaucoup plus considérable achetée pour elle, et située sur la colline. La porte d'Avonne fut alors construite pour servir de rendez-vous de chasse; et l'on sait quelle magnificence les architectes déployaient pour ces édifices consacrés au plus grand plaisir de la Noblesse et de la Couronne. De là partaient six avenues, dont la réunion formait une demi-lune. Au centre de cette demi-lune, s'élevait un obélisque surmonté d'un soleil jadis doré, qui, d'un côté, présentait les armes de Navarre, et de l'autre celles de la comtesse de Moret. Une autre demi-lune, pratiquée au bord de l'Avonne, correspondait à celle du rendez-vous par une allée droite, au bout de laquelle se voyait la croupe anguleuse de ce pont à la vénitienne. Entre deux belles grilles, d'un caractère semblable à celui de la magnifique grille si malheureusement démolie à Paris, et qui entourait le jardin de la place Royale, s'élevait un pavillon en briques, à chaînes de pierre taillée, comme celle du château, en pointes de diamant, à toit très-aigu, dont les fenêtres offraient des encadrements en pierres taillées de la même manière. Ce vieux style, qui donnait au pavillon un caractère royal, ne va bien dans les villes qu'aux prisons; mais au milieu des bois, il reçoit de l'entourage une splendeur particulière. Un massif formait un rideau derrière lequel le chenil, une ancienne fauconnerie, une faisanderie, et les logements des piqueurs tombaient en ruines, après avoir fait l'admiration de la Bourgogne.

En 1595, de ce splendide pavillon partit une chasse royale, précédée de ces beaux chiens affectionnés par Paul Véronèse et par Rubens, où piaffaient les chevaux à grosse croupe bleuâtre et blanche et satinée, qui n'existent que dans l'œuvre prodigieuse de Wouwermans, suivie de ces valets en grande livrée, animée par ces piqueurs à bottes en chaudrons et en culottes de peau jaune, qui meublent les grandes toiles de Van der Meulen. L'obélisque élevé pour célébrer le séjour du Béarnais et sa chasse avec la belle comtesse de Moret, en donnait la date au-dessous des armes de Navarre. Cette jalouse maîtresse, dont le fils fut légitimé, ne voulut pas y voir figurer les armes de France, sa condamnation.

Au moment où le général aperçut ce magnifique monument, la mousse verdissait les quatre pans du toit. Les pierres des chaînes, rongées par le temps, paraissaient crier à la profanation par mille bouches ouvertes. Les vitraux de plomb disjoints laissaient tomber les verres octogones des croisées, qui semblaient éborgnées. Des giroflées jaunes fleurissaient entre les balustres, des lierres glissaient leurs griffes blanches et poilues dans tous les trous.

Tout accusait cette ignoble incurie, le cachet mis par les usufruitiers à tout ce qu'ils possèdent. Deux croisées au premier étage étaient bouchées par du foin. Par une fenêtre du rez-de-chaussée, on apercevait une pièce pleine d'outils, de fagots ; et par un autre une vache, en montrant son mufle, apprenait aux visiteurs que Courtecuisse, pour ne pas faire le chemin qui séparait le pavillon de la faisanderie, avait converti la grande salle du pavillon en étable, une salle plafonnée en caissons, au fond desquels étaient peintes les armoiries de tous les possesseurs des Aigues.

De noirs et sales palis déshonoraient les abords du pavillon, en enfermant des cochons sous des toits en planches, des poules, des canards dans de petits carrés, dont le fumier s'enlevait tous les six mois. Des guenilles séchaient sur les ronces qui poussaient effrontément çà et là.

Au moment où le général arriva par l'avenue du pont, madame Courtecuisse écurait un poêlon, dans lequel elle venait de faire du café au lait. Le garde, assis sur une chaise au soleil, regardait sa femme, comme un sauvage eût regardé la sienne. Quand il entendit le pas d'un cheval, il tourna la tête, reconnut monsieur le comte, et se trouva penaud.

— Eh bien ! Courtecuisse, mon garçon, dit le général au vieux garde, je ne m'étonne pas que l'on coupe mes bois avant messieurs Gravelot, tu prends ta place pour un canonicat !

— Ma foi, monsieur le comte, j'ai passé tant de nuits dans vos bois, que j'y ai attrapé une fraîcheur. Je souffre tant ce matin, que ma femme nettoye le poêlon dans lequel a chauffé mon cataplasme.

— Mon cher, lui dit le général, je ne connais d'autre maladie que la faim à laquelle les cataplasmes de café au lait soient bons. Ecoute, drôle ! j'ai visité hier ma forêt et celles de messieurs de Ronquerolles et de Soulanges ; les leurs sont parfaitement gardées et la mienne est dans un état pitoyable.

— Ah ! monsieur le comte, ils sont anciens dans le pays, eux ! on respecte leurs biens. Comment voulez-vous que je me batte avec six communes ! J'aime encore mieux ma vie que vos bois. Un homme qui voudrait garder vos bois comme il faut, attrapperait pour gages une balle dans la tête au coin de votre forêt...

— Lâche ! s'écria le général en domptant la fureur que cette insolente réplique de Courtecuisse allumait en lui. Cette nuit a été magnifique, mais elle me coûte cent écus pour le présent, et mille francs en dommages dans l'avenir. Vous vous en irez d'ici, mon cher, ou les choses vont changer. A tout péché miséricorde. Voici mes conditions : je vous abandonne le produit des amendes, et en outre vous aurez trois francs par procès-verbal. Si je n'y trouve pas mon compte, vous aurez le vôtre et sans pension; tandis que si vous me servez bien, si vous parvenez à réprimer les dégâts, vous pouvez avoir cent écus de viager. Faites vos réflexions. Voilà six chemins, dit-il en montrant les six allées, il faut n'en prendre qu'un, comme moi qui n'ai pas craint les balles, tâchez de trouver le bon.

Courtecuisse, petit homme de quarante-six ans, à figure de pleine lune, se plaisait beaucoup à ne rien faire. Il comptait vivre et mourir dans ce pavillon, devenu *son* pavillon. Ses deux vaches étaient nourries par la forêt, il avait son bois, il cultivait son jardin au lieu de courir après les délinquants. Cette incurie allait à Gaubertin, et Courtecuisse avait compris Gaubertin. Le garde ne faisait donc la chasse aux fagoteurs que pour satisfaire ses petites haines. Il poursuivait les filles rebelles à ses volontés et les gens qu'il n'aimait point; mais depuis longtemps il ne haïssait plus personne, aimé de tout le monde à cause de sa facilité.

Le couvert de Courtecuisse était toujours mis au Grand-I-Vert, les fagoteurs ne lui résistaient plus, sa femme et lui recevaient des cadeaux en nature de tous les maraudeurs. On lui rentrait son bois, on façonnait sa vigne. Enfin il trouvait des serviteurs dans tous ses délinquants.

Presque rassuré par Gaubertin sur son avenir, et comptant sur deux arpents quand les Aigues se vendraient, il fut donc réveillé comme en sursaut par la sèche parole du général qui dévoilait enfin, après quatre ans, sa nature de bourgeois résolu de n'être plus trompé. Courtecuisse prit sa casquette, sa carnassière, son fusil, mit ses guêtres, sa bandoulière aux armes récentes de Montcornet, et alla jusqu'à la Ville-aux-Fayes de ce pas insouciant sous lequel les gens de la campagne cachent leurs réflexions les plus profondes, regardant les bois et sifflotant ses chiens.

— Tu te plains du Tapissier, dit Gaubertin à Courtecuisse, et ta fortune est faite. Comment, l'imbécile te donne trois francs par procès-verbal et les amendes! Sache t'entendre avec des amis, tu lui en dresseras tant que tu voudras des procès-verbaux! tu lui auras par centaines! Avec mille francs, tu pourras acheter la chéerie à Rigou, devenir bourgeois, travailler pour toi, chez ou plutôt faire travailler les autres, et te reposer. Seulement, écoute-moi bien; arrange-toi pour ne poursuivre que des gens nus des œufs. On ne tond rien sur ce qui n'a pas de laine. Prends ce que t'offre le Tapissier, et laisse-lui récolter des frais, s'il les aime. Tous les goûts sont dans la nature. Le père Mariotte, malgré mon avis, n'a-t-il pas mieux aimé réaliser des pertes que des bénéfices?

Courtecuisse, pénétré d'admiration pour Gaubertin, revint tout brûlant du désir d'être enfin propriétaire et bourgeois comme les autres.

En rentrant chez lui, le général Montcornet vint conter son expédition à Sibilet.

— Monsieur le comte a bien fait, reprit le régisseur en se frottant les mains, mais il ne faut pas s'arrêter en si bon chemin. Le garde champêtre, qui laisse dévaster nos prés, nos champs, devrait être changé. Monsieur le comte pourrait facilement se faire nommer maire de la commune, et prendre, à la place de Vaudoyer, un ancien soldat qui eût le courage d'exécuter la consigne. Un grand propriétaire doit être maître chez lui. Voyez quelles difficultés nous avons avec le maire actuel.

Le maire de la commune de Blangy, ancien bénédictin, nommé Rigou, s'était marié, l'an premier de la République, avec la servante de l'ancien curé de Blangy. Malgré la répugnance qu'un religieux marié devait inspirer à la Préfecture, on le maintenait maire depuis 1815, car lui seul, à Blangy, se trouvait capable d'occuper ce poste. Mais, en 1817, l'évêque ayant envoyé l'abbé Brossette pour desservant dans la paroisse de Blangy, privée de curé depuis vingt-cinq ans, une violente dissidence se manifesta naturellement entre un apostat et le jeune ecclésiastique, dont le caractère est déjà connu.

La guerre, que depuis ce temps se faisaient la Mairie et le Presbytère, popularisa le magistrat, méprisé jusqu'alors. Rigou, que les paysans détestaient à cause de ses combinaisons usuraires, représenta tout à coup leurs intérêts politiques et financiers, soi-disant menacés par la Restauration, et surtout par le clergé.

Après avoir roulé du café de la Paix chez tous les fonctionnaires, le *Constitutionnel*, principal organe du libéralisme, revenait à Rigou le septième jour, car l'abonnement, pris au nom du père Socquard le limonadier, était supporté par vingt personnes. Rigou passait la feuille à Langlumé le meunier, qui la donnait en lambeaux à tous ceux qui savaient lire. Les premiers-Paris et les canards antireligieux de la feuille libérale formèrent donc l'opinion publique de la vallée des Aigues. Aussi Rigou, de même que le *vénérable* abbé Grégoire, devint-il un héros. Pour lui, comme pour certains banquiers à Paris, la politique couvrit de la pourpre populaire des déprédations honteuses.

En ce moment, semblable à François Keller, le grand orateur, ce moine parjure était regardé comme un défenseur des droits du peuple, lui qui naguères ne se serait pas promené dans les champs, à la tombée de la nuit, de peur d'y trouver un piége où il serait mort d'accident. Persécuter un homme en politique, ce n'est pas seulement le grandir, c'est encore en innocenter le passé. Le parti libéral, sous ce rapport, fut un grand faiseur de miracles. Son funeste journal, qui eut alors l'esprit d'être aussi plat, aussi calomniateur, aussi crédule, aussi niaisement perfide que tous les publics qui composent la masse populaire, a peut-être commis autant de ravages dans les intérêts privés que dans l'Eglise.

Rigou s'était flatté de trouver dans un général bonapartiste en disgrâce, dans un enfant du peuple élevé par la Révolution, un ennemi des Bourbons et des prêtres; mais le général, dans l'intérêt de ses ambitions secrètes, s'arrangea pour éviter la visite de monsieur et de madame Rigou pendant ses premiers séjours aux Aigues.

Quand vous verrez de près la terrible figure de Rigou, le loup-cervier de la vallée, vous comprendrez l'étendue de la seconde faute capitale que ses idées aristocratiques firent commettre au général, et que la comtesse empira par une impertinence qui trouvera sa place dans l'histoire de Rigou.

Si Montcornet eût capté la bienveillance du maire, s'il en eût recherché l'amitié, peut-être l'influence de ce renégat aurait-elle paralysé celle de Gaubertin. Loin de là, trois procès, dont un déjà gagné par Rigou, pendaient au tribunal de la Ville-aux-Fayes, entre le général et l'ex-moine. Jusqu'à ce jour, Montcornet avait été si fort occupé par ses intérêts de vanité, par son mariage, qu'il ne s'était plus souvenu de Rigou; mais aussitôt que le conseil de se substituer à Rigou lui fut donné par Sibilet, il demanda des chevaux de poste et alla faire une visite au préfet.

Le préfet, le comte Martial de la Roche-Hugon, était l'ami du général depuis 1804; ce fut un mot dit à Montcornet par ce Conseiller d'Etat, dans une conversation à Paris, qui détermina l'acquisition des Aigues. Le comte Martial, préfet sous Napoléon, resté préfet sous les Bourbons, flattait l'évêque pour se maintenir en place. Or, déjà monseigneur avait plusieurs fois demandé le changement de Rigou. Martial, à qui l'état de la commune était bien connu, fut enchanté de la demande du général, qui, dans l'espace d'un mois, eut sa nomination.

Par un hasard assez naturel, le général rencontra, pendant son séjour à la Préfecture, où son ami le logeait, un sous-officier de l'ex-garde impériale, à qui l'on chicanait sa pension de retraite. Déjà, dans une circonstance, le général avait protégé ce brave cavalier, nommé Groison, qui s'en souvenait, et qui lui conta ses douleurs; il se trouvait sans ressources. Montcornet promit à Groison de lui obtenir la pension due, et lui proposa la place de garde champêtre à Blangy, comme un moyen de s'acquitter en se dévouant à ses intérêts. L'installation du nouveau maire et du nouveau garde champêtre eut lieu simultanément, et le général donna, comme on le pense, de solides instructions à son soldat.

Vaudoyer, le garde champêtre destitué, paysan de Ronquerolles, n'était, comme la plupart des gardes champêtres, propre qu'à se promener, niaiser, se faire choyer par les pauvres qui ne demandent pas mieux que de corrompre cette autorité subalterne, la sentinelle avancée de la propriété. Il connaissait le brigadier de Soulanges, car les brigadiers de gendarmerie remplissant des fonctions quasi judiciaires dans l'instruction des procès criminels, ont des rapports avec les gardes champêtres, leurs espions naturels. Soudry l'envoya donc à Gaubertin, qui reçut très-bien Vaudoyer, son ancienne connaissance, et lui fit verser à boire, tout en écoutant le récit de ses malheurs.

— Mon cher ami, lui dit le maire de la Ville-aux-Fayes, qui savait parler à chacun son langage, ce qui t'arrive nous attend tous. Les nobles sont revenus, les gens titrés par l'Empereur font cause commune avec eux; ils veulent tous écraser le peuple, rétablir les anciens droits, nous ôter nos biens; mais nous sommes Bourguignons, il faut nous défendre, il faut renvoyer les *Arminacs* à Paris. Retourne à Blangy, tu seras garde-vente pour le compte de monsieur Polissard, l'adjudicataire du bois de Ronquerolles. Va, mon gars, je trouverai bien à t'occuper toute l'année. Mais songes-y? C'est du bois à nous autres!... Pas un délit, ou sinon confonds tout. Envoie les *faiseurs de bois* aux Aigues. Enfin, s'il y a des fagots à vendre, qu'on achète les nôtres, et jamais ceux des Aigues. Tu redeviendras garde champêtre, ça ne durera pas! Le général se dégoûtera de vivre au milieu des voleurs! Sais-tu que ce Tapissier-là m'a appelé voleur moi-même, moi! fils du plus probe des républicains, moi le gendre de Mouchon, le fameux représentant du Peuple, mort sans un centime pour se faire enterrer.

Le général porta le traitement de *son* garde champêtre à trois cents francs, et fit bâtir une mairie où il le logea; puis, il le maria à la fille d'un de ses métayers qui venait de mourir, et qui restait orpheline avec trois arpents de vigne. Groison s'attacha donc au général comme un chien à son maître. Cette fidélité légitime fut admise par toute la commune. Le garde champêtre fut craint, respecté, mais, comme un capitaine sur son vaisseau, quand son équipage ne l'aime pas; aussi les paysans le traitèrent-ils en lépreux. Ce fonctionnaire, accueilli par le silence ou par une raillerie cachée sous la bonhomie, fut une sentinelle surveillée par d'autres sentinelles. Il ne pouvait rien contre le nombre. Les délinquants s'amusèrent à comploter des délits inconstatables, et la vieille moustache enragea de son impuissance. Groison trouva dans ses fonctions l'attrait d'une guerre de partisans et le plaisir d'une chasse, la chasse aux délits. Accoutumé par la guerre à cette loyauté qui consiste en quelque sorte à jouer franc jeu, cet ennemi de la trahison prit en haine des gens perfides dans leurs combinaisons, adroits dans leurs vols et qui faisaient souffrir son amour-propre. Il remarqua bientôt que toutes les autres propriétés étaient respectées; les délits se commettaient uniquement sur la terre des Aigues; il méprisa donc les paysans assez ingrats pour piller un général de l'empire, un homme essentiellement bon, généreux, et il joignit bientôt la haine au mépris. Mais il se multiplia vainement, il ne pouvait se montrer partout, et les ennemis *délinquaient* partout à la fois. Groison fit sentir à son général la nécessité d'organiser la défense au complet de guerre, en lui démontrant l'insuffisance de son dévouement, et lui révélant les mauvaises dispositions des habitants de la vallée.

— Il y a quelque chose là dessous, mon général, lui dit-il; ces gens-là sont trop hardis, ils ne craignent rien; ils ont l'air de compter sur le bon Dieu!

— Nous verrons, répondit le comte.

— Mot fatal! pour les grands politiques, le verbe *voir* n'a pas de futur.

En ce moment Montcornet devait résoudre une difficulté qui

lui sembla plus pressante, il lui fallait un *alter ego* qui le remplaçât à la Mairie, pendant le temps de son séjour à Paris. Forcé de trouver pour adjoint un homme sachant lire et écrire, il ne vit dans toute la commune que Langlumé, le locataire de son moulin. Ce choix fut détestable. Non-seulement les intérêts du général maire et de l'adjoint meunier étaient diamétralement opposés, mais encore Langlumé brassait de louches affaires avec Rigou, qui lui prêtait l'argent nécessaire à son commerce ou à ses acquisitions. Le meunier achetait la tonte des prés du château pour nourrir ses chevaux, et, grâce à ses manœuvres, Sibilet ne pouvait les vendre qu'à lui. Tous les prix de la commune étaient livrés à de bons prix avant ceux des Aigues, et ceux des Aigues, restant les derniers, subissaient, quoique meilleurs, une dépréciation. Langlumé fut donc un adjoint provisoire; mais, en France, le provisoire est éternel, quoique le Français soit soupçonné d'aimer le changement. Langlumé, conseillé par Rigou, joua le dévouement auprès du général; il se trouvait donc adjoint au moment où, par la toute-puissance de l'historien, ce drame commence.

En l'absence du maire, Rigou, nécessairement membre du conseil de la commune, y régna donc et fit prendre des résolutions contraires au général. Tantôt il y déterminait des dépenses profitables aux paysans seulement, et dont la plus forte part tombait à la charge des Aigues qui, par leur étendue, payaient les deux tiers de l'impôt; tantôt on y refusait des allocations utiles, comme un supplément de traitement à l'abbé, la reconstruction du presbytère ou les gages (*sic*) d'un maître d'école.

— Si les paysans savaient lire et écrire, que deviendrions-nous?... dit Langlumé naïvement au général, pour justifier cette décision antilibérale prise contre un frère de la Doctrine chrétienne que abbé Brossette avait tenté d'introduire à Blangy.

De retour à Paris, le général, enchanté de son vieux Groison, mit à la recherche de quelques anciens militaires de la garde périale avec lesquels il pût organiser sa défense aux Aigues sur pied formidable. A force de chercher, de questionner ses amis des officiers en demi-solde, il déterra Michaud un ancien maréchal des logis chef aux cuirassiers de la garde, un homme de ceux que les troupiers appellent soldatesquement des *durs à cuire*, surnom fourni par la cuisine du bivouac, où il s'est plus d'une fois trouvé des haricots réfractaires. Michaud tria parmi ses connaissances trois hommes capables d'être ses collaborateurs, et de faire des gardes sans peur et sans reproche.

Le premier, nommé Steingel, Alsacien pur sang, était fils naturel du général de ce nom, qui succomba lors des premiers succès de Bonaparte, au début des campagnes d'Italie. Grand et fort, il appartenait à ce genre de soldats habitués comme les Russes à l'obéissance absolue et passive. Rien ne l'arrêtait dans l'exécution de ses devoirs ; il eût empoigné froidement un empereur ou le pape, si tel avait été l'ordre. Il ignorait le péril. Légionnaire intrépide, il n'avait pas reçu la moindre égratignure en seize ans de guerre. Il couchait à la belle étoile ou dans son lit avec une indifférence stoïque. Il disait seulement à toute aggravation de peine : « Il paraît que c'est aujourd'hui comme ça ! »

Le second, nommé Vatel, enfant de troupe, caporal de voltigeurs, gai comme un pinson, d'une conduite un peu légère avec le beau sexe, sans aucun principe religieux, brave jusqu'à la témérité, vous aurait fusillé son camarade en riant. Sans avenir, ne sachant quel état prendre, il vit une petite guerre amusante à faire dans les fonctions qui lui furent proposées ; et comme la Grande Armée et l'Empereur remplaçaient pour lui la Religion, il jura de servir envers et contre tous le brave Montcornet. C'était une de ces natures essentiellement chicanières à qui, sans ennemis, la vie semble fade, enfin la nature avoué, la nature agent de police. Aussi, sans la présence de l'huissier, aurait-il saisi la Tonsard et son fagot au milieu du Grand-I-Vert, en envoyant promener la loi sur l'inviolabilité du domicile.

Le troisième, nommé Gaillard, vieux soldat devenu sous-lieutenant, criblé de blessures, appartenait à la classe des soldats laboureurs. En pensant au sort de l'Empereur, tout lui semblait indifférent ; mais il allait aussi bien par insouciance que Vatel par passion. Chargé d'une fille naturelle, il trouva dans cette place un moyen d'existence, et il accepta, comme il eût accepté du service dans un régiment. En arrivant aux Aigues, où le général devança ses troupiers, afin de renvoyer Courtecuisse, il fut stupéfait de l'impudente audace de son garde. Il existe une manière d'obéir qui comporte, chez l'esclave, la raillerie la plus sanglante du commandement. Tout, dans les choses humaines, peut arriver à l'absurde, et Courtecuisse en avait dépassé les limites.

Cent vingt-six procès-verbaux dressés contre des délinquants, la plupart d'accord avec Courtecuisse, et déférés au tribunal de paix, jugeant correctionnellement à Soulanges, avaient donné lieu à soixante-neuf jugements en règle, levés, expédiés, en vertu desquels Brunet, enchanté d'une si bonne aubaine, avait fait les actes rigoureusement nécessaires pour arriver à ce qu'on nomme, en style judiciaire, des procès-verbaux de carence, extrémité misérable où cesse le pouvoir de la justice. C'est un acte par lequel l'huissier constate que la personne poursuivie ne possède rien, et se trouve dans la nudité de l'indigence. Or, là où il n'y a rien, le créancier, de même que le roi, perd ses droits... de poursuite. Ces indigents, choisis avec discernement, demeuraient dans cinq communes environnantes où l'huissier s'était transporté, dûment assisté de ses praticiens, Vermichel et Fourchon. Monsieur Brunet avait transmis les pièces à Sibilet, en les accompagnant d'un mémoire de frais de cinq mille francs, et le priant de demander de nouveaux ordres au comte de Montcornet.

Au moment où Sibilet, muni des dossiers, avait expliqué tranquillement au patron le résultat des ordres trop sommairement donnés à Courtecuisse, et contemplait d'un air tranquille une des plus violentes colères qu'un général de cavalerie française ait jamais eue, Courtecuisse arriva pour rendre ses devoirs à son maître et lui demander environ onze cents francs, somme à laquelle montaient les gratifications promises. Le naturel prit alors le mors aux dents, et emporta le général, qui ne se souvint plus de sa couronne comtale ni de son grade ; il redevint cuirassier et vomit des injures dont il devait être honteux plus tard.

— Ah ! onze cents francs ! cria-t-il, onze cent mille gifles, onze cent mille coups de pieds au... Crois-tu que je ne connaisse pas les couleurs !... Tourne-moi les talons, ou je t'aplatis !

A l'aspect du général devenu violet, et dès les premiers mots, Courtecuisse s'était enfui comme une hirondelle.

— Monsieur le comte, disait Sibilet tout doucement, vous avez tort.

— J'ai tort !... moi ?

— Mon Dieu ! monsieur le comte, prenez garde, vous aurez un procès avec ce drôle...

— Je me moque bien du procès... Allez, que le gredin sorte à l'instant même, veillez à ce qu'il laisse tout ce qui m'appartient, et faites le compte de ses gages.

Quatre heures après, la contrée tout entière babillait à sa manière, en racontant cette scène. Le général avait, disait-on, assommé le malheureux Courtecuisse, il lui refusait son dû, il lui retenait deux mille francs.

Les propos les plus singuliers coururent à nouveaux frais sur le compte du bourgeois des Aigues; on le disait fou. Le lendemain, Brunet, qui avait instrumenté pour le compte du général, lui apportait pour le compte de Courtecuisse une assignation devant le tribunal de paix. Ce lion devait être piqué par mille moucherons, son supplice ne faisait que commencer.

L'installation d'un garde ne va pas sans quelques formalités; il doit prêter serment au tribunal de première instance; quelques jours se passèrent avant que les trois gardes fussent revêtus de leur caractère officiel. Quoique le général eût écrit à Michaud de venir avec sa femme sans attendre que le pavillon de la porte Saint-Avonne fût arrangé pour le recevoir, le futur garde général fut retenu par les soins de son mariage, par les parents de sa femme venus à Paris, et il ne put arriver qu'après une quinzaine de jours. Durant cette quinzaine, puis par l'accomplissement des formalités auxquelles on se prêta d'assez mauvaise grâce à la Ville-aux-Fayes, la forêt des Aigues fut dévastée par les maraudeurs, qui profitèrent du temps pendant lequel elle ne fut gardée par personne.

Ce fut un grand événement dans la vallée, depuis Conches jusqu'à la Ville-aux-Fayes, que l'apparition de trois gardes habillés en drap vert, la couleur de l'Empereur, magnifiquement tenus, et dont les figures annonçaient un caractère solide, tous bien en jambes, agiles, capables de passer les nuits dans les bois.

Dans tout le canton, Groison fut le seul qui fêta les vétérans. Enchanté d'un tel renfort, il lâcha quelques paroles menaçantes contre les voleurs qui, dans peu de temps, devaient se trouver serrés de près et mis dans l'impossibilité de nuire. Ainsi la proclamation d'usage ne manqua pas à cette guerre, vive et sourde à la fois.

Sibilet signala la gendarmerie de Soulanges au général, et surtout le brigadier Soudry, comme entièrement et sournoisement hostile aux Aigues; il lui fit sentir de quelle utilité lui serait une brigade animée d'un bon esprit.

— Avec un bon brigadier et des gendarmes dévoués à vos intérêts, vous tiendrez le pays! dit-il.

Le comte courut à la Préfecture, où il obtint du général qui commandait la division, la mise à la retraite de Soudry et son remplacement par un nommé Viallet, excellent gendarme du chef-lieu, que vantèrent le général et le préfet. Les gendarmes de la brigade de Soulanges, tous dirigés sur d'autres points du département par le colonel de la gendarmerie, ancien camarade de Montcornet, eurent pour successeurs des hommes choisis, à qui l'ordre donné secrètement de veiller à ce que les propriétés du comte Montcornet ne reçussent désormais aucune atteinte, et à qui on recommanda surtout de ne pas se laisser gagner par les habitants de Soulanges.

Cette dernière révolution, accomplie avec une rapidité qui ne permit pas de la contre carrer, jeta l'étonnement dans la Ville-aux-Fayes et dans Soulanges. Soudry, qui se regarda comme destitué, se plaignit, et Gaubertin trouva le moyen de le faire nommer maire, afin de mettre la gendarmerie à ses ordres. On cria beaucoup à la tyrannie. Montcornet devint un objet de haine. Non-seulement cinq ou six existences furent ainsi changées par lui, mais bien des vanités furent froissées. Les paysans, animés par des paroles échappées aux petits bourgeois de Soulanges, à ceux de la Ville-aux-Fayes, à Rigou, à Langlumé, à monsieur Guerbet, le maître de poste de Conches, se crurent à la veille de perdre ce qu'ils appelaient leurs droits.

Le général éteignit le procès avec son ancien garde, en payant tout ce qu'il réclamait.

Courtecuisse acheta, pour deux mille francs, un petit domaine enclavé sur les terres des Aigues, à un débouché des *remises* par où passait le gibier. Rigou n'avait jamais voulu céder la bâchelerie; mais il se fit un malicieux plaisir de la vendre à cinquante pour cent de bénéfice à Courtecuisse. Celui-ci devint ainsi une de ses nombreuses créatures, car il le tint par le surplus du prix, l'ex garde n'ayant payé que mille francs.

Les trois gardes, Michaud et le garde champêtre, menèrent alors une vie de guérillas. Couchant dans les bois, ils les parcouraient sans cesse; ils en prenaient cette connaissance approfondie qui constitue la science du garde forestier, qui lui évite les pertes de temps, étudiant les issues, se familiarisant avec les essences et leurs gisements, habituant leurs oreilles aux chocs, aux différents bruits qui se font dans les bois. Enfin, ils observèrent les figures, passèrent en revue les différentes familles des divers villages du canton, et les individus qui les composaient, leurs mœurs, leur caractère, leurs moyens d'existence. Chose plus difficile qu'on ne pense! En voyant prendre des mesures si bien combinées, les paysans qui vivaient des Aigues opposèrent un mutisme complet, une soumission narquoise à cette intelligente police.

Dès l'abord, Michaud et Sibilet se déplurent mutuellement. Le franc et loyal militaire, l'honneur des sous-officiers de la Jeune Garde, haïssait la brutalité mielleuse, l'air mécontent du régisseur, qu'il nomma tout d'abord le *Chinois*. Il remarqua bientôt les objections par lesquelles Sibilet s'opposait aux mesures radicalement utiles et les raisons par lesquelles il justifiait les choses d'une douteuse réussite. Au lieu de calmer le général, Sibilet, ainsi qu'on a dû le voir par ce récit succinct, l'excitait sans cesse et le poussait aux mesures de rigueur, tout en essayant de l'intimider par la multiplicité des ennuis, par l'étendue des petitesses, par des difficultés renaissantes et invincibles. Sans deviner le rôle d'espion et d'agent provocateur accepté par Sibilet, qui, dès son installation, se promit à lui-même de choisir, selon ses intérêts, un maître entre le général et Gaubertin, Michaud reconnut dans le régisseur une nature avide, mauvaise; aussi ne s'en expliquait-il point la probité. La profonde inimitié qui sépara ces deux hauts fonctionnaires, plut d'ailleurs au général. La haine de Michaud le portait à surveiller le régisseur, espionnage auquel il ne serait pas descendu si le général le lui avait demandé. Sibilet caressa le garde général et le flatta bassement, sans pouvoir lui faire quitter une excessive politesse, que le loyal militaire mit entre eux comme une barrière.

Maintenant, ces détails préliminaires étant connus, on comprendra parfaitement l'intérêt des ennemis du général et celui de la conversation qu'il eut avec ses deux ministres.

## IX. — DE LA MÉDIOCRATIE.

— Eh bien! Michaud, qu'y a-t-il de nouveau? demanda le général quand la comtesse eut quitté la salle à manger.

— Mon général, si vous m'en croyez, nous ne parlerons pas d'affaires ici; les murs ont des oreilles, et je veux avoir la certitude que ce que nous dirons ne tombera que dans les nôtres.

— Eh bien! répondit le général, allons en nous promenant jusqu'à la régie, par le sentier qui partage la prairie ; nous serons certains de ne pas être écoutés...

Quelques instants après, le général traversait la prairie, accompagné de Sibilet et de Michaud, pendant que la comtesse allait, entre l'abbé Brossette et Blondet, vers la porte d'Avonne. Michaud raconta la scène qui s'était passée au Grand-I-Vert.

— Vatel a eu tort, dit Sibilet.

— On le lui a bien prouvé, reprit Michaud, en l'aveuglant ; mais ceci n'est rien. Vous savez, mon général, notre projet de saisir les bestiaux de tous nos délinquants condamnés ; eh bien ! nous ne pourrons jamais y arriver. Brunet, tout comme son confrère Plissoud, ne nous prêtera jamais un loyal concours ; ils sauront toujours prévenir les gens de la saisie projetée. Vermichel, le praticien de Brunet, est venu chercher le père Fourchon au Grand-I-Vert, et Marie Tonsard, la bonne amie de Bonnébault, est allée donner l'alarme aux Conches. Enfin, les dégâts recommencent.

— Un grand coup d'autorité devient de jour en jour plus nécessaire, dit Sibilet.

— Que vous disais-je ? s'écria le général. Il faut réclamer l'exécution des jugements qui portent des condamnations à la prison, qui prononcent la contrainte par corps pour les dommages-intérêts et pour les frais qui me sont dus.

— Ces gens-là regardent la loi comme impuissante, et se disent les uns aux autres qu'on n'osera pas les arrêter, répliqua Sibilet. Ils s'imaginent vous faire peur ! Ils ont des complices à la Ville-aux-Fayes, car le procureur du roi semble avoir oublié les condamnations.

— Je crois, dit Michaud en voyant le général pensif, qu'en dépensant beaucoup d'argent, vous pouvez encore sauver vos propriétés.

— Il vaut mieux dépenser de l'argent que de sévir, répondit Sibilet.

— Quel est donc votre moyen ? demanda le général à son garde général.

— Il est bien simple, dit Michaud ; il s'agit d'entourer votre forêt de murs comme votre parc, et nous serons tranquilles ; le moindre délit devient un crime et mène en cour d'assises.

— A neuf francs la toise superficielle, rien que pour les matériaux, monsieur le comte dépenserait le tiers du capital des Aigues... dit Sibilet en riant.

— Allons! dit Montcornet, je pars à l'instant, je vais voir le procureur général.

— Le procureur général, répliqua doucement Sibilet, sera peut-être de l'avis de son procureur du roi, car une pareille négligence annonce un accord entre eux.

— Eh bien! il faut le savoir! s'écria Montcornet. S'il s'agit de faire sauter juges, ministère public, tout jusqu'au procureur général, j'irai trouver alors le garde des sceaux, et même le roi.

Sur un signe énergique que lui fit Michaud, le général dit à Sibilet, en se retournant, un — « Adieu, mon cher, » que le régisseur comprit.

— Monsieur le comte est-il d'avis, comme maire, dit le régisseur en saluant, d'exécuter les mesures nécessaires pour réprimer les abus du glanage? La moisson va commencer, et s'il faut faire publier les arrêtés sur les certificats d'indigence, et sur l'interdiction du glanage aux indigents des communes voisines, nous n'avons pas de temps à perdre.

— Faites, entendez-vous avec Groison! dit le comte. Avec de pareilles gens, ajouta-t-il, il faut exécuter strictement la loi.

Ainsi, dans un moment, Montcornet donna gain de cause au système que lui proposait Sibilet depuis quinze jours, et auquel il se refusait, mais qu'il trouva bon dans le feu de la colère causée par l'accident de Vatel.

Quand Sibilet fut à cent pas, le comte dit tout bas à son garde :
— Eh bien! mon cher Michaud, qu'y a-t-il?

— Vous avez un ennemi chez vous, général, et vous lui confiez des projets que vous ne devriez pas dire à votre bonnet de police.

— Je partage tes soupçons, mon cher ami, répliqua Montcornet; mais je ne commettrai pas deux fois la même faute. Pour remplacer Sibilet, j'attends que tu sois au fait de la régie, et que Vatel puisse te succéder. Cependant, qu'ai-je à reprocher à Sibilet? Il est ponctuel, probe, il n'a pas détourné cent francs depuis cinq ans. Il a le plus détestable caractère du monde, et voilà tout; autrement, quel serait son plan?

— Général, dit gravement Michaud, je le saurai, car il en a bien certainement un; et, si vous le permettez, un sac de mille francs le fera dire à ce drôle de Fourchon, quoique, depuis ce matin, je soupçonne le père Fourchon de manger à tous les râteliers. On veut vous forcer à vendre les Aigues; ce vieux fripon de cordier me l'a dit. Sachez-le! depuis Conches jusqu'à la Ville-aux-Fayes, il n'est pas de paysan, de petit bourgeois, de fermier, de cabaretier qui n'ait son argent prêt pour le jour de la curée. Fourchon m'a confié que Tonsard, son gendre, a déjà jeté son dévolu... L'opinion que vous vendrez les Aigues règne dans la vallée, comme un poison dans l'air. Peut-être le pavillon de la régie et quelques terres à l'entour, est-il le prix dont est payé l'espionnage de Sibilet? Il ne se dit rien entre nous qui ne se sache à la Ville-aux-Fayes. Sibilet est parent à votre ennemi, Gaubertin. Ce qui vient de vous échapper sur le procureur général, sera rapporté peut-être à ce magistrat avant que vous ne soyez à la préfecture. Vous ne connaissez pas les gens de ce canton-ci !

— Je ne les connais pas?... C'est de la canaille ! Et lâcher pied devant de pareils gredins ?... s'écria le général ; ah ! plutôt cent fois brûler moi-même les Aigues !...

— Ne le brûlons pas, et adoptons un plan de conduite qui déjoue les ruses de ces Lilliputiens. A les entendre dans leurs menaces, on est décidé à tout contre vous ; aussi, mon général, puisque vous parlez d'incendie, assurez tous vos bâtiments et toutes vos fermes

— Ah! sais-tu, Michaud, ce qu'ils veulent dire avec leur Tapissier ? Hier, en allant le long de la Thune, j'entendais les petits gars disant : — « Voilà le Tapissier ! » et ils se sauvaient.

— Ce serait à Sibilet à vous répondre ; il serait dans son rôle, car il aime à vous voir en colère, répondit Michaud d'un air navré, mais, puisque vous me le demandez... eh bien ! c'est le surnom que ces brigands-là vous ont donné, mon général.

— A cause de quoi?...

— Mais, mon général, à cause de... votre père...

— Ah! les mâtins !... s'écria le comte devenu blême. Oui, Michaud, mon père était marchand de meubles, ébéniste, la comtesse n'en sait rien... Oh! que jamais !... Et après tout, j'ai fait valser des reines et des impératrices !... Je lui dirai tout ce soir, s'écria-t-il après une pose.

— Ils prétendent que vous êtes un lâche, reprit Michaud.

— Ah!

— Ils demandent comment vous avez pu vous sauver à Essling, là où presque tous les camarades ont péri...

Cette accusation fit sourire le général.

— Michaud, je vais à la Préfecture! s'écria-t-il avec une sorte de rage, quand ce ne serait que pour y faire préparer les polices d'assurance. Annonce mon départ à madame la comtesse. Ah! ils veulent la guerre, ils l'auront, et je vais m'amuser à les tracasser, moi, les bourgeois de Soulanges et leurs paysans... Nous sommes en pays ennemi, de la prudence! Recommande aux gardes de se tenir dans les termes de la loi. Ce pauvre Vatel, aie soin de lui. La comtesse est effrayée, il faut lui tout cacher; autrement, elle ne reviendrait plus ici!...

Le général, ni même Michaud, n'étaient dans le secret de leur péril. Michaud, trop nouvellement venu dans cette vallée de Bourgogne, ignorait la puissance de l'ennemi, tout en en voyant l'action. Le général, lui, croyait à la force de la loi.

La loi, telle que le législateur la fabrique aujourd'hui, n'a pas toute la vertu qu'on lui suppose. Elle ne frappe pas également le pays, elle se modifie dans ses applications au point de démentir son principe. Ce fait se déclare plus ou moins patemment à toutes les époques. Quel serait l'historien assez ignorant pour prétendre que les arrêtés du pouvoir le plus énergique ont eu cours dans toute la France? que les réquisitions en hommes, en denrées, en argent, frappées par la Convention, ont été faites en Provence, au fond de la Normandie, sur la lisière de la Bretagne, comme elles se sont accomplies dans les grands centres de vie sociale! Quel philosophe oserait nier qu'une tête tombe aujourd'hui dans tel département, tandis que dans le département voisin une autre tête est conservée, quoique coupable d'un crime identiquement le même, et souvent plus horrible? On veut l'égalité dans la vie, et l'inégalité règne dans la loi, dans la peine de mort!...

Dès qu'une ville se trouve au-dessous d'un certain chiffre de population, les moyens administratifs ne sont plus les mêmes. Il est environ cent villes en France où les lois jouent dans toute leur vigueur, où l'intelligence des citoyens s'élève jusqu'au problème d'intérêt général ou d'avenir que la loi veut résoudre ; mais, dans le reste de la France, où l'on ne comprend que les jouissances immédiates, l'on s'y soustrait à tout ce qui peut les atteindre. Aussi, dans la moitié de la France environ, rencontre-t-on une force d'inertie qui déjoue toute action légale, administrative et gouvernementale. Entendons-nous, cette résistance ne regarde point les choses essentielles à la vie politique. La rentrée des impôts, le recrutement, la punition des grands crimes ont lieu certainement ; mais, en dehors de certaines nécessités reconnues, toutes les dispositions législatives qui touchent aux mœurs, aux intérêts, à certains abus, sont complétement abolies par un *mauvais gré* général. Et, au moment où cette scène se publie, il est facile de reconnaître cette résistance, contre laquelle s'est jadis heurté Louis XIV en Bretagne. En voyant les faits déplorables que cause la loi sur la chasse, on sacrifiera, par an, la vie de vingt ou trente hommes peut-être pour sauver celle de quelques bêtes.

En France, pour vingt millions d'êtres, la loi n'est qu'un papier blanc affiché sur la porte de l'Eglise ou à la Mairie. De là le mot, *les papiers,* employé par Mouche comme expression de l'Autorité. Beaucoup de maires de canton (il ne s'agit pas encore des maires de simples communes) font des sacs à raisins ou à graines avec les numéros du *Bulletin des lois.* Quant aux simples maires de communes, on serait effrayé du nombre de ceux qui ne savent ni lire ni écrire, et de la manière dont sont tenus les actes de l'état civil. La gravité de cette situation, parfaitement connue des administrateurs sérieux, diminuera sans doute ; mais ce que la centralisation contre laquelle on déclame tant, comme on déclame en France contre tout ce qui est grand, utile et fort, n'atteindra jamais ; mais la puissance contre laquelle elle se brisera toujours, est celle contre laquelle allait se heurter le général, et qu'il faut nommer la *Médiocratie.*

On a beaucoup crié contre la tyrannie des nobles ; on crie aujourd'hui contre celle des financiers, contre les abus du pouvoir qui ne sont peut-être que les inévitables meurtrissures du joug social, appelé Contrat par Rousseau, Constitution par ceux-ci, Charte par ceux-là ; ici Tsar, là Roi, Parlement en Angleterre ; mais le nivellement commencé par 1789 et repris en 1830, a préparé la domination louche de la bourgeoisie et lui a livré la France. Un fait, malheureusement trop commun aujourd'hui, l'asservissement d'un canton, d'une petite ville, d'une sous-préfecture par une famille ; enfin, le tableau de la puissance qu'avait su conquérir Gaubertin en pleine restauration, accusera mieux ce mal social que toutes les affirmations dogmatiques. Bien des localités opprimées s'y reconnaîtront, bien des gens sourdement écrasés trouveront ici ce petit *ci-gît* public qui parfois console d'un grand malheur privé.

Au moment où le général s'imaginait recommencer une lutte qui n'avait jamais eu de trêve, son ancien régisseur avait complété les mailles du réseau dans lequel il tenait l'arrondissement de la Ville-aux-Fayes tout entier. Pour éviter des longueurs, il est nécessaire de présenter succinctement les rameaux généalogiques par lesquels Gaubertin embrassait le pays comme un boa tourné sur un arbre gigantesque avec tant d'art que le voyageur croit y voir un effet naturel de la végétation asiatique.

En 1793, il existait trois frères du nom de Mouchon dans la vallée de l'Avonne. Depuis 1793, on commençait à substituer le nom de vallée de l'Avonne à celui de vallée des Aigues, en haine de l'ancienne seigneurie.

L'aîné, régisseur des biens de la famille Ronquerolles, devint député du département à la Convention. A l'imitation de son ami Gaubertin, l'accusateur public qui sauva les Soulanges, il sauva les biens et la vie des Ronquerolles; il eut deux filles, l'une mariée à l'avocat Gendrin, l'autre à Gaubertin fils, et il mourut en 1804.

Le second obtint gratis, par la protection de son aîné, la poste de Conches. Il eut pour seule et unique héritière une fille, mariée à un riche fermier du pays appelé Guerbet. Il mourut en 1817.

Le dernier des Mouchon, s'étant fait prêtre, curé de la Ville-aux-Fayes avant la révolution, curé depuis le rétablissement du culte catholique, se trouvait encore curé de cette petite capitale. Il ne voulut pas prêter le serment; se cacha pendant longtemps aux Aigues, dans la Chartreuse, sous la protection secrète des Gaubertin père et fils. Alors âgé de soixante-sept ans, il jouissait de l'estime et de l'affection générales, à cause de la concordance de son caractère avec celui des habitants. Parcimonieux jusqu'à l'avarice, il passait pour être fort riche, et sa fortune présumée consolidait le respect dont il était environné. Monseigneur l'évêque faisait le plus grand cas de l'abbé Mouchon, qu'on appelait le vénérable curé de la Ville-aux-Fayes ; et ce qui, non moins que sa fortune, rendait le curé Mouchon cher aux habitants, était la certitude qu'on eut, à plusieurs reprises, de son refus d'aller occuper une cure superbe à la préfecture, où Monseigneur le désirait.

En ce moment, Gaubertin, maire de la Ville-aux-Fayes, rencontrait un appui solide en monsieur Gendrin, son beau-frère, le président du Tribunal de Première Instance. Gaubertin fils, l'avoué le plus occupé du tribunal et d'une renommée proverbiale dans l'arrondissement, parlait déjà de vendre son étude après cinq ans d'exercice. Il voulait succéder à son oncle Gendrin dans sa profession d'avocat, quand celui-ci prendrait sa retraite. Le fils unique du président Gendrin était conservateur des hypothèques.

Soudry fils, qui, depuis deux ans, occupait le principal siége au ministère public, était un séide de Gaubertin. La fine madame Soudry n'avait pas manqué de solidifier la position du fils de son mari par un immense avenir, en le mariant à la fille unique de Rigou. La double fortune de l'ancien moine et celle de Soudry, qui devait revenir au Procureur du Roi, faisaient de ce jeune homme l'un des personnages les plus riches et les plus considérables du département.

Le sous-préfet de la Ville-aux-Fayes, monsieur des Lupeaulx, neveu du secrétaire général d'un des plus importants ministères, était le mari désigné de mademoiselle Elise Gaubertin, la plus jeune fille du maire, dont la dot, comme celle de l'aînée, se montait à deux cent mille francs *sans les espérances!* Ce fonctionnaire fit de l'esprit sans le savoir en tombant amoureux d'Elise, à son arrivée à la Ville-aux-Fayes, en 1819. Sans ses prétentions, qui parurent sortables, depuis longtemps on l'aurait contraint à demander son changement; mais il appartenait en espérance à la famille Gaubertin, dont le chef voyait en cette alliance beaucoup moins le neveu que l'oncle. Aussi l'oncle, dans l'intérêt de son neveu, mettait-il toute son influence au service de Gaubertin.

Ainsi, l'Eglise, la Magistrature sous sa double forme, amovible et inamovible, la Municipalité, l'Administration, les quatre pieds du pouvoir marchaient au gré du maire.

Voici comment cette puissance s'était fortifiée au-dessus et au-dessous de la sphère où elle agissait.

Le département auquel appartient la Ville-aux-Fayes est un de ceux dont la population lui donne le droit de nommer six députés. L'arrondissement de la Ville-aux-Fayes, depuis la création d'un Centre Gauche à la chambre, avait fait son député de Leclercq, banquier de l'entrepôt des vins, gendre de Gaubertin, devenu Régent de la Banque. Le nombre d'électeurs que cette riche vallée fournissait au Grand Collége était assez considérable pour que l'élection de monsieur de Ronquerolles, protecteur acquis à la famille Mouchon, fût toujours assurée, ne fût-ce que par transaction. Les électeurs de la Ville-aux-Fayes prêtaient leur appui au préfet, à la condition de maintenir le marquis de Ronquerolles député du Grand Collége. Aussi Gaubertin, qui le premier eut l'idée de cet arrangement électoral, était-il vu de bon œil à la préfecture, à laquelle il sauvait bien des déboires. Le préfet faisait élire trois ministériels purs, avec deux députés Centre Gauche. Ces deux députés étant le marquis de Ronquerolles, beau-frère du comte de Sérizy, et un Régent de la Banque, effrayaient peu le Cabinet. Aussi les élections de ce département passaient-elles au ministère de l'Intérieur pour être excellentes.

Le comte de Soulanges, pair de France, désigné pour être maréchal, fidèle aux Bourbons, savait ses bois et ses propriétés bien administrés et bien gardés par le notaire Lupin, par Soudry ; il pouvait être regardé comme un protecteur par Gendrin, qu'il avait fait nommer successivement juge et président, aidé d'ailleurs, en ceci, par monsieur de Ronquerolles.

Messieurs Leclercq et de Ronquerolles siégeaient au Centre Gauche, plus près de la Gauche que du Centre, situation politique pleine d'avantage pour eux qui regardent la conscience politique comme un vêtement.

Le frère de monsieur Leclercq avait obtenu la recette particulière de la Ville-aux-Fayes.

Au delà de cette capitale de la vallée d'Avonne, le banquier, député de l'arrondissement, venait d'acquérir une magnifique terre de trente mille francs de rente, avec parc et château, position qui lui permettait d'influencer tout un canton.

Ainsi, dans les régions supérieures de l'Etat, dans les deux Chambres et au principal ministère, Gaubertin comptait sur une protection aussi puissante qu'active, et il ne l'avait encore ni sollicitée pour des riens, ni fatiguée par trop de demandes sérieuses.

Le conseiller Gendrin, nommé Président de Chambre, était le grand faiseur de la Cour royale. Le Premier Président, l'un des trois députés ministériels, orateur nécessaire au Centre, laissait, pendant la moitié de l'année, la conduite de sa Cour au Président Gendrin. Enfin, le conseiller de préfecture, cousin de Sarcus, nommé Sarcus le Riche, était le bras droit du préfet, député lui-même. Sans les raisons de famille qui liaient Gaubertin et le jeune des Lupeaulx, un frère de madame Sarcus eût été *désiré* pour sous-préfet par l'arrondissement de la Ville-aux-Fayes. Madame Sarcus, la femme du Conseiller de Préfecture, était une Vallat de

Soulanges, famille alliée aux Gaubertin; elle passait pour avoir *distingué* le notaire Lupin dans sa jeunesse. Quoiqu'elle eût quarante-cinq ans et un fils élève ingénieur, Lupin n'allait jamais à la préfecture sans lui présenter ses hommages ou dîner avec elle.

Le neveu de Guerbert, le maître de poste, dont le père était, comme on l'a vu, percepteur de Soulanges, occupait la place importante de juge d'instruction au tribunal de la Ville-aux-Fayes. Le troisième juge, fils de maître Corbinet, notaire, appartenait nécessairement corps et âme au tout-puissant maire; enfin, le jeune Vigor, fils du lieutenant de la gendarmerie, était le juge suppléant.

Sibilet père, greffier du tribunal dès l'origine, avait marié sa sœur à monsieur Vigor, lieutenant de la gendarmerie de la Ville-aux-Fayes. Ce bonhomme, père de six enfants, était le cousin du père de Gaubertin, par sa femme, une Gaubertin-Vallat.

Depuis dix-huit mois les efforts réunis des deux députés, de monsieur de Soulanges, du président Gaubertin, avaient fait créer une place de commissaire de police à la Ville-aux-Fayes, en faveur du second fils du greffier.

La fille aînée de Sibilet avait épousé monsieur Hervé, instituteur, dont l'établissement venait d'être transformé en collége, à raison de ce mariage, et depuis un an la Ville-aux-Fayes jouissait d'un proviseur.

Le Sibilet, principal clerc de maître Corbinet, attendait des Gaubertin, des Soudry, des Leclercq, les garanties nécessaires à l'acquisition de l'étude de son patron.

Le dernier fils du greffier était employé dans les domaines, avec promesse de succéder au receveur de l'enregistrement dès que ce fonctionnaire aurait atteint le temps du service voulu pour prendre sa retraite.

Enfin, la dernière fille de Sibilet, âgée de seize ans, était fiancée au capitaine Corbinet, frère du notaire, à qui l'on avait obtenu la place de directeur de la poste aux lettres.

La poste aux chevaux de la Ville-aux-Fayes appartenait à monsieur Vigor l'aîné, beau-frère du banquier Leclercq, et il commandait la garde nationale.

Une vieille demoiselle Gaubertin-Vallat, sœur de la greffière, tenait le bureau de papier timbré.

Ainsi, de quelque côté qu'on se tournât dans la Ville-aux-Fayes, on rencontrait un membre de cette coalition invisible, dont le chef avoué, reconnu par tous, grands et petits, était le maire de la ville, l'agent général du commerce des bois, Gaubertin!...

Si de la sous-préfecture on descendait dans la vallée de l'Avonne, Gaubertin y dominait à Soulanges par les Soudry, par Lupin, adjoint au maire, régisseur de la terre de Soulanges et toujours en correspondance avec le comte, par Sarcus le juge de paix, par Guerbet le percepteur, par Gourdon le médecin, qui avait épousé une Gendrin-Vatebled. Il gouvernait Blangy par Rigou, Conches par le maître de poste, maire absolu dans sa commune. A la manière dont l'ambitieux maire de la Ville-aux-Fayes rayonnait dans la vallée de l'Avonne, on peut deviner comment il influait dans le reste de l'arrondissement.

Le chef de la maison Leclercq était un chapeau mis sur la députation. Le banquier avait consenti, dès l'origine, à laisser nommer Gaubertin à sa place, dès qu'il aurait obtenu la recette générale du département. Soudry, le procureur du roi, devait passer avocat général à la Cour royale, et le riche juge d'instruction Guerbet attendait un siége de Conseiller. Ainsi, l'occupation de ces places, loin d'être oppressive, garantissait de l'avancement à Vigor le juge suppléant, à François Vallat le substitut, cousin de madame Sarcus le Riche, enfin aux jeunes ambitieux de la ville, et conciliait à la coalition l'amitié des familles postulantes.

L'influence de Gaubertin était si sérieuse, si grande, que les fonds, les économies, l'argent caché des Rigou, des Soudry, des Gendrin, des Guerbet, des Lupin, de Sarcus le Riche lui-même, obéissaient à ses prescriptions. La Ville-aux-Fayes croyait d'ailleurs en son maire. La capacité de Gaubertin n'était pas moins prônée que sa probité, que son obligeance; il appartenait à ses parents, à ses administrés tout entier, mais à charge de revanche. Son conseil municipal l'adorait. Aussi tout le département blâmait-il monsieur Marion d'Auxerre d'avoir contrarié ce brave monsieur Gaubertin.

Sans se douter de leur force, aucun cas de la montrer ne s'étant déclaré, les bourgeois de la Ville-aux-Fayes se vantaient seulement de ne pas avoir d'étrangers chez eux, et ils se croyaient excellents patriotes. Rien n'échappait donc à cette intelligente tyrannie, inaperçue d'ailleurs, et qui paraissait à chacun le triomphe de la localité. Ainsi, dès que l'opposition libérale déclara la guerre aux Bourbons de la branche aînée, Gaubertin, qui ne savait où placer un fils naturel, ignoré de sa femme et nommé Bournier, tenu depuis longtemps à Paris, sous la surveillance de Leclercq, le voyant devenu prote d'une imprimerie, fit créer en sa faveur un brevet d'imprimeur à la résidence de la Ville-aux-Fayes. A l'instigation de son protecteur, ce garçon entreprit un journal appelé le *Courrier de l'Avonne*, paraissant trois fois par semaine, et qui commença par enlever le bénéfice des annonces légales au journal de la Préfecture. Cette feuille départementale, tout acquise au Ministère en général, mais appartenant au Centre gauche en particulier, et qui devint précieuse au commerce par la publication des mercuriales de la Bourgogne, fut entièrement dévouée aux intérêts du triumvirat Rigou, Gaubertin et Soudry. A la tête d'un assez bel établissement où il réalisait déjà des bénéfices, Bournier, patroné par le maire, courtisait la fille de Maréchal l'avoué. Ce mariage paraissait probable.

Le seul étranger à la grande famille avonnaise était l'ingénieur ordinaire des ponts et chaussées ; aussi réclamait-on avec instance son changement en faveur de monsieur Sarcus, le fils de Sarcus le Riche, et tout annonçait que ce défaut dans le filet serait réparé sous peu de temps.

Cette ligue formidable, qui monopolisait tous les services publics et particuliers, qui suçait le pays, qui s'attachait au pouvoir comme un *remora* sous un navire, échappait à tous les regards ; le général Montcornet ne la soupçonnait pas. La préfecture s'applaudissait de la prospérité de l'arrondissement de la Ville-aux-Fayes, dont on disait au ministère de l'intérieur : « Voilà une sous-préfecture modèle, tout y va comme sur des roulettes ! Nous serions bien heureux si tous les arrondissements ressemblaient à celui-là ! » L'esprit de famille s'y doublait si bien de l'esprit de localité, que là, comme dans beaucoup de petites villes, et même de préfectures, un fonctionnaire étranger au pays eût été forcé de quitter l'arrondissement dans l'année.

Quand le despotique cousinage bourgeois fait une victime, elle est si bien entortillée et bâillonnée, qu'elle n'ose se plaindre ; elle est enveloppée de glu, de cire, comme un colimaçon introduit dans une ruche. Cette tyrannie invisible, insaisissable, a pour auxiliaires des raisons puissantes ; le désir d'être au milieu de sa famille, de surveiller ses propriétés, l'appui mutuel qu'on se prête, les garanties que trouve l'administration en voyant son agent sous les yeux de ses concitoyens et de ses proches. Aussi le népotisme est-il pratiqué dans la sphère élevée du département comme dans la petite ville de province. Qu'arrive-t-il? le pays et la localité triomphent sur des questions d'intérêt général ; la volonté de la centralisation parisienne est souvent écrasée, la vérité des faits est travestie, et la province se moque du pouvoir. Enfin, une fois les grandes utilités publiques satisfaites, il est clair que les lois, au lieu d'agir sur les masses, en reçoivent l'empreinte ; les populations se les adaptent au lieu de s'y adapter.

Quiconque a voyagé dans le midi, dans l'ouest de la France, en Alsace, autrement que pour y coucher à l'auberge, voir les monuments ou le paysage, doit reconnaître la vérité de ces observations. Ces effets du népotisme bourgeois sont aujourd'hui des faits isolés; mais l'esprit des lois actuelles tend à les augmenter. Cette plate domination peut causer de grand maux, comme le démontreront quelques événements du drame qui se jouait alors dans la vallée des Aigues.

Le système, renversé plus imprudemment qu'on ne le croit, le système monarchique et le système impérial remédiaient à cet abus par des existences consacrées, par des classifications, par des contrepoids qu'on a si sottement définis *des priviléges*. Il n'existe pas de priviléges du moment où tout le monde est admis à grimper au mât de cocagne du pouvoir. Ne vaudrait-il pas mieux d'ailleurs des priviléges avoués, connus, que des priviléges ainsi surpris, établis par la ruse, en fraude de l'esprit qu'on veut faire public, qui reprennent l'œuvre du despotisme en sous-œuvre et un cran plus bas qu'autrefois? N'aurait-on pas renversé de nobles tyrans, dévoués à leur pays, que pour créer d'égoïstes tyranneaux? Le pouvoir sera-t-il dans les caves au lieu de rayonner à sa place naturelle? On doit y songer. L'esprit de localité, tel qu'il vient d'être dessiné, gagnera la Chambre.

L'ami de Montcornet, le comte de la Roche-Hugon, avait été destitué peu de temps avant la dernière visite du général. Cette destitution jeta cet homme d'Etat dans l'opposition libérale, où il devint un des coryphées du côté gauche, qu'il déserta promptement pour une ambassade. Son successeur, heureusement pour Montcornet, était un gendre du marquis de Troisville, oncle de la comtesse, le comte de Castéran. Le préfet reçut Montcornet comme un parent, et lui dit gracieusement de conserver ses habitudes à la préfecture. Après avoir écouté les plaintes du général, le comte de Castéran pria l'évêque, le procureur général, le colonel de la gendarmerie, le conseiller Sarcus et le général commandant la division, à déjeuner pour le lendemain.

Le procureur général, le baron Bourlac, si célèbre par les procès La Chanterie et Rifaël, était un de ces hommes acquis à tous les gouvernements et que leur dévouement au pouvoir, quel qu'il soit, rend précieux. Après avoir dû son élévation à son fanatisme pour l'Empereur, il dut la conservation de son grade judiciaire à son caractère inflexible et à la conscience de métier qu'il portait dans l'accomplissement de ses devoirs. Le procureur général, qui jadis poursuivait avec acharnement les restes de la chouannerie, poursuivit les bonapartistes avec un acharnement égal. Mais les années, les tempêtes avaient adouci sa rudesse; il était devenu, comme tous les vieux diables, charmant de manières et de formes.

Le comte de Montcornet expliqua sa position, les craintes de son garde général, parla de la nécessité de faire des exemples et de soutenir la cause de la propriété.

Ces hauts fonctionnaires écoutèrent gravement, sans répondre autre chose que des banalités, comme : « Certainement, il faut que force reste à la loi. — Votre cause est celle de tous les propriétaires. — Nous y veillerons ; mais la prudence est nécessaire dans les circonstances où nous nous trouvons. — Une monarchie doit faire plus pour le peuple, que le peuple ne ferait pour lui-même, s'il était, comme en 1793, le souverain. — Le peuple souffre, nous nous devons autant à lui qu'à vous ! »

L'implacable procureur général exposa tout doucement des considérations sérieuses et bienveillantes sur la situation des basses classes, qui eussent prouvé à nos futurs utopistes que les fonctionnaires de l'ordre élevé savaient déjà les difficultés du problème à résoudre par la société moderne.

Il n'est pas inutile de dire ici qu'à cette époque de la Restauration, des collisions sanglantes avaient eu lieu sur plusieurs points du royaume, précisément à cause du pillage des bois et des droits abusifs que les paysans de quelques communes s'étaient arrogés. Le ministère, la cour n'aimaient ni ces sortes d'émeutes, ni le sang que faisaient couler la répression, heureuse ou malheureuse. Tout en sentant la nécessité de sévir, on traitait les administrateurs de **maladroits quand ils avaient comprimé les paysans, et ils étaient** destitués s'ils faiblissaient. Aussi les préfets biaisaient-ils avec ces accidents déplorables.

Dès le début de la conversation, Sarcus le Riche avait fait au Procureur général et au Préfet un signe que Montcornet ne vit pas, et qui détermina l'allure de la conversation. Le Procureur général connaissait la situation des esprits dans la vallée des Aigues par son subordonné Soudry.

— Je prévois une lutte terrible, avait dit le Procureur du roi de la Ville-aux-Fayes à son chef, qu'il était venu voir exprès. On nous tuera des gendarmes, je le sais par mes espions. Nous aurons un méchant procès. Le jury ne nous soutiendra pas quand il se verra sous le coup de la haine des familles de vingt ou de trente accusés, il ne nous accordera pas la tête des meurtriers ni les années de bagne que nous demanderons pour les complices. A peine obtiendrez-vous, en plaidant vous-même, quelques années de prison pour les plus coupables. Il vaut mieux fermer les yeux que de les ouvrir, quand, en les ouvrant, nous sommes certains d'exciter une collision qui coûtera du sang, et peut-être six mille francs de frais à l'Etat, sans compter l'entretien de ces gens-là au bagne. C'est cher, pour un triomphe qui, certes, exposera la faiblesse de la justice à tous les regards.

Incapable de soupçonner l'influence de la *médiocratie* de sa vallée, Montcornet ne parla donc pas de Gaubertin, dont la main attisait le foyer de ces renaissantes difficultés. Après le déjeuner, le Procureur général prit le comte de Montcornet par le bras et l'emmena dans le cabinet du Préfet. Au sortir de cette conférence, le général Montcornet écrivit à la comtesse qu'il partait pour Paris, et qu'il ne serait de retour que dans une semaine. On verra, par l'exécution des mesures que dicta le baron Bourlac, combien ses avis étaient sages, et si les Aigues pouvaient échapper *au mauvais gré*, ce devait être en se conformant à la politique que le magistrat venait de conseiller secrètement au comte de Montcornet.

Quelques esprits, avides d'intérêt avant tout, accuseront ces explications de longueur ; mais il est utile de faire observer ici que, d'abord, l'historien des mœurs obéit à des lois plus dures que celles qui régissent l'historien des faits ; il doit rendre tout probable, même le vrai ; tandis que dans le domaine de l'histoire proprement dite, l'impossible est justifié par la raison qu'il est advenu. Les vicissitudes de la vie sociale ou privée sont engendrées par un monde de petites causes qui tiennent à tout. Le savant est obligé de déblayer les masses d'une avalanche sous laquelle ont péri des villages, pour vous montrer les cailloux détachés d'une cime qui ont déterminé la formation de cette montagne de neige. S'il ne s'agissait ici que d'un suicide, il y en a cinq cents par an dans Paris; ce mélodrame est devenu vulgaire, et chacun peut en accepter les plus brèves raisons; mais à qui ferait-on croire que le suicide de la propriété soit jamais arrivé par un temps où la fortune semble plus précieuse que la vie? *De re vestra agitur*, disait un fabuliste, il s'agit ici des affaires de tous ceux qui possèdent quelque chose.

Songez que cette ligue de tout un canton et d'une petite ville contre un vieux général échappé, malgré son courage téméraire, aux dangers de mille combats, s'est dressée en plus d'un département contre des hommes qui voulaient y faire le bien. Cette coalition menace incessamment l'homme de génie, le grand politique, le grand agronome, tous les novateurs enfin!

Cette dernière explication, politique pour ainsi dire, rend nonseulement aux personnages du drame leur vraie physionomie, au plus petit détail sa gravité, mais encore elle jettera de vives lumières sur cette scène, où sont en jeu tous les intérêts sociaux.

### X. — MÉLANCOLIE D'UNE FEMME HEUREUSE.

Au moment où le général montait en calèche pour aller à la préfecture, la comtesse arrivait à la porte d'Avonne, où, depuis dix-huit mois, le ménage de Michaud et d'Olympe était installé.

Quelqu'un qui se serait rappelé le pavillon, comme il est décrit plus haut, l'aurait cru rebâti. D'abord, les briques tombées ou mordues par le temps, le ciment qui manquait dans les joints, avaient été remplacés. L'ardoise nettoyée rendait sa gaieté à l'architecture par l'effet des balustres découpés en blanc sur ce fond bleuâtre. Les abords désobstrués et sablés étaient soignés par l'homme chargé d'entretenir les allées du parc. Les encadrements des croisées, les corniches, enfin toute la pierre travaillée ayant été restaurée, l'extérieur de ce monument avait repris son ancien lustre. La basse-cour, les écuries, l'étable, reportées dans les bâtiments de la Faisanderie et cachées par des massifs, au lieu d'attrister le regard par leurs sales détails, mêlaient au continuel bruissement particulier aux forêts, ces murmures, ces roucoulements, ces battements d'ailes, l'un des plus délicieux accompagnements de la continuelle mélodie que chante la nature. Ce lieu tenait donc à la fois au genre inculte des forêts peu pratiquées et à l'élégance d'un parc anglais. L'entourage du pavillon, en accord avec son extérieur, offrait au regard je ne sais quoi de noble, de digne et d'aimable; de même que le bonheur et les soins d'une jeune femme donnaient à l'intérieur une physionomie bien différente de celle que la brutale insouciance de Courtecuisse y imprimait naguère.

En ce moment, la saison faisait valoir toutes ces splendeurs naturelles. Les parfums de quelques corbeilles de fleurs se mariaient à la sauvage senteur des bois. Quelques prairies du parc, récemment fauchées à l'entour, répandaient l'odeur des foins coupés.

Lorsque la comtesse et ses deux hôtes atteignirent au bout d'une des allées sinueuses qui débouchaient au pavillon, ils entrevirent madame Michaud assise en dehors, à sa porte, travaillant à une layette. Cette femme, ainsi posée, ainsi occupée, ajoutait au paysage un intérêt humain qui le complétait, et qui dans la réalité est si touchant, que certains peintres ont par erreur essayé de le transporter dans leurs tableaux.

Ces artistes oublient que l'*esprit* d'un pays, quand il est bien rendu par eux, est si grandiose qu'il écrase l'homme, tandis qu'une semblable scène est dans la nature toujours en proportion avec le personnage par le cadre dans lequel l'œil du spectateur le circonscrit. Quand le Poussin, le Raphaël de la France, a fait du paysage un accessoire dans ses *Bergers d'Arcadie*, il avait bien deviné que l'homme devient petit et misérable, lorsque dans une toile la nature est le principal.

Là, c'était août dans toute sa gloire, une moisson attendue, un tableau plein d'émotions simples et fortes. Là, se rencontrait réalisé le rêve de beaucoup d'hommes dont la vie inconstante et mélangée de bon et de mauvais par de violentes secousses, leur a fait désirer le repos.

Disons en quelques phrases le roman de ce ménage. Justin Michaud n'avait pas répondu très-chaudement aux avances de l'illustre colonel des cuirassiers, quand Montcornet lui proposa la garde des Aigues : il pensait alors à reprendre du service ; mais au milieu des pourparlers et des propositions qui le conduisirent à l'hôtel Montcornet, il y vit la première femme de Madame. Cette jeune fille, confiée à la comtesse par d'honnêtes fermiers des environs d'Alençon, avait quelques espérances de fortune, vingt ou trente mille francs, une fois tous les héritages venus. Comme beaucoup de cultivateurs qui se sont mariés jeunes et dont les ancêtres vivent, le père et la mère se trouvant dans la gêne et ne pouvant donner aucune éducation à leur fille aînée, l'avaient placée auprès de la jeune comtesse. Madame de Montcornet fit apprendre la couture, les modes à mademoiselle Olympe Charel, ordonna de la servir à part, et fut récompensée de ces égards par un de ces attachements absolus, si nécessaires aux Parisiennes.

Olympe Charel, jolie Normande, d'un blond à tons dorés, légèrement grasse, d'une figure animée par un œil spirituel et remarquable par un nez de marquise, fin et courbé, par un air virginal malgré sa taille cambrée à l'espagnole, offrait toutes les distinctions qu'une jeune fille née immédiatement au-dessus du peuple peut gagner dans le rapprochement que sa maîtresse daigne permettre. Convenablement mise, d'un maintien et d'une tournure décente, elle s'exprimait bien. Michaud fut donc facilement pris, surtout en apprenant que la fortune de sa belle serait assez considérable un jour. Les difficultés vinrent de la comtesse, qui ne voulait pas se séparer d'une fille si précieuse; mais lorsque Montcornet eut expliqué sa situation aux Aigues, le mariage n'éprouva plus de retards que par la nécessité de consulter les parents, dont le consentement fut promptement donné.

Michaud, à l'exemple de son général, regarda sa jeune femme comme un être supérieur auquel il fallait obéir militairement, sans arrière-pensée. Il trouva dans cette quiétude et dans sa vie occupée au dehors, les éléments du bonheur que souhaitent les soldats en quittant leur métier : assez de travail pour ce que le corps en exige, assez de fatigues pour pouvoir goûter les charmes du repos. Malgré son intrépidité connue, Michaud n'avait jamais reçu de blessure grave, il n'éprouvait aucune de ces douleurs qui doivent aigrir l'humeur des vétérans; comme tous les êtres réellement forts, il avait l'humeur égale; sa femme l'aima donc absolument. Depuis leur arrivée au pavillon, cet heureux ménage savourait les douceurs de sa lune de miel, en harmonie avec la nature, avec l'art dont les créations l'entouraient, circonstance assez rare ! Les choses

MICHAUD ET SA FEMME.

Cet heureux ménage savourait les douceurs de sa lune de miel.

(LES PAYSANS.)

autour de nous ne concordent pas toujours à la situation de nos âmes.

En ce moment, c'était si joli, que la comtesse arrêta Blondet et l'abbé Brossette, car ils pouvaient voir la jolie madame Michaud sans être vus par elle.

— Quand je me promène, je viens toujours dans cette partie du parc, dit-elle tout bas. Je me plais à contempler le pavillon et ses deux tourtereaux, comme on aime à voir un beau site.

Et elle s'appuya significativement sur le bras d'Emile Blondet pour lui faire partager des sentiments d'une finesse qu'on ne saurait exprimer, mais que les femmes devineront.

— Je voudrais être portier aux Aigues, répondit Blondet en souriant. Eh bien! qu'avez-vous? reprit-il en voyant une expression de tristesse amenée par ces mots sur les traits de la comtesse.

— Rien.

C'est toujours quand les femmes ont quelque pensée importante qu'elles disent hypocritement : Je n'ai rien.

— Mais nous pouvons être en proie à des idées qui vous semblent légères, et qui, pour nous, sont terribles. Moi aussi, j'envie le sort d'Olympe...

— Dieu vous entende! dit l'abbé Brossette en souriant, pour ôter à ce mot toute sa gravité.

Madame de Montcornet devint inquiète en apercevant dans la pose et sur le visage d'Olympe une expression de crainte et de tristesse. A la manière dont une femme tire son fil à chaque point, une autre femme en surprend les pensées. En effet, quoique vêtue d'une jolie robe rose, la tête nue et soigneusement coiffée en cheveux, la femme du garde général ne roulait pas des pensées en accord avec sa mise, avec cette belle journée, avec son ouvrage. Son beau front, son regard perdu par instant sur le sable ou dans les feuillages qu'elle ne voyait point, offraient d'autant plus naïvement l'expression d'une anxiété profonde, qu'elle ne se savait pas observée.

— Et je l'enviais!... Qui peut assombrir ses idées?... dit la comtesse au curé.

— Madame, répondit tout bas l'abbé Brossette, expliquez donc comment, au milieu des félicités parfaites, l'homme est toujours saisi de pressentiments vagues, mais sinistres?

— Curé, répondit Blondet en souriant, vous vous permettez

des réponses d'évêque!... *Rien n'est volé, tout se paye!* a dit Napoléon.

— Une telle maxime dite par cette bouche impériale prend des proportions égales à celles de la société, répliqua l'abbé.

— Eh bien! Olympe, qu'as-tu, ma fille? dit la comtesse en s'avançant vers son ancienne domestique. Tu sembles rêveuse, triste. Y aurait-il une bouderie dans le ménage!...

Madame Michaud, en se levant, avait déjà changé de visage.

— Mon enfant, dit Emile Blondet avec un accent paternel, je voudrais bien savoir qui peut assombrir votre front, quand nous sommes dans ce pavillon, presque aussi bien logée que le comte d'Artois aux Tuileries. Vous avez ici l'air d'un nid de rossignols dans un fourré! N'avons-nous pas pour mari le plus brave garçon de la jeune garde, un bel homme, et qui nous aime à en perdre la tête? Si j'avais connu les avantages que Montcornet vous accorde ici, j'aurais quitté mon état de *tartinier* pour devenir garde général, moi!

— Ce n'est pas la place d'un homme qui a votre talent, monsieur, répondit Olympe en souriant à Blondet comme à une personne de connaissance.

— Qu'as-tu donc, ma chère petite? dit la comtesse.

— Mais, madame, j'ai peur...

— Peur! de quoi? demanda vivement la comtesse à qui ce mot rappela Mouche et Fourchon.

— Peur des loups? dit Emile en faisant à madame Michaud un signe qu'elle ne comprit pas.

— Non, monsieur, des paysans. Moi, qui suis née dans le Perche, où il y a bien quelques méchantes gens, je ne crois pas qu'il y en ait autant et de si méchants que dans ce pays-ci. Je n'ai pas l'air de me mêler des affaires de Michaud, mais il se défie assez des paysans pour s'armer, même en plein jour, s'il traverse la forêt. Il dit à ses hommes d'être toujours sur le qui-vive. Il passe de temps en temps par ici des figures qui n'annoncent rien de bon. L'autre jour, j'étais le long du mur, à la source du petit ruisseau sablé qui vient du bois, et qui passe, à cinq cents pas d'ici, dans le parc, par une grille, et qu'on nomme la source d'argent, à cause des paillettes qu'on dit y avoir été semées par Bouret... Vous savez, madame!... Eh bien! j'ai entendu deux femmes qui lavaient leur linge, à l'endroit où le ruisseau traverse l'allée de Conches, elles ne me savaient pas là. De là l'on voit notre pavillon ces deux vieilles se le sont montré. « En a-t-on dépensé de l'argent, disait l'une, pour celui qui a remplacé le bonhomme Courtecuisse! — Ne faut-il pas bien payer un homme qui se charge de tourmenter le pauvre monde comme ça? répondit l'autre. — Il ne le tourmentera pas longtemps, a répondu la première, il faudra que ça finisse. Après tout, nous avons le droit de faire du bois. Défunt madame des Aigues nous laissait fagoter. Il y a de ça trente ans, ainsi c'est établi. — Nous verrons comment les choses se passeront l'hiver prochain, reprit la seconde. Mon homme a bien juré par ses grands dieux que toute la gendarmerie de la terre ne nous empêcherait pas d'aller au bois, qu'il irait lui-même, et que tant pis!... — Pardi! faut bien que nous ne mourions pas de froid et que nous cuisions notre pain, a dit la première. Ils ne manquent de rien, eux autres! La petite femme de ce gueux de Michaud sera soignée, allez!... » Enfin, madame, elles ont dit des horreurs de moi, de vous, de monsieur le comte... Elles ont fini par dire qu'on brûlerait d'abord les fermes, et puis le château...

— Bah! dit Emile, propos de laveuses! On volait le général, et on ne le volera plus. Ces gens-là sont furieux, voilà tout! Songez donc que le gouvernement est toujours le plus fort partout, même en Bourgogne. En cas de mutinerie on ferait venir, s'il le fallait, tout un régiment de cavalerie.

Le curé fit en arrière de la comtesse des signes à madame Michaud pour lui dire de taire ses craintes, qui sans doute étaient un effet de la seconde vue que donne la passion vraie. Exclusivement occupée d'un seul être, l'âme finit par embrasser le monde moral qui l'entoure et y voit les éléments de l'avenir. Dans son amour, une femme éprouve les pressentiments qui, plus tard, éclairent sa maternité. De là certaines mélancolies, certaines tristesses inexplicables qui surprennent les hommes, tous, distraits d'une pareille concentration par les grands soins de la vie, par leur activité continuelle. Tout amour vrai devient, chez la femme, une contemplation active plus ou moins lucide, plus ou moins profonde, selon les caractères.

— Allons, mon enfant, montre ton pavillon à monsieur Emile, dit la comtesse devenue si pensive qu'elle oublia la Péchina, pour qui cependant elle était venue.

L'intérieur du pavillon restauré se trouvait en harmonie avec son splendide extérieur. Au rez-de-chaussée, en y rétablissant les divisions primitives, l'architecte envoyé de Paris avec des ouvriers, grief vivement reproché par les gens de la Ville-aux-Fayes au bourgeois des Aigues, avait ménagé quatre pièces. D'abord, une antichambre au fond de laquelle tournait un vieil escalier de bois à balustre et derrière laquelle s'étendait une cuisine; puis, de chaque côté de l'antichambre, une salle à manger et le salon plafonné d'armoiries, boisé tout en chêne devenu noir. Cet artiste, choisi par madame de Montcornet pour la restauration des Aigues, eut soin de mettre en harmonie le mobilier de ce salon avec les décors anciens.

À cette époque, la mode ne donnait pas encore des valeurs exagérées aux débris des siècles passés. Les fauteuils en noyer sculpté, les chaires à dos élevés et garnies en tapisserie, les consoles, les horloges, les hautes-lices, les tables, les lustres enfouis chez les revendeurs d'Auxerre et de la Ville-aux-Fayes, étaient de cinquante pour cent meilleur marché que les meubles de pacotille du faubourg Saint-Antoine. L'architecte avait donc acheté deux ou trois charretées de vieilleries bien choisies qui, réunies à ce qui fut mis hors de service au château, fit du salon de la porte d'Avonne une espèce de création artistique. Quant à la salle à manger, il la peignit en couleur de bois, il y tendit des papiers dits écossais, et madame Michaud y mit aux croisées des rideaux de percale blanche à bordure verte, des chaises en acajou garnies en drap vert, deux énormes buffets et une table en acajou. Cette pièce, ornée de gravures militaires, était chauffée par un poêle en faïence de chaque côté duquel se voyaient des fusils de chasse. Ces magnificences, si peu coûteuses, avaient été présentées dans toute la vallée comme le dernier mot du luxe asiatique. Chose étrange! elles excitèrent la convoitise de Gaubertin, qui, tout en se promettant de mettre les Aigues en pièces, se réserva dès lors, *in petto*, ce pavillon splendide.

Au premier étage, trois chambres composaient l'habitation du ménage. On apercevait aux fenêtres des rideaux de mousseline qui rappelaient à un Parisien les dispositions et les fantaisies particulières aux existences bourgeoises. Là, madame Michaud, livrée à elle-même, avait voulu des papiers satinés. Sur la cheminée de sa chambre, meublée de ce meuble vulgaire en acajou et en velours d'Utrech qu'on retrouve partout, du lit à bateau et à colonnes avec la couronne d'où descendaient des rideaux de mousseline brodée, se voyait une pendule en albâtre entre deux flambeaux couverts d'une gaze et accompagnés de deux vases de fleurs artificielles sous leur cage de verre, le présent conjugal du maréchal des logis. Au-dessus, sous le toit, les chambres de la cuisinière, du domestique et de la Péchina s'étaient ressenties de cette resturation.

— Olympe, ma fille, tu ne me dis pas tout? demanda la comtesse en entrant dans la chambre de madame Michaud et laissant sur l'escalier Emile et le curé qui descendirent en entendant la porte se fermer.

Madame Michaud, que l'abbé Brossette avait interloquée, livra, pour se dispenser de parler de ses craintes, beaucoup plus vives qu'elle ne le disait, un secret qui rappela l'objet de sa visite à la comtesse.

— J'aime Michaud, madame, vous le savez; eh bien! seriez-vous contente de voir près de vous, chez vous, une rivale?...

— Une rivale!...

— Oui, madame, cette moricaude que vous m'avez donnée à garder, aime Michaud sans le savoir, pauvre petite!... La conduite de cette enfant, longtemps un mystère pour moi, s'est éclaircie depuis quelques jours.

— A treize ans!...

— Oui, madame... Et vous avouerez qu'une femme grosse de trois mois, qui nourrira son enfant elle-même, peut avoir des craintes; mais pour ne pas vous les dire devant ces messieurs, je vous ai parlé de sottises sans importance, ajouta finement la généreuse femme du garde général.

Madame Michaud ne redoutait guère Geneviève Niseron, et depuis quelques jours elle éprouvait des frayeurs mortelles que par méchanceté les paysans se plaisaient à nourrir, après les avoir inspirées.

— Et à quoi t'es-tu aperçue de...

— A rien et à tout! répondit Olympe en regardant la comtesse. Cette pauvre petite est, à m'obéir, d'une lenteur de tortue, et d'une vivacité de lézard à la moindre chose que demande Justin. Elle tremble comme une feuille au son de la voix de mon mari; elle a le visage d'une sainte qui monte au ciel quand elle le regarde; mais elle ne se doute pas de l'amour, elle ne sait pas qu'elle aime.

— Pauvre enfant! dit la comtesse avec un sourire et un accent pleins de naïveté.

— Ainsi, reprit madame Michaud, après avoir répondu par un sourire au sourire de son ancienne maîtresse, Geneviève est sombre quand Justin est dehors, et si je lui demande à quoi elle pense, elle me répond en me disant qu'elle a peur de monsieur Rigou, des bêtises!... Elle croit que tout le monde a envie d'elle, et elle ressemble à l'intérieur d'un tuyau de cheminée. Lorsque Justin bat les bois la nuit, l'enfant est inquiète autant que moi. Si j'ouvre la fenêtre en écoutant le trot du cheval de mon mari, je vois une lueur chez la Péchina, comme on la nomme, qui me prouve qu'elle veille, qu'elle l'attend ; enfin, elle ne se couche, comme moi, que lorsqu'il est rentré.

— Treize ans! dit la comtesse, la malheureuse!...

— Malheureuse?... reprit Olympe, non. Cette passion d'enfant la sauvera.

— De quoi? demanda madame de Montcornet.

— Du sort qui attend ici presque toutes les filles de son âge. Depuis que je l'ai décrassée, elle est devenue moins laide, elle a quelque chose de bizarre, de sauvage qui saisit les hommes... Elle est si changée que madame ne la reconnaîtrait pas. Le fils de cet infâme cabaretier du Grand-I-Vert, Nicolas, le plus mauvais drôle de la commune, en veut à cette petite, il la poursuit comme un gibier. S'il n'est guère croyable qu'un homme, riche comme l'est monsieur Rigou, et qui change de servante tous les trois ans, ait pu persécuter dès l'âge de douze ans un laideron, il paraît certain que Nicolas Tonsard court après la Péchina, Justin me l'a dit. Ce serait affreux, car les gens de ce pays-ci vivent vraiment comme des bêtes; mais Justin, nos deux domestiques et moi, nous veillons sur la petite, ainsi soyez tranquille, madame; elle ne sort jamais seule qu'en plein jour, et encore pour aller d'ici à la porte de Conches. Si, par hasard, elle tombait dans une embûche, son sentiment pour Justin lui donnerait la force et l'esprit de résister, comme les femmes qui ont une préférence savent résister à un homme haï.

— C'est pour elle que je suis venue ici, reprit la comtesse; je ne savais pas combien il était utile pour toi que j'y vinsse; car cette enfant n'aura pas toujours treize ans... elle embellira, cette fille!...

— Oh! madame, reprit Olympe en souriant, je suis sûre de Justin. Quel homme! quel cœur!... Si vous saviez quelle reconnaissance profonde il a pour son général, à qui, dit-il, il doit son bonheur. Il n'a que trop de dévouement, il risquerait sa vie comme à la guerre, et il oublie que maintenant il peut se trouver père de famille.

— Allons! je te regrettais, dit la comtesse en jetant à Olympe un regard qui la fit rougir; mais je ne regrette plus rien, je te vois heureuse. Quelle sublime et noble chose que l'amour dans le mariage! ajouta-t-elle en disant tout haut la pensée qu'elle n'avait pas osé naguère exprimer devant l'abbé Brossette.

Virginie de Troisville resta songeuse, et madame Michaud respecta ce silence.

— Voyons! cette petite est probe? demanda la comtesse en se réveillant comme d'un rêve.

— Autant que moi, madame, répondit madame Michaud.

— Discrète?...

— Comme une tombe.

— Reconnaissante?...

— Ah! madame, elle a des retours d'humilité pour moi qui dénotent une nature angélique; elle vient me baiser les mains, elle me dit des mots à renverser. — Peut-on mourir d'amour? me demandait-elle avant-hier. — Pourquoi me fais-tu cette question? lui ai-je dit. — C'est pour savoir si c'est une maladie!

— Elle a dit cela?... s'écria la comtesse.

— Si je me rappelais tous ses mots, je vous en dirais bien d'autres, répondit Olympe, elle a l'air d'en savoir plus que moi...

— Crois-tu, mon enfant, qu'elle puisse te remplacer près de moi? car je ne puis me passer d'une Olympe, dit la comtesse en souriant avec une sorte de tristesse.

— Pas encore, madame, elle est trop jeune; mais, dans deux ans, oui... Puis, s'il était nécessaire qu'elle s'en allât d'ici, je vous en préviendrais. Son éducation est à faire, elle ne sait rien du monde. Le grand-père de Geneviève, le père Niseron, est un des hommes qui se laisseraient couper le cou plutôt que de mentir; il mourrait de faim auprès d'un dépôt; cela tient à ses opinions, et sa petite-fille est élevée dans ces sentiments-là. La Péchina se croirait votre égale, car le bonhomme a fait d'elle, comme il le dit, une républicaine; de même que le père Fourchon fait de Mouche un bohémien. Moi, je ris de ces écarts; mais vous, vous pourriez vous en fâcher; elle ne vous révère que comme sa bienfaitrice et non comme une supérieure. Que voulez-vous? c'est sauvage à la façon des hirondelles.... Le sang de la mère est aussi pour quelque chose dans tout cela...

— Qu'était donc sa mère ?

— Madame ne connaît pas cette histoire-là, dit Olympe. Eh bien ! le fils du vieux sacristain de Blangy, un garçon superbe, à ce que m'ont dit les gens du pays, a été pris par la grande réquisition. Ce Niseron ne se trouvait encore que simple canonnier en 1809, dans un corps d'armée qui, du fond de l'Illyrie et de la Dalmatie, a eu l'ordre d'accourir par la Hongrie pour couper la retraite à l'armée autrichienne, dans le cas où l'empereur gagnerait la bataille de Wagram. C'est Michaud qui m'a raconté la Dalmatie, il y est allé. Niseron, en sa qualité de bel homme, avait conquis à Zara le cœur d'une Monténégrine, une fille de la montagne, à qui la garnison française ne déplaisait pas. Perdue dans l'esprit de ses compatriotes, l'habitation de la ville était impossible à cette fille après le départ des Français. Zèna Kropoli, dite injurieusement la Française, a donc suivi le régiment d'artillerie ; elle est revenue en France après la paix. Auguste Niseron sollicitait la permission d'épouser la Monténégrine, alors grosse de Geneviève ; mais la pauvre femme est morte à Vincennes des suites de l'accouchement, en janvier 1810. Les papiers indispensables pour qu'un mariage soit bon sont arrivés quelques jours après ; Auguste Niseron a donc écrit à son père de venir chercher l'enfant avec une nourrice du pays et de s'en charger ; il a eu bien raison, car il a été tué d'un éclat d'obus à Montereau. Inscrite sous le nom de Geneviève et baptisée à Soulanges, cette petite Dalmate a été l'objet de la protection de mademoiselle Laguerre, que cette histoire a touchée beaucoup, car il semble que ce soit dans le destin de cette petite d'être adoptée par les maîtres des Aigues. Dans le temps, le père Niseron a reçu du château la layette et des secours en argent.

En ce moment, de la fenêtre devant laquelle la comtesse et Olympe se tenaient, ils virent Michaud abordant l'abbé Brossette et Blondet, qui se promenaient en causant, dans le vaste espace circulaire sablé qui répétait dans le parc la demi-lune extérieure.

— Où donc est-elle ? dit la comtesse, tu me donnes une furieuse envie de la voir...

— Elle est allée porter du lait à mademoiselle Gaillard, à la porte de Conches; elle doit être à deux pas d'ici, car voilà plus d'une heure qu'elle est partie...

— Eh bien! je vais avec ces messieurs au-devant d'elle, dit madame de Montcornet en descendant.

Au moment où la comtesse dépliait son ombrelle, Michaud s'avança pour lui dire que le général la laissait veuve probablement pour deux jours.

— Monsieur Michaud, dit vivement la comtesse, ne me trompez pas, il se passe quelque chose de grave ici. Votre femme a peur, et s'il y a beaucoup de gens qui ressemblent au père Fourchon, ce pays doit être inhabitable...

— Si c'était cela, madame, répondit Michaud en riant, nous ne serions pas sur nos jambes, car il est bien facile de se défaire de nous autres. Les paysans piaillent, voilà tout. Mais quant à passer de la criaillerie au fait, du délit au crime, ils tiennent trop à la vie, à l'air des champs... Olympe vous aura rapporté des propos qui l'ont effrayée; mais elle est dans un état à s'effrayer d'un rêve, ajouta-t-il en prenant le bras de sa femme, et le posant sur le sien de manière à lui dire de se taire désormais.

— Cornevin! Juliette! cria madame Michaud qui vit bientôt la tête de sa vieille cuisinière à la croisée, je vais à deux pas, veillez au pavillon.

Deux chiens énormes, qui se mirent à hurler, montrèrent que l'effectif de la garnison de la porte d'Avonne était assez considérable. En entendant les chiens, Cornevin, un vieux Percheron, le père nourricier d'Olympe, sortit du massif et fit voir une de ces têtes comme il ne s'en fabrique que dans le Perche. Cornevin avait dû chouanner en 1794 et 1799.

Tout le monde accompagna la comtesse dans celle des six allées de la forêt qui menait directement à la porte de Conches, et que traversait la source d'Argent. Madame de Montcornet allait en avant, avec Blondet. Le curé, Michaud et sa femme se parlaient à voix basse de la révélation qui venait d'être faite à madame de l'état du pays.

— Peut-être est-ce providentiel, disait le curé, car si madame e veut, nous arriverons, à force de bienfaits et de douceur, à changer ces gens-là...

A six cents pas environ du pavillon, au-dessous du ruisseau, la comtesse aperçut dans l'allée une cruche rouge cassée et du lait répandu.

— Qu'est-il arrivé à la petite?... dit-elle en appelant Michaud et sa femme qui retournaient au pavillon.

— Un malheur comme à Perrette, lui répondit Emile Blondet.

— Non, la pauvre enfant a été surprise et poursuivie, car la cruche a été jetée sur le côté, dit l'abbé Brossette en examinant le terrain.

— Oh! c'est bien là le pied de la Péchina, dit Michaud. L'empreinte des pieds tournés vivement, révèle une sorte de terreur subite. La petite s'est élancée violemment du côté du pavillon en voulant y retourner.

Tout le monde suivait les traces montrées du doigt par le garde général qui marchait en les observant, et qui s'arrêta dans le milieu de l'allée, à cent pas de la cruche cassée, à l'endroit où cessaient les marques des pieds de la Péchina.

— Là, reprit-il, elle s'est dirigée vers l'Avonne, peut-être était-elle cernée du côté du pavillon.

— Mais, s'écria madame Michaud, il y a plus d'une heure qu'elle est absente.

Une même terreur se peignit sur toutes les figures. Le curé courut vers le pavillon en examinant l'état du chemin, pendant que Michaud, mû par la même pensée, remonta l'allée vers Conches.

— Oh! mon Dieu, elle est tombée là, dit Michaud en revenant de l'endroit où cessaient les empreintes vers le Ruisseau-d'Argent, à celui où elles cessaient également au milieu de l'allée en montrant une place... Tenez!...

Tout le monde vit en effet sur le sable de l'allée la trace d'un corps étendu.

— Les empreintes qui vont vers le bois sont celles de pieds chaussés de semelles en tricot... dit le curé.

— C'est des pieds de femme, dit la comtesse.

— Et là bas, à l'endroit de la cruche cassée, les empreintes sont celles des pieds d'un homme, ajouta Michaud.

— Je ne vois pas trace de deux pieds différents, dit le curé, qui suivit jusqu'au bois la trace des chaussures de femme.

— Elle aura, certes, été prise et emportée dans le bois, s'écria Michaud.

— Si c'est un pied de femme, ce serait inexplicable, s'écria Blondet.

— Ce sera quelque plaisanterie de ce monstre de Nicolas, dit

Michaud; depuis quelques jours il guette la Péchina. Ce matin, je me suis tenu pendant deux heures sous le pont d'Avonne pour surprendre mon drôle, qu'une femme aura peut-être aidé dans son entreprise.

— C'est affreux! dit la comtesse.

— Ils croient plaisanter, ajouta le curé d'un ton amer et triste.

— Oh! la Péchina ne se laissera pas arrêter, dit le garde général, elle est capable d'avoir traversé l'Avonne à la nage... Je vais visiter les bords de la rivière. Toi, ma chère Olympe, retourne au pavillon, et vous, messieurs, ainsi que madame, promenez-vous dans l'allée vers Conches.

— Quel pays! dit la comtesse.

— Il y a des mauvais garnements partout, reprit Blondet.

— Est-il vrai, monsieur le curé, demanda madame de Montcornet, que j'aie sauvé cette petite des griffes de Rigou?

— Toutes les jeunes filles au-dessous de quinze ans que vous voudrez recueillir au château seront arrachées à ce monstre, répondit l'abbé Brossette. En essayant d'attirer cette enfant chez lui, ès l'âge de douze ans, madame, l'apostat voulait satisfaire à la fois et son libertinage et sa vengeance. En prenant le père Niseron pour sacristain, j'ai pu faire comprendre à ce bonhomme les intentions de Rigou, qui lui parlait de réparer les torts de son oncle, mon prédécesseur à la cure. C'est un des griefs de l'ancien maire contre moi, sa haine en est accrue... Le père Niseron a déclaré solennellement à Rigou qu'il le tuerait, s'il arrivait malheur à Geneviève, et il l'a rendu responsable de toute atteinte à l'honneur de cette enfant. Je ne serais pas éloigné de voir dans la poursuite de Nicolas Tonsard quelque infernale combinaison de cet homme, qui se croit tout permis ici.

— Il ne craint donc pas la justice?... dit Blondet.

— D'abord, il est le beau-père du Procureur du roi, répondit le curé qui fit une pause. Puis, vous ne soupçonnez pas, reprit-il, l'insouciance profonde de la police cantonale et du parquet à l'égard de ces gens-là. Pourvu que les paysans ne brûlent pas les fermes, qu'ils n'assassinent pas, qu'ils n'empoisonnent pas et qu'ils payent leurs contributions, on les laisse faire ce qu'ils veulent entre eux; et, comme ils sont sans principes religieux, il se passe des choses affreuses. De l'autre côté du bassin de l'Avonne, les vieillards impotents tremblent de rester à la maison, car alors on ne leur donne plus à manger ; aussi vont-ils aux champs tant que leurs jambes peuvent les porter; s'ils se couchent, ils savent très-bien que c'est pour mourir, faute de nourriture. Monsieur Sarcus, le juge de paix, dit que si l'on faisait le procès à tous les criminels, l'Etat se ruinerait en frais de justice.

— Mais il y voit clair, ce magistrat-là, s'écria Blondet.

— Ah! Monseigneur connaissait bien la situation de cette vallée et surtout l'état de cette commune, dit en continuant le curé. La religion peut seule réparer tant de maux, la loi me semble impuissante, modifiée comme elle l'est...

Le curé fut interrompu par des cris partant du bois, et la comtesse, précédée d'Emile et de l'abbé, s'y enfonça courageusement en courant dans la direction indiquée par les cris.

### XI. — L'OARISTYS, XVIII<sup>e</sup> ÉGLOGUE DE THÉOCRITE PEU GOUTÉE EN COUR D'ASSISES.

La sagacité de sauvage, que son nouveau métier avait développée chez Michaud, jointe à la connaissance des passions et des intérêts de la commune de Blangy, venait d'expliquer en partie une troisième idylle dans le genre grec, que les villageois pauvres comme les Tonsard, et les quadragénaires riches comme Rigou, traduisent selon le mot classique, *librement*, au fond des campagnes.

Nicolas, second fils de Tonsard, avait amené, lors du tirage, un fort mauvais numéro. Deux ans auparavant, grâce à l'intervention de Soudry, de Gaubertin, de Sarcus le Riche, le frère aîné de Nicolas Tonsard fut réformé comme impropre au service militaire, à cause d'une prétendue maladie dans les muscles du bras droit; mais comme depuis Jean-Louis avait manié les instruments les plus aratoires avec une facilité très-remarquée, il se fit une sorte de rumeur à cet égard dans le canton.

Soudry, Rigou, Gaubertin, les protecteurs de cette famille, avertirent alors le cabaretier qu'il ne fallait pas essayer de soustraire le grand et fort Nicolas à la loi du recrutement. Néanmoins, le maire de la Ville-aux-Fayes et Rigou sentaient si vivement la nécessité d'obliger les hommes hardis et capables de mal faire, habilement dirigés par eux contre les Aigues, que Rigou donna quelque espérance à Tonsard et à son fils.

Ce moine défroqué, chez qui Catherine, excessivement dévouée à son frère, allait de temps en temps, conseilla de s'adresser à la comtesse et au général.

— Il ne sera peut-être pas fâché de vous rendre ce service pour vous amadouer, et ce sera tout autant de pris sur l'ennemi, dit à Catherine le terrible beau-père du Procureur du roi. Si le Tapissier vous refuse, eh bien! nous verrons.

Dans les prévisions de Rigou, le refus du général devait augmenter par un fait nouveau les torts du grand propriétaire envers les paysans, et valoir à la coalition un nouveau motif de reconnaissance de la part de Tonsard, dans le cas où son esprit retors fournirait à l'ancien maire un moyen de libérer Nicolas.

Nicolas, qui devait passer sous peu de jours au conseil de révision, fondait peu d'espoir sur la protection du général, à raison des griefs des Aigues contre la famille Tonsard. Sa passion, ou pour mieux dire son entêtement, son caprice pour la Péchina furent tellement excités à l'idée de ce départ, qui ne lui laissait plus le temps de la séduire, qu'il voulut essayer de la violence.

Le mépris que cette enfant témoignait à son persécuteur, outre une résistance pleine d'énergie, avait allumé chez le lovelace du Grand-I-Vert une haine dont la fureur égalait celle de son désir. Depuis trois jours il guettait la Péchina; de son côté, la pauvre enfant se savait guettée. Il existait entre Nicolas et sa proie la même entente qu'entre le chasseur et le gibier. Quand la Péchina s'avançait de quelques pas au delà de la grille, elle apercevait la tête de Nicolas dans une des allées parallèles aux murs du parc, ou sur le pont d'Avonne. Elle aurait bien pu se soustraire à cette odieuse poursuite en s'adressant à son grand-père; mais toutes les filles, même les plus naïves, par une étrange peur, instinctive peut-être, tremblent en ces sortes d'aventures, de se confier à leurs protecteurs naturels.

Geneviève avait entendu le père Niseron faisant le serment de tuer un homme, quel qu'il fût, qui *toucherait* à sa petite-fille, tel fut son mot. Le vieillard croyait cette enfant gardée par l'auréole blanche que soixante-dix ans de probité lui valaient. La perspective de drames terribles épouvante assez les imaginations ardentes des jeunes filles, sans qu'il soit besoin de plonger au fond de leurs cœurs pour en rapporter les nombreuses et curieuses raisons qui leur mettent alors le cachet du silence sur les lèvres.

Au moment d'aller porter le lait que madame Michaud envoyait à la fille de Gaillard, le garde de la porte de Conches, dont la vache avait fait un veau, la Péchina ne se hasarda point, sans procéder à une enquête, comme une chatte qui s'aventure hors de sa maison. Elle ne vit pas trace de Nicolas ; elle écouta le silence, comme dit le poëte, et n'entendant rien, elle pensa qu'à cette heure le drôle était à l'ouvrage. Les paysans commençaient à couper leurs seigles, car ils moissonnent les premiers leurs parcelles, afin de pouvoir gagner les fortes journées données aux moissonneurs. Mais Nicolas n'était pas homme à pleurer la paye de deux jours, d'autant plus qu'il quittait le pays après la foire de Soulanges, et que, devenir soldat, c'est pour le paysan entrer dans une nouvelle vie.

Quand la Péchina, sa cruche sur la tête, parvint à la moitié de son chemin, Nicolas dégringola comme un chat sauvage du haut d'un orme où il s'était caché dans le feuillage, et tomba comme la foudre aux pieds de la Péchina, qui jeta sa cruche et se fia, pour gagner le pavillon, à son agilité. A cent pas de là, Catherine Tonsard, qui faisait le guet, déboucha du bois et heurta si violemment la Péchina qu'elle la jeta par terre. La violence du coup étourdit l'enfant; Catherine la releva, la prit dans ses bras et l'emmena dans le bois, au milieu d'une petite prairie où bouillonne la source du Ruisseau-d'Argent.

Catherine, grande et forte, en tout point semblable aux filles que les sculpteurs et les peintres prennent, comme jadis la République, pour modèle de la Liberté, charmait la jeunesse de la vallée d'Avonne par ce même sein volumineux, ces mêmes jambes musculeuses, cette même taille à la fois robuste et flexible ; ces bras charnus, cet œil allumé d'une paillette de feu, par l'air fier, les cheveux tordus à grosses poignées, le front masculin, la bouche rouge, aux lèvres retroussées par un sourire quasi féroce qu'Eugène Delacroix et David d'Angers ont tous deux admirablement saisi et représenté. Image du peuple, l'ardente et brune Catherine vomissait des insurrections par ses yeux d'un jaune clair, pénétrants et d'une insolence soldatesque. Elle tenait de son père une violence telle que toute la famille, excepté Tonsard, la craignait dans le cabaret.

— Eh bien ! comment te trouves-tu, ma vieille? dit Catherine à la Péchina.

Catherine avait assis à dessein sa victime sur un tertre d'une

CATHERINE TONSARD.

Vomissait des insurrections par ses yeux d'un jaune clair, pénétrants et d'une insolence soldatesque.

(LES PAYSANS.)

faible élévation, auprès de la source où elle lui fit reprendre ses sens avec une affusion d'eau froide.

— Où suis-je ?... demanda-t-elle en levant ses beaux yeux noirs, par où vous eussiez dit qu'il passait un rayon de soleil.

— Ah! sans moi, reprit Catherine, tu serais morte...

— Merci, dit la petite encore tout étourdie. Que m'est-il donc arrivé?

— Tu as buté contre une racine et tu t'es étalée à quatre pas, jetée comme une balle... Ah! courais-tu!... Tu te lançais comme une perdue.

— C'est ton frère qui est la cause de cet accident, dit la petite en se rappelant d'avoir vu Nicolas.

— Mon frère? je ne l'ai pas aperçu, dit Catherine. Et qu'est-ce qu'il t'a donc fait, mon pauvre Nicolas, pour que tu en aies peur comme d'un loup-garou? N'est-il pas plus beau que ton monsieur Michaud?

— Oh! dit superbement la Péchina.

— Va, ma petite, tu te prépares des malheurs en aimant ceux qui nous persécutent! Pourquoi n'es-tu donc pas de notre côté?

— Pourquoi ne mettez-vous jamais les pieds à l'église? et pourquoi volez-vous nuit et jour? demanda l'enfant.

— Te laisserais-tu donc prendre aux raisons des bourgeois?... répondit Catherine dédaigneusement et sans soupçonner l'attachement de la Péchina. Les bourgeois nous aiment, eux, comme ils aiment la cuisine, il leur faut de nouvelles platées tous les jours. Où donc as-tu vu des bourgeois qui nous épousent, nous autres paysannes? Vois donc si Sarcus le Riche laisse son fils libre de se marier avec la belle Gatienne Giboulard d'Auxerre, qui pourtant est la fille d'un riche menuisier!... Tu n'es jamais allée au Tivoli de Soulanges, chez Socquard, viens-y? tu les verras là, les bourgeois! tu concevras alors qu'ils valent à peine l'argent qu'on leur soutire quand nous les attrapons! Viens donc cette année à la foire?

— On dit que c'est bien beau la foire à Soulanges? s'écria naïvement la Péchina.

— Je vas te dire ce que c'est, en deux mots, reprit Catherine. On y est reluquée quand on est belle. A quoi cela sert-il donc d'être jolie comme tu l'es, si ce n'est pas pour être admirée par les hommes? Ah! quand j'ai entendu dire pour la première fois : — « Quel beau brin de fille! » tout mon sang est devenu du feu. C'était chez

Socquard, en pleine danse ; mon grand'père, qui jouait de la clarinette, en a souri. Tivoli m'a paru grand et beau comme le ciel mais c'est que, ma fille, c'est éclairé tout en quinquets en glaces, on peut se croire en paradis. Les messieurs de Soulanges, d'Auxerre et de la Ville-aux-Fayes sont tous là. Depuis cette soirée, j'ai toujours aimé l'endroit où cette phrase a sonné dans mes oreilles comme une musique militaire. On donnerait son éternité pour entendre dire cela de soi, mon enfant, par l'homme qu'on aime ?...

— Mais oui, peut-être, répondit la Péchina d'un air pensif.

— Viens-y donc, écouter cette bénédiction de l'homme, elle ne te manquera pas ! s'écria Catherine. Dame ! il y a de la chance, quand on est brave comme toi, de rencontrer un beau sort !... Le fils à monsieur Lupin, Amaury, qu'a des habits à boutons d'or, serait capable de te demander en mariage ! Ce n'est pas tout, va ! si tu savais ce qu'on trouve là contre le chagrin. Tiens, le vin cuit de Socquard vous ferait oublier le plus grand des malheurs. Figure-toi que ça vous donne des rêves ! on se sent plus légère... Tu n'as jamais bu de vin cuit !... Eh bien ! tu ne connais pas la vie !

Ce privilége acquis aux grandes personnes de se gargariser de temps en temps avec un verre de vin cuit, excite à un si haut degré la curiosité des enfants au-dessous de douze ans, que Geneviève avait une fois trempé ses lèvres dans un petit verre de vin cuit ordonné par le médecin à son grand-père malade. Cette épreuve avait laissé dans le souvenir de la pauvre enfant une sorte de magie qui peut expliquer l'attention que Catherine obtint, et sur laquelle comptait cette atroce fille pour réaliser le plan dont une partie avait déjà réussi. Sans doute elle voulait faire arriver la victime, étourdie par sa chute, à cette ivresse morale, si dangereuse pour des filles qui vivent aux champs et dont l'imagination, privée de pâture, n'en est que plus ardente aussitôt qu'elle trouve à s'exercer. Le vin cuit, qu'elle tenait en réserve, devait achever de faire perdre la tête à sa victime.

— Qu'y a-t-il donc là dedans ? demanda la Péchina.

— Toutes sortes de choses !... répondit Catherine en regardant de côté pour voir si son frère arrivait, d'abord des *machins* qui viennent des Indes, de la cannelle, des herbes qui vous changent par enchantement. Enfin, vous croyez tenir ce que vous aimez ! ça vous rend heureuse ! on se voit riche, on se moque de tout.

— J'aurais peur de boire du vin cuit à la danse ! dit la Péchina.

— De quoi? reprit Catherine, il n'y a pas le moindre danger: songe donc à tout ce monde qui est là. Tous les bourgeois nous regardent! Ah! c'est de ces jours qui font supporter bien des misères! Voir ça et mourir, on serait contente!

— Si monsieur et madame Michaud voulaient y venir!... répondit la Péchina l'œil en feu.

— Mais ton grand-père Niseron, tu ne l'as pas abandonné, ce pauvre cher homme, et il serait bien flatté de te voir adorée comme une reine... Est-ce que tu préfères ces Arminacs de Michaud et autres à ton grand-père et aux Bourguignons? Ça n'est pas bien de renier son pays. Et puis, après, qu'est-ce que les Michaud auraient donc à dire si ton grand-père t'emmenait à la fête de Soulanges?... Oh! si tu savais ce que c'est que de régner sur un homme, d'être sa folie et de pouvoir lui dire : — Va là, comme je le dis à Godain, et qu'il y va! — Fais cela! et il le fait! Et tu es *atournée*, vois-tu, ma petite, à démonter la tête à un bourgeois comme le fils à monsieur Lupin. Dire que monsieur Amaury s'est amouraché de ma sœur Marie parce qu'elle est blonde, et qu'il a quasiment peur de moi... Mais toi, depuis que ces gens du pavillon t'ont requinquée, tu as l'air d'une impératrice.

Tout en faisant oublier adroitement Nicolas, pour dissiper la défiance dans cette âme naïve, Catherine y distillait superfinement l'ambroisie des compliments. Sans le savoir, elle avait attaqué la plaie secrète de ce cœur. La Péchina, sans être autre chose qu'une pauvre paysanne, offrait le spectacle d'une effrayante précocité, comme beaucoup de créatures destinées à finir prématurément, ainsi qu'elles ont fleuri. Produit bizarre du sang monténégrin et du sang bourguignon, conçue et portée à travers les fatigues de la guerre, elle s'était sans doute ressentie de ces circonstances. Mince, fluette, brune comme une feuille de tabac, petite, elle possédait une force incroyable, mais cachée aux yeux des paysans, à qui les mystères des organisations nerveuses sont inconnus. On n'admet pas les nerfs dans le système médical des campagnes.

A treize ans, Geneviève avait achevé sa croissance, quoiqu'elle eût à peine la taille d'un enfant de son âge. Sa figure devait-elle à son origine ou au soleil de la Bourgogne ce teint de topaze à la fois sombre et brillant, sombre par la couleur, brillant par le grain du tissu, qui prête à une petite fille un air vieux, la science médicale nous blâmerait peut-être de l'affirmer. Cette vieillesse anticipée du masque était rachetée par la vivacité, par l'éclat, par la richesse de lumière qui faisaient des yeux de la Péchina deux étoiles. Comme à tous ces yeux pleins de soleil, et qui veulent peut-être des abris puissants, les paupières étaient armées de cils d'une longueur presque démesurée. Les cheveux, d'un noir bleuâtre, fins et longs, abondants, couronnaient de leurs grosses nattes un front coupé comme celui de la Junon antique. Ce magnifique diadème de cheveux, ces grands yeux arméniens, ce front céleste écrasaient la figure. Le nez, quoique d'une forme pure à sa naissance et d'une courbe élégante, se terminait par des espèces de nasaux chevalins et aplatis. La passion retroussait parfois ces narines, et la physionomie contractait alors une expression furieuse. De même que le nez, tout le bas de la figure semblait inachevé, comme si la glaise eût manqué dans les doigts du divin sculpteur. Entre la lèvre inférieure et le menton, l'espace était si court, qu'en prenant la Péchina par le menton, on devait lui froisser les lèvres ; mais les dents ne permettaient pas de faire attention à ce défaut. Vous eussiez prêté des âmes à ces petits os, brillants, vernis, bien coupés, transparents, et que laissaient facilement voir une bouche trop fendue, accentuée par des sinuosités qui donnaient aux lèvres de la ressemblance avec les bizarres torsions du corail. La lumière passait si facilement à travers la conque des oreilles, qu'elle semblait rose en plein soleil. Le teint, quoique roussi, révélait une merveilleuse finesse de chair. Si, comme l'a dit Buffon, l'amour est dans le toucher, la douceur de cette peau devait être active et pénétrante comme la senteur des daturas. La poitrine, de même que le corps, effrayait par sa maigreur ; mais les pieds et les mains, d'une petitesse provocante, accusaient une puissance nerveuse supérieure, une organisation vivace.

Ce mélange d'imperfections diaboliques et de beautés divines, harmonieux malgré tant de discordances, car il tendait à l'unité par une fierté sauvage ; puis ce défi d'une âme puissante à un faible corps écrit dans les yeux, tout rendait cette enfant inoubliable. La nature avait voulu faire de ce petit être une femme, les circonstances de la conception lui prêtèrent la figure et le corps d'un garçon. A voir cette fille étrange, un poëte lui aurait donné l'Yémen pour patrie, elle tenait de l'Afrite et du Génie des contes arabes. La physionomie de la Péchina ne mentait pas. Elle avait l'âme de son regard de feu, l'esprit de ses lèvres brillantées par ses dents prestigieuses, la pensée de son front sublime, la fureur de ses narines toujours prêtes à hennir. Aussi l'amour, comme on le conçoit dans les sables brûlants, dans les déserts, agitait-il ce cœur âgé de vingt ans, en dépit des treize ans de l'enfant du Monténégro, qui, semblable à cette cime neigeuse, ne devait jamais se parer des fleurs du printemps.

Les observateurs comprendront alors que la Péchina, chez qui la passion sortait par tous les pores, réveillât en des natures perverses la fantaisie endormie par l'abus ; de même qu'à table, l'eau vient à la bouche à l'aspect de ces fruits contournés, troués, tachés de noir, que les gourmands connaissent par expérience, et sous la peau desquels la nature se plaît à mettre des saveurs et des parfums de choix. Pourquoi Nicolas, ce manouvrier vulgaire, pourchassait-il cette créature digne d'un poëte, quand tous les yeux de cette vallée en avaient pitié comme d'une difformité maladive? Pourquoi Rigou, le vieillard, éprouvait-il pour elle une passion de jeune homme? Qui des deux était jeune ou vieillard? Le jeune paysan était-il aussi blasé que le vieil usurier? Comment les deux extrêmes de la vie se réunissaient-ils dans un commun et sinistre caprice? La force qui finit ressemble-t-elle à la force qui commence? Les dérèglements de l'homme sont des abîmes gardés par des sphinx, ils commencent et se terminent presque tous par des questions sans réponse.

On doit concevoir maintenant cette exclamation : — Piccina !... échappée à la comtesse, quand sur le chemin elle vit Geneviève, l'année précédente, ébahie à l'aspect d'une calèche et d'une femme mise comme madame de Montcornet. Cette fille presque avortée, d'une énergie monténégrine, aimait le grand, le beau, le noble garde général, mais comme les enfants de cet âge savent aimer quand elles aiment, c'est-à-dire avec la rage d'un désir enfantin, avec les forces de la jeunesse, avec le dévouement qui, chez les vraies vierges, enfantent de divines poésies. Catherine venait donc de passer ses grossières mains sur les cordes les plus sensibles de cette harpe, toutes montées à casser. Danser sous les yeux de Michaud, aller à la fête de Soulanges, y briller, s'inscrire dans le souvenir de ce maître adoré?... Quelles idées! Les lancer dans cette tête volcanique, n'était-ce pas jeter des charbons allumés sur de la paille exposée au soleil d'août?

— Non, Catherine, répondit la Péchina, je suis laide, chétive ;

mon lot est de vivre dans un coin, de rester fille, seule au monde.

— Les hommes aiment les *chétiotes*, reprit Catherine. Tu me vois bien, moi? dit-elle en montrant ses beaux bras, je plais à Godain qui est une vraie *guernouille*, je plais à ce petit Charles qui accompagne le comte; mais le fils Lupin a peur de moi. Je te le répète, c'est les petits hommes qui m'aiment et qui disent à la Ville-aux-Fayes ou à Soulanges : Le beau brin de fille! en me voyant passer. Eh bien! toi, tu plairas aux beaux hommes...

— Ah! Catherine, si c'est vrai, cela!... s'écria la Péchina ravie.

— Mais enfin, c'est si vrai que Nicolas, le plus bel homme du canton, est fou de toi; il en rêve, il en perd l'esprit, et il est aimé de toutes les filles... C'est un fier gars! Si tu mets une robe blanche et des rubans jaunes, tu seras la plus belle chez Socquard, le jour de Notre-Dame, à la face de tout le beau monde de la Ville-aux-Fayes. Voyons, veux-tu? Tiens, je coupais de l'herbe, là, pour nos vaches; j'ai dans ma gourde un peu de vin cuit que m'a donné Socquard ce matin, dit-elle en voyant dans les yeux de la Péchina cette expression délirante que connaissent toutes les femmes, je suis bonne enfant, nous allons le partager... tu te croiras aimée...

Pendant cette conversation, en choisissant les touffes d'herbe pour poser ses pieds, Nicolas s'était glissé sans bruit jusqu'au tronc d'un gros chêne peu distant du tertre où sa sœur avait assis la Péchina. Catherine, qui, de moment en moment, jetait les yeux autour d'elle, finit par apercevoir son frère en allant prendre la gourde au vin cuit.

— Tiens, commence, dit-elle à la petite.

— Ça me brûle, s'écria Geneviève en rendant la gourde à Catherine après en avoir bu deux gorgées.

— Bête! tiens, répondit Catherine en vidant d'un trait ce flacon rustique, v'là comme ça passe! c'est un rayon de soleil qui vous luit dans l'estomac!

— Et moi qui devrais avoir porté mon lait à mademoiselle Gaillard?... s'écria la Péchina. Nicolas m'a fait une peur...

— Tu n'aimes donc pas Nicolas?

— Non, répondit la Péchina; qu'a-t-il à me poursuivre? il ne manque pourtant pas de créatures de bonne volonté.

— Mais s'il te préfère à toutes les filles de la vallée, ma petite...

— J'en suis fâchée pour lui, dit-elle.

— On voit bien que tu ne le connais pas, reprit Catherine.

Avec une rapidité foudroyante, Catherine Tonsard, en disant cette horrible phrase, saisit la Péchina par la taille, la renversa sur l'herbe, la priva de toute sa force en la mettant à plat, et la maintint dans cette dangereuse position. En apercevant son odieux persécuteur, l'enfant se mit à crier à pleins poumons, et envoya Nicolas à cinq pas de là d'un coup de pied donné dans le ventre; puis elle se renversa sur elle-même comme un acrobate avec une dextérité qui trompa les calculs de Catherine, et se releva pour fuir. Catherine, restée à terre, étendit la main, prit la Péchina par le pied, la fit tomber tout de son long, la face contre terre. Cette chute affreuse arrêta les cris incessants de la courageuse Monténégrine. Nicolas, qui, malgré la violence du coup, s'était remis, revint furieux et voulut saisir sa victime. Dans ce danger, quoique étourdie par le vin, l'enfant saisit Nicolas à la gorge et la lui serra par une étreinte de fer.

— Elle m'étrangle! au secours, Catherine! cria Nicolas d'une voix qui passait péniblement par le larynx.

La Péchina jetait aussi des cris perçants. Catherine essaya de les étouffer en mettant une main sur la bouche de l'enfant, qui la mordit au sang. Ce fut alors que Blondet, la comtesse et le curé se montrèrent sur la lisière du bois.

— Voilà les bourgeois des Aigues, dit Catherine en aidant Geneviève à se relever.

— Veux-tu vivre? dit Nicolas Tonsard à l'enfant d'une voix rauque.

— Après? dit la Péchina.

— Dis-leur que nous jouions, et je te pardonne, reprit Nicolas d'un air sombre.

— Mâtine! le diras-tu?... répéta Catherine dont le regard fut encore plus terrible que la menace meurtrière de Nicolas.

— Oui, si vous me laissez tranquille, répliqua l'enfant. D'ailleurs, je ne sortirai plus sans mes ciseaux!

— Tu te tairas, ou je te flanquerai dans l'Avonne, dit la féroce Catherine.

— Vous êtes des monstres!... cria le curé, vous mériteriez d'être arrêtés et envoyés en cour d'assises...

— Ah çà! que faites-vous dans vos salons, vous autres? demanda Nicolas en regardant la comtesse et Blondet qui frémirent. Vous jouez, n'est-ce pas? Eh bien! les champs sont à nous, on ne peut pas toujours travailler, nous jouions!... Demandez à ma sœur et à la Péchina?

— Comment vous battez-vous donc, si c'est comme cela que vous jouez! s'écria Blondet.

Nicolas jeta sur Blondet un regard d'assassin.

— Parle donc, dit Catherine en prenant la Péchina par l'avant-bras et en le lui serrant à y laisser un bracelet bleu, n'est-ce pas que nous nous amusions?...

— Oui, madame, nous nous amusions, dit l'enfant épuisée par le déploiement de ses forces, et qui s'affaissa sur elle-même comme si elle allait s'évanouir.

— Vous l'entendez, madame, dit effrontément Catherine en lançant à la comtesse un de ces regards de femme à femme qui valent des coups de poignard.

Elle prit le bras de son frère, et tous deux ils s'en allèrent, sans s'abuser sur les idées qu'ils avaient inspirées à ces trois personnages. Nicolas se retourna deux fois, et deux fois il rencontra le regard de Blondet qui toisait ce grand drôle, haut de cinq pieds huit pouces, d'une coloration vigoureuse, à cheveux noirs, crépus, large des épaules, et dont la physionomie assez douce offrait sur les lèvres et autour de la bouche des traits où se devinait la cruauté particulière aux voluptueux et aux fainéants. Catherine balançait sa jupe blanche à raies bleues avec une sorte de coquetterie perverse.

— Caïn et sa femme! dit Blondet au curé.

— Vous ne savez pas à quel point vous rencontrez juste, répliqua l'abbé Brossette.

— Ah! monsieur le curé, que feront-ils de moi? dit la Péchina quand le frère et la sœur furent à une distance où sa voix ne pouvait être entendue.

La comtesse, devenue blanche comme son mouchoir, éprouvait un saisissement tel, qu'elle n'entendait ni Blondet, ni le curé, ni la Péchina.

— C'est à faire fuir un paradis terrestre... dit-elle enfin. Mais, avant tout, sauvons cette enfant de leurs griffes.

— Vous aviez raison, cette enfant est tout un poëme, un poëme vivant! dit tout bas Blondet à la comtesse.

En ce moment, la Monténégrine se trouvait dans l'état où le corps et l'âme fument, pour ainsi dire, après l'incendie d'une colère qui a fait lancer a toutes les forces intellectuelles et physiques leur somme de force. C'est une splendeur, inouïe, suprême, qui ne jaillit que sous la pression d'un fanatisme, la résistance ou la victoire, celle de l'amour ou du martyre. Partie avec une robe à filets alternativement bruns et jaunes, avec une collerette qu'elle plissait elle-même en se levant de bonne heure, l'enfant ne s'était pas encore aperçue du désordre de sa robe souillée de terre, de sa collerette chiffonnée. En sentant ses cheveux déroulés, elle chercha son peigne. Ce fut dans ce premier mouvement de trouble que Michaud, également attiré par les cris, se rendit sur le lieu de la scène. En voyant son Dieu, la Péchina retrouva toute son énergie.

— Il ne m'a seulement pas touchée, monsieur Michaud! s'écria-t-elle.

Ce cri, le regard et le mouvement qui en furent un éloquent commentaire, en apprirent en un instant à Blondet et au curé plus que madame Michaud n'en avait dit à la comtesse sur la passion de cette étrange fille pour le garde général qui ne s'en apercevait pas.

— Le misérable! s'écria Michaud.

Et par ce geste involontaire, impuissant, qui échappe aux fous comme aux sages, il menaça du poing Nicolas, dont la haute stature faisait ombre dans le bois où il s'engageait avec sa sœur.

— Vous ne jouiez donc pas? dit l'abbé Brossette en jetant un fin regard à la Péchina.

— Ne la tourmentez pas, dit la comtesse, et rentrons.

La Péchina, quoique brisée, puisa dans sa passion assez de force pour marcher, son maître adoré la regardait! La comtesse suivait Michaud dans un de ces sentiers connus seulement des braconniers et des gardes, où l'on ne peut aller deux de front, mais qui menait droit à la porte d'Avonne.

— Michaud, dit-elle au milieu du bois, il faut trouver un moyen de débarrasser le pays de ce méchant garnement, car cette enfant est peut-être menacée de mort.

— D'abord, répondit Michaud, Geneviève ne quittera pas le pavillon, ma femme prendra chez elle le neveu de Vatel, qui fait les allées du parc; nous le remplacerons par un garçon du pays de ma femme, car il ne faut plus mettre aux Aigues que des gens de qui nous soyons sûrs. Avec Gounod chez nous et Cornevin le vieux père nourricier, les vaches seront bien gardées, et la Péchina ne sortira plus qu'accompagnée.

— Je dirai à Monsieur de vous indemniser de ce surcroît de dépense, reprit la comtesse ; mais ceci ne nous défait pas de Nicolas ? Comment y arriverons-nous ?

— Le moyen est tout simple et tout trouvé, répondit Micha Nicolas doit passer dans quelques jours au conseil de révision ; lieu de solliciter sa réforme, mon général, sur la protection de q les Tonsard comptent, n'a qu'à bien le recommander au prône.

— J'irai, s'il le faut, dit la comtesse, voir moi-même mon cousin de Castéran, notre préfet ; mais d'ici là, je tremble...

Ces paroles furent échangées au bout du sentier qui débouchait au rond-point. En arrivant à la crête du fossé, la comtesse ne put s'empêcher de jeter un cri ; Michaud s'avança pour la soutenir, croyant qu'elle s'était blessée à quelque épine sèche ; mais il tressaillit du spectacle qui s'offrit à ses regards.

Marie et Bonnébault, assis sur le talus du fossé, paraissaient causer, et s'étaient sans doute cachés là pour écouter. Evidemment, ils avaient quitté leur place dans le bois en entendant venir du monde et reconnaissant des voix bourgeoises.

Après six ans de service dans la cavalerie, Bonnébault, grand garçon sec, était revenu depuis quelques mois à Conches, avec un congé définitif qu'il dut à sa mauvaise conduite ; il aurait gâté les meilleurs soldats par son exemple. Il portait des moustaches et une virgule, particularité qui, jointe au prestige de la tenue que les soldats contractent au régime de la caserne, avait rendu Bonnébault la coqueluche des filles de la vallée. Il tenait, comme les militaires, ses cheveux de derrière très-courts, frisait ceux du dessus de la tête, retroussait les faces d'un air coquet, et mettait crânement de côté son bonnet de police. Enfin, comparé aux paysans presque tous en guenilles comme Mouche et Fourchon, il paraissait superbe en pantalon de toile, en bottes et en petite veste courte. Ces effets, achetés lors de sa libération, se ressentaient de la réforme et de la vie des champs ; mais le coq de la vallée en possédait de meilleurs pour les jours de fête. Il vivait, disons-le, des libéralités de ses bonnes amies, qui suffisaient à peine aux dissipations, aux libations, aux perditions de tout genre qu'entraînait la fréquentation du café de la Paix.

Malgré sa figure ronde, plate, assez gracieuse au premier aspect, ce drôle offrait je ne sais quoi de sinistre. Il était bigle, c'est-à-dire qu'un de ses yeux ne suivait pas le mouvement de l'autre ; il ne louchait pas, mais ses yeux n'étaient pas toujours ensemble, pour emprunter à la peinture un de ses termes. Ce défaut, quoique léger, donnait à son regard une expression ténébreuse, inquiétante, en ce qu'elle s'accordait avec un mouvement dans le front et dans les sourcils, qui révélait une sorte de lâcheté de caractère, une disposition à l'avilissement.

Il en est de la lâcheté comme du courage : il y en a de plusieurs sortes. Bonnébault, qui se serait battu comme le plus brave soldat, était faible devant ses vices et ses fantaisies. Paresseux comme un lézard, actif seulement pour ce qui lui plaisait, sans délicatesse aucune, à la fois fier et bas, capable de tout et nonchalant, le bonheur de ce casseur d'*assiettes et de cœurs*, pour se servir d'une expression soldatesque, consistait à mal faire ou à faire du dégât. Au sein des campagnes, ce caractère est d'un aussi mauvais exemple qu'au régiment. Bonnébault voulait, comme Tonsard et comme Fourchon, bien vivre et ne rien faire. Aussi, avait-il *tiré son plan*, pour employer un mot du dictionnaire Vermichel et Fourchon. Tout en exploitant sa tournure avec un croissant succès, et son talent au billard avec des chances diverses, il se flattait, en sa qualité d'habitué du café de la Paix, d'épouser un jour mademoiselle Aglaé Socquard, fille unique du père Socquard, propriétaire de cet établissement, qui, toute proportion gardée, était à Soulanges ce qu'est le Ranelagh au bois de Boulogne.

Embrasser la carrière de limonadier, devenir entrepreneur de bal public, ce beau sort paraissait être en effet le bâton de maréchal d'un fainéant. Ces mœurs, cette vie et ce caractère étaient si salement écrits sur la physionomie de ce *viveur* de bas étage, que la comtesse laissa échapper une exclamation à l'aspect de ce couple, qui lui fit une impression aussi vive que si elle eût vu deux serpents.

Marie, folle de Bonnébault, eût volé pour lui. Cette moustache, cette *désinvolture* de trompette, cet air faraud lui allaient au cœur, comme l'allure, les façons, les manières d'un de Marsay plaisent à une jolie Parisienne. Chaque sphère sociale a sa distinction! La jalouse Marie rebutait Amaury, cet autre fat de petite ville, elle voulait être madame Bonnébault!

— Ohé! les autres! ohé! venez-vous?... crièrent de loin Catherine et Nicolas en apercevant Marie et Bonnébault.

Ce cri suraigu retentit dans les bois comme un appel de sauvages.

En voyant ces deux êtres, Michaud frémit, car il se repentit vivement d'avoir parlé. Si Bonnébault et Marie Tonsard avaient écouté la conversation, il ne pouvait en résulter que des malheurs. Ce fait, minime en apparence, dans la situation irritante où se trouvaient les Aigues vis-à-vis des paysans, devait avoir une influence décisive, comme dans les batailles la victoire ou la défaite dépendent d'un ruisseau qu'un pâtre saute à pieds joints et où s'arrête l'artillerie.

Après avoir salué galamment la comtesse, Bonnébault prit le bras de Marie d'un air conquérant et s'en alla triomphalement.

— C'est le La-clé-des-cœurs de la vallée, dit Michaud tout bas à la comtesse en se servant du mot de bivouac qui veut dire don Juan. C'est un homme bien dangereux. Quand il a perdu vingt francs au billard, on lui ferait assassiner Rigou!... L'œil lui tourne aussi bien à un crime qu'à une joie.

— J'en ai trop vu pour aujourd'hui, répliqua la comtesse en prenant le bras d'Emile, revenons, messieurs.

Elle salua mélancoliquement madame Michaud en voyant la Péchina rentrée au pavillon. La tristesse d'Olympe avait gagné la comtesse.

— Comment, madame, dit l'abbé Brossette, est-ce que la difficulté de faire le bien ici vous détournerait de le tenter? Voici cinq ans que je couche sur un grabat, que j'habite un presbytère sans meubles, que je dis la messe sans fidèles pour l'entendre, que je prêche sans auditeurs, que je suis desservant sans casuel ni supplément de traitement, que je vis avec les six cents francs de l'Etat, sans rien demander à Monseigneur, et j'en donne le tiers en charités. Enfin, je ne désespère pas! Si vous saviez ce que sont mes hivers, ici, vous comprendriez toute la valeur de ce mot! Je ne me chauffe qu'à l'idée de sauver cette vallée, de la reconquérir à Dieu! Il ne s'agit pas de nous, madame, mais de l'avenir. Si nous sommes institués pour dire aux pauvres : — « Sachez être pauvres! » c'est-à-dire, « souffrez, résignez-vous et travaillez! » nous devons dire aux riches : « — Sachez être riches! » c'est-à-dire, « soyez intelligents dans la bienfaisance, pieux et dignes de la place que Dieu vous assigne! » Eh bien! madame, vous n'êtes que les dépositaires du pouvoir que donne la fortune, et, si vous n'obéissez pas à ses charges, vous ne la transmettrez pas à vos enfants comme vous l'avez reçue! Vous dépouillez votre postérité. Si vous continuez l'égoïsme de la cantatrice qui, certes, a causé par sa nonchalance le mal dont l'étendue vous effraye, vous reverrez les échafauds où sont morts vos prédécesseurs pour les fautes de leurs pères. Faire le bien obscurément, dans un coin de terre, comme Rigou, par exemple, y fait le mal!... ah! voilà des prières en action qui plaisent à Dieu!... Si, dans chaque commune, trois êtres voulaient le bien, la France, notre beau pays, serait sauvée de l'abîme où nous courons, et où nous entraîne une religieuse indifférence à tout ce qui n'est pas nous!... Changez d'abord, changez vos mœurs, et vous changerez alors vos lois...

Quoique profondément émue en entendant cet élan de charité vraiment catholique, la comtesse répondit par le fatal : *Nous verrons!* des riches, qui contient assez de promesses pour qu'ils puissent se débarrasser d'un appel à leur bourse, et qui leur permet plus tard de rester les bras croisés devant tout malheur, sous prétexte qu'il est accompli.

En entendant ce mot, l'abbé Brossette salua madame de Montcornet et prit une allée qui menait directement à la porte de Blangy.

— Le festin de Balthasar sera donc le symbole éternel des derniers jours d'une caste, d'une oligarchie, d'une domination!... se dit-il quand il fut à dix pas. Mon Dieu! si votre volonté sainte est de déchaîner les pauvres comme un torrent pour transformer les sociétés, je comprends alors que vous abandonniez les riches à leur aveuglement!

### XII. — COMME QUOI LE CABARET EST LE PARLEMENT DU PEUPLE.

En criant à tue-tête, la vieille Tonsard avait attiré quelques personnes de Blangy, curieuses de savoir ce qui se passait au Grand-I-Vert, car la distance entre le village et le cabaret n'est pas plus considérable qu'entre le cabaret et la porte de Blangy. L'un des curieux fut précisément le bonhomme Niseron, le grand-père de la Péchina, qui, après avoir sonné le second *Angelus*, retournait façonner quelques chaînées de vigne, son dernier morceau de terre.

Voûté par le travail, le visage blanc, les cheveux d'argent, ce vieux vigneron, à lui seul toute la probité de la commune, avait été, pendant la révolution, président du club des Jacobins à la Ville-aux-Fayes, et juré près du tribunal révolutionnaire au District. Jean-François Niseron, fabriqué du même bois dont furent faits les Apôtres, offrait jadis le portrait, toujours pareil sous tous les pinceaux, de ce saint Pierre en qui les peintres ont tous figuré le front quadrangulaire du Peuple, la forte chevelure naturellement frisée du Travailleur, les muscles du Prolétaire, le teint du Pêcheur, ce nez puissant, cette bouche à demi railleuse qui nargue le malheur, enfin l'encolure du Fort qui coupe des fagots dans le bois voisin pour faire le dîner, pendant que les doctrinaires de la chose discourent.

Tel fut, à quarante ans, au début de la Révolution, cet homme dur comme le fer, pur comme l'or. Avocat du peuple, il crut à une république en entendant gronder ce nom, encore plus formidable peut-être que l'idée. Il crut à la république de Jean-Jacques Rousseau, à la fraternité des hommes, à l'échange des beaux sentiments, à la proclamation du mérite, au choix sans brigues, enfin à tout ce que la médiocre étendue d'un arrondissement, comme Sparte, rend possible, et que les proportions d'un empire rendent chimérique. Il signa ses idées de son sang, son fils unique partit pour la frontière ; il fit plus, il les signa de ses intérêts, dernier sacrifice de l'égoïsme. Neveu, seul héritier du curé de Blangy, ce tout-puissant tribun de la campagne pouvait en reprendre l'héritage à la belle Arsène, la joüe servante du défunt ; il respecta les volontés du testateur et accepta la misère, qui, pour lui, vint aussi promptement que la décadence pour sa république.

Jamais un denier, une branche d'arbre appartenant à autrui ne passa dans les mains de ce sublime républicain, qui rendrait la république acceptable s'il pouvait faire école. Il refusa d'acheter des biens nationaux, il déniait à la république le droit de confiscation. En réponse aux demandes du comité du salut public, il voulait que la vertu des citoyens fit pour la sainte patrie les miracles que les tripoteurs de pouvoir voulaient opérer à prix d'or. Cet homme antique reprocha publiquement à Gaubertin père ses trahisons secrètes, ses complaisances et ses déprédations. Il gourmanda le vertueux Mouchon, ce représentant du peuple dont la vertu fut tout bonnement de l'incapacité, comme chez tant d'autres qui, gorgés des ressources politiques les plus immenses que jamais nation ait livrées, armés de toute la force d'un peuple enfin, n'en tirèrent pas tant de grandeur que Richelieu sut en trouver dans la faiblesse d'un roi. Aussi le citoyen Niseron devint-il un reproche vivant pour trop de monde. On accabla bientôt le bonhomme sous l'avalanche de l'oubli, avec ce mot terrible : Il n'est content de rien ! Le mot de ceux qui se sont repus pendant la sédition.

Cet autre paysan du Danube regagna son toit à Blangy, regarda choir une à une ses illusions, vit sa république finir en queue d'empereur, et tomba dans une complète misère, sous les yeux de Rigou, qui sut hypocritement l'y réduire. Savez-vous pourquoi? Jamais Jean-François Niseron ne voulut rien accepter de Rigou. Des refus réitérés apprirent au détenteur de la succession en quelle mésestime profonde le tenait le neveu du curé. Enfin, ce mépris glacial venait d'être couronné par la menace terrible au sujet de sa petite-fille, dont avait parlé l'abbé Brossette à la comtesse.

Des douze années de la République française, le vieillard s'était écrit une histoire à lui, pleine uniquement des traits grandioses qui donneront à ce temps héroïque l'immortalité. Les infamies, les massacres, les spoliations, ce bonhomme voulait les ignorer : il admirait toujours les dévouements, le *Vengeur*, les dons à la patrie, l'élan du peuple aux frontières, et il continuait son rêve pour s'y endormir.

La Révolution a eu beaucoup de poëtes semblables au père Niseron, qui chantèrent leurs poëmes à l'intérieur ou aux armées, secrètement ou au grand jour, par des actes ensevelis sous les vapeurs de cet ouragan, et de même que sous l'Empire, des blessés oubliés criaient : vive l'empereur! avant de mourir. Ce sublime appartient en propre à la France. L'abbé Brossette avait respecté cette inoffensive conviction. Le vieillard s'était attaché naïvement au curé pour ce seul mot dit par le prêtre : « La vraie république est dans l'Évangile. » Et le vieux républicain portait la croix, et il revêtait la robe mi-parti de rouge et de noir, et il était digne, sérieux à l'église, et il vivait des triples fonctions dont l'avait investi l'abbé Brossette, qui voulut donner à ce brave homme, non pas de quoi vivre, mais de quoi ne pas mourir de faim.

Ce vieillard, l'Aristide de Blangy, parlait peu, comme toutes les nobles dupes qui s'enveloppent dans le manteau de la résignation ; mais il ne manquait jamais à blâmer le mal ; aussi les paysans le craignaient-ils comme les voleurs craignent la police. Il ne venait pas six fois dans l'année au Grand-I-Vert, quoiqu'on l'y fêtât toujours. Le vieillard maudissait le peu de charité des riches, leur égoïsme le révoltait, et par cette fibre il paraissait toujours tenir aux paysans. Aussi disait-on : « Le père Niseron n'aime pas les riches, il est des nôtres. »

Pour couronne civique, cette belle vie obtenait dans toute la vallée ces mots : « Le brave père Niseron ! il n'y a pas de plus honnête homme ! » Pris souvent pour arbitre souverain dans certaines contestations, il réalisait ce mot magnifique : *l'ancien du village.*

Ce vieillard, extrêmement propre quoique dénué, portait toujours des culottes, de gros bas drapés, des souliers ferrés, l'habit quasi français à grands boutons, conservé par les vieux paysans, et le chapeau de feutre à larges bords ; mais les jours ordinaires il avait une veste de drap bleu si rapetassée qu'elle ressemblait à une tapisserie. La fierté de l'homme qui se sent libre et digne de la liberté, donnait à sa physionomie, à sa démarche, le *je ne sais quoi* du noble ; il portait enfin un vêtement et non des haillons !

— Eh ! que se passe-t-il d'extraordinaire, la vieille, je vous entendais du clocher ? demanda-t-il.

On raconta l'attentat de Vatel au vieillard, mais en parlant tous ensemble, selon l'habitude des gens de la campagne.

— Si vous n'avez pas coupé d'arbre, Vatel a tort ; mais si vous avez coupé l'arbre, vous avez commis deux méchantes actions, dit le père Niseron.

— Prenez donc un verre de vin, dit Tonsard en offrant un verre plein au bonhomme.

— Partons-nous ? demanda Vermichel à l'huissier.

— Oui ; nous nous passerons du père Fourchon en prenant l'adjoint de Conches, répondit Brunet. Va devant, j'ai un acte à remettre au château ; le père Rigou a gagné son second procès, je lui signifie le jugement.

Et monsieur Brunet, lesté de deux petits verres d'eau-de-vie, remonta sur sa jument grise, après avoir dit bonjour au père Niseron, car tout le monde dans la vallée tenait à l'estime de ce vieillard.

Aucune science, pas même la statistique, ne peut rendre compte de la rapidité plus que télégraphique avec laquelle les nouvelles se propagent dans les campagnes, ni comment elles franchissent les espèces de steppes incultes qui sont en France une accusation contre les administrateurs et les capitaux. Il est acquis à l'histoire contemporaine que le plus célèbre des banquiers, après avoir crevé les

Il n'y a pas de plus honnête homme.

(LES PAYSANS.)

chevaux entre Waterloo et Paris (on sait pourquoi ! il gagna tout ce que perdit l'empereur : une royauté), ne devança la fatale nouvelle que de quelques heures. Donc, une heure après la lutte entre la vieille Tonsard et Vatel, plusieurs autres habitués du Grand-I-Vert s'y trouvaient réunis.

Le premier venu fut Courtecuisse, en qui vous eussiez difficilement reconnu le jovial garde-chasse, le chanoine rubicond, à qui sa femme faisait son café au lait le matin, comme on l'a vu dans le récit des événements antérieurs. Vieilli, maigri, hâve, il offrait à tous les yeux une leçon terrible qui n'éclairait personne.

Il a voulu monter plus haut que l'échelle, disait-on à ceux qui plaignaient l'ex-garde-chasse en accusant Rigou. Il a voulu devenir bourgeois.

En effet, Courtecuisse, en achetant le domaine de la Bâchelerie, avait voulu *passer* bourgeois, il s'en était vanté. Sa femme allait ramassant des fumiers ! Elle et Courtecuisse se levaient avant le jour, piochaient leur jardin richement fumé, lui faisaient rapporter plusieurs moissons, sans parvenir à payer autre chose que les intérêts dus à Rigou pour le restant du prix. Leur fille, en service à Auxerre, leur envoyait ses gages ; mais, malgré tant d'efforts, malgré ce secours, ils se voyaient au terme du remboursement sans un rouge liard. Madame Courtecuisse, qui, jadis, se permettait de temps en temps une bouteille de vin cuit et des rôties, ne buvait plus que de l'eau. Courtecuisse n'osait pas entrer la plupart du temps au Grand-I-Vert, de peur d'y laisser trois sous. Destitué de son pouvoir, il avait perdu ses franches lippées au cabaret, et il criait, comme tous les niais, à l'ingratitude. Enfin, à l'instar de presque tous les paysans mordus par le démon de la propriété, devant des fatigues croissantes, la nourriture décroissait.

— Courtecuisse a bâti trop de murs, disait-on en enviant sa position ; pour faire des espaliers, il fallait attendre qu'il fût le maître.

Le bonhomme avait amendé, fertilisé les trois arpents de terre vendus par Rigou, le jardin attenant à la maison commençait à produire, et il craignait d'être exproprié ! Vêtu comme Fourchon, lui qui jadis portait des souliers et des guêtres de chasseur, allait les pieds dans des sabots, et il accusait les bourgeois des Aigues d'avoir causé sa misère ! Ce souci rongeur donnait à ce gros petit homme, à sa figure, autrefois rieuse, un air sombre et abruti qui le faisait ressembler à un malade dévoré par un poison ou par une affection chronique.

— Qu'avez-vous donc, monsieur Courtecuisse? Vous a-t-on coupé la langue? demanda Tonsard en trouvant le bonhomme silencieux après lui avoir conté la bataille qui venait d'avoir lieu.

— Ce serait dommage, reprit la Tonsard, il n'a pas à se plaindre la sage-femme qui lui a tranché le filet; elle a fait là une belle ration.

— Ça gèle la *grelotte* que de chercher des idées pour finir avec monsieur Rigou, répondit mélancoliquement ce vieillard vieilli.

— Bah! dit la vieille Tonsard, vous avez une jolie fille, elle a dix-sept ans; si elle est sage, vous vous arrangerez facilement avec ce vieux fagoteur-là...

— Nous l'avons envoyée à Auxerre, chez madame Mariotte la mère, il y a deux ans, pour la préserver de tout malheur, dit-il; j'aime mieux crever que de...

— Est-il bête! dit Tonsard; voyez mes filles, sont-elles mortes? Celui qui ne dirait pas qu'elles sont sages comme des images, aurait à répondre à mon fusil.

— Ce serait dur d'en venir là! s'écria Courtecuisse en hochant la tête; j'aimerais mieux qu'on me payât pour tirer sur un de ces *Arminacs*!

— Ah! il vaut mieux sauver son père que de laisser moisir sa vertu! répliqua le cabaretier.

Tonsard sentit un coup sec que le père Niseron lui frappa sur l'épaule.

— Ce n'est pas bien, ce que tu dis là! fit le vieillard. Un père est le gardien de l'honneur dans sa famille. C'est en vous conduisant comme vous faites que vous attirez le mépris sur nous et qu'on accuse le peuple de ne pas être digne de la liberté! Le peuple doit donner aux riches l'exemple des vertus civiques et de l'honneur. Vous vous vendez à Rigou pour de l'or, tous tant que vous êtes! Quand vous ne lui livrez pas vos filles, vous lui livrez vos vertus! C'est mal!

— Voyez donc où en est Courtebotte? dit Tonsard.

— Vois où j'en suis! répondit le père Niseron, je dors tranquille; il n'y a pas d'épines dans mon oreiller.

— Laisse-le dire, Tonsard, cria la femme dans l'oreille de son mari ; tu sais bien *que c'est son idée,* à ce pauvre cher homme...

Bonnébault et Marie, Catherine et son frère arrivèrent en ce moment dans une exaspération commencée par l'insuccès de Nicolas, et que la confidence du projet conçu par Michaud avait portée à son comble. Aussi lorsque Nicolas entra dans le cabaret de son père, lâcha-t-il une effrayante apostrophe contre le ménage Michaud et les Aigues.

— Voilà la moisson, eh bien ! je ne partirai pas sans avoir allumé ma pipe à leurs meules ! s'écria-t-il en frappant un grand coup de poing sur la table devant laquelle il s'assit.

— Faut pas *japper* comme ça devant le monde, lui dit Godain en lui montrant le père Niseron.

— S'il parlait, je lui tordrais le cou comme à un poulet, répondit Catherine ; il a fait son temps, ce vieil halleboteur de mauvaises raisons ! On le dit vertueux ; c'est son tempérament, voilà tout.

Étrange et curieux spectacle que celui de toutes les têtes levées, de ces gens groupés dans ce taudis à la porte duquel se tenait en sentinelle la vieille Tonsard, pour assurer aux buveurs le secret sur leurs paroles.

De toutes ces figures, Godain, le poursuivant de Catherine, offrait peut-être la plus effrayante, quoique la moins accentuée. Godain, l'avare sans or, le plus cruel de tous les avares, car avant celui qui couve son argent, ne faut-il pas mettre celui qui en cherche ? l'un regarde en dedans de lui-même, l'autre regarde en avant avec une fixité terrible ; ce Godain vous eût représenté le type des plus nombreuses physionomies paysannes.

Ce manouvrier, petit homme, réformé comme n'ayant pas la taille exigée pour le service militaire, naturellement sec, encore desséché par le travail et par la stupide sobriété sous laquelle expirent dans la campagne les travailleurs acharnés comme Courtecuisse, montrait une figure grosse comme le poing, qui tirait son jour de deux yeux jaunes tigrés de filets verts à points bruns, par lesquels la soif du bien à tout prix s'abreuvait de concupiscence, mais sans chaleur, car le désir d'abord bouillant s'était figé comme une lave. Aussi sa peau se collait-elle aux tempes brunes comme celles d'une momie. Sa barbe grêle piquait à travers ses rides comme le chaume dans les sillons. Godain ne suait jamais, il résorbait sa substance. Ses mains velues et crochues, nerveuses, infatigables, semblaient être en vieux bois. Quoique âgé de vingt-sept ans à peine, ou lui voyait déjà des cheveux blancs dans une chevelure d'un noir rouge. Il portait une blouse à travers la fente de laquelle se dessinait en noir une chemise de forte toile qu'il devait garder plus d'un mois et blanchir lui-même dans la Thune. Ses sabots étaient raccommodés avec du vieux fer. L'étoffe de son pantalon ne se reconnaissait plus sous le nombre infini des raccommodages et des pièces. Enfin, il gardait sur la tête une effroyable casquette, évidemment ramassée à la Ville-aux-Fayes, au seuil de quelque maison bourgeoise.

Assez clairvoyant pour évaluer les éléments de fortune enfouis dans Catherine, il voulait succéder à Tonsard au Grand-I-Vert; il employait donc toute sa ruse, toute sa puissance à la capturer, il lui promettait la richesse, il lui promettait la licence dont avait joui la Tonsard; enfin il promettait à son futur beau-père une rente énorme, cinq cents francs par an de son cabaret, jusqu'au payement, en se fiant sur un entretien qu'il avait eu avec monsieur Brunet pour payer en papiers timbrés. Garçon taillandier à l'ordinaire, ce gnome travaillait chez le charron tant que l'ouvrage abondait; mais il se louait pour les corvées chèrement rétribuées. Quoiqu'il possédât environ dix-huit cents francs placés chez Gaubertin à l'insu de toute la contrée, il vivait comme un malheureux, logeant dans un grenier chez son maître et glanant à la moisson. Il portait, cousu dans le haut de son pantalon des dimanches, le billet de Gaubertin, renouvelé chaque année et grossi des intérêts et de ses économies.

— Eh! qué que ça me fait! s'écria Nicolas en répondant à la prudente observation de Godain, s'il faut que je sois soldat, j'aime mieux que le son du panier boive mon sang tout d'un coup que de le donner goutte à goutte... Et je délivrerai le pays d'un de ces *Arminacs* que le diable a lâchés sur nous...

Et il raconta le prétendu complot ourdi par Michaud contre lui.

— Où veux-tu que la France prenne des soldats?... dit gravement le blanc vieillard en se levant et se plaçant devant Nicolas pendant le silence profond qui accueillit cette horrible menace.

— On fait son temps et l'on revient! dit Bonnébault en refrisant moustache.

En voyant les plus mauvais sujets du pays réunis, le vieux Niseron secoua la tête et quitta le cabaret, après avoir offert un liard à madame Tonsard pour son verre de vin. Quand le bonhomme eut mis le pied sur les marches, le mouvement de satisfaction qui se fit dans cette assemblée de buveurs aurait dit à quelqu'un qui les eût vus, que tous ces gens étaient débarrassés de la vivante image de leur conscience.

— Eh bien! qué que tu dis de tout ça?... Hé! Courtebotte?... demanda Vaudoyer, entré tout à coup, et à qui Tonsard avait raconté la tentative de Vatel.

Courtecuisse, à qui presque tout le monde donnait ce sobriquet, fit claquer sa langue contre son palais en reposant son verre sur la table.

— Vatel est en faute, répondit-il. A la place de la mère, je me meurtrirais les côtes, je me mettrais au lit, je me dirais malade, et j'*assinerais* le Tapissier et son garde pour leur demander vingt écus de réparation, monsieur Sarcus les accorderait...

— Dans tous les cas, le Tapissier les donnerait pour éviter le tapage que ça peut faire, dit Godain.

Vaudoyer, l'ancien garde champêtre, homme de cinq pieds six pouces, à figure grêlée par la petite vérole, et creusée en casse-noisette, gardait le silence d'un air dubitatif.

— Eh bien! demanda Tonsard alléché par les soixante francs, qu'est-ce qui te chiffonne, grand serin? On m'aura cassé pour vingt écus de ma mère, une manière d'en tirer parti! Nous ferons du tapage pour trois cents francs, et monsieur Gourdon pourra bien leur aller dire aux Aigues que la mère a la cuisse déhanchée.

— Et on la lui déhancherait... reprit la cabaretière, ça se fait à Paris.

— Ça coûterait trop cher, lui répondit Godain.

— J'ai trop entendu parler les gens du roi pour croire que les choses iraient à votre gré, dit enfin Vaudoyer, qui souvent avait assisté la justice et l'ex-brigadier Soudry. Tant qu'à Soulanges, ça irait encore; monsieur Soudry représente le gouvernement, et il ne veut pas de bien au Tapissier; mais le Tapissier et Vatel, si vous les attaquez, auront la malice de se défendre, et ils diront : la femme était en faute, elle avait un arbre, autrement elle aurait laissé visiter son fagot sur le chemin, elle n'aurait pas fui; s'il lui est arrivé malheur, elle ne peut s'en prendre qu'à son délit. Non, ce n'est pas une affaire sûre...

— Le bourgeois s'est-il défendu quand je l'ai fait *assiner?* dit Courtecuisse, il m'a payé.

— Si vous voulez, je vas aller à Soulanges, dit Bonnébault, je consulterai monsieur Gourdon, le greffier, et vous saurez ce soir *s'il y a gras*.

— Tu ne demandes que des prétextes pour virer autour de cette grosse dinde de fille à Socquard, lui répondit Marie Tonsard en lui donnant une tape sur l'épaule à lui faire sonner les poumons.

En ce moment on entendit ce passage d'un vieux Noël bourguignon :

> Ein bel androi de sai vie
> Ça quai toule ein jour
> Ai changé l'ea de bréehie
> Au vin de Mador [1].

**Chacun** reconnut la voix du père Fourchon à qui ce passage devait particulièrement plaire, et que Mouche accompagnait en fausset.

— Ah! ils se sont pansés! cria la vieille Tonsard à sa belle-fille, ton père est rouge comme un gril, et le petit *bresille* comme un sarment.

— Salut! cria le vieillard, vous êtes beaucoup de gredins ici!... Salut! dit-il à sa petite-fille qu'il surprit embrassant Bonnébault; salut, Marie, pleine de vices, que Satan soit avec toi, sois maudite entre toutes les femmes, etc. Salut la compagnie! Vous êtes pincés! vous pouvez dire adieu à vos gerbes! Il y a des nouvelles! Je vous l'ai dit que le bourgeois vous mâterait, eh bien! il va vous fouetter avec la loi!... Ah! v'là ce que c'est que de lutter contre les bourgeois! les bourgeois ont fait tant de lois, qu'ils en ont pour toutes les finesses...

Un hoquet terrible donna soudain un autre cours aux idées de l'honorable orateur.

— Si Vermichel était là, je lui soufflerais dans la gueule, il aurait une idée de ce que c'est que le vin d'Alicante! Qué vin! si j'étais pas Bourguignon, je voudrais être Espagnol! un vin de Dieu! je crois bien que le pape dit sa messe avec! Cré vin!... Je suis

---

[1] Un bel endroit de sa vie
Fut qu'à table un jour
Il changea l'eau du pot
En vin de Madère.

jeune!... Dis donc, Courtebotte, si ta femme était là... je la trouverais jeune! Décidément le vin d'Espagne enfonce le vin cuit!,... faut faire une révolution, rien que pour vider les caves!...

— Mais quelle nouvelle, papa? dit Tonsard.

— Y aura pas de moisson pour vous autres, le Tapissier va vous interdire le glanage.

— Interdire le glanage!... cria tout le cabaret d'une seule voix dominée par les notes aiguës des quatre femmes.

— Oui, dit Mouche, il va prendre un arrêté, le faire publier par Groison, le faire afficher dans le canton, et il n'y aura que ceux qui auront des certificats d'indigence qui glaneront.

— Et, saisissez bien ceci!... dit Fourchon, les fricoteurs des autres communes ne seront pas reçus.

— De quoi! de quoi! dit Bonnébault. Ma grand'mère, ni moi, ni ta mère à toi, Godain, nous ne pourrons pas glaner par ici? En voilà des farces d'autorités! je les embête! Ah çà! c'est donc un déchaîné des enfers, que ce général de maire?...

— Glaneras-tu tout de même, toi, Godain? dit Tonsard au garçon charron qui parlait d'un peu près à Catherine.

— Moi, je n'ai rien, je suis indigent, répondit-il, je demanderai un certificat.

— Qu'est-ce qu'on a donc donné à mon père pour sa loutre, mon bibi? disait la belle cabaretière à Mouche.

Quoique succombant sous une digestion pénible et l'œil troublé par deux bouteilles de vin, Mouche, assis sur les genoux de la Tonsard, pencha la tête sur le cou de sa tante et lui répondit finement à l'oreille : — Je ne sais pas, mais il a de l'or!... Si vous voulez me crânement nourrir pendant un mois, peut-être que je découvrirai sa cachette; il en a *eune*.

— Le père a de l'or!... dit la Tonsard à l'oreille de son mari qui dominait de sa voix le tumulte occasionné par la vive discussion à laquelle participaient tous les buveurs.

— Chut! v'là Groison! cria la vieille.

Un silence profond régna dans le cabaret. Lorsque Groison fut à une distance convenable, la vieille Tonsard fit un signe, et la discussion recommença sur la question de savoir si l'on glanerait, comme par le passé, sans certificat d'indigence.

— Faudra bien que vous obéissiez, dit le père Fourchon, car le Tapissier est allé voir *el parfait* et lui demander des troupes pour maintenir l'ordre. On vous tuera comme des chiens... que nous sommes ! s'écria le vieillard qui essayait de vaincre l'engourdissement produit sur sa langue par le vin d'Espagne.

Cette autre annonce de Fourchon, quoique folle qu'elle fût, rendit tous les buveurs pensifs; ils croyaient le gouvernement capable de les massacrer sans pitié.

— Il y a eu des troubles comme ça aux environs de Toulouse, où j'étais en garnison, dit Bonnébault; nous avons marché, les paysans ont été sabrés, arrêtés... ça faisait rire de les voir voulant résister à la troupe. Il y en a eu dix envoyés aux fers par la justice, onze en prison; tout a été confondu, quoi!... Le soldat est le soldat, vous êtes des *péquins*, on a le droit de vous sabrer, et hue!...

— Eh bien! dit Tonsard, qu'avez-vous donc, vous autres, à vous effrayer comme des cabris? Peut-on prendre quelque chose à ma mère, à mes filles?... On aura de la prison?... Eh bien! on en mangera, le Tapissier n'y mettra pas tout le pays. D'ailleurs, ils sont mieux nourris chez le roi que chez eux, les prisonniers, et on les chauffe en hiver.

— Vous êtes des godiches! beugla le père Fourchon. Vaut mieux gruger le bourgeois que de l'attaquer en face, allez! Autrement vous serez éreintés. Si vous aimez le bagne, c'est autre chose! On ne travaille pas tant que dans les champs, c'est vrai; mais on n'y a pas sa liberté.

— Peut-être bien, dit Vaudoyer qui se montrait un des plus hardis pour le conseil, vaudrait-il mieux que quelques-uns d'entre nous risquassent leur peau pour délivrer le pays de cette bête de Gévaudan qui s'est terrée à la porte d'Avonne.

— Faire l'affaire à Michaud?... dit Nicolas, j'en suis.

— Ça n'est pas mûr, dit Fourchon, nous y perdrions trop, mes enfants. Faut nous *enmalheurer*, crier la faim, le bourgeois des Aigues et sa femme voudront nous faire du bien, et vous en tirerez mieux que des glanes...

— Vous êtes des *halle-taupiers*, s'écria Tonsard, mettez qu'il y ait noise avec la justice et les troupes, on ne fourre pas tout un pays aux fers, et nous aurons à la Ville-aux-Fayes et dans les anciens seigneurs, des gens bien disposés à nous soutenir.

— C'est vrai, dit Courtecuisse, il n'y a que le Tapissier qui se plaint; messieurs de Soulanges, de Ronquerolles et autres sont contents! Quand on pense que si ce cuirassier avait eu le courage de se faire tuer comme les autres, je serais encore heureux à ma porte d'Avonne qu'il m'a mise sens dessus dessous, qu'on ne s'y reconnaît plus.

— On ne fera pas marcher les troupes pour un guerdin de bourgeois qui se met mal avec tout un pays! dit Godain... C'est sa faute! il veut tout confondre ici, renverser tout le monde, le gouvernement lui dira : *Zut!*

— Le gouvernement ne parle pas autrement, il y est obligé, ce pauvre gouvernement, dit Fourchon pris d'une tendresse subite pour le gouvernement; je le plains, ce bon gouvernement... il est malheureux, il est sans le sou, comme nous... et c'est bête pour un gouvernement qui fait lui-même la monnaie... Ah! si j'étais gouvernement...

— Mais, s'écria Courtecuisse, l'on m'a dit à la Ville-aux-Fayes que monsieur de Ronquerolles avait parlé dans l'Assemblée de nos droits.

— C'est sur le *journiau* de m'sieu Rigou, dit Vaudoyer qui savait lire et écrire, en sa qualité d'ex-garde champêtre, je l'ai lu...

Malgré ses fausses tendresses, le vieux Fourchon, comme beaucoup de gens du peuple dont les facultés sont stimulées par l'ivresse, suivait d'un œil intelligent et d'une oreille attentive cette discussion, que bien des *à parte* rendaient furieuse. Tout à coup, il prit position au milieu du cabaret, en se levant.

— Ecoutez le vieux, il est soûl! dit Tonsard, il a deux fois plus de malice, il a la sienne et celle du vin...

— D'Espagne!... ça fait trois, reprit Fourchon en riant d'un rire de faune. Mes enfants, faut pas heurter la chose de front, vous êtes trop faibles, prenez-moi ça de biais!... Faites les morts, les chiens couchants, la petite femme est déjà bien effrayée, allez! on en viendra bientôt à bout; elle quittera le pays, et si elle le quitte, le Tapissier la suivra, c'est sa passion. Voilà le plan. Mais pour avancer leur départ, mon avis est de leur ôter leur conseil, leur force, notre espion, notre singe.

— Qui ça?

— Eh! c'est le damné curé! dit Tonsard, un chercheur de péchés qui veut nous nourrir d'hosties.

— Ça, c'est vrai, s'écria Vaudoyer, nous étions heureux sans le curé, faut se défaire de ce *mangeux* de bon Dieu, v'là l'ennemi.

— Le Gringalet, reprit Fourchon en désignant l'abbé Brossette par le surnom qu'il devait à son air piètre, succomberait peut-être à quelque matoise, puisqu'il observe tous les carêmes. Et, en le tambourinant par un bon charivari s'il était pris en *riolle*, son évêque serait forcé de l'envoyer ailleurs. Voilà qui plairait diablement à ce brave père Rigou... Si la fille à Courtecuisse voulait quitter sa bourgeoise d'Auxerre, elle est si jolie, qu'en faisant la dévote, elle sauverait la patrie. Et *ran tan plan !*

— Et pourquoi ne serait-ce pas toi, dit Godain tout bas à Catherine, il y aurait une pannerée d'écus à vendanger pour éviter le tapage, et du coup, tu serais la maîtresse ici...

— Glanerons-nous, ne glanerons-nous pas ? dit Bonnébault. Je me soucie bien de votre abbé, moi, je suis de Conches, et nous n'y avons pas de curé qui nous trifouille la conscience avec sa *grelotte*.

— Tenez, reprit Vaudoyer, il faut aller savoir du bonhomme Rigou, qui connaît les lois, si le Tapissier peut nous interdire le glanage, et il nous dira si nous avons raison. Si le Tapissier est dans son droit, nous verrons alors, comme dit l'ancien, à prendre les choses en biais...

— Il y aura du sang répandu !... dit Nicolas d'un air sombre en se levant, après avoir bu toute une bouteille de vin que Catherine lui avait entonnée, afin de l'empêcher de parler. Si vous voulez m'écouter, on descendra Michaud ! mais vous êtes des *veules* et des *drogues !*

— Pas moi ! dit Bonnébault, si vous êtes des amis à taire vos becs, je me charge d'ajuster le Tapissier, moi !... Qué plaisir de loger un pruneau dans son bocal, ça me vengerait de tous mes puants d'officiers !...

— Là, là, s'écria Jean-Louis Tonsard, qui passait pour être un peu fils de Gaubertin, et qui venait d'entrer à la suite de Fourchon.

Ce garçon, qui courtisait depuis quelques mois la jolie servante de Rigou, succédait à son père dans l'état de tondeur de haies, de charmilles et autres facultés *tonsardes*. En allant dans les maisons bourgeoises, il y causait avec les maîtres et les gens, il récoltait ainsi des idées qui faisaient de lui l'homme à moyens de la famille le finaud. En effet, on verra tout à l'heure qu'en s'adressant à la servante de Rigou, Jean-Louis justifiait la bonne opinion qu'on avait de sa finesse.

— Eh bien ! qu'as-tu, prophète ? dit le cabaretier à son fils.

— Je dis que vous jouez le jeu des bourgeois, répliqua Jean-Louis. Effrayer les gens des Aigues pour maintenir vos droits, bien! mais les pousser hors du pays et faire vendre les Aigues, comme le veulent les bourgeois de la vallée, c'est contre nos intérêts. Si vous aidez à partager les grandes terres, où donc qu'on prendra des biens à vendre, à la prochaine révolution?... Vous aurez alors les terres pour rien, comme les a eues Rigou; tandis que si vous les mettez dans la gueule des bourgeois, les bourgeois vous les recracheront bien amaigries et renchéries, vous travaillerez pour eux, comme tous ceux qui travaillent pour Rigou. Voyez Courtecuisse...

Cette allocution était d'une politique trop profonde pour être saisie par des gens ivres, qui tous, excepté Courtecuisse, amassaient de l'argent pour avoir leur part dans le gâteau des Aigues. Aussi laissa-t-on parler Jean-Louis en continuant, comme à la chambre des députés, les conversations particulières.

— Eh bien! allez, vous serez des machines à Rigou! s'écria Fourchon, qui seul avait compris son petit-fils.

En ce moment, Langlumé, le meunier des Aigues, vint à passer; la belle Tonsard le héla.

— C'est-y vrai, dit-elle, monsieur l'adjoint, qu'on défendra le glanage?

Langlumé, petit homme réjoui, à face blanche de farine, habillé de drap gris blanc, monta les marches, et aussitôt les paysans prirent leurs mines sérieuses.

— Dame! mes enfants, oui et **non**; les nécessiteux glaneront; mais les mesures qu'on prendra **vous** seront bien profitables...

— Et comment? dit Godain.

— Mais si l'on empêche tous les malheureux de fondre ici, répondit le meunier en clignant les yeux à la façon normande, vous ne serez pas empêchés, vous autres, d'aller ailleurs, à moins que tous les maires ne fassent comme celui de Blangy.

— Ainsi, c'est vrai?... dit Tonsard d'un air menaçant.

— Moi, dit Bonnébault en mettant son bonnet de police sur l'oreille et faisant siffler sa baguette de coudrier, je retourne à Conches y prévenir les amis...

Et le lovelace de la vallée s'en alla, tout en sifflant l'air de cette chanson soldatesque :

> Toi qui connais les hussards de la garde,
> Connais-tu pas l'trombon'du régiment?

— Dis donc, Marie, il prend un drôle de chemin pour aller à Conches, ton bon ami, cria la vieille Tonsard à sa petite-fille.

— Il va voir Aglaé ! dit Marie qui bondit à la porte, il faut que je la rosse une bonne foi c'te cane-là.

— Tiens, Vaudoyer, dit Tonsard à l'ancien garde champêtre, va voir le père Rigou, nous saurons quoi faire, il est notre oracle et ça ne coûte rien, sa salive.

— Encore une bêtise, s'écria tout bas Jean-Louis, il vend tout, Annette me l'a bien dit, il est plus dangereux qu'une colère à écouter.

— Je vous conseille d'être sages, reprit Langlumé, car le général est parti pour la préfecture à cause de vos méfaits, et Sibilet me disait qu'il avait juré son honneur d'aller jusqu'à Paris parler au chancelier de France, au roi, à toute la boutique, s'il le fallait, pour avoir raison de *ses* paysans.

— Ses paysans !... cria-t-on.

— Ah çà ! nous ne nous appartenons donc plus ?

Sur cette question de Tonsard, Vaudoyer sortit pour aller chez l'ancien maire.

Langlumé, déjà sorti, se retourna sur les marches et répondit :
— Tas de fainéants, avez-vous des rentes pour vouloir être vos maîtres ?...

Quoique dit en riant, ce mot profond fut compris à peu près de la même manière que les chevaux comprennent un coup de fouet.

— Ran tan plan ! vos maîtres !... Dis donc, mon fiston, après ton coup de ce matin, ce n'est pas ma clarinette qu'on te mettra entre les quatre doigts et le pouce, dit Fourchon à Nicolas.

— Ne l'asticote pas, il est capable de te faire rendre ton vin en te frottant le ventre, répliqua brutalement Catherine à son grand-père.

### XIII. — L'USURIER DES CAMPAGNES.

Stratégiquement, Rigou se trouvait à Blangy ce qu'est à la guerre une sentinelle avancée. Il surveillait les Aigues, et bien, jamais la police n'aura d'espions comparables à ceux qui se mettent au service de la haine.

A l'arrivée du général aux Aigues, Rigou forma sans doute sur lui quelque projet que le mariage de Montcornet avec une Troisville fit évanouir, car il avait paru vouloir protéger ce grand propriétaire. Ses intentions furent alors si patentes, que Gaubertin jugea nécessaire de lui faire une part en l'initiant à la conspiration ourdie contre les Aigues. Avant d'accepter cette part et un rôle, Rigou voulut mettre, selon son expression, le général au pied du mur.

Quand la comtesse fut installée, un jour, une petite carriole en osier, peinte en vert, entra dans la cour d'honneur des Aigues. Monsieur le maire, flanqué de sa mairesse, en descendit et vint par le perron du jardin. Rigou remarqua la comtesse à une croisée. Tout acquise à l'évêque, à la religion et à l'abbé Brossette, qui s'était hâté de prévenir son ennemi, la comtesse fit dire par François que *madame était sortie.*

Cette impertinence, digne d'une femme née en Russie, fit jaunir le visage du bénédictin. Si la comtesse avait eu la curiosité de voir l'homme de qui le curé disait : « C'est un damné qui, pour se rafraîchir, se plonge dans l'iniquité comme dans un bain, » peut-être eût-elle évité de mettre entre le maire et le château la haine froide et réfléchie que portaient les libéraux aux royalistes, augmentée des excitants du voisinage de la campagne, où le souvenir d'une blessure d'amour-propre est toujours ravivé.

Quelques détails sur cet homme et sur ses mœurs auront le mérite, tout en éclairant sa participation au complot nommé *la grande affaire* par ses deux associés, de peindre un type excessivement curieux, celui d'existences campagnardes particulières à la France, et qu'aucun pinceau n'est encore allé chercher. D'ailleurs, de cet homme, rien n'est indifférent, ni sa maison, ni sa manière de souffler le feu, ni sa façon de manger ; ses mœurs, ses opinions, tout servira puissamment à l'histoire de cette vallée. Ce renégat explique enfin l'utilité de la médiocratie, il en est à la fois la théorie et la pratique, l'alpha et l'oméga, le *summum.*

Vous vous rappelez peut-être certains maîtres en avarice déjà peints dans quelques scènes antérieures ? D'abord l'avare de province, le père Grandet de Saumur, avare comme le tigre est cruel ; puis Gobseck l'escompteur, le jésuite de l'or, n'en savourant que la puissance et dégustant les larmes du malheur, à savoir quel est leur crû ; puis le baron de Nucingen, élevant les fraudes de l'argent à la hauteur de la politique. Enfin, vous avez sans doute souvenir de ce portrait de la parcimonie domestique, le vieil Hochon d'Issoudun, et de cet autre avare par esprit de famille, le petit la Baudraye de Sancerre. Eh bien ! les sentiments humains, et surtout l'avarice, ont des nuances si diverses dans les divers milieux de notre société, qu'il restait encore un avare sur la planche de l'amphithéâtre des études de mœurs. Il restait Rigou ! l'avare égoïste, c'est-à-dire plein de tendresse pour ses jouissances, sec et froid pour autrui, enfin l'avarice ecclésiastique, le moine demeuré moine pour exprimer le jus du citron appelé le bien-vivre, et devenu séculier pour happer la monnaie publique. Expliquons d'abord le bonheur continu qu'il trouvait à dormir sous son toit.

Blangy, c'est-à-dire les soixante maisons décrites par Blondet dans sa lettre à Nathan, est posé sur une bosse de terrain, à gauche de la Thune. Comme toutes les maisons y sont accompagnées de jardins, ce village est d'un aspect charmant. Quelques maisons sont assises le long du cours d'eau. Au sommet de cette vaste motte de terre se trouve l'église, jadis flanquée de son presbytère, et dont le cimetière enveloppe, comme dans beaucoup de villages, le chevet de l'église.

Le sacrilége Rigou n'avait pas manqué d'acheter ce presbytère, jadis construit par la bonne catholique mademoiselle Choin, sur un terrain acheté par elle exprès. Un jardin en terrasse, d'où la vue plongeait sur les terres de Blangy, de Soulanges et de Cerneux, situées entre les deux parcs seigneuriaux, séparait cet ancien presbytère de l'église. Du côté opposé, s'étendait une prairie, acquise par le dernier curé, peu de temps avant sa mort, et entourée de murs par le défiant Rigou.

Le maire ayant refusé de rendre le presbytère à sa primitive destination, la commune fut obligée d'acheter une maison de paysan située auprès de l'église ; il fallut dépenser cinq mille francs pour l'agrandir, la restaurer et y joindre un jardinet, dont le mur était mitoyen avec la sacristie, en sorte que la communication fut établie comme autrefois entre la maison curiale et l'église.

Ces deux maisons, bâties sur l'alignement de l'église à laquelle elles paraissaient tenir par leurs jardins, avaient vue sur un espace de terrain planté d'arbres, qui formait d'autant mieux la place de Blangy, qu'en face de la nouvelle cure, le comte fit construire une maison commune destinée à recevoir la mairie, le logement du garde champêtre, et cette école de frères de la Doctrine chrétienne si vainement sollicitée par l'abbé Brossette. Ainsi, non-seulement les maisons de l'ancien bénédictin et du jeune prêtre adhéraient à l'église aussi bien divisées que réunies par elle, mais encore ils se surveillaient l'un l'autre. Le village entier espionnait d'ailleurs l'abbé Brossette. La grande rue, qui commençait à la Thune, montait tortueusement jusqu'à l'église. Des vignobles et des jardins de paysan, un petit bois, couronnaient la butte de Blangy.

La maison de Rigou, la plus belle du village, était bâtie en gros cailloux particuliers à la Bourgogne, pris dans un mortier jaune lissé carrément dans toute la largeur de la truelle, ce qui produit des ondes percées çà et là par les faces assez généralement noires de ce caillou. Une bande de mortier où pas un silex ne faisait tache, dessinait, à chaque fenêtre, un encadrement que le temps avait rayé par des fissures fines et capricieuses, comme on en voit dans les vieux plafonds. Les volets, grossièrement faits, se recommandaient par une solide peinture vert-dragon. Quelques mousses plates soudaient les ardoises sur le toit. C'est le type des maisons bourguignones ; les voyageurs en aperçoivent par milliers de semblables en traversant cette portion de la France.

Une porte bâtarde ouvrait sur un corridor à moitié duquel se trouvait la cage d'un escalier de bois. A l'entrée, on voyait la porte d'une vaste salle à trois croisées donnant sur la place. La cuisine, pratiquée sous l'escalier, tirait son jour de la cour, cailloutée avec soin, et où l'on entrait par une porte cochère. Tel était le rez-de-chaussée.

Le premier étage contenait trois chambres, et au-dessus une petite chambre en mansarde.

Un bûcher, une remise, une écurie attenaient à la cuisine et faisaient un retour d'équerre. Au-dessus de ces constructions légères, on avait ménagé des greniers, un fruitier et une chambre de domestique.

Une basse-cour, une étable, des toits à porc faisaient face à la maison.

Le jardin, d'environ un arpent et clos de murs, était un jardin de curé, c'est-à-dire plein d'espaliers, d'arbres à fruits, de treilles, aux allées sablées et bordées de quenouilles, à carrés de légumes fumés avec le fumier provenant de l'écurie.

Au-dessus de la maison, attenait un second clos, planté d'arbres, enclos de haies, et assez considérable pour que deux vaches y trouvassent leur pâture en tout temps.

A l'intérieur, la salle, boisée à hauteur d'appui, était tendue de vieilles tapisseries. Les meubles en noyer, bruns de vieillesse et garnis en tapisserie à l'aiguille, s'harmoniaient avec la boiserie, avec le plancher également en bois. Le plafond montrait trois poutres en saillie, mais peintes, et dont les entre-deux étaient plafonnés. La cheminée, en bois de noyer, surmontée d'une glace dans un trumeau grotesque, n'offrait d'autre ornement que deux œufs en cuivre montés sur un pied de marbre, et qui se partageaient en deux ; la partie supérieure retournée donnait une bobèche.

Ces chandeliers à deux fins, embellis de chaînettes, une invention du règne de Louis XV, commencent à devenir rares. Sur la paroi opposée aux fenêtres, et posée sur un socle vert et or, s'élevait une horloge commune, mais excellente. Des rideaux criant sur leurs tringles en fer, dataient de cinquante ans ; leur étoffe en coton à carreaux, semblable à ceux des matelas, alternés de rose et de blanc, venait des Indes. Un buffet et une table à manger complétaient cet ameublement, tenu, d'ailleurs, avec une excessive propreté.

Au coin de la cheminée, on apercevait une immense bergère, le siège spécial de Rigou. Dans l'angle, au-dessus du petit bonheur du jour qui lui servait de secrétaire, on voyait accroché à la plus vulgaire patère, un soufflet, origine de la fortune de Rigou.

Sur cette succincte description, dont le style rivalise celui des affiches de vente, il est facile de deviner que les deux chambres respectives de monsieur et madame Rigou devaient être réduites au strict nécessaire ; mais on se tromperait en pensant que cette parcimonie pût exclure la bonté matérielle des choses. Ainsi la petite maîtresse la plus exigeante se serait trouvée admirablement couchée dans le lit de Rigou, composé d'excellents matelas, de draps en toile fine, grossi d'un lit de plume acheté jadis pour quelque abbé par une dévote, garanti des bises par de bons rideaux. Ainsi de tout, comme on va le voir.

D'abord, cet avare avait réduit sa femme, qui ne savait ni lire, ni écrire, ni compter, à une obéissance absolue. Après avoir gouverné le défunt, la pauvre créature finissait servante de son mari, faisant la cuisine, la lessive, à peine aidée par une très-jolie fille appelée Annette, âgée de dix-neuf ans, aussi soumise à Rigou que sa maîtresse, et qui gagnait trente francs par an.

Grande, sèche et maigre, madame Rigou, femme à figure jaune, colorée aux pommettes, la tête toujours enveloppée d'un foulard et portant le même jupon pendant toute l'année, ne quittait pas sa maison deux heures par mois et nourrissait son activité par tous les soins qu'une servante dévouée donne à une maison. Le plus habile observateur n'aurait pas trouvé trace de la magnifique taille, de la fraîcheur à la Rubens, de l'embonpoint splendide, des dents superbes, des yeux de vierge qui jadis recommandèrent la jeune fille à l'attention du curé Niseron. La seule et unique couche de sa fille, madame Soudry la jeune, avait décimé les dents, fait tomber les cils, terni les yeux, flétri le teint. Il semblait que le doigt de Dieu se fût appesanti sur l'épouse du prêtre. Comme toutes les riches ménagères de la campagne, elle jouissait de voir ses armoires pleines de robes de soie, ou en pièce ou faites et neuves, de dentelles, de bijoux qui ne lui servaient jamais qu'à faire commettre le péché d'envie, à faire souhaiter sa mort aux jeunes servantes de Rigou. C'était un de ces êtres moitié femme, moitié bestiaux, nés pour vivre instinctivement. Cette ex-belle Arsène étant désintéressée, le legs du feu curé Niseron serait inexplicable sans le curieux événement qui l'inspira, et qu'il faut rapporter pour l'instruction de l'immense tribu des héritiers.

Madame Niseron, la femme du vieux sacristain, comblait d'attentions l'oncle de son mari ; car l'imminente succession d'un vieillard de soixante-douze ans, estimée à quarante et quelques mille livres, devait mettre la famille de l'unique héritier dans une aisance assez impatiemment attendue par feu madame Niseron, laquelle, outre son fils, jouissait d'une charmante petite fille, espiègle, innocente, une de ces créatures qui ne sont peut-être accomplies que parce qu'elles doivent disparaître, car elle mourut à quatorze ans des *pâles couleurs*, le nom populaire de la *chlorose*. Feu follet du presbytère, cette enfant allait chez son grand-oncle le curé comme chez elle, elle y faisait la pluie et le beau temps, elle aimait mademoiselle Arsène, la jolie servante que son oncle put prendre en 1789, à la faveur de la licence introduite dans la discipline par les premiers orages révolutionnaires. Arsène, nièce de la vieille gouvernante du curé, fut appelée pour la suppléer, car en se sentant mourir, la vieille mademoiselle Pichard voulait sans doute faire transporter ses droits à la belle Arsène

En 1791, au moment où le curé Niseron offrit un asile à dom

Rigou et au frère Jean, la petite Niseron se permit une espièglerie fort innocente. En jouant avec Arsène et d'autres enfants à ce jeu qui consiste à cacher chacun à son tour un objet que les autres cherchent et qui fait crier : « Tu brûles ou tu gèles, » selon que les chercheurs s'en éloignent ou s'en approchent, la petite Geneviève eut l'idée de fourrer le soufflet de la salle dans le lit d'Arsène. Le soufflet fut introuvable, le jeu cessa; Geneviève, emmenée par sa mère, oublia de remettre le soufflet à son clou. Arsène et sa tante cherchèrent le soufflet pendant une semaine, puis on ne le chercha plus, on pouvait s'en passer; le vieux curé soufflait son feu avec une sarbacane faite au temps où les sarbacanes furent à la mode, et qui sans doute provenait de quelque courtisan d'Henri III. Enfin, un soir, un mois avant sa mort, la gouvernante, après un dîner auquel avaient assisté l'abbé Mouchon, la famille Niseron et le curé de Soulanges, refit des lamentations de Jérémie à propos du soufflet, sans pouvoir en expliquer la disparition.

— Eh! mais il est depuis quinze jours dans le lit d'Arsène, dit la petite Niseron en éclatant de rire ; si cette grande paresseuse faisait son lit, elle l'aurait trouvé...

En 1791, tout le monde put éclater de rire ; mais à ce rire succéda le plus profond silence.

— Il n'y a rien de risible à cela, dit la gouvernante, depuis que je suis malade, Arsène me veille.

Malgré cette explication, le curé Niseron jeta sur madame Niseron et sur son mari le regard foudroyant d'un prêtre qui croit à un complot. La gouvernante mourut. Dom Rigou sut si bien exploiter la haine du curé, que l'abbé Niseron déshérita Jean-François Niseron au profit d'Arsène Pichard.

En 1823, Rigou se servait toujours par reconnaissance de la sarbacane pour attiser le feu, et laissait le soufflet au clou.

Madame Niseron, folle de sa fille, ne lui survécut pas. La mère et l'enfant moururent en 1794. Le curé mort, le citoyen Rigou s'occupa lui-même des affaires d'Arsène en la prenant pour sa femme.

L'ancien frère convers de l'Abbaye, attaché à Rigou comme un chien à son maître, devint à la fois le palefrenier, le jardinier, le vacher, le valet de chambre et le régisseur de ce sensuel Harpagon.

Arsène Rigou, mariée en 1821, au procureur du roi, sans dot, rappelait un peu la beauté commune de sa mère et possédait l'es**prit sournois de son père.**

Alors âgé de soixante-sept ans, Rigou n'avait pas fait une seule maladie en trente ans, et rien ne paraissait devoir atteindre cette santé vraiment insolente. Grand, sec, les yeux bordés d'un cercle brun, les paupières presque noires, quand le matin il laissait voir son cou ridé, rouge et grenu, vous l'eussiez d'autant mieux comparé à un condor que son nez très-long, pincé du bout, aidait encore à cette ressemblance par une coloration sanguinolente. Sa tête, quasi chauve, eût effrayé les connaisseurs par un occiput en dos d'âne, indice d'une volonté despotique. Ses yeux grisâtres, presque voilés par ses paupières à membranes filandreuses, étaient prédestinés à jouer l'hypocrisie. Deux mèches de couleur indécise, à cheveux si clair-semés qu'ils ne cachaient pas la peau, flottaient au-dessus des oreilles larges, hautes et sans ourlet, trait qui révèle la cruauté, mais, dans l'ordre moral seulement, quand il n'annonce pas la folie. La bouche, très-fendue et à lèvres minces, annonçait un mangeur intrépide, un buveur déterminé, par la tombée des coins qui dessinait deux espèces de virgules où coulaient les jus, où pétillait sa salive quand il mangeait ou qu'il parlait. Héliogabale devait être ainsi.

Son costume invariable consistait en une longue redingote bleue à collet militaire, en une cravate noire, un pantalon et un vaste gilet de drap noir. Ses souliers à fortes semelles étaient garnis de clous à l'extérieur, et à l'intérieur d'un chausson tricoté par sa femme durant les soirées d'hiver. Annette et sa maîtresse tricotaient aussi les bas de Monsieur.

Rigou s'appelait Grégoire. Aussi ses amis ne renonçaient-ils point aux divers calembours que le G du prénom autorisait, malgré l'usage immodéré qu'on en faisait depuis trente ans. On le saluait toujours de ces phrases : J'ai Rigou ! — Je Ris, goutte ! Ris, goûte ! Rigoulard, etc., mais surtout de Grigou (G. Rigou).

Quoique cette esquisse peigne le caractère, personne n'imaginerait jamais jusqu'où, sans opposition et dans la solitude, l'ancien bénédictin avait poussé la science de l'égoïsme, celle du bien-vivre et la volupté sous toutes les formes. D'abord, il mangeait seul, servi par sa femme et par Annette qui se mettaient à table avec Jean, après lui, dans la cuisine, pendant qu'il digérait son dîner, qu'il cuvait son vin en lisant *les nouvelles*.

A la campagne, on ne connaît pas les noms propres des journaux, ils s'appellent tous *les nouvelles*.

Le dîner, de même que le déjeuner et le souper, toujours composés de choses exquises, étaient cuisinés avec cette science qui distingue les gouvernantes de curé entre toutes les cuisinières. Ainsi, madame Rigou battait elle-même le beurre deux fois par semaine. La crème entrait comme élément dans toutes les sauces. Les légumes étaient cueillis de manière à sauter de leurs planches dans la casserole. Les Parisiens, habitués à manger de la verdure des légumes qui accomplissent une seconde végétation exposés au soleil, à l'infection des rues, à la fermentation des boutiques, arrosés par les fruitières qui leur donnent ainsi la plus trompeuse fraîcheur, ignorent les saveurs exquises que contiennent ces produits auxquels la nature a confié des vertus fugitives, mais puissantes, quand ils sont mangés en quelque sorte tout vifs.

Le boucher de Soulanges apportait sa meilleure viande, sous peine de perdre la pratique du redoutable Rigou. Les volailles, élevées à la maison, devaient être d'une excessive finesse.

Ce soin de papelardise embrassait toutes les choses destinées à Rigou. Si les pantoufles de ce savant Thélémiste étaient de cuir grossier, une bonne peau d'agneau en formait la doublure. S'il portait une redingote de gros drap, c'est qu'elle ne touchait pas sa peau, car sa chemise, blanchie et repassée au logis, avait été filée par les plus habiles doigts de la Frise. Sa femme, Annette et Jean buvaient le vin du pays, le vin que Rigou se réservait sur sa récolte; mais dans sa cave particulière, pleine comme une cave de Belgique, les vins de Bourgogne les plus fins côtoyaient ceux de Bordeaux, de Champagne, de Roussillon, du Rhône, d'Espagne, tous achetés dix ans à l'avance, et toujours mis en bouteille par frère Jean. Les liqueurs provenues des îles procédaient de madame Amphoux, l'usurier en avait acquis une provision pour le reste de ses jours, au dépeçage d'un château de Bourgogne.

Rigou mangeait et buvait comme Louis XIV, un des plus grands consommateurs connus, ce qui trahit les dépenses d'une vie plus que voluptueuse. Discret et habile dans sa prodigalité secrète, il disputait ses moindres marchés comme savent disputer les gens d'église. Au lieu de prendre des précautions infinies pour ne pas être trompé dans ses acquisitions, le rusé moine gardait un échantillon et se laissait écrire les conventions; mais, quand son vin ou ses provisions voyageaient, il prévenait qu'au plus léger vice des choses il refuserait d'en prendre livraison.

Jean, directeur du fruitier, était dressé à savoir conserver les produits du plus beau *fruitage* connu dans le département. Rigou mangeait des poires, des pommes et quelquefois du raisin à Pâques.

Jamais prophète, susceptible de passer Dieu, ne fut plus aveuglément obéi que ne l'était Rigou chez lui dans ses moindres caprices. Le mouvement de ses gros sourcils noirs plongeait sa femme, Annette et Jean dans des inquiétudes mortelles. Il retenait ses trois esclaves par la multiplicité minutieuse de leurs devoirs qui leur faisait comme une chaîne. A tout moment, ces pauvres gens se voyaient sous le coup d'un travail obligé, d'une surveillance, mais ils avaient fini par trouver une sorte de plaisir dans l'accomplissement de ces travaux constants, ils ne s'ennuyaient point. Tous trois, ils avaient le bien-être de cet homme pour seul et unique texte de leurs préoccupations.

Annette était, depuis 1795, la dixième jolie bonne prise par Rigou, qui se flattait d'arriver à la tombe avec ces relais de jeunes filles. Venue à seize ans, à dix-neuf ans Annette devait être renvoyée. Chacune de ces bonnes, choisie à Auxerre, à Clamecy, dans le Morvan, avec des soins méticuleux, était attirée par la promesse d'un beau sort, mais madame Rigou s'entêtait à vivre ! Et toujours au bout de trois ans, une querelle amenée par l'insolence de la servante envers sa pauvre maîtresse en nécessitait le renvoi.

Annette, vrai chef-d'œuvre de beauté fine, ingénieuse, piquante, méritait une couronne de duchesse. Elle ne manquait pas d'esprit, Rigou ne savait rien de l'intelligence d'Annette et de Jean-Louis Tonsard, ce qui prouvait qu'il se laissait prendre par cette jolie fille, la seule à qui l'ambition ait suggéré la flatterie, comme moyen d'aveugler ce lynx.

Ce Louis XV, sans trône, ne s'en tenait pas uniquement à la jolie Annette. Oppresseur hypothécaire des terres achetées par les paysans au delà de leurs moyens, il faisait son sérail de la vallée, depuis Soulanges jusqu'à cinq lieues au delà de Conches vers la Brie, sans y dépenser autre chose que des *retardements de poursuites* pour obtenir ces fugitifs trésors qui dévorent la fortune de tant de vieillards.

Cette vie exquise, cette vie comparable à celle de Bouret, ne coûtait donc presque rien. Grâce à ses nègres blancs, Rigou faisait abattre, façonner, rentrer ses fagots, ses bois, ses foins, ses blés.

Pour le paysan, la main-d'œuvre est peu de chose, surtout en considération d'un ajournement d'intérêts à payer. Ainsi Rigou, tout en demandant de petites primes pour des retards de quelques mois, pressurait ses débiteurs en exigeant d'eux des services manuels, véritables corvées auxquelles ils se prêtaient, croyant ne rien donner parce qu'ils ne sortaient rien de leurs poches. On payait ainsi parfois à Rigou plus que le capital de la dette.

Profond comme un moine, silencieux comme un bénédictin en travail d'histoire, rusé comme un prêtre, dissimulé comme tout avare, se tenant toujours dans les limites du droit, cet homme eût été Tibère à Rome, Richelieu sous Louis XIII, Fouché, s'il avait eu l'ambition d'aller à la Convention ; mais il eut la sagesse d'être un Lucullus sans faste, un voluptueux avare. Pour occuper son esprit, il jouissait d'une haine taillée en plein drap. Il tracassait le général comte de Montcornet. Il faisait mouvoir les paysans par le jeu de fils cachés dont le maniement l'amusait comme une partie d'échecs où les pions vivaient, où les cavaliers couraient à cheval, où les fous comme Fourchon babillaient, où les tours féodales brillaient au soleil, où la reine faisait malicieusement échec au roi. Tous les jours en se levant, de sa fenêtre, cet homme voyait les faîtes orgueilleux des Aigues, les cheminées des pavillons, les superbes portes, et il se disait : — Tout cela tombera ! je sècherai ces ruisseaux, j'abattrai ces ombrages. Enfin il avait sa grande et sa petite victime. S'il méditait la ruine du château, le renégat se flattait de tuer l'abbé Brossette à coups d'épingle.

Pour achever de peindre cet ex-religieux, il suffira de dire qu'il allait à la messe en regrettant que sa femme vécût, et manifestait le désir de se réconcilier avec l'Eglise aussitôt son veuvage venu. Il saluait avec déférence l'abbé Brossette en le rencontrant, et lui parlait doucement sans jamais s'emporter. En général, tous les gens qui tiennent à l'Eglise, ou qui en sont sortis, ont une patience d'insecte : ils la doivent à l'obligation de garder un décorum, éducation qui manque depuis vingt ans à l'immense majorité des Français, même à ceux qui se croient bien élevés. Tous les Conventuels que la Révolution a fait sortir de leurs monastères et qui sont entrés dans les affaires ont montré, par leur froideur et par leur réserve, la supériorité que donne la discipline ecclésiastique à tous les enfants de l'Eglise, même à ceux qui la désertent.

Eclairé dès 1792 par l'affaire du testament, Gaubertin avait su sonder la ruse que contenait la figure enfiellée de cet habile hypocrite ; aussi s'en était-il fait un compère en communiant avec lui devant le Veau d'or. Dès la fondation de la maison Leclercq, il dit à Rigou d'y mettre cinquante mille francs en les lui garantissant. Rigou devint un commanditaire d'autant plus important qu'il laissa ce fonds se grossir des intérêts accumulés. En ce moment l'intérêt de Rigou dans cette maison était encore de cent mille francs, quoiqu'en 1816 il eût repris une somme de cent quatre-vingt mille francs environ pour la placer sur le Grand-Livre, en y trouvant dix-sept mille francs de rente. Lupin connaissait à Rigou pour cent cinquante mille francs d'hypothèques en petites sommes sur de grands biens. Ostensiblement, Rigou possédait en terres environ quatorze mille francs de revenus bien nets. On apercevait donc environ quarante mille francs de rente à Rigou. Mais quant à son trésor, c'était un X qu'aucune règle de proportion ne pouvait dégager, de même que le diable seul connaissait les affaires qu'il tripotait avec Langlumé.

Ce terrible usurier, qui comptait vivre encore vingt ans, avait inventé des règles fixes pour opérer. Il ne prêtait rien à un paysan qui n'achetait pas au moins trois hectares et qui ne payait pas la moitié du prix comptant. On voit que Rigou connaissait bien le vice de la loi sur les expropriations appliquées aux parcelles et le danger que fait courir au Trésor et à la Propriété l'excessive division des biens. Poursuivez donc un paysan qui vous prend un sillon quand il n'en possède que cinq ! Le coup d'œil de l'intérêt privé *distancera* toujours de vingt-cinq ans celui d'une assemblée de législateurs. Quelle leçon pour un pays ! La loi émanera toujours d'un vaste cerveau, d'un homme de génie, et non de neuf cents intelligences qui, si grandes qu'elles puissent être, se rapetissent en se faisant foule. La loi de Rigou ne contient-elle pas en effet le principe de celle à chercher, pour arrêter le non-sens que présente la propriété réduite à des moitiés, des tiers, des quarts, des dixièmes de centiares, comme dans la commune d'Argenteuil où l'on compte trente mille parcelles ?

De telles opérations voulaient un compérage étendu comme celui qui pesait sur cet arrondissement. D'ailleurs, comme Rigou faisait faire à Lupin environ le tiers des actes qui se passaient annuellement dans l'Etude, il trouvait dans le notaire de Soulanges un compère dévoué. Ce forban pouvait ainsi comprendre dans le contrat de prêt, auquel assistait toujours la femme de l'emprunteur quand il était marié, la somme à laquelle se montaient les intérêts illégaux. Le paysan, ravi de n'avoir que les cinq pour cent à payer annuellement pendant la durée du prêt, espérait toujours s'en tirer par un travail enragé, par des engrais qui bonifiaient le gage de Rigou.

De là les trompeuses merveilles enfantées par ce que d'imbéciles économistes nomment *la petite culture*, le résultat d'une faute politique à laquelle nous devons de porter l'argent français en Allemagne pour y acheter des chevaux que le pays ne fournit plus, une faute qui diminuera tellement la production des bêtes à cornes que la viande sera bientôt inabordable, non pas seulement au peuple, mais encore à la petite bourgeoisie. (Voir le *Curé de village*.)

Donc, bien des sueurs, entre Conches et la Ville-aux-Fayes, coulaient pour Rigou, que chacun respectait, tandis que le travail chèrement payé par le général, le seul qui jetât de l'argent dans le pays, lui valait des malédictions et la haine vouée aux riches. De tels faits ne seraient-ils pas inexplicables sans le coup d'œil jeté sur la Médiocratie? Fourchon avait raison, les bourgeois remplaçaient les seigneurs. Ces petits propriétaires, dont le type est représenté par Courtecuisse, étaient les mains-mortes du Tibère de la vallée d'Avonne, de même qu'à Paris les industriels sans argent sont les paysans de la haute Banque.

Soudry suivait l'exemple de Rigou depuis Soulanges jusqu'à cinq lieues au delà de la Ville-aux-Fayes. Ces deux usuriers s'étaient partagé l'arrondissement.

Gaubertin, dont la rapacité s'exerçait dans une sphère supérieure, non-seulement ne faisait pas concurrence à ses associés, mais il empêchait les capitaux de la Ville-aux-Fayes de prendre cette fructueuse route. On peut deviner maintenant quelle influence ce triumvirat de Rigou, de Soudry, de Gaubertin, obtenait aux élections par des électeurs dont la fortune dépendait de leur mansuétude.

Haine, intelligence et fortune, tel était le triangle terrible par lequel s'expliquait l'ennemi le plus proche des Aigues, le surveillant du général, en relations constantes avec soixante ou quatre-vingts petits propriétaires, parents ou alliés des paysans, et qui le redoutaient comme on redoute un créancier.

Rigou se superposait à Tonsard ; l'un vivait de vols en nature, l'autre s'engraissait de rapines légales. Tous deux aimaient à bien vivre, c'était la même nature sous deux espèces, l'une naturelle, l'autre aiguisée par l'éducation du cloître.

Lorsque Vaudoyer quitta le cabaret du Grand-I-Vert pour consulter l'ancien maire, il était environ quatre heures. A cette heur Rigou dînait.

En trouvant la porte bâtarde fermée, Vaudoyer regarda par-dessus les rideaux en criant : — Monsieur Rigou, c'est moi, Vaudoyer...

Jean sortit par la porte cochère, et fit entrer Vaudoyer un instant après en lui disant : — Viens au jardin, Monsieur a du monde.

Ce monde était Sibilet, qui, sous le prétexte de s'entendre relativement à la signification du jugement que venait de faire Brunet, s'entretenait avec Rigou de toute autre chose. Il avait trouvé l'usurier achevant son dessert.

Sur une table carrée éblouissante de linge, car, peu soucieux de la peine de sa femme et d'Annette, Rigou voulait du linge blanc tous les jours, le régisseur vit apporter une jatte de fraises, des abricots, des pêches, des figues, des amandes, tous les fruits de la saison à profusion, servis dans des assiettes de porcelaine blanche et sur des feuilles de vigne, presque aussi coquettement qu'aux Aigues.

En voyant Sibilet, Rigou lui dit de pousser les verroux aux portes battantes intérieures qui se trouvaient adaptées à chaque porte, autant pour garantir du froid que pour étouffer les sons, et il lui demanda quelle affaire si pressante l'obligeait à venir le voir en plein jour, tandis qu'il pouvait conférer si sûrement pendant la nuit.

— C'est que le Tapissier a parlé d'aller à Paris y voir le Garde des sceaux ; il est capable de vous faire bien du mal, de demander le déplacement de votre gendre, des juges de la Ville-aux-Fayes, et du président, surtout quand il lira le jugement qu'on vient de rendre en votre faveur. Il se cabre, il est fin, il a dans l'abbé Brossette un conseil capable de jouter avec vous et avec Gaubertin... Les prêtres sont puissants. Monseigneur l'évêque aime bien l'abbé Brossette. Madame la comtesse a parlé d'aller voir son cousin le préfet, le comte de Castéran, à propos de Nicolas. Michaud commence à lire couramment dans notre jeu.

— Tu as peur, dit l'usurier tout doucement en jetant sur Sibilet un regard que le soupçon rendit moins terne qu'à l'ordinaire et qui fut terrible. Tu calcules s'il ne vaut pas mieux te mettre du côté de monsieur le comte de Montcornet?

— Je ne vois pas trop où je prendrais, quand vous aurez dépecé les Aigues, quatre mille francs à placer tous les ans, honnêtement, comme je le fais depuis cinq ans, répondit crûment Sibilet. Monsieur Gaubertin m'a, dans le temps, débité les plus belles promesses; mais la crise approche, on va se battre certainement; promettre et tenir sont deux après la victoire.

— Je lui parlerai, répondit Rigou tranquillement. En attendant voici, moi, ce que je répondrais, si cela me regardait : « Depuis cinq ans, tu portes à M. Rigou quatre mille francs par an, et ce brave homme t'en donne sept et demi pour cent, ce qui te fait en ce moment un compte de vingt-sept mille francs, à cause de l'accumulation des intérêts; mais comme il existe un acte sous signature privée, double entre toi et Rigou, le régisseur des Aigues serait renvoyé le jour où l'abbé Brossette apporterait cet acte sous les yeux du Tapissier, surtout après une lettre anonyme qui l'instruirait de ton double rôle. Tu ferais donc mieux de chasser avec nous, sans demander tes os par avance, d'autant plus que monsieur Rigou n'étant pas tenu de te donner légalement sept et demi pour cent et les intérêts des intérêts, te ferait des *offres réelles* de tes vingt mille francs; et en attendant que tu puisses les palper, ton procès, allongé par la chicane, serait jugé par le tribunal de la Ville-aux-Fayes. En te conduisant sagement, quand monsieur Rigou sera propriétaire de ton pavillon aux Aigues, tu pourras continuer avec trente mille francs environ et trente mille autres francs que pourrait te confier Rigou, ce qui sera d'autant plus avantageux que les paysans se jetteront sur les terres des Aigues divisées en petits lots, comme la pauvreté sur le monde. » Voilà ce que pourrait te dire monsieur Gaubertin; mais moi je n'ai rien à te répondre, cela ne me regarde pas... Gaubertin et moi nous avons à nous plaindre de cet enfant du peuple qui bat son père, et nous poursuivons notre idée. Si l'ami Gaubertin a besoin de toi, moi je n'ai besoin de personne, car tout le monde est à ma dévotion. Quant au Garde des sceaux, on en change assez souvent; tandis que, **nous autres**, nous sommes **toujours là**.

— Enfin, vous êtes prévenu, reprit Sibilet qui se sentit bâté
comme un âne.

— Prévenu de quoi ? demanda finement Rigou.

— De ce que fera le Tapissier, répondit humblement le régisseur, il est allé furieux à la préfecture.

— Qu'il aille ! si les Montcornet n'usaient pas de roues, que deviendraient les carrossiers ?

— Je vous apporterai mille écus ce soir à onze heures... Sibilet ; mais vous devriez avancer mes affaires en me cédant quelques-unes de vos hypothèques arrivées à terme..., une de celles qui pourraient me valoir quelques bons lots de terres...

— J'ai celle de Courtecuisse, et je veux le ménager, car c'est le meilleur tireur du département; en te la transportant tu aurais l'air de tracasser ce drôle-là pour le compte du Tapissier, et ça ferait d'une pierre deux coups, il serait capable de tout en se voyant plus bas que Fourchon. Courtecuisse s'est exterminé sur la Bâchelerie, il a bien amendé le terrain, il a mis des espaliers aux murs du jardin. Ce petit domaine vaut quatre mille francs, le comte te les donnerait pour les trois arpents qui jouxtent ses remises. Si Courtecuisse n'était pas un licheur, il aurait pu payer ses intérêts avec ce qu'on y tue de gibier.

— Eh bien! transportez-moi cette créance, j'y ferai mon beurre, j'aurai la maison et le jardin pour rien, le comte achètera les trois arpents.

— Quelle part me donneras-tu ?

— Mon Dieu! vous sauriez traire du lait à un bœuf! s'écria Sibilet. Et moi, qui viens d'arracher au Tapissier l'ordre de réglementer le glanage d'après la loi...

— Tu as obtenu cela, mon gars ? dit Rigou, qui plusieurs jours auparavant avait suggéré l'idée de ces vexations à Sibilet en lui disant de les conseiller au général. Nous le tenons, il est perdu; mais ce n'est pas assez de le tenir par un bout, il faut le ficeler comme une carotte de tabac ! Tire les verroux, mon gars, dis à ma femme de m'apporter le café, les liqueurs, et dis à Jean d'atteler, je vais à Soulanges. A ce soir ! — Bonjour Vaudoyer, dit l'ancien maire en voyant entrer son ancien garde champêtre. Eh bien! qu'y a-t-il ?...

Vaudoyer raconta tout ce qui venait de se passer au cabaret et

demanda l'avis de Rigou sur la légalité des règlements médités par
e général.

— Il en a le droit, répliqua nettement Rigou. Nous avons un
rude seigneur ; l'abbé Brossette est un malin, votre curé suggère
toutes ces mesures-là, parce que vous n'allez pas à la messe, tas
de parpaillots! J'y vais bien, moi! Il y a un Dieu, voyez-vous!...
Vous endurez tout, le Tapissier ira toujours de l'avant !...

— Eh bien! nous glanerons !... dit Vaudoyer avec cet accent
résolu qui distingue les Bourguignons.

— Sans certificat d'indigence? reprit l'usurier. On dit qu'il est
allé demander des troupes à la préfecture, afin de vous faire rentrer dans le devoir.

— Nous glanerons comme par le passé, répéta Vaudoyer.

— Glanez!... monsieur Sarcus jugera si vous avez raison, dit
l'usurier en ayant l'air de promettre aux glaneurs la protection de
la justice de paix.

— Nous glanerons et nous serons en force !... ou la Bourgogne
ne serait plus la Bourgogne! dit Vaudoyer. Si les gendarmes ont
des sabres, nous avons des faux, et nous verrons !

A quatre heures et demie, la grande porte verte de l'ancien
presbytère tourna sur ses gonds, et le cheval bai-brun, mené à la
bride par Jean, tourna vers la place. Madame Rigou et Annette,
venues sur le pas de la porte bâtarde, regardaient la petite carriole
d'osier, peinte en vert, à capote de cuir, où se trouvait leur maître
établi sur de bons coussins.

— Ne vous attardez pas, monsieur, dit Annette en faisant une
petite moue.

Tous les gens du village, instruits déjà des menaçants arrêtés
que le maire voulait prendre, se mirent tous sur leurs portes ou
s'arrêtèrent dans la grande rue en voyant passer Rigou, pensant
tous qu'il allait à Soulanges pour les défendre.

— Eh bien! madame Courtecuisse, notre ancien maire va sans
doute aller nous défendre, dit une vieille fileuse que la question
des délits forestiers intéressait beaucoup, car son mari vendait des
fagots volés à Soulanges.

— Mon Dieu! le cœur lui saigne de voir ce qui se passe, il en
est malheureux autant que vous autres, répondit la pauvre femme
qui tremblait au nom seul de son créancier, et qui par peur en
faisait l'éloge.

— Ah! c'est pas pour dire, mais on l'a bien maltraité, lui! — Bonjour, monsieur Rigou, dit la fileuse, que Rigou salua ainsi que sa débitrice.

Quand l'usurier traversa la Thune, guéable en tout temps, Tonsard, sorti de son cabaret, dit à Rigou sur la route cantonale : Eh bien! père Rigou, le Tapissier veut donc que nous soyons ses chiens?

— Nous verrons ça! répondit l'usurier en fouettant son cheval.

— Il saura bien nous défendre, dit Tonsard à un groupe de femmes et d'enfants attroupés autour de lui.

— Il pense à vous, comme un aubergiste pense aux goujons en nettoyant sa poêle à frire, répliqua Fourchon.

— Ote-donc le battant à ta *grelotte* quand tu est soûl!..., dit Mouche en tirant son grand-père par sa blouse et le faisant tomber sur le talus au rez d'un peuplier. Si ce mâtin de moine entendait ça, tu ne lui vendrais plus tes paroles si cher...

En effet, si Rigou courait à Soulanges, il était emporté par la nouvelle si grave donnée par le régisseur des Aigues, et qui lui parut menaçante pour la coalition secrète de la bougeoisie avonnaise.

# DEUXIÈME PARTIE

### I. — LA PREMIÈRE SOCIÉTÉ DE SOULANGES.

A six kilomètres environ de Blangy, pour parler légalement, et à une distance égale de la Ville-aux-Fayes, s'élève en amphithéâtre sur un monticule, ramification de la longue côte parallèle à celle au bas de laquelle coule l'Avonne, la petite ville de Soulanges, surnommée *la Jolie*, peut-être à plus juste titre que Mantes.

Au bas de cette colline, la Thune s'étale sur un fond d'argile d'une étendue d'environ trente hectares, au bout duquel les moulins de Soulanges, établis sur de nombreux îlots, dessinent une fabrique aussi gracieuse que pourrait l'inventer un architecte de jardins. Après avoir arrosé le parc de Soulanges, où elle alimente de belles rivières et des lacs artificiels, la Thune se jette dans l'Avonne par un canal magnifique.

Le château de Soulanges, rebâti sous Louis XIV, sur les dessins de Mansard, et l'un des plus beaux de Bourgogne, fait face à ville. Ainsi Soulanges et le château se présentent respectivement un point de vue aussi splendide qu'élégant. La route cantonale tourne entre la ville et l'étang, un peu trop pompeusement nommé le lac de Soulanges par les gens du pays.

Cette petite ville est une de ces compositions naturelles excessivement rares en France, où le joli, dans ce genre, manque absolument. Là, vous retrouverez en effet, le joli de la Suisse, comme le disait Blondet dans sa lettre, le joli des environs de Neufchâtel. Les gais vignobles qui forment une ceinture à Soulanges complètent cette ressemblance, hormi le Jura et les Alpes, toutefois ; les rues, superposées les unes aux autres sur la colline, ont peu de maisons, car elles sont toutes accompagnées de jardins, qui produisent ces masses de verdure si rares dans les capitales. Les toitures bleues ou rouges, mélangées de fleurs, d'arbres, de terrasses à treillages, offrent des aspects variés et pleins d'harmonie.

L'église, une vieille église du moyen âge, bâtie en pierres, grâce à la munificence des seigneurs de Soulanges, qui s'y sont réservé d'abord une chapelle près du chœur, puis une chapelle souterraine, leur nécropole ; offre, comme celle de Longjumeau, pour portail, une immense arcade, frangée de cercles fleuris et garnis de statuettes, flanquée de deux piliers à niches terminés en aiguilles. Cette porte, assez souvent répétée dans les petites églises du Moyen Age que le hasard a préservées des ravages du calvinisme, est couronnée par un triglyphe au-dessus duquel s'élève une Vierge sculptée tenant l'Enfant-Jésus. Les bas côtés se composent à l'extérieur de cinq arcades pleines dessinées par des nervures, éclairées par des fenêtres à vitraux. Le chevet s'appuie sur des arcs-boutants dignes d'une cathédrale. Le clocher, qui se trouve dans une branche de la croix, est une tour carrée surmontée d'une campanille. Cette église s'aperçoit de loin, car elle est en haut de la grande place au bas de laquelle passe la route.

La place, d'une assez grande largeur, est bordée de constructions originales, toutes de diverses époques. Beaucoup, moitié bois, moitié briques, et dont les solives ont un gilet d'ardoises, remontent au moyen âge. D'autres en pierres et à balcon, montrent ce pignon si cher à nos aïeux, et qui date du douzième siècle. Plusieurs attirent le regard par ces vieilles poutres saillantes à figures grotesques, dont la saillie forme un auvent, et qui rappelle le temps où la bourgeoisie était uniquement commerçante. La plus magnifique est l'ancien bailliage, maison à façade sculptée, en alignement avec l'église qu'elle accompagne admirablement. Vendue nationalement, elle fut achetée par la commune, qui en fit la mairie et y mit le tribunal de paix, où siégeait alors monsieur Sarcus, depuis l'institution du juge de paix.

Ce léger croquis permet d'entrevoir la place de Soulanges, ornée au milieu d'une charmante fontaine rapportée d'Italie, en 1520, par le maréchal de Soulanges, et qui ne déshonorerait pas une grande capitale. Un jet d'eau perpétuel, provenant d'une source située en haut de la colline, est distribué par quatre Amours en marbre blanc tenant des conques et couronnés d'un panier plein de raisins.

Les voyageurs lettrés qui passeront par là, si jamais il en passe après Blondet, pourront y reconnaître cette place illustrée par Molière et par le théâtre espagnol, qui régna si longtemps sur la scène française, et qui démontrera toujours que la comédie est née en de chauds pays, où la vie se passait sur la place publique. La place de Soulages rappelle d'autant mieux cette place classique, et toujours semblable à elle-même sur tous les théâtres, que les deux premières rues la coupant précisément à la hauteur de la fontaine, figurent ces coulisses si nécessaires aux maîtres et aux valets pour se rencontrer ou pour se fuir. Au coin d'une de ces rues, qui se nomme la rue de la Fontaine, brillent les panonceaux de maître Lupin. La maison Sarcus, la maison du percepteur Guerbet, celle de Brunel, celle du greffier Gourdon et de son frère le médecin, celle du vieux monsieur Gendrin-Vattebled, le garde général des eaux et forêts. Ces maisons, tenues très-proprement par leurs propriétaires, qui prennent au sérieux le surnom de leur ville, sont sises aux alentours de la place, le quartier aristocratique de Soulanges.

La maison de madame Soudry, car la puissante individualité

de l'ancienne femme de chambre de mademoiselle Laguerre avait absorbé le chef de la communauté ; cette maison entièrement moderne avait été bâtie par un riche marchand de vin, né à Soulanges, qui, après avoir fait sa fortune à Paris, revint en 1793 acheter du blé pour sa ville natale. Il y fut massacré comme accapareur par la populace, ameutée au cri d'un misérable maçon, l'oncle de Godain, avec lequel il avait des difficultés à propos de son ambitieuse bâtisse.

La liquidation de cette succession, vivement discutée entre collatéraux, traîna si bien, qu'en 1798, Soudry, de retour à Soulanges, put acheter pour mille écus en espèces le palais du marchand de vin, et il le loua d'abord au département pour y loger la gendarmerie. En 1811, mademoiselle Cochet, que Soudry consultait en toute chose, s'opposa vivement à ce que le bail fût continué, trouvant cette maison inhabitable, en concubinage, disait-elle, avec une caserne. La ville de Soulanges, aidée par le département, bâtit alors un hôtel à la gendarmerie, dans une rue latérale à la mairie. Le brigadier nettoya sa maison, y restitua le lustre primitif souillé par l'écurie et par l'habitation des gendarmes.

Cette maison, élevée d'un étage et coiffée d'un toit percé de mansardes, voit le paysage par trois façades, une sur la place, l'autre sur le lac, et la troisième sur un jardin. Le quatrième côté donne sur une cour qui sépare les Soudry de la maison voisine, occupée par un épicier nommé Wattebled, un homme de la *seconde société*, père de la belle madame Plissoud, de laquelle il sera bientôt question.

Toutes les petites villes ont *une belle madame*, comme elles ont un Socquard et un café de la Paix.

Chacun devine que la façade sur le lac est bordée d'une terrasse à jardinet d'une médiocre élévation, terminée par une balustrade en pierre et qui longe la route cantonale. On descend de cette terrasse dans le jardin par un escalier sur chaque marche duquel se trouve un oranger, un grenadier, un myrte et autres arbres d'ornement, qui nécessitent au bout du jardin une serre que madame Soudry s'obstine à nommer une *resserre*. Sur la place, on entre dans la maison par un perron élevé de plusieurs marches. Selon l'habitude des petites villes, la porte cochère, réservée au service de la cour, au cheval du maître et aux arrivages extraordinaires, s'ouvre assez rarement. Les habitués, venant tous à pied, montaient par le perron.

Le style de l'hôtel Soudry est sec; les assises sont indiquées par des filets dits à gouttière; les fenêtres sont encadrées de moulures alternativement grêles et fortes, dans le genre de celles des pavillons Gabriel et Perronnet de la place Louis XV. Ces ornements donnent, dans une si petite ville, un aspect monumental à cette maison devenue célèbre.

En face, à l'autre angle de la place, se trouve le fameux café de la Paix, dont les particularités et le prestigieux Tivoli surtout exigeront plus tard des descriptions moins succinctes que celle de la maison Soudry.

Rigou venait très-rarement à Soulanges, car chacun se rendait chez lui : le notaire Lupin comme Gaubertin, Soudry comme Gendrin, tant on le craignait. Mais on va voir que tout homme instruit, comme l'était l'ex-bénédictin, eût imité la réserve de Rigou, par l'esquisse, nécessaire ici, des personnes de qui l'on disait dans le pays : — C'est la *première société* de Soulanges.

De toutes ces figures, la plus originale, vous le pressentez, était madame Soudry, dont le personnage, pour être bien rendu, exige toutes les minuties du pinceau.

Madame Soudry se permettait un *soupçon de rouge* à l'imitation de mademoiselle Laguerre; mais cette légère teinte avait changé, par la force de l'habitude, en plaques de vermillon si pittoresquement appelées des roues de carrosses par nos ancêtres. Les rides du visage, devenant de plus en plus profondes et multipliées, la mairesse avait imaginé pouvoir les combler de fard. Son front jaunissait aussi par trop, et ses tempes miroitant, elle se *posait* du blanc, et figurait les veines de la jeunesse par de légers réseaux de bleu. Cette peinture donnait une excessive vivacité à ses yeux déjà fripons, en sorte que son masque eût paru plus que bizarre à des étrangers; mais, habituée à cet éclat postiche, sa société trouvait madame Soudry très-belle.

Cette haquenée, toujours décolletée, montrait son dos et sa poitrine blanchis et vernis l'un et l'autre par les mêmes procédés employés pour le visage; mais heureusement, sous prétexte de faire badiner de magnifiques dentelles, elle voilait à demi ses produits chimiques. Elle portait toujours un corps de jupe à baleines dont la pointe descendait très-bas, garni de nœuds partout, même à la pointe !... sa jupe rendait des sons criards tant la soie et les falbalas y foisonnaient.

Cet attirail, qui justifie le mot *atours*, bientôt inexplicable, était en damas de grand prix ce soir-là, car madame Soudry possédait cent habillements plus riches les uns que les autres, provenant tous de l'immense et splendide garde-robe de mademoiselle Laguerre, et toutes retaillées par elle dans le dernier genre de 1808. Les cheveux de sa perruque blonde, crêpés et poudrés, semblaient soulever son superbe bonnet à coques de satin rouge cerise, pareil aux rubans de ses garnitures.

Si vous voulez vous figurer sous ce bonnet toujours ultra-coquet un visage de macaque d'une laideur monstrueuse, où le nez camus, dénudé comme celui de la Mort, est séparé par une forte marge de chair barbue d'une bouche à râtelier mécanique, où les sons s'engagent comme en des cors de chasse, vous comprendrez difficilement pourquoi la première société de la ville et tout Soulanges, en un mot, trouvait belle cette quasi-reine, à moins de vous rappeler le traité succinct *ex professo* qu'une des femmes les plus spirituelles de notre temps a récemment écrit sur l'art de se faire belle à Paris par les accessoires dont on s'y entoure.

En effet, d'abord madame Soudry vivait au milieu des dons magnifiques amassés chez sa maîtresse, et que l'ex-bénédictin appelait *fructus belli*. Puis elle tirait parti de sa laideur en l'exagérant, en se donnant cet air, cette tournure qui ne se prennent qu'à Paris, et dont le secret reste à la Parisienne la plus vulgaire, toujours plus ou moins singe. Elle se serrait beaucoup, elle mettait une énorme tournure, elle portait des boucles de diamants aux oreilles, ses doigts était surchargés de bagues. Enfin, en haut de son corset, entre deux masses arrosées de blanc de perle, brillait un *hanneton composé de deux topazes et à tête en diamant*, un présent de chère maîtresse, dont on parlait dans tout le département. De même que feu sa maîtresse, elle allait toujours les bras nus et agitait un éventail d'ivoire à peinture de Boucher, et auquel deux petites roses servaient de boutons.

Quand elle sortait, madame Soudry tenait sur sa tête le vrai parasol du dix-huitième siècle, c'est-à-dire une canne au haut de laquelle se déployait une ombrelle verte à franges vertes. De dessus la terrasse, quand elle s'y promenait, un passant, en la regardant de très-loin, aurait cru voir marcher une figure de Watteau.

Dans ce salon, tendu de damas rouge, à rideaux de damas doublés en soie blanche, et dont la cheminée était garnie de chinoiseries du bon temps de Louis XV, avec feu, galeries, branches de lis élevées en l'air par des Amours, dans ce salon plein de meubles en bois doré à pied de biche, on concevait que des gens de Soulanges pussent dire de la maîtresse de la maison : La belle madame Soudry ! Aussi l'hôtel Soudry était-il devenu le préjugé national de ce chef-lieu de canton.

Si la première société de cette petite ville croyait en sa reine, sa reine croyait également en elle-même. Par un phénomène qui n'est pas rare, et que la vanité de mère, que la vanité d'auteur accomplissent à tous moments sous nos yeux pour les œuvres littéraires comme pour les filles à marier, en sept ans, la Cochet s'était si bien enterrée dans madame la mairesse, que non-seulement la Soudry ne se souvenait plus de sa première condition, mais encore elle croyait être une femme comme il faut. Elle s'était si bien rappelé les airs de tête, les tons de fausset, les gestes, les façons de sa maîtresse, qu'en en retrouvant l'opulente existence, elle en avait retrouvé l'impertinence. Elle savait son dix-huitième siècle, les anecdotes des grands seigneurs et leurs parentés sur le bout du doigt. Cette érudition d'antichambre lui composait une conversation qui sentait son Œil-de-Bœuf. Là donc, son esprit de soubrette passait pour de l'esprit de bon aloi. Au moral, la mairesse était, si vous voulez, du strass ; mais, pour les sauvages, le strass ne vaut-il pas le diamant ?

Cette femme s'entendait aduler, diviniser, comme jadis on divinisait sa maîtresse par les gens de sa société qui trouvaient chez elle un dîner tous les huit jours, et du café, des liqueurs quand ils arrivaient au moment du dessert, hasard assez fréquent. Aucune tête de femme n'eût pu résister à la puissance exhilarante de cet encensement continu. L'hiver, ce salon bien chauffé, bien éclairé en bougies, se remplissait des bourgeois les plus riches, qui remboursaient en éloges les fines liqueurs et les vins exquis provenant de la cave de chère maîtresse. Les habitués et leurs femmes, véritables usufruitiers de ce luxe, économisaient ainsi chauffage et lumière. Aussi, savez-vous ce qui se proclamait à cinq lieues à la ronde, et même à la Ville-aux-Fayes ?

— Madame Soudry fait à merveille les honneurs de chez elle, se disait-on en passant en revue les notabilités départementales;

elle tient maison ouverte ; on est admirablement chez elle. Elle sait faire les honneurs de sa fortune. Elle a le petit mot pour rire. Et quelle belle argenterie ! C'est une maison comme il n'y en a qu'à Paris !...

L'argenterie donnée par Bouret à mademoiselle Laguerre, une magnifique argenterie du fameux Germain, avait été littéralement volée par la Soudry. A la mort de mademoiselle Laguerre, elle la mit tout simplement dans sa chambre, et elle ne put être réclamée par des héritiers qui ne savaient rien des valeurs de la succession.

Depuis quelque temps, les douze ou quinze personnes qui représentaient la première société de Soulanges parlaient de madame Soudry comme de l'amie intime de mademoiselle Laguerre, en se cabrant au mot de *femme de chambre*, et prétendant qu'elle s'était immolée à la cantatrice en se faisant la compagne de cette grande actrice.

Chose étrange et vraie ! toutes ces illusions, devenues des réalités, se propageaient chez madame Soudry jusque dans les régions positives du cœur ; elle régnait tyranniquement sur son mari.

Le gendarme, obligé d'aimer une femme plus âgée que lui de dix ans, et qui gardait le maniement de sa fortune, l'entretenait dans les idées qu'elle avait fini par concevoir de sa beauté. Néanmoins, quand on l'enviait, quand on lui parlait de son bonheur, le gendarme souhaitait quelquefois qu'on fût à sa place ; car, pour cacher ses peccadilles, il prenait des précautions comme on en prend avec une jeune femme adorée, et il n'avait pu introduire que depuis quelques jours une jolie servante au logis.

Le portrait de cette reine, un peu grotesque, mais dont plusieurs exemplaires se rencontraient encore à cette époque en province, les uns plus ou moins nobles, les autres tenant à la haute finance, témoin une veuve de fermier général qui se mettait encore des rouelles de veau sur les joues, en Touraine ; ce portrait, peint d'après nature, serait incomplet sans les brillants dans lesquels il était enchâssé, sans les principaux courtisans dont l'esquisse est nécessaire, ne fût-ce que pour expliquer combien sont redoutables de pareils lilliputiens, et quels sont au fond des petites villes les organes de l'opinion publique. Qu'on ne s'y trompe pas ! il est des localités qui, pareilles à Soulanges, sans être un bourg, un village, ni une petite ville, tiennent de la ville, du **village et du bourg. Les physionomies des habitants sont tout** autres qu'au sein des bonnes, grosses, méchantes villes de province ; la vie de campagne y influe sur les mœurs, et ce mélange de teintes produit des figures vraiment originales.

Après madame Soudry, le personnage le plus important était le notaire Lupin, le chargé d'affaires de la maison Soulanges; car il est inutile de parler du vieux Gendrin-Wattebled, le garde général, un nonagénaire en train de mourir, et qui, depuis l'avénement de madame Soudry, restait chez lui ; mais, après avoir régné sur Soulanges en homme qui jouissait de sa place depuis le règne de Louis XV, il parlait encore dans ses moments lucides, de la juridiction de la Table de marbre.

Quoique comptant quarante-cinq printemps, Lupin, frais et rose, grâce à l'embonpoint qui sature inévitablement les gens de cabinet, chantait encore la romance. Aussi conservait-il le costume élégant des chanteurs de salon. Il paraissait presque Parisien avec ses bottes soigneusement cirées, ses gilets jaune-soufre, ses redingotes justes, ses riches cravates de soie, ses pantalons à la mode. Il faisait friser ses cheveux par le coiffeur de Soulanges, la gazette de la ville, et se maintenait à l'état d'homme à bonnes fortunes, à cause de sa liaison avec madame Sarcus, la femme de Sarcus le Riche, qui, sans comparaison, était dans sa vie ce que les campagnes d'Italie furent pour Napoléon. Lui seul allait à Paris, où il était reçu chez les Soulanges. Aussi eussiez-vous deviné la suprématie qu'il exerçait en sa qualité de fat et de juge en fait d'élégance, rien qu'à l'entendre parler. Il se prononçait sur toute chose par un seul mot à trois modificatifs, le mot artistique *croûte*.

Un homme, un meuble, une femme pouvaient être *croûte*; puis, dans un degré supérieur de mal façon, *croûton* ; enfin, pour dernier terme, *croûte-au-pot! Croûte-au-pot*, c'était le : *ça n'existe pas* des artistes, l'omnium du mépris. Croûte, on pouvait se désencroûter ; croûton était sans ressources ; mais croûte-au-pot ! Oh ! mieux valait n'être jamais sorti du néant. Quant à l'éloge, il se réduisait au redoublement du mot charmant !... — C'est charmant ! était le positif de son admiration. — Charmant ! charmant !... — Vous pouviez être tranquille. — Mais : Charmant ! charmant ! charmant ! il fallait retirer l'échelle, on atteignait au ciel de la perfection.

Le tabellion, car il se nommait lui-même le tabellion, garde-notes, petit notaire, en se mettant par la raillerie au-dessus de son état; le tabellion restait dans les termes d'une galanterie parlée avec madame la mairesse, qui se sentait un faible pour Lupin, quoiqu'il fût blond et qu'il portât lunettes. La Cochet n'avait jamais aimé que les hommes bruns, moustachés, à bosquets sur les phalanges des doigts, des alcides enfin. Mais elle faisait une exception pour Lupin, à cause de son élégance, et d'ailleurs, elle pensait que son triomphe à Soulanges ne serait complet qu'avec un adorateur; mais, au grand désespoir de Soudry, les adorateurs de la reine n'osaient pas donner à leur admiration une forme adultère.

La voix du tabellion était une haute-contre; il en donnait parfois l'échantillon dans les coins, ou sur la terrasse, une façon de rappeler son *talent d'agrément*, écueil contre lequel se brisent tous les hommes à talent d'agrément, même les hommes de génie, hélas!

Lupin avait épousé une héritière en sabots et en bas bleus, la fille unique d'un marchand de sel, enrichi pendant la révolution, époque à laquelle les faux-sauniers firent d'énormes gains, à la faveur de la réaction qui eut lieu contre les gabelles. Il laissait prudemment sa femme à la maison, où Bébelle était maintenue par une passion platonique pour un très-beau premier clerc, sans autre fortune que ses appointements, un nommé Bonnac, qui, dans la seconde société, jouait le même rôle que son patron dans la première.

Madame Lupin, femme sans aucune espèce d'éducation, apparaissait aux grands jours seulement, sous la forme d'une énorme pipe de Bourgogne habillée de velours et surmontée d'une petite tête enfoncée dans des épaules d'un ton douteux. Aucun procédé ne pouvait maintenir le cercle de la ceinture à sa place naturelle. Bébelle avouait naïvement que la prudence lui défendait de porter des corsets. Enfin l'imagination d'un poëte ou mieux celle d'un inventeur n'aurait pas trouvé dans le dos de Bébelle trace de la séduisante sinuosité qu'y produisent les vertèbres chez toutes les femmes qui sont femmes.

Bébelle, ronde comme une tortue, appartenait aux femelles invertébrées. Ce développement effrayant du tissu cellulaire rassurait sans doute beaucoup Lupin sur la petite passion de la grosse Bébelle, qu'il nommait Bébelle effrontément, sans faire rire personne.

— Votre femme, qu'est-elle? lui demanda Sarcus le Riche, qui ne digéra pas un jour le mot *croûte-au-pôt*, dit pour un meuble acheté d'occasion. — Ma femme n'est pas comme la vôtre, elle n'est pas encore définie, répondit-il.

Lupin cachait sous sa grosse enveloppe un esprit subtil ; il avait le bon sens de taire sa fortune, au moins aussi considérable que celle de Rigou.

Le *fils à monsieur Lupin*, Amaury, désolait son père. Ce fils unique, un des dons Juans de la vallée, se refusait à suivre la carrière paternelle ; il abusait de son avantage de fils unique en faisant d'énormes saignées à la caisse, sans jamais épuiser l'indulgence de son père, qui disait à chaque escapade. « J'ai pourtant été comme cela ! » Amaury ne venait jamais chez madame Soudry qui *t'embêtait* (*sic*), car elle avait, par un souvenir de femme de chambre, tenté de faire l'éducation de ce jeune homme, que ses plaisirs conduisaient au billard du café de la Paix. Il y hantait la mauvaise compagnie de Soulanges, et même les Bonnébault. Il jetait sa *gourne* (un mot de madame Soudry), et répondait aux remontrances de son père par ce refrain perpétuel : « Renvoyez-moi à Paris, je m'ennuie ici !... »

Lupin finissait, hélas ! comme tous les *beaux*, par un attachement quasi conjugal. Sa passion connue était la femme du second huissier, audiencier de la justice de paix, madame Euphémie Plissoud, pour laquelle il n'avait pas de secrets. La belle madame Plissoud, fille de Vattebled l'épicier, régnait dans la seconde société comme madame Soudry dans la première. Ce Plissoud, le concurrent malheureux de Brunel, appartenait donc à la seconde société de Soulanges ; car la conduite de sa femme, qu'il autorisait, disait-on, lui valait le mépris public de la première.

Si Lupin était le musicien de la première société, monsieur Gourdon, le médecin, en était le savant. On disait de lui : « Nous avons ici un savant du premier mérite. » De même que madame Soudry (qui s'y connaissait pour avoir introduit le matin chez sa maîtresse Piccini et Glück, et pour avoir habillé mademoiselle Laguerre à l'Opéra) persuadait à tout le monde, même à Lupin, qu'il aurait fait fortune avec sa voix ; de même elle regrettait que le médecin ne publiât rien de ses idées.

Monsieur Gourdon répétait tout bonnement les idées de Buffon et de Cuvier sur le globe, ce qui pouvait difficilement le poser comme savant aux yeux des Soulangeois ; mais il faisait une colfection de coquilles et un herbier, mais il savait empailler les oiseaux. Enfin il poursuivait la gloire de léguer un cabinet d'histoire naturelle à la ville de Soulanges; dès lors, il passait dans tout le département pour un grand naturaliste, pour le successeur de Buffon.

Ce médecin, semblable à un banquier genevois, car il en avait le pédantisme, l'air froid, la propreté puritaine, sans en avoir l'argent ni l'esprit calculateur, montrait avec une excessive complaisance ce fameux cabinet composé : d'un ours et d'une marmotte décédés en passage à Soulanges; de tous les rongeurs du département, les mulots, les musaraignes, les souris, les rats, etc. ; de tous les oiseaux curieux tués en Bourgogne, parmi lesquels brillait un aigle des Alpes, pris dans le Jura. Gourdon possédait une collection de lépidoptères, mot qui faisait espérer des monstruosités et qui faisait dire en les voyant : Mais c'est des papillons ! Puis un bel amas de coquilles fossiles provenant des collections de plusieurs de ses amis, qui lui léguèrent leurs coquilles en mourant, et enfin les minéraux de la Bourgogne et ceux du Jura.

Ces richesses, établies dans des armoires vitrées dont les buffets à tiroirs contenaient une collection d'insectes, occupaient tout le premier étage de la maison Gourdon, et produisaient un certain effet par la bizarrerie des étiquettes, par la magie des couleurs et par la réunion de tant d'objets, auxquels on ne fait pas la moindre attention en les rencontrant dans la nature et qu'on admire sous verre. On prenait jour pour aller voir le cabinet de monsieur Gourdon.

— J'ai, disait-il aux curieux, cinq cents sujets d'ornithologie, deux cents mammifères, cinq mille insectes, trois mille coquilles et sept cents échantillons de minéralogie.

— Quelle patience vous avez eue! lui disaient les dames.

— Il faut bien faire quelque chose pour son pays, répondait-il.

Et il tirait un énorme intérêt de ses carcasses par cette phrase : « J'ai légué tout par testament à la ville. » Et les visiteurs d'admirer sa *philanthropie!* On parlait de consacrer tout le deuxième étage de la mairie, *après la mort* du médecin, à loger le *Museum Gourdon.*

— Je compte sur la reconnaissance de mes concitoyens pour que mon nom y soit attaché, répondait-il à cette proposition, car je n'ose pas espérer qu'on y mette mon buste en marbre...

— Comment donc! mais ce sera bien le moins qu'on puisse faire pour vous, lui répondait-on, n'êtes-vous pas la gloire de Soulanges?

Et cet homme avait fini par se regarder comme une des célébrités de la Bourgogne ; les rentes les plus solides ne sont pas les rentes sur l'État, mais celles qu'on se fait en amour-propre. Ce savant, pour employer le système grammatical de Lupin, était heureux, heureux, heureux.

Gourdon le greffier, petit homme chafouin, dont tous les traits se ramassaient autour du nez, en sorte que le nez semblait être le point de départ du front, des joues, de la bouche, qui s'y rattachaient comme les ravins d'une montagne naissent tous du sommet, était regardé comme un des grands poëtes de la Bourgogne, un Piron, disait-on. Le double mérite des deux frères faisait dire d'eux au chef-lieu du département : « Nous avons à Soulanges les deux frères Gourdon, deux hommes très-distingués, deux hommes qui tiendraient bien leur place à Paris. »

Joueur excessivement fort au bilboquet, la manie d'en jouer engendra chez le greffier une autre manie, celle de chanter ce jeu, qui fit fureur au dix-huitième siècle. Les manies chez les médiocrates sont souvent deux à deux. Gourdon jeune accoucha de son poëme sous le règne de Napoléon. N'est-ce pas vous dire à quelle école saine et prudente il appartenait? Luce de Lancival, Parny, Saint-Lambert, Rouché, Vigée, Andrieux, Berchoux étaient ses héros. Delille fut son dieu jusqu'au jour où la première société de Soulanges agita la question de savoir si Gourdon ne l'emportait pas sur Delille, que dès lors le greffier nomma toujours *monsieur l'abbé* Delile, avec une politesse exagérée.

Les poëmes accomplis de 1780 à 1814 furent taillés sur le même patron, et celui sur le bilboquet les expliquera tous. Ils tenaient un peu du tour de force. Le *Lutrin* est le Saturne de cette abortive génération de poëmes badins, tous en quatre chants à peu près, car, d'aller jusqu'à six, il était reconnu qu'on fatiguait le sujet.

Ce poëme de Gourdon, nommé la Bilboquéide, obéissait à la poétique de ces œuvres départementales, invariables dans leurs règles identiques; elles contenaient dans le premier chant la description de la chose chantée, en débutant, comme chez Gourdon, par une invocation dont voici le modèle :

> Je chante ce doux jeu qui sied à tous les âges,
> Aux petits comme aux grands, aux fous ainsi qu'aux sages;
> Où notre agile main, au front d'un buis pointu,
> Lance un globe à deux trous dans les airs suspendu.
> Jeu charmant, des ennuis infaillible remède
> Que nous eût envié l'inventeur Palamède!
> O Muse des Amours et des Jeux et des Ris,
> Descends jusqu'à mon toit, où, fidèle à Thémis,
> Sur le papier du fisc, j'espace des syllabes.
> Viens charmer...

Après avoir défini le jeu, décrit les plus beaux bilboquets connus, avoir fait comprendre de quel secours il fut jadis au commerce du Singe-Vert et autres tabletiers; enfin, après avoir démontré comment le jeu touchait à la statique, Gourdon finissait son premier chant par cette conclusion qui vous rappellera celle du premier chant de tous ces poëmes :

> C'est ainsi que les Arts et la Science même
> A leur profit enfin font tourner un objet
> Qui n'était de plaisir qu'un frivole sujet.

Le second chant, destiné comme toujours à dépeindre la manière de se servir de *l'objet*, le parti qu'on en pouvait tirer, auprès des femmes et dans le monde, sera tout entier deviné par les amis de cette sage littérature, grâce à cette citation, qui peint le joueur faisant ses exercices sous les yeux de *l'objet aimé*.

> Regardez ce joueur, au sein de l'auditoire,
> L'œil fixé tendrement sur le globe d'ivoire,
> Comme il épie et guette avec attention
> Ses moindres mouvements dans leur précision!
> La boule a, par trois fois, décrit sa parabole,
> D'un factice encensoir il flatte son idole ;
> Mais le disque est tombé sur son poing maladroit,
> Et d'un baiser rapide il console son doigt.
> Ingrat! ne te plains pas de ce léger martyre,
> Bienheureux accident, trop payé d'un sourire!

Ce fut cette peinture, digne de Virgile, qui fit mettre en question la prééminence de Delille sur Gourdon. Le mot *disque*, contesté par le positif Brunel, *donna matière* à des discussions qui durèrent onze mois ; mais Gourdon le savant, dans une soirée où l'on fut sur le point de part et d'autre de se fâcher *tout rouge*, écrasa le parti des *anti-disquaires*, par cette observation : La lune, appelée disque par les poëtes, est un globe!

— Qu'en savez-vous ? répondit Brunel, nous n'en avons jamais vu qu'un côté.

Le troisième chant renfermait le conte obligé, l'anecdote célèbre qui concernait le bilboquet. Cette anecdote, tout le monde a sait par cœur, elle regarde un fameux ministre de Louis XVI ; mais, selon la formule consacrée dans les *Débats* de 1810 à 1814, pour louer ces sortes de travaux publics, *elle empruntait des grâces nouvelles à la poésie et aux agréments que l'auteur avait su y répandre.*

Le quatrième chant, où se résumait l'œuvre, était terminé par cette hardiesse inédite de 1810 à 1814, mais qui vit le jour en 1824, après la mort de Napoléon.

> Ainsi j'osais chanter en des temps pleins d'alarmes.
> Ah ! si les rois jamais ne portaient d'autres armes,
> Si les peuples jamais, pour charmer leurs loisirs,
> N'avaient imaginé que de pareils plaisirs ;
> Notre Bourgogne, hélas, trop longtemps éplorée,
> Eût retrouvé les jours de Saturne et de Rhée !

Ces beaux vers ont été copiés dans l'édition *princeps* et unique, sortie des presses de Bournier, imprimeur de la Ville-aux-Fayes.

Cent souscripteurs, par une offrande de trois francs, assurèrent à ce poëme une immortalité d'un dangereux exemple, et ce fut d'autant plus beau que ces cent personnes l'avaient entendu près de cent fois, chacune en détail.

Madame Soudry venait de supprimer le bilboquet qui se trouvait sur la console de son salon, et qui, depuis sept ans, était un prétexte à citations ; elle découvrit enfin que ce bilboquet lui faisait concurrence.

Quant à l'auteur, qui se vantait de posséder un portefeuille bien garni, il suffira pour le peindre de dire en quels termes il annonça un de ses rivaux à la première société de Soulanges.

— Savez-vous une singulière nouvelle ? avait-il dit deux ans auparavant, il y a un *autre poëte* en Bourgogne !... Oui, reprit-il en voyant l'étonnement général peint sur les figures, il est de Mâcon. Mais, vous n'imagineriez jamais *à quoi il s'occupe ?* Il met les nuages en vers...

— Ils sont pourtant déjà très-bien en *blanc,* répondit le spirituel père Guerbet.

— C'est un *embrouillamini* de tous les diables ! Des lacs, des étoiles, des vagues!... Pas une seule image raisonnable, pas une intention didactique; il ignore les sources de la poésie. Il appelle le ciel par son nom. Il dit la lune bonacement, au lieu de l'*astre des nuits*. Voilà pourtant jusqu'où peut nous entraîner le désir d'être original! s'écria douloureusement Gourdon. Pauvre jeune homme! être Bourguignon et chanter l'eau, cela fait de la peine! S'il était venu me consulter, je lui aurais indiqué le plus beau sujet du monde, un poëme sur le vin, la Bacchéide! pour lequel je me sens maintenant trop vieux.

Ce grand poëte ignore encore le plus beau de ses triomphes (encore le dut-il à sa qualité de Bourguignon). Avoir occupé la ville de Soulanges, qui de la pléiade moderne ignore tout, même les noms.

Une centaine de Gourdons chantaient sous l'empire, et l'on accuse ce temps d'avoir négligé les lettres!... Consultez le *Journal de la Librairie*, et vous y verrez des poëmes sur le Tour, sur le jeu de Dames, sur le Tric-trac, sur la Géographie, sur la Typographie, la Comédie, etc.; sans compter les chefs-d'œuvre tant prônés de Delille sur la Pitié, l'Imagination, la Conversation; et ceux de Berchoux sur la Gastronomie, la Dansomanie, etc. Peut-être dans cinquante ans se moquera-t-on des mille poëmes à la suite des Méditations, des Orientales, etc. Qui peut prévoir les mutations du goût, les bizarreries de la vogue et les transformations de l'esprit humain! Les générations balayent en passant jusqu'au vestige des idoles qu'elles trouvent sur leur chemin, et elles se forgent de nouveaux dieux qui seront renversés à leur tour.

Sarcus, beau petit vieillard gris-pommelé, s'occupait à la fois de Thémis et de Flore, c'est-à-dire de législation et d'une serre-chaude. Il méditait depuis douze ans un livre sur l'*Histoire de l'institution des juges de paix*, « dont le rôle politique et judiciaire avait eu déjà plusieurs phases, disait-il, car ils étaient tout par le Code de brumaire an IV, et aujourd'hui cette institution si précieuse au pays avait perdu sa valeur, faute d'appointements en harmonie avec l'importance des fonctions qui devraient être inamovibles. »

Taxé d'être une tête forte, Sarcus était accepté comme l'homme politique de ce salon; vous devinez qu'il en était tout bonnement le plus ennuyeux. On disait de lui qu'il parlait comme un livre, Gaubertin lui promettait la croix de la Légion d'honneur;

mais il l'ajournait au jour où, successeur de Leclerc, il serait assis sur les bancs du centre gauche.

Guerbet, le percepteur, l'homme d'esprit, gros bonhomme lourd, à figure de beurre, à faux toupet, à boucles d'or aux oreilles, qui se disputaient sans cesse avec ses cols de chemises, donnait dans la pomologie. Fier de posséder le plus beau jardin fruitier de l'arrondissement, il obtenait des primeurs en retard d'un mois sur celles de Paris; il cultivait dans ses bâches les choses les plus tropicales, voire des ananas, des brugnons et des petits pois. Il apportait avec orgueil un bouquet de fraises à madame Soudry, quand elles valaient dix sous le panier à Paris.

Soulanges possédait enfin dans monsieur Vermut, le pharmacien, un chimiste un peu plus chimiste que Sarcus n'était homme d'État, que Lupin n'était chanteur, Gourdon l'aîné savant et son frère poëte. Néanmoins, la première société de la ville faisait peu de cas de Vermut, et pour la seconde, il n'existait même pas. L'instinct des uns leur signalait peut-être une supériorité réelle dans ce penseur qui ne disait mot, et qui souriait aux niaiseries d'un air si narquois, qu'on se défiait de sa science, mise *sotto voce* en question; quant aux autres, ils ne prenaient pas la peine de s'en occuper.

Vermut était le *pâtiras* du salon de madame Soudry. Aucune société n'est complète sans une victime, sans un être à plaindre, à railler, à mépriser, à protéger. D'abord Vermut, occupé de problèmes scientifiques, venait la cravate lâche, le gilet ouvert, avec une petite redingote verte, toujours tachée. Enfin, il prêtait à la plaisanterie par une figure si poupine, que le père Guerbet prétendait qu'il avait fini par prendre le visage de ses pratiques.

En province, dans les endroits arriérés comme Soulanges, on emploie encore les apothicaires dans le sens de la plaisanterie de Pourceaugnac. Ces honorables industriels s'y prêtent d'autant mieux qu'ils demandent une indemnité de déplacement.

Ce petit homme, doué d'une patience de chimiste, *ne pouvait jouir* (selon le mot dont on se sert en province pour exprimer l'abolition du pouvoir domestique) de madame Vermut, femme charmante, femme gaie, belle joueuse (elle savait perdre quarante sous sans rien dire), qui déblatérait contre son mari, le poursuivait de ses épigrammes et le peignait comme un imbécile, ne sachant distiller que de l'ennui. Madame Vermut, une de ces femmes qui jouent dans les petites villes le rôle de boute-entrain, apportait dans ce petit monde le sel, du sel de cuisine, il est vrai, mais quel sel ! Elle se permettait des plaisanteries un peu fortes, mais on les lui passait; elle disait très-bien au curé Taupin, homme de soixante-dix ans, à cheveux blancs : « Tais-toi gamin ! »

Le meunier de Soulanges, riche de cinquante mille francs de rente, avait une fille unique à qui Lupin pensait pour Amaury, depuis qu'il avait perdu l'espoir de le marier à mademoiselle Gaubertin, et le président Gaubertin y pensait pour son fils, le conservateur des hypothèques, autre antagonisme.

Ce meunier, un Sarcus-Taupin, était le Nucingen de la ville; il passait pour être trois fois millionnaire; mais il ne voulait entrer dans aucune combinaison; il ne pensait qu'à moudre du blé, à le monopoliser, et il se recommandait par un défaut absolu de politesse ou de belles manières.

Le père Guerbet, frère du maître de poste de Conches, possédait environ dix mille francs de rente, outre sa perception. Les Gourdon étaient riches, le médecin avait épousé la fille unique du vieux monsieur Gendrin-Vattebled, le garde général des eaux et forêts, *qu'on attendait à mourir*, et le greffier avait épousé la nièce et unique héritière de l'abbé Taupin, curé de Soulanges, un gros prêtre retiré dans sa cure, comme le rat dans son fromage.

Cet habile ecclésiastique, tout acquis à la première société, bon et complaisant avec la seconde, apostolique avec les malheureux, s'était fait aimer à Soulanges; cousin du meunier et cousin des Sarcus, il appartenait au pays et à la médiocratie avonnaise. Il dînait toujours en ville, il économisait, il allait aux noces et s'en retirait avant le bal; il ne parlait jamais politique; il faisait passer les nécessités du culte en disant : « C'est mon métier ! » Et on le laissait faire en disant de lui : « Nous avons un bon curé ! » L'évêque, qui connaissait les gens de Soulanges, sans s'abuser sur la valeur de ce curé, se trouvait heureux d'avoir dans une pareille ville un homme qui faisait accepter la religion, qui savait remplir son église et y prêcher devant des bonnets endormis.

Les deux *dames* Gourdon, — car à Soulanges, comme à Dresde et dans quelques autres capitales allemandes, les gens de la première société s'abordent en disant : « Comment va votre dame ? » On dit : « Il n'était pas avec sa dame, j'ai vu sa dame et sa demoiselle, etc. » — Un Parisien y produirait du scandale, et serait accusé d'avoir mauvais ton s'il disait : « Les femmes, cette femme, etc. » A Soulanges, comme à Genève, à Dresde, à Bruxelles, il n'existe que des épouses ; on n'y met pas, comme à Bruxelles, sur les enseignes : *l'Epouse une telle*, mais *madame votre épouse* est de rigueur. — Les deux *dames* Gourdon ne peuvent se comparer qu'à ces infortunés comparses de théâtres secondaires, que connaissent les Parisiens pour s'être souvent moqués de ces *artistes* ; et, pour achever de peindre ces *dames*, il suffira de dire qu'elles appartenaient au genre des *bonnes petites femmes*, les bourgeois les moins lettrés trouveront alors autour d'eux les modèles de ces créatures essentielles.

Il est inutile de faire observer que le père Guerbet connaissait admirablement les finances, et que Soudry pouvait être ministre de la guerre. Ainsi, non-seulement chacun de ces braves bourgeois offrait une de ces spécialités de caprice si nécessaire à l'homme de province pour exister, mais encore chacun d'eux cultivait sans rival son champ dans le domaine de la vanité.

Si Cuvier fût passé par là sans se nommer, la première société de Soulanges l'eût convaincu de savoir peu de chose en comparaison de monsieur Gourdon le médecin. Nourrit et son *joli filet de voix*, disait le notaire avec une indulgence protectrice, eussent été trouvés à peine dignes d'accompagner ce rossignol de Soulanges. Quant à l'auteur de la Bilboquéide, qui s'imprimait en ce moment chez Bournier, on ne croyait pas qu'il pût se rencontrer à Paris un poëte de cette force, car Delille était mort!

Cette bourgeoisie de province, si grassement satisfaite d'elle-même, pouvait donc primer toutes les supériorités sociales. Aussi l'imagination de ceux qui, dans leur vie, ont habité pendant quelque temps une petite ville de ce genre, peut elle seule entrevoir l'air de satisfaction profonde répandu sur les physionomies de ces gens qui se croyaient le plexus solaire de la France, tous armés d'une incroyable finesse pour mal faire, et qui, dans leur sagesse, avaient décrété que l'un des héros d'Essling était un lâche, que madame de Montcornet était une intrigante qui avait de gros boutons dans le dos, que l'abbé Brossette était un petit ambitieux, et qui découvrirent, quinze jours après l'adjudication des Aigues, l'origine faubourienne du général, surnommé par eux le Tapissier.

Si Rigou, Soudry, Gaubertin eussent habité la Ville-aux-Fayes, ils se seraient brouillés ; leurs prétentions se seraient inévitablement heurtées ; mais la fatalité voulait que le Lucullus de Blangy sentît la nécessité de sa solitude pour se rouler à son aise dans l'usure et dans la volupté ; que madame Soudry fût assez intelligente pour comprendre qu'elle ne pouvait régner qu'à Soulanges, et que la Ville-aux-Fayes fût le siége des affaires de Gaubertin. Ceux qui s'amusent à étudier la nature sociale avoueront que le général de Montcornet jouait de malheur en trouvant de tels ennemis séparés et accomplissant les évolutions de leur pouvoir et de leur vanité, chacun à des distances qui ne permettaient pas à ces astres de se contrarier et qui décuplaient le pouvoir de mal faire.

Néanmoins, si tous ces dignes bourgeois, fiers de leur aisance, regardaient leur société comme bien supérieure en agrément à celle de la Ville-aux-Fayes, et répétaient avec une comique importance ce dicton de la vallée : « Soulanges est une ville de plaisir et de société, » il serait peu prudent de penser que la capitale avonnaise acceptât cette suprématie. Le salon Gaubertin se moquait, *in petto*, du salon Soudry. A la manière dont Gaubertin disait : « Nous autres, nous sommes une ville de haut commerce, une ville d'affaires, nous avons la sottise de nous ennuyer à faire fortune! » il était facile de reconnaître un léger antagonisme entre la terre et la lune. La lune se croyait utile à la terre et la terre régentait la lune. La terre et la lune vivaient d'ailleurs dans la plus étroite intelligence. Au carnaval, la première société de Soulanges allait toujours en masse aux quatre bals donnés par Gaubertin, par Gendrin, par Leclercq, le receveur des finances, et par Soudry jeune, le procureur du roi. Tous les dimanches, le procureur du roi, sa femme, monsieur, madame et mademoiselle Elise Gaubertin, venaient dîner chez les Soudry de Soulanges. Quand le sous-préfet était prié, quand le maître de poste, M. Guerbet de Conches, arrivait manger la fortune du pot, Soulanges avait le spectacle de quatre équipages départementaux à la porte de la maison Soudry.

### II. — LES CONSPIRATEURS CHEZ LA REINE.

En débouchant là, vers cinq heures et demie, Rigou savait trouver les habitués du salon de Soudry tous à leur poste. Chez le maire, comme dans toute la ville, on dînait à trois heures, selon l'usage du dernier siècle. De cinq heures à neuf heures, les notables de Soulanges venaient échanger les nouvelles, faire leurs *speech* politiques, commenter les événements de la vie privée de toute la vallée, et parler des Aigues, qui défrayaient la conversation pendant une heure tous les jours. C'était la préoccupation de chacun d'apprendre quelque chose sur ce qui s'y passait, et l'on savait d'ailleurs faire ainsi sa cour aux maîtres du logis.

Après cette revue obligée, on se mettait à jouer au boston, seul jeu que sût la reine. Quand le gros père Guerbet avait singé madame Isaure, la femme de Gaubertin, en se moquant de ses airs penchés, en imitant sa petite voix, sa petite bouche et ses façons jeunettes; quand le curé Taupin avait raconté l'une des historiettes de son répertoire; quand Lupin avait rapporté quelque événement de la Ville-aux-Fayes, et que madame Soudry avait été criblée de compliments nauséabonds, l'on disait : Nous avons fait un charmant boston.

Trop égoïste pour se donner la peine de faire douze kilomètres, au bout desquels il devait entendre les niaiseries dites par les habitués de cette maison, et voir un singe déguisé en vieille femme, Rigou, bien supérieur, comme esprit et comme instruction, à cette petite bourgeoisie, ne se montrait jamais que si ses affaires l'amenaient chez le notaire. Il s'était exempté de voisiner, en prétextant de ses occupations, de ses habitudes et de sa santé, qui ne lui permettaient pas, disait-il, de revenir la nuit par une route le long de laquelle brouillassait la Thune.

Ce grand usurier sec imposait d'ailleurs beaucoup à la société de madame Soudry, qui flairait en lui ce tigre à griffes d'acier, cette malice de sauvage, cette sagesse née dans le cloître, mûrie au soleil de l'or, et avec lesquels Gaubertin n'avait jamais voulu se commettre.

Aussitôt que la carriole d'osier et le cheval dépassèrent le café de la Paix, Urbain, le domestique de Soudry, qui causait avec le limonadier, assis sur un banc placé sous les fenêtres de la salle à manger, se fit un auvent de sa main pour bien voir quel était cet équipage.

— V'là le père Rigou!... Faut ouvrir la porte. Tenez son cheval, Socquard, dit-il sans façon au limonadier.

Et Urbain, ancien cavalier qui, n'ayant pu passer gendarme, avait pris le service Soudry comme retraite, rentra dans la maison pour aller manœuvrer la porte de la cour.

Socquard, ce personnage si célèbre dans la vallée, était là, comme vous voyez, sans façon; mais il en est ainsi de bien des gens illustres qui ont la complaisance de marcher, d'éternuer, de dormir, de manger absolument comme de simples mortels.

Socquard, alcide de naissance, pouvait porter onze cents pesant; son coup de poing, appliqué dans le dos d'un homme, lui cassait net la colonne vertébrale ; il tordait une barre de fer, il arrêtait une voiture attelée d'un cheval. Milon de Crotone de la vallée, sa réputation embrassait tout le département, où l'on faisait sur lui des contes ridicules comme sur toutes les célébrités. Ainsi, l'on racontait dans le Morvan, qu'un jour il avait porté sur son dos une pauvre femme, son âne et son sac au marché, qu'il avait mangé tout un bœuf et bu tout un quartaud de vin dans une journée, etc. Doux comme une fille à marier, Socquard, gros petit homme, à figure placide, large des épaules, large de poitrine, où ses poumons jouaient comme des soufflets de forge, possédait un filet de voix dont la limpidité surprenait ceux qui l'entendaient parler pour la première fois.

Comme Tonsard, que son renom dispensait de toute preuve de férocité, comme tous ceux qui sont gardés par une opinion publique quelconque, Socquard ne déployait jamais sa triomphante force musculaire, à moins que des amis ne l'en priassent. Il prit donc la bride du cheval quand le beau-père du procureur du roi tourna pour se ranger au perron.

— Vous allez bien par chez vous, monsieur Rigou?... dit l'illustre Socquard.

— Comme ça, mon vieux, répondit Rigou. Plissoud et Bonnébault, Viallet et Amaury, soutiennent-ils toujours ton établissement?

Cette demande, faite sur un ton de bonhomie et d'intérêt, n'était pas une de ces questions banales jetées au hasard par les supérieurs à leurs inférieurs. A son temps perdu, Rigou songeait aux moindres détails, et déjà l'accointance de Bonnébault, de Plissoud et du brigadier Viallet avait été signalée par Fourchon à Rigou comme suspecte.

Bonnébault, pour quelques écus perdus au jeu, pouvait livrer au brigadier les secrets des paysans, ou parler sans savoir l'importance de ses bavardages après avoir bu quelques bols de punch de trop. Mais les délations du chasseur à la loutre pouvaient être conseillées par la soif, et Rigou n'y fit attention que par rapport à Plissoud, à qui sa situation devait inspirer un certain désir de

contrecarrer les inspirations dirigées contre les Aigues, ne fût-c
que pour se faire graisser la patte par l'un ou l'autre des deux
partis.

Correspondant des assurances, qui commençaient à se montrer
en France, agent d'une société contre les chances du recrutement,
l'huissier cumulait des occupations peu rétribuées qui lui rendaien,
la fortune d'autant plus difficile à faire, qu'il avait le vice d'aimer
le billard et le vin cuit. De même que Fourchon, il cultivait avec
soin l'art de s'occuper à rien, et il attendait sa fortune d'un hasard
problématique. il haïssait profondément la première société, mais
il en avait mesuré la puissance. Lui seul connaissait à fond la
tyrannie bourgeoise organisée par Gaubertin ; il poursuivait de ses
railleries les richards de Soulanges et de la Ville-aux-Fayes, en représentant à lui seul l'opposition. Sans crédit, sans fortune, il ne
paraissait pas à craindre ; aussi Brunel, enchanté d'avoir un concurrent méprisé, le protégeait-il pour ne pas lui voir vendre son
étude à quelque jeune homme ardent, comme Bonnac, par
exemple, avec lequel il aurait fallu partager la clientèle du canton.

— Grâce à ces gens-là, ça boulotte, répondit Socquard ; mais
on contrefait mon vin cuit !

— Faut poursuivre ? dit sententieusement Rigou.

— Ça me mènerait trop loin, répondit le limonadier en jouant
sur les mots sans le savoir.

— Et vivent-ils bien ensemble, tes chalands ?

— Ils ont toujours quelques castilles ; mais des joueurs, ça se
pardonne tout.

Toutes les têtes étaient à celle des croisées du salon qui donnait
sur la place. En reconnaissant le père de sa belle-fille, Soudry
vint le recevoir sur le perron.

— Eh bien ! mon compère, dit l'ex-gendarme en se servant de
ce mot selon sa primitive acception, Annette est-elle malade pour
que vous nous accordiez votre présence pendant une soirée ?...

Par un reste d'esprit-gendarme, le maire allait toujours droit au fait.

— Non, il y a du grabuge, répondit Rigou en touchant de
index droit la main que lui tendit Soudry ; nous en causerons,
cela regarde un peu nos enfants...

Soudry, bel homme vêtu de bleu, comme s'il appartenait toujours à la gendarmerie, le col noir, les bottes à éperons, amena
Rigou par le bras à son imposante moitié. La porte-fenêtre était

ouverte sur la terrasse, où les habitués se promenaient en jouissant de cette soirée d'été qui faisait resplendir le magnifique paysage que, sur l'esquisse qu'on a lue, les gens d'imagination peuvent apercevoir.

— Il y a bien longtemps que nous ne vous avons vu, mon cher Rigou, dit madame Soudry en prenant le bras de l'ex-bénédictin en l'emmenant sur la terrasse.

— Mes digestions sont si pénibles !... répondit le vieil usurier. Voyez ! mes couleurs sont presque aussi vives que les vôtres.

L'entrée de Rigou sur la terrasse détermina, comme on le pense, une explosion de salutations joviales parmi tous ces personnages.

— Ris, goulu !... j'ai découvert celui-là de plus, s'écria monsieur Guerbet le percepteur, en offrant la main à Rigou, qui y mit l'index de sa main droite.

— Pas mal ! pas mal ! dit le petit juge de paix Sarcus, il est assez gourmand, notre seigneur de Blangy.

— Seigneur, répondit amèrement Rigou, depuis bien longtemps je ne suis plus le coq de mon village.

— Ce n'est pas ce que disent les poules, grand scélérat ! fit la Soudry en donnant un petit coup d'éventail badin à Rigou.

— Nous allons bien, mon cher maître ! dit le notaire en saluant son principal client.

— Comme ça, répondit Rigou, qui prêta de rechef son index à la main du notaire.

Ce geste, par lequel Rigou restreignait la poignée de main à la plus froide des démonstrations, aurait peint l'homme tout entier à qui ne l'eût pas connu.

— Trouvons un coin où nous puissions parler tranquillement, dit l'ancien moine en regardant Lupin et madame Soudry.

— Revenons au salon, répondit la reine. Ces messieurs, ajouta-t-elle en montrant monsieur Gourdon, le médecin, et Guerbet, sont aux prises sur un *point de côté*...

Madame Soudry s'étant enquis du point en discussion, Guerbet, toujours si spirituel, lui avait dit : — « C'est un point de côté. » La reine crut à un terme scientifique, et Rigou sourit en l'entendant répéter ce mot d'un air prétentieux.

— Qu'est-ce que le Tapissier a donc fait de nouveau? demanda Soudry qui s'assit à côté de sa femme, en la prenant par la taille.

Comme toutes les vieilles femmes, la Soudry pardonnait bien des choses en faveur d'un témoignage public de tendresse.

— Mais, répondit Rigou à voix basse pour donner l'exemple de la prudence, il est parti pour la préfecture, y réclamer l'exécution des jugements et demander main-forte.

— C'est sa perte, dit Lupin en se frottant les mains. On se bûchera.

— On se bûchera! reprit Soudry, c'est selon. Si le préfet et le général, qui sont ses amis, envoient un escadron de cavalerie, les paysans ne bûcheront rien... On peut, à la rigueur, avoir raison des gendarmes de Soulanges; mais essayez donc de résister à une charge de cavalerie!

— Sibilet lui a entendu dire quelque chose de plus dangereux que ça, et c'est ce qui m'amène, reprit Rigou.

— Oh! ma pauvre Sophie! s'écria sentimentalement madame Soudry, dans quelles mains les Aigues sont-ils tombés! Voilà ce que nous a valu la révolution! des sacripans à graines d'épinards. On aurait bien dû s'apercevoir que quand on renverse une bouteille, la lie monte et gâte le vin!...

— Il a l'intention d'aller à Paris, et d'intriguer auprès du garde des sceaux pour tout changer au tribunal.

— Ah! dit Lupin, il a reconnu son danger.

— Si l'on nomme mon gendre avocat général, il n'y a rien à dire, et il le remplacera par quelque Parisien à sa dévotion, reprit Rigou. S'il demande un siège à la cour pour monsieur Gendrin, s'il fait nommer monsieur Guerbet, notre juge d'instruction, président à Auxerre, il renversera nos quilles!... Il a déjà la gendarmerie pour lui; s'il a encore le tribunal, et s'il conserve près de lui des conseillers comme l'abbé Brossette et Michaud, nous ne serons pas à la noce; il pourrait nous susciter de bien méchantes affaires.

— Comment, depuis cinq ans, vous n'avez pas su vous défaire de l'abbé Brossette? dit Lupin.

— Vous ne le connaissez pas; il est défiant comme un merle, répondit Rigou. Ce n'est pas un homme, ce prêtre-là, il ne fait pas attention aux femmes; je ne lui vois aucune passion; il est inattaquable. Le général, lui, prête le flanc à tout par sa colère. Un homme qui a un vice est toujours le valet de ses ennemis, quand ils savent se servir de cette ficelle. Il n'y a de fort que ceux qui mènent leurs vices au lieu de se laisser mener par eux. Les paysans vont bien, on tient notre monde en haleine contre l'abbé, mais on ne peut encore rien contre lui. C'est comme Michaud ; des hommes comme ceux-là, c'est trop parfait, il faut que le bon Dieu les rappelle à lui...

— Il faut leur procurer des servantes qui savonnent bien leurs escaliers, dit madame Soudry, qui fit faire à Rigou le léger bond que font les gens très-fins en apprenant une finesse.

— Le Tapissier a un autre vice ; il aime sa femme, et l'on peut encore le prendre par là...

— Voyons, il faut savoir s'il donne suite à ses idées, dit madame Soudry.

— Comment! demanda Lupin, mais c'est là le *hic!*

— Vous Lupin, reprit Rigou d'un ton d'autorité, vous allez filer à la Préfecture y voir la belle madame Sarcus, et dès ce soir! Vous vous arrangerez pour obtenir d'elle de faire répéter à son mari tout ce que le Tapissier a dit et fait à la préfecture.

— Je serai forcé d'y coucher, répondit Lupin.

— Tant mieux pour Sarcus le Riche, il y gagnera, répondit Rigou. Elle n'est pas encore trop *croûte*, madame Sarcus...

— Oh! monsieur Rigou, fit madame Soudry en minaudant, les femmes sont-elles jamais croûtes?

— Vous avez raison pour celle-là! Elle ne se peint rien au miroir, répliqua Rigou, que l'exhibition des vieux trésors de la Cochet révoltait toujours.

Madame Soudry, qui croyait ne mettre qu'un soupçon de rouge, ne comprit pas cet à-propos épigrammique et demanda : Est-ce que les femmes peuvent donc se peindre?

— Quant à vous, Lupin, dit Rigou sans répondre à cette naïveté, demain matin revenez chez le papa Gaubertin ; vous lui direz que le compère et moi, dit-il en frappant sur la cuisse de Soudry, nous viendrons casser une croûte chez lui, lui demander à déjeuner sur le midi. Dites-lui les choses, afin que chacun de nous ait ruminé ses idées, car il s'agit d'en finir avec ce damné Tapissier. En venant vous trouver, je me suis dit qu'il faudrait brouiller le Tapissier avec le Tribunal, de manière à ce que le garde des sceaux lui rie au nez quand il viendra lui demander des changements dans le personnel de la Ville-aux-Fayes...

— Vivent les gens d'église!... s'écria Lupin en frappant sur l'épaule de Rigou.

Madame Soudry fut aussitôt frappée d'une idée qui ne pouvait venir qu'à l'ancienne femme de chambre d'une fille d'Opéra.

— Si, dit-elle, nous pouvions attirer le Tapissier à la fête de Soulanges, et lui lâcher une fille de beauté à lui faire perdre la tête, il s'arrangerait peut-être de cette fille, et nous le brouillerions avec sa femme, à qui l'on apprendrait que le fils d'un ébéniste en revient toujours à ses premières amours...

— Ah! ma belle, s'écria Soudry, tu as plus d'esprit à toi seule que la préfecture de police à Paris!

— C'est une idée qui prouve que madame est aussi bien notre reine par l'intelligence que par la beauté, dit Lupin.

Lupin fut récompensé par une grimace qui s'acceptait sans protêt comme un sourire, dans la première société de Soulanges.

— Il y aurait mieux, reprit Rigou, qui resta pendant longtemps pensif. Si ça pouvait tourner au scandale...

— Procès-verbal et plainte, une affaire en police correctionnelle, s'écria Lupin. Oh! ce serait trop beau!

— Quel plaisir, dit Soudry naïvement, de voir le comte de Montcornet, grand-croix de la Légion d'honneur, commandeur de Saint-Louis, lieutenant général, accusé d'avoir attenté, dans un lieu public, à la pudeur, par exemple...

— Il aime trop sa femme!... dit judicieusement Lupin; on ne l'amènera jamais là.

— Ce n'est pas un obstacle; mais je ne vois dans tout l'arrondissement aucune fille capable de faire pécher un saint, je la cherche pour mon abbé, s'écria Rigou.

— Que dites-vous de la belle Gatienne Giboulard d'Auxerre, dont est fou le fils Sarcus?... s'écria Lupin.

— Ce serait la seule, répondit Rigou; mais elle n'est pas capable de nous servir; elle croit qu'elle n'a qu'à se montrer pour être admirée; elle n'est pas assez accorte, et il faut un lutin, une finaude... C'est égal, elle viendra.

— Oui, dit Lupin, plus il verra de jolies filles, plus il y aura de chances.

— Il sera bien difficile de faire venir le Tapissier à la foire! Et s'il vient à la fête, irait-il à notre bastringue de Tivoli? dit l'ex-gendarme.

— La raison qui l'empêcherait de venir n'existe plus cette année, mon cœur, répondit madame Soudry.

— Quelle raison donc, ma belle?... demanda Soudry.

— Le Tapissier a tâché d'épouser mademoiselle de Soulanges, dit le notaire, il lui fut répondu qu'elle était trop jeune, et il s'est piqué. Voilà pourquoi messieurs de Soulanges et Montcornet, ces deux anciens amis, car ils ont servi tous deux dans la garde impériale, se sont refroidis au point de ne plus se voir. Le Tapissier n'a plus voulu rencontrer les Soulanges à la foire ; mais cette année ils n'y viendront pas.

Ordinairement la famille Soulanges séjournait au château en juillet, août, septembre et octobre ; mais le général commandait alors l'artillerie en Espagne, sous le duc d'Angoulême, et la comtesse l'avait accompagné. Au siége de Cadix, le comte de Soulanges gagna, comme on le sait, le bâton de maréchal qu'il eut en 1826. Les ennemis de Montcornet pouvaient donc croire que les habitants des Aigues ne dédaigneraient pas toujours les fêtes de Notre-Dame d'août, et qu'il serait facile de les attirer à Tivoli.

— C'est juste, s'écria Lupin. Eh bien ! c'est à vous, papa, dit-il en s'adressant à Rigou, de manœuvrer de manière à le faire venir à la foire, nous saurons bien l'*enclauder*...

La foire de Soulanges, qui se célèbre au 15 août, est une des particularités de cette ville, et l'emporte sur toutes les foires à trente lieues à la ronde, même sur celles du chef-lieu de département. La Ville-aux-Fayes n'a pas de foire, car sa fête, la saint Sylvestre, tombe en hiver.

Du 12 au 15 août, les marchands abondaient à Soulanges et dressaient sur deux lignes parallèles ces baraques en bois, ces maisons en toile grise qui donnent alors une physionomie animée à cette place, ordinairement déserte. Les quinze jours que durent la foire et la fête produisent une espèce de moisson à la petite ville de Soulanges. Cette fête a l'autorité, le prestige d'une tradition. Les paysans, comme disait le père Fourchon, quittent peu leurs communes où les clouent leurs travaux. Par toute la France, les étalages fantastiques des magasins improvisés sur les champs de foire, la réunion de toutes les marchandises, objets des besoins ou de la vanité des paysans, qui d'ailleurs n'ont pas d'autres spectacles, exercent des séductions périodiques sur l'imagination des femmes et des enfants. Aussi, dès le 12 août, la mairie de Soulanges faisait-elle apposer dans toute l'étendue de l'arrondissement de la Ville-aux-Fayes, des affiches signées Soudry qui promettaient protection aux marchands, aux saltimbanques, aux prodiges en tout genre, en annonçant la durée de la foire, et les spectacles les plus attrayants.

Sur ces affiches, que l'on a vu réclamées par la Tonsard à Vermichel, on lisait toujours cette ligne finale :

Tivoli sera illuminé en verres de couleur.

La Ville avait en effet adopté pour salle de bal public, le Tivoli créé par Socquard dans un jardin caillouteux comme la butte sur laquelle est bâtie Soulanges, où presque tous les jardins sont composés de terres rapportées.

Cette nature de terroir explique le goût particulier du vin de Soulanges, vin blanc, sec, liquoreux, presque semblable à du vin de Madère, au vin de Vouvray, à celui de Johannisberg, trois crûs quasi semblables, et consommé tout entier dans le département.

Les prodigieux effets produits par le bal Socquard sur l'imagination des habitants de cette vallée, les rendaient tous fiers de leur Tivoli. Ceux du pays qui s'étaient aventurés jusqu'à Paris, disaient que le Tivoli de Paris ne l'emportait sur celui de Soulanges que par l'étendue. Gaubertin, lui, préférait hardiment le bal Socquard au bal de Tivoli.

— Pensons tous à cela, reprit Rigou, le Parisien, ce rédacteur de journaux, finira bien par s'ennuyer de son plaisir, et, par les domestiques, on pourra les attirer tous à la foire. J'y songerai. Sibilet, quoique son crédit baisse diablement, pourrait insinuer à son bourgeois que c'est une manière de se populariser.

— Sachez donc si la belle comtesse est cruelle avec monsieur, tout est là, pour la farce à lui jouer à Tivoli, dit Lupin à Rigou.

— Cette petite femme, s'écria madame Soudry, est trop Parisienne pour ne pas savoir ménager la chèvre et le chou.

— Fourchon a lâché sa petite fille Catherine Tonsard à Charles, le second valet de chambre du Tapissier, nous aurons bientôt une oreille dans les appartements des Aigues, répondit Rigou. Etes-vous sûr de l'abbé Taupin?... dit-il en voyant entrer le curé.

— L'abbé Moucheron et lui, nous les tenons comme je tiens Soudry!... dit madame Soudry en caressant le menton de son mari, à qui elle dit : — Pauvre chat! tu n'est pas malheureux!

— Si je puis organiser un scandale contre ce tartufe de Brossette, je compte sur eux!... dit tout bas Rigou qui se leva; mais je ne sais pas si l'esprit du pays l'emportera sur l'esprit prêtre.

Vous ne savez pas ce que c'est. Moi-même, qui ne suis pas un imbécile, je ne répondrai pas de moi, quand je me verrai malade. Je me réconcilierai sans doute avec l'Eglise.

— Permettez-nous de l'espérer, dit le curé pour qui Rigou venait à dessein d'élever la voix.

— Hélas! la faute que j'ai faite en me mariant empêche cette réconciliation, répondit Rigou; je ne peux pas tuer madame Rigou.

— En attendant, pensons aux Aigues, dit madame Soudry.

— Oui, répondit l'ex-bénédictin. Savez-vous que je trouve notre compère de la Ville-aux-Fayes plus fort que nous? J'ai dans l'idée que Gaubertin veut les Aigues à lui seul, et qu'il nous mettra dedans, répondit Rigou. Pendant le chemin, l'usurier des campagnes avait frappé avec le bâton de la prudence aux endroits obscurs qui, chez Gaubertin, sonnaient le creux.

— Mais les Aigues ne seront à personne de nous trois, il faut les démolir de fond en comble, répondit Soudry.

— D'autant plus, que je ne serais pas étonné qu'il s'y trouvât de l'or caché, dit finement Rigou.

— Bah!

— Oui, durant les guerres d'autrefois, les seigneurs, souvent assiégés, surpris, enterraient leurs écus pour pouvoir les retrouver, et vous savez que le marquis de Soulanges-Hautemer, en qui la branche cadette a fini, a été l'une des victimes de la conspiration Biron. La comtesse de Moret a eu la terre par confiscation...

— Ce que c'est que de savoir 'histoire de France! dit le gendarme. Vous avez raison, il est temps de convenir de nos faits avec Gaubertin.

— Et s'il biaise, dit Rigou, nous verrons à le *fumer*.

— Il est maintenant assez riche, dit Lupin, pour être honnête homme.

— Je répondrais de lui comme de moi, répondit madame Soudry, c'est le plus honnête homme du royaume.

— Nous croyons à son honnêteté, reprit Rigou : mais il ne faut rien négliger entre amis... A propos, je soupçonne quelqu'un à Soulanges de vouloir se mettre en travers...

— Et qui? demanda Soudry.

— Plissoud, répondit Rigou.

— Plissoud! reprit Landry, la pauvre rosse! Brunel le tient par la longe, et sa femme par la mangeoire; demandez à Lupin?

— Que peut-il faire? dit Lupin.

— Il veut, reprit Rigou, éclairer le Montcornet, avoir sa protection et se faire placer...

— Ça ne lui rapportera jamais autant que sa femme à Soulanges, dit madame Soudry.

— Il dit tout à sa femme, quand il est gris, fit observer Lupin ; nous le saurions à temps.

— La belle madame Plissoud n'a pas de secrets pour vous, lui répondit Rigou ; allons, nous pouvons être tranquilles.

— Elle est d'ailleurs aussi bête qu'elle est belle, reprit madame Soudry ; je ne changerais pas avec elle, car si j'étais homme, j'aimerais mieux une femme laide et spirituelle, qu'une belle qui ne sait pas dire deux.

— Ah! répondit le notaire en se mordant les lèvres, elle sait faire dire trois.

— Fat! s'écria Rigou en se dirigeant vers la porte.

— Eh bien! dit Soudry en reconduisant son compère, à demain, de bonne heure.

— Je viendrai vous prendre... Ah çà! Lupin, dit-il au notaire qui sortit avec lui pour aller faire seller son cheval, tâchez que madame Sarcus sache tout ce que notre Tapissier fera contre nous à la Préfecture...

— Si elle ne peut pas le savoir, qui le saura?... répondit Lupin.

— Pardon, dit Rigou qui sourit avec finesse en regardant Lupin, je vois là tant de niais, que j'oubliais qu'il s'y trouve un homme d'esprit.

— Le fait est, que je ne sais pas comment je ne m'y suis pas encore rouillé, répondit naïvement Lupin.

— Est-il vrai que Soudry ait pris une femme de chambre...

— Mais, oui! répondit Lupin ; depuis huit jours, monsieur le maire a voulu faire ressortir le mérite de sa femme, en la comparant à une petite bourguignotte de l'âge d'un vieux bœuf, et nous ne devinerons pas encore comment il s'arrange avec madame Soudry, car il a l'audace de se coucher de très-bonne heure...

— Je verrai cela demain, dit le Sardanapale villageois en essayant de sourire.

Les deux profonds politiques se donnèrent une poignée de main en se quittant.

Rigou, qui ne voulait pas se trouver à la nuit sur le chemin car, malgré sa popularité récente, il était toujours prudent, dit à son cheval : — Allez, citoyen ! Une plaisanterie que cet enfant de 1793 décochait toujours contre la révolution. Les révolutions populaires n'ont pas d'ennemis plus cruels que ceux qu'elles ont élevés.

— Il ne fait pas de longues visites, le père Rigou, dit Gourdon le greffier à madame Soudry.

— Il les fait bonnes, s'il les fait courtes, répondit-elle.

— Comme sa vie, répondit le médecin ; il abuse de tout, cet homme-là.

— Tant mieux, répliqua Soudry, mon fils jouira plutôt du bien...

— Il vous a donné des nouvelles des Aigues ? demanda le curé.

— Oui, mon cher abbé, dit madame Soudry. Ces gens-là sont le fléau de ce pays-ci. Je ne comprends pas que madame de Montcornet, qui cependant est une femme comme il faut, n'entende pas mieux ses intérêts.

— Ils ont cependant un modèle sous les yeux, répliqua le curé.

— Qui donc ? demanda madame Soudry en minaudant.

— Les Soulanges...

— Ah ! oui, répondit la reine après une pause.

— Tant pire ! me voilà ! cria madame Vermut en entrant, et sans mon réactif, car Vermut est trop inactif à mon égard, pour que je l'appelle un actif quelconque.

— Que diable fait donc ce sacré père Rigou ? dit alors Soudry à Guerbet en voyant la carriole arrêtée à la porte de Tivoli. C'est un de ces chats-tigres dont tous les pas ont un but.

— *Sacré* lui va ! répondit le gros petit précepteur.

— Il entre au café de la Paix !... dit Gourdon le médecin.

— Soyez paisibles, reprit Gourdon le greffier, il s'y donne des bénédictions à poings fermés, car on entend japper d'ici.

— Ce café-là, reprit le curé, c'est comme le temple de Janus ; il s'appelait le café de la Guerre du temps de l'empire, et on y vivait dans un calme parfait ; les plus honorables bourgeois s'y réunissaient pour causer amicalement...

— Il appelle cela *causer !* dit le juge de paix. Tudieu ! quelles conversations que celles dont il reste des petits Bourniers.

— Mais depuis qu'en l'honneur des Bourbons, on l'a nommé le café de la Paix, on s'y bat tous les jours... dit l'abbé Taupin en achevant sa phrase que le juge de paix avait pris la liberté d'interrompre.

— Il en était de cette idée du curé comme des citations de la Bilboquéide, elle revenait souvent.

— Cela veut dire, répondit le père Guerbet, que la Bourgogne sera toujours le pays des coups de poing.

— Ce n'est pas si mal, dit le curé, ce que vous dites-là ! c'est presque l'histoire de notre pays.

— Je ne sais pas l'histoire de France, s'écria Soudry, mais avant de l'apprendre, je voudrais bien savoir pourquoi mon compère entre avec Socquard dans le café ?

— Oh ! reprit le curé, s'il y entre et s'y arrête, vous pouvez être certain que ce n'est pas pour des actes de charité.

— C'est un homme qui me donne la chair de poule quand je le vois, dit madame Vermut.

— Il est tellement à craindre, reprit le médecin, que s'il m'en voulait, je ne serais pas encore rassuré par sa mort ; il est homme à se relever de son cercueil pour vous jouer quelque mauvais tour.

— Si quelqu'un peut nous envoyer le Tapissier ici, le 15 août, et le prendre dans quelque traquenard, c'est Rigou, dit le maire à l'oreille de sa femme.

— Surtout, répondit-elle à haute voix, si Gaubertin et toi, mon cœur, vous vous en mêlez...

— Tiens, quand je le disais ! s'écria monsieur Guerbet en poussant le coude à monsieur Sarcus, il a trouvé quelque jolie fille chez Socquard, et il la fait monter dans sa voiture...

— En attendant que... répondit le greffier.

— En voilà un de dit sans malice, s'écria monsieur Guerbet en interrompant le chantre de la Bilboquéide.

— Vous êtes dans l'erreur, messieurs, dit madame Soudry, monsieur Rigou ne pense qu'à nos intérêts, car, si je ne me trompe, cette fille est une fille à Tonsard.

— Il est comme le pharmacien qui s'approvisionne de vipères, s'écria le père Guerbet.

— On dirait, répondit monsieur Gourdon le médecin, que vous avez vu venir monsieur Vermut, notre pharmacien, à la manière dont vous parlez.

Et il montra le petit apothicaire de Soulanges qui traversait la place.

— Le pauvre bonhomme, dit le greffier, soupçonné de faire

souvent de l'esprit avec madame Vermut, voyez quelle *dégaine* il a?... et on le croit savant !

— Sans lui, répondit le juge de paix, on serait bien embarrassé ur les autopsies ; il a si bien retrouvé le poison dans le corps de pauvre Pigeron, que les chimistes de Paris ont dit à la Cour Assises, à Auxerre, qu'ils n'auraient pas mieux fait...

— Il n'a rien trouvé du tout, répondit Soudry ; mais, comme dit le président Gendrin, il est bon qu'on croie que le poison se retrouve toujours...

— Madame Pigeron a bien fait de quitter Auxerre, dit madame Vermut. C'est un petit esprit et une grande scélérate que cette femme-là, reprit-elle. Est-ce qu'on doit recourir à des drogues pour annuler un mari ? Est-ce que nous n'avons pas des moyens sûrs, mais innocents, pour nous débarrasser de cette engeance-là ? Je voudrais bien qu'un homme trouvât à redire à ma conduite ! Le bon monsieur Vermut ne me gêne guère, et il n'en est pas plus malade pour cela ; et madame de Montcornet, voyez comme elle se promène dans ses chalets, dans ses chartreuses avec ce journaliste qu'elle a fait venir de Paris à ses frais, et qu'elle dorlote sous les yeux du général !

— A ses frais?... s'écria madame Soudry, est-ce sûr ? Si nous pouvions en avoir une preuve, quel joli sujet pour une lettre anonyme au général...

— Le général, reprit madame Vermut... Mais vous ne l'empêcherez de rien, le Tapissier fait son état.

— Quel état, ma belle ? demanda madame Soudry.

— Eh bien ! il fournit le coucher.

— Si le pauvre petit Pigeron, au lieu de tracasser sa femme, avait eu cette sagesse, il vivrait encore, dit le greffier.

Madame Soudry se pencha du côté de son voisin, monsieur Guerbet de Conches, elle lui fit une de ces grimaces de singe dont elle croyait avoir hérité de son ancienne maîtresse comme de son argenterie, par droit de conquête, et redoublant sa dose de grimaces et désignant au maître de poste madame Vermut, qui coquetait avec l'auteur de *la Bilboquéide*, elle lui dit :

— Que cette femme a mauvais ton ! quels propos et quelles manières ? je ne sais pas si je pourrai l'admettre plus longtemps *dans notre société*, surtout quand monsieur Gourdon, le poëte,

En voilà de la morale sociale! dit le curé qui avait tout observé et tout entendu sans dire mot.

Sur cette épigramme ou plutôt cette satire de la société, si concise et si vraie qu'elle atteignait chacun, on proposa de faire la partie de boston.

N'est-ce pas la vie comme elle est à tous les étages de ce qu'on est convenu d'appeler le monde! Changez les termes, il ne se dit rien de moins, rien de plus dans les salons les plus dorés de Paris.

### III. — LE CAFÉ DE LA PAIX.

Il était environ sept heures quand Rigou passa devant le café de la Paix. Le soleil couchant, qui prenait en écharpe la jolie ville, y répandait alors ses belles teintes rouges, et le clair miroir des eaux du lac formait une opposition avec le fracas des vitres flamboyantes d'où naissaient les couleurs les plus étranges et les plus improbables.

Devenu pensif, le profond politique, tout à ses trames, laissait aller son cheval si lentement, qu'en longeant le café de la Paix, il put entendre son nom jeté à travers une de ces disputes qui, selon l'observation du curé Taupin, faisaient du nom de cet établissement avec sa physionomie habituelle la plus violente antinomie.

Pour l'intelligence de cette scène, il est nécessaire d'expliquer la topographie de ce pays de Cocagne bordé par le café sur la place, et terminé sur le chemin cantonal par le fameux Tivoli, que les meneurs destinaient à servir de théâtre à l'une des scènes de la conspiration ourdie depuis longtemps contre le général Montcornet.

Par sa situation à l'angle de la place et du chemin, le rez-de-chaussée de cette maison, bâtie dans le genre de celle de Rigou, à trois fenêtres sur le chemin, a sur la place deux fenêtres entre lesquelles se trouve la porte vitrée, par où l'on y entre. Le café de la Paix a de plus une porte bâtarde, ouvrant sur une allée qui le sépare de la maison voisine, celle de Vallet, le mercier de Soulanges, et par où l'on va dans une cour intérieure.

Cette maison, entièrement peinte en jaune d'or, excepté les volets qui sont en vert, est une des rares maisons de cette petite ville qui ont deux étages et des mansardes. Voici pourquoi.

Avant l'étonnante prospérité de la Ville-aux-Fayes, le premier étage de cette maison, qui contient quatre chambres pourvues chacune d'un lit et du maigre mobilier nécessaire à justifier le mot *garni*, se louait aux gens obligés de venir à Soulanges par la juridiction du Baillage, ou aux visiteurs qu'on ne logeait pas au château ; mais, depuis vingt-cinq ans, ces chambres garnies n'avaient plus pour locataires que des saltimbanques, des marchands forains, des vendeurs de remèdes ou des commis-voyageurs. Au moment de la fête de Soulanges, les chambres se louaient à raison de quatre francs par jour. Les quatre chambres de Socquard lui rapportaient une centaine d'écus, sans compter le produit de la consommation extraordinaire que ses locataires faisaient alors dans son café.

La façade du côté de la place était ornée de peintures spéciales. Dans le tableau qui séparait chaque croisée de la porte, se voyaient des queues de billard amoureusement nouées par des rubans ; et, au-dessus des nœuds s'élevaient des bols de punch fumant dans des coupes grecques. Ces mots, *Café de la Paix*, brillaient peints en jaune sur un champ vert à chaque extrémité duquel étaient des pyramides de billes tricolores. Les fenêtres, peintes en vert, avaient des petites vitres de verre commun.

Une dizaine de tuyas, plantés à droite et à gauche dans des caisses, et qu'on devrait nommer les arbres à café, offraient leur végétation aussi maladive que prétentieuse. Les bannes, par lesquelles les marchands de Paris et de quelques cités opulentes protégent leurs boutiques contre les ardeurs du soleil, étaient alors un luxe inconnu dans Soulanges. Les fioles exposées sur des planches derrière les vitrages méritaient d'autant plus leur nom, que la benoîte liqueur subissait là des cuissons périodiques. En concentrant ses rayons par les bosses lenticulaires des vitres, le soleil faisait bouillonner les bouteilles de Madère, les sirops, les vins de liqueur, les bocaux de prunes et de cerises à l'eau-de-vie mis en étalage, car la chaleur était si grande qu'elle forçait Aglaé, son père et leur garçon à se tenir sur deux banquettes placées de chaque côté de la porte et mal abritées par les pauvres arbustes que mademoiselle Socquard arrosait avec de l'eau presque chaude. Par certains jours, on les voyait tous trois, le père, la fille et le garçon, étalés là comme des animaux domestiques, et dormant.

En 1804, époque de la vogue de *Paul et Virginie*, l'intérieur et garni d'un papier verni représentant les principales scènes de ce roman. On y voyait des nègres récoltant le café, qui se trouvait au moins quelque part dans cet établissement, où l'on ne buvait pas vingt tasses de café par mois. Les denrées coloniales étaient si peu dans les habitudes soulangeoises, qu'un étranger qui serait venu demander une tasse de chocolat aurait mis le père Socquard dans un étrange embarras ; néanmoins, il aurait obtenu la nauséabonde bouillie brune que produisent ces tablettes où il entre plus de farine, d'amandes pilées et de cassonnade que de sucre et de cacao, vendues à deux sous par les épiciers de village, et fabriquées dans le but de ruiner le commerce de cette denrée espagnole.

Quant au café, le père Socquard le faisait tout uniment bouillir dans un ustensile connu de tous les ménages sous le nom de *grand pot brun ;* il laissait tomber au fond la poudre mêlée de chicorée, et il servait la décoction avec un sang-froid digne d'un garçon de café de Paris, dans une tasse de porcelaine qui, jetée par terre, ne se serait pas fêlée.

En ce moment, le saint respect que causait le sucre, sous l'Empereur, ne s'était pas encore dissipé dans la ville de Soulanges, et Aglaé Socquard apportait bravement quatre morceaux de sucre gros comme des noisettes, en addition à une tasse de café au marchand forain qui s'avisait de demander ce breuvage littéraire.

La décoration intérieure, relevée de glaces à cadres dorés et de patères pour accrocher les chapeaux, n'avait pas été changée depuis l'époque où tout Soulanges vint admirer cette tenture prestigieuse et un comptoir peint en bois d'acajou, à dessus de marbre Saint-Anne, sur lequel brillaient des vases en plaqué, des lampes à double courant d'air, qui furent, dit-on, données par Gaubertin à la belle madame Socquard. Une couche gluante ternissait tout, et ne pouvait se comparer qu'à celle dont sont couverts les vieux tableaux oubliés dans les greniers.

Les tables peintes en marbre, les tabourets en velours d'Utrecht rouge, le quinquet à globe plein d'huile alimentant deux becs, attaché par une chaîne au plafond et enjolivé de cristaux, commencèrent la célébrité du café de la Guerre.

Là, de 1802 à 1804, tous les bourgeois de Soulanges allaient jouer aux dominos et au brelan, en buvant des petits verres de liqueur, du vin cuit, en y prenant des fruits à l'eau-de-vie, des biscuits ; car la cherté des denrées coloniales avait banni le café le chocolat et le sucre. Le punch était la grande friandise, ainsi que les bavaroises. Ces préparations se faisaient avec une matière ucrée, siropeuse, semblable à la mélasse, dont le nom s'est perdu, mais qui fit alors la fortune de l'inventeur.

Ces détails succincts rappelleront ses analogues à la mémoire des voyageurs; et ceux qui n'ont jamais quitté Paris, entreverront le plafond noirci par la fumée du café de la Paix et ses glaces ternies par des milliards de points bruns qui prouvaient en quelle indépendance y vivait la classe des diptères.

La belle madame Socquard, dont les aventures galantes surpassèrent celles de la Tonsard du Grand-I-Vert, avait trôné là, vêtue à la dernière mode; elle affectionna le turban des sultanes. La *sultane* a joui, sous l'empire, de la vogue qu'obtient l'*ange* aujourd'hui.

Toute la vallée venait jadis y prendre modèle sur les turbans, les chapeaux à visière, les bonnets en fourrures, les coiffures chinoises de la belle *cafetière*, au luxe de laquelle contribuaient les gros bonnets de Soulanges. Tout en portant sa ceinture au plexus solaire, comme l'ont portée nos mères, si fières de leurs grâces impériales, Junie (elle s'appelait Junie!) fit la maison Socquard; son mari lui devait la propriété d'un clos de vignes, de la maison qu'il habitait et du Tivoli. Le père de monsieur Lupin avait fait, disait-on, des folies pour la belle Junie Socquard; Gaubertin, qui la lui avait enlevée, lui devait certainement le petit Bournier.

Ces détails et la science secrète avec laquelle Socquard fabriquait le *vin cuit* expliqueraient déjà pourquoi son nom et le café de la Paix étaient devenus populaires; mais bien d'autres raisons augmentaient cette renommée. On ne trouvait que du vin chez Tonsard et dans tous les autres cabarets de la vallée; tandis que depuis Conches jusqu'à la Ville-aux-Fayes, dans une circonférence de six lieues, le café de Socquard était le seul où l'on pût jouer au billard, et boire ce punch que préparait admirablement le bourgeois du lieu. Là seulement se voyaient en étalage des vins étrangers, des liqueurs fines, des fruits à l'eau-de-vie.

Ce nom retentissait donc dans la vallée presque tous les jours, accompagné des idées de volupté superfine que rêvent les gens dont l'estomac est plus sensible que le cœur. A ces causes se joignait encore le privilége d'être partie intégrante de la fête de Soulanges. Dans l'ordre immédiatement supérieur, le café de la

Paix était enfin pour la ville ce que le cabaret du Grand-I-Vert était pour la campagne, un entrepôt de venin ; il servait de transit aux commérages entre la Ville-aux-Fayes et la vallée. Le Grand-I-Vert fournissait le lait et la crème au café de la Paix, et les deux filles à Tonsard étaient en rapports journaliers avec cet établissement.

Pour Socquard, la place de Soulanges était un appendice de son café. L'alcide allait de porte en porte causant avec chacun, n'ayant en été qu'un pantalon pour tout vêtement et un gilet à peine boutonné, selon l'usage des cafetiers des petites villes. Il était averti par les gens avec lesquels il causait s'il entrait quelqu'un dans son établissement, où il se rendait pesamment et comme à regret.

Ces détails doivent convaincre les Parisiens qui n'ont jamais quitté leur quartier, de la difficulté, disons mieux, de l'impossibilité de cacher la moindre chose dans la vallée de l'Avonne, depuis Conches jusqu'à la Ville-aux-Fayes. Il n'existe dans les campagnes aucune solution de continuité ; il s'y trouve de place en place des cabarets du Grand-I-Vert, des cafés de la Paix, qui font l'office d'échos, et où les actes les plus indifférents, accomplis dans le plus grand secret, sont répercutés par une sorte de magie. Le bavardage social remplit l'office de la télégraphie électrique ; c'est ainsi que s'accomplissent ces miracles de nouvelles apprises dans un clin d'œil de désastres survenus à d'énormes distances.

Après avoir arrêté son cheval, Rigou descendit de sa carriole et attacha la bride à un des poteaux de la porte de Tivoli. Puis il trouva le plus naturel des prétextes pour écouter la discussion sans en avoir l'air, en se plaçant entre deux fenêtres par l'une desquelles il pouvait, en avançant la tête, voir les personnes, étudier les gestes, tout en saisissant les grosses paroles qui retentissaient aux vitres et que le calme extérieur permettait d'entendre.

— Et si je disais au père Rigou que ton frère Nicolas en veut à la Péchina, s'écriait une voix aigre, qu'il la guette à toute heure, qu'elle passera dessous le nez à votre seigneur, il saurait bien vous tripoter les entrailles, à tous tant que vous êtes, tas de gueux du Grand-I-Vert.

— Si tu nous faisais une pareille farce, Aglaé, répondit la voix glapissante de Marie Tonsard, tu ne conterais celle que je te ferais qu'aux vers de ton cercueil!.... Ne te mêle pas plus des affaires de Nicolas que des miennes avec Bonnébault.

Marie, stimulée par sa grand'mère, avait, comme on le voit, suivi Bonnébault; en l'épiant, elle l'avait vu, par la fenêtre où stationnait en ce moment Rigou, déployant ses grâces et disant des flatteries assez agréables à mademoiselle Socquard, pour qu'elle se crût obligée de lui sourire. Ce sourire avait déterminé la scène au milieu de laquelle éclata cette révélation assez précieuse pour Rigou.

— Eh bien! père Rigou, vous dégradez mes propriétés?.... dit Socquard en frappant sur l'épaule de l'usurier.

Le cafetier, venu d'une grange située au bout de son jardin et d'où l'on retirait plusieurs jeux publics, tels que machines à peser, chevaux à courir la bague, balançoires périlleuses, etc., pour les monter aux places qu'ils occupaient dans son Tivoli, avait marché sans faire de bruit, car il portait ces pantoufles en cuir jaune dont le bas prix en fait vendre des quantités considérables en province.

— Si vous aviez des citrons frais, je me ferais une limonade, répondit Rigou, la soirée est chaude.

— Mais qui piaille ainsi? dit Socquard en regardant par la fenêtre et voyant sa fille aux prises avec Marie.

— On se dispute Bonnébault, répliqua Rigou d'un air sardonique.

Le courroux du père fut alors comprimé chez Socquard par l'intérêt du cafetier. Le cafetier jugea prudent d'écouter du dehors comme faisait Rigou; tandis que le père voulait entrer et déclarer que Bonnébault, plein de qualités estimables aux yeux d'un cafetier, n'en avait aucune de bonne comme gendre d'un des notables de Soulanges. Et cependant le père Socquard recevait peu de propositions de mariage. A vingt-deux ans, sa fille faisait comme largeur, épaisseur et poids, concurrence à madame Vermichel, dont l'agilité paraissait un phénomène. L'habitude de tenir un comptoir augmentait encore la tendance à l'embonpoint qu'Aglaé devait au sang paternel.

— Quel diable ces filles ont-elles au corps? demanda le père Socquard à Rigou.

— Ah! répondit l'ancien bénédictin, c'est de tous les diables celui que l'Église a saisi le plus souvent.

Socquard, pour toute réponse, se mit à examiner sur les tableaux qui séparent les fenêtres les queues de billard dont la réunion s'expliquait difficilement à cause des places où manquait le mortier écaillé par la main du temps.

En ce moment, Bonnébault sortit du billard, une queue à la main, et en frappa rudement Marie, en lui disant :

— Tu m'as fait manquer de touche; mais je ne te manquerai point, et je continuerai tant que tu n'auras pas mis une sourdine à ta *grelotte*.

Socquard et Rigou, qui jugèrent à propos d'intervenir, entrèrent au café par la place, et firent lever une si grande quantité de mouches, que le jour en fut obscurci. Le bruit fut semblable à celui des lointains exercices de l'école des tambours. Après leur premier saisissement, ces grosses mouches à ventre bleuâtre, accompagnées de petites mouches assassines et de quelques mouches à chevaux, revinrent prendre leur place au vitrage, où, sur trois rangs de planches, dont la peinture avait disparu sous leurs points noirs, se voyaient des bouteilles visqueuses, rangées comme des soldats.

Marie pleurait. Être battue devant sa rivale par l'homme aimé est une de ces humiliations qu'aucune femme ne supporte, à quelque degré qu'elle soit de l'échelle sociale, et plus bas elle est, plus violente est l'expression de sa haine; aussi la fille Tonsard ne vit-elle ni Rigou ni Socquard; elle tomba sur un tabouret, dans un morne et farouche silence, que l'ancien religieux épia.

— Cherche un citron frais, Aglaé, dit le père Socquard, et rince toi-même un verre à patte.

— Vous avez sagement fait de renvoyer votre fille, dit tout bas Rigou à Socquard, elle allait être blessée à mort peut-être.

Et il montra d'un coup d'œil la main par laquelle Marie tenait un tabouret qu'elle avait empoigné pour le jeter à la tête d'Aglaé, qu'elle visait.

— Allons, Marie, dit le père Socquard en se plaçant devant elle, on ne vient pas ici pour prendre des tabourets... et si tu cassais mes glaces, ce n'est pas avec le lait de tes vaches que tu me les payerais...

— Père Socquard, votre fille est une vermine, et je la vaux bien, entendez-vous? Si vous ne voulez pas de Bonnébault pour gendre, il est temps que vous lui disiez d'aller jouer ailleurs que chez vous au billard!... qu'il y perd des cent sous à tout moment.

Au début de ce flux de paroles criées plutôt que dites, Socquard prit Marie par la taille et la jeta dehors, malgré ses cris et sa résistance. Il était temps pour elle, Bonnébault sortait de nouveau du billard, l'œil en feu.

Ça ne finira pas comme ça ! s'écria Marie Tonsard.

— Tire-nous ta révérence, hurla Bonnébault que Viollet tenait à bras le corps pour l'empêcher de se livrer à quelques brutalités, va-t'en au diable, ou jamais je ne te parle ni ne te regarde.

— Toi ? dit Marie en jetant à Bonnébault un regard furibond, rends-moi mon argent auparavant, et je te laisse à mademoiselle Socquard, si elle est assez riche pour te garder...

Là-dessus, Marie, effrayée de voir Alcide Socquard maître à peine de Bonnébault qui fit un bond de tigre, se sauva sur la route.

Rigou fit monter Marie dans sa carriole, afin de la soustraire à la colère de Bonnébault, dont la voix retentissait jusqu'à l'hôtel Soudry; puis après avoir caché Marie, il revint boire sa limonade en examinant le groupe formé par Plissoud, par Amaury, par Viollet et par le garçon de café qui tâchait de calmer Bonnébault.

— Allons, c'est à vous à jouer, hussard, dit Amaury, petit jeune homme blond à l'œil trouble.

D'ailleurs elle a filé, dit Viollet.

Si quelqu'un a jamais exprimé la surprise, ce fut Plissoud, au moment où il aperçut l'usurier de Blangy assis à l'une des tables et plus occupé de lui, Plissoud, que de la dispute des deux filles. Malgré lui, l'huissier laissa voir sur son visage l'espèce d'étonnement que cause la rencontre d'un homme à qui l'on en veut, ou contre qui l'on complote, et il rentra soudain dans le billard.

— Adieu, père Socquard, dit l'usurier.

— Je vais vous amener votre voiture, reprit le limonadier, donnez-vous le temps.

— Comment faire pour savoir ce que ces gens-là se disent en jouant la poule, se demandait à lui-même Rigou, qui vit dans la glace la figure du garçon.

Ce garçon était un homme à deux fins, il faisait les vignes de Socquard, il balayait le café, le billard, il tenait le jardin propre et arrosait le Tivoli, le tout pour vingt écus par an. Il était toujours sans veste, hormis les grandes occasions, et il avait pour tout costume un pantalon de toile bleue, de gros souliers, un gilet de velours rayé devant lequel il portait un tablier de toile de ménage quand il était de service au billard ou dans le café. Ce tablier à cordons était l'insigne de ses fonctions. Ce gars avait été loué par le limonadier à la dernière foire, car dans cette vallée comme dans toute la Bourgogne, les gens se prennent sur la place pour l'année, absolument comme on y achète des chevaux.

— Comment te nomme-t-on? lui dit Rigou.

— Michel, pour vous servir, répondit le garçon.

— Ne vois-tu pas ici quelquefois le père Fourchon?

— Deux ou trois fois par semaine avec monsieur Vermichel, qui me donne quelques sous pour l'avertir quand sa femme *déboule* sur eux.

— C'est un brave homme, le père Fourchon, instruit et plein de sens, dit Rigou, qui paya sa limonade et quitta ce café nauséabond en voyant sa carriole que le père Socquard avait amenée devant le café.

En montant dans sa voiture, le père Rigou aperçut le pharmacien, et le héla par un : « Ohé, monsieur Vermut! » En reconnaissant le richard, Vermut hâta le pas, Rigou le rejoignit et lui dit à l'oreille :

— Croyez-vous qu'il y ait des réactifs qui puissent désorganiser le tissu de la peau jusqu'au point de produire un mal réel, comme un panaris au doigt?

— Si monsieur Gourdon veut s'en mêler, oui, répondit le petit savant.

— Vermut, pas un mot là-dessus, ou sinon nous serions brouillés; mais parlez-en à monsieur Gourdon, et dites-lui de venir me voir après demain; je lui procurerai l'opération assez délicate de couper un index.

Puis, l'ancien maire, laissant le petit pharmacien ébahi, monta dans sa carriole à côté de Marie Tonsard.

— Eh bien! petite vipère, lui dit-il en lui prenant le bras quand il eut attaché les guides de sa bête à un anneau sur le devant du tablier de cuir qui fermait sa carriole, et que le cheval eut pris son allure, tu crois donc que tu garderas Bonnébault en te livrant à des violences pareilles?... Si tu étais sage, tu favoriserais son mariage avec cette grosse tonne de bêtise, et alors tu pourrais te venger.

Marie ne put s'empêcher de sourire en répondant :

— Ah! que vous êtes mauvais! vous êtes bien notre maître à tous!

— Écoute, Marie, j'aime les paysans, mais il ne faut pas qu'un de vous se mette entre mes dents et une bouchée de gibier... Ton frère Nicolas, comme l'a dit Aglaé, poursuit la Péchina. Ce n'est pas bien, car je la protége, cette enfant; elle sera mon héritière pour trente mille francs, et je veux la bien marier. J'ai su que Nicolas, aidé par ta sœur Catherine, avait failli tuer cette pauvre petite, ce matin; tu verras ton frère et ta sœur, dis-leur ceci :
— Si vous laissez la Péchina tranquille, le père Rigou sauvera Nicolas de la conscription...

— Vous êtes le diable en personne, s'écria Marie; on dit que vous avez signé un pacte avec lui... c'est-il possible ?

— Oui, dit gravement Rigou.

— On nous le disait aux veillées, mais je ne le croyais pas.

— Il m'a garanti qu'aucun attentat dirigé contre moi ne m'atteindrait, que je ne serai jamais volé, que je vivrai cent ans sans maladie, que je réussirai en tout, et que jusqu'à l'heure de ma mort je serai jeune comme un coq de deux ans...

— Ça se voit bien, dit Marie. Eh bien! il vous est *diablement* facile de sauver mon frère de la conscription...

— S'il le veut, car il faut qu'il y laisse un doigt, voilà tout, reprit Rigou, je lui dirai comment!

— Tiens! vous prenez le chemin du haut? dit Marie.

— A la nuit, je ne passe plus par ici, répondit l'ancien moine.

— A cause de la croix ? dit naïvement Marie.

— C'est bien cela, rusée! répondit le diabolique personnage.

Ils étaient arrivés à un endroit où la route cantonale est creusée à travers une faible élévation du terrain. Cette tranchée offre deux talus assez roides, comme on en voit tant sur les routes de France.

Au bout de cette gorge, d'une centaine de pas de longueur, les routes de Ronquerolles et de Cerneux forment un carrefour planté d'une croix. De l'un ou de l'autre talus, un homme peut ajuster un passant et le tuer presque à bout portant, avec d'autant plus de facilité que cette éminence étant couverte de vignes, un malfaiteur trouve toute facilité pour s'embusquer dans des buissons de ronces venus au hasard. On devine pourquoi l'usurier, toujours prudent, ne passait jamais par là de nuit; la Thune tourne ce monticule appelé les Clos de la Croix. Jamais place plus favorable ne s'est rencontrée pour une vengeance ou pour un assassinat, car le chemin de Ronquerolles va rejoindre le pont fait sur l'Avonne, devant le pavillon du rendez-vous de chasse, et le chemin de Cerneux mène au delà de la route royale, en sorte qu'entre les quatre chemins des Aigues, de la Ville-aux-Fayes, de Ronquerolles et de Cerneux, le meurtrier peut se choisir une retraite et laisser dans l'incertitude ceux qui se mettraient à sa poursuite.

— Je vais te laisser à l'entrée du village, dit Rigou quand il aperçut les premières maisons de Blangy.

— A cause d'Annette, vieux lâche! s'écria Marie. La renverrez-vous bientôt, celle-là, v'là trois ans que vous l'avez!... Ce qui m'amuse, c'est que votre vieille se porte bien... le bon Dieu se venge...

### IV. — LE TRIUMVIRAT DE LA VILLE-AUX-FAYES.

Le prudent usurier avait contraint sa femme et Jean de se coucher et de se lever au jour, en leur prouvant que la maison ne serait jamais attaquée s'il veillait, lui, jusqu'à minuit, et s'il se levait tard. Non-seulement il avait ainsi conquis sa tranquillité de sept heures du soir jusqu'à cinq heures du matin, mais encore il avait habitué sa femme et Jean à respecter son sommeil et celui de l'Agar, dont la chambre était située derrière la sienne.

Aussi, le lendemain matin, vers six heures et demie, madame Rigou, qui veillait elle-même aux soins de la basse-cour, conjointement avec Jean, vint-elle frapper timidement à la porte de la chambre de son mari.

— Monsieur Rigou, dit-elle, tu m'as recommandé de t'éveiller.

Le son de cette voix, l'attitude de la femme, son air craintif en obéissant à un ordre dont l'exécution pouvait être mal reçue, peignaient l'abnégation profonde dans laquelle vivait cette pauvre créature, et l'affection qu'elle portait à cet habile tyranneau.

— C'est bien! cria Rigou.

— Faut-il éveiller Annette? demanda-t-elle.

— Non, laissez-la dormir!... Elle a été sur pied toute la nuit! dit-il sérieusement.

Cet homme était toujours sérieux, même quand il se permettait une plaisanterie. Annette avait en effet ouvert mystérieusement la porte à Sibilet, à Fourchon, à Catherine Tonsard, venus tous à des heures différentes, entre onze heures et une heure.

Dix minutes après, Rigou, vêtu plus soigneusement qu'à l'ordinaire, descendit, et dit à sa femme un : Bonjour, ma vieille ! qui la rendit plus heureuse que si elle avait vu le général Montcornet à ses pieds.

— Jean, dit-il à l'ex-convers, ne quitte pas la maison, ne me laisse pas voler, tu y perdrais plus que moi !...

C'était en mélangeant les douceurs et les rebuffades, les espérances et les bourrades, que ce savant égoïste avait rendu ses trois esclaves aussi fidèles, aussi attachés que des chiens.

Rigou, toujours en prenant le chemin dit du haut, pour éviter les Clos de la Croix, arriva sur la place de Soulanges vers huit heures.

Au moment où il attachait les guides au tourniquet le plus proche de la petite porte à trois marches, le volet s'ouvrit, Soudry montra sa figure marquée de petite vérole, que l'expression de deux petits yeux noirs rendait finaude.

— Commençons par casser une croûte, car nous ne déjeunerons pas à la Ville-aux-Fayes avant une heure.

Il appela tout doucement une servante, jeune et jolie autant que celle de Rigou, qui descendit sans bruit, et à laquelle il dit de servir un morceau de jambon et du pain ; puis il alla chercher lui-même du vin à la cave.

Rigou contempla, pour la millième fois, cette salle à manger, planchéyée en chêne, plafonnée à moulures, garnie de belles armoires bien peintes, boisée à hauteur d'appui, ornée d'un beau poêle et d'un cartel magnifique, provenus de mademoiselle Laguerre. Le dos des chaises était en forme de lyre, les bois peints et vernis en blanc, le siége en maroquin vert, à clous dorés. La table d'acajou massif était couverte en toile cirée verte à grande hachures foncées, et bordée d'un liseré vert. Le parquet en point de Hongrie, minutieusement frotté par Urbain, accusait le soin avec lequel les anciennes femmes de chambre se font servir.

— Bah ! ça coûte trop cher, se dit encore Rigou... ; l'on mange aussi bien dans ma salle qu'ici, et j'ai la rente de l'argent qu'il faudrait pour m'arranger avec cette splendeur inutile. Où donc est madame Soudry ? demanda-t-il au maire de Soulanges, qui parut armé d'une bouteille vénérable.

— Elle dort.

— Et vous ne troublez plus guère son sommeil, dit Rigou.

L'ex-gendarme cligna d'un air goguenard, et montra le jambon que Jeannette, sa jolie servante, apportait.

— Ça vous réveille, un joli morceau comme celui-là? dit le maire; c'est fait à la maison! il est entamé d'hier....

— Mon compère, je ne vous connaissais pas celle-là? Où l'avez-vous pêchée? dit l'ancien bénédictin à l'oreille de Soudry.

— Elle est comme le jambon, répondit le gendarme en recommençant à cligner; je l'ai depuis huit jours.

Jeannette, encore en bonnet de nuit, en jupe courte, pieds nus dans des pantoufles, ayant passé ce corps de jupe fait comme une brassière, à la mode dans la classe paysanne, et sur lequel elle ajustait un foulard croisé qui ne cachait pas entièrement de jeunes et frais appas, ne paraissait pas moins appétissante que le jambon vanté par Soudry. Petite, rondelette, elle laissait voir ses bras nus pendants, marbrés de rouge, au bout desquels de grosses mains à fossettes, à doigts courts et bien façonnés du bout, annonçaient une riche santé. C'était la vraie figure bourguignotte, rougeaude, mais blanche aux tempes, au col, aux oreilles; les cheveux châtains, le coin de l'œil retroussé vers le haut de l'oreille, les narines ouvertes, la bouche sensuelle, un peu de duvet le long des joues; puis, une expression vive tempérée par une attitude modeste et menteuse qui faisait d'elle un modèle de servante friponne.

— En honneur, Jeannette ressemble au jambon, dit Rigou. Si je n'avais pas une Annette, je voudrais une Jeannette.

— L'une vaut l'autre, dit l'ex-gendarme, car votre Annette est douce, blonde, mignarde... Comment va madame Rigou?.. dort-elle?... reprit brusquement Soudry pour faire voir à Rigou qu'il comprenait la plaisanterie.

— Elle est éveillée avec notre coq, répondit Rigou, mais elle se couche comme les poules. Moi, je reste à lire le *Constitutionnel*. Le soir et le matin, ma femme me laisse dormir, elle n'entrerait pas chez moi pour un monde...

— Ici c'est tout le contraire, répondit Jeannette. Madame reste vec les bourgeois de la ville à jouer; ils sont quelquefois quinze au salon; Monsieur se couche à huit heures, et nous nous levons au jour...

— Ça vous paraît différent, dit Rigou, mais au fond c'est la même chose. Eh bien! ma belle enfant, venez chez moi, j'enverrai Annette ici, ce sera la même chose, et ce sera différent.

— Vieux coquin, dit Soudry, tu la rends honteuse.

— Comment, gendarme! tu ne veux qu'un cheval dans ton écurie?... Enfin chacun prend son bonheur où il le trouve.

Jeannette, sur l'ordre de son maître, alla lui préparer sa toilette.

— Tu lui auras promis de l'épouser à la mort de ta femme? demanda Rigou.

— A nos âges, répondit le gendarme, il ne nous reste plus que ce moyen-là!

— Avec des filles ambitieuses, ce serait une manière de devenir promptement veuf... répliqua Rigou, surtout si madame Soudry parlait devant Jeannette de sa manière de savonner les escaliers.

Ce mot rendit les deux époux songeurs. Quand Jeannette vint annoncer que tout était prêt, Soudry lui dit un : — Viens m'aider! qui fit sourire l'ancien bénédictin.

— Voilà encore une différence, dit-il, moi je te laisserais sans crainte avec Annette, mon compère.

Un quart d'heure après, Soudry, en grande tenue, monta dans le cabriolet d'osier, et les deux amis tournèrent le lac de Soulanges pour aller à la Ville-aux-Fayes.

— Et ce château-là?... dit Rigou quand il atteignit à l'endroit d'où le château se voyait en profil.

Le vieux révolutionnaire mit à ce mot un accent où se révélait la haine que nourrissent les bourgeois campagnards contre les grands châteaux et les grandes terres.

— Mais tant que je vivrai, j'espère bien le voir debout, répliqua l'ancien gendarme; le comte de Soulanges a été mon général; il m'a rendu service; il m'a très-bien fait régler ma pension, et puis il laisse gérer sa terre à Lupin, dont le père y a fait sa fortune. Après Lupin ce sera un autre, et tant qu'il y aura des Soulanges, on respectera cela!... Ces gens-là sont bons enfants, ils laissent à chacun sa récolte, et ils s'en trouvent bien...

— Ah! le général a trois enfants qui peut-être à sa mort ne s'accorderont pas, un jour ou l'autre le mari de sa fille et les fils liciteront et gagneront à vendre cette mine de plomb et de fer à des marchands de biens que nous saurons repincer.

Le château de Soulanges apparut de profil comme pour défier le moine défroqué.

— Ah! oui, dans ce temps-là, l'on bâtissait bien... s'écria Soudry. Mais monsieur le comte économise en ce moment ses revenus pour pouvoir faire de Soulanges le majorat de sa pairie!...

— Compère, répondit Rigou, les majorats tomberont.

Une fois le chapitre des intérêts épuisé, les deux bourgeois se mirent à causer des mérites respectifs de leurs chambrières en patois un peu trop bourguignon pour être imprimé. Ce sujet inépuisable les mena si loin qu'ils aperçurent le chef-lieu d'arrondissement où régnait Gaubertin, et qui peut-être excite assez la curiosité pour faire admettre par les gens les plus pressés une petite digression.

Le nom de la Ville-aux-Fayes, quoique bizarre, s'explique facilement par la corruption de ce nom (en basse latinité, *Villa in Fago*, le manoir dans les bois.) Ce nom dit assez que jadis une forêt couvrait le delta formé par l'Avonne à son confluent dans la rivière qui se joint cinq lieues plus loin à l'Yonne. Un Franc bâtit sans doute une forteresse sur la colline qui, là, se détourne en allant mourir par des pentes douces dans la longue plaine où Leclercq, le député, avait acheté sa terre. En séparant par un grand et long fossé ce delta, le conquérant se fit une position formidable, une place essentiellement seigneuriale, commode pour percevoir des droits de péage sur les ponts nécessaires aux routes, et pour veiller aux droits de mouture frappés sur les moulins.

Telle est l'histoire des commencements de la Ville-aux-Fayes. Partout où s'est établie une domination féodale ou religieuse, elle a engendré des intérêts, des habitants et plus tard des villes, quand les localités se trouvaient en position d'attirer, de développer ou de fonder des industries. Le procédé trouvé par Jean Rouvet pour flotter les bois, et qui exigeait des places favorables pour les intercepter, créa la Ville-aux-Fayes, qui, jusque-là, comparée à Soulanges, ne fut qu'un village. La Ville-aux-Fayes devint l'entrepôt des bois qui, sur une étendue de douze lieues, bordent les deux rivières. Les travaux que demandent le repêchage, la reconnaissance des bûches *perdues*, la façon des trains que l'Yonne porte dans la Seine, produisit un grand concours d'ouvriers. La population excita la consommation et fit naître le commerce. Ainsi, la Ville-aux-Fayes, qui ne comptait pas six cents habitants à la fin du seizième siècle, en comptait deux mille en 1790, et Gaubertin l'avait portée à quatre mille. Voici comment.

Quand l'Assemblée législative décréta la nouvelle circonscription du territoire, la Ville-aux-Fayes, qui se trouva située à la distance où, géographiquement, il fallait une sous-préfecture, fût choisie préférablement à Soulanges pour chef-lieu d'arrondissement. La sous-préfecture entraîna le tribunal de première instance et tous les employés d'un chef-lieu d'arrondissement. L'augmentation de la population parisienne, en augmentant la valeur et la quantité voulue des bois de chauffage, augmenta nécessairement l'importance du commerce de la Ville-aux-Fayes. Gaubertin avait assis sa nouvelle fortune sur cette nouvelle prévision, en devinant l'influence de la paix sur la population parisienne, qui, de 1815 à 1825, s'est accrue en effet de plus d'un tiers.

La configuration de la Ville-aux-Fayes est indiquée par celle du terrain. Les deux lignes du promontoire étaient bordées par des ports. Le barrage pour arrêter les bois était au bas de la colline occupée par la forêt de Soulanges. Entre ce barrage et la ville, il y avait un faubourg. La basse ville, située dans la partie la plus large du delta, plongeait sur la nappe d'eau du lac d'Avonne.

Au-dessus de la basse ville, cinq cents maisons à jardins, assises sur la hauteur défrichée depuis trois cents ans, entourent ce promontoire de trois côtés, en jouissant toutes des aspects multipliés que fournit la nappe diamantée du lac d'Avonne, encombrée par des trains en construction sur ses bords, par des piles de bois. Les eaux chargées de bois de la rivière et les jolies cascades de l'Avonne, qui, plus haute que la rivière où elle se décharge, alimentent les vannes des moulins et les écluses de quelques fabriques, forment un tableau très-animé, d'autant plus curieux qu'il est encadré par les masses vertes des forêts, et que la longue vallée des Aigues produit une magnifique opposition aux sombres repoussoirs qui dominent la Ville-aux-Fayes.

En face de ce vaste rideau, la route royale qui passe l'eau sur un pont, à un quart de lieue de la Ville-aux-Fayes, vient mordre au commencement d'une allée de peupliers où se trouve un petit faubourg groupé autour de la poste aux chevaux, attenant à une grande ferme. La route cantonale fait également un détour pour gagner ce pont, où elle rejoint le grand chemin.

Gaubertin s'était bâti une maison sur un terrain du delta, avec le projet d'y faire une place qui rendrait la basse ville aussi belle que la ville haute. Ce fut la maison moderne en pierre, à balcon en fonte, à persiennes, à fenêtres bien peintes, sans autre ornement qu'une grecque sous la corniche, un toit d'ardoises, un seul étage et des greniers, une belle cour, et derrière, un jardin à l'anglaise, baigné par les eaux de l'Avonne. L'élégance de cette maison força la sous-préfecture, logée provisoirement dans un chenil, à venir en face dans un hôtel, que le département fut obligé de bâtir, sur les instances des députés Leclerq et Ronquerolles. La ville y bâtit aussi sa mairie. Le tribunal, également à loyer, eut un palais de justice achevé récemment, en sorte que la Ville-aux-Fayes dut au génie remuant de son maire une ligne de bâtiments modernes fort imposante. La gendarmerie se bâtissait une caserne pour achever le carré formé par la place.

Ces changements, dont les habitants s'enorgueillissaient, étaient dus à l'influence de Gaubertin, qui, depuis quelques jours, avait reçu la croix de la Légion d'honneur, à l'occasion de la prochaine fête du roi. Dans une ville ainsi constituée, et de création moderne, il ne se trouvait ni aristocratie ni noblesse. Aussi les bourgeois de la Ville-aux-Fayes, fiers de leur indépendance, épousaient-ils tous la querelle survenue entre les paysans et un comte de l'empire qui prenait le parti de la restauration. Pour eux, les oppresseurs étaient les opprimés. L'esprit de cette ville commerçante était si bien connu du gouvernement, que l'on y avait mis pour sous-préfet un homme d'un esprit conciliant, l'élève de son oncle, le fameux des Lupeaulx, un de ces gens habitués aux transactions, familiarisés avec les exigences de tous les gouvernements, et que les puritains politiques, qui font pis, appellent des gens corrompus.

L'intérieur de la maison de Gaubertin avait été décoré par les inventions assez plates du luxe moderne. C'était de riches papiers de tenture à bordures dorées, des lustres de bronze, des meubles en acajou, des lampes astrales, des tables rondes à dessus de marbre, de la porcelaine blanche à filets d'or pour le dessert, des chaises à fond de maroquin rouge et des gravures à l'aquatinta dans la salle à manger, un meuble de casimir bleu dans le salon, tous détails froids et d'une excessive platitude, mais qui parurent être à la Ville-aux-Fayes les derniers efforts d'un luxe sardanapalesque. Madame Gaubertin y jouait le rôle d'une élégante à grands effets, elle faisait de petites façons, elle minaudait à quarante-cinq ans en maîtresse sûre de son fait, et qui avait sa cour.

La maison de Rigou, celle de Soudry et celle de Gaubertin, ne sont-elles pas, pour qui connaît la France, la parfaite représentation du village, de la petite ville et de la sous-préfecture ?

Sans être ni un homme d'esprit ni un homme de talent, Gaubertin en avait l'apparence ; il devait la justesse de son coup d'œil et sa malice à une excessive âpreté pour le gain. Il ne voulait sa fortune ni pour sa femme, ni pour ses deux filles, ni pour son fils, ni pour lui-même, ni par esprit de famille, ni pour la considération que donne l'argent ; outre sa vengeance, qui le faisait vivre, il aimait le jeu de l'argent comme Nucingen, qui manie toujours, dit-on, de l'or dans ses deux poches à la fois. Le train des affaires était la vie de cet homme ; et, quoiqu'il eût le ventre plein, il déployait l'activité d'un homme à ventre creux. Semblable aux valets de théâtre, les intrigues, les tours à jouer, les coups à organiser, les tromperies, les finasseries commerciales, les comptes à rendre, à recevoir, les scènes, les brouilles d'intérêt l'émoustillaient, lui maintenaient le sang en circulation, lui répandaient également la bile dans le corps. Et il allait, il venait à cheval, en voiture, par eau, dans les ventes aux adjudications, à Paris, toujours pensant à tout, tenant mille fils entre ses mains, et ne les brouillant pas.

Vif, décidé dans ses mouvements comme dans ses idées, petit, court, ramassé, le nez fin, l'œil allumé, l'oreille dressée, il tenait du chien de chasse. Sa figure hâlée, brune et toute ronde, de laquelle se détachaient des oreilles brûlées, car il portait habituellement une casquette, était en harmonie avec ce caractère. Son nez était retroussé, ses lèvres serrées ne devaient jamais s'ouvrir pour une parole bienveillante. Ses favoris touffus formaient deux buissons noirs et luisants au-dessous de deux pommettes violentes de couleur et se perdaient dans sa cravate. Des cheveux frisottants, naturellement étagés comme ceux d'une perruque de vieux magistrat, blancs et noirs, tordus comme par la violence du feu qui chauffait son crâne brun, qui pétillait dans ses yeux gris enveloppés de rides circulaires, sans doute par l'habitude de toujours cligner en regardant à travers la campagne en plein soleil, complétaient bien sa physionomie. Sec, maigre, nerveux, il avait les mains velues, crochues, bossuées, des gens qui payent de leur personne. Cette allure plaisait aux gens avec lesquels il traitait, car il s'enveloppait d'une gaieté trompeuse ; il savait beaucoup parler sans rien dire de ce qu'il voulait taire ; il écrivait peu, pour pouvoir nier ce qui lui était défavorable dans ce qu'il laissait échapper. Ses écritures étaient tenues par un caissier, un homme probe que les gens du caractère de Gaubertin savent toujours dénicher, et de qui, dans leur intérêt, ils font leur première dupe.

Quand le petit cabriolet d'osier de Rigou se montra, vers les huit heures, dans l'avenue qui, depuis la poste, longe la rivière, Gaubertin, en casquette, en bottes, en veste, revenait déjà des ports ; il hâta le pas en devinant bien que Rigou ne se déplaçait que pour *la grande affaire*.

— Bonjour, père l'empoigneur, bonjour bonne panse pleine de fiel et de sagesse, dit-il en donnant tour à tour une petite tape sur le ventre des deux visiteurs, nous avons à parler d'affaires, et nous en parlerons le verre en main, nom d'un petit bonhomme ! voilà la vraie manière.

— A ce métier-là, vous devriez être gras, dit Rigou.

— Je me donne trop de mal ; je ne suis pas comme vous autres, confiné dans ma maison, acoquiné là, comme un vieux roquentin... Ah ! vous faites bien, ma foi ! vous pouvez agir le dos au feu, le ventre à table, assis sur un fauteuil... la pratique vient vous trouver. Mais, entrez donc, nom d'un petit bonhomme ! la maison est bien à vous pour le temps que vous y resterez.

Un domestique à livrée bleue, bordée d'un liseré rouge, vint prendre le cheval par la bride et l'emmena dans la cour où se trouvaient les communs et les écuries.

Gaubertin laissa ses deux hôtes se promener dans le jardin, et revint les trouver après un instant nécessaire pour donner ses ordres et organiser le déjeuner.

— Eh bien ! mes petits loups, dit-il en se frottant les mains, on a vu la gendarmerie de Soulanges se dirigeant au point du jour vers Conches ; ils vont sans doute arrêter les condamnés pour délits forestiers... nom d'un petit bonhomme ! ça chauffe ! ça chauffe !... A cette heure, reprit-il en regardant à sa montre, les gars doivent être bien et dûment arrêtés.

— Probablement, dit Rigou.

— Eh bien ! que dit-on dans les villages ? Qu'a-t-on résolu ?

— Mais qu'y a-t-il à résoudre ? demanda Rigou, nous ne sommes pour rien là dedans, ajouta-t-il en regardant Soudry.

— Comment ! pour rien ? Et si l'on vend les Aigues par suite de nos combinaisons, qui gagnera à cela cinq ou six cent mille francs ? Est-ce moi tout seul ? Je n'ai pas les reins assez forts pour cracher deux millions, avec trois enfants à établir et une femme qui n'entend pas raison sur l'article dépense; il me faut des associés. Le père l'empoigneur n'a-t-il pas ses fonds prêts? Il n'a pas une hypothèque qui ne soit à terme, et il ne prête plus que sur billets au jeu, dont je réponds. Je m'y mets pour huit cent mille francs; mon fils, le juge, deux cent mille; nous comptons sur l'empoigneur pour deux cent mille; pour combien voulez-vous y être, père la calotte :

— Pour le reste, dit froidement Rigou.

— Tudieu, je voudrais avoir la main où vous avez le cœur! dit Gaubertin. Et que ferez-vous?

— Mais je ferai comme vous; dites votre plan.

— Mon plan à moi, reprit Gaubertin, est de prendre double pour vendre moitié à ceux qui en voudront dans Conches, Cerneux et Blangy. Le père Soudry aura ses pratiques à Soulanges, et vous, les vôtres ici. Ce n'est pas l'embarras; mais comment nous entendrons-nous, entre-nous? comment partagerons-nous les grands lots?...

— Mon Dieu! rien n'est plus simple, dit Rigou. Chacun prendra ce qui lui conviendra le mieux. Moi d'abord je ne gênerai personne, je prendrai les bois avec mon gendre et le père Soudry; ces bois sont assez dévastés pour ne pas vous tenter; nous vous laisserons votre part dans le reste, ça vaut bien votre argent, ma foi.

— Nous signerez-vous ça, dit Soudry.

— L'acte ne vaudrait rien, répondit Gaubertin. D'ailleurs, vous voyez que je joue franc jeu; je me fie entièrement à Rigou, c'est lui qui sera l'acquéreur.

— Ça me suffit, dit Rigou.

— Je n'y mets qu'une condition, j'aurai le pavillon du Rendez-vous, ses dépendances et cinquante arpents autour; je vous payerai les arpents. Je ferai du pavillon ma maison de campagne, elle sera près de mes bois. Madame Gaubertin, madame Isaure, comme elle veut qu'on la nomme, en fera sa villa, dit-elle.

— Je le veux bien, dit Rigou.

Eh! entre nous, reprit Gaubertin à voix basse, après avoir regardé de tous les côtés, et s'être bien assuré que personne ne pouvait l'entendre, les croyez-vous capable de faire quelque mauvais coup

— Comme quoi? demanda Rigou, qui ne voulait jamais rien comprendre à demi-mot.

— Mais si le plus enragé de la bande, une main adroite avec cela, faisait siffler une balle aux oreilles du comte... simplement pour le braver?...

— Il est homme à courir sus et à l'empoigner.

— Alors Michaud?...

— Michaud ne s'en vanterait pas, il politiquerait, espionnerait finirait par découvrir l'homme et ceux qui l'ont armé.

— Vous avez raison, reprit Gaubertin. Il faudra qu'ils se révoltent une trentaine ensemble, on en jettera quelques-uns aux galères... enfin on prendra les gueux, dont nous voudrons nous défaire après nous en être servis. Vous avez là deux ou trois chenapans, comme les Tonsard et Bonnébault...

— Tonsard fera quelque drôle de coup, dit Soudry, je le connais... et nous le ferons encore chauffer par Vaudoyer et Courtecuisse.

— J'ai Courtecuisse, dit Rigou.

— Et moi je tiens Vaudoyer dans ma main.

— De la prudence, dit Rigou, avant tout de la prudence.

— Tiens, papa la calotte, croyez-vous donc par hasard qu'il y aurait du mal à causer sur les choses comme elles vont... Est-ce nous qui verbalisons, qui empoignons, qui fagotons, qui glanons?... Si monsieur le comte s'y prend bien, s'il s'abonne avec un fermier général pour l'exploitation des Aigues, dans ce cas, adieu paniers, vendanges sont faites, vous y perdrez peut-être plus que moi... Ce que nous disons, c'est entre nous, et pour nous, car je ne dirai certes pas un mot à Vaudoyer que je ne puisse répéter devant Dieu et les hommes... Mais il n'est pas défendu de prévoir les événements et d'en profiter quand ils arrivent... Les paysans de ce canton-là ont la tête bien près du bonnet; les exigences du général, sa sévérité, les persécutions de Michaud et de ses inférieurs les ont poussés à bout; aujourd'hui les affaires sont gâtées, et je parierais qu'il y aura eu du grabuge avec la gendarmerie... Là-dessus, allons déjeuner.

Madame Gaubertin vint retrouver ses convives au jardin. C'était une femme assez blanche, à longues boucles à l'anglaise tombant le long de ses joues, qui jouait le genre passionné-vertueux, qui feignait de ne jamais avoir connu l'amour, qui mettait tous les fonctionnaires sur la question platonique, et qui avait pour attentif le Procureur du roi, son *patito*, disait-elle. Elle donnait dans les bonnets à pompons, mais elle se coiffait volontiers en cheveux, et elle abusait du bleu et du rose tendre. Elle dansait, elle avait de petites manières jeunes à quarante-cinq ans ; mais elle avait de gros pieds et des mains affreuses. Elle voulait qu'on l'appelât Isaure, car elle avait, au milieu de ses travers et de ses ridicules, le bon goût de trouver ignoble le nom de Gaubertin ; elle avait les yeux pâles et les cheveux d'une couleur indécise, une espèce de nankin sale. Enfin elle était prise pour modèle par beaucoup de jeunes personnes qui assassinaient le ciel de leurs regards et faisaient les anges.

— Eh bien ! messieurs, dit-elle en les saluant, j'ai d'étranges nouvelles à vous apprendre, la gendarmerie est revenue...

— A-t-elle fait des prisonniers ?

— Pas du tout ; le général d'avance avait demandé leur grâce... elle est accordée en faveur de l'heureux anniversaire du retour du roi parmi nous.

Les trois associés se regardèrent.

— Il est plus fin que je ne le croyais, ce gros cuirassier ! dit Gaubertin. Allons nous mettre à table, il faut se consoler ; après tout, ce n'est pas une partie perdue, ce n'est qu'une partie remise ; ça vous regarde maintenant, Rigou...

Soudry et Rigou revinrent désappointés, n'ayant rien pu imaginer pour amener une catastrophe qui leur profitât, et se fiant, ainsi que le leur avait dit Gaubertin, au hasard. Comme quelques jacobins aux premiers jours de la révolution, furieux, déroutés par la bonté de Louis XVI, et provoquant les rigueurs de la cour dans le but d'amener l'anarchie qui pour eux était la fortune et le pouvoir, les redoutables adversaires du comte de Montcornet mirent leur dernier espoir dans la rigueur que Michaud et ses gardes déploieraient contre de nouvelles dévastations ; Gaubertin leur promit son concours sans s'expliquer sur ses coopérateurs, car il ne voulait pas qu'on connût ses relations avec Sibilet. Rien n'égale la discrétion d'un homme de la trempe de Gaubertin, si ce n'est celle d'un ex-gendarme ou d'un prêtre défroqué. Ce complot ne pouvait être mené à bien, ou pour mieux dire à mal, que par trois hommes de ce genre, trempés par la haine et l'intérêt.

## V. — LA VICTOIRE SANS COMBAT.

Les craintes de madame Michaud étaient un effet de la seconde vue que donne la passion vraie. Exclusivement occupée d'un seul être, l'âme finit par embrasser le monde moral qui l'entoure, elle y voit clair. Dans son amour, une femme éprouve les pressentiments qui l'agitent plus tard dans la maternité.

Pendant que la pauvre jeune femme se laissait aller à écouter ces voix confuses qui viennent à travers des espaces inconnus, il se passait en effet dans le cabaret du Grand-I-Vert une scène où l'existence de son mari était menacée.

Vers cinq heures du matin, les premiers levés dans la campagne avaient vu passer la gendarmerie de Soulanges, qui se dirigeait vers Conches. Cette nouvelle circula rapidement, et ceux que cette question intéressait furent assez surpris d'apprendre, par ceux du haut pays, qu'un détachement de gendarmerie, commandé par le lieutenant de la Ville-aux-Fayes, avait passé par la forêt des Aigues. Comme c'était un lundi, il y avait déjà des raisons pour que les ouvriers allassent au cabaret; mais c'était la veille de l'anniversaire de la rentrée des Bourbons, et quoique les habitués du repaire des Tonsard n'eussent pas besoin de cette *auguste cause* (comme on disait alors) pour justifier leur présence au Grand-I-Vert, ils ne laissaient pas de s'en prévaloir très-haut dès qu'ils croyaient avoir aperçu l'ombre d'un fonctionnaire quelconque.

Il se trouva là Vaudoyer, Tonsard et sa famille, Godain qui en faisait en quelque sorte partie, et un vieil ouvrier vigneron nommé Laroche. Cet homme vivait au jour le jour, il était un des délinquants fournis par Blangy dans l'espèce de conscription que l'on avait inventée pour dégoûter le général de sa manie de procès-verbaux. Blangy avait donné trois autres hommes, douze femmes, huit filles et cinq garçons, dont les maris et les pères devaient répondre, et qui étaient dans une entière indigence; mais aussi c'étaient les seuls qui ne possédassent rien. L'année 1823 avait enrichi les vignerons, et 1826 devait, par la grande quantité du vin, leur jeter encore beaucoup d'argent; les travaux exécutés par le général avaient également répandu de l'argent dans les trois communes qui environnaient ses propriétés, et l'on avait eu de la peine à trouver à Blangy, à Conches et à Cerneux cent vingt prolétaires; on n'y était parvenu qu'en prenant les vieilles femmes, les mères et les grand'mères de ceux qui possédaient quelque chose, mais qui n'avaient rien à elles, comme la mère de Tonsard. Ce Laroche, le vieil ouvrier délinquant, ne valait absolument rien; il n'avait pas, comme Tonsard, un sang chaud et vicieux, il était animé d'une haine sourde et froide, il travaillait en silence, il gardait un air farouche; le travail lui était insupportable, et il ne pouvait vivre qu'en travaillant; ses traits étaient durs, leur expression repoussante. Malgré ses soixante ans, il ne manquait pas de force, mais son dos avait faibli, il était voûté, il se voyait sans avenir, sans un bout de champ à lui, et il enviait ceux qui possédaient de la terre; aussi dans la forêt des Aigues était-il sans pitié. Il y faisait avec plaisir des dévastations inutiles.

— Les laisserons-nous emmener? disait Laroche. Après Conches, on viendra à Blangy; je suis en récidive; j'en ai pour trois mois de prison.

— Et que faire contre la gendarmerie? vieil ivrogne? lui dit Vaudoyer.

— Tiens! est-ce qu'avec nos faux nous ne couperons pas bien les jambes à leurs chevaux? ils seront bientôt par terre, leurs fusils ne sont pas chargés, et quand ils se verront un contre dix, il faudra bien qu'ils déguerpissent. Si les trois villages se soulevaient et qu'on tuât deux ou trois gendarmes, guillotinerait-on tout le monde? Faudrait bien plier comme au fond de la Bourgogne où, pour une affaire semblable, on a envoyé un régiment. Ah bah! le régiment s'est en allé; les *pésans* ont continué d'aller au bois où ils allaient depuis des années comme ici.

— Tuer pour tuer, dit Vaudoyer, il vaudrait mieux n'en tuer qu'un; mais là, sans danger, et de manière à dégoûter tous les *Arminacs* du pays.

— Lequel de ces brigands? demanda Laroche.

— Michaud, dit Courtecuisse; il a raison Vaudoyer, il a grandement raison. Vous verrez que quand un garde aura été mis à l'ombre, on n'en trouvera pas facilement d'autres qui resteront au soleil à surveiller. Ils y sont le jour, mais c'est qu'ils y sont encore la nuit. C'est des démons, quoi?...

— Partout où vous allez, dit la vieille Tonsard, qui avait soixante-dix-huit ans et qui montra sa figure de parchemin, percée de mille trous et de deux yeux verts, ornée de ses cheveux d'un blanc sale qui sortaient par mèches de dessous un mouchoir rouge, partout où vous allez vous les trouvez, et ils vous arrêtent; ils regardent votre fagot, et s'il y avait une seule branche coupée, une seule baguette de méchant coudrier, ils prendraient le fagot et vous feraient le *verbal*; ils l'ont bien dit. Ah! les gueux! il n'y a pas à les attrapper, et s'ils se défient de vous, ils vous ont bientôt fait délier votre bois... Ils sont là trois chiens qui ne valent pas deux liards; on les tuerait, ça ne ruinerait pas la France, allez.

— Le petit Vatel n'est pas encore si méchant! dit madame Tonsard la belle-fille.

— Lui! dit Laroche, il fait sa besogne comme les autres; l'histoire de rire, c'est bon, il rit avec vous; vous n'en êtes pas mieux avec lui pour cela; c'est le plus malicieux des trois, c'est un sans-cœur pour le pauvre peuple comme M. Michaud.

— Il a une jolie femme tout de même, monsieur Michaud, dit Nicolas Tonsard...

— Elle est pleine, dit la vieille mère; mais si ça continue, on fera un drôle de baptême à son petit quand elle vêlera.

— Oh! tous ces *Arminacs* de Parisiens, dit Marie Tonsard, il est impossible de rire avec eux... et si cela arrivait, ils vous feraient un *verbal* sans plus se soucier de vous que s'ils n'avaient pas ri.

— Tu as donc essayé de les entortiller? dit Courtecuisse.

— Pardi!

— Eh bien! dit Tonsard d'un air déterminé, c'est des hommes comme les autres, on peut en venir à bout.

— Ma foi, non, reprit Marie en continuant sa pensée, ils ne rient point; je ne sais pas ce qu'on leur donne, car après tout, le crâne du pavillon, il est marié; mais Vatel, Gaillard et Steingel ne le sont pas; ils n'ont personne dans le pays, il n'y a pas une femme qui voudrait d'eux...

— Nous allons voir comment les choses vont se passer à la moisson et à la vendange, dit Tonsard.

— Ils n'empêcheront pas de glaner, dit la vieille.

— Mais je ne sais trop, répondit la bru Tonsard... leur Groison dit comme ça que monsieur le maire va publier un ban où il sera dit que personne ne pourra glaner sans un certificat d'indigence; et qui est-ce qui le donnera? Ce sera lui! Il n'en donnera pas beaucoup. Il publiera aussi des défenses d'entrer dans les champs avant que la dernière gerbe ne soit dans la charrette!...

— Ah çà ! mais c'est donc la grêle, que ce cuirassier ! cria Tonsard hors de lui.

— Je ne le sais que d'hier, répondit sa femme, que j'ai offert un petit verre à Groison pour en tirer quelque nouvelle.

— En voilà un d'heureux ! dit Vaudoyer, on lui a bâti une maison, on lui a donné une bonne femme, il a des rentes, il est mis comme un roi... Moi, j'ai été vingt ans garde champêtre, je n'y ai gagné que des rhumes.

— Oui, il est heureux, dit Godain, et il a du bien...

— Nous restons là comme des imbéciles que nous sommes, s'écria Vaudoyer ; allons donc au moins voir comment ça se passe à Conches, ils ne sont pas plus endurants que nous autres.

— Allons, dit Laroche qui ne se tenait pas trop ferme sur ses jambes, si je n'en extermine pas un ou deux, je veux perdre mon nom.

— Toi, dit Tonsard, tu laisserais bien emmener toute la commune ; mais moi, si l'on touchait à la vieille, voilà mon fusil, il ne manquerait pas son coup.

— Eh bien ! dit Laroche à Vaudoyer, si l'on emmène un des Conches, il y aura un gendarme par terre.

— Il l'a dit ! le père Laroche, s'écria Courtecuisse.

— Il l'a dit, reprit Vaudoyer, mais il ne l'a pas fait, et il ne le fera pas... A quoi ça te servirait-il si tu veux te faire rosser ?...... Tuer pour tuer, il vaut mieux tuer Michaud...

Pendant cette scène, Catherine Tonsard était en sentinelle à la porte du cabaret, afin d'être en mesure de prévenir les buveurs de se taire s'il passait quelqu'un. Malgré leurs jambes avinées, ils s'élancèrent plutôt qu'ils ne sortirent du cabaret, et leur ardeur belliqueuse les dirigea vers Conches en suivant la route qui, pendant un quart de lieue, longeait les murs des Aigues.

Conches était un vrai village de Bourgogne, à une seule rue, dans laquelle passait le grand chemin. Les maisons étaient construites les unes en briques, les autres en pisé ; mais elles étaient d'un aspect misérable. En y arrivant par la route départementale de la Ville-aux-Fayes, on prenait le village à revers, et il faisait alors assez d'effet. Entre la grande route et les bois de Ronquerolles, qui continuaient ceux des Aigues et couronnaient les hauteurs, coulait une petite rivière, et plusieurs maisons assez bien groupées animaient le paysage. L'église et le presbytère formaient une fabrique séparée, et donnaient un point de vue à la grille du parc des Aigues qui venait jusque-là. Devant l'église se trouvait une place entourée d'arbres, où les conspirateurs du Grand-I-Vert aperçurent la gendarmerie, et ils doublèrent alors leurs pas précipités. En ce moment, trois hommes à cheval sortirent par la grille de Conches, et les paysans reconnurent le général et son domestique avec Michaud, le garde général, qui s'élancèrent au galop vers la place ; Tonsard et les siens y arrivèrent quelques minutes après eux. Les délinquants, hommes et femmes, n'avaient fait aucune résistance ; ils étaient tous entre les cinq gendarmes de Soulanges et les quinze autres venus de la Ville-aux-Fayes. Tout le village était rassemblé là. Les enfants, les pères et les mères des prisonniers allaient et venaient et leur apportaient ce dont ils avaient besoin pour passer le temps de leur prison. C'était un coup d'œil assez curieux que celui de cette population campagnarde, exaspérée, mais à peu près silencieuse, comme si elle avait pris un parti. Les vieilles et les jeunes femmes étaient les seules qui parlassent. Les enfants, les petites filles étaient juchés sur des bois et des tas de pierres pour mieux voir.

— Ils ont bien pris leur temps, ces hussards de la guillotine, ils sont venus un jour de fête...

— Ah çà ! vous laissez donc emmener comme ça votre homme ! Qu'allez-vous donc devenir pendant trois mois, les meilleurs de l'année, où les journées sont bien payées...

— C'est eux qui sont les voleurs!... répondit la femme en regardant les gendarmes d'un air menaçant.

— Qu'avez-vous donc, la vieille, à loucher comme ça ! dit le maréchal des logis, sachez que votre affaire ne sera pas longue à bâcler si vous vous permettez de nous injurier.

— Je n'ai rien dit, s'empressa de dire la femme d'un air humble et piteux.

— J'ai entendu tout à l'heure un propos dont je pourrais vous faire repentir...

— Allons, mes enfants, du calme ! dit le maire de Conches, qui était le maître de poste. Que diable ! ces hommes, on les commande, il faut bien qu'ils obéissent.

— C'est vrai ! c'est le bourgeois des Aigues qui fait tout cela... Mais, patience.

En ce moment, le général déboucha sur la place, et son arrivée excita quelques murmures, dont il s'inquiéta fort peu ; il alla droit au lieutenant de la gendarmerie de la Ville-aux-Fayes, et après lui avoir dit quelques mots et lui avoir remis un papier, l'officier se tourna vers ses hommes et leur dit :

— Laissez aller vos prisonniers, le général a obtenu leur grâce du roi.

En ce moment, le général Montcornet causait avec le maire de Conches ; mais, après quelques moments de conversation échangée à voix basse, celui-ci, s'adressant aux délinquants qui devaient coucher en prison et qui se trouvaient tout étonnés d'être libres, leur dit :

— Mes amis, remerciez monsieur le comte, c'est à lui que vous devez la remise de vos condamnations ; il a demandé votre grâce à Paris et l'a obtenue pour l'anniversaire de la rentrée du roi... J'espère qu'à l'avenir vous vous conduirez mieux envers un homme qui se conduit si bien envers vous, et que vous respecterez dorénavant ses propriétés. Vive le roi !

Et les paysans crièrent vive le roi ! avec enthousiasme, pour ne pas crier vive le comte de Montcornet.

Cette scène avec été politiquement méditée par le général, d'accord avec le préfet et le procureur général, car on avait voulu, tout en montrant de la fermeté pour stimuler les autorités locales et frapper l'esprit des campagnes, user de douceur, tant ces questions paraissent délicates. En effet, la résistance, au cas où elle aurait eu lieu, jetait le gouvernement dans de grands embarras. Comme l'avait dit Laroche, on ne pouvait pas guillotiner toute une commune.

Le général avait invité à déjeuner le maire de Conches, le lieutenant et le maréchal des logis. Les conspirateurs de Blangy restèrent dans le cabaret de Conches, où les délinquants délivrés employaient à boire l'argent qu'ils emportaient pour vivre en prison, et les gens de Blangy furent naturellement de la noce, car les gens de la campagne appliquent le mot de noce à toute les réjouissances. Boire, se quereller, se battre, manger et rentrer ivre et malade, c'est faire la noce.

Sortis par la grille de Conches, le comte ramena ses trois convives par la forêt, afin de leur montrer les traces des dégâts et leur faire juger l'importance de cette question.

Au moment où, vers midi, Rigou rentrait à Blangy, le comte,

la comtesse, Emile Blondet, le lieutenant de gendarmerie, le maréchal des logis et le maire de Conches achevaient de déjeuner dans cette salle splendide et fastueuse où le luxe de Bouret avait passé, et qui a été décrite par Blondet dans sa lettre à Nathan.

— Ce serait bien dommage d'abandonner un pareil séjour, dit le lieutenant de gendarmerie, qui n'était jamais venu aux Aigues, à qui l'on avait tout montré, et qui, en lorgnant à travers un verre de Champagne, avait remarqué l'admirable entrain des nymphes nues qui soutenaient le voile du plafond.

— Aussi nous y défendrons-nous jusqu'à la mort, dit Blondet.

— Si je dis ce mot, reprit le lieutenant en regardant son maréchal des logis, comme pour lui recommander le silence, c'est que les ennemis du général ne sont pas tous dans la campagne...

Le brave lieutenant était attendri par l'éclat du déjeuner, par ce service magnifique, par ce luxe impérial qui remplaçait le luxe de la fille d'Opéra, et Blondet avait poussé des paroles spirituelles qui le stimulaient autant que les santés chevaleresques qu'il avait vidées.

— Comment puis-je avoir des ennemis? dit le général étonné.

— Lui si bon! ajouta la comtesse.

— Il s'est mal quitté avec notre maire, M. Gaubertin, et pour demeurer tranquille il devrait se réconcilier avec lui.

— Avec lui!... s'écria le comte; vous ne savez donc pas que c'est mon ancien intendant, un fripon!

— Ce n'est plus un fripon, dit le lieutenant, c'est le maire de la Ville-aux-Fayes.

— Il a de l'esprit, notre lieutenant, dit Blondet; il est clair qu'un maire est essentiellement honnête homme.

Le lieutenant voyant, d'après le mot du comte, qu'il était impossible de l'éclairer, ne continua plus la conversation sur ce sujet.

## VI. — LA FORÊT ET LA MOISSON.

La scène de Conches avait produit un bon effet, et, de leur côté, les fidèles gardes du comte veillaient à ce qu'on n'emportât que le bois mort de la forêt des Aigues; mais, depuis vingt ans, cette forêt avait été si bien exploitée par les habitants, qu'il n'y avait

plus que du bois vivant, qu'ils s'occupaient à faire mourir pour
l'hiver, par des procédés fort simples et qui ne pouvaient être découverts que longtemps après. Tonsard envoyait sa mère dans la forêt;
le garde la voyait entrer ; il savait par où elle devait sortir, et il la
guettait pour voir le fagot; il la trouvait chargée en effet de brindilles sèches, de branches tombées, de rameaux cassés et flétris
et elle geignait, elle se plaignait d'avoir à courir bien loin, à son
âge, pour obtenir ce misérable fagot. Mais ce qu'elle ne disait pas,
c'est qu'elle avait été dans les fourrés les plus épais, qu'elle avait
dégagé la tige d'un jeune arbre et en avait enlevé l'écorce à l'endroit où il sortait du tronc, tout autour, en anneau ; puis elle
avait remis la mousse, les feuilles, tout en état; il était impossible
de découvrir cette incision annulaire faite, non pas à la serpe,
mais par une déchirure qui ressemblait à celle produite par ces animaux rongeurs et destructeurs nommés, selon les pays, des
thons, des turcs, des vers blancs, et qui sont le premier état du
hanneton. Ce ver est friand des écorces d'arbres; il se loge entre
l'écorce et l'aubier et mange en tournant. Si l'arbre est assez gros pour
qu'il ait passé à sa seconde métamorphose, à sa larve, où il reste endormi jusqu'à sa seconde résurrection, l'arbre est sauvé ; car tant
qu'il reste à la séve un endroit couvert d'écorce dans l'arbre, l'arbre
croîtra. Pour savoir à quel point l'entomologie se lie à l'agriculture, à
l'horticulture et à tous les produits de la terre, il suffit d'expliquer
que les grands naturalistes comme Latreille, le comte Dejean, Klugg,
de Berlin, Gené, de Turin, etc., sont arrivés à trouver que la plus
grande partie d'insectes connus se nourrit aux dépens de la végétation; que les coléoptères, dont le catalogue a été publié par
M. Dejean, y sont pour vingt-sept mille espèces, et que, malgré
les plus ardentes recherches des entomologistes de tous les pays,
il y a une immense quantité d'espèces dont on ne connaît pas les
triples transformations qui distinguent tout insecte; qu'enfin, non-
seulement toute plante a son insecte particulier, mais que **tout
produit terrestre**, quelque détourné qu'il soit par l'industrie
humaine, a le sien. Ainsi, le chanvre, le lin, après avoir servi soit
à couvrir, soit à pendre les hommes, après avoir roulé sur le dos
d'une armée, devient papier à écrire, et ceux qui écrivent ou lisent
beaucoup sont familiarisés avec les mœurs d'un insecte nommé le
*pou du papier*, d'une allure et d'une tournure merveilleuses ; il
**subit ses transformations inconnues dans une rame de papier blanc**

soigneusement gardée, et vous le voyez courir, sautiller dans sa
magnifique robe luisante comme du talc ou du spath : c'est une
ablette qui vole.

Le turc est le désespoir du propriétaire ; il échappe sous terre à
la circulaire administrative, qui ne peut en ordonner les vêpres
siciliennes que quand il est devenu hanneton, et si les populations
savaient de quels désastres elles sont menacées au cas où elles
n'extermineraient pas les hannetons et les chenilles, elles obéiraient
un peu plus aux injonctions préfectorales !

La Hollande a manqué périr ; ses digues ont été rongées par les
tarets, et la science ignore à quel insecte aboutit le taret, comme
elle ignore les métamorphoses antérieures de la cochenille. L'ergot
du seigle est vraisemblablement une peuplade d'insectes où le
génie de la science n'a encore découvert qu'un léger mouvement.
Ainsi, en attendant la moisson et le glanage, une cinquantaine de
vieilles femmes imitèrent le travail du turc au pied de cinq ou six
cents arbres qui devaient être des cadavres au printemps et ne
plus se couvrir de feuilles ; et ils étaient choisis au milieu des endroits les moins accessibles, en sorte que le branchage leur appartiendrait. Ce secret, qui l'avait donné? Personne. Courtecuisse
s'était plaint au cabaret de Tonsard d'avoir surpris, dans son
jardin, un orme à pâlir ; cet orme commençait une maladie, et il
avait soupçonné le turc ; car lui, Courtecuisse, il connaissait bien
les turcs, et quand un turc était au pied d'un arbre, l'arbre était
perdu !... Et il initia son public du cabaret au travail du turc, en
l'imitant. Les vieilles femmes se mirent à cette œuvre de destruction avec un mystère et une habileté de fée, et elles y furent poussées par les mesures désespérantes que prit le maire de Blangy et
qu'il fut ordonné de prendre aux maires des communes adjacentes.
Les gardes champêtres tambourinèrent une proclamation où il était
dit que personne ne serait admis à glaner et à halleboter sans un
certificat d'indigence donné par les maires de chaque commune,
et dont le modèle fut envoyé par le préfet au sous-préfet, et par
celui-ci à chaque maire. Les grands propriétaires du département
admiraient beaucoup la conduite du général Montcornet, et le
préfet, dans ses salons, disait que si, au lieu de demeurer à Paris,
les sommités sociales venaient sur leurs terres et s'entendaient, on
finirait par obtenir quelque résultat heureux ; car ces mesures-là,
**ajoutait le préfet, devraient se prendre partout, être appliquées**

ensemble et modifiées par des bienfaits, par une philanthropie éclairée, comme fait le général Montcornet.

En effet, le général et sa femme, assistés de l'abbé Brossette, essayaient de la bienfaisance. Ils l'avaient raisonnée ; ils voulaient démontrer par des résultats incontestables, à ceux qui les pillaient, qu'ils gagneraient davantage en s'occupant à des travaux licites. Ils donnaient du chanvre à filer et payaient la façon ; la comtesse faisait ensuite fabriquer de la toile avec ce fil, pour faire des torchons, des tabliers, des grosses serviettes pour la cuisine et des chemises pour les indigents. Le comte entreprenait des améliorations qui voulaient des ouvriers, et il n'employait que ceux des communes environnantes. Sibilet était chargé de ces détails, tandis que l'abbé Brossette indiquait les vrais nécessiteux à la comtesse et les lui amenait souvent. Madame de Montcornet tenait ses assises de bienfaisance dans la grande antichambre qui donnait sur le perron. C'était une belle salle d'attente, dallée en marbre blanc et rouge, ornée d'un beau poêle en faïence, garnie de longues banquettes couvertes en velours rouge.

Ce fut là qu'un matin, avant la moisson, la vieille Tonsard amena sa petite-fille Catherine, qui avait à faire, disait-elle, une confession terrible pour l'honneur d'une famille pauvre, mais honnête. Pendant qu'elle parlait, Catherine se tenait dans une attitude de criminelle, elle raconta à son tour *l'embarras* dans lequel elle se trouvait et qu'elle n'avait confié qu'à sa grand'mère, sa mère la chasserait ; son père, un homme d'honneur, la tuerait. Si elle avait seulement mille francs, elle serait épousée par un pauvre ouvrier nommé Godain, qui savait tout, et qui l'aimait comme un frère ; il achèterait un mauvais terrain et s'y bâtirait une chaumière. C'était attendrissant. La comtesse promit de consacrer à ce mariage la somme nécessaire à satisfaire quelque fantaisie. Le mariage heureux de Michaud, celui de Groison, étaient faits pour l'encourager. Puis cette noce, ce mariage serait d'un bon exemple pour les gens du pays et les stimulerait à se bien conduire. Le mariage de Catherine Tonsard et de Godain fut donc arrangé au moyen des mille francs donnés par la comtesse.

Une autre fois, une vieille horrible femme, la mère de Bonnébault, qui demeurait dans une masure entre la porte de Conches et le village, rapportait une charge de gros écheveaux de fil.

— Madame la comtesse a fait des merveilles, disait l'abbé plein d'espoir dans le progrès moral de ces sauvages. Cette femme-là vous causait bien du dégât dans vos bois ; mais aujourd'hui, comment et pourquoi irait-elle? Elle file du matin au soir, son temps est employé et lui rapporte.

Le pays était calme ; Groison faisait des rapports satisfaisants, les délits semblaient vouloir cesser, et peut-être qu'en effet l'état du pays et de ses habitants aurait complétement changé de face, sans l'avidité rancunière de Gaubertin, sans les cabales bourgeoises de la première société de Soulanges et sans les intrigues de Rigou, qui soufflaient comme un feu de forge la haine et le crime au cœur des paysans de la vallée des Aigues.

Les gardes se plaignaient toujours de trouver beaucoup de branches coupées à la serpette au fond des taillis, dans l'intention évidente de préparer du bois pour l'hiver, et ils guettaient les auteurs de ces délits sans avoir pu les prendre. Le comte, aidé par Groison, n'avait donné les certificats d'indigence qu'aux trente ou quarante pauvres réels de la commune ; mais les maires des communes environnantes avaient été moins difficiles. Plus le comte s'était montré clément dans l'affaire de Conches, plus il avait résolu d'être sévère à l'occasion du glanage, qui avait dégénéré en volerie. Il ne s'occupait point de ses trois fermes affermées ; il ne s'agissait que de ses métairies à moitié, qui étaient assez nombreuses : il en avait six, chacune de deux cents arpents. Il avait publié que, sous peine de procès-verbal et des amendes que prononcerait le tribunal de paix, il était défendu d'entrer dans les champs avant l'enlèvement des gerbes ; son ordonnance, au reste, ne concernait que lui dans la commune. Rigou connaissait le pays ; il avait loué ses terres labourables par portions à des gens qui savaient enlever leurs récoltes, et par petits baux, il se faisait payer en grain. Le glanage ne l'atteignait point. Les autres propriétaires étaient paysans, et entre eux ils ne se mangeaient point. Le comte avait ordonné à Sibilet de s'arranger avec ses métayers pour couper sur les terres de chaque ferme, l'une après l'autre, en faisant repasser tous les moissonneurs à chacun de ses fermiers, au lieu de les disséminer, ce qui empêchait la surveillance. Le comte alla lui-même avec Michaud examiner comment se passeraient les choses. Groison, qui avait suggéré cette mesure, devait assister à toutes les prises de possession des champs du riche propriétaire par les indigents. Les habitants des villes n'imagineraient jamais ce qu'est le glanage pour les habitants de la campagne ; leur passion est inexplicable, car il y a des femmes qui abandonnent des travaux bien rétribués pour aller glaner. Le blé qu'elles trouvent ainsi leur semble meilleur ; il y a dans cette provision ainsi faite, et qui tient à leur nourriture la plus substantielle, un attrait immense. Les mères enmènent leurs petits enfants, leurs filles, leurs garçons ; les vieillards les plus cassés s'y traînent, et naturellement ceux qui ont du bien affectent la misère. On met, pour glaner, ses haillons. Le comte et Michaud, à cheval, assistèrent à la première entrée de ce monde déguenillé dans les premiers champs de la première métairie. Il était dix heures du matin, le mois d'août était chaud, le ciel était sans nuages, bleu comme une pervenche ; la terre brûlait, les blés flambaient, les moissonneurs travaillaient la face cuite par la réverbération des rayons sur une terre endurcie et sonore, tous muets, la chemise mouillée, buvant de l'eau contenue dans ces cruches de grès rondes comme un pain, garnies de deux anses et d'un entonnoir grossier bouché avec un bout de saule.

Au bout des champs moissonnés, sur lesquels étaient les charrettes où s'empilaient les gerbes, il y avait une centaine de créatures qui, certes, laissaient bien loin les plus hideuses conceptions que les pinceaux de Murillo, de Téniers, les plus hardis en ce genre, et les figures de Callot, ce poëte de la fantaisie des misères, aient réalisées ; leurs jambes de bronze, leurs têtes pelées, leurs haillons déchiquetés, leurs couleurs, si curieusement dégradées, leurs déchirures humides de graisse, leurs reprises, leurs taches, les décolorations des étoffes, les trames mises à jour, enfin leur idéal du matériel des misères était dépassé, de même que les expressions avides, inquiètes, hébétées, idiotes, sauvages de ces figures avaient, sur les immortelles compositions de ces princes de la couleur, l'avantage éternel que conserve la nature sur l'art. Il y avait des vieilles au cou de dindon, à la paupière pelée et rouge, qui tendaient la tête comme des chiens d'arrêt devant la perdrix, des enfants silencieux comme des soldats sous les armes, de petites filles qui trépignaient comme des animaux attendant leur pâture ; les caractères de l'enfance et de la vieillesse étaient opprimés sous une féroce convoitise : celle du bien d'autrui, qui devenait leur bien par abus. Tous les yeux étaient ardents, les gestes menaçants ; mais tous gardaient le silence en présence du comte, du garde champêtre et du garde général. La grande propriété, les fermiers, les travailleurs et les pauvres s'y trouvaient représentés ; la question sociale se dessinait nettement, car la faim avait convoqué ces figures provoquantes... Le soleil mettait en relief tous ces traits durs et les creux des visages ; il brûlait les pieds nus et salis de poussière ; il y avait des enfants sans chemise, à peine couverts d'une blouse déchirée, les cheveux blonds bouclés pleins de paille, de foin et de brins de bois ; quelques femmes en tenaient par la main de tout petits qui marchaient de la veille et qu'on allait laisser rouler dans quelques sillons.

Ce tableau sombre était déchirant pour un vieux soldat qui avait le cœur bon ; le général dit à Michaud : — Ça me fait mal à voir. Il faut connaître l'importance de ces mesures pour y persister.

— Si chaque propriétaire vous imitait, demeurait sur ses terres et y faisait le bien que vous faites sur les vôtres, mon général, il n'y aurait plus, je ne dis pas de pauvres, car il y en aura toujours ; mais il n'existerait pas un être qui ne pût vivre de son travail.

— Les maires de Conches, de Cerneux et de Soulanges nous ont envoyé leurs pauvres, dit Groison, qui avait vérifié les certificats, ça ne se devait pas...

— Non, mais nos pauvres iront sur ces communes-là, dit le comte ; c'est assez pour cette fois d'obtenir que l'on ne prenne pas à même les gerbes, il faut aller pas à pas, dit-il en partant.

— L'avez-vous entendu ? dit la vieille Tonsard à la vieille Bonnébault, car le dernier mot du comte avait été prononcé d'un ton moins bas que le reste, et il tomba dans l'oreille d'une de ces deux vieilles qui étaient postées dans le chemin qui longeait le champ.

— Oui, ça n'est pas tout ; aujourd'hui une dent, demain une oreille ; s'ils pouvaient trouver une sauce pour manger nos fressures comme celles des veaux, ils mangeraient du chrétien ! dit la vieille Bonnébault, qui montra au comte quand il passa son profil menaçant, mais auquel elle donna en un clin d'œil une expression hypocrite par un regard mielleux et une grimace douceâtre ; elle s'empressa en même temps de faire une profonde révérence.

— Vous glanez donc aussi, vous à qui ma femme fait cependant gagner bien de l'argent ?

— Eh ! mon cher monsieur, que Dieu vous conserve en bonne

santé, mais, voyez-vous, mon gars me mange tout, et je sommes forcée de cacher ce peu de blé pour avoir du pain l'hiver,... j'en ramassons encore quelque peu,... ça aide !

Le glanage donna peu de chose aux glaneurs. En se sentant appuyés, les fermiers et les métayers firent bien scier leurs récoltes, veillèrent à la mise en gerbe et à l'enlèvement, en sorte qu'il n'y eut plus au moins l'abus et le pillage des années précédentes.

Habitués à trouver dans leurs glanes une certaine quantité de blé et l'y cherchant vainement cette fois, les faux comme les vrais indigents, qui avaient oublié le pardon de Conches, éprouvèrent un mécontentement sourd qui fut envenimé par les Tonsard, par Courtecuisse, par Bonnébault, Laroche, Vaudoyer, Godain et leurs adhérents, dans les scènes de cabaret. Ce fut pis encore après la vendange, car le hallebotage ne commença qu'après les vignes vendangées et visitées par Sibilet avec une rigueur remarquable. Cette exécution exaspéra les esprits au dernier point ; mais quand il existe un si grand espace entre la classe qui se soulève et se courrouce et celle qui est menacée, les paroles y meurent ; on ne s'aperçoit de ce qui s'y passe que par les faits ; les mécontents se livrant à un travail souterrain à la manière des taupes.

La foire de Soulanges s'était passée d'une manière assez calme, à l'exception de quelques tracasseries entre la première et la seconde société de la ville, suscitées par l'inquiet despotisme de la reine, qui ne voulait pas tolérer l'empire qu'avait établi et fondé la belle Euphémie Plissoud au cœur du brillant Lupin, dont elle paraissait avoir fixé pour toujours les volages ardeurs.

Le comte et la comtesse n'avaient paru ni à la foire de Soulanges, ni à la fête de Tivoli, et cela leur fut compté pour un crime par les Soudry, les Gaubertin et leurs adhérents ; c'était de l'orgueil, c'était du dédain, disait-on chez madame Soudry. Pendant ce temps, la comtesse tâchait de combler le vide que lui causait l'absence d'Émile, par l'immense intérêt qui attache les belles âmes au bien qu'elles font, ou qu'elles croient faire, et le comte, de son côté, s'appliquait avec non moins de zèle aux améliorations matérielles dans la régie de sa terre, qui devaient selon lui modifier aussi d'une manière favorable la position, et de là, le caractère des habitants de cette contrée. Aidée des conseils et de l'expérience de l'abbé Brossette, madame de Montcornet prenait peu à peu une connaissance statistiquement exacte des familles pauvres de la commune, de leurs positions respectives, de leurs besoins, de leurs moyens d'existence et de l'intelligence avec laquelle il fallait venir en aide à leur travail, sans les rendre eux-mêmes oisifs et paresseux.

La comtesse avait placé Geneviève Niseron, la *Péchina*, dans un couvent d'Auxerre, sous prétexte de lui faire apprendre assez de couture pour pouvoir l'employer chez elle, mais en réalité pour la soustraire aux infâmes tentatives de Nicolas Tonsard, que Rigou était parvenu à exempter du service militaire; la comtesse pensait aussi qu'une éducation religieuse, la clôture et une surveillance monastique, sauraient dompter à la longue les passions ardentes de cette précoce petite fille dont le sang monténégrin lui apparaissait parfois comme une flamme menaçante, s'apprêtant de loin à incendier le bonheur domestique de sa fidèle Olympe Michaud.

Donc, on était tranquille au château des Aigues. Le comte, endormi par Sibilet, rassuré par Michaud, s'applaudissait de sa fermeté, remerciait sa femme d'avoir contribué par sa bienfaisance à l'immense résultat de leur tranquillité. La question de la vente du bois, le général se réservait de la résoudre à Paris en s'entendant avec des marchands. Il n'avait aucune idée de la manière dont se fait le commerce, et il ignorait complétement l'influence de Gaubertin sur le cours de l'Yonne, qui approvisionnait Paris en grande partie.

### VII. — LE LÉVRIER.

Vers le milieu du mois de septembre, Émile Blondet, qui était allé publier un livre à Paris, revint se délasser aux Aigues et y penser aux travaux qu'il projettait pour l'hiver. Aux Aigues, le jeune homme aimant et candide des premiers jours qui succèdent à l'adolescence, reparaissait chez ce journaliste usé.

Quelle belle âme! C'était le mot du comte et de la comtesse.

Les hommes habitués à rouler dans les abîmes de la nature sociale, à tout comprendre, à ne rien réprimer, se font une oasis dans le cœur; ils oublient leurs perversités et celles d'autrui; ils deviennent dans un cercle étroit et réservé de petits saints; ils ont des délicatesses féminines, et se livrent à une réalisation momentanée de leur idéal, ils se font angéliques pour une seule personne qui les adore, et ils ne jouent pas la comédie : ils mettent leur âme

au vert pour ainsi dire; ils ont besoin de se brosser leurs taches
de boue, de guérir leurs plaies, de panser leurs blessures. Aux
Aigues, Emile Blondet était sans venin et presque sans esprit, il
ne disait pas une épigramme, il avait une douceur d'agneau, il
était d'un platonique suave.

— C'est un si bon jeune homme, qu'il me manque quand il
n'est pas là, disait le général. Je voudrais bien qu'il fît fortune et
ne menât pas sa vie de Paris...

Jamais le magnifique paysage et le parc des Aigues n'avait été
plus voluptueusement beau qu'il l'était alors. Aux premiers jours
de l'automne, au moment où la terre, lasse de ses enfantements,
débarrassée de ses productions, exhale d'admirables senteurs végé-
tales, les bois surtout sont délicieux; ils commencent à prendre
ces teintes de vert bronzé, chaudes couleurs de terre de Sienne,
qui composent les belles tapisseries sous lesquelles ils se cachent
comme pour défier le froid de l'hiver.

La nature, après s'être montrée pimpante et joyeuse au printemps comme une brune qui espère, devient alors mélancolique
et douce comme une blonde qui se souvient; les gazons se dorent,
les fleurs d'automne montrent leurs pâles corolles, les marguerites
percent plus rarement les pelouses de leurs yeux blancs, on ne
voit plus que calices violâtres. Le jaune abonde, les ombrages deviennent plus clairs de feuillage et plus foncés de teintes, le soleil,
plus oblique déjà, y glisse des lueurs orangées et furtives, de
longues traces lumineuses qui s'en vont vite comme les robes
traînantes des femmes qui disent adieu.

Le second jour après son arrivée, un matin, Émile était à la
fenêtre de sa chambre qui donnait sur une de ces terrasses à
balcon moderne, d'où l'on découvrait une belle vue. Ce balcon
régnait le long des appartements de la comtesse, sur la face qui
regardait les forêts et les paysages de Blangy. L'étang, qu'on eût
nommé un lac si les Aigues avaient été plus près de Paris, se
voyait un peu, ainsi que son long canal; la source, venue du
pavillon du Rendez-vous, traversait une pelouse de son ruban
moiré et pailleté par le sable.

Au dehors du parc, on apercevait contre les villages et les murs,
les cultures de Blangy, quelques prairies en pente où paissaient
des vaches, des propriétés entourées de haies, avec leurs arbres
fruitiers, des noyers, des pommiers, puis comme cadre les bau-

teurs, où s'étalaient par étages les beaux arbres de la forêt. La comtesse était sortie en pantoufles pour regarder les fleurs de son balcon qui versaient leurs parfums du matin; elle avait un peignoir de batiste sous lequel paraissait le rose de ses belles épaules; un joli bonnet coquet était posé d'une façon mutine sur ses cheveux qui s'en échappaient follement, ses petits pieds brillaient en couleur de chair sous son bas transparent, son peignoir flottait sans ceinture, et laissait voir un jupon de batiste brodé, mal attaché sur sa paresseuse, qui se voyait aussi, quand le vent entr'ouvrait le léger peignoir.

— Ah! vous êtes-là! dit-elle.
— Oui...
— Que regardez-vous?
— Belle question! Vous m'avez arraché à la nature. Dites donc, comtesse, voulez-vous faire ce matin, avant de déjeuner, une promenade dans les bois?...
— Quelle idée? Vous savez que j'ai la marche en horreur.
— Nous ne marcherons que très-peu; je vous conduirai en tilbury, nous emmènerons Joseph pour le garder... Vous ne mettez jamais le pied dans votre forêt; et j'y remarque un singulier phénomène... il y a par place une certaine quantité de têtes d'arbres qui ont la couleur du bronze florentin, les feuilles sont sèches...
— Eh bien! je vais m'habiller...
— Nous ne serons pas partis dans deux heures!... Prenez un châle, mettez un chapeau... des brodequins... c'est tout ce qu'il faut... Je vais dire d'atteler.
— Il faut toujours faire ce que vous voulez..... Je viens dans l'instant.
— Général, nous allons promener... Voulez-vous venir? dit Blondet en allant réveiller le comte qui fit entendre le grognement d'un homme que le sommeil du matin tient encore.

Un quart d'heure après, le tilbury roulait lentement sur les allées du parc, suivi à distance par un grand domestique en livrée.

La matinée était une matinée de septembre. Le bleu foncé du ciel éclatait par places au milieu des nuages pommelés qui semblaient le fond, et l'éther ne paraissait que l'accident; il y avait de longues lignes d'outre-mer à l'horizon, mais par couches qui alternaient avec d'autres nuages à grains de sable; ces tons changeaient et verdissaient au-dessus des forêts. La terre, sous cette couverture, était tiède comme une femme à son lever, elle exhalait des odeurs suaves et chaudes, mais sauvages ; l'odeur des cultures était mêlée à l'odeur des forêts. L'*Angelus* sonnait à Blangy, et les sons de la cloche, se mêlant au bizarre concert des bois, donnaient de l'harmonie au silence. Il y avait par places des vapeurs montantes, blanches et diaphanes. En voyant ces beaux apprêts, il avait pris fantaisie à Olympe d'accompagner son mari qui devait aller donner un ordre à un des gardes dont la maison n'était pas éloignée ; le médecin de Soulanges lui avait recommandé de marcher sans se fatiguer, elle craignait la chaleur de midi, et ne voulait pas se promener le soir ; Michaud emmena sa femme et fut suivi par celui de ses chiens qu'il aimait le plus, un joli lévrier gris de souris marqué de taches blanches, gourmand comme tous les lévriers, plein de défauts comme un animal qui sait qu'on l'aime et qu'il plaît.

Ainsi, quand le tilbury vint à la grille du Rendez-vous, la comtesse, qui demanda comment allait madame Michaud, sut qu'elle était allée dans la forêt avec son mari.

— Ce temps-là inspire tout le monde, dit Blondet en lançant son cheval dans une des six avenues de la forêt, au hasard.

— Ah çà ! Joseph, tu connais les bois !

— Oui, monsieur.

Et d'aller ! Cette avenue était une des plus délicieuses de la forêt ; elle tourna bientôt en se rétrécissant et devint un sentier sinueux où le soleil descendait par les déchiquetures du toit de feuillage qui l'embrassait comme un berceau et où la brise apportait les senteurs du serpolet, des lavandes et des menthes sauvages, des rameaux flétris et des feuilles qui tombent en rendant un soupir ; les gouttes de rosée, semées dans l'herbe et sur les feuilles, s'égrenaient tout autour, au passage de la légère voiture, et à mesure qu'elle allait, les promeneurs entrevoyaient les fantaisies mystérieuses du bois : ces fonds frais, où la verdure est humide et sombre, où la lumière se veloute en s'y perdant ; ces clairières à bouleaux élégants, dominés par un arbre centenaire, l'hercule de la forêt ; ces magnifiques assemblages de troncs noueux, moussus, blanchâtres, à sillons creux, qui estampent des maculatures gigantesques, et cette bordure d'herbes fines, de fleurs grêles qui viennent sur les berges des ornières. Les ruisseaux chantaient. Certes, il y a des voluptés inouïes à conduire une femme qui, dans les hauts et bas des allées glissantes, où la terre est tapissée de mousse, fait semblant d'avoir peur ou réellement a peur, et se colle à vous, et vous fait sentir une pression involontaire ou calculée de la fraîche moiteur de son bras, du poids de sa grave et blanche épaule, et qui se met à sourire si l'on vient à lui dire qu'elle empêche de conduire. Le cheval semble être dans le secret de ces interruptions, il regarde à droite et à gauche.

Ce spectacle nouveau pour la comtesse, cette nature si vigoureuse en ses effets, si peu connue et si grande, la plongea dans une rêverie molle ; elle s'accota sur le tilbury et se laissa aller au plaisir d'être auprès d'Émile ; ses yeux étaient occupés, son cœur parlait, elle répondait à cette voix intérieure en harmonie avec la sienne ; lui aussi il la regardait à la dérobée, et il jouissait de cette méditation rêveuse, pendant laquelle les rubans de la capote s'étaient dénoués et livraient au vent du matin les boucles soyeuses de la chevelure blonde avec un abandon voluptueux. Comme ils allaient au hasard, ils arrivèrent à une barrière fermée, ils n'en avaient pas la clef ; on appela Joseph, chez lui, pas de clef non plus.

— Eh bien ! promenons-nous, Joseph gardera le tilbury, nous le retrouverons bien...

Emile et la comtesse s'enfoncèrent dans la forêt, et ils parvinrent à un petit paysage intérieur, comme il s'en rencontre souvent dans les bois. Vingt ans auparavant, les charbonniers ont fait là leur charbonnière, et la place est restée battue ; tout y a été brûlé dans une circonférence assez vaste. En vingt ans la nature a pu faire là le jardin de ses fleurs, un parterre pour elle, comme un jour un artiste se donne le plaisir de peindre pour soi un tableau. Cette délicieuse corbeille est entourée de beaux arbres, dont les couronnes retombent en vastes franges ; ils dessinent un immense baldaquin à cette couche où repose la déesse. Les charbonniers ont été par un sentier chercher de l'eau dans une fondrière, une mare toujours pleine, où l'eau est pure. Ce sentier subsiste, il vous invite à descendre par un tournant plein de coquetterie, et tout à coup il est déchiré ; il vous montre un pan coupé où mille racines descendent à l'air en formant comme un canevas à tapisserie. Cet étang inconnu est bordé d'un gazon plat, serré ; il y a là quelques peupliers, quelques saules protégeant de leur léger ombrage le banc de gazon que s'y est construit un charbonnier méditatif ou paresseux. Les grenouilles sautent chez elles, les sarcelles s'y baignent, les oiseaux aquatiques arrivent et partent, un lièvre s'en va ; vous êtes maître de cette adorable baignoire parée des joncs vivants les plus magnifiques. Sur vos têtes les arbres se posent dans des attitudes diverses ; ici, des troncs qui descendent en forme de boa constrictor, là, des fûts de hêtres droits comme des colonnes grecques. Les limaçons ou les limaces se promènent en paix. Une tanche vous montre son museau, l'écureuil vous regarde. Enfin, quand Émile et la comtesse, fatigués, se furent assis, un oiseau, je ne sais lequel, fit entendre un chant d'automne, un chant d'adieu que tous les oiseaux écoutèrent, un de ces chants fêtés avec amour, et qui s'entendent par tous les organes à la fois.

— Quel silence! dit la comtesse émue et à voix basse, comme pour ne pas troubler cette paix.

Ils regardèrent les taches vertes de l'eau qui sont des mondes où la vie s'organise, ils se montraient le lézard jouant au soleil et s'enfuyant à leur approche, conduite par laquelle il a mérité le nom d'ami de l'homme ; il prouve ainsi combien il le connaît, dit Émile. Ils se montraient les grenouilles, qui, plus confiantes, revenaient à fleur d'eau sur des lits de cresson, en faisant étinceler leurs yeux d'escarboucles. La poésie simple et suave de la nature s'infiltrait dans ces deux âmes blasées sur les choses factices du monde et les pénétrait d'une émotion contemplative... Quand tout à coup Blondet tressaillit, et se penchant à l'oreille de la comtesse : — Entendez-vous?... lui dit-il.

— Quoi?

— Un bruit singulier...

— Voilà bien les gens littéraires et de cabinet, qui ne savent rien de la campagne ; c'est un pivert qui fait son trou... Je gage que vous ne savez même pas le trait le plus curieux de l'histoire de cet oiseau ; dès qu'il a donné un coup de bec, et il en donne des milliers pour creuser un chêne deux fois plus gros que votre corps, il va voir derrière s'il a percé l'arbre, et il y va à chaque instant.

— Ce bruit, chère institutrice d'histoire naturelle, n'est pas le bruit fait par un animal ; il y a là je ne sais quoi d'intelligent qui annonce l'homme.

La comtesse fut saisie d'une peur panique ; elle se sauva dans la corbeille de fleurs en reprenant son chemin, et voulut quitter la forêt.

— Qu'avez-vous ?..... lui cria Blondet, inquiet, en courant après elle.

— Il m'a semblé voir des yeux... dit-elle quand elle eut regagné un des sentiers par lesquels ils étaient venus à la charbonnière. En ce moment, ils entendirent la sourde agonie d'un être égorgé subitement, et la comtesse, dont la peur redoubla, se sauva si vivement, que Blondet put à peine la suivre. Elle courait, elle courait comme un feu follet; elle n'entendit pas Émile qui lui criait : « Vous vous trompez... » Elle courait toujours. Blondet put arriver sur ses pas, et ils continuèrent ainsi à courir de plus en plus en avant. Enfin, ils furent arrêtés par Michaud et sa femme qui venaient bras dessus bras dessous. Émile essoufflé, la comtesse hors d'haleine, furent quelque temps sans pouvoir parler, puis ils s'expliquèrent. Michaud se joignit à Blondet pour se moquer des terreurs de la comtesse, et le garde remit les deux promeneurs égarés dans le chemin pour regagner le tilbury. En arrivant à la barrière, madame Michaud appela :

— Prince !

— Prince ! Prince ! cria le garde ; et il siffla, resiffla, point de lévrier.

Émile parla des singuliers bruits qui avaient commencé l'aventure.

— Ma femme a entendu ce bruit, dit Michaud, et je me suis moqué d'elle.

— On a tué Prince ! s'écria la comtesse, j'en suis sûre maintenant, et on l'a tué en lui coupant la gorge d'un seul coup ; car ce que j'ai entendu était le dernier gémissement d'une bête expirante.

— Diable ! dit Michaud, la chose vaut la peine d'être éclaircie.

Émile et le garde laissèrent les deux dames avec Joseph et les chevaux, et retournèrent au bosquet naturel établi sur l'ancienne charbonnière. Ils descendirent à la mare ; ils en fouillèrent les talus, et ne trouvèrent aucun indice. Blondet était remonté le premier ; il vit dans une des touffes d'arbres de l'étage supérieur un de ces arbres à feuillage desséché ; il le montra à Michaud, et il voulut aller le voir. Tous deux s'élancèrent en droite ligne à travers la forêt, évitant les troncs, tournant les buissons de ronces et de houx impénétrables, et trouvèrent l'arbre.

— C'est un bel orme ! dit Michaud ; mais c'est un ver, un ver qui a fait le tour de l'écorce au pied, et il se baissa, prit l'écorce et la leva : « Tenez, voyez quel travail ! »

— Il y a beaucoup de vers dans votre forêt, dit Blondet.

En ce moment, Michaud aperçut à quelques pas une tache rouge, et plus loin la tête de son levrier. Il poussa un soupir : « Les gredins ! Madame avait raison. »

Blondet et Michaud allèrent voir le corps, et trouvèrent que, selon les observations de la comtesse, on avait tranché le cou à Prince, et, pour l'empêcher d'aboyer, on l'avait amorcé avec un peu de petit salé qu'il tenait entre sa langue et le voile du palais.

— Pauvre bête, elle a péri par où elle péchait !

— Absolument comme un prince, répliqua Blondet.

— Il y avait là quelqu'un qui a filé, ne voulant pas être surpris par nous, dit Michaud, et qui conséquemment faisait un délit grave ; mais je ne vois point de branches ni d'arbres coupés.

Blondet et le garde se mirent à fureter avec précaution, regardant la place où ils posaient un pied avant de le poser. A quelques pas, Blondet montra un arbre devant lequel l'herbe était foulée, abattue, et deux creux marqués.

— Il y avait là quelqu'un d'agenouillé, et c'était une femme ; car les jambes d'un homme ne laisseraient pas, à partir des deux genoux, une aussi ample quantité d'herbe couchée ; voici le dessin de la jupe...

Le garde, après avoir examiné le pied de l'arbre, rencontra le travail d'un trou commencé ; mais sans trouver ce vert de peau forte, luisante, squammeuse, formée de points bruns, terminé par une extrémité déjà semblable à celle des hannetons, et dont il a la tête, les antennes, et deux crocs nerveux avec lesquels il coupe les racines.

— Mon cher, je comprends maintenant la grande quantité d'arbres *morts* que j'ai remarqués ce matin de la terrasse du château et qui m'a fait venir ici pour chercher la cause de ce phénomène. Les vers se remuent ; mais ce sont vos paysans qui sortent du bois...

Le garde laissa échapper un juron, et il courut, suivi de Blondet, rejoindre la comtesse en la priant d'emmener sa femme avec elle. Il prit le cheval de Joseph, qu'il laissa regagner le château à pied, et il disparut avec une excessive rapidité pour couper le chemin à la femme qui venait de tuer son chien, et la surprendre avec la serpe ensanglantée et l'outil à faire les incisions au tronc. Blondet s'assit entre la comtesse et madame Michaud, et leur raconta la fin de Prince et la triste découverte qu'il avait occasionnée.

— Mon Dieu! disons-le au général avant qu'il ne déjeune! s'écria la comtesse; il pourrait mourir de colère.

— Je le préparerai, dit Blondet.

— Ils ont tué le chien, dit Olympe en essuyant ses larmes.

— Vous aimiez donc bien ce pauvre lévrier, ma chère, dit la comtesse, pour le pleurer ainsi?...

— Je ne pense à Prince que comme un funeste présage; je tremble qu'il n'arrive malheur à mon mari!

— Comme il nous ont gâté cette matinée! dit la comtesse avec une petite moue adorable.

— Comme ils gâtent le pays! répondit tristement la jeune femme.

Ils trouvèrent le général à la grille.

— D'où venez-vous donc? dit-il.

— Vous allez le savoir, répondit Blondet d'un air mystérieux en faisant descendre madame Michaud, dont la tristesse frappa le comte.

Un instant après, le général et Blondet étaient sur la terrasse des appartements.

— Vous êtes bien suffisamment muni de courage moral, vous ne vous mettrez pas en colère... n'est-ce pas?

— Non, dit le général; mais finissez-en, ou je croirais que vous voulez vous moquer de moi...

— Voyez-vous ces arbres à feuillages morts?

— Oui.

— Voyez-vous ceux qui sont pâles?

— Oui.

— Eh bien! autant d'arbres morts, autant de tués par ces paysans que vous croyez avoir gagnés par vos bienfaits. Et Blondet raconta les aventures de la matinée.

Le général était si pâle qu'il effraya Blondet.

— Eh bien! jurez, sacrez, emportez-vous, votre contraction peut vous faire encore plus de mal que la colère.

— Je vais fumer, dit le comte, qui alla à son kiosque.

Pendant le déjeuner, Michaud revint; il n'avait pu rencontrer personne. Sibilet, mandé par le comte, vint aussi.

— Monsieur Sibilet, et vous, monsieur Michaud, faites savoir, avec prudence, dans le pays, que je donne mille francs à celui qui me fera saisir en flagrant délit ceux qui tuent ainsi mes arbres ; il faut connaître l'outil dont ils se servent, où ils l'ont acheté, et j'ai mon plan.

— Ces gens-là ne se vendent jamais, dit Sibilet, quand il y a des crimes commis à leur profit et prémédités ; car on ne peut nier que cette invention diabolique n'ait été réfléchie, combinée...

— Oui, mais mille francs pour eux, c'est un ou deux arpents de terre.

— Nous essayerons, dit Sibilet ; à quinze cents je réponds de trouver un traître, surtout si on lui garde le secret.

— Mais faisons comme si nous ne savions rien, moi surtout ; il faut plutôt que ce soit vous qui vous soyez aperçu de cela à mon insu, sans quoi nous serions victimes de quelque combinaison ; il faut plus se défier de ces brigands-là que de l'ennemi en temps de guerre.

— Mais c'est l'ennemi, dit Blondet.

Sibilet lui jeta le regard en dessous de l'homme qui comprenait la portée du mot, et il se retira.

— Votre Sibilet, je ne l'aime pas, reprit Blondet quand il l'eut entendu quitter la maison, c'est un homme faux.

— Jusqu'à présent, il n'y a rien à en dire, répondit le général.

— Blondet se retira pour aller écrire des lettres. Il avait perdu l'insouciante gaieté de son premier séjour, il était inquiet et préoccupé ; ce n'était pas en lui des pressentiments comme chez madame Michaud, c'était plutôt une attente de malheurs prévus et certains. Il se disait : Tout cela finira mal ; et si le général ne prend pas un parti décisif et n'abandonne pas un champ de bataille où il est écrasé par le nombre, il y aura bien des victimes ; qui sait même s'il pourra s'en tirer sain et sauf, lui et sa femme? Mon Dieu ! cette créature si adorable, si dévouée, si parfaite, l'exposer ainsi !... Et il croit l'aimer ! Eh bien ! je partagerai leurs périls, et si je ne puis les sauver, je périrai avec eux!

### VIII. — VERTUS CHAMPÊTRES.

A la nuit, Marie Tonsard était sur la route de Soulanges, assise sur la marge d'un ponceau de la route, attendant Bonnébault, qui avait passé, suivant son habitude, la journée au café. Elle l'entendit de loin, et son pas lui indiqua qu'il était ivre et qu'il avait perdu, car il chantait quand il avait gagné.

— Est-ce toi Bonnébault?

— Oui, petite...

— Qu'as-tu?

— Je dois vingt-cinq francs, et l'on me torderait bien vingt-cinq fois le cou avant que je les trouve.

— Eh bien! nous pourrons en avoir cinq cents, lui dit-elle à l'oreille.

— Oh! il s'agit de tuer quelqu'un; mais je veux vivre...

— Tais-toi donc, Vaudoyer nous les donne, si tu lui fais prendre ta mère à un arbre.

— J'aime mieux tuer un homme que de vendre ma mère. Toi, tu as ta grand'mère, la Tonsard, pourquoi ne la livres-tu pas?

— Si je le tentais, mon père se fâcherait et il empêcherait les farces.

— C'est vrai; c'est égal; ma mère n'ira pas en prison; pauvre vieille! elle me cuit mon pain, elle me trouve des hardes, je ne sais comment... Aller en prison... et cela par moi! je n'aurai ni cœur ni entrailles, non, non. Et de peur qu'on ne la vende, je vas lui dire ce soir de ne plus cercler les arbres....

— Eh bien! mon père fera ce qu'il voudra, je lui dirai qu'il y a cinq cents francs à gagner, et il demandera à ma grand'mère si elle le veut. C'est qu'on ne mettra jamais une femme de soixante-dix ans en prison. D'ailleurs, elle y serait mieux, au fond, que dans son grenier...

— Cinq cents francs!... J'en parlerai à ma mère, dit Bonnébault; au fait, si ça l'arrange de me les donner, je lui en laisserai quelque chose pour vivre en prison; elle filera, elle s'amusera, elle y sera bien nourrie, bien abritée, elle aura bien moins de soucis qu'à Conches. A demain, petite... je n'ai pas le temps de causer avec toi.

Le lendemain, à cinq heures du matin, au petit jour, Bonnébault et sa mère frappaient à la porte du Grand-I-Vert, où la vieille mère Tonsard seule était levée.

— Marie! cria Bonnébault, l'affaire est faite.

— Est-ce l'affaire d'hier pour les arbres? dit la vieille Tonsard tout est arrangé, c'est moi qui la prends.

— Par exemple! mon garçon a promesse d'un arpent pour ce prix-là, de M. Rigou—

Les deux vieilles se disputèrent à qui serait vendue par ses enfants. Au bruit de la querelle, la maison s'éveilla. Tonsard et Bonnébault prirent chacun parti pour leurs mères.

— Tirez à la courte paille, dit madame Tonsard la bru.

La courte paille décida pour le cabaret. Trois jours après, au point du jour, les gendarmes emmenèrent, du fond de la forêt à la Ville-aux-Fayes, la vieille Tonsard surprise en flagrant délit, par le garde général et ses adjoints, et par le garde champêtre, avec une mauvaise lime qui servait à déchirer l'arbre, et un chasse-clou avec lequel les délinquants lissaient cette hachure annulaire, comme l'insecte lisse son chemin. On constata, dans le procès-verbal, l'existence de cette perfide opération sur soixante arbres, dans un rayon de cinq cents pas. La vieille Tonsard fut transférée à Auxerre; le cas était de la juridiction de la cour d'assises.

Quand Michaud vit au pied de l'arbre la vieille Tonsard, il ne put s'empêcher de dire : « Voilà les gens sur qui monsieur et madame la comtesse versent leurs bienfaits!... Ma foi! si madame m'écoutait, elle ne donnerait pas de dot à la petite Tonsard, elle vaut encore moins que sa grand'mère... »

La vieille leva vers Michaud ses yeux gris et lui lança un regard venimeux. En effet, en apprenant quel était l'auteur de ce crime, le comte défendit à sa femme de rien donner à Catherine Tonsard.

— Monsieur le comte fera d'autant mieux, dit Sibilet, que j'ai su que le champ que Godain a acheté, c'était trois jours avant que Catherine vînt parler à madame. Ainsi ces deux gens-là avaient compté sur l'effet de cette scène et sur la compassion de madame. Elle est bien capable, Catherine, de s'être mise dans le cas où elle était, pour avoir un motif d'avoir la somme, car Godain n'est pour rien dans l'affaire...

— Quelles gens! dit Blondet, les mauvais sujets de Paris sont des saints...

— Ah! monsieur, dit Sibilet, l'intérêt fait commettre des horreurs partout. Savez-vous qui a trahi la Tonsard?

— Non!

— Sa petite-fille Marie; elle était jalouse du mariage de sa sœur, et pour s'établir...

— C'est épouvantable! dit le comte; mais ils assassineraient donc?

— Oh! dit Sibilet, pour peu de chose; ils tiennent si peu à la vie, ces gens-là; ils s'ennuient de toujours travailler. Oh! monsieur, il ne se passe pas, au fond des campagnes, des choses plus régulières que dans Paris; mais vous ne le croiriez pas.

— Soyez donc bon et bienfaisant! dit la comtesse.

— Le soir de l'arrestation, Bonnébault vint au cabaret du Grand-I-Vert, où toute la famille Tonsard était en grande jubilation.

— Oui, oui, réjouissez-vous, je viens d'apprendre par Vaudoyer que, pour vous punir, la comtesse retire les mille francs promis à la Godain; son mari ne veut pas qu'elle les donne.

— C'est ce gredin de Michaud qui le lui a conseillé, dit Tonsard, ma mère l'a entendu, elle me l'a dit à la Ville-aux-Fayes où je suis allé lui porter de l'argent et toutes ses affaires. Eh bien! qu'elle ne les donne pas; nos cinq cents francs aideront la Godain à payer le terrain, et nous nous vengerons de ça, nous deux Godain... Ah! Michaud se mêle de nos petites affaires! ça lui rapportera plus de mal que de bien... Qué que cela lui fait, je vous le demande? ça passe-t-il dans ses bois? C'est lui pourtant qu'est l'auteur de tout ce tapage-là... aussi vrai que c'est lui qu'a découvert la mèche le jour où ma mère a coupé le sifflet à son chien. Et si je me mêlais des affaires du château, moi! si je disais au général que sa femme se promène le matin dans les bois avec un jeune homme, sans craindre la rosée; faut avoir les pieds chauds pour ça...

— Le général, le général, dit Courtecuisse, on en ferait tout ce qu'on voudrait, mais c'est Michaud qui lui monte la tête... un faiseur d'embarras... quoi! qui ne sait rien de son métier; de mon temps, ça allait tout autrement.

— Oh! dit Tonsard, c'était alors le bon temps pour tous... dis donc, Vaudoyer?

— Le fait est, répondit celui-ci, que si Michaud n'y était plus, nous serions tranquilles.

— Assez causé, dit Tonsard, nous parlerons de cela plus tard, au clair de lune, en plein champ.

Vers la fin d'octobre, la comtesse partit et laissa le général aux Aigues; il ne devait la rejoindre que beaucoup plus tard; elle ne voulait pas perdre la première représentation au Théâtre-Italien; elle se trouvait d'ailleurs seule et ennuyée, elle n'avait plus la société d'Émile qui l'aidait à passer les moments où le général coula campagne et allait à ses affaires.

Novembre fut un vrai mois d'hiver, sombre et gris, entrecou[pé]
de froid et de dégel, de neige et de pluie. L'affaire de la vie[ille]
Tonsard avait nécessité le voyage des témoins, et Michaud [était]
allé déposer. Monsieur Rigou s'était intéressé à cette vieille fem[me,]
il lui avait donné un avocat qui s'appuya, dans sa défense, de [la]
seule déposition des témoins intéressés et de l'absence de tout témoin à décharge ; mais les témoignages de Michaud et de ses
gardes, corroborés de ceux du garde champêtre et de deux des
gendarmes, décidèrent la question ; la mère de Tonsard fut condamnée à cinq ans de prison, et l'avocat dit à Tonsard fils :

— C'est la déposition de Michaud qui vous vaut cela.

### IX. — LA CATASTROPHE.

Un samedi soir, Courtecuisse, Bonnébault, Godain, Tonsard,
ses filles, sa femme, le père Fourchon, Vaudoyer et plusieurs manouvriers étaient à souper dans le cabaret, il faisait un demi-clair
de lune, et une de ces gelées qui rendent le terrain sec ; la première neige était fondue ; ainsi les pas d'un homme dans la campagne ne laissaient point de ces traces au moyen desquelles on finit,
dans les cas graves, par avoir des indices sur les délits. Ils mangeaient un ragoût fait avec des lièvres pris au collet ; on riait, on
buvait, c'était le lendemain des noces de la Godain, que l'on devait
reconduire chez elle. Sa maison n'était pas loin de celle de Courtecuisse. Quand Rigou vendait un arpent de terre, c'est qu'il était
isolé et près des bois. Courtecuisse et Vaudoyer avaient leurs fusils
pour reconduire la mariée ; tout le pays était endormi, pas une
lumière ne se voyait. Il n'y avait que cette noce d'éveillée et qui
tapageait de son mieux. A cette heure la vieille Bonnébault entra :
chacun la regarda.

— La femme, dit-elle à l'oreille de Tonsard et de son fils, a l'air
de vouloir accoucher. Il vient de faire seller son cheval et il va
quérir le docteur Gourdon à Soulanges.

— Asseyez-vous, la mère, lui dit Tonsard, qui lui donna sa
place à table et alla se coucher sur un banc.

En ce moment on entendit le bruit d'un cheval au galop qui
passa rapidement sur le chemin. Tonsard, Courtecuisse et Vaudoyer sortirent brusquement et virent Michaud qui allait par le
village.

— Comme il entend son affaire ! dit Courtecuisse, il a descendu le long du perron, il prend par Blangy et la route, c'est le plus sûr...

— Oui, dit Tonsard, mais il amènera monsieur Gourdon.

— Il ne le trouvera peut-être pas, dit Courtecuisse, on l'attendait à Conches, pour la bourgeoise de la poste, qui fait déranger le monde à cette heure.

— Mais alors il ira par la grande route de Soulanges à Conches, et c'est le plus court.

— Et c'est le plus sûr pour nous, dit Courtecuisse ; il fait en ce moment un joli clair de lune, sur la grande route il n'y a pas de gardes comme dans les bois, on entend de loin ; et des pavillons, là, derrière les haies, à l'endroit où elles joignent le petit bois, on peut tirer sur un homme par derrière comme sur un lapin, à cinq pas...

— Il sera onze heures et demie quand il passera là, dit Tonsard, il va mettre une demi-heure pour aller à Soulanges, et autant pour revenir là... Ah çà ! mes enfants, si monsieur Gourdon était sur la route...

— Ne t'inquiètes donc pas, dit Courtecuisse, moi je serai à dix minutes de toi, sur la route à droite de Blangy, tirant sur Soulanges, Vaudoyer sera à dix minutes de toi, tirant sur Conches, et s'il vient quelqu'un, une voiture de poste, la malle, les gendarmes, enfin qui que ce soit, nous tirerons un coup en terre, un coup étouffé.

— Et si je le manque ?

— Il a raison, dit Courtecuisse ; je suis meilleur tireur que toi, Vaudoyer, j'irai avec toi, Bonnébault me remplacera, il jettera un cri, ça se fait mieux entendre et c'est moins suspect.

Tous trois rentrèrent, la noce continua ; seulement, à onze heures, Vaudoyer, Courtecuisse, Tonsard et Bonnébault sortirent avec leurs fusils sans qu'aucune des femmes y fît attention. Ils revinrent d'ailleurs trois quarts d'heure après, et se mirent à boire jusqu'à une heure du matin. Les deux filles Tonsard, leur mère et la Bonnébault avaient tant fait boire le meunier, les manouvriers et les deux paysans, ainsi que Fourchon, père de la Tonsard, qu'ils étaient couchés par terre, et ronflaient quand les quatre convives partirent ; à leur retour, on secoua les dormeurs, qu'ils retrouvèrent chacun à sa place.

Pendant que cette orgie allait son train, le ménage de Michaud était dans les plus mortelles angoisses. Olympe avait eu de fausses douleurs, et son mari, pensant qu'elle allait accoucher, était parti en toute hâte et sur-le-champ pour aller chercher le médecin. Mais les douleurs de la pauvre femme se calmèrent aussitôt que Michaud fut dehors, car son esprit se préoccupa tellement des dangers que pouvait courir son mari à cette heure avancée dans un pays ennemi et rempli de vauriens déterminés, que cette angoisse de l'âme fut assez puissante pour amortir et dominer momentanément les souffrances physiques. Sa servante avait beau lui répéter que ces craintes étaient imaginaires, elle n'avait pas l'air de la comprendre et restait dans sa chambre au coin de son feu, prêtant l'oreille à tous les bruits du dehors; et dans sa terreur, qui s'accroissait de seconde en seconde, elle avait fait lever le domestique dans l'intention de lui donner un ordre qu'elle ne donnait pas. La pauvre petite femme allait et venait dans une agitation fébrile; elle regardait à ses croisées, elle les ouvrait malgré le froid; elle descendait, elle ouvrait la porte de la cour, elle regardait au loin, elle écoutait... rien... toujours rien, disait-elle, et elle remontait désespérée.

A minuit un quart environ, elle s'écria : — Le voici, j'entends son cheval ! et elle descendit suivie du domestique, qui se mit en devoir d'ouvrir la grille. C'est singulier, dit-elle, il revient par les bois de Conches. Puis, elle resta comme frappée d'horreur, immobile, sans voix. Le domestique partagea cet effroi, car il y avait dans le galop furieux du cheval et dans le claquement des étriers vides qui sonnaient, je ne sais quoi de désordonné, accompagné de ces hennissements significatifs que les chevaux poussent quand ils vont seuls. Bientôt, trop tôt pour la malheureuse femme, le cheval arriva à la grille, haletant et trempé de sueur, mais seul; il avait cassé ses brides, dans lesquelles il s'était sans doute empêtré. Olympe regarda d'un air hagard le domestique ouvrir la grille : elle vit le cheval, et sans dire un mot, elle se mit à courir au château comme une folle; elle y arriva, elle tomba sous les fenêtres du général en criant : Monsieur, ils l'ont assassiné !...

Ce cri fut si terrible, qu'il réveilla le comte; il sonna, mit toute la maison sur pied, et les gémissements de madame Michaud, qui accouchait par terre d'un enfant mort en naissant, attirèrent le général et ses gens. On releva la pauvre femme mourante, elle expira en disant au général : Ils l'ont tué !

— Joseph! cria le comte à son valet de chambre, courez chercher le médecin, peut-être y aurait-il encore quelque ressource... Non, demandez plutôt à monsieur le curé de venir, car cette pauvre femme est bien morte et son enfant aussi... Mon Dieu! mon Dieu! quel bonheur que ma femme ne soit pas ici!... Et vous, dit-il au jardinier, allez voir ce qui s'est passé.

— Il s'est passé, dit le domestique du pavillon, que le cheval de monsieur Michaud vient de rentrer tout seul, les brides cassées, les jambes en sang... Il y a une tache de sang sur la selle, comme une coulure.

— Que faire la nuit? dit le comte. Allez éveiller Groison, allez chercher les gardes, sellez les chevaux, et nous battrons la campagne.

Au petit jour, huit personnes, le comte, Groison, les trois gardes et deux gendarmes venus de Soulanges avec le maréchal des logis, explorèrent le pays. On finit par trouver, au milieu de la journée, le corps du garde général dans un bouquet de bois, entre la grande route et la route de la Ville-aux-Fayes, au bout du parc des Aigues, à cinq cents pas de la grille de Conches. Deux gendarmes partirent, l'un par la Ville-aux-Fayes, chercher le procureur du roi, et l'autre par Soulanges, chercher le juge de paix. En attendant, le général fit un procès-verbal, aidé par le maréchal des logis. On trouva sur la route l'empreinte du piétinement d'un cheval qui s'était cabré, à la hauteur du second pavillon, et les traces vigoureuses du galop d'un cheval effrayé jusqu'au premier sentier du bois au-dessous de la haie. Le cheval n'étant plus guidé avait pris par là; le chapeau de Michaud fut trouvé dans ce sentier. Pour revenir à son écurie, le cheval avait pris le chemin le plus court. Michaud avait une balle dans le dos, la colonne vertébrale était brisée.

Groison et le maréchal des logis étudièrent avec une sagacité remarquable le terrain autour du piétinement qui indiquait ce qu'en style judiciaire on nomme le théâtre du crime, et ils ne purent découvrir aucun indice. La terre était trop gelée pour garder l'empreinte des pieds de celui qui avait tué Michaud; ils trouvèrent seulement le papier d'une cartouche. Quand le procureur du roi, le juge d'instruction et monsieur Gourdon vinrent pour relever le corps et en faire l'autopsie, il fut constaté que la balle, qui s'accordait avec les débris de la bourre, était une balle de fusil de munition, tirée avec un fusil de munition, et il n'existait pas un seul fusil de munition dans la commune de Blangy. Le juge d'instruction et monsieur Soudry, le procureur du roi, le soir, au château, furent d'avis de réunir les éléments de l'instruction et d'attendre. Ce fut aussi l'avis du maréchal des logis et du lieutenant de la gendarmerie de la Ville-aux-Fayes.

— Il est impossible que ce ne soit pas un coup monté entre les gens du pays, dit le maréchal des logis; mais il y a deux communes, Conches et Blangy, et il y a dans chacune cinq à six gens capables d'avoir fait le coup. Celui que je soupçonnerais le plus, Tonsard, a passé la nuit à godailler; mais votre adjoint, mon général, était de la noce; Langlumé, votre meunier; il ne les a pas quittés; ils étaient gris à ne pas se tenir; ils ont reconduit la mariée à une heure et demie, et l'arrivée du cheval annonce que Michaud a été assassiné entre onze heures et minuit. A dix heures et un quart, Groison a vu toute la noce attablée, et monsieur Michaud a passé par là pour aller à Soulanges, où il est venu à onze heures. Son cheval s'est cabré entre les pavillons de la route; mais il peut avoir reçu le coup avant Blangy, et s'être tenu pendant quelque temps. Il faut décerner des mandats contre vingt personnes au moins, arrêter tous les suspects; mais ces messieurs connaissent les paysans comme je les connais; vous les tiendrez pendant un an en prison, vous n'en aurez rien que des dénégations. Que voulez-vous faire à tous ceux qui étaient chez Tonsard?

On fit venir Langlumé, le meunier et l'adjoint du général Montcornet, et il raconta sa soirée : ils étaient tous dans le cabaret; on n'en était sorti que pour quelques instants, dans la cour... Il y était allé avec Tonsard sur les onze heures; ils avaient parlé de la lune et du temps; ils n'avaient rien entendu. Il nomma tous les convives; aucun d'eux n'avait quitté le cabaret. A deux heures, ils avaient tous reconduit les mariés chez eux.

Le général convint avec le maréchal des logis, le lieutenant de la gendarmerie et le procureur du roi, d'envoyer de Paris un habile de la police de sûreté, qui viendrait au château comme ouvrier, et qui se conduirait assez mal pour être renvoyé; il boirait, deviendrait assidu au Grand-I-Vert, et resterait dans le pays mécontent du général. C'était le meilleur plan à suivre pour guetter une indiscrétion et la saisir au vol.

— Quand je devrais y dépenser vingt mille francs, je finirai par découvrir le meurtrier de mon pauvre Michaud... répétait sans se lasser le général Montcornet. Il partit avec cette idée et revint de Paris, au mois de janvier, avec un des plus rusés acolytes du chef de la police de sûreté, qui s'installa pour diriger soi-disant les travaux d'intérieur du château, et qui braconna. On fit des procès-verbaux contre lui, le général le mit à la porte et revint à Paris au mois de février.

## X. — LE TRIOMPHE DES VAINCUS.

Au mois de mai, quand la belle saison fut venue, et que les Parisiens furent arrivés aux Aigues, un soir, monsieur de Troisville, que sa fille avait amené, Blondet, l'abbé Brossette, le général, le sous-préfet de la Ville-aux-Fayes qui était au château, en visite, jouaient les uns au whist, les autres aux échecs ; il était onze heures et demie. Joseph vint dire à son maître que ce mauvais ouvrier renvoyé voulait lui parler ; il disait que le général lui redevait de l'argent sur son mémoire. Il était, disait le valet de chambre, complétement gris.

— C'est bien, j'y vais. Et le général alla sur la pelouse, à quelque distance du château.

— Monsieur le comte, dit l'agent de police, on ne tirera jamais rien de ces gens ; tout ce que j'ai deviné c'est que, si vous continuez à rester dans le pays et à vouloir que les habitants renoncent aux habitudes que mademoiselle Laguerre leur a laissé prendre, on vous tirera quelque coup de fusil aussi.... D'ailleurs je n'ai plus rien à faire ici ; ils se défient plus de moi que de vos gardes.

Le comte paya l'espion, qui partit, et dont le départ justifia les soupçons des complices de la mort de Michaud. Mais quand il vint dans le salon, rejoindre sa famille et ses hôtes, il y eut sur sa figure trace d'une si vive et si profonde émotion, que sa femme, inquiète, vint lui demander ce qu'il venait d'apprendre.

— Chère amie, je ne voudrais pas t'effrayer, et cependant il est bon que tu saches que la mort de Michaud est un avis indirect qu'on nous donne de quitter le pays.

— Moi, dit monsieur de Troisville, je ne quitterais point ; j'ai eu de ces difficultés-là en Normandie, mais sous une autre forme, et j'ai persisté ; maintenant tout va bien.

— Monsieur le marquis, dit le sous-préfet, la Normandie et la

Bourgogne sont deux pays bien différents. Les fruits de la vigne rendent le sang plus chaud que ceux du pommier. Nous ne connaissons pas si bien les lois et la procédure, et nous sommes entourés de forêts ; l'industrie ne nous a pas encore gagné ; nous sommes sauvages... Si j'ai un conseil à donner à monsieur le comte, c'est de vendre sa terre et de la placer en rentes ; il doublera son revenu et n'aura pas le moindre souci ; s'il aime la campagne, il aura, dans les environs de Paris, un château avec un parc entouré de murs, aussi beau que celui des Aigues, où personne n'entrera, et qui n'aura que des fermes louées à des gens qui viendront en cabriolet le payer en billets de banque, et il ne nous fera pas faire dans l'année un seul procès-verbal... Il ira et viendra en trois ou quatre heures, et monsieur Blondet et monsieur le marquis ne nous manqueront pas si souvent, madame la comtesse...

— Moi, reculer devant des paysans, quand je n'ai pas reculé même sur le Danube !

— Oui, mais où sont vos cuirassiers ? demanda Blondet.

— Une si belle terre !...

— Vous en aurez aujourd'hui plus de deux millions !

— Le château seul a dû couter cela, dit monsieur de Troisville.

— Une des plus belles propriétés qu'il y ait à vingt lieues à la ronde ! dit le sous-préfet ; mais vous retrouverez mieux aux environs de Paris.

— Qu'a-t-on de rentes avec deux millions ? demanda la comtesse.

— Aujourd'hui, environ quatre-vingt mille francs, répondit Blondet.

— Les Aigues ne rapportent pas en sac plus de trente mille francs, dit la comtesse ; encore, ces années-ci, vous avez fait d'immenses dépenses, vous avez entouré les bois de fossés...

— On a, dit Blondet, un château royal aujourd'hui, pour quatre cent mille francs, aux environs de Paris. On achète les folies des autres.

— Je croyais que vous teniez aux Aigues ? dit le comte à sa femme.

— Ne sentez-vous donc pas que je tiens mille fois plus à votre existence ? dit-elle. D'ailleurs, depuis la mort de ma pauvre Olympe, depuis l'assassinat de Michaud, ce pays m'est devenu odieux ; tous les visages que j'y rencontre me semblent armés d'une expression sinistre ou menaçante.

Le lendemain soir, dans le salon de M. Gaubertin, à la Ville-aux-Fayes, le sous-préfet fut accueilli par cette phrase que lui dit le maire :

— Eh bien ! monsieur des Lupeaulx, vous venez des Aigues ?...

— Oui, répondit le sous-préfet avec un petit air triomphant, et en lançant un tendre regard à M<sup>lle</sup> Elise, j'ai bien peur que nous ne perdions le général ; il va vendre sa terre...

— Monsieur Gaubertin, je vous recommande mon pavillon... je n'en peux plus de ce bruit, de cette poussière de la Ville-aux-Fayes ; comme un pauvre oiseau emprisonné j'aspire de loin l'air des champs, l'air des bois, dit madame Isaure de sa voix langoureuse, les yeux fermés à demi en penchant la tête sur son épaule gauche, et en tortillant nonchalamment les longs anneaux de sa chevelure blonde.

— Soyez donc prudente, madame..., lui dit à voix basse Gaubertin, ce n'est pas avec vos indiscrétions que j'achèterai le pavillon... ; puis, se tournant vers le sous-préfet : On ne peut donc toujours pas découvrir les auteurs de l'assassinat commis sur la personne du garde ? lui demanda-t-il.

— Il paraît que non, répondit le sous-préfet.

— Ça nuira beaucoup à la vente des Aigues, dit Aubertin devant tout son monde ; je sais bien, moi, que je ne les achèterais pas... Les gens du pays sont trop mauvais ; même du temps de mademoiselle Laguerre, je me disputais avec eux, et cependant Dieu sait comme elle les laissait faire.

Sur la fin du mois de mai, rien n'annonçait que le général eût l'intention de mettre en vente les Aigues ; il était indécis. Un soir, sur les dix heures, il rentrait de la forêt par une des six avenues qui conduisaient au pavillon du Rendez-vous, et il avait renvoyé son garde, en se voyant assez près du château. Au retour de l'allée, un homme armé d'un fusil sortit d'un buisson.

— Général, dit-il, voilà la troisième fois que vous vous trouvez au bout de mon canon, et voilà la troisième fois que je vous donne la vie...

— Et pourquoi veux-tu donc me tuer, Bonnébault ? dit le comte sans témoigner la moindre émotion.

— Ma foi ! si ce n'était par moi, ce serait par un autre ; et moi, voyez-vous, j'aime les gens qui ont servi l'Empereur, je ne peux pas me décider à vous tuer comme une perdrix. — Ne me questionnez pas, je ne veux rien dire... Mais vous avez des ennemis plus puissants, plus rusés que vous, et qui finiront par vous écraser ; j'aurai mille écus si je vous tue, et j'épouserai Marie Tonsard. Eh bien ! donnez-moi quelques méchants arpents de terre et une mauvaise baraque, je continuerai à dire ce que j'ai dit, qu'il ne s'est pas trouvé d'occasion... Vous aurez encore le temps de vendre votre terre et de vous en aller ; mais, dépêchez-vous. Je suis encore un brave garçon, tout mauvais sujet que je suis ; un autre pourrait vous faire plus de mal...

— Et si je te donne ce que tu demandes, me diras-tu qui t'a promis trois mille francs ? demanda le général.

— Je ne le sais pas ; et la personne qui me pousse à cela, je l'aime trop pour vous la nommer. Et puis, quand vous sauriez que c'est Marie Tonsard, cela ne vous avancerait pas de beaucoup ; Marie Tonsard sera muette comme un mur, et moi, je nierai vous l'avoir dit.

— Viens me voir demain, dit le général.

— Ça suffit, dit Bonnébault ; si l'on me trouvait maladroit, je vous préviendrai.

Huit jours après cette conversation singulière, tout l'arrondissement, tout le département de Paris étaient farcis d'énormes affiches annonçant la vente des Aigues par lots, en l'étude de maître Corbineau, notaire à Soulanges. Tous les lots furent adjugés à Rigou et montèrent à la somme totale de deux millions cent cinquante mille francs. Le lendemain Rigou fit changer les noms ; monsieur Gaubertin avait les bois, et Rigou et les Soudry les vignes et les autres lots. Le château et le parc furent revendus à la bande noire, sauf le pavillon et ses dépendances, que se réserva monsieur Gaubertin pour en faire hommage à sa poétique et sentimentale compagne.

———

Bien des années après ces événements, pendant l'hiver de 1837, l'un des plus remarquables écrivains politiques de ce temps, Émile Blondet, arrivait au dernier degré de la misère, qu'il avait cachée jusque-là sous les dehors d'une vie d'éclat et d'élégance. Il hésitait à prendre un parti désespéré en voyant que ses travaux, son esprit, son savoir, sa science des affaires, ne l'avaient amené à rien qu'à fonctionner comme une mécanique au profit des autres, en voyant toutes les places prises, en se sentant arrivé aux abords de l'âge mûr, sans considération et sans fortune, en apercevant de sots et de niais bourgeois remplacer les gens de cour et les incapables de la Restauration, et le gouvernement se reconstituer comme il était avant 1830. Un soir où il était bien près du suicide, qu'il avait tant poursuivi de ses plaisanteries, et qu'en jetant un dernier regard sur sa déplorable existence, calomniée et surchargée de travaux bien plus que de ces orgies qu'on lui reprochait, il voyait une noble et belle figure de femme, comme on voit une statue restée entière et pure au milieu des plus tristes ruines, son portier lui remit une lettre cachetée en noir, où la comtesse de Montcornet lui annonçait la mort du général, qui avait repris du service et commandait une division. Elle était son héritière ; elle n'avait pas d'enfants. La lettre, quoique digne, indiquait à Blondet que la femme de quarante ans, qu'il avait aimée jeune, lui tendait une main fraternelle et une fortune considérable. Il y a quelques jours, le mariage de la comtesse de Montcornet et de monsieur Blondet, nommé préfet, a eu lieu. Pour se rendre à sa préfecture, il prit par la route où se trouvaient autrefois les Aigues, et il fit arrêter dans l'endroit où étaient jadis les deux pavillons, voulant visiter la commune de Blangy, peuplée de si doux souvenirs pour les deux voyageurs. Le pays n'était plus reconnaissable. Les bois mystérieux, les avenues du parc, tout avait été défriché; la campagne ressemblait à la carte d'échantillons d'un tailleur. Le paysan avait pris possession de la terre en vainqueur et en conquérant. Elle était déjà divisée en plus de mille lots, et la population avait triplé entre Conches et Blangy. La mise en culture de ce beau parc, si soigné, si voluptueux naguère, avait dégagé le pavillon du Rendez-vous, devenu la villa *il Buen-Retiro* de dame Isaure Gaubertin; c'était le seul bâtiment resté debout, et qui dominait le paysage, ou, pour mieux dire, la petite culture remplaçant le paysage. Cette construction ressemblait à un château, tant étaient misérables les maisonnettes bâties tout autour, comme bâtissent les paysans.

— Voilà le progrès ! s'écria Emile. C'est une page du *Contrat social* de Jean-Jacques ! Et moi, je suis attelé à la machine sociale qui fonctionne ainsi !... Mon Dieu ! que deviendront les rois dans peu ! Mais que deviendront, avec cet état de choses, les nations elles-mêmes dans cinquante ans ?...

— Tu m'aimes, tu es à côté de moi ; je trouve le présent bien beau, et en me soucie guère d'un avenir si lointain, lui répondit sa femme.

— Auprès de toi, vive le présent ! dit gaiement l'amoureux Blondet, et au diable l'avenir ! Puis il fit signe au cocher de partir, et tandis que les chevaux s'élançaient au galop, les nouveaux mariés reprirent le cours de leur lune de miel.

1845.

---

On doit croire l'auteur des *Paysans* assez instruit des choses de son temps pour savoir qu'il n'y avait point de cuirassiers dans la garde impériale. Il prend ici la liberté de faire observer qu'il a dans son cabinet les uniformes de la République, de l'Empire, de la Restauration, la collection de tous les costumes militaires des pays que la France a eus pour alliés ou pour adversaires, et plus d'ouvrages sur les guerres de 1792 à 1815 que n'en possède tel maréchal de France. Il se sert de la voie du journal pour remercier les personnes qui lui ont fait l'honneur d'assez s'intéresser à ses travaux pour lui envoyer des notes rectificatives et des renseignements.

Une fois pour toutes, il répond ici que ses inexactitudes sont volontaires et calculées. Ceci n'est pas une Scène de la Vie Militaire, où il serait tenu de ne pas mettre des sabretaches à des fantassins. Toucher à l'histoire contemporaine, ne fût-ce que par des types, comporte des dangers. C'est en se servant, pour des fictions, d'un cadre dont les détails sont minutieusement vrais, en dénaturant tour à tour les faits par des couleurs qui leur sont étrangères, qu'on évite le petit malheur des *personnalités*. Déjà, pour UNE TÉNÉBREUSE AFFAIRE, quoique le fait eût été changé dans ses détails et appartienne à l'histoire, l'auteur a dû répondre à d'absurdes observations basées sur cette objection qu'il n'y avait eu qu'*un sénateur d'enlevé, de séquestré, sous le règne de l'Empereur*. Je le crois bien ! on aurait peut-être couronné de fleurs celui qui en aurait enlevé un second !

Si l'inexactitude relative aux cuirassiers est trop choquante, il est facile de ne pas parler de la Garde. Mais la famille de l'illustre général qui commandait la cavalerie refoulée sur le Danube nous demanderait alors compte des onze cent mille francs que l'Empereur a laissé prendre à Montcornet en Poméranie.

On viendra bientôt nous prier de dire dans quelle géographie se trouve la Ville-aux-Fayes, l'Avonne et Soulanges. Tous ces pays et ces cuirassiers vivent sur le golfe immense où sont la tour de Ravenswood, les Eaux de Saint-Ronan, la terre de Tillietudlem, Gander-Cleug, Lilliput, l'abbaye de Thélème, les conseillers privés d'Hoffmann, l'île de Robinson Crusoé, les terres de la famille Shandy, dans un monde exempt de contributions, et où la poste se paye par ceux qui y voyagent à raison d 20 centimes le volume.

(*Note de l'auteur.*)

**FIN DES PAYSANS.**

ADOLPHE ET CAROLINE.

Caroline, votre ex-biche, votre ex-trésor, s'appuie beaucoup trop sur votre bras.

(VIE CONJUGALE.)

# ÉTUDES ANALYTIQUES

## PETITES MISÈRES

## DE LA VIE CONJUGALE

### PRÉFACE

OU CHACUN RETROUVERA SES IMPRESSIONS DE MARIAGE

Un ami vous parle d'une jeune personne :
— Bonne famille, bien élevée, jolie, et trois cent mille francs comptant. Vous avez désiré rencontrer cet objet charmant.

Généralement, toutes les entrevues fortuites sont préméditées. Et vous parlez à cet objet devenu très-timide.

VOUS. — Une soirée charmante?...

ELLE. — Oh! oui, Monsieur.

Vous êtes admis à courtiser la jeune personne.

LA BELLE-MÈRE (*au futur*). — Vous ne sauriez croire combien cette chère petite fille est susceptible d'attachement.

Cependant les deux familles sont en délicatesse à propos des questions d'intérêt.

VOTRE PÈRE (*à la belle-mère*). — Ma ferme vaut cinq cent mille francs, ma chère dame!...

VOTRE FUTURE BELLE-MÈRE. — Et notre maison, mon cher monsieur, est à un coin de rue.

Un contrat s'ensuit, discuté par deux affreux notaires : un petit, un grand.

Puis les deux familles jugent nécessaire de vous faire passer à la mairie, à l'église, avant de procéder au coucher de la mariée, qui fait des façons.

Et après !... il vous arrive une foule de petites misères imprévues, comme ceci :

## LE COUP DE JARNAC.

Est-ce une petite, est-ce une grande misère ? je ne sais ; elle est grande pour les gendres ou pour vos belles-filles, elle est excessivement petite pour vous.

— Petite, cela vous plaît à dire ; mais un enfant coûte énormément ! s'écrie un époux dix fois trop heureux qui fait baptiser son onzième, nommé *le petit dernier*, — un mot avec lequel les femmes abusent leurs familles.

Quelle est cette misère ? me direz-vous. Eh bien ! cette misère est, comme beaucoup de petites misères conjugales, un bonheur pour quelqu'un.

Vous avez, il y a quatre mois, marié votre fille, que nous appellerons du doux nom de CAROLINE, pour en faire le type de toutes les épouses. Caroline est, comme toujours, une charmante jeune personne, et vous lui avez trouvé pour mari :

Soit un avoué de première instance, soit un capitaine en second, peut-être un ingénieur de troisième classe ; ou un juge suppléant, ou encore un jeune vicomte. Mais plus certainement, ce que recherchent le plus les familles sensées, l'idéal de leurs désirs : le fils unique d'un riche propriétaire !... (Voyez la *Préface*.)

Ce phénix, nous le nommerons ADOLPHE, quels que soient son état dans le monde, son âge, et la couleur de ses cheveux.

L'avoué, le capitaine, l'ingénieur, le juge, enfin le gendre, Adolphe et sa famille ont vu dans mademoiselle Caroline :

1° Mademoiselle Caroline ;

2° Fille unique de votre femme et de vous.

Ici, nous sommes forcé de demander, comme à la Chambre, la division :

### I. — DE VOTRE FEMME.

Votre femme doit recueillir l'héritage d'un oncle maternel, vieux podagre qu'elle mitonne, soigne, caresse et emmitoufle ; sans compter la fortune de son père à elle. Caroline a toujours adoré son oncle, son oncle qui la faisait sauter sur ses genoux, son oncle qui... son oncle que... son oncle enfin... dont la succession est estimée deux cent mille francs.

De votre femme... personne bien conservée, mais dont l'âge a été l'objet de mûres réflexions et d'un long examen de la part des aves et ataves de votre gendre. Après bien des escarmouches respectives entre les belles-mères, elles se sont confié leurs petits secrets de femmes mûres.

— Et vous, ma chère dame?
— Moi, Dieu merci! j'en suis quitte, et vous?
— Moi, je l'espère bien! a dit votre femme.
— Tu peux épouser Caroline, a dit la mère d'Adolphe à votre futur gendre, Caroline héritera seule de sa mère, de son oncle et de son grand-père.

## II. — DE VOUS,

Qui jouissez encore de votre grand-père maternel, un bon vieillard dont la succession ne vous sera pas disputée : il est en enfance, et dès lors incapable de tester.

De vous, homme aimable, mais qui avez mené une vie assez libertine dans votre jeunesse. Vous avez d'ailleurs cinquante-neuf ans, votre tête est couronnée, on dirait d'un genou qui passe au travers d'une perruque grise.

3° Une dot de trois cent mille francs!...
4° La sœur unique de Caroline, une petite niaise de douze ans, souffreteuse et qui promet de ne pas laisser vieillir ses os;
5° Votre fortune à vous, beau-père (dans un certain monde, on dit le *papa beau-père*), vingt mille livres de rente, qui s'augmenteront d'une succession sous peu de temps;
6° La fortune de votre femme, qui doit se grossir de deux successions : l'oncle et le grand-père.

| | |
|---|---:|
| Trois successions et les économies, ci . . | 750,000 fr. |
| Votre fortune . . . . . . . . | 250,000 |
| Celle de votre femme. . . . . . . | 250,000 |
| Total . . . . . | 1,250,000 fr. |

qui ne peuvent s'envoler!...
Voilà l'autopsie de tous ces brillants hyménées qui conduisent

leurs chœurs dansants et mangeants, en gants blancs, fleuris à la boutonnière, bouquets de fleurs d'oranger, cannetilles, voiles, remises et cochers allant de la mairie à l'église, de l'église au banquet, du banquet à la danse, et de la danse dans la chambre nu tiale, aux accents de l'orchestre et aux plaisanteries consacr que disent les restes de dandies ; car n'y a-t-il pas, de par le mon des restes de dandies, comme il y a des restes de chevaux angl Oui, voilà l'ostéologie des plus amoureux désirs.

La plupart des parents ont dit leur mot sur ce mariage.

Ceux du côté du marié :

— Adolphe a fait une bonne affaire :

Ceux du côté de la mariée :

— Caroline a fait un excellent mariage. Adolphe est fils unique, et il aura soixante mille francs de rente, *un jour ou l'autre !*...

Un jour, l'heureux juge, l'ingénieur heureux, l'heureux capitaine ou l'heureux avoué, l'heureux fils unique d'un riche propriétaire, Adolphe enfin, vient dîner chez vous, accompagné de sa famille.

Votre fille Caroline est excessivement orgueilleuse de la forme un peu bombée de sa taille. Toutes les femmes déploient une innocente coquetterie pour leur première grossesse. Semblables au soldat qui se pomponne pour sa première bataille, elles aiment à faire la pâle, la souffrante ; elles se lèvent d'une certaine manière, et marchent avec les plus jolies affectations. Encore fleurs, elles ont un fruit : elles anticipent alors sur la maternité. Toutes ces façons sont excessivement charmantes... la première fois.

Votre femme, devenue la belle-mère d'Adolphe, se soumet à des corsets de haute pression. Quand sa fille rit, elle pleure ; quan sa Caroline étale son bonheur, elle rentre le sien. Après dîner, l'œil clairvoyant de la co-belle-mère a deviné l'œuvre de ténèbres.

Votre femme est grosse ! la nouvelle éclate, et votre plus vieil ami de collége vous dit en riant : Ah ! vous avez fait des nôtres ?

Vous espérez dans une consultation qui doit avoir lieu le lendemain. Vous, homme de cœur, vous rougissez, vous espérez une hydropisie ; mais les médecins ont confirmé l'arrivée d'un *petit dernier !*

Quelques maris timorés vont alors à la campagne ou mettent à xécution un voyage en Italie. Enfin une étrange confusion règne dans votre ménage. Vous et votre femme, vous êtes dans une fausse position.

— Comment! toi, vieux coquin, tu n'as pas eu honte de?... vous dit un ami sur le boulevard.

— Eh bien! oui! fais-en autant, répliquez-vous enragé.

— Comment, le jour où ta fille!... mais c'est immoral. Et une vieille femme? mais c'est une infirmité!

— Nous avons été volés comme dans un bois, dit la famille de votre gendre.

Comme dans un bois! est une gracieuse expression pour la belle-mère.

Cette famille espère que l'enfant qui coupe en trois les espérances de fortune sera, comme tous les enfants des vieillards, un scrofuleux, un infirme, un avorton. Naîtra-t-il viable?

Cette famille attend l'accouchement de votre femme avec l'anxiété qui agita la maison d'Orléans pendant la grossesse de la duchesse de Berri : une seconde fille procurait le trône à la branche cadette, sans les conditions onéreuses de Juillet; Henri V raflait la couronne. Dès lors, la maison d'Orléans a été forcée de jouer quitte ou double : les événements lui ont donné la partie.

La mère et la fille accouchent à neuf jours de distance.

Le premier enfant de Caroline est une pâle et maigrichonne petite fille qui ne vivra pas.

Le dernier enfant de sa mère est un superbe garçon, pesant douze livres, qui a deux dents, et des cheveux superbes.

Vous avez désiré pendant seize ans un fils. Cette misère conjugale est la seule qui vous rende fou de joie. Car votre femme rajeunie rencontre dans cette grossesse, ce qu'il faut appeler *l'été de la Saint-Martin* des femmes : elle nourrit, elle a du lait! son teint est frais, elle est blanche et rose.

A quarante-deux ans, elle fait la jeune femme, achète des petits bas, se promène suivie d'une bonne, brode des bonnets, garnit des béguins. Alexandrine a pris son parti, elle instruit sa fille par l'exemple; elle est ravissante, elle est heureuse. Et cependant c'est une misère, petite pour vous, grande pour votre gendre. Cette misère est des deux genres, elle vous est commune à vous et à votre femme. Enfin, dans ces cas-là, votre paternité vous rend d'autant plus fier qu'elle est incontestable, mon cher monsieur!

## LES DÉCOUVERTES.

Généralement, une jeune personne ne découvre son vrai caractère qu'après deux ou trois années de mariage. Elle dissimule, sans le vouloir, ses défauts au milieu des premières joies, des premières fêtes. Elle va dans le monde pour y danser, elle va chez ses parents pour vous y faire triompher, elle voyage escortée par les premières malices de l'amour, elle se fait femme. Puis elle devient mère et nourrice, et dans cette situation pleine de jolies souffrances, qui ne laisse à l'observation ni une parole ni une minute, tant les soins y sont multipliés, il est impossible de juger d'une femme. Il vous a donc fallu trois ou quatre ans de vie intime avant que vous ayez pu découvrir une chose horriblement triste, un sujet de perpétuelles terreurs.

Votre femme, cette jeune fille à qui les premiers plaisirs de la vie et de l'amour tenaient lieu de grâce et d'esprit, si coquette, si animée, si vive, dont les moindres mouvements avaient une délicieuse éloquence, a dépouillé lentement, un à un, ses artifices naturels. Enfin, vous avez aperçu la vérité ! Vous vous y êtes refusé, vous avez cru vous tromper; mais non : Caroline manque d'esprit, elle est lourde, elle ne sait ni plaisanter, ni discuter, elle a parfois peu de tact. Vous êtes effrayé. Vous vous voyez pour toujours obligé de conduire *cette chère Minette* à travers des chemins épineux où vous laisserez votre amour-propre en lambeaux.

Vous avez été déjà souvent atteint par des réponses qui, dans le monde, ont été poliment accueillies : on a gardé le silence au lieu de sourire; mais vous aviez la certitude qu'après votre départ les femmes s'étaient regardées en se disant : Avez-vous entendu madame Adolphe?...

— Pauvre petite femme, elle est...

— Bête comme un chou.

— Comment, lui, qui certes est un homme d'esprit, a-t-il pu choisir?...

— Il devrait former sa femme, l'instruire, ou lui apprendre à se taire.

### AXIOMES.

Un homme est, dans notre civilisation, responsable de toute sa femme.

Ce n'est pas le mari qui forme la femme.

Un jour, Caroline aura soutenu *mordicus* chez madame de Fischtaminel, une femme très-distinguée, que le petit dernier ne ressemblait ni à son père ni à sa mère, mais à l'ami de la maison. Elle aura peut-être éclairé monsieur de Fischtaminel, et inutilisé les travaux de trois années, en renversant l'échafaudage des assertions de madame de Fischtaminel, qui, depuis cette visite, vous marque de la froideur, car elle soupçonne chez vous une indiscrétion faite à votre femme.

Un soir, Caroline, après avoir fait causer un auteur sur ses ouvrages, aura terminé en donnant le conseil à ce poëte, déjà fécond, de travailler enfin pour la postérité. Tantôt elle se plaint de la lenteur du service à table chez des gens qui n'ont qu'un domestique et qui se sont mis en quatre pour la recevoir. Tantôt elle médit des veuves qui se remarient, devant madame Deschars, mariée en troisièmes noces à un ancien notaire, à Nicolas-Jean-Jérôme-Népomucène-Ange-Marie-Victor-Joseph Deschars, l'ami de votre père.

Enfin vous n'êtes plus vous-même dans le monde avec votre femme. Comme un homme qui monte un cheval ombrageux et qui le regarde sans cesse entre les deux oreilles, vous êtes absorbé par l'attention avec laquelle vous écoutez votre Caroline.

Pour se dédommager du silence auquel sont condamnées les demoiselles, Caroline parle, ou mieux, elle babille ; elle veut faire de l'effet, et elle en fait : rien ne l'arrête ; elle s'adresse aux hommes les plus éminents, aux femmes les plus considérables ; elle se fait présenter, elle vous met au supplice. Pour vous, aller dans le monde, c'est aller au martyre.

Elle commence à vous trouver maussade : vous êtes attentif, voilà tout ! Enfin, vous la maintenez dans un petit cercle d'amis, car elle vous a déjà brouillé avec des gens de qui dépendaient vos intérêts.

Combien de fois n'avez-vous pas reculé devant la nécessité d'une remontrance, le matin, au réveil, quand vous l'aviez bien disposée à vous écouter ! Une femme écoute très-rarement. Combien de fois n'avez-vous pas **reculé** devant le fardeau de vos obligations magistrales.

La conclusion de votre communication ministérielle ne devrait elle pas être : — Tu n'as pas d'esprit. Vous pressentez l'effet de votre première leçon, Caroline se dira : — Ah ! je n'ai pas d'esprit !

Aucune femme ne prend jamais ceci en bonne part. Chacun de vous tirera son épée et jettera le fourreau. Six semaines après, Caroline peut vous prouver qu'elle a précisément assez d'esprit pour vous *minotauriser* sans que vous vous en aperceviez.

Effrayé de cette perspective, vous épuisez alors les formules oratoires, vous les interrogez, vous cherchez la manière de dorer cette pilule. Enfin, vous trouvez le moyen de flatter tous les amours-propres de Caroline, car :

AXIOME.

Une femme mariée a plusieurs amours-propres.

Vous dites être son meilleur ami, le seul bien placé pour l'éclairer ; plus vous y mettez de préparation, plus elle est attentive et intriguée. En ce moment, elle a de l'esprit.

Vous demandez à votre chère Caroline, que vous tenez par la taille, comment, elle, si spirituelle avec vous, qui a des réponses charmantes (vous lui rappelez des mots qu'elle n'a jamais eus, que vous lui prêtez, qu'elle accepte en souriant), comment elle peut dire ceci, cela, dans le monde. Elle est sans doute, comme beaucoup de femmes, intimidée dans les salons.

— Je connais, dites-vous, bien des hommes fort distingués qui sont ainsi.

Vous citez d'admirables orateurs de petit comité auxquels il est impossible de prononcer trois phrases à la tribune. Caroline devait veiller sur elle ; vous lui vantez le silence comme la plus sûre méthode d'avoir de l'esprit. Dans le monde, on aime qui nous écoute.

Ah ! vous avez rompu la glace, vous avez patiné sur ce miroir sans le rayer ; vous avez pu passer la main sur la croupe de la Chimère la plus féroce et la plus sauvage, la plus éveillée, la plus clairvoyante, la plus inquiète, la plus rapide, la plus jalouse, la **plus ardente,** la plus violente, la plus simple, la plus élégante, la plus déraisonnable, la plus attentive du monde moral : LA VANITÉ D'UNE FEMME !...

Caroline vous a saintement serré dans ses bras, elle vous a remercié de vos avis, elle vous en aime davantage ; elle veut tout tenir de vous, même l'esprit ; elle peut être sotte, mais ce qui vaut mieux que de dire de jolies choses, elle sait en faire !... elle vous aime. Mais elle désire être aussi votre orgueil ! Il ne s'agit pas de savoir se bien mettre, d'être élégante et belle ; elle veut vous rendre fier de son intelligence. Vous êtes l'homme le plus heureux du monde d'avoir su sortir de ce premier mauvais pas conjugal.

— Nous allons ce soir chez madame Deschars, où l'on ne sait que faire pour s'amuser ; on y joue à toutes sortes de jeux innocents à cause du troupeau de jeunes femmes et de jeunes filles qui y sont ; tu verras !... dit-elle.

Vous êtes si heureux que vous fredonnez des airs en rangeant toutes sortes de choses chez vous, en caleçon et en chemise. Vous ressemblez à un lièvre faisant ses cent mille tours sur un gazon fleuri, parfumé de rosée. Vous ne passez votre robe de chambre qu'à la dernière extrémité, quand le déjeuner est sur la table. Pendant la journée, si vous rencontrez des amis, et si l'on vient à parler femmes, vous les défendez ; vous trouvez les femmes charmantes, douces ; elles ont quelque chose de divin.

Combien de fois nos opinions nous sont-elles dictées par les événements inconnus de notre vie ?

Vous menez votre femme chez madame Deschars. Madame Deschars est une mère de famille excessivement dévote, et chez qui l'on ne trouve pas de journaux à lire ; elle surveille ses filles, qui sont de trois lits différents, et les tient d'autant plus sévèrement qu'elle a eu, dit-on, *quelques petites choses* à se reprocher pendant ses deux précédents mariages. Chez elle, personne n'ose hasarder une plaisanterie. Tout y est blanc et rose, parfumé de sainteté, comme chez les veuves qui atteignent aux confins de la troisième jeunesse. Il semble que ce soit la Fête-Dieu tous les jours.

Vous, jeune mari, vous vous unissez à la société juvénile des jeunes femmes, des petites filles, des demoiselles et des jeunes gens qui sont dans la chambre à coucher de madame Deschars. Les gens graves, les hommes politiques, les têtes à whist et à thé sont dans le grand salon.

On joue à deviner des mots à plusieurs sens, d'après les réponses que chacun doit faire à ces questions.

— Comment l'aimez-vous?
— Qu'en faites-vous?
— Où le mettez-vous?

Votre tour arrive de deviner un mot, vous allez dans le salon, vous vous mêlez à une discussion, et vous revenez appelé par une rieuse petite fille. On vous a cherché quelque mot qui puisse prêter aux réponses les plus énigmatiques. Chacun sait que, pour embarrasser les fortes têtes, le meilleur moyen est de choisir un mot très-vulgaire, et de comploter des phrases qui jettent l'Œdipe de salon à mille lieues de chacune de ses pensées.

Ce jeu remplace difficilement le lansquenet ou le creps, mais il est peu dispendieux.

Le mot MAL a été promu à l'état de Sphinx. Chacun s'est promis de vous dérouter. Le mot, entre autres acceptions, a celle de *mal*, substantif qui signifie, en esthétique, le contraire du bien; de *mal*, substantif qui prend mille expressions pathologiques; puis *malle*, la voiture du gouvernement; et enfin *malle*, ce coffre, varié de forme, à tous crins, à toutes peaux, à oreilles, qui marche rapidement, car il sert à emporter les effets de voyage, dirait un homme de l'école de Delille.

Pour vous, homme d'esprit, le Sphinx déploie ses coquetteries, il étend ses ailes, les replie; il vous montre ses pattes de lion, sa gorge de femme, ses reins de cheval, sa tête intelligente; il agite ses bandelettes sacrées, il se pose et s'envole, revient et s'en va, balaye la place de sa queue redoutable; il fait briller ses griffes, il les rentre; il sourit, il frétille, il murmure; il a des regards d'enfant joyeux, de matrone; il est surtout moqueur.

— Je l'aime d'amour.
— Je l'aime chronique.
— Je l'aime à crinière fournie.
— Je l'aime à secret.
— Je l'aime dévoilé.
— Je l'aime à cheval.
— Je l'aime comme venant de Dieu, a dit madame Deschars.
— Comment l'aimes-tu? dites-vous à votre femme.
— Je l'aime légitime.

La réponse de votre femme est incomprise, et vous envoie promener dans les champs constellés de l'infini, où l'esprit, ébloui par la multitude des créations, ne peut rien choisir. **On le place**

— Dans une remise.
— Au grenier.
— Dans un bateau à vapeur.
— Dans la presse.
— Dans une charrette.
— Dans les bagnes.
— Aux oreilles.
— En boutique.

Votre femme vous dit en dernier : — Dans mon lit.

Vous y étiez, mais ne savez aucun mot qui aille à cette réponse, madame Deschars n'ayant pu rien permettre d'indécent.

— Qu'en fais-tu?

— Mon seul bonheur, dit votre femme après les réponses de chacun, qui toutes vous ont fait parcourir le monde entier des suppositions linguistiques.

Cette réponse frappe tout le monde, et vous particulièrement ; aussi vous obstinez-vous à chercher le sens de cette réponse. Vous pensez à la bouteille d'eau chaude enveloppée de linge que votre femme fait mettre à ses pieds dans les grands froids,— à la bassinoire, surtout!... — à son bonnet, — à son mouchoir, — au papier de ses papillotes, — à l'ourlet de sa chemise, — à sa broderie, — à sa camisole, — à votre foulard, — à l'oreiller, — à la table de nuit, où vous ne trouvez rien de convenable.

Enfin, comme le plus grand bonheur des répondants est de voir leur Œdipe mystifié, que chaque mot donné pour le vrai les jette en des accès de rire, les hommes supérieurs aiment mieux, en ne voyant cadrer aucun mot à toutes les explications, s'avouer vaincus que de dire inutilement trois substantifs. D'après la loi de ce jeu innocent, vous êtes condamné à retourner dans le salon après avoir donné un gage; mais vous êtes si excessivement intrigué par les réponses de votre femme, que vous demandez le mot.

— Mal, vous crie une petite fille.

Vous comprenez tout, moins les réponses de votre femme : elle n'a pas joué le jeu. Madame Deschars, ni aucune des jeunes femmes, n'a compris. On a triché. Vous vous révoltez, il y a émeute de petites filles, de jeunes femmes. On cherche, on s'intrigue. Vous voulez une explication, et chacun partage votre désir.

— Dans quelle acception as-tu donc pris ce mot, ma chère? demandez-vous à Caroline.

— Eh bien, mâle !

Madame Deschars se pince les lèvres et manifeste le plus grand mécontentement ; les jeunes femmes rougissent et baissent les yeux ; les petites filles agrandissent les leurs, se poussent les coudes et ouvrent les oreilles. Vous restez les pieds cloués sur le tapis, et vous avez tant de sel dans la gorge, que vous croyez à une répétition qui délivre Loth de sa femme.

Vous apercevez une vie infernale : le monde est impossible.

Rester chez vous avec cette triomphante bêtise, autant aller au bagne.

AXIOME.

Les supplices moraux surpassent les douleurs physiques de toute la hauteur qui existe entre l'âme et le corps.

Vous renoncez à éclairer votre femme.

Caroline est une seconde édition de Nabuchodonosor, car un jour, de même que la chrysalide royale, elle passera du velu de la bête à la férocité de la pourpre impériale.

## LES ATTENTIONS D'UNE JEUNE FEMME.

Au nombre des délicieuses joyeusetés de la vie de garçon, tout homme compte l'indépendance de son lever. Les fantaisies du réveil compensent les tristesses du coucher. Un garçon se tourne et se retourne dans son lit ; il peut bâiller à faire croire qu'il se commet des meurtres, crier à faire croire qu'il se commet des joies excessives. Il peut manquer à ses serments de la veille, laisser brûler son feu allumé dans sa cheminée et sa bougie dans les bobèches, enfin, se rendormir malgré des travaux pressés. Il peut maudire ses bottes prêtes qui lui tendent leurs bouches noires et qui hérissent leurs oreilles, ne pas voir les crochets d'acier qui brillent éclairés par un rayon de soleil filtré à travers les rideaux, se refuser aux réquisitions sonores de la pendule obstinée, s'enfoncer dans sa ruelle en se disant : — Hier, oui, hier c'était bien pressé, mais aujourd'hui, ce ne l'est plus. HIER est un fou, AUJOURD'HUI est le sage ; il existe entre eux deux la nuit qui porte conseil, la nuit qui éclaire... Je devrais y aller, je devrais faire, j'ai promis... Je suis un lâche... mais comment résister aux ouates de mon lit? J'ai les pieds mous, je dois être malade, je suis trop heureux... Je veux revoir les horizons impossibles de mon rêve, et mes femmes sans talons, et ces figures ailées et ces natures complaisantes. Enfin, j'ai trouvé le grain de sel à mettre sur la queue de cet oiseau qui s'envolait toujours. Cette coquette a les pieds pris dans la glu, je la tiens...

Votre domestique lit vos journaux, il entr'ouvre vos lettres, il vous laisse tranquille. Et vous vous rendormez bercé par le bruit vague des premières voitures. Ces terribles, ces pétulantes, ces vives voitures chargées de viande, ces charrettes à mamelles de fer-blanc pleines de lait, et qui font des tapages infernaux, qui brisent les pavés, elles roulent sur du coton, elles vous rappellent vaguement l'orchestre de Napoléon Musard. Quand votre maison tremble dans ses membres et s'agite sur sa quille, vous vous croyez comme un marin bercé par le zéphyr.

Toutes ces joies, vous seul les faites finir en jetant votre foulard comme on tortille sa serviette après le dîner, en vous dressant sur votre... ah! cela s'appelle *votre séant*. Et vous vous grondez vous-même en vous disant quelque dureté, comme : — Ah! ventrebleu! il faut se lever. — Chasseur diligent, — mon ami, qui veut faire fortune doit se lever matin, — tu es un drôle, un paresseux.

Vous restez sur ce temps. Vous regardez votre chambre, vous rassemblez vos idées. Enfin, vous sortez hors du lit, — spontanément! — avec courage! — par votre propre vouloir! — Vous allez au feu, vous consultez la plus complaisante de toutes les pendules, vous interjetez des espérances ainsi conçues : — Chose est paresseux, je le trouverai bien encore! — Je vais courir. — Je le rattraperai, s'il est sorti. — On m'aura bien attendu. — Il y a un quart d'heure de grâce dans tous les rendez-vous, même entre débiteur et créancier.

Vous mettez vos bottes avec fureur, vous vous habillez comme quand vous avez peur d'être surpris peu vêtu, vous avez les plaisirs de la hâte, vous interpellez vos boutons; enfin, vous sortez comme un vainqueur, sifflotant, brandissant votre canne, secouant les oreilles, galopant.

— Après tout, dites-vous, vous n'avez de compte à rendre à personne, vous êtes votre maître!

Toi, pauvre homme marié, tu as fait la sottise de dire à ta

femme : — Ma bonne, demain... (quelquefois elle le sait deux ours à l'avance), je dois me lever de grand matin. Malheureux Adolphe, vous avez surtout prouvé la gravité de ce rendez-vous :
— Il s'agit de... et de... et encore de..., enfin de...

Deux heures avant le jour, Caroline vous réveille tout doucement, et vous dit tout doucement :

— Mon ami, mon ami!...

— Quoi? le feu, le...

— Non, dors, je me suis trompée, l'aiguille était là, tiens! n'est que quatre heures, tu as encore deux heures à dormir.

Dire à un homme : Vous n'avez plus que deux heures à dormir, n'est-ce pas, en petit, comme quand on dit à un criminel : Il est cinq heures du matin, ce sera pour sept heures et demie? Ce sommeil est troublé par une pensée grise, ailée qui vient se cogner aux vitres de votre cervelle, à la façon des chauves-souris.

Une femme est alors exacte comme un démon venant réclamer une âme qui lui a été vendue. Quand cinq heures sonnent, la voix de votre femme, hélas! trop connue, résonne dans votre oreille ; elle accompagne le timbre, et vous dit avec une atroce douceur : — Adolphe, voilà cinq heures, lève-toi, mon ami.

— Ouhouhi... ououhoin...

— Adolphe, tu manqueras ton affaire, c'est toi-même qui l'as dit.

— Ououhouin, ouhouhi... Vous vous roulez la tête avec désespoir.

— Allons, mon ami, je t'ai tout apprêté hier... Mon chat, tu dois partir; veux-tu manquer le rendez-vous? Allons donc, lève-toi donc, Adolphe! va-t'en. Voilà le jour.

Caroline se lève en rejetant les couvertures : elle tient à vous montrer qu'elle peut se lever, sans barguigner. Elle va ouvrir les volets, elle introduit le soleil, l'air du matin, le bruit de la rue. Elle revient.

— Mais, mon ami, lève-toi donc! Qui jamais aurait pu te croire sans caractère? Oh! les hommes!... Moi, je ne suis qu'une femme, mais ce que je dis est fait.

Vous vous levez en grommelant, en maudissant le sacrement du mariage. Vous n'avez pas le moindre mérite dans votre héroïsme ; ce n'est pas vous, mais votre femme qui s'est levée. Caroline vous trouve tout ce qu'il vous faut avec une promptitude désespérante; elle prévoit tout, elle vous donne un cache-nez en hiver, une chemise de batiste à raies bleues en été, vous êtes traité comme un enfant ; vous dormez encore, elle vous habille, elle se donne tout le mal ; vous êtes jeté hors de chez vous. Sans elle tout irait mal ! Elle vous rappelle pour vous faire prendre un papier, un portefeuille. Vous ne songez à rien, elle songe à tout !

Vous revenez cinq heures après, pour le déjeuner, entre onze heures et midi. La femme de chambre est sur la porte, dans l'escalier, sur le carré, causant avec quelque valet de chambre ; elle se sauve en vous entendant ou vous apercevant. Votre domestique met le couvert sans se presser, il regarde par la croisée, il flâne, il va et vient en homme qui sait avoir son temps à lui. Vous demandez où est votre femme, vous la croyez sur pied.

— Madame est encore au lit, dit la femme de chambre.

Vous trouvez votre femme languissante, paresseuse, fatiguée, endormie. Elle avait veillé toute la nuit pour vous éveiller, elle s'est recouchée, elle a faim.

Vous êtes cause de tous les dérangements. Si le déjeuner n'est pas prêt, elle en accuse votre départ. Si elle n'est pas habillée, si tout est en désordre, c'est votre faute. A tout ce qui ne va pas, elle répond : — Il a fallu te faire lever si matin ! Monsieur s'est levé si matin ! est la raison universelle. Elle vous fait coucher de bonne heure, parce que vous vous êtes levé matin. Elle ne peut rien faire de la journée, parce que vous vous êtes levé matin.

Dix-huit mois après, elle vous dit encore : — Sans moi, tu ne te lèverais jamais. A ses amies, elle dit : — Monsieur se lever !... Oh ! sans moi, si je n'étais pas là, jamais il ne se lèverait.

Un homme dont la tête grisonne lui dit : — Cela fait votre éloge, Madame. Cette critique, un peu leste, met un terme à ses vanteries.

Cette petite misère, répétée deux ou trois fois, vous apprend à vivre seul au sein de votre ménage, à n'y pas tout dire, à ne vous confier qu'à vous-même ; il vous paraît souvent douteux que les avantages du lit nuptial en surpassent les inconvénients.

## LES TAQUINAGES.

Vous avez passé de l'allégro sautillant du célibataire au grave andante du père de famille.

Au lieu de ce joli cheval anglais cabriolant, piaffant entre les brancards vernis d'un tilbury léger comme votre cœur, et mouvant sa croupe luisante sous le quadruple lacis des rênes et des guides que vous savez manier, avec quelle grâce et quelle élégance, les Champs-Élysées le savent! vous conduisez un bon gros cheval normand à l'allure douce.

Vous avez appris la patience paternelle, et vous ne manquez pas d'occasion de le prouver. Aussi votre figure est-elle sérieuse.

A côté de vous, se trouve un domestique évidemment à deux fins, comme est la voiture. Cette voiture à quatre roues, et montée sur des ressorts anglais, a du ventre, et ressemble à un bateau rouennais; elle a des vitrages, une infinité de mécanismes économiques. Calèche dans les beaux jours, elle doit être un coupé les jours de pluie. Légère en apparence, elle est alourdie par six personnes et fatigue votre unique cheval.

Au fond, se trouvent étalées comme des fleurs votre jeune femme épanouie, et sa mère, grosse rose trémière à beaucoup de feuilles. Ces deux fleurs de la gent femelle gazouillent et parlent de vous, tandis que le bruit des roues et votre attention de cocher, mêlés à votre défiance paternelle, vous empêchent d'entendre le discours.

Sur le devant, il y a une jolie bonne proprette qui tient sur ses genoux une petite fille; à côté brille un garçon en chemise rouge plissée qui se penche hors de la voiture, veut grimper sur les coussins, et s'est attiré mille fois des paroles qu'il sait être purement comminatoires, le : — Sois donc sage, Adolphe, ou : — Je ne vous emmène plus, Monsieur! — de toutes les mamans.

La maman est en secret superlativement ennuyée de ce garçon tapageur; elle s'est irritée vingt fois, et vingt fois le visage de la petite fille endormie l'a calmée.

— Je suis mère, s'est-elle dit. Et elle a fini par maintenir son petit Adolphe.

Vous avez exécuté la triomphante idée de promener votre famille. Vous êtes parti le matin de votre maison, où les ménages mitoyens se sont mis aux fenêtres en enviant le privilége que vous donne votre fortune d'aller aux champs et d'en revenir sans subir les voitures publiques. Or, vous avez traîné l'infortuné cheval normand à Vincennes à travers tout Paris, de Vincennes à Saint-Maur, de Saint-Maur à Charenton, de Charenton en face de je ne s···s quelle île qui a semblé plus jolie à votre femme et à votre belle-mère que tous les paysages au sein desquels vous les avez menées.

— Allons à Maisons !... s'est-on écrié.

Vous êtes allé à Maisons, près d'Alfort. Vous revenez par la rive gauche de la Seine, au milieu d'un nuage de poussière olympique très-noirâtre. Le cheval tire péniblement votre famille ; hélas ! vous n'avez plus aucun amour-propre, en lui voyant les flancs rentrés, et deux os saillants aux deux côtés du ventre ; son poil est moutonné par la sueur sortie et séchée à plusieurs reprises, qui, non moins que la poussière, a gommé, collé, hirsuté le poil de sa robe. Le cheval ressemble à un hérisson en colère, vous avez peur qu'il ne soit fourbu, vous le caressez du fouet avec une espèce de mélancolie qu'il comprend, car il agite la tête comme un cheval de coucou, fatigué de sa déplorable existence.

Vous y tenez, à ce cheval, il est excellent ; il a coûté douze cents francs. Quand on a l'honneur d'être père de famille, on tient à douze cents francs autant que vous tenez à ce cheval. Vous apercevez le chiffre effrayant des dépenses extraordinaires dans le cas où il faudrait faire reposer Coco. Vous prendrez pendant deux jours des cabriolets de place pour vos affaires. Votre femme fera la moue de ne pouvoir sortir ; elle sortira, et prendra un remise. Le cheval donnera lieu à des extra que vous trouverez sur le mémoire de votre unique palefrenier, un palefrenier unique, et que vous surveillez comme toutes les choses uniques.

Ces pensées, vous les exprimez dans le mouvement doux par lequel vous laissez tomber le fouet le long des côtes de l'animal engagé dans la poudre noire qui sable la route devant la Verrerie.

En ce moment, le petit Adolphe, qui ne sait que faire dans cette boîte roulante, s'est tortillé, s'est attristé dans son coin, et sa grand'-mère inquiète lui a demandé :

— Qu'as-tu ?

— J'ai faim, a répondu l'enfant.

— Il a faim, a dit la mère à sa fille.

— Et comment n'aurait-il pas faim ? il est cinq heures et demie, nous ne sommes seulement pas à la barrière, et nous sommes partis depuis deux heures !

— Ton mari aurait pu nous faire dîner à la campagne.

Il aime mieux faire faire deux lieues de plus à son cheval et revenir à la maison.

— La cuisinière aurait eu son dimanche. Mais Adolphe a raison, après tout. C'est une économie que de dîner chez soi, répond la belle-mère.

— Adolphe, s'écrie votre femme, stimulée par le mot économie, nous allons si lentement que je vais avoir le mal de mer, et vous nous menez ainsi précisément dans cette poussière noire. A quoi pensez-vous? ma robe et mon chapeau seront perdus.

— Aimes-tu mieux que nous perdions le cheval? demandez-vous en croyant avoir répondu péremptoirement.

— Il ne s'agit pas de ton cheval, mais de ton enfant qui se meurt de faim : voilà sept heures qu'il n'a rien pris. Fouette donc ton cheval! En vérité, ne dirait-on pas que tu tiens plus à ta rosse qu'à ton enfant?

Vous n'osez pas donner un seul coup de fouet au cheval, il aurait peut-être encore assez de vigueur pour s'emporter et prendre le galop.

— Non, Adolphe tient à me contrarier, il va plus lentement, dit la jeune femme à sa mère. Va, mon ami, va comme tu voudras. Et puis, tu diras que je suis dépensière en me voyant acheter un autre chapeau.

Vous dites alors des paroles perdues dans le bruit des roues.

— Mais quand tu me répondras par des raisons qui n'ont pas le sens commun, crie Caroline.

Vous parlez toujours en tournant la tête vers la voiture et la retournant vers le cheval, afin de ne pas faire de malheur.

— Bon! accroche! verse-nous, tu seras débarrassé de nous. Enfin, Adolphe, ton fils meurt de faim, il est tout pâle!...

— Cependant, Caroline, dit la belle-mère, il fait ce qu'il peut...

Rien ne vous impatiente comme d'être protégé par votre belle-mère. Elle est hypocrite, elle est enchantée de vous voir aux prises avec sa fille ; elle jette, tout doucement et avec des précautions infinies, de l'huile sur le feu.

Quand vous arrivez à la barrière, votre femme est muette, elle ne dit plus rien, elle tient ses bras croisés, elle ne veut pas vous regarder. Vous n'avez ni âme, ni cœur, ni sentiment. Il n'y a que vous pour inventer de pareilles parties de plaisir. Si vous avez le malheur de rappeler à Caroline que c'est elle qui, le matin, a exigé

LA BELLE-MÈRE

Elle jette, tout doucement et avec des précautions infinies,
de l'huile sur le feu.

(VIE CONJUGALE.)

cette partie au nom de ses enfants et de sa nourriture (elle nourrit sa petite), vous serez accablé sous une avalanche de phrases froides et piquantes.

Aussi acceptez-vous tout *pour ne pas aigrir le lait d'une femme qui nourrit, et à laquelle il faut passer quelques petites choses*, vous dit à l'oreille votre atroce belle-mère

Vous avez au cœur toutes les furies d'Oreste.

A ces mots sacramentels dits par l'Octroi : — *Vous n'avez rien à déclarer ?..*

— Je déclare, dit votre femme, beaucoup de mauvaise humeur et de poussière.

Elle rit, l'employé rit, il vous prend envie de verser votre famille dans la Seine.

Pour votre malheur, vous vous souvenez de la joyeuse et perverse fille qui avait un petit chapeau rose et qui frétillait dans votre tilbury quand, six ans auparavant, vous aviez passé par là pour aller manger une matelote. Une idée ! Madame Schontz s'inquiétait bien d'enfants, de son chapeau dont la dentelle a été mise en pièces dans les fourrés ! elle ne s'inquiétait de rien, pas même de sa dignité, car elle indisposa le garde champêtre de Vincennes par la désinvolture de sa danse un peu risquée.

Vous rentrez chez vous, vous avez hâté rageusement votre cheval normand, vous n'avez évité ni l'indisposition de votre animal, ni l'indisposition de votre femme.

Le soir, Caroline a très-peu de lait. Si la petite crie à vous rompre la tête en suçant le sein de sa mère, toute la faute est à vous, qui préférez la santé de votre cheval à celle de votre fils qui mourait de faim, et de votre fille dont le souper a péri dans une discussion où votre femme a raison, *comme toujours !*

— Après tout, dit-elle, les hommes ne sont pas mères.

Vous quittez la chambre, et vous entendez votre belle-mère consolant sa fille par ces terribles paroles : — Ils sont tous égoïstes, calme-toi ; ton père était absolument comme cela.

## LE CONCLUSUM.

Il est huit heures, vous arrivez dans la chambre à coucher de votre femme. Il y a force lumières. La femme de chambre et la cuisinière voltigent. Les meubles sont encombrés de robes essayées, de fleurs rejetées.

Le coiffeur est là, l'artiste par excellence, autorité souveraine, à la fois rien et tout. Vous avez entendu les autres domestiques allant et venant; il y a eu des ordres donnés et repris, des commissions bien ou mal faites. Le désordre est au comble. Cette chambre est un atelier d'où doit sortir une Vénus de salon.

Votre femme veut être la plus belle du bal où vous allez. Est-ce encore pour vous, pour elle seulement, ou pour autrui? Questions graves!

Vous n'y pensez seulement pas.

Vous êtes serré, ficelé, harnaché dans vos habits de bal; vous allez à pas comptés, regardant, observant, songeant à parler d'affaires sur un terrain neutre avec un agent de change, un notaire ou un banquier à qui vous ne voudriez pas donner l'avantage d'aller les trouver chez eux.

Un fait bizarre que chacun a pu observer, mais dont les causes sont presque indéterminables, est la répugnance particulière que les hommes habillés et près d'aller en soirée manifestent pour les discussions ou pour répondre à des questions. Au moment du départ, il est peu de maris qui ne soient silencieux et profondément enfoncés dans des réflexions variables selon les caractères. Ceux qui répondent ont des paroles brèves et péremptoires.

En ce moment, les femmes, elles, deviennent excessivement agaçantes, elles vous consultent, elles veulent avoir votre avis sur la manière de dissimuler une queue de rose, de faire tomber une grappe de bruyère, de tourner une écharpe. Il ne s'agit jamais de ces brimborions, mais d'elles-mêmes. Suivant une jolie expression anglaise, elles pêchent les compliments à la ligne, et quelquefois mieux que des compliments.

Un enfant qui sort du collège apercevrait la raison cachée derrière les saules de ces prétextes; mais votre femme vous est si connue, et vous avez tant de fois agréablement badiné sur ses avantages moraux et physiques, que vous avez la cruauté de dire votre avis brièvement, en conscience; et vous forcez alors Caroline d'arriver à ce mot décisif, cruel à dire pour toutes les femmes, même celles qui ont vingt ans de ménage :

— Il paraît que je ne suis pas à ton goût?

Attiré sur le vrai terrain par cette question, vous lui jetez des éloges qui sont pour vous la petite monnaie à laquelle vous tenez le moins, les sous, les liards de votre bourse.

— Cette robe est délicieuse! — Je ne t'ai jamais vue si bien mise. — Le bleu, le rose, le jaune, le ponceau (choisissez) te va à ravir. — La coiffure est très-originale. — En entrant au bal, tout le monde t'admirera. — Non-seulement tu seras la plus belle, mais encore la mieux mise. — Elles enrageront toutes de ne pas avoir ton goût. — La beauté, nous ne la donnons pas; mais le goût est comme l'esprit, une chose dont nous pouvons être fiers...

— Vous trouvez? est-ce sérieusement, Adolphe?

Votre femme coquète avec vous. Elle choisit ce moment pour vous arracher votre prétendue pensée sur telle ou telle de ses amies, et pour vous glisser le prix des belles choses que vous louez. Rien n'est trop cher pour vous plaire. Elle renvoie sa cuisinière.

— Partons, dites-vous.

Elle renvoie la femme de chambre après avoir renvoyé le coiffeur, et se met à tourner devant sa psyché, en vous montrant ses plus glorieuses beautés.

— Partons, dites-vous.

— Vous êtes bien pressé, répond-elle.

Et elle se montre en minaudant, en s'exposant comme un beau fruit magnifiquement dressé dans l'étalage d'un marchand de comestibles. Comme vous avez très-bien dîné, vous l'embrassez alors au front, vous ne vous sentez pas en mesure de contre-signer vos opinions. Caroline devient sérieuse.

La voiture est avancée. Toute la maison regarde madame s'en allant; elle est le chef-d'œuvre auquel chacun a mis la main, et tous admirent l'œuvre commune.

Votre femme part enivrée d'elle-même et peu contente de vous. Elle marche glorieusement au bal, comme un tableau chéri, pourléché dans l'atelier, caressé par le peintre, est envoyé dans le vaste bazar du Louvre, à l'Exposition. Votre femme trouve, hélas! cinquante femmes plus belles qu'elle; elles ont inventé des toilettes d'un prix fou, plus ou moins originales; et il arrive pour l'œuvre féminine ce qui arrive au Louvre pour le chef-d'œuvre : la robe de votre femme pâlit auprès d'une autre presque semblable, dont la couleur *plus voyante* écrase la sienne. Caroline n'est rien, elle est à peine remarquée. Quand il y a soixante jolies femmes dans un salon, le sentiment de la beauté se perd, on ne sait plus rien de la beauté. Votre femme devient quelque chose de fort ordinaire. La petite ruse de son sourire perfectionné ne se comprend plus parmi les expressions grandioses, auprès de femmes à regards hautains et hardis. Elle est effacée, elle n'est pas invitée à danser. Elle essaye de se grimer pour jouer le contentement, et comme elle n'est pas contente, elle entend dire : « Madame Adolphe a bien mauvaise mine. » Les femmes lui demandent hypocritement si elle souffre; pourquoi ne pas danser. Elles ont un répertoire de malices couvertes de bonhomie, plaquées de bienveillance à faire damner un saint, à rendre un singe sérieux et à donner froid à un démon.

Vous, innocent, qui jouez, allez et venez, et qui ne voyez pas une des mille piqûres d'épingle par lesquelles on a tatoué l'amour-propre de votre femme, vous arrivez à elle en lui disant à l'oreille :
— Qu'as-tu ?
— Demandez *ma* voiture.

Ce *ma* est l'accomplissement du mariage. Pendant deux ans on a dit *la* voiture de monsieur, *la* voiture, *notre* voiture, et enfin *ma* voiture.

Vous avez une partie engagée, une revanche à donner, de l'argent à regagner.

Ici l'on vous concède, Adolphe, que vous êtes assez fort pour dire oui, disparaître et ne pas demander la voiture.

Vous avez un ami, vous l'envoyez danser avec votre femme, car vous en êtes à un système de concessions qui vous perdra : vous entrevoyez déjà l'utilité d'un ami.

Mais vous finissez par demander la voiture. Votre femme y monte avec une rage sourde, elle se flanque dans son coin, s'emmitoufle dans son capuchon, se croise les bras dans sa pelisse, se met en boule comme une chatte, et ne dit mot.

O maris ! sachez-le, vous pouvez en ce moment tout réparer, tout raccommoder, et jamais l'impétuosité des amants qui se sont caressés par de flamboyants regards pendant toute la soirée n'y manque ! Oui, vous pouvez la ramener triomphante, elle n'a plus que vous, il vous reste une chance, celle de violer votre **femme**. Ah! bah! vous lui dites, vous, imbécile, niais et indifférent : — Qu'as-tu?

AXIOME.

Un mari doit toujours savoir ce qu'a sa femme, car elle sait toujours ce qu'elle n'a pas.

— Froid, dit-elle.

— La soirée a été superbe.

— Ouh! ouh! rien de distingué! l'on a la manie, aujourd'hui, d'inviter tout Paris dans un trou. Il y avait des femmes jusque sur l'escalier; les toilettes s'abîment horriblement, la mienne est perdue.

— On s'est amusé.

— Vous autres, vous jouez et tout est dit. Une fois mariés, vous vous occupez de vos femmes comme les lions s'occupent de peinture.

— Je ne te reconnais plus, tu étais si gaie, si heureuse, si pimpante en arrivant!

— Ah! vous ne nous comprenez jamais. Je vous ai prié de partir, et vous me laissez là, comme si les femmes faisaient jamais quelque chose sans raison. Vous avez de l'esprit, mais dans certains moments vous êtes vraiment singulier, je ne sais à quoi vous pensez...

Une fois sur ce terrain, la querelle s'envenime. Quand vous donnez la main à votre femme pour descendre de voiture, vous tenez une femme de bois; elle vous dit un merci par lequel elle vous met sur la même ligne que son domestique. Vous n'avez pas plus compris votre femme avant qu'après le bal, vous la suivez avec peine, elle ne monte pas l'escalier, elle vole. Il y a brouille complète.

La femme de chambre est enveloppée dans la disgrâce; elle est reçue à coups de *non* et *oui* secs comme des biscottes de Bruxelles, et qu'elle avale en vous regardant de travers.—Monsieur n'en fait jamais d'autres! dit-elle en grommelant.

Vous seul avez pu changer l'humeur de madame. Madame se couche, elle a une revanche à prendre; vous ne l'avez pas comprise. Elle ne vous comprend point. Elle se range dans son coin de la façon la plus déplaisante et la plus hostile : elle est enveloppée dans sa chemise, dans sa camisole, dans son bonnet de nuit, comme un ballot d'horlogerie qui part pour les Grandes-Indes. Elle ne vous dit ni bonsoir, ni bonjour, ni mon ami, ni Adolphe; vous n'existez pas, vous êtes un sac de farine.

Votre Caroline, si agaçante cinq heures auparavant dans cette même chambre où elle frétillait comme une anguille, est du plomb en saumon. Vous seriez le Tropique en personne, à cheval sur l'Équateur, vous ne fondriez pas les glaciers de cette petite Suisse personnifiée qui paraît dormir, et qui vous glacerait de la tête aux pieds, au besoin. Vous lui demanderiez cent fois ce qu'elle a, la Suisse vous répond par un *conclusum*, comme le *vorort* ou comme la conférence de Londres.

Elle n'a rien, elle est fatiguée, elle dort.

Plus vous insistez, plus elle est bastionnée d'ignorance, garnie de chevaux de frise. Quand vous vous impatientez, Caroline a commencé des rêves! Vous grognez, vous êtes perdu.

### AXIOME.

Les femmes, sachant toujours bien expliquer leurs grandeurs, c'est leurs petitesses qu'elles nous laissent à deviner.

Caroline daignera vous dire peut-être aussi qu'elle se sent déjà très-indisposée; mais elle rit dans ses coiffes quand vous dormez, et profère des malédictions sur votre corps endormi.

## LA LOGIQUE DES FEMMES.

Vous croyez avoir épousé une créature douée de raison, vous vous êtes lourdement trompé, mon ami.

### AXIOME.

Les êtres sensibles ne sont pas des êtres sensés.

Le sentiment n'est pas le raisonnement, la raison n'est pas le plaisir, et le plaisir n'est certes pas une raison.

— Oh! monsieur!

Dites: — Ah! Oui, ah! Vous lancerez ce ah! du plus profond de votre caverne thoracique en sortant furieux de chez vous, ou en rentrant dans votre cabinet, abasourdi.

Pourquoi? comment? qui vous a vaincu, tué, renversé? La logique de votre femme, qui n'est pas la logique d'Aristote, ni celle de Ramus, ni celle de Kant, ni celle de Condillac, ni celle de Robespierre, ni celle de Napoléon ; mais qui tient de toutes logiques, et qu'il faut appeler la logique de toutes les femmes, la logique des femmes anglaises comme celle des Italiennes, des Normandes et des Bretonnes (oh! celles-ci sont invaincues), des Parisiennes, enfin des femmes de la lune, s'il y a des femmes dans ce pays nocturne avec lequel les femmes de la terre s'entendent évidemment, anges qu'elles sont!

La discussion s'est engagée après le déjeuner. Les discussions ne peuvent jamais avoir lieu qu'en ce moment dans les ménages.

Un homme, quand il le voudrait, ne saurait discuter au lit avec sa femme : elle a trop d'avantages contre lui, et peut trop facilement le réduire au silence. En quittant le lit conjugal où il se trouve une jolie femme, on a faim, quand on est jeune. Le déjeuner est un repas assez gai, la gaîté n'est pas raisonneuse. Bref, vous n'entamez l'affaire qu'après avoir pris votre café à la crème ou votre thé.

Vous avez mis dans votre tête d'envoyer, par exemple, votre enfant au collége. Les pères sont tous hypocrites, et ne veulent jamais avouer que leur sang les gêne beaucoup quand il court sur ses deux jambes, porte sur tout ses mains hardies, et frétille comme un têtard dans la maison. Votre enfant jappe, miaule et piaule ; il casse, brise ou salit les meubles, et les meubles sont chers ; il fait sabre de tout, il égare vos papiers, il emploie à ses cocottes le journal que vous n'avez pas encore lu.

La mère lui dit : — Prends! à tout ce qui est à vous ; mais elle dit : — Prends garde! à tout ce qui est à elle.

La rusée bat monnaie avec vos affaires pour avoir sa tranquillité. Sa mauvaise foi de bonne mère est à l'abri derrière son enfant, l'enfant est son complice. Tous deux s'entendent contre vous comme Robert Macaire et Bertrand contre un actionnaire. L'enfant est une hache avec laquelle on fourrage tout chez vous. L'enfant va triomphalement ou sournoisement à la maraude dans votre garde-robe; il paraît caparaçonné de caleçons sales, il met au jour des choses condamnées aux gémonies de la toilette. Il apporte à une amie que vous cultivez, à l'élégante madame de Fischtaminel, des ceintures à comprimer le ventre, des bouts de bâtons à cirer les moustaches, de vieux gilets déteints aux entournures, des chaussettes légèrement noircies aux talons et jaunies dans les bouts. Comment faire observer que ces maculatures sont un effet du cuir ?

Votre femme rit en regardant votre amie, et vous n'osez pas vous fâcher ; vous riez aussi, mais quel rire ! les malheureux le connaissent.

Cet enfant vous cause, en outre, des peurs chaudes quand vos rasoirs ne sont plus à leur place. Si vous vous fâchez, le petit drôle sourit et vous montre deux rangées de perles; si vous le grondez, il pleure. Accourt la mère ! et quelle mère ! une mère qui va vous haïr si vous ne cédez pas. Il n'y a pas de *mezzo termine* avec les femmes : on est un monstre, ou le meilleur des pères.

Dans certains moments, vous concevez Hérode et ses fameuses ordonnances sur le massacre des innocents, qui n'ont été surpassées que par celles du bon Charles X !

Votre femme est revenue sur son sofa, vous vous promenez, vous vous arrêtez, et vous posez nettement la question par cette phrase interjective :

— Décidément, Caroline, nous mettrons Charles en pension.

— Charles ne peut pas aller en pension, dit-elle d'un petit ton doux.

— Charles a six ans, l'âge auquel commence l'éducation des hommes.

— A sept ans, d'abord, répond-elle. Les princes ne sont remis par leur gouvernante au gouverneur, qu'à sept ans. Voilà la loi et les prophètes. Je ne vois pas pourquoi l'on n'appliquerait pas aux enfants des bourgeois les lois suivies pour les enfants des princes. Ton enfant est-il plus avancé que les leurs ? Le roi de Rome...

— Le roi de Rome n'est pas une autorité.

— Le roi de Rome n'est pas le fils de l'Empereur ?... (Elle détourne la discussion.) En voilà bien d'une autre ! Ne vas-tu pas accuser l'impératrice ? elle a été accouchée par le docteur Dubois, en présence de...

— Je ne te dis pas cela...

— Tu ne me laisses jamais finir, Adolphe.

— Je te dis que le roi de Rome... (ici vous commencez à élever la voix), le roi de Rome, qui avait à peine quatre ans lorsqu'il a quitté la France, ne saurait servir d'exemple.

— Cela n'empêche pas que le duc de Bordeaux n'ait été remis à sept ans à M. le duc de Rivière, son gouverneur. (Effet de logique.)

— Pour le duc de Bordeaux, c'est différent...

— Tu conviens donc alors qu'on ne peut pas mettre un enfant au collége avant l'âge de sept ans? dit-elle avec emphase. (Autre effet.)

— Je ne dis pas cela du tout, ma chère amie. Il y a bien de la différence entre l'éducation publique et l'éducation particulière.

— C'est bien pour cela que je ne veux pas mettre encore Charles au collége, il faut être encore plus fort qu'il ne l'est pour y entrer.

— Charles est très-fort pour son âge.

— Charles?... oh! les hommes! Mais Charles est d'une constitution très-faible, il tient de vous. (Le *vous* commence.) Si vous voulez vous défaire de votre fils, vous n'avez qu'à le mettre au collége... Mais il y a déjà quelque temps que je m'aperçois bien que cet enfant vous ennuie.

— Allons! mon enfant m'ennuie, à présent; te voilà bien! Nous sommes responsables de nos enfants envers eux-mêmes! il faut enfin commencer l'éducation de Charles; il prend ici les plus mauvaises habitudes; il n'obéit à personne; il se croit le maître de tout; il donne des coups et personne ne lui en rend. Il doit se trouver avec des égaux, autrement il aura le plus détestable caractère.

— Merci; j'élève donc mal mon enfant?

— Je ne dis pas cela; mais vous aurez toujours d'excellentes raisons pour le garder.

Ici le *vous* s'échange, et la discussion acquiert un ton aigre de part et d'autre. Votre femme veut bien vous affliger du *vous*, mais elle se blesse de la réciprocité.

— Enfin, voilà votre mot! vous voulez m'ôter mon enfant, vous vous apercevez qu'il est entre nous, vous êtes jaloux de votre enfant, vous voulez me tyranniser à votre aise, et vous sacrifiez votre fils! Oh! j'ai bien assez d'esprit pour vous comprendre.

— Mais vous faites de moi Abraham tenant son couteau! Ne dirait-on pas qu'il n'y a pas de colléges? Les colléges sont vides, personne ne met ses enfants au collége.

— Vous voulez me rendre aussi par trop ridicule, reprend-

elle. Je sais bien qu'il y a des colléges, mais on ne met pas des
garçons au collége à six ans, et Charles n'ira pas au collége.

— Mais, ma chère amie, ne t'emporte pas.

— Comme si je m'emportais jamais ! Je suis femme et sais souffrir.

— Raisonnons.

— Oui, c'est assez déraisonner.

— Il est temps d'apprendre à lire et à écrire à Charles ; plus
tard, il éprouverait des difficultés qui le rebuteraient.

Ici, vous parlez pendant dix minutes sans aucune interruption,
et vous finissez par un : — Eh bien ? armé d'une accentuation
qui figure un point interrogant extrêmement crochu.

— Eh bien ! dit-elle, il n'est pas encore temps de mettre Charles au collége.

Il n'y a rien de gagné.

— Mais, ma chère, cependant M. Deschars a mis son petit
Jules au collége à six ans. Viens voir des colléges, tu y trouveras
énormément d'enfants de six ans.

Vous parlez encore dix minutes sans aucune interruption, et
quand vous jetez un autre :

— Eh bien ?

— Le petit Deschars est revenu avec des engelures, répond-elle.

— Mais Charles a des engelures ici.

— Jamais, dit-elle d'un air superbe.

La question se trouve, après un quart d'heure, arrêtée par une
discussion accessoire sur : « Charles a-t-il eu ou n'a-t-il pas eu
des engelures ? »

Vous vous renvoyez des allégations contradictoires, vous ne vous
croyez plus l'un l'autre, il faut en appeler à des tiers.

AXIOME.

Tout ménage a sa cour de cassation qui ne s'occupe jamais du
fond et qui ne juge que la forme.

La bonne est mandée, elle vient, elle est pour votre femme. Il
acquis à la discussion que Charles n'a jamais eu d'engelures.

aroline vous regarde, elle triomphe et vous dit ces ébourif-
tes paroles : — Tu vois bien qu'il est impossible de mettre
arles au collége.

Vous sortez suffoqué de colère. Il n'y a aucun moyen de prouver
à cette femme qu'il n'existe pas la moindre corrélation entre la

proposition de mettre son enfant au collége et la chance d'avoir ou de ne pas avoir des engelures.

Le soir, devant vingt personnes, après le dîner vous entendez cette atroce créature finissant avec une femme sa longue conversation par ces mots : — Il voulait mettre Charles au collége, mais il a bien vu qu'il fallait encore attendre.

Quelques maris, dans ces sortes de circonstances, éclatent devant tout le monde, ils se font minotauriser six semaines après; mais ils gagnent ceci, que Charles est mis au collége le jour où il lui échappe une indiscrétion. D'autres cassent des porcelaines en se livrant à une rage intérieure. Les gens habiles ne disent rien et attendent.

La logique de la femme se déploie ainsi dans les moindres faits, à propos d'une promenade et d'un meuble à placer, d'un déménagement. Cette logique, d'une simplicité remarquable, consiste à ne jamais exprimer qu'une seule idée, celle qui formule leur volonté. Comme toutes les choses de la nature femelle, ce système peut se résoudre par ces deux termes algébriques : Oui. — Non. Il y a aussi quelques hochements de tête qui remplacent tout.

---

## JÉSUITISME DES FEMMES.

Le jésuite, le plus jésuite des jésuites est encore mille fois moins jésuite que la femme la moins jésuite, jugez combien les femmes sont jésuites! Elles sont si jésuites, que le plus fin des jésuites lui-même, ne devinerait pas à quel point une femme est jésuite, car il y a mille manières d'être jésuite, et la femme est si habile jésuite qu'elle a le talent d'être jésuite sans avoir l'air jésuite. On prouve à un jésuite, rarement, mais on lui prouve quelquefois qu'il est jésuite; essayez donc de démontrer à une femme qu'elle agit ou parle en jésuite; elle se ferait hacher avant d'avouer qu'elle est jésuite.

Elle, jésuite! elle, la loyauté, la délicatesse même! Elle, jésuite! Mais qu'entend-on par : Être jésuite? Connaît-elle ce que c'est que d'être jésuite? Qu'est-ce que les jésuites? Elle n'a jamais vu ni entendu de jésuites. « C'est vous qui êtes un jésuite!... » et elle vous le démontre en expliquant jésuitiquement que vous êtes un subtil jésuite.

Voici un des mille exemples du jésuitisme de la femme, et cet exemple constitue la plus horrible des petites misères de la vie conjugale, elle en est peut-être la plus grande.

Poussé par les désirs mille fois exprimés, mille fois répétés de aroline, qui se plaignait d'aller à pied ; ou de ne pas pouvoir mplacer assez souvent son chapeau, son ombrelle, sa robe, quoi que ce soit de sa toilette ;

De ne pas pouvoir mettre son enfant en matelot, — en lancier, — en artilleur de la garde nationale, — en Écossais, les jambes nues, avec une toque à plumes, — en jaquette, — en redingote, — en sarrau de velours, — en bottes, — en pantalon ; de ne pas pouvoir lui acheter assez de joujoux, des souris qui trottent toutes seules, — de petits ménages complets, etc. ;

Ou rendre à madame Deschars ni à madame de Fischtaminel leurs politesses : — un bal, — une soirée, — un dîner ; ou prendre une loge au spectacle, afin de ne plus se placer ignoblement aux galeries entre des hommes trop galants, ou grossiers à demi; d'avoir à chercher un fiacre à la sortie du spectacle :

— Tu crois faire une économie, tu te trompes, vous dit-elle ; les hommes sont tous les mêmes ! Je gâte mes souliers, je gâte mon chapeau, mon châle se mouille, tout se fripe, mes bas de soie sont éclaboussés. Tu économises vingt francs de voiture, — non pas même vingt francs, car tu prends pour quatre francs de fiacre, — seize francs donc ! et tu perds pour cinquante francs de toilette, puis tu souffres dans ton amour-propre en voyant sur ma tête un chapeau fané ; tu ne t'expliques pas pourquoi : c'est tes damnés fiacres. Je ne te parle pas de l'ennui d'être prise et foulée entre les hommes, il paraît que cela t'est indifférent ! »

De ne pouvoir acheter un piano au lieu d'en louer un; ou suivre les modes. (Il y a des femmes qui ont toutes les nouveautés, mais à quel prix?... Elle aimerait mieux se jeter par la croisée que de les imiter, car elle vous aime, elle pleurniche. Elle ne comprend pas ces femmes-là !) De ne pouvoir s'aller promener aux Champs-Élysées, dans sa voiture, mollement couchée, comme madame de Fischtaminel. (En voilà une qui entend la vie ! et qui a un bon mari, et bien appris, et bien discipliné, et heureux ! sa femme passerait dans le feu pour lui !...)

Enfin, battu dans mille scènes conjugales, battu par les raisonnements les plus logiques (feu Tripier, feu Merlin ne sont que des enfants, la misère précédente vous l'a maintes fois prouvé), battu par les caresses les plus chattes, battu par des larmes, battu par vos propres paroles; car, dans ces circonstances, une femme est tapie entre les feuilles de sa maison comme un jaguar; elle n'a pas l'air de vous écouter, de faire attention à vous; mais s'il vous échappe un mot, un geste, un désir, une parole, elle s'en arme, elle l'affile, elle vous l'oppose cent et cent fois... battu par des singeries gracieuses : « Si tu fais cela, je ferai ceci. » Elles deviennent alors plus marchandes que les Juifs, les Grecs (de ceux qui vendent des parfums et des petites filles), les Arabes (de ceux qui vendent des petits garçons et des chevaux), plus marchandes que les Suisses, les Génevois, les banquiers, et, ce qui est pis que tout cela, que les Génois!

Enfin, battu comme on est battu, vous vous déterminez à risquer, dans une entreprise, une certaine portion de votre capital. Un soir, entre chien et loup, côte à côte, ou un matin au réveil, pendant que Caroline est là, à moitié éveillée, rose dans ses linges blancs, le visage riant dans ses dentelles, vous lui dites : — Tu veux ceci! Tu veux cela! Tu m'as dit ceci! Tu m'as dit cela!... Enfin, vous énumérez, en un instant, les innombrables fantaisies par lesquelles elle vous a maintes et maintes fois crevé le cœur, car il n'y a rien de plus affreux que de ne pouvoir satisfaire le désir d'une femme aimée! et vous terminez en disant :

— Eh bien! ma chère amie, il se présente une occasion de quintupler cent mille francs, et je suis décidé à faire cette affaire.

Elle se réveille, elle se dresse sur ce qu'on est convenu d'appeler *son séant*, elle vous embrasse, oh! la... bien!

— Tu es gentil, est son premier mot.

Ne parlons pas du dernier : c'est une énorme et indicible onomatopée assez confuse.

— Maintenant, dit-elle, explique-moi ton affaire!

Et vous tâchez d'expliquer l'affaire. D'abord, les femmes ne comprennent aucune affaire, elles ne veulent pas paraître les comprendre; elles les comprennent, où, quand, comment? elles doivent les comprendre, à leur temps, — dans la saison, — à leur fantaisie. Votre chère créature, Caroline, ravie, dit que vous avez eu tort de prendre au sérieux ses désirs, ses gémissements, ses envies de toilettes. Elle a peur de cette affaire, elle s'effarouche des gérants, des actions, et surtout du fonds de roulement, le dividende n'est pas clair...

### AXIOME.

Les femmes ont toujours peur de ce qui se partage.

Enfin, Caroline craint des piéges; mais elle est enchantée de savoir qu'elle peut avoir sa voiture, sa loge, les habits variés de son enfant, etc. Tout en vous détournant de l'affaire, elle est visiblement heureuse de vous voir y mettant vos capitaux.

Première époque. — Oh! ma chère, je suis la plus heureuse femme de la terre; Adolphe vient de se lancer dans une magnifique affaire. Je vais avoir un équipage, oh! bien plus beau que celui de madame de Fischtaminel : le sien est passé de mode ; le mien aura des rideaux à franges... Mes chevaux seront gris de souris, les siens sont des alezans, communs comme des pièces de six liards.

— Madame, cette affaire est donc?...

— Oh! superbe, les actions doivent monter; il me l'a expliquée avant de s'y jeter : car Adolphe! Adolphe ne fait rien sans prendre conseil de moi...

— Vous êtes bien heureuse.

— Le mariage n'est pas tolérable sans une confiance absolue, et Adolphe me dit tout.

Vous êtes, vous ou toi, Adolphe, le meilleur mari de Paris, un homme adorable, un génie, un cœur, un ange. Aussi êtes-vous choyé à en être incommodé. Vous bénissez le mariage. Caroline vante les hommes, — ces rois de la création! — les femmes sont faites pour eux, — l'homme est généreux, — le mariage est la plus belle institution.

Durant trois mois, six mois, Caroline exécute les concertos, les solos les plus brillants sur cette phrase adorable : — Je serai riche! — j'aurai mille francs par mois pour ma toilette. — Je vais avoir un équipage!...

Il n'est plus question de l'enfant que pour savoir dans quel collége on le mettra.

Deuxième époque. — Eh bien! mon cher ami, où donc en est cette affaire? — Que devient ton affaire? — Et cette affaire qui doit me donner une voiture, etc.?... — Il est bien temps que ton affaire finisse!... — Quand se terminera l'affaire? — Elle est bien longtemps à se taire, cette affaire-là. — Quand l'affaire sera-t-elle finie? — Les actions montent-elles? — Il n'y a que toi pour trouver des affaires qui ne se terminent pas.

Un jour, elle vous demande : — Y a-t-il une affaire?

Si vous venez à parler de l'affaire, au bout de huit à dix mo elle répond :

— Ah! cette affaire!... Mais il y a donc vraiment une affaire

Cette femme, que vous avez crue sotte, commence à montrer incroyablement d'esprit quand il s'agit de se moquer de vous. Pendant cette période, Caroline garde un silence compromettant quand on parle de vous. Ou elle dit du mal des hommes en général : — Les hommes ne sont pas ce qu'ils paraissent être : on ne les connaît qu'à l'user. — Le mariage a du bon et du mauvais. — Les hommes ne savent rien finir.

TROISIÈME ÉPOQUE. — *Catastrophe.* — Cette magnifique entreprise qui devait donner cinq capitaux pour un, à laquelle ont participé les gens les plus défiants, les gens les plus instruits, des pairs et des députés, des banquiers, — tous chevaliers de la Légion d'honneur, — cette affaire est en liquidation! les plus hardis espèrent dix pour cent de leurs capitaux. Vous êtes triste.

Caroline vous a souvent dit : — Adolphe, qu'as-tu? — Adolphe, tu as quelque chose.

Enfin, vous apprenez à Caroline le fatal résultat; elle commence par vous consoler.

— Cent mille francs de perdus! Il faudra maintenant la plus stricte économie, dites-vous imprudemment.

Le jésuitisme de la femme éclate alors sur ce mot économie. Le mot économie met le feu aux poudres.

— Ah! voilà ce que c'est que de faire des affaires! Pourquoi donc, *toi, si prudent*, es-tu donc allé compromettre cent mille francs? J'étais contre l'affaire, souviens-t'en ! *Mais* TU NE M'AS PAS ÉCOUTÉE!...

Sur ce thème, la discussion s'envenime.

— Vous n'êtes bon à rien, — vous êtes incapable, — les femmes seules voient juste. — Nous avez risqué le pain de vos enfants, — elle vous en a dissuadé. — Vous ne pouvez pas dire que ce soit pour elle. Elle n'a, Dieu merci, aucun reproche à se faire. Cent fois par mois elle fait allusion à votre désastre : — Si monsieur n'avait pas jeté ses fonds dans une telle entreprise, je pourrais avoir ceci, cela. Quand tu voudras faire une affaire, une autre fois, tu m'écouteras! Adolphe est atteint et convaincu d'avoir perdu cent mille francs à l'étourdie, sans but, comme un sot, sans avoir consulté sa femme. Caroline dissuade ses amies de se marier. Elle se plaint de l'incapacité des hommes qui dissipent la fortune de leurs femmes. Caroline est vindicative! elle est sotte, elle est atroce! Plaignez Adolphe! Plaignez-vous, ô maris! O garçons, réjouissez-vous!

## SOUVENIRS ET REGRETS.

Marié depuis quelques années, votre amour est devenu si placide, que Caroline essaye quelquefois le soir de vous réveiller par de petits mots piquants. Vous avez je ne sais quoi de calme et de tranquille qui impatiente toutes les femmes légitimes. Les femmes y trouvent une sorte d'insolence ; elles prennent la nonchalance du bonheur pour la fatuité de la certitude, car elles ne pensent jamais au dédain de leurs inestimables valeurs : leur vertu est alors furieuse d'être prise au mot.

Dans cette situation, qui est le fond de la langue de tout mariage, et sur laquelle homme et femme doivent compter, aucun mari n'ose dire que le pâté d'anguille l'ennuie ; mais son appétit a certainement besoin des condiments de la toilette, des pensées de l'absence, des irritations d'une rivalité supposée.

Enfin, vous vous promenez alors très-bien avec votre femme sous le bras, sans serrer le sien contre vos flancs avec la craintive et soigneuse cohésion de l'avare tenant son trésor. Vous regardez, à droite et à gauche, les curiosités sur les boulevards, en gardant votre femme d'un bras lâché et distrait, comme si vous étiez le remorqueur d'un gros bateau normand. Allons, soyez francs, mes amis! si, derrière votre femme, un admirateur la pressait par mégarde ou avec intention, vous n'avez aucune envie de vérifier les motifs du passant ; d'ailleurs, nulle femme ne s'amuse à faire naître une querelle pour si peu de chose. Ce peu de chose, avouons-nous encore ceci, n'est-il pas excessivement flatteur pour l'un comme pour l'autre?

Vous en êtes là, mais vous n'êtes pas allé plus loin. Cependant, vous enterrez au fond de votre cœur et de votre conscience une horrible pensée : Caroline n'a pas répondu à votre attente. Caroline a des défauts qui, par la haute mer de la lune de miel, restaient sous l'eau, et que la marée basse de la lune rousse a découverts. Vous vous êtes heurté souvent à ces écueils, vos espérances y ont échoué plusieurs fois, plusieurs fois vos désirs de jeune homme à marier (où est ce temps!) y ont vu briser leurs embarcations pleines de richesses fantastiques : la fleur des marchandises a péri, le lest du mariage est resté. Enfin, pour se servir d'une locution de la langue parlée, en vous entretenant de votre mariage avec vous-même, vous vous dites, en regardant Caroline : *Ce n'est pas ce que je croyais!*

Un soir, au bal, dans le monde, chez un ami, n'importe où, vous rencontrerez une sublime jeune fille, belle, spirituelle et bonne; une âme, oh! une âme céleste! une beauté merveilleuse! Voilà bien cette coupe inaltérable de figure ovale, ces traits qui doivent résister longtemps à l'action de la vie, ce front gracieux et rêveur. L'inconnue est riche, elle est instruite, elle appartient à une grande famille; partout elle sera bien ce qu'elle doit être, elle saura briller ou s'éclipser; elle offre enfin, dans toute sa gloire et dans toute sa puissance, l'être rêvé, votre femme, celle que vous vous sentez le pouvoir d'aimer toujours ; elle flattera toujours vos vanités, elle entendrait et servirait admirablement vos intérêts. Enfin, elle est tendre et gaie, cette jeune fille qui réveille toutes vos passions nobles! qui allume des désirs éteints!

Vous regardez Caroline avec un sombre désespoir, et voici les fantômes de pensées qui frappent, de leurs ailes de chauve-souris, de leur bec de vautour, de leur corps de phalène, les parois du palais où, comme une lampe d'or, brille votre cervelle, allumée par le Désir.

PREMIÈRE STROPHE. — Ah! pourquoi me suis-je marié? Ah! quelle fatale idée! je me suis laissé prendre à quelques écus! Comment? c'est fini, je ne puis avoir qu'une femme. Ah! les Turcs ont de l'esprit! On voit que l'auteur du Coran a vécu dans le désert!

DEUXIÈME STROPHE. — Ma femme est malade, elle tousse quelquefois le matin. Mon Dieu, s'il est dans les décrets de votre sagesse de retirer Caroline du monde, faites-le promptement pour son bonheur et pour le mien. Cet ange a fait son temps.

Troisième strophe. — Mais je suis un monstre ! Caroline est la mère de mes enfants !

Votre femme revient avec vous en voiture, et vous la trouvez horrible; elle vous parle, vous lui répondez par monosyllabes. Elle vous dit : « Qu'as-tu donc? » Vous lui répondez : « Rien. » Elle tousse, vous l'engagez à voir, dès demain, le docteur. La médecine a ses hasards.

Quatrième strophe. — On m'a dit qu'un médecin, maigrement payé par des héritiers, s'écria très-imprudemment : « Ils me rognent mille écus, et me doivent quarante mille livres de rente! » Oh! je ne regarderais pas aux honoraires, moi!

— Caroline, lui dites-vous à haute voix, il faut prendre garde à toi : croise ton châle, soigne-toi, mon ange aimé.

Votre femme est enchantée de vous, vous paraissez vous intéresser énormément à elle. Pendant le déshabiller de votre femme, vous restez étendu sur la causeuse.

Quand tombe la robe, vous contemplez la divine apparition qui vous ouvre la porte d'ivoire des châteaux en Espagne. Extase ravissante! vous voyez la sublime jeune fille!... Elle est blanche comme la voile du galion qui entre à Cadix chargée de trésors. Elle en a les merveilleux bossoirs qui fascinent le négociant avide. Votre femme, heureuse d'être admirée, s'explique alors votre air taciturne. Cette jeune fille sublime! vous la voyez les yeux fermés; elle domine votre pensée, et vous dites alors :

Cinquième et dernière strophe. — Divine! adorable! Existe-t-il deux femmes pareilles? Rose des nuits! Tour d'ivoire! Vierge céleste! Étoile du soir et du matin!

Chacun a ses petites litanies, vous en avez dit quatre.

Le lendemain, votre femme est ravissante, elle ne tousse plus, elle n'a pas besoin de docteur; si elle crève, elle crèvera de santé, vous l'avez maudite quatre fois au nom de la jeune fille, et quatre fois elle vous a béni. Caroline ne sait pas qu'il frétillait, au fond de votre cœur, un petit poisson rouge de la nature des crocodiles, enfermé dans l'amour conjugal comme l'autre dans un bocal, mais sans coquillages.

Quelques jours auparavant, votre femme avait parlé de vous, en termes assez équivoques, à madame de Fischtaminel; votre belle amie vient la voir, et Caroline vous compromet alors par des regards mouillés et longtemps arrêtés; elle vous vante, elle se trouve heureuse.

Vous sortez furieux, vous enragez, et vous êtes heureux de rencontrer un ami sur le boulevard, pour y exhaler votre bile.

— Mon ami, ne te marie jamais ! Il vaut mieux voir tes héritiers emportant tes meubles pendant que tu râles, il vaut mieux rester deux heures sans boire, à l'agonie, assassiné de paroles testamentaires par une garde-malade comme celle que Henri Monnier met si cruellement en scène dans sa terrible peinture des derniers moments d'un célibataire ! Ne te marie sous aucun prétexte !

Heureusement vous ne revoyez plus la sublime jeune fille ! Vous êtes sauvé de l'enfer où vous conduisaient de criminelles pensées, vous retombez dans le purgatoire de votre bonheur conjugal; mais vous commencez à faire attention à madame de Fischtaminel, que vous avez adorée sans pouvoir arriver jusqu'à elle quand vous étiez garçon.

## OBSERVATION.

Arrivé à cette hauteur dans la latitude ou la longitude de l'océan conjugal, il se déclare un petit mal chronique, intermittent, assez semblable à des rages de dents... Vous m'arrêtez, je le vois, pour me dire : — « Comment relève-t-on la hauteur dans cette mer? Quand un mari peut-il se savoir à ce point nautique; et peut-on en éviter les écueils? »

On se trouve là, comprenez-vous? aussi bien après dix mois de mariage qu'après dix ans : c'est selon la marche du vaisseau, selon sa voilure, selon la mousson, la force des courants, et surtout selon la composition de l'équipage. Eh bien, il y a cet avantage que les marins n'ont qu'une manière de prendre le point, tandis que les maris en ont mille de trouver le leur.

Exemples. Caroline, votre ex-biche, votre ex-trésor, devenue tout bonnement votre femme, s'appuie beaucoup trop sur votre bras en se promenant sur le Boulevard, ou trouve beaucoup plus distingué de ne plus vous donner le bras;

Ou elle voit des hommes plus ou moins jeunes, plus ou moins bien mis, quand autrefois elle ne voyait personne, même quand le

Boulevard était noir de chapeaux et battu par plus de bottes que de bottines ;

Ou, quand vous rentrez, elle dit : « — Ce n'est rien, c'est Monsieur ! » au lieu de : « — Ah ! c'est Adolphe ! » qu'elle disait avec un geste, un regard, un accent qui faisaient penser à ceux qui l'admiraient : Enfin, en voilà une heureuse ! (Cette exclamation d'une femme implique deux temps : celui pendant lequel elle est sincère, celui pendant lequel elle est hypocrite avec : « — Ah ! c'est Adolphe. » Quand elle s'écrie : « — Ce n'est rien, c'est Monsieur ! » elle ne daigne plus jouer la comédie.)

Ou, si vous revenez un peu tard (onze heures, minuit), elle... ronfle !!! odieux indice !

Ou, elle met ses bas devant vous... (Dans le mariage anglais, ceci n'arrive qu'une seule fois dans la vie conjugale d'une lady ; le lendemain, elle part pour le continent avec un *captain* quelconque, et ne pense plus à mettre ses bas.)

Ou... mais restons-en là.

Ceci s'adresse à des marins ou maris familiarisés avec LA CONNAISSANCE DES TEMPS.

## LE TAON CONJUGAL.

Eh bien ! sous cette ligne voisine d'un signe tropical sur le nom duquel le bon goût interdit de faire une plaisanterie vulgaire et indigne de ce spirituel ouvrage, il se déclare une horrible petite misère ingénieusement appelée le Taon Conjugal, de tous les cousins, moustiques, taracanes, puces et scorpions, le plus impatientant, en ce qu'aucune moustiquaire n'a pu être inventée pour s'en préserver. Le Taon ne pique pas sur-le-champ : il commence à tintinnuler à vos oreilles, et *vous ne savez pas encore ce que c'est.*

Ainsi, à propos de rien, de l'air le plus naturel du monde, Caroline dit : — Madame Deschars avait une bien belle robe, hier...

— Elle a du goût, répond Adolphe sans en penser un mot.

— C'est son mari qui la lui a donnée, réplique Caroline en haussant les épaules.

— Ah !

Ce n'est pas M. Deschars qui se conduirait ainsi.

(VIE CONJUGALE.)

— Oui, une robe de quatre cents francs ! Elle a tout ce qui se fait de plus beau en velours...

— Quatre cents francs ! s'écrie Adolphe en prenant la pose de l'apôtre Thomas.

— Mais il y a deux lés de rechange et un corsage...

— Il fait bien les choses, monsieur Deschars ! reprend Adolphe en se réfugiant dans la plaisanterie.

— Tous les hommes n'ont pas de ces attentions-là, dit Caroline sèchement.

— Quelles attentions ?...

— Mais, Adolphe... penser aux lés de rechange et à un corsage pour faire encore servir la robe quand elle ne sera plus de mise, décolletée...

Adolphe se dit en lui-même : — Caroline veut une robe.

Le pauvre homme !...

Quelque temps après, monsieur Deschars a renouvelé la chambre de sa femme. Puis monsieur Deschars a fait remonter à la nouvelle mode les diamants de sa femme. Monsieur Deschars ne sort jamais sans sa femme, ou ne laisse sa femme aller nulle part sans lui donner le bras.

Si vous apportez quoi que ce soit à Caroline, ce n'est jamais aussi bien que ce qu'a fait monsieur Deschars. Si vous vous permettez le moindre geste, la moindre parole un peu trop vifs ; si vous parlez un peu haut, vous entendez cette phrase sibilante et vipérine :

— Ce n'est pas monsieur Deschars qui se conduirait ainsi ! Prends donc monsieur Deschars pour modèle.

Enfin, l'imbécile monsieur Deschars apparaît dans votre ménage à tout moment et à propos de tout.

Ce mot : « — Vois donc un peu si monsieur Deschars se permet jamais... » est une épée de Damoclès, ou ce qui est pis, une épingle ; et votre amour-propre est la pelote où votre femme la fourre continuellement, la retire et la refourre, sous une foule de prétextes inattendus et variés, en se servant d'ailleurs des termes d'amitié les plus câlins ou avec des façons assez gentilles.

Adolphe, taonné jusqu'à se voir tatoué de piqûres, finit par faire ce qui se fait en bonne police, en gouvernement, en stratégie. (*Voyez* l'ouvrage de Vauban sur l'attaque et la défense des places fortes.) Il avise madame de Fischtaminel, femme encore jeune, élégante, un peu coquette, et il la pose (le scélérat se proposait ceci depuis longtemps) comme un moxa sur l'épiderme excessivement chatouilleux de Caroline.

O vous qui vous écriez souvent : « — Je ne sais pas ce qu'a ma femme!... » vous baiserez cette page de philosophie transcendante, car vous allez y trouver *la clef du caractère de toutes les femmes!...* Mais les connaître aussi bien que je les connais, ce ne sera pas les connaître beaucoup : elles ne se connaissent pas elles-mêmes! Enfin, Dieu, vous le savez, s'est trompé sur le compte de la seule qu'il ait eue à gouverner et qu'il avait pris le soin de faire.

Caroline veut bien piquer Adolphe à toute heure, mais cette faculté de lâcher de temps en temps une guêpe au conjoint (terme judiciaire) est un droit exclusivement réservé à l'épouse. Adolphe devient un monstre s'il détache sur sa femme une seule mouche. De Caroline, c'est de charmantes plaisanteries, un badinage pour égayer la vie à deux, et dicté surtout par les intentions les plus pures; tandis que, d'Adolphe, c'est une cruauté de Caraïbe, une méconnaissance du cœur de sa femme et un plan arrêté de lui causer du chagrin. Ceci n'est rien.

— Vous aimez donc bien madame de Fischtaminel? demande Caroline. Qu'a-t-elle donc dans l'esprit ou dans les manières de si séduisant, cette araignée-là?

— Mais, Caroline...

— Oh! ne prenez pas la peine de nier ce goût bizarre, dit-elle en arrêtant une négation sur les lèvres d'Adolphe, il y a longtemps que je m'aperçois que vous me préférez cet échalas (madame de Fischtaminel est maigre). Eh bien! allez... vous aurez bientôt reconnu la différence.

Comprenez-vous? Vous ne pouvez pas soupçonner Caroline d'avoir le moindre goût pour monsieur Deschars (un gros homme commun, rougeaud, un ancien notaire), tandis que vous aimez madame de Fischtaminel! Et alors Caroline, cette Caroline dont l'innocence vous a tant fait souffrir, Caroline qui s'est familiarisée avec le monde, Caroline devient spirituelle : vous avez deux Taons au lieu d'un.

Le lendemain elle vous demande, en prenant un petit air bon enfant : — Où en êtes-vous avec madame de Fischtaminel?...

Quand vous sortez, elle vous dit : — Va, mon ami, va prendre **les eaux!**

MADAME FISCHTAMINEL.

Qu'a-t-elle donc dans l'esprit et les manières, cette.....
araignée-là ?

(VIE CONJUGALE.)

Car, dans leur colère contre une rivale, toutes les femmes, même les duchesses, emploient l'invective, et s'avancent jusque dans les tropes de la Halle; elles font alors arme de tout.

Vouloir convaincre Caroline d'erreur et lui prouver que madame de Fischtaminel vous est indifférente, vous coûterait trop cher. C'est une sottise qu'un homme d'esprit ne commet pas dans son ménage : il y perd son pouvoir et il s'y ébrèche.

Oh! Adolphe, tu es arrivé malheureusement à cette saison si ingénieusement nommée l'*été de la Saint-Martin du mariage*. Hélas! il faut, chose délicieuse! reconquérir ta femme, ta Caroline, la reprendre par la taille, et devenir le meilleur des maris en tâchant de deviner ce qui lui plaît, afin de faire à son plaisir au lieu de faire à ta volonté! Toute la question est là désormais.

## LES TRAVAUX FORCÉS.

Admettons ceci, qui, selon nous, est une vérité remise à neuf :

#### AXIOME.

La plupart des hommes ont toujours un peu de l'esprit qu'exige une situation difficile, quand ils n'ont pas tout l'esprit de cette situation.

Quant aux maris qui sont au-dessous de leur position, il est impossible de s'en occuper : il n'y a pas de lutte, ils entrent dans la classe nombreuse des *Résignés*.

Adolphe se dit donc : — Les femmes sont des enfants : présentez-leur un morceau de sucre, vous leur faites danser très-bien toutes les contredanses que dansent les enfants gourmands; mais il faut toujours avoir une dragée, la leur tenir haut, et... que le goût des dragées ne leur passe point. Les Parisiennes (Caroline est de Paris) sont excessivement vaines, elles sont gourmandes!... On ne gouverne les hommes, on ne se fait des amis, qu'en les prenant tous par leurs vices, en flattant leurs passions : ma femme est à moi!

Quelques jours après, pendant lesquels Adolphe a redoublé d'attentions pour sa femme, il lui tient ce langage :

— Tiens, Caroline, amusons-nous! il faut bien que tu mettes ta nouvelle robe (la pareille à celle de madame Deschars), et... ma foi, nous irons voir quelque bêtise aux Variétés.

Ces sortes de propositions rendent toujours les femmes légitimes de la plus belle humeur. Et d'aller! Adolphe a commandé pour deux, chez Borrel, au Rocher de Cancale, un joli petit dîner fin.

— Puisque nous allons aux Variétés, dînons au cabaret! s'écrie Adolphe sur les boulevards en ayant l'air de se livrer à une improvisation généreuse.

Caroline, heureuse de cette apparence de bonne fortune, s'engage alors dans un petit salon où elle trouve la nappe mise et le petit service coquet offert par Borrel aux gens assez riches pour payer le local destiné aux grands de la terre qui se font petits pour un moment.

Les femmes, dans un dîné prié, mangent peu : leur secret harnais les gêne, elles ont le corset de parade, elles sont en présence de femmes dont les yeux et la langue sont également redoutables. Elles aiment, non pas la bonne, mais la jolie chère : sucer des écrevisses, gober des cailles au gratin, tortiller l'aile d'un coq de bruyère, et commencer par un morceau de poisson bien frais, relevé par une de ces sauces qui font la gloire de la cuisine française. La France règne par le goût en tout : le dessin, les modes, etc. La sauce est le triomphe du goût, en cuisine. Donc, grisettes, bourgeoises et duchesses sont enchantées d'un bon petit dîner arrosé de vins exquis, pris en petite quantité, terminé par des fruits comme il n'en vient qu'à Paris, surtout quand on va digérer ce petit dîner au spectacle, dans une bonne loge, en écoutant des bêtises, celles de la scène, et celles qu'on leur dit à l'oreille pour expliquer celles de la scène. Seulement l'addition du restaurant est de cent francs, la loge en coûte trente, et les voitures, la toilette (gants frais, bouquet, etc.) autant. Cette galanterie monte à un total de cent soixante francs, quelque chose comme quatre mille francs par mois, si l'on va souvent à l'Opéra-Comique, aux Italiens et au grand Opéra. Quatre mille francs par mois valent aujourd'hui deux millions de capital. Mais tout *honneur conjugal* vaut cela.

Caroline dit à ses amies des choses qu'elle croit excessivement flatteuses, mais qui font faire la moue à un mari spirituel.

— Depuis quelque temps, Adolphe est charmant. Je ne sais pas ce que j'ai fait pour mériter tant de gracieusetés mais il me comble. Il ajoute du prix à tout par ces délicatesses qui nous *impressionnent* tant, nous autres femmes... Après m'avoir mené lundi au Rocher de Cancale, il m'a soutenu que Véry faisait aussi bien la cuisine que Borrel, et il a recommencé la partie dont je vous ai parlé, mais en m'offrant au dessert un coupon de loge à l'Opéra. L'on donnait GUILLAUME TELL, qui, vous le savez, est ma passion.

— Vous êtes bien heureuse, répond madame Deschars sèchement, et avec une évidente jalousie.

— Mais une femme qui remplit bien ses devoirs mérite, il me semble, ce bonheur...

Quand cette phrase atroce se promène sur les lèvres d'une femme mariée, il est clair qu'elle *fait son devoir*, à la façon des écoliers, pour la récompense qu'elle attend. Au collége, on veut gagner des exemptions; en mariage, on espère un châle, un bijou. Donc, plus d'amour!

— Moi, ma chère (madame Deschars est piquée), moi, je suis raisonnable. Deschars faisait de ces folies-là... (1), j'y ai mis bon ordre. Écoutez donc, ma petite, nous avons deux enfants, et j'avoue que cent ou deux cents francs sont une considération pour moi, mère de famille.

— Eh! madame, dit madame de Fischtaminel, il vaut mieux que nos maris aillent en partie fine avec nous que...

— Deschars?... dit brusquement madame Deschars en se levant et saluant.

Le sieur Deschars (homme annulé par sa femme) n'entend pas alors la fin de cette phrase, par laquelle il apprendrait qu'on peut manger son bien avec des femmes excentriques.

Caroline, flattée dans toutes ses vanités, se rue alors dans toutes les douceurs de l'orgueil et de la gourmandise, deux délicieux péchés capitaux. Adolphe regagne du terrain; mais, hélas! (cette réflexion vaut un sermon de Petit Carême) le péché, comme toute volupté, contient son aiguillon. De même qu'un Autocrate, le Vice ne tient pas compte de mille délicieuses flatteries devant un

---

(1) Mensonge à triple péché mortel (mensonge, orgueil, envie) que se permettent les dévotes, car madame Deschars est une dévote atrabilaire; elle ne manque pas un office à Saint-Roch *depuis qu'elle a quêté avec la reine*.

(NOTE DE L'AUTEUR.)

seul pli de rose qui l'irrite. Avec lui, l'homme doit aller *crescendo!...* et toujours.

### AXIOME.

Le Vice, le Courtisan, le Malheur et l'Amour ne connaissent que le *présent*.

Au bout d'un temps difficile à déterminer, Caroline se regarde dans la glace, au dessert, et voit des rubis fleurissant sur ses pommettes et sur les ailes si pures de son nez. Elle est de mauvaise humeur au spectacle, et vous ne savez pas pourquoi, vous, Adolphe, si fièrement posé dans votre cravate! vous qui tendez votre torse en homme satisfait.

Quelques jours après, la couturière arrive, elle essaye une robe, elle rassemble ses forces, elle ne parvient pas à l'agrafer... On appelle la femme de chambre. Après un tirage de la force de deux chevaux, un vrai treizième travail d'Hercule, il se déclare un hiatus de deux pouces. L'inexorable couturière ne peut cacher à Caroline que sa taille a changé. Caroline, l'aérienne Caroline, menace d'être pareille à madame Deschars. En terme vulgaire, elle épaissit. On laisse Caroline atterrée.

— Comment avoir, comme cette grosse madame Deschars, des cascades de chairs à la Rubens? Et c'est vrai... se dit-elle, Adolphe est un profond scélérat. Je le vois, il veut faire de moi une mère Gigogne! et m'ôter mes moyens de séduction!

Caroline veut bien désormais aller aux Italiens, elle y accepte un tiers de loge, mais elle trouve *très-distingué* de peu manger, et refuse les parties fines de son mari.

— Mon ami, dit-elle, une femme comme il faut ne saurait aller là si souvent... On entre une fois par plaisanterie dans ces boutiques; mais s'y montrer habituellement?... fi donc!

Borrel et Véry, ces illustrations du Fourneau, perdent chaque jour mille francs de recette à ne pas avoir une entrée spéciale pour les voitures. Si une voiture pouvait se glisser sous une porte cochère, et sortir par une autre en jetant une femme au péristyle d'un escalier élégant, combien de clientes leur amèneraient de bons, gros, riches clients!

### AXIOME.

**La coquetterie tue la gourmandise.**

Caroline en a bientôt assez du théâtre, et le diable seul peut savoir la cause de ce dégoût. Excusez Adolphe ! un mari n'est pas le diable.

Un bon tiers des Parisiennes s'ennuie au spectacle, à part quelques escapades, comment aller rire et mordre au fruit d'une indécence, — aller respirer le poivre long d'un gros mélodrame, — s'extasier à des décorations, etc. Beaucoup d'entre elles ont les oreilles rassasiées de musique, et ne vont aux Italiens que pour les chanteurs, ou, si vous voulez, pour remarquer les différences dans l'exécution. Voici ce qui soutient les théâtres : les femmes y sont un spectacle avant et après la pièce. La vanité seule paye du prix exorbitant de quarante francs trois heures de plaisir contestable, pris en mauvais air et à grand frais, sans compter les rhumes attrapés en sortant. Mais se montrer, se faire voir, recueillir les regards de cinq cents hommes !... quelle franche lippée ! dirait Rabelais.

Pour cette précieuse récolte, engrangée par l'amour-propre, il faut être remarqué. Or, une femme et son mari sont peu regardés. Caroline a le chagrin de voir la salle toujours préoccupée des femmes qui ne sont pas avec leurs maris, des femmes excentriques. Or, le faible loyer qu'elle touche de ses efforts, de ses toilettes et de ses poses, ne compensant guère à ses yeux la fatigue, la dépense et l'ennui, bientôt il en est du spectacle comme de la bonne chère : la bonne cuisine la faisait engraisser, le théâtre la fait jaunir.

Ici Adolphe (ou tout homme à la place d'Adolphe) ressemble à ce paysan du Languedoc qui souffrait horriblement d'un *agacin* (en français, cor ; mais le mot de la langue d'Oc n'est-il pas plus joli?). Ce paysan enfonçait son pied de deux pouces dans les cailloux les plus aigus du chemin, en disant à son agacin : — *Troun de Diou! de bagasse!* si tu mé fais souffrir, jé té lé rends bien.

— En vérité, dit Adolphe profondément désappointé le jour où reçoit de sa femme un refus motivé, je voudrais bien savoir ce qui peut vous plaire...

Caroline regarde son mari du haut de sa grandeur, et lui dit, après un temps digne d'une actrice : — **Je ne suis ni une oie de Strasbourg, ni une girafe.**

— On peut, en effet, mieux employer quatre **mille francs** par mois, répond Adolphe.

— **Que veux-tu dire ?**

— Avec le quart de cette somme, offert à d'estimables forçats, à de jeunes libérés, à d'honnêtes criminels, on devient un personnage, un petit Manteau-Bleu ! reprend Adolphe, et une jeune femme est alors fière de son mari.

Cette phrase est le cercueil de l'amour ! aussi Caroline la prend-elle en très-mauvaise part. Il s'ensuit une explication. Ceci rentre dans les milles facéties du chapitre suivant, dont le titre doit faire sourire les amants aussi bien que les époux. S'il y a des rayons jaunes, pourquoi n'y aurait-il pas des jours de cette couleur excessivement conjugale ?

## LES RISETTES JAUNES.

Arrivé dans ces eaux, vous jouissez alors de ces petites scènes qui, dans le grand opéra du mariage, représentent des intermèdes, et dont voici le type.

Vous êtes un soir seuls, après dîner, et vous vous êtes déjà tant de fois trouvés seuls que vous éprouvez le besoin de vous dire de petits mots piquants, comme ceci, donné pour exemple.

— Prends garde à toi Caroline, dit Adolphe, qui a sur le cœur tant d'efforts inutiles, il me semble que ton nez a l'impertinence de rougir à domicile tout aussi bien qu'au restaurant.

— Tu n'es pas dans tes jours d'amabilité !...

### RÈGLE GÉNÉRALE.

Aucun homme n'a pu découvrir le moyen de donner un conseil d'ami à aucune femme, pas même à la sienne.

— Que veux-tu, ma chère, peut-être es-tu trop serrée dans ton corset, et l'on se donne ainsi des maladies...

Aussitôt qu'un homme a dit cette phrase n'importe à quelle femme, cette femme (elle sait que les buscs sont souples) saisit son busc par le bout qui regarde en contre-bas, et le soulève en disant, comme Caroline :

— Vois, on peut y mettre la main ! jamais je ne me serre.

— Ce sera donc l'estomac...

— Qu'est-ce que l'estomac a de commun avec le nez ?

— L'estomac est un centre qui communique avec tous les organes?

— Le nez est donc un organe?

— Oui.

— Ton organe te sert bien mal en ce moment... (Elle lève les yeux et hausse les épaules.) Voyons! que t'ai-je fait, Adolphe?

— Mais rien, je plaisante, et j'ai le malheur de ne pas te plaire, répond Adolphe en souriant.

— Mon malheur, à moi, c'est d'être ta femme. Oh! que ne suis-je celle d'un autre!

— Nous sommes d'accord!

— Si, me nommant autrement, j'avais la naïveté de dire, comme les coquettes qui veulent savoir où elles en sont avec un homme : « Mon nez est d'un rouge inquiétant! » en me regardant à la glace avec des minauderies de singe, tu me répondrais : « Oh! madame, vous vous calomniez! D'abord, cela ne se voit pas; puis c'est en harmonie avec la couleur de votre teint... Nous sommes d'ailleurs tous ainsi après dîner! » et tu partirais de là pour me faire des compliments... Est-ce que je dis, moi, que tu engraisses, que tu prends des couleurs de maçon, et que j'aime les hommes pâles et maigres?...

On dit à Londres : *Ne touchez pas à la hache!* En France, il faut dire : Ne touchez pas au nez de la femme...

— Et tout cela pour un peu trop de cinabre naturel! s'écrie Adolphe. Prends-t'en au bon Dieu, qui se mêle d'étendre de la couleur plus dans un endroit que dans un autre, non à moi... qui t'aime... qui te veux parfaite, et qui te crie : Gare !

— Tu m'aimes trop, alors, car depuis quelque temps tu t'étudies à me dire des choses désagréables, tu cherches à me dénigrer sous prétexte de me perfectionner... J'ai été trouvée parfaite, il y a cinq ans...

— Moi, je te trouve mieux que parfaite, tu es charmante!...

— Avec trop de cinabre?

Adolphe, qui voit sur la figure de sa femme un air hyperboréen, s'approche, se met sur une chaise à côté d'elle. Caroline, ne pouvant pas décemment s'en aller, donne un coup de côté sur sa robe comme pour opérer une séparation. Ce mouvement-là, certaines femmes l'accomplissent avec une impertinence provoquante; mais il a deux significations : c'est, en terme de whist, ou *une invite au roi,* ou *une renonce.* En ce moment, Caroline renonce

— Qu'as-tu ? dit Adolphe.

— Voulez-vous un verre d'eau et de sucre ? demande Caroline en s'occupant de votre hygiène et prenant (en charge) son rôle de servante.

— Pourquoi ?

— Mais vous n'avez pas la digestion aimable, vous devez souffrir beaucoup. Peut-être faut-il mettre une goutte d'eau-de-vie dans le verre d'eau sucrée ? Le docteur a parlé de cela comm d'un remède excellent...

— Comme tu t'occupes de mon estomac !

— C'est un centre, il communique à tous les organes, il agira sur le cœur, et de là peut-être sur la langue.

Adolphe se lève et se promène sans rien dire, mais il pense à tout l'esprit que sa femme acquiert ; il la voit grandissant chaque jour en force, en acrimonie ; elle devient d'une intelligence dans le taquinage et d'une puissance militaire dans la dispute qui lui rappelle Charles XII et les Russes. Caroline, en ce moment, se livre à une mimique inquiétante : elle a l'air de se trouver mal.

— Souffrez-vous ? dit Adolphe pris par où les femmes nous prennent toujours, par la générosité.

— Ça fait mal au cœur, après le dîner, de voir un homme allant et venant comme un balancier de pendule. Mais vous voilà bien : il faut toujours que vous vous agitiez... Êtes-vous drôles... Les hommes sont plus ou moins fous...

Adolphe s'assied au coin de la cheminée opposé à celui que sa femme occupe, et il y reste pensif : le mariage lui apparaît avec ses steppes meublés d'orties.

— Eh bien ! tu boudes ?... dit Caroline après un demi-quart d'heure donné à l'observation de la figure maritale.

— Non, j'étudie, répond Adolphe.

— Oh ! quel caractère infernal tu as !... dit-elle en haussant les épaules. Est-ce à cause de ce que je t'ai dit sur ton ventre, sur ta taille et sur ta digestion ? Tu ne vois donc pas que je voulais te rendre la monnaie de ton cinabre ? Tu prouves que les hommes sont aussi coquets que les femmes... (Adolphe reste froid.) Sais-tu que cela me semble très-gentil à vous de prendre nos qualités... (Profond silence.) On plaisante, et tu te fâches... (elle regarde Adolphe), car tu es fâché... Je ne suis pas comme toi, moi : je ne peux pas supporter l'idée de t'avoir fait un peu de peine ! Et c'est pourtant une idée qu'un homme n'aurait jamais eue, que d'attribuer ton impertinence à quelque embarras dans ta digestion. Ce n'est plus *mon Dodofe!* c'est son ventre qui s'est trouvé assez grand pour parler... Je ne te savais pas ventriloque, voilà tout...

Caroline regarde Adolphe en souriant : Adolphe se tient comme gommé.

— Non, il ne rira pas... Et vous appelez cela, dans votre jargon, avoir du caractère... Oh! comme nous sommes bien meilleures !

Elle vient s'asseoir sur les genoux d'Adolphe, qui ne peut s'empêcher de sourire. Ce sourire, extrait à l'aide de la machine à vapeur, elle le guettait pour s'en faire une arme.

— Allons, mon bon homme, avoue tes torts! dit-elle alors. Pourquoi bouder? Je t'aime, moi, comme tu es! Je te vois tout aussi mince que quand je t'ai épousé... plus mince même.

— Caroline, quand on en arrive à se tromper sur ces petites choses-là... quand on se fait des concessions et qu'on ne reste pas fâché, tout rouge... sais-tu ce qui en est?...

— Eh bien? dit Caroline inquiète de la pose dramatique que prend Adolphe.

— On s'aime moins,

— Oh! gros monstre, je te comprends : tu restes fâché pour me faire croire que tu m'aimes.

Hélas! avouons-le! Adolphe dit la vérité de la seule manière de la dire : en riant.

— Pourquoi m'as-tu fait de la peine? dit-elle. Ai-je un tort? ne vaut-il pas mieux me l'expliquer gentiment plutôt que de me dire grossièrement (elle enfle sa voix) : « Votre nez rougit! » Non, ce n'est pas bien! Pour te plaire, je vais employer une expression de ta belle Fischtaminel : « *Ce n'est pas d'un gentleman!* »

Adolphe se met à rire et paye les frais du raccommodement; mais au lieu d'y découvrir ce qui peut plaire à Caroline et le moyen de se l'attacher, il reconnaît par où Caroline l'attache à elle,

## NOSOGRAPHIE DE LA VILLA.

Est-ce un agrément de ne pas savoir ce qui plaît à sa femme quand on est marié?... Certaines femmes (cela se rencontre encore en province) sont assez naïves pour dire assez promptement ce qu'elles veulent ou ce qui leur plaît. Mais à Paris, presque toutes les femmes éprouvent une certaine jouissance à voir un homme aux écoutes de leur cœur, de leurs caprices, de leurs désirs, trois expressions d'une même chose! et tournant, virant, allant, se démenant, se désespérant, comme un chien qui cherche un maître.

Elles nomment cela *être aimées*, les malheureuses!... Et bon nombre se disent en elles-mêmes, comme Caroline : — Comment s'en tirera-t-il?

Adolphe en est là. Dans ces circonstances, le digne et excellent Deschars, ce modèle du mari bourgeois, invite le ménage Adolphe et Caroline à inaugurer une charmante maison de campagne. C'est une occasion que les Deschars ont saisie par son feuillage, une folie d'hommes de lettres, une délicieuse villa où l'artiste a enfoui cent mille francs, et vendue à la criée onze mille francs. Caroline a quelque jolie toilette à essayer, un chapeau à plumes en saule pleureur : c'est ravissant à montrer en tilbury. On laisse le petit Charles à sa grand'mère. On donne congé aux domestiques. On part avec le sourire d'un ciel bleu, lacté de nuages, uniquement pour en rehausser l'effet. On respire le bon air, on le fend par le trot du gros cheval normand sur qui le printemps agit. Enfin l'on arrive à Marnes, au-dessus de Ville-d'Avray, où les Deschars se pavanent dans une villa copiée sur une villa de Florence et entourée de prairies suisses, sans tous les inconvénients des Alpes.

— Mon Dieu! quelles délices qu'une semblable maison de campagne! s'écrie Caroline en se promenant dans les bois admirables qui bordent Marnes et Ville-d'Avray. On est heureux par les yeux comme si l'on y avait un cœur!

Caroline, ne pouvant prendre qu'Adolphe, prend alors Adolphe, qui redevient son Adolphe. Et de courir comme une biche, et de redevenir la jolie, naïve, petite, adorable pensionnaire qu'elle était!... Ses nattes tombent! elle ôte son chapeau, le tient par ses brides. La voilà *rejeune*, blanche et rose. Ses yeux sourient, sa bouche est une grenade douée de sensibilité, d'une sensibilité qui paraît neuve.

— Ça te plairait donc bien, ma chérie, une campagne!... dit Adolphe en tenant Caroline par la taille, et la sentant qui s'appuie comme pour en montrer la flexibilité.

— Oh! tu serais assez gentil pour m'en acheter une?... Mais, pas de folies!... Saisis une *occasion* comme celle des Deschars.

— Te plaire, savoir bien ce qui peut te faire plaisir, voilà l'étude de ton Adolphe.

Ils sont seuls, ils peuvent se dire leurs petits mots d'amitié, défiler le chapelet de leurs mignardises secrètes.

— On veut donc plaire à sa petite fille?... dit Caroline en mettant sa tête sur l'épaule d'Adolphe, qui la baise au front en pensant : — Dieu merci, je la tiens !

### AXIOME.

Quand un mari et une femme se tiennent, le diable seul sait celui qui tient l'autre.

Le jeune ménage est charmant, et la grosse dame Deschars se permet une remarque assez décolletée pour elle, si sévère, si prude, si dévote.

— La campagne a la propriété de rendre les maris très-aimables.

M. Deschars indique une occasion à saisir. On veut vendre une maison à Ville-d'Avray, toujours pour rien. Or, la maison de campagne est une maladie particulière à l'habitant de Paris. Cette maladie a sa durée et sa guérison. Adolphe est un mari, ce n'est pas un médecin. Il achète la campagne et s'y installe avec Caroline redevenue sa Caroline, sa Carola, sa biche blanche, son gros trésor, sa petite fille, etc.

Voici quels symptômes alarmants se déclarent avec une effrayante rapidité : On paye une tasse de lait vingt-cinq centimes quand il est baptisé, cinquante centimes quand il est *anhydre*, disent les chimistes. La viande est moins chère à Paris qu'à Sèvres, expérience faite des qualités. Les fruits sont hors de prix. Une belle poire coûte plus prise à la campagne que dans le jardin (anhydre!) qui fleurit à l'étalage de Chevet.

Avant de pouvoir récolter des fruits chez soi, où il n'y a qu'une prairie suisse de deux centiares, environnée de quelques arbres verts qui ont l'air d'être empruntés à une décoration de vaudeville, les autorités les plus rurales consultées déclarent qu'il faudra dépenser beaucoup d'argent, et — attendre cinq années!... Les légumes s'élancent de chez les maraîchers pour rebondir à la Halle. Madame Deschars, qui jouit d'un jardinier-concierge, avoue que les légumes venus dans son terrain, sous ses bâches, à force de terreau, lui coûtent deux fois plus cher que ceux achetés à Paris chez une fruitière qui a boutique, qui paye patente, et dont l'époux est électeur. Malgré les efforts et les promesses du jardinier-concierge, les primeurs ont toujours à Paris une avance d'un mois sur celles de la campagne.

De huit heures du soir à onze heures, les époux ne savent que faire, vu l'insipidité des voisins, leurs petitesses et les questions d'amour-propre soulevées à propos de rien.

Monsieur Deschars remarque, avec la profonde science de calcul qui distingue un ancien notaire, que le prix de ses voyages à Paris cumulé avec les intérêts du prix de la campagne, avec les impositions, les répartitions, les gages du concierge et de sa femme, etc., équivalent à un loyer de mille écus! Il ne sait pas comment lui, ancien notaire, s'est laissé prendre à cela!... Car il a maintes fois fait des baux de châteaux avec parcs et dépendances pour mille écus de loyer.

On convient à la ronde, dans les salons de madame Deschars, qu'une maison de campagne, loin d'être un plaisir, est une plaie vive.

— Je ne sais pas comment on ne vend que cinq centimes, à la Halle, un chou qui doit être arrosé tous les jours, depuis sa naissance jusqu'au jour où on le coupe, dit Caroline.

— Mais, répond un petit épicier retiré, le moyen de se tirer de la campagne, c'est d'y rester, d'y demeurer, de se faire campagnard, et alors tout change...

Caroline, en revenant, dit à son pauvre Adolphe : — Quelle idée as-tu donc eue là, d'avoir une maison de campagne? Ce qu'il y a de mieux en fait de campagne, est d'y aller chez les autres...

Adolphe se rappelle un proverbe anglais qui dit : « N'ayez jamais de journal, de maîtresse, ni de campagne; il y a toujours des imbéciles qui se chargent d'en avoir pour vous... »

— Bah! répond Adolphe, que le Taon Conjugal a définitivement éclairé sur la logique des femmes, tu as raison; mais aussi, **que veux-tu ? l'enfant s'y porte à ravir.**

Quoique Adolphe soit devenu prudent, cette réponse éveille les susceptibilités de Caroline. Une mère veut bien penser exclusivement à son enfant, mais elle ne veut pas se le voir préférer. Madame se tait; le lendemain, elle s'ennuie à la mort. Adolphe étant parti pour ses affaires, elle l'attend depuis cinq heures jusqu'à sept, et va seule avec le petit Charles jusqu'à la voiture. Elle parle pendant trois quarts d'heure de ses inquiétudes. Elle a eu peur en allant de chez elle au bureau des voitures. Est-il convenable qu'une jeune femme soit là, *seule?* Elle ne supportera pas cette existence-là.

La villa crée alors une phase assez singulière, et qui mérite un chapitre à part.

## LA MISÈRE DANS LA MISÈRE.

#### AXIOME.

La misère fait des parenthèses.

#### EXEMPLE.

On a diversement parlé, toujours en mal, du point de côté; mais ce mal n'est rien, comparé au point dont il s'agit ici, et que les plaisirs du regain conjugal font dresser à tout propos, comme le marteau de la touche d'un piano. Ceci constitue une misère picotante, qui ne fleurit qu'au moment où la timidité de la jeune épouse a fait place à cette fatale égalité de droits qui dévore également le ménage et la France. A chaque saison ses misères!...

Caroline, après une semaine où elle a noté les absences de monsieur, s'aperçoit qu'il passe sept heures par jour loin d'elle. Un jour, Adolphe, qui revient gai comme un acteur applaudi, trouve sur le visage de Caroline une légère couche de gelée blanche. Après avoir vu que la froideur de sa mine est remarquée, Caroline prend un faux air amical dont l'expression bien connue a le don de faire intérieurement pester un homme, et dit : — Tu as donc eu beaucoup d'affaires, aujourd'hui, mon ami?

— Oui, beaucoup!

— Tu as pris des cabriolets?

— J'en ai eu pour sept francs...

— As-tu trouvé tout ton monde ?...

— Oui, ceux à qui j'avais donné rendez-vous...

— Quand leur as-tu donc écrit? L'encre est desséchée dans ton encrier : c'est comme de la laque; j'ai eu à écrire, et j'ai passé une grande heure à l'humecter avant d'en faire une bourbe compacte avec laquelle on aurait pu marquer des paquets destinés aux Indes.

Ici, tout mari jette sur sa moitié des regards sournois.

— Je leur ai vraisemblablement écrit à Paris...

— Quelles affaires donc, Adolphe ?...

— Ne les connais-tu pas?... Veux-tu que je te les dise ?... Il y a d'abord l'affaire Chaumontel...

— Je croyais monsieur Chaumontel en Suisse...

— Mais, n'a-t-il pas ses représentants, son avoué ?...

— Tu n'as fait que des affaires?... dit Caroline en interrompant Adolphe.

Elle jette alors un regard clair, direct, par lequel elle plonge à l'improviste dans les yeux de son mari : une épée dans un cœur.

— Que veux-tu que j'aie fait?... de la fausse monnaie, des dettes, de la tapisserie?...

— Mais, je ne sais pas. Je ne peux rien deviner d'abord! Tu me l'as dit cent fois : je suis trop bête.

— Bon! voilà que tu prends en mauvaise part un mot caressant. Va, ceci est bien femme.

— As-tu conclu quelque chose? dit-elle en prenant un air d'intérêt pour les affaires.

— Non, rien...

— Combien de personnes as-tu vues?

— Onze, sans compter celles qui se promenaient sur les boulevards.

— Comme tu me réponds!

— Mais aussi tu m'interroges comme si tu avais fait pendant dix ans le métier de juge d'instruction...

— Eh bien! raconte-moi toute ta journée, ça m'amusera. Tu devrais bien penser ici à mes plaisirs! Je m'ennuie assez quand tu me laisses là, seule, pendant des journées entières.

— Tu veux que je t'amuse en te racontant des affaires ?...

— Autrefois, tu me disais tout...

Ce petit reproche amical déguise une espèce de certitude que veut avoir Caroline touchant les choses graves dissimulées par

Adolphe. Adolphe entreprend alors de raconter sa journée. Caroline affecte une espèce de distraction assez bien jouée pour faire croire qu'elle n'écoute pas.

— Mais tu me disais tout à l'heure, s'écrie-t-elle au moment où notre Adolphe s'entortille, que tu as pris pour sept francs de cabriolets, et tu parles maintenant d'un fiacre? Il était sans doute à l'heure? Tu as donc fait tes affaires en fiacre? dit-elle d'un petit ton goguenard.

— Pourquoi les fiacres me seraient-ils interdits? demande Adolphe en reprenant son récit.

— Tu n'es pas allé chez madame de Fischtaminel? dit-elle au milieu d'une explication excessivement embrouillée où elle vous coupe insolemment la parole.

— Pourquoi y serais-je allé?...

— Ça m'aurait fait plaisir; j'aurais voulu savoir si son salon est fini...

— Il l'est!

— Ah! tu y es donc allé?...

— Non, son tapissier me l'a dit.

— Tu connais son tapissier?...

— Oui.

— Qui est-ce?

— Braschon.

— Tu l'as donc rencontré, le tapissier?...

— Oui.

— Mais tu m'as dit n'être allé qu'en voiture?...

— Mais, mon enfant, pour prendre des voitures, on va le cherc...

— Bah! tu l'auras trouvé dans le fiacre...

— Qui?

— Mais le salon — ou — Braschon! Va, l'un comme l'autre est aussi probable.

— Mais tu ne veux donc pas m'écouter? s'écrie Adolphe en pensant qu'avec une longue narration il endormira les soupçons de Caroline.

— Je t'ai trop écouté. Tiens, tu mens depuis une heure, comme un commis voyageur

— Je ne dirai plus rien.

— J'en sais assez, je sais tout ce que je voulais savoir. Oui, tu me dis que tu as vu des avoués, des notaires, des banquiers : tu n'as vu personne de ces gens-là! Si j'allais faire une visite demain à madame de Fischtaminel, sais-tu ce qu'elle me dirait?

Ici, Caroline observe Adolphe; mais Adolphe affecte un calme trompeur, au beau milieu duquel Caroline jette la ligne pour pêcher un indice.

— Eh bien! elle me dirait qu'elle a eu le plaisir de te voir... Mon Dieu! sommes-nous malheureuses! Nous ne pouvons jamais savoir ce que vous faites... Nous sommes clouées là, dans nos ménages, pendant que vous êtes à vos affaires! Belles affaires!... Dans ce cas-là, je te raconterais, moi, des affaires un peu mieux machinées que les tiennes!... Ah! vous nous apprenez de belles choses!... On dit que les femmes sont perverses... Mais qui les a perverties?...

Ici, Adolphe essaye, en arrêtant un regard fixe sur Caroline, d'arrêter ce flux de paroles. Caroline, comme un cheval qui reçoit un coup de fouet, reprend de plus belle et avec l'animation d'une *coda* rossinienne.

— Ah! c'est une jolie combinaison! mettre sa femme à la campagne pour être libre de passer la journée à Paris comme on l'entend. Voilà donc la raison de votre passion pour une maison de campagne! Et moi, pauvre bécasse, qui donne dans le panneau!... Mais vous avez raison, monsieur, c'est très-commode, une campagne! elle peut avoir deux fins. Madame s'en arrangera tout aussi bien que monsieur. A vous Paris et ses fiacres!... à moi les bois et leurs ombrages!... Tiens, décidément, Adolphe, cela me va, ne nous fâchons plus...

Adolphe s'entend dire des sarcasmes pendant une heure.

— As-tu fini, ma chère?... demande-t-il en saisissant un moment où elle hoche la tête sur une interrogation à effet.

Caroline termine alors en s'écriant : — J'en ai bien assez de la campagne, et je n'y remets plus les pieds!... Mais je sais ce qui m'arrivera : vous la garderez, sans doute, et vous me laisserez à Paris. Eh bien! à Paris, je pourrai du moins m'amuser pendant que vous mènerez madame de Fischtaminel dans les bois. Qu'est-ce qu'une *villa Adolphini* où l'on a mal au cœur quand on s'est promené six fois autour de la prairie? où l'on vous a planté des bâtons de chaise et des manches à balai, sous prétexte de vous procurer de l'ombrage? On y est comme dans un four : les murs ont six pouces d'épaisseur! Et monsieur est absent sept heures sur les douze de la journée! Voilà le fin mot de la villa!

— Écoute, Caroline!

— Encore, dit-elle, si tu voulais m'avouer ce que tu as fait aujourd'hui? Tiens, tu ne me connais pas : je serai bonne enfant, dis-le-moi!... Je te pardonne à l'avance tout ce que tu auras fait.

Adolphe *a eu des relations* avant son mariage; il connaît trop bien le résultat d'un aveu pour en faire à sa femme, et alors il répond : — Je vais tout te dire...

— Eh bien! tu seras gentil... je t'en aimerai mieux!

— Je suis resté trois heures...

— J'en étais sûre..... chez madame de Fischtaminel?...

— Non, chez notre notaire, qui m'avait trouvé un acquéreur; mais nous n'avons jamais pu nous entendre : il voulait notre maison de campagne toute meublée, et, en sortant, je suis allé chez Braschon pour savoir ce que nous lui devions...

— Tu viens d'arranger ce roman-là pendant que je te parlais!... Voyons, regarde-moi!... J'irai voir Braschon demain.

Adolphe ne peut retenir une contraction nerveuse.

— Tu ne peux pas t'empêcher de rire, vois-tu, vieux monstre!

— Je ris de ton entêtement.

— J'irai demain chez madame de Fischtaminel.

— Eh! va où tu voudras!...

— Quelle brutalité! dit Caroline en se levant et s'en allant son mouchoir sur les yeux.

La maison de campagne, si ardemment désirée par Caroline, est devenue une invention diabolique d'Adolphe, un piège où s'est prise la biche.

Depuis qu'Adolphe a reconnu qu'il est impossible de raisonner avec Caroline, il lui laisse dire tout ce qu'elle veut.

Deux mois après, il vend sept mille francs une villa qui lui coûte vingt-deux mille francs! Mais il y gagne de savoir que la campagne n'est pas encore ce qui plaît à Caroline.

La question devient grave : orgueil, gourmandise, deux péchés de moins y ont passé! La nature avec ses bois, ses forêts, ses vallées, la Suisse des environs de Paris, les rivières factices ont à peine amusé Caroline pendant six mois. Adolphe est tenté d'abdiquer, et de prendre le rôle de Caroline.

## LE DIX-HUIT BRUMAIRE DES MÉNAGES.

Un matin, Adolphe est définitivement saisi par la triomphante idée de laisser Caroline maîtresse de trouver elle-même ce qui lui plaît. Il lui remet le gouvernement de la maison en lui disant : « Fais ce que tu voudras. » Il substitue le système constitutionnel au système autocratique, un ministère responsable au lieu d'un pouvoir conjugal absolu. Cette preuve de confiance, objet d'une secrète envie, est le bâton de maréchal des femmes. Les femmes sont alors, suivant l'expression vulgaire, maîtresses à la maison.

Dès lors, rien, pas même les souvenirs de la lune de miel, ne peut se comparer au bonheur d'Adolphe pendant quelques jours. Une femme est alors tout sucre, elle est trop sucre! Elle inventerait les petits soins, les petits mots, les petites attentions, les chatteries et la tendresse, si toute cette confiturerie conjugale n'existait pas depuis le Paradis Terrestre. Au bout d'un mois, l'état d'Adolphe a quelque similitude avec celui des enfants vers la fin de la première semaine de l'année. Aussi Caroline commence-t-elle à dire, non pas en parole, mais en action, en mines, en expressions miniques : — On ne sait que faire pour plaire à un homme!...

Laisser à sa femme le gouvernail de la barque est une idée excessivement ordinaire, qui mériterait peu l'expression de triomphante, décernée en tête de ce chapitre, si elle n'était pas doublée de l'idée de destituer Caroline. Adolphe a été séduit par cette pensée, qui s'empare et s'emparera de tous les gens en proie à un malheur quelconque, savoir jusqu'où peut aller le mal! expérimenter ce que le feu fait de dégât quand on le laisse à lui-même, en se sentant ou en se croyant le pouvoir de l'arrêter. Cette curiosité nous suit de l'enfance à la tombe. Or, après sa pléthore de félicité conjugale, Adolphe, qui se donne la comédie chez lui, passe par les phases suivantes :

PREMIÈRE ÉPOQUE. — Tout va trop bien. Caroline achète de petits registres pour écrire ses dépenses, elle achète un joli petit meuble pour serrer l'argent, elle fait vivre admirablement bien Adolphe, elle est heureuse de son approbation, elle découvre une foule de choses qui manquent dans la maison, elle met sa gloire à être une maîtresse de maison incomparable. Adolphe, qui s'érige lui-même en censeur, ne trouve pas la plus petite observation à formuler.

S'il s'habille, il ne lui manque rien. On n'a jamais, même chez Armide, déployé de tendresse plus ingénieuse que celle de Caroline. On renouvelle, à ce phénix des maris, le caustique sur son cuir à repasser ses rasoirs. Des bretelles fraîches sont substituées aux vieilles. Une boutonnière n'est jamais veuve. Son linge est soigné comme celui du confesseur d'une dévote à péchés véniels. Les chaussettes sont sans trous. A table, tous ses goûts, ses caprices même sont étudiés, consultés : il engraisse! Il a de l'encre dans son écritoire, et l'éponge en est toujours humide. Il ne peut rien dire, pas même, comme Louis XIV : « J'ai failli attendre! » Enfin, il est à tout propos qualifié d'*un amour d'homme*. Il est obligé de gronder Caroline de ce qu'elle s'oublie : elle ne pense pas assez à elle. Caroline enregistre ce doux reproche.

DEUXIÈME ÉPOQUE. — La scène change, à table. Tout est bien cher. Les légumes sont hors de prix. Le bois se vend comme s'il venait de Campêche. Les fruits, oh! quant aux fruits, les princes, les banquiers, les grands seigneurs seuls peuvent en manger. Le dessert est une cause de ruine. Adolphe entend souvent Caroline disant à madame Deschars : « Mais comment faites-vous?... » On tient alors devant vous des conférences sur la manière de régir les cuisinières.

Une cuisinière, entrée chez vous sans nippes, sans linge, sans talent, est venue demander son compte en robe de mérinos bleu, ornée d'un fichu brodé, les oreilles embellies d'une paire de boucles d'oreilles enrichies de petites perles, chaussée en bons souliers de peau qui laissent voir des bas de coton assez jolis. Elle a deux malles d'effets et son livret à la Caisse d'Épargne.

Caroline se plaint alors du peu de moralité du peuple; elle se plaint de l'instruction et de la science de calcul qui distingue les domestiques. Elle lance de temps en temps de petits axiomes comme ceux-ci : — Il y a des écoles qu'il faut faire! Il n'y a que ceux qui ne font rien qui font tout bien. — Elle a les soucis du pouvoir. Ah! les hommes sont bien heureux de n'avoir pas à mener un ménage. — Les femmes ont le fardeau des détails.

Caroline a des dettes. Mais, comme elle ne veut pas avoir tort, elle commence par établir que l'expérience est une si belle chose, qu'on ne saurait l'acheter trop cher. Adolphe rit, dans sa barbe, en prévoyant une catastrophe qui lui rendra le pouvoir.

TROISIÈME ÉPOQUE. — Caroline, pénétrée de cette vérité qu'il faut manger uniquement pour vivre, fait jouir Adolphe des agréments d'une table cénobitique.

Adolphe a des chaussettes lézardées ou grosses du lichen des raccommodages faits à la hâte, car sa femme n'a pas assez de la journée pour ce qu'elle veut faire. Il porte des bretelles noircies par l'usage. Le linge est vieux et bâille comme un portier ou comme la porte cochère. Au moment où Adolphe est pressé de conclure une affaire, il met une heure à s'habiller en cherchant ses affaires une à une, en dépliant beaucoup de choses avant d'en trouver une qui soit irréprochable. Mais Caroline est très-bien mise. Madame a de jolis chapeaux, des bottines en velours, des mantilles. Elle a pris son parti, elle administre en vertu de ce principe : Charité bien ordonnée commence par elle-même. Quand Adolphe se plaint du contraste entre son dénûment et la splendeur de Caroline, Caroline lui dit : — Mais tu m'as grondée de ne rien m'acheter !...

Un échange de plaisanteries plus ou moins aigres commence à s'établir alors entre les époux. Caroline, un soir, se fait charmante, afin de glisser l'aveu d'un déficit assez considérable, absolument comme quand le Ministère se livre à l'éloge des contribuables, et se met à vanter la grandeur du pays en accouchant d'un petit projet de loi qui demande des crédits supplémentaires. Il y a cette similitude que tout cela se fait dans la Chambre, en gouvernement comme en ménage. Il en ressort cette vérité profonde que le système constitutionnel est infiniment plus coûteux que le système monarchique. Pour une nation comme pour un ménage, c'est le gouvernement du juste-milieu, de la médiocrité, des chipoteries, etc.

Adolphe, éclairé par ses misères passées, attend une occasion d'éclater, et Caroline s'endort dans une trompeuse sécurité.

Comment arrive la querelle? sait-on jamais quel courant électrique a décidé l'avalanche ou la révolution? elle arrive à propos de tout et à propos de rien. Mais enfin, Adolphe, après un certain temps qui reste à déterminer par le bilan de chaque ménage, au milieu d'une discussion, lâche ce mot fatal : — Quand j'étais garçon !...

Le temps de garçon est, relativement à la femme, ce qu'est le

Mon pauvre défunt! » relativement au nouveau mari d'une veuve. Ces deux coups de langue font des blessures qui ne se cicatrisent jamais complétement.

Et alors Adolphe de continuer comme le général Bonaparte parlant aux Cinq-Cents : — Nous sommes sur un volcan! — Le ménage n'a plus de gouvernement, — l'heure de prendre un parti est arrivée. — Tu parles de bonheur, Caroline, tu l'as compromis, — tu l'as mis en question par tes exigences, tu as violé le Code civil t'immisçant dans la discussion des affaires, — tu as attenté au pouvoir conjugal. — Il faut réformer notre intérieur.

Caroline ne crie pas, comme les Cinq-Cents : *A bas le dictateur!* car on ne crie jamais quand on est sûr de l'abattre.

— Quand j'étais garçon, je n'avais que des chaussures neuves! je trouvais des serviettes blanches à mon couvert tous les jours! Je n'étais volé par le restaurateur que d'une somme déterminée! Je vous ai donné ma liberté chérie!... qu'en avez-vous fait?

— Suis-je donc si coupable, Adolphe, d'avoir voulu t'éviter des soucis? dit Caroline en se posant devant son mari. Reprends la clef de la caisse... mais qu'arrivera-t-il?... j'en suis honteuse, tu me forceras à jouer la comédie pour avoir les choses les plus nécessaires. Est-ce là ce que tu veux? avilir ta femme, ou mettre en présence deux intérêts contraires, ennemis...

Et voilà, pour les trois quarts des Français, le mariage parfaitement défini.

— Sois tranquille, mon ami, reprend Caroline, en s'asseyant dans sa chauffeuse comme Marius sur les ruines de Carthage! je ne te demanderai jamais rien, je ne suis pas une mendiante! Je sais bien ce que je ferai... tu ne me connais pas.

— Eh bien! quoi?... dit Adolphe, on ne peut donc, avec vous autres, ni plaisanter, ni s'expliquer? Que feras-tu?...

— Cela ne vous regarde pas!...

— Pardon, madame, au contraire. La dignité, l'honneur...

— Oh!... soyez tranquille à cet égard, monsieur... Pour vous, plus que pour moi, je saurai garder le secret le plus profond.

— Eh bien! dites? voyons, Caroline, ma Caroline, que feras-tu?...

Caroline jette un regard de vipère à Adolphe, qui recule et va se promener.

— Voyons, que comptes-tu faire? demande-t-il après un silence infiniment trop prolongé.

— Je travaillerai, Monsieur !

Sur ce mot sublime, Adolphe exécute un mouvement de retraite, en s'apercevant d'une exaspération enfiellée, en sentant un mistral dont l'âpreté n'avait pas encore soufflé dans la chambre conjugale.

## L'ART D'ÊTRE VICTIME.

A compter du Dix-Huit Brumaire, Caroline vaincue adopte un système infernal, et qui a pour effet de vous faire regretter à toute heure la victoire. Elle devient l'Opposition !... Encore un triomphe de ce genre, et Adolphe irait en cour d'assises, accusé d'avoir étouffé sa femme entre deux matelas, comme l'Othello de Shakspeare. Caroline se compose un air de martyr, elle est d'une soumission assommante. A tout propos elle assassine Adolphe par un : « Comme vous voudrez ! » accompagné d'une épouvantable douceur. Aucun poëte élégiaque ne pourrait lutter avec Caroline, qui lance élégie sur élégie : élégie en actions, élégie en paroles, élégie à sourire, élégie muette, élégie à ressort, élégie en gestes, dont voici quelques exemples où tous les ménages retrouveront leurs impressions.

APRÈS DÉJEUNER. — Caroline, nous allons ce soir chez les Deschars, une grande soirée, tu sais...

— Oui, mon ami.

APRÈS DINER. — Eh bien ! Caroline, tu n'es pas encore habillée?... dit Adolphe, qui sort de chez lui magnifiquement mis.

Il aperçoit Caroline vêtue d'une robe de vieille plaideuse, une moire noire à corsage croisé. Des fleurs, plus artificieuses qu'artificielles, attristent une chevelure mal arrangée par la femme de chambre. Caroline a des gants déjà portés.

— Je suis prête, mon ami...

— Et voilà ta toilette ?...

— Je n'en ai pas d'autre. Une toilette fraîche aurait coûté cent écus.

— Pourquoi ne pas me le dire?

— Moi, vous tendre la main!... après ce qui s'est passé!...

— J'irai seul, dit Adolphe, ne voulant pas être humilié dans sa femme.

— Je sais bien que cela vous arrange, dit Caroline d'un petit ton aigre, et cela se voit assez à la manière dont vous êtes mis.

---

Onze personnes sont dans le salon, toutes priées à dîner par Adolphe; Caroline est là comme si son mari l'avait invitée : elle attend que le dîner soit servi.

— Monsieur, dit le valet de chambre à voix basse à son maître, la cuisinière ne sait où donner de la tête.

— Pourquoi?

— Monsieur ne lui a rien dit; elle n'a que deux entrées, le bœuf, un poulet, une salade et des légumes.

— Caroline, vous n'avez donc rien commandé?...

— Savais-je que vous aviez du monde, et puis-je d'ailleurs prendre sur moi de commander ici?... Vous m'avez délivrée de tout souci à cet égard, et j'en remercie Dieu tous les jours.

---

Madame Fischtaminel vient rendre une visite à madame Caroline! elle la trouve toussotant et travaillant le dos courbé sur un métier à tapisserie.

— Vous brodez ces pantoufles-là pour votre cher Adolphe?

Adolphe est posé devant la cheminée en homme qui fait la roue.

— Non, madame, c'est pour un marchand qui me les paye; et, comme les forçats du bagne, mon travail me permet de me donner de petites douceurs.

Adolphe rougit; il ne peut pas battre sa femme, et madame de Fischtaminel le regarde en ayant l'air de lui dire : — Qu'est-ce que cela signifie?...

— Vous toussez beaucoup, ma chère petite!... dit madame de Fischtaminel.

— Oh! répond Caroline, que me fait la vie!...

Caroline est là, sur sa causeuse, avec une femme de vos amies à la bonne opinion de laquelle vous tenez excessivement. Du fond de l'embrasure où vous causez entre hommes, vous entendez, au seul mouvement des lèvres, ces mots : *Monsieur l'a voulu!*... dits d'un air de jeune Romaine allant au cirque. Profondément humilié dans toutes vos vanités, vous voulez être à cette conversation tout en écoutant vos hôtes; vous faites alors des répliques qui vous valent des : « A quoi pensez-vous ? » car vous perdez le fil de la conversation, et vous piétinez sur place en pensant : « Que lui dit-elle de moi ? »

---

Adolphe est à table chez les Deschars, un dîner de douze personnes, et Caroline est placée à côté d'un joli jeune homme appelé Ferdinand, cousin d'Adolphe. Entre le premier et le second service, on parle du bonheur conjugal.

— Il n'y a rien de plus facile à une femme que d'être heureuse, dit Caroline en répondant à une femme qui se plaint.

— Donnez-nous votre secret, madame, dit agréablement monsieur de Fischtaminel.

— Une femme n'a qu'à se mêler de rien, se regarder comme la première domestique de la maison ou comme une esclave dont le maître a soin, n'avoir aucune volonté, ne pas faire une observation : tout va bien.

Ceci, lancé sur des tons amers et avec des larmes dans la voix, épouvante Adolphe, qui regarde fixement sa femme.

— Vous oubliez, madame, le bonheur d'expliquer son bonheur, réplique-t-il en lançant un éclair digne d'un tyran de mélodrame.

Satisfaite de s'être montrée assassinée ou sur le point de l'être, Caroline détourne la tête, essuie furtivement une larme, et dit :

— On n'explique pas le bonheur.

L'incident, comme on dit à la Chambre, n'a pas de suites, mais Ferdinand a regardé sa cousine comme un ange sacrifié.

---

On parle du nombre effrayant de gastrites, de maladies inommées dont meurent les jeunes femmes.

— Elles sont trop heureuses! dit Caroline en ayant l'air de donner le programme de sa mort.

---

La belle-mère d'Adolphe vient voir sa fille. Caroline dit : « Le salon de monsieur ! — La chambre de monsieur ! » Tout, chez elle, est à monsieur.

— Ah çà ! qu'y a-t-il donc, mes enfants ? demande la belle-mère ; on dirait que vous êtes tous les deux à couteaux tirés ?

— Eh ! mon Dieu, dit Adolphe, il y a que Caroline a eu le gouvernement de la maison et n'a pas su s'en tirer.

— Elle a fait des dettes ?...

— Oui, ma chère maman.

— Écoutez, Adolphe, dit la belle-mère après avoir attendu que sa fille l'ait laissée seule avec son gendre, aimeriez-vous mieux que ma fille fût admirablement bien mise, que tout allât à merveille chez vous, et qu'il ne vous en coûtât rien ?...

Essayez de vous représenter la physionomie d'Adolphe en entendant cette *déclaration des droits de la femme !*

---

Caroline passe d'une toilette misérable à une toilette splendide. Elle est chez les Deschars : tout le monde la félicite sur son goût, car la richesse de ses étoffes, sur ses dentelles, sur ses bijoux.

— Ah ! vous avez un mari charmant !... dit madame Deschars.

Adolphe se rengorge et regarde Caroline.

— Mon mari, madame !... je ne coûte, Dieu merci, rien à monsieur ! Tout cela me vient de ma mère.

Adolphe se retourne brusquement, et va causer avec madame de Fischtaminel.

---

Après un an de gouvernement absolu, Caroline adoucie dit un matin :

— Mon ami, combien as-tu dépensé cette année ?...

— Je ne sais pas.

— Fais tes comptes.

Adolphe trouve un tiers de plus que dans la plus mauvaise année de Caroline.

— Et je ne t'ai rien coûté pour ma toilette, dit-elle.

---

Caroline joue les mélodies de Schubert. Adolphe éprouve une

jouissance en entendant cette musique admirablement **exécutée** ;
il se lève et va pour féliciter Caroline : elle fond en larmes.

— Qu'as-tu ?...

— Rien ; je suis nerveuse.

— Mais je ne te connaissais pas ce vice-là.

— Oh! Adolphe, tu ne veux rien voir... Tiens, regarde : mes bagues ne me tiennent plus aux doigts, tu ne m'aimes plus, je te suis à charge...

Elle pleure, elle n'écoute rien, elle repleure à chaque mot d'Adolphe.

— Veux-tu reprendre le gouvernement de la maison ?

— Ah ! s'écrie-t-elle en se dressant en pieds comme *une surprise*, maintenant que tu as assez de tes expériences ?... Merci ! Est-ce de l'argent que je veux ? Singulière manière de panser un cœur blessé... Non, laissez-moi...

— Eh bien ! comme tu voudras, Caroline.

Ce : « Comme tu voudras! » est le premier mot de l'indifférence en matière de femme légitime ; et Caroline aperçoit un abîme vers lequel elle a marché d'elle-même.

## LA CAMPAGNE DE FRANCE

Les malheurs de 1814 affligent toutes les existences. Après les brillantes journées, les conquêtes, les jours où les obstacles se changeaient en triomphes, où le moindre achoppement devenait un bonheur, il arrive un moment où les plus heureuses idées tournent en sottises, où le courage mène à la perte, où la fortification fait trébucher. L'amour conjugal, qui, selon les auteurs, est un cas particulier d'amour, a, plus que toute autre chose humaine, l Campagne de France, son funeste 1814. Le diable aime surtout à mettre sa queue dans les affaires des pauvres femmes délaissées, et Caroline en est là.

Caroline en est à rêver aux moyens de ramener son mari! Caroline passe à la maison beaucoup d'heures solitaires, pendant lesquelles son imagination travaille. Elle va, vient, se lève, et souvent elle reste songeuse à sa fenêtre, regardant la rue sans y rien voir, la figure collée aux vitres, et se trouvant comme dans un désert au milieu de ses Petits-Dunkerques, de ses appartements meublés avec luxe.

Or, à Paris, à moins d'habiter un hôtel à soi, sis entre cour et jardin, toutes les existences sont accouplées. A chaque étage d'une maison, un ménage trouve dans la maison située en face un autre ménage. Chacun plonge à volonté ses regards chez le voisin. Il existe une servitude d'observation mutuelle, un droit de visite commun auxquels nul ne peut se soustraire. Dans un temps donné, le matin, vous vous levez de bonne heure, la servante du voisin fait l'appartement, laisse les fenêtres ouvertes et les tapis sur les appuis : vous devinez alors une infinité de choses, et réciproquement. Aussi, dans un temps donné, connaissez-vous les habitudes de la jolie, de la vieille, de la jeune, de la coquette, de la vertueuse femme d'en face, ou les caprices du fat, les inventions du vieux garçon, la couleur des meubles, le chat du second ou du troisième. Tout est indice et matière à divination. Au quatrième étage, une grisette surprise se voit, toujours trop tard, comme la chaste Suzanne, en proie aux jumelles ravies d'un vieil employé à dix-huit cents francs, qui devient criminel gratis. Par compensation, un beau surnuméraire, jeune de ses dix-neuf ans, apparaît à une dévote dans le simple appareil d'un homme qui se barbifie. L'observation ne s'endort jamais, tandis que la prudence a ses moments d'oubli. Les rideaux ne sont pas toujours détachés à temps. Une femme, avant la chute du jour, s'approche de la fenêtre pour enfiler une aiguille, et le mari d'en face admire alors une tête de Raphaël, qu'il trouve digne de lui, garde national imposant sous les armes. Passez place Saint-Georges, et vous pouvez y surprendre les secrets de trois jolies femmes, si vous avez de l'esprit dans le regard. Oh! la sainte vie privée, où est-elle ? Paris est une ville qui se montre quasi nue à toute heure, une ville essentiellement courtisane et sans chasteté. Pour qu'une existence y ait de la pudeur, elle doit posséder cent mille francs de rente. Les vertus y sont plus chères que les vices.

Caroline, dont le regard glisse parfois entre les mousselines protectrices qui cachent son intérieur aux cinq étages de la maison d'en face, finit par observer un jeune ménage plongé dans les joies de la lune de miel, et venu nouvellement au premier devant ses fenêtres. Elle se livre aux observations les plus irritantes. On ferme les persiennes de bonne heure, on les ouvre tard. Un jour

Caroline, levée à huit heures, toujours par hasard, voit la femme de chambre apprêtant un bain ou quelque toilette du matin, un délicieux déshabillé. Caroline soupire. Elle se met à l'affût comme un chasseur : elle surprend la jeune femme la figure illuminée par le bonheur. Enfin, à force d'épier ce charmant ménage, elle voit monsieur et madame ouvrant la fenêtre, et légèrement pressés l'un contre l'autre, accoudés au balcon, y respirant l'air du soir. Caroline se donne des maux de nerfs en étudiant sur les rideaux, un soir que l'on oublie de fermer les persiennes, les ombres de ces deux enfants se combattant, dessinant des fantasmagories explicables ou inexplicables. Souvent la jeune femme, assise, mélancolique et rêveuse, attend l'époux absent, elle entend le pas d'un cheval, le bruit d'un cabriolet au bout de la rue, elle s'élance de son divan, et, d'après son mouvement, il est facile de voir qu'elle s'écrie : — C'est lui !...

— Comme ils s'aiment ! se dit Caroline.

A force de maux de nerfs, Caroline arrive à concevoir un plan excessivement ingénieux : elle invente de se servir de ce bonheur conjugal comme d'un topique pour stimuler Adolphe. C'est une idée assez dépravée, une idée de vieillard voulant séduire une petite fille avec des gravures ou des gravelures ; mais l'intention de Caroline sanctifie tout !

— Adolphe, dit-elle enfin, nous avons pour voisine en face une femme charmante, une petite brune...

— Oui, réplique Adolphe, je la connais. C'est une amie de madame Fischtaminel ; madame Foullepointe, la femme d'un agent de change, un homme charmant, un bon enfant, et qui aime sa femme : il en est fou ! Tiens?... il a son cabinet, ses bureaux, sa caisse dans la cour, et l'appartement sur le devant est celui de madame. Je ne connais pas de ménage plus heureux. Foullepointe parle de son bonheur partout, même à la Bourse : il en est ennuyeux.

— Eh bien ! fais-moi donc le plaisir de me présenter monsieur et madame Foullepointe ! Ma foi, je serais enchantée de savoir comment elle s'y prend pour se faire si bien aimer de son mari... Y a-t-il longtemps qu'ils sont mariés ?

— Absolument comme nous, depuis cinq ans...

— Adolphe, mon ami, j'en meurs d'envie ! Oh ! lie-nous toutes deux. Suis-je aussi bien qu'elle ?

MADAME POTTLEPOINTE.

... ne serais pas ma femme, eh bien, j'hésiterais.....

(VIE CONJUGALE.)

— Ma foi !... je vous rencontrerais au bal de l'Opéra, tu ne serais pas ma femme, eh bien ! j'hésiterais...

— Tu es gentil aujourd'hui. N'oublie pas de les inviter à dîner pour samedi prochain.

— Ce sera fait ce soir. Foullepointe et moi, nous nous voyons souvent à la Bourse

— Enfin, se dit Caroline, cette femme me dira sans doute quels sont ses moyens d'action.

Caroline se remet en observation. A trois heures environ, à travers les fleurs d'une jardinière qui fait comme un bocage à la fenêtre, elle regarde et s'écrie : — Deux vrais tourtereaux !

Pour ce samedi, Caroline invite monsieur et madame Deschars, le digne monsieur Fischtaminel, enfin les plus vertueux ménages de sa société. Tout est sous les armes chez Caroline : elle a commandé le plus délicat dîner, elle a sorti ses splendeurs des armoires ; elle tient à fêter le modèle des femmes.

— Vous allez voir, ma chère, dit-elle à madame Deschars au moment où toutes les femmes se regardent en silence, vous allez voir le plus adorable ménage du monde, nos voisins d'en face : un jeune homme blond d'une grâce infinie, et des manières... une tête à la lord Byron, et un vrai don Juan, mais fidèle ! il est fou de sa femme. La femme est charmante et a trouvé des secrets pour perpétuer l'amour, aussi peut-être devrai-je un regain de bonheur à cet exemple ; Adolphe, en les voyant, rougira de sa conduite, il...

On annonce : — Monsieur et madame Foullepointe.

Madame Foullepointe, jolie brune, la vraie Parisienne, une femme cambrée, mince, au regard brillant étouffé par de longs cils, mise délicieusement, s'assied sur le canapé. Caroline salue un gros monsieur à cheveux gris assez rares, qui suit cette Andalouse de Paris, et qui montre une figure et un ventre siléniques, un crâne beurre frais, un sourire papelard et libertin sur de bonnes grosses lèvres, un philosophe enfin ! Caroline regarde ce monsieur d'un air étonné.

— Monsieur Foullepointe, ma bonne, dit Adolphe en lui présentant ce digne quinquagénaire.

— Je suis enchantée, madame, dit Caroline en prenant un air aimable, que vous soyez venue avec votre beau-père (profonde sensation) ; mais nous aurons, j'espère, votre mari...

— Madame...

Tout le monde écoute et se regarde. Adolphe devient le point de mire de tous les yeux ; il est hébété d'étonnement ; il voudrait faire disparaître Caroline par une trappe, comme au théâtre.

— Voici monsieur Foullepointe, mon mari, dit madame Foullepointe.

Caroline devient alors d'un rouge écarlate en comprenant *l'école* qu'elle a faite, et Adolphe la foudroie d'un regard à trente-six becs de gaz.

— Vous le disiez jeune, blond... dit à voix basse madame Deschars.

Madame Foullepointe, en femme spirituelle, regarde audacieusement la corniche.

Un mois après, madame Foullepointe et Caroline deviennent intimes. Adolphe, très-occupé de madame Fischtaminel, ne fait aucune attention à cette dangereuse amitié, qui doit porter ses fruits ; car, sachez-le !

AXIOME.

Les femmes ont corrompu plus de femmes que les hommes n'en ont aimé.

## LE SOLO DE CORBILLARD.

Après un temps dont la durée dépend de la solidité des principes de Caroline, elle paraît languissante ; et quand, en la voyant étendue sur les divans comme un serpent au soleil, Adolphe, inquiet par décorum, lui dit : — Qu'as-tu, ma bonne ? que veux-tu ?

— Je voudrais être morte !

— Un souhait assez agréable et d'une gaieté folle...

— Ce n'est pas la mort qui m'effraye, moi, c'est la souffrance...

— Cela signifie que je ne te rends pas la vie heureuse !... Et voilà bien les femmes !

Adolphe arpente le salon en déblatérant ; mais il est arrêté net en voyant Caroline étanchant de son mouchoir brodé des larmes qui coulent assez artistement.

— Te sens-tu malade ?

— Je ne me sens pas bien. (Silence.) Tout ce que je désire, ce serait de savoir si je puis vivre assez pour voir ma petite mariée, car je sais maintenant ce que signifie ce mot si peu compris des jeunes personnes : *le choix d'un époux!* Va, cours à tes plaisirs : une femme qui songe à l'avenir, une femme qui souffre, n'est pas amusante ; va te divertir...

— Où souffres-tu ?

— Mon ami, je ne souffre pas ; je me porte à merveille, et n'ai besoin de rien ! Vraiment, je me sens mieux... — Allez, laissez-moi.

Cette première fois, Adolphe s'en va presque triste.

Huit jours se passent pendant lesquels Caroline ordonne à tous ses domestiques de cacher à monsieur l'état déplorable où elle se trouve : elle languit, elle sonne quand elle est près de défaillir, elle consomme beaucoup d'éther. Les gens apprennent enfin à monsieur l'héroïsme conjugal de madame, et Adolphe reste un soir après dîner et voit sa femme embrassant à outrance sa petite Marie.

— Pauvre enfant ! il n'y a que toi qui me fais regretter mon avenir ! Oh ! mon Dieu, qu'est-ce que la vie ?

— Allons, mon enfant, dit Adolphe, pourquoi se chagriner ?

— Oh ! je ne me chagrine pas !... la mort n'a rien qui m'effraye... je voyais ce matin un enterrement, et je trouvais le mort bien heureux ! Comment se fait-il que je ne pense qu'à mourir ?... Est-ce une maladie ?... Il me semble que je mourrai de ma main.

Plus Adolphe tente d'égayer Caroline, plus Caroline s'enveloppe dans les crêpes d'un deuil à larmes continues. Cette seconde fois, Adolphe reste et s'ennuie. Puis à la troisième attaque à larmes forcées, il sort sans aucune tristesse. Enfin, il se blase sur ces plaintes éternelles, sur ces attitudes de mourant, sur ces larmes de crocodile. Et il finit par dire : — Si tu es malade, Caroline, il faut voir un médecin...

— Comme tu voudras ! cela finira plus promptement ainsi, cela me va... Mais alors, amène un fameux médecin.

Au bout d'un mois, Adolphe, fatigué d'entendre l'air funèbre que Caroline lui joue sur tous les tons, amène un grand médecin. A Paris, les médecins sont tous des gens d'esprit, et ils se connaissent admirablement en Nosographie conjugale.

— Eh bien! madame, dit le grand médecin, comment une si jolie femme s'avise-t-elle d'être malade?

— Oui, monsieur, de même que le nez du père Aubry, j'aspire à la tombe...

Caroline, par égard pour Adolphe, essaye de sourire.

— Bon! cependant vous avez les yeux vifs : ils souhaitent peu nos infernales drogues...

— Regardez-y bien, docteur, la fièvre me dévore, une petite fièvre imperceptible, lente...

Et elle arrête le plus malicieux de ses regards sur l'illustre docteur, qui se dit en lui-même : — Quels yeux !...

— Bien, voyons la langue? dit-il tout haut.

Caroline montre sa langue de chat entre deux rangées de dents blanches comme celles d'un chien.

— Elle est un peu chargée, au fond ; mais vous avez déjeuné... fait observer le grand médecin, qui se tourne vers Adolphe.

— Rien, répond Caroline, deux tasses de thé...

Adolphe et l'illustre docteur se regardent, car le docteur se demande qui, de madame ou de monsieur, se moque de lui.

— Que sentez-vous? demande gravement le docteur à Caroline.

— Je ne dors pas.

— Bon!

— Je n'ai pas d'appétit...

— Bien!

— J'ai des douleurs, là...

Le médecin regarde l'endroit indiqué par Caroline.

— Très-bien, nous verrons cela tout à l'heure... Après ?...

— Il me passe des frissons par moments...

— Bon!

— J'ai des tristesses, je pense toujours à la mort, j'ai des idées de suicide

— Ah! vraiment?

— Il me monte des feux à la figure; tenez, j'ai constamment des tressaillements dans la paupière...

— Très-bien : nous nommons cela un *trismus*.

Le docteur explique pendant un quart d'heure, en employant les termes les plus scientifiques, la nature du *trismus*, d'où il résulte que le *trismus* est le *trismus* ; mais il fait observer avec la plus grande modestie que, si la science sait que le *trismus* est le *trismus*, elle ignore entièrement la cause de ce mouvement nerveux, qui va, vient, passe, reparaît... — Et, dit-il, nous avons reconnu que c'était purement nerveux.

— Est-ce bien dangereux ? demanda Caroline inquiète.
— Nullement. Comment vous couchez-vous ?
— En rond.
— Bien ; sur quel côté ?
— A gauche.
— Bien ; combien avez-vous de matelas à votre lit ?
— Trois.
— Bien ; y a-t-il un sommier ?
— Mais, oui...
— Quelle est la substance du sommier ?
— Le crin.
— Bon. Marchez un peu devant moi ?... Oh ! mais naturellement, et comme si nous ne vous regardions pas...

Caroline marche à la Elssler, en agitant *sa tournure* de la façon la plus andalouse.

— Vous ne sentez pas un peu de pesanteur dans les genoux ?
— Mais... non... (Elle revient à sa place.) Mon Dieu, quand on s'examine... il me semble maintenant que oui...
— Bon. Vous êtes restée à la maison depuis quelque temps ?
— Oh ! oui, monsieur, beaucoup trop... et seule.
— Bien, c'est cela. Comment vous coiffez-vous pour la nuit ?
— Un bonnet brodé, puis quelquefois par-dessus un foulard...
— Vous n'y sentez pas des chaleurs... une petite sueur ?...
— En dormant, cela me semble difficile.
— Vous pourriez trouver votre linge humide à l'endroit du front en vous réveillant ?
— Quelquefois.
— Bon. Donnez-moi votre main.

Le docteur tire sa montre.

— Vous ai-je dit que j'ai des vertiges ? dit Caroline.
— Chut !... fait le docteur qui compte les pulsations. Est-ce le soir ?...
— Non, le matin.
— Ah ! diantre, des vertiges le matin, dit-il en regardant Adolphe.

— Eh bien! que dites-vous de l'état de madame ? demande Adolphe.

— Le duc de G. n'est pas allé à Londres, dit le grand médecin en étudiant la peau de Caroline, et l'on en cause beaucoup au faubourg Saint-Germain.

— Vous avez des malades ? demande Caroline.

— Presque tous les miens y sont... Eh! mon Dieu ! j'en ai sept à voir ce matin, dont quelques-uns sont en danger...

Le docteur se lève.

— Que pensez-vous de moi, monsieur ? dit Caroline.

— Madame, il faut des soins, beaucoup de soins, prendre des adoucissants, de l'eau de guimauve, un régime doux, viandes blanches, faire beaucoup d'exercice.

— En voilà pour vingt francs, se dit en lui-même Adolphe en souriant.

Le grand médecin prend Adolphe par le bras, et l'emmène en se faisant reconduire; Caroline les suit sur la pointe du pied.

— Mon cher, dit le grand médecin, je viens de traiter fort légèrement madame, il ne fallait pas l'effrayer, ceci vous regarde plus que vous ne pensez... Ne négligez pas trop madame; elle est d'un tempérament puissant, d'une santé féroce. *Tout cela* réagit sur elle. La nature a ses lois, qui, méconnues, se font obéir. Madame peut arriver à un état morbide qui vous ferait cruellement repentir de l'avoir négligée... Si vous l'aimez, aimez-la ; si vous ne l'aimez plus, et que vous teniez à conserver la mère de vos enfants, la décision à prendre est un cas d'hygiène, mais elle ne peut venir que de vous!...

— Comme il m'a compris !... se dit Caroline. Elle ouvre la porte et dit : — Docteur, vous ne m'avez pas écrit les doses !...

Le grand médecin sourit, salue et glisse dans sa poche une pièce de vingt francs en laissant Adolphe entre les mains de sa femme, qui le prend et lui dit : — Quelle est la vérité sur mon état?... faut-il me résigner à mourir ?...

— Eh ! il m'a dit que tu as trop de santé ! s'écrie Adolphe impatienté.

Caroline s'en va pleurer sur son divan.

— Qu'as-tu ?

— J'en ai pour longtemps... Je te gêne, tu ne m'aimes plus... Je ne veux plus consulter ce médecin-là... Je ne sais pas pourquoi madame Foullepointe m'a conseillé de le voir, il ne m'a dit que des sottises !... et je sais mieux que lui ce qu'il me faut...

— Que te faut-il ?...

— Ingrat, tu le demandes ? dit-elle en posant sa tête sur l'épaule 'Adolphe.

Adolphe, effrayé, se dit : — Il a raison, le docteur, elle peut devenir d'une exigence maladive, et que deviendrai-je, moi ?... Me voilà forcé d'opter entre la folie physique de Caroline ou quelque petit cousin.

Caroline chante alors une mélodie de **Schubert** avec l'exaltation d'une hypocondriaque.

# DEUXIÈME PARTIE

## SECONDE PRÉFACE

Si vous avez pu comprendre ce livre... (et l'on vous fait un honneur infini par cette supposition : l'auteur le plus profond ne comprend pas toujours, l'on peut même dire ne comprend jamais les différents sens de son livre, ni sa portée, ni le bien ni le mal qu'il cause), si donc vous avez prêté quelque attention à ces petites scènes de la vie conjugale, vous aurez peut-être remarqué leur couleur...

— Quelle couleur? demandera sans doute un épicier, les livres sont couverts en jaune, en bleu, revers de botte, vert-pâle, gris-perle, blanc.

Hélas! les livres ont une autre couleur, ils sont teints par l'auteur, et quelques écrivains empruntent leur coloris. Certains livres déteignent sur d'autres. Il y a mieux. Les livres sont blonds ou bruns, châtain-clair ou roux. Enfin ils ont un sexe aussi! Nous nnaissons des livres mâles et des livres femelles, des livres qui, ose déplorable, n'ont pas de sexe, ce qui, nous l'espérons, n'est as le cas de celui-ci, en supposant que vous fassiez à cette colction de sujets nosographiques l'honneur de l'appeler un livre.

Jusqu'ici, toutes ces misères sont des misères infligées uniquement par la femme à l'homme. Vous n'avez donc encore vu que le côté mâle du livre. Et, si l'auteur a réellement l'ouïe qu'on lui suppose, il a déjà surpris plus d'une exclamation ou d'une déclamation de femme furieuse :

— On ne nous parle que des misères souffertes par ces messieurs, aura-t-elle dit, comme si nous n'avions pas nos petites misères aussi!...

O femmes! vous avez été entendues, car si vous n'êtes pas toujours comprises, vous vous faites toujours très-bien entendre!...

Donc, il serait souverainement injuste de faire porter sur vous seules les reproches que tout être social mis sous le joug (*conjungium*) a le droit d'adresser à cette institution nécessaire, sacrée, utile, éminemment conservatrice, mais tant soit peu gênante, et d'un porter difficile aux entournures, ou quelquefois trop facile aussi.

J'irai plus loin! Cette partialité serait évidemment du crétinisme.

Un homme, non écrivain, car il y a bien des hommes dans un écrivain, un auteur donc, doit ressembler à Janus : voir en avant et en arrière, se faire rapporteur, découvrir toutes les faces d'une idée, passer alternativement dans l'âme d'Alceste et dans celle de Philinte, ne pas tout dire et néanmoins tout savoir, ne jamais ennuyer, et...

N'achevons pas ce programme, autrement nous dirions tout, et ce serait effrayant pour tous ceux qui réfléchissent aux conditions de la littérature.

D'ailleurs un auteur qui prend la parole au milieu de son livre fait l'effet du bonhomme dans *le Tableau parlant,* quand il met son visage à la place de la peinture. L'auteur n'oublie pas qu'à la Chambre on ne prend point la parole *entre deux épreuves.* Assez donc!

Voici maintenant le côté femelle du livre; car, pour ressembler parfaitement au mariage, ce livre doit être plus ou moins androgyne.

## LES MARIS DU SECOND MOIS.

Deux jeunes mariées, deux amies de pension, Caroline et Stéphanie, intimes au pensionnat de mademoiselle Mâchefer, une des plus célèbres maisons d'éducation du faubourg Saint-Honoré, se trouvaient au bal chez madame de Fischtaminel, et la conversation suivante eut lieu dans l'embrasure d'une croisée du boudoir.

Il faisait si chaud, qu'un homme avait eu, bien avant les deux jeunes femmes, l'idée de venir respirer l'air de la nuit; il s'était placé dans l'angle même du balcon, et, comme il se trouvait beaucoup de fleurs devant la fenêtre, les deux amies purent se croire seules. Cet homme était le meilleur ami de l'auteur.

L'une des deux jeunes mariées, posée à l'angle de l'embrasure, faisait en quelque sorte le guet en regardant le boudoir et les salons. L'autre avait pris position dans l'embrasure en s'y serrant de manière à ne pas recevoir le courant d'air, tempéré d'ailleurs par des rideaux de mousseline et des rideaux de soie.

Ce boudoir était désert, le bal commençait, les tables de jeu restaient ouvertes, offrant leurs tapis verts et montrant des cartes encore serrées dans le frêle étui que leur impose la Régie. On dansait la seconde contredanse.

Tous ceux qui vont au bal connaissent cette phase des grandes soirées où tout le monde n'est pas arrivé, mais où les salons sont déjà pleins, et qui cause un moment de terreur à la maîtresse de la maison. C'est, toute comparaison gardée, un instant semblable à celui qui décide de la victoire ou de la perte d'une bataille.

Vous comprenez alors comment ce qui devait être un secret bien gardé peut avoir aujourd'hui les honneurs de l'impression.

— Eh bien! Caroline?
— Eh bien! Stéphanie?
— Eh bien?
— Eh bien?
Un double soupir.
— Tu ne te souviens plus de nos conventions?
— Si...
— Pourquoi donc n'es-tu pas venue me voir?
— On ne me laisse jamais seule, nous avons à peine le temps de causer ici...
— Ah! si mon Adolphe prenait ces manières-là! s'écria Caroline.
— Tu nous a bien vus, Armand et moi, quand il me faisait ce qu'on nomme, je ne sais pourquoi, la cour...
— Oui, je l'admirais, je te trouvais bien heureuse, tu trouvais ton idéal, toi! un bel homme, toujours si bien mis, en gants jaunes, la barbe faite, bottes vernies, linge blanc, la propreté la plus exquise, aux petits soins...
— Va, va, toujours.
— Enfin un homme comme il faut; son parler était d'une douceur féminine, pas la moindre brusquerie. Et des promesses de

bonheur, de liberté! Ses phrases étaient plaquées de palissandre. Il meublait ses paroles de châles et de dentelles. On entendait rouler dans les moindres mots, des chevaux et des voitures. Ta corbeille était d'une magnificence millionnaire. Armand me faisa l'effet d'un mari de velours, d'une fourrure de plumes d'oisea dans laquelle tu allais t'envelopper.

— Caroline, mon mari prend du tabac.
— Eh bien! le mien fume...
— Mais le mien en prend, ma chère, comme en prenait, dit-on, Napoléon, et j'ai le tabac en horreur; il l'a su, le monstre, et s'en est passé pendant sept mois...
— Tous les hommes ont de ces habitudes, il faut absolument qu'ils prennent quelque chose.
— Tu n'as aucune idée des supplices que j'endure. La nuit, je suis réveillée en sursaut par un éternument. En m'endormant, j'ai fait des mouvements qui m'ont mis le nez sur des grains de tabac semés sur l'oreiller, je les aspire, et je saute comme une mine. Il paraît que ce scélérat d'Armand est habitué à cette *surprise*, il ne s'éveille point. Je trouve du tabac partout, et je n'ai pas, après tout, épousé la Régie.
— Qu'est-ce que c'est que ce petit inconvénient, ma chère enfant, si ton mari est un bon enfant et d'un bon naturel!
— Ah bien! il est froid comme un marbre, compassé comme un vieillard, causeur comme une sentinelle, et c'est un de ces hommes qui disent oui à tout, mais qui ne font rien que ce qu'ils veulent.
— Dis-lui non.
— C'est essayé.
— Eh bien?
— Eh bien! il m'a menacée de réduire ma pension de ce qui lui serait nécessaire pour se passer de moi...
— Pauvre Stéphanie! ce n'est pas un homme, c'est un monstre...
— Un monstre calme et méthodique, à faux toupet, qui, tous les soirs...
— Tous les soirs?...
— Attends donc!... qui tous les soirs prend un verre d'eau pour y mettre sept fausses dents.
— Quel piège que ton mariage! Enfin Armand est riche?
— Qui sait?

— Oh! mon Dieu! mais tu me fais l'effet de devenir avant peu très-malheureuse... ou très-heureuse.

— Et toi, ma petite?

— Moi, jusqu'à présent je n'ai qu'une épingle qui me pique dans mon corset; mais c'est insupportable.

— Pauvre enfant! tu ne connais pas ton bonheur. Allons, dis.

Ici la jeune femme parla si bien à l'oreille de l'autre, qu'il fut impossible d'entendre un seul mot. La conversation recommença ou plutôt finit par une sorte de conclusion.

— Ton Adolphe est jaloux?

— De qui? nous ne nous quittons pas, et c'est là, ma chère, une misère. On n'y tient pas. Je n'ose pas bâiller, je suis toujours en représentation de femme aimante. C'est fatigant.

— Caroline?

— Eh bien?

— Ma petite, que vas-tu faire?

— Me résigner. Et toi?

— Combattre la Régie...

Cette petite misère tend à prouver qu'en fait de déceptions personnelles, les deux sexes sont bien quittes l'un envers l'autre.

## LES AMBITIONS TROMPÉES.

### § I. — L'ILLUSTRE CHODOREILLE.

Un jeune homme a quitté sa ville natale au fond de quelque département marqué par monsieur Charles Dupin en couleur plus ou moins foncée. Il avait pour vocation la gloire, n'importe laquelle : supposez un peintre, un romancier, un journaliste, un poëte, un grand homme d'État.

Pour être parfaitement compris, le jeune Adolphe de Chodoreille voulait faire parler de lui, devenir célèbre, être quelque chose. Ceci donc s'adresse à la masse des ambitieux amenés à Paris par tous les véhicules possibles, soit moraux, soit physiques, et qui s'y élancent un beau matin avec l'intention hydrophobique de renverser toutes les renommées, de se bâtir un piédestal avec des ruines à faire, jusqu'à ce que désillusion s'ensuive. Comme il s'agit de formuler ce fait normal qui caractérise notre époque, prenons de tous ces personnages celui que l'auteur a nommé ailleurs UN GRAND HOMME DE PROVINCE.

Adolphe a compris que le plus admirable commerce est celui qui consiste à payer chez un papetier une bouteille d'encre, un paquet de plumes et une rame de papier coquille douze francs cinquante centimes, et de revendre les deux mille feuillets que fournit la rame, en coupant chaque feuille en quatre, quelque chose comme cinquante mille francs, après toutefois y avoir écrit sur chaque feuillet cinquante lignes pleines de style et d'imagination.

Ce problème, de douze francs cinquante centimes métamorphosés en cinquante mille francs, à raison de vingt-cinq centimes chaque ligne, stimule bien des familles qui pourraient employer leurs membres utilement au fond des provinces, à les lancer dans l'enfer de Paris.

Le jeune homme, objet de cette exportation, semble toujours à toute sa ville avoir autant d'imagination que les plus fameux auteurs. Il a toujours fait d'excellentes études, il écrit d'assez jolis vers, il passe pour un garçon d'esprit; enfin il est souvent coupable d'une charmante nouvelle insérée dans le journal de l'endroit, laquelle a soulevé l'admiration du département.

Comme ces pauvres parents ignoreront éternellement ce que leur fils vient apprendre à grand'peine à Paris, à savoir : Qu'il est difficile d'être un écrivain et de connaître la langue française avant une douzaine d'années de travaux herculéens; — Qu'il faut avoir fouillé toute la vie sociale pour être un vrai romancier, vu que le roman est l'histoire privée des nations; — Que les grands conteurs (Ésope, Lucien, Boccace, Rabelais, Cervantès, Swift, la Fontaine, Lesage, Sterne, Voltaire, Walter Scott, les Arabes inconnus des *Mille et une Nuits*) sont tous des hommes de génie autant que des colosses d'érudition.

Leur Adolphe fait son apprentissage en littérature dans plusieurs cafés, devient membre de la société des Gens de lettres, attaque à tort et à travers des hommes à talent qui ne lisent pas ses articles, revient à des sentiments plus doux en voyant l'insuccès de sa critique, apporte des nouvelles aux journaux qui se les renvoient comme sur des raquettes; et, après cinq à six années d'exercices plus ou moins fatigants, d'horribles privations très-coûteuses à ses parents, il *arrive à une certaine position.*

Voici quelle est cette position. Grâce à une sorte d'assurance mutuelle des faibles entre eux, et qu'un écrivain assez ingénieux a nommée la *camaraderie,* Adolphe voit son nom souvent cité parmi les noms célèbres, soit dans les prospectus de la librairie, soit dans les annonces des journaux qui promettent de paraître. Les libraires impriment le titre d'un de ses ouvrages à cette menteuse rubrique : SOUS PRESSE, qu'on pourrait appeler la ménagerie typographique des ours (1). On comprend quelquefois Chodoreille parmi les hommes d'espérance de la jeune littérature.

Adolphe de Chodoreille reste onze ans dans les rangs de la jeune littérature : il devient chauve en gardant sa distance dans la jeune littérature ; mais il finit par obtenir ses entrées aux théâtres, grâce à d'obscurs travaux, à des critiques dramatiques ; il essaye de se faire prendre pour un *bon enfant;* et à mesure qu'il perd des illusions sur la gloire, sur le monde de Paris, il gagne des dettes et des années.

Un journal aux abois lui demande un de ses ours corrigé par des amis, léché, pourléché de lustre en lustre, et qui sent la pommade de chaque genre à la mode et oublié. Ce livre devient pour Adolphe ce qu'est pour le caporal Trim ce fameux bonnet qu'il met toujours en jeu, car pendant cinq ans *Tout pour une Femme* (titre définitif) sera l'un des plus charmants ouvrages de notre époque.

En onze ans, Chodoreille passe pour avoir publié des travaux estimables, cinq ou six nouvelles dans des revues nécropoliques, dans des journaux de femmes, dans des ouvrages destinés à la plus tendre enfance.

Enfin, comme il est garçon, qu'il possède un habit, un pantalon de casimir noir, qu'il peut se déguiser quand il le veut en diplomate élégant, qu'il ne manque pas d'un certain air intelligent, il est admis dans quelques salons plus ou moins littéraires ; il salue les cinq ou six académiciens qui ont du génie, de l'influence ou

(1) On appelle un *ours* une pièce refusée à beaucoup de théâtres, et qui finit par être représentée dans certains moments où quelque directeur éprouve le besoin d'un ours. Ce mot a nécessairement passé de la langue des coulisses dans l'argot du journalisme, et s'est appliqué aux romans qui se promènent. On devrait appeler ours blanc celui de la librairie, et les autres des ours noirs.

du talent, il peut aller chez deux ou trois de nos grands poëtes, il se permet dans les cafés d'appeler par leur petit nom les deux ou trois femmes célèbres à juste titre de notre époque; il est d'ailleurs au mieux avec les bas-bleus du second ordre, qui devraient être appelées *des chaussettes*, et il en est aux poignées de main et aux petits verres d'absinthe avec les astres des petits journaux.

Ceci est l'histoire des médiocrités en tout genre, auxquelles il a manqué ce que les titulaires appellent le bonheur. Ce bonheur, c'est la volonté, le travail continu, le mépris de la renommée obtenue facilement, une immense instruction, et la patience qui, selon Buffon, serait tout le génie, mais qui certes en est la moitié.

Vous n'apercevez pas encore trace de petite misère pour Caroline. Vous croyez que cette histoire de cinq cents jeunes gens occupés à polir en ce moment les pavés de Paris est écrite en façon d'avis aux familles des quatre-vingt-six départements; mais lisez ces deux lettres échangées entre deux amies différemment mariées, vous comprendrez qu'elle était nécessaire, autant que le récit par lequel jadis commençait tout bon mélodrame, et nommé l'avant-scène... Vous devinerez les savantes manœuvres du paon parisien faisant la roue au sein de sa ville natale et fourbissant dans des arrière-pensées matrimoniales les rayons d'une gloire qui, semblables à ceux du soleil, ne sont chauds et brillants qu'à de grandes distances.

DE MADAME CLAIRE DE LA ROULANDIÈRE, NÉE JUGAULT, A MADAME
ADOLPHE DE CHODOREILLE, NÉE HEURTAUT.

« Viviers.

» Tu ne m'as pas encore écrit, ma chère Caroline, et c'est bien
» mal à toi. N'était-ce pas à la plus heureuse de commencer et de
» consoler celle qui restait en province!

» Depuis ton départ pour Paris, j'ai donc épousé monsieur de La
» Roulandière, le président du tribunal. Tu le connais, et tu sais
» si je puis être satisfaite en ayant le cœur *saturé* de nos idées.
» Je n'ignorais pas mon sort : je vis entre l'ancien président,
» l'oncle de mon mari, et ma belle-mère, qui de l'ancienne so-
» ciété parlementaire d'Aix n'a gardé que la morgue, la sévérité
» de mœurs. Je suis rarement seule, je ne sors qu'accompagnée
» de ma belle-mère ou de mon mari. Nous recevons tous les gens

» graves de la ville le soir. Ces messieurs font un whist à deux
» sous la fiche, et j'entends des conversations dans ce genre-ci :
» Monsieur Vitremont est mort, il laisse deux cent quatre-vingt
» mille francs de fortune... dit le substitut, un jeune homme de
» quarante-sept ans, amusant comme le mistral. — Êtes-vous bien
» certain de cela ?...

» — Cela, c'est les deux cent quatre-vingt mille francs. Un pe-
» tit juge pérore, il raconte les placements, on discute les valeurs,
» et il est acquis à la discussion que, *s'il n'y a pas deux cent
» quatre-vingt mille francs, on en sera bien près...*

» Là-dessus concert général d'éloges donnés à ce mort, pour
» avoir tenu le pain sous la clef, pour avoir *plaçoté* ses éconono-
» mies, mis sou sur sou, afin probablement que toute la ville et
» tous les gens qui ont des successions à espérer battissent ainsi
» des mains en s'écriant avec admiration : — Il laisse deux cent
quatre-vingt mille francs !... Et chacun a des parents malades
» de qui l'on dit : — Laissera-t-il quelque chose d'approchant ?.
» et l'on discute le *vif* comme on a discuté le *mort.*

» On ne s'occupe que des probabilités de fortune, ou des pro-
» babilités de vacance dans les places, et des probabilités de ré-
» colte.

» Quand, dans notre enfance, nous regardions ces jolies petites
» souris blanches à la fenêtre du savetier de la rue Saint-Maclou,
» faisant tourner la cage ronde où elles étaient enfermées, pou-
» vais-je savoir que ce serait une fidèle image de mon avenir ?...

» Être ainsi, moi qui de nous deux agitais le plus mes ailes,
» dont l'imagination était la plus vagabonde! j'ai péché plus que
» toi, je suis la plus punie. J'ai dit adieu à mes rêves : je suis ma-
» dame la présidente *gros comme le bras*, et je me résigne à
» donner le bras à ce grand diable de monsieur de La Roulandière
» pendant quarante ans, à vivre menu de toute manière et à voir
» deux gros sourcils sur deux yeux vairons dans une figure jaune,
laquelle ne saura jamais ce qu'est un sourire.

» Mais toi, ma chère Caroline, toi qui, soit dit entre nous, étais
» dans les *grandes* quand je frétillais dans les *petites*, toi qui ne
» péchais que par orgueil, à vingt-sept ans, avec deux cent mille
» francs de fortune, tu captures et tu captives un grand homme,
» un des hommes les plus spirituels de Paris, un des deux hom-
» mes à talent que notre ville ait produits !... quelle chance !

» Maintenant tu te trouves dans le milieu le plus brillant de
» Paris. Tu peux grâces aux sublimes priviléges du génie, aller
» dans tous les salons du faubourg Saint-Germain, y être bien ac-
» cueillie. Tu jouis des jouissances exquises de la société des deux
» ou trois femmes célèbres de notre temps, où il se fait tant d'es-
» prit, dit-on, où se disent ces mots qui nous arrivent ici comme
» des fusées à la Congrève. Tu vas chez le baron Schinner, de qui
» nous parlait tant Adolphe, où vont tous les grands artistes, tous
» les illustres étrangers. Enfin, dans quelque temps tu seras une
» des reines de Paris, si tu le veux. Tu peux aussi recevoir, tu
» verras chez toi les lionnes, les lions de la littérature, du grand
» monde et de la finance, car Adolphe nous parlait de ses amitiés
» illustres et de ses liaisons avec les favoris de la mode en de tels
» termes, que je te vois fêtée en fêtant.

» Avec tes dix mille francs de rente et la succession de ta tante
» Carabès, avec les vingt mille francs que gagne ton mari, vous
» devez avoir équipage ; et, comme tu vas à tous les théâtres sans
» payer, comme les journalistes sont des héros de toutes les inau-
» gurations ruineuses pour qui veut suivre le mouvement parisien,
» qu'on les invite tous les jours à dîner, tu vis comme si tu avais
» soixante mille francs de rente !... Ah ! tu es heureuse, toi ! aussi
» m'oublies-tu !

» Eh bien, je comprends que tu n'as pas un instant à toi. Ton
» bonheur est la cause de ton silence, je te pardonne. Allons, un
» jour, si, fatiguée de tant de plaisirs, du haut de ta grandeur, tu
» penses encore à ta pauvre Claire, écris-moi, raconte-moi ce
» qu'est un mariage avec un grand homme... peins-moi ces gran-
» des dames de Paris, surtout celles qui écrivent... oh ! je vou-
» drais bien savoir *en quoi elles sont faites;* enfin n'oublie rien,
» si tu n'oublies pas que tu es aimée *quand même* par ta pauvre

» CLAIRE JUGAULT. »

---

MADAME ADOLPHE DE CHODOREILLE A MADAME LA PRÉSIDENTE
DE LA ROULANDIÈRE, A VIVIERS.

« Paris.

» Ah ! ma pauvre Claire, si tu savais combien de petites douleurs ta lettre ingénue a réveillées, non, tu ne me l'aurais pas

» écrite. Aucune amie, une ennemie même, en voyant à une
» femme un appareil sur mille piqûres de moustiques, ne l'arrache
» pas pour s'amuser à les compter...

» Je commence par te dire que, pour une fille de vingt-sept
» ans, d'une figure encore passable, mais d'une taille un peu trop
» empereur Nicolas pour l'humble rôle que je joue, je suis heu-
» reuse !... Voici pourquoi : Adolphe, heureux des déceptions qui
» sont tombées sur moi comme une grêle, panse les plaies de mon
» amour-propre par tant d'affection, par tant de petits soins, tant
» de charmantes choses, qu'en vérité les femmes voudraient, en
» tant que femmes, trouver à l'homme qu'elles épousent des torts
» si profitables ; mais tous les gens de lettres (Adolphe est, hélas !
» à peine un homme de lettres), qui sont des êtres non moins ir-
» ritables, nerveux, changeants et bizarres que les femmes, ne
» possèdent pas des qualités aussi solides que celles d'Adolphe,
» et j'espère qu'ils n'ont pas été tous aussi malheureux que lui.

» Hélas ! nous nous aimons assez toutes les deux pour que je te
» dise la vérité. J'ai sauvé mon mari, ma chère, d'une profonde
» misère habilement cachée. Loin de toucher vingt mille francs
» par an, il ne les a pas gagnés dans les quinze années qu'il a pas-
» sées à Paris. Nous sommes logés à un troisième étage de la rue
» Joubert, qui nous coûte douze cents francs, et il nous reste
» sur nos revenus environ huit mille cinq cents francs avec les-
» quels je tâche de nous faire vivre honorablement.

» Je lui porte bonheur : Adolphe, depuis son mariage, a eu la
» direction d'un feuilleton et trouve quatre cents francs par mois
» dans cette occupation, qui d'ailleurs lui prend peu de temps.
» Il a dû cette place à un placement. Nous avons employé les
» soixante-dix mille francs de succession de ma tante Carabès au
« cautionnement du journal, on nous donne neuf pour cent, et
» nous avons en outre des actions. Depuis cette affaire, conclue
» depuis dix mois, nos revenus ont doublé, l'aisance est venue. Je
» n'ai pas plus à me plaindre de mon mariage comme affaire d'ar-
» gent que comme affaire de cœur. Mon amour-propre a seul
» souffert, et mes ambitions ont sombré. Tu vas comprendre
» toutes les petites misères qui m'ont assaillie, par la première.

» Adolphe nous avait paru très-bien avec la fameuse baronne
» Schinner, si célèbre par son esprit, par son influence, par sa
» fortune et par ses liaisons avec les hommes célèbres ; j'ai cru

» qu'il était reçu chez elle en qualité d'ami; mon mari m'y pré-
» sente, je suis reçue assez froidement. J'aperçois des salons d'un
» luxe effrayant; et au lieu de voir madame Schinner me rendre
» ma visite, je reçois une carte, à vingt jours de date et à une
» heure insolemment indue.

» A mon arrivée à Paris, je me promène sur les boulevards,
» fière de mon grand homme anonyme; il me donne un coup de
» coude et me dit en me désignant à l'avance un gros petit homme,
» assez mal vêtu : — « Voila un tel ! » Il me nomme une des sept
» ou huit illustrations européennes de la France. J'apprête mon
» air admiratif, et je vois Adolphe saluant avec une sorte de bon-
» heur le vrai grand homme, qui lui répond par le petit salut
» écourté qu'on accorde à un homme avec lequel on a sans doute
» à peine échangé quatre paroles en dix ans. Adolphe avait quêté
» sans doute un regard à cause de moi. — Il ne te connaît pas ?
» dis-je à mon mari. — Si, mais il m'aura pris pour un autre, me
» répond Adolphe.

» Ainsi des poëtes, ainsi des musiciens célèbres, ainsi des
» hommes d'État. Mais, en revanche, nous causons pendant dix
» minutes devant quelque passage avec messieurs Armand du Can-
» tal, Georges Beaunoir, Félix Verdoret, de qui tu n'as jamais
» entendu parler. Mesdames Constantine Ramachard, Anaïs Crot-
» tat et Lucienne Vouillon viennent nous voir et me menaçent de
» leur amitié *bleue*. Nous recevons à dîner des directeurs de jour-
» naux inconnus dans notre province. Enfin, j'ai eu le doulou-
» reux bonheur de voir Adolphe refusant une invitation à une
» soirée de laquelle j'étais exclue.

» Oh ! ma chère, le talent est toujours la fleur rare, croissant
» spontanément, et qu'aucune horticulture de serre chaude ne
» peut obtenir. Je ne m'abuse point : Adolphe est une médiocrité
» connue, jaugée; il n'a pas d'autre chance, comme il le dit, que
» de se caser dans les *utilités* de la littérature. Il ne manquait pas
» d'esprit à Viviers; mais pour être un homme d'esprit à Paris,
» on doit posséder tous les genres d'esprit à des doses désespé-
» rantes.

» J'ai pris de l'estime pour Adolphe; car apres quelques petits
» mensonges, il a fini par m'avouer sa position, et, sans s'humi-
» lier outre mesure, il m'a promis le bonheur. Il espère arriver,
» comme tant de médiocrités, à une place quelconque, à un em-

ploi de sous-bibliothécaire, à une gérance de journal. Qui sait
» si nous ne le ferons pas nommer député plus tard à Viviers?

» Nous vivons obscurément ; nous avons cinq ou six amis et
» amies qui nous conviennent, et voilà cette brillante existence
» que tu dorais de toutes les splendeurs sociales.

» De temps en temps j'essuie quelque bourrasque, j'attrape
» quelque coup de langue. Ainsi, hier, à l'Opéra, dans le foyer,
» où je me promenais, j'entends un des plus méchants hommes
» d'esprit, Léon de Lora, disant à l'un de nos plus célèbres criti-
» ques : — Avouez qu'il faut être bien Chodoreille pour aller
» découvrir au bord du Rhône le peuplier de la Caroline ! — Bah !
» a répondu l'autre, il est bourgeonné. Ils avaient entendu mon
« mari me donnant mon petit nom. Et moi, qui passais pour belle
« à Viviers, qui suis grande, bien faite et encore assez grasse pour
» faire le bonheur d'Adolphe ! Voilà comment j'apprends qu'il en
» est à Paris de la beauté des femmes comme de l'esprit des
» hommes de province.

» Enfin, si c'est là ce que tu veux savoir, je ne suis rien; mais
» si tu veux apprendre jusqu'où va ma philosophie, eh bien ! je
» suis assez heureuse d'avoir rencontré dans mon faux grand
» homme un homme ordinaire.

» Adieu, chère amie, de nous deux, comme tu le vois, c'est
» encore moi qui, malgré mes déceptions et les petites misères de
» ma vie, suis la mieux partagée ; Adolphe est jeune, et c'est un
» homme charmant.

» CAROLINE HEURTAUT. »

La réponse de Claire, entre autre phrases, contenait celle-ci :
» J'espère que le bonheur anonyme dont tu jouis se continuera,
» grâce à ta philosophie. » Claire, comme toutes les amies intimes,
se vengeait de son président sur l'avenir d'Adolphe.

## § II. — UNE NUANCE DU MÊME SUJET.

« *(Lettre trouvée dans un coffret, un jour qu'elle me fit longtemps*
» *attendre en son cabinet pendant qu'elle essayait de renvoyer une*
» *amie importune qui n'entendait pas le français sous-entendu dans le*
» *jeu de la physionomie et dans l'accent des paroles. J'attrapai un*
» *rhume, mais j'eus cette lettre.)* »

Cette note pleine de fatuité se trouvait sur un papier que les clercs de notaire jugèrent sans importance lors de l'inventaire de feu M. Ferdinand de Bourgarel, que la politique, les arts, les amours ont eu la douleur de pleurer récemment, et en qui la grande maison des Borgarelli de Provence a fini, car Bourgarel est, comme on sait, la corruption de Borgarelli, comme les Girardin français celle des Ghérardini de Florence.

Un lecteur intelligent reconnaîtra sans peine à quelle époque de la vie d'Adolphe et de Caroline se rapporte cette lettre.

« Ma chère amie,

» Je croyais me trouver heureuse en épousant un artiste aussi
» supérieur par ses talents que par ses moyens personnels, égale-
» ment grand et comme caractère et comme esprit, plein de con-
» naissances, en voie de s'élever par la route publique sans être
» obligé d'aller dans les chemins tortueux de l'intrigue ; enfin,
» tu connais Adolphe, tu l'as apprécié : je suis aimée, il est père,
» j'idolâtre nos enfants. Adolphe est excellent pour moi, je l'aime
» et je l'admire ; mais, ma chère, dans ce complet bonheur, il se
» trouve une épine. Les roses sur lesquelles je suis couchée ont
» plus d'un pli. Dans le cœur des femmes, les plis deviennent
» promptement des blessures. Ces blessures saignent bientôt, le
» mal augmente, on souffre, la souffrance éveille des pensées, les
» pensées s'étalent et se changent en sentiment. Ah ! ma chère, tu
» le sauras, et c'est cruel à se dire, mais nous vivons autant par la
» vanité que par l'amour. Pour ne vivre que d'amour, il ne fau-
» drait pas habiter Paris. Que nous importerait de n'avoir qu'une
» robe de percale blanche, si l'homme que nous aimons ne voyait
» pas d'autres femmes mises autrement, plus élégamment que
» nous, et inspirant des idées par leurs manières, par un ensem-
» ble de petites choses qui font de grandes passions ? La vanité,
» ma chère, est chez nous cousine-germaine de la jalousie, de
» cette belle et noble jalousie qui consiste à ne pas laisser envahir
» son empire, à être seule dans une âme, à passer notre vie tout
» heureuse dans un cœur. Eh bien ! ma vanité de femme souffre.
» Quelque petites que soient ces misères, j'ai malheureusement
» appris qu'il n'y a pas de petites misères en ménage. Oui, tout
» s'y agrandit par le contact incessant des sensations, des désirs,
» des idées. Voilà le secret de cette tristesse où tu m'as surprise, et
» que je ne voulais pas expliquer. Ce point est un de ceux où la

» parole va trop loin, et où l'écriture retient du moins la pensée
» en la fixant. Il y a des effets de perspective morale si différents
» entre ce qui se dit et ce qui s'écrit ! Tout est si solennel et si
» grave sur le papier ! On ne commet plus aucune imprudence.
» N'est-ce pas là ce qui fait un trésor d'une lettre où l'on s'aban-
» donne à ses sentiments? Tu m'aurais crue malheureuse, je ne
» suis que blessée. Tu m'as trouvée seule, au coin de mon
» feu, sans Adolphe. Je venais de coucher mes enfants, ils dor-
» maient. Adolphe, pour la dixième fois, était invité dans le monde
» où je ne vais pas, où l'on veut Adolphe sans sa femme. Il est
» des salons où il va sans moi, comme il est une foule de plaisirs
» auxquels on le convie sans moi. S'il se nommait monsieur de
» Navarreins et que je fusse une d'Espard, jamais le monde ne pen-
» serait à nous séparer, on nous voudrait toujours ensemble. Ses
» habitudes sont prises, il ne s'aperçoit pas de cette humiliation
» qui oppresse le cœur. D'ailleurs, s'il soupçonnait cette petite
» souffrance que j'ai honte de ressentir, il laisserait là le monde,
» il deviendrait plus impertinent que ne le sont envers moi ceux
» ou celles qui me séparent de lui. Mais il entraverait sa marche,
» il se ferait des ennemis, il se créerait des obstacles en m'impo-
» sant à des salons qui me feraient alors directement mille maux.
» Je préfère donc mes souffrances à ce qui nous adviendrait dans
» le cas contraire. Adolphe arrivera ! il porte mes vengeances dans
» sa belle tête d'homme de génie. Un jour le monde me payera
» l'arriéré de tant d'injures. Mais quand? Peut-être aurais-je quaran-
» te-cinq ans. Ma belle jeunesse se sera passée au coin de mon feu,
» avec cette pensée : Adolphe rit, il s'amuse, il voit de belles femmes,
» il cherche à leur plaire, et tous ces plaisirs ne viennent pas de moi.

» Peut-être à ce métier finira-t-il par se détacher de moi !

» Personne ne souffre d'ailleurs impunément le mépris, et je
» me sens méprisée, quoique jeune, belle et vertueuse. D'ailleurs,
» puis-je empêcher ma pensée de courir? Puis-je réprimer mes
» rages en sachant Adolphe à dîner en ville sans moi? je ne jouis
» pas de ses triomphes, je n'entends pas ses mots spirituels ou
» profonds, dits pour d'autres ! Je ne saurais me contenter des
» réunions bourgeoises d'où il m'a tirée en me trouvant distin-
» guée, riche, jeune, belle et spirituelle. C'est là un malheur, il
» est irréparable.

» Enfin, il suffit que, par une cause quelconque, je ne puis en-

» trer dans un salon, pour désirer y aller. Rien n'est plus con-
» forme aux habitudes du cœur humain. Les anciens avaient bien
» raison avec leurs gynécées. La collision des amours-propres de
» femmes qu'a produite leur réunion, qui ne date pas plus de qua-
» tre siècles, a coûté bien des chagrins à notre temps et coûté de
» bien sanglants débats aux sociétés.

» Enfin, ma chère, Adolphe est bien fêté quand il revient chez
» lui ; mais aucune nature n'est assez forte pour attendre avec la
» même ardeur toutes les fois. Quel lendemain que celui de la soi-
» rée où il sera moins bien reçu !

» Vois-tu ce qu'il y a dans le pli dont je te parlais ? Un pli du
» cœur est un abîme comme un *pli de terrain* dans les Alpes : à
» distance, on ne s'en figurerait jamais la profondeur ni l'étendue.
» Il en est ainsi entre deux êtres, quelle que soit leur amitié. On
» ne soupçonne jamais la gravité du mal chez son amie. Ceci
» semble peu de chose, et néanmoins la vie en est atteinte dans
» toute sa profondeur et sur toute sa longueur. Je me suis raison-
» née ; mais plus je me faisais de raisonnements, plus je me prou-
» vais à moi-même l'étendue de cette petite douleur. Je me laisse
» donc aller au courant de la souffrance.

» Deux voix se disputent le terrain, quand, par un hasard en-
» core rare heureusement, je suis seule dans mon fauteuil, atten-
» dant Adolphe. L'une, je le gagerais, sort du *Faust* d'Eugène
» Delacroix, que j'ai sur ma table. Méphistophélès parle, le ter-
» rible valet qui dirige si bien les épées, il a quitté la gravure et
» se pose diaboliquement devant moi, riant par la fente que ce
» grand peintre lui a mise sous le nez, et me regardant de cet œil
» d'où tombent des rubis, des diamants, des carrosses, des mé-
» taux, des toilettes, des soieries cramoisies et mille délices qui
» brûlent. — N'es-tu pas faite pour le monde ? Tu vaux la plus
» belle des plus belles duchesses ; ta voix est celle d'une sirène,
» tes mains commandent le respect et l'amour ! Oh ! comme ton
» bras chargé de bracelets se déploierait bien sur le velours de ta
» robe ! Tes cheveux sont des chaînes qui enlaceraient tous les
» hommes ; et tu pourrais mettre tous ces triomphes aux pieds
» d'Adolphe, lui montrer ta puissance et n'en jamais user ! Il au-
» rait des craintes là où il vit dans une certitude insultante. Allons !
» viens ! avale quelques bouffées de mépris, tu respireras des nua-
» ges d'encens. Ose régner ! N'es-tu pas vulgaire au coin de ton

» feu? Tôt ou tard la jolie épouse, la femme aimée mourra, si tu
» continues ainsi, dans sa robe de chambre. Viens, et tu perpé-
» tueras ton empire par l'emploi de la coquetterie? Montre-toi
» dans les salons, et ton joli pied marchera sur l'amour de tes
» rivales.

» L'autre Voix sort de mon chambranle de marbre blanc, qui
» s'agite comme une robe. Je crois voir une vierge divine cou-
» ronnée de roses blanches, une palme verte à la main. Deux yeux
» bleus me sourient. Cette vertu si simple me dit : — Reste! sois
» toujours bonne, rends cet homme heureux, c'est là toute ta mis-
» sion. La douceur des anges triomphe de toute douleur. La foi
» dans soi-même a fait recueillir aux martyrs du miel sur les
» brasiers de leurs supplices. Souffre un moment; tu seras heu-
» reuse.

» Quelquefois, Adolphe revient en cet instant, et je suis heu-
» reuse. Mais, ma chère, je n'ai pas autant de patience que
» d'amour; il me prend des envies de mettre en pièces les femmes
» qui peuvent aller partout, et dont la présence est désirée autant
» par les hommes que par les femmes. Quelle profondeur dans ce
» vers de Molière :

   Le monde, chère Agnès, est une étrange chose!

» Tu ne connais pas cette petite misère, heureuse Mathilde; tu es
» une femme bien née! Tu peux beaucoup pour moi. Songes-y!
» Je puis t'écrire là ce que je n'osais te dire. Tes visites me font
» grand bien, viens souvent voir ta pauvre

       » CAROLINE. »

— Eh bien! dis-je au clerc, savez-vous ce qu'a été cette lettre pour feu Bourgarel?
— Non.
— Une lettre de change.

Ni le clerc, ni le patron n'ont compris. Comprenez-vous, vous!

---

## SOUFFRANCES INGÉNUES.

Oui, ma chère, il vous arrivera, dans l'état de mariage, des choses dont vous vous doutez très-peu; mais il vous en arrivera d'autres dont vous vous doutez encore moins. Ainsi...

L'auteur (peut-on dire ingénieux?) *qui castigat ridendo mores*, et qui a entrepris Les Petites Misères de la Vie conjugale, n'a pas besoin de faire observer qu'ici, par prudence, il a laissé parler *une femme comme il faut*, et qu'il n'accepte pas la responsabilité de la rédaction, tout en professant la plus sincère admiration pour la charmante personne à laquelle il doit la connaissance de cette petite misère. — Ainsi... dit-elle.

Cependant, il éprouve la nécessité d'avouer que cette personne n'est ni madame Foullepointe, ni madame de Fischtaminel, ni madame Deschars.

Madame Deschars est trop collet-monté, madame Foullepointe est trop absolue dans son ménage, elle sait cela d'ailleurs, que ne sait-elle pas? elle est aimable, elle voit la bonne compagnie, elle tient à ce qu'il y a de mieux ; on lui passe la vivacité de ses traits d'esprit, comme, sous Louis XIV, on passait à madame Cornuel ses mots. On lui passe bien des choses : il y a des femmes qui sont les enfants gâtés de l'opinion.

Quant à madame de Fischtaminel, qui d'ailleurs est en cause, comme on va le voir, incapable de se livrer à la moindre récrimination, elle récrimine en fait, elle s'abstient de paroles.

Nous laissons à chacun la liberté de penser que cette interlocutrice est Caroline, non pas la niaise Caroline des premières années, mais Caroline devenue femme de trente ans.

— Ainsi vous aurez, s'il plaît à Dieu, des enfants...

— Madame, lui dis-je, ne mettons point Dieu dans ceci, à moins que ce ne soit une allusion...

— Vous êtes un impertinent, me dit-elle, on n'interrompt point une femme...

— Quand elle s'occupe d'enfants, je le sais ; mais il ne faut pas, madame, abuser de l'innocence des jeunes personnes. Mademoiselle va se marier, et, si elle comptait sur cette intervention de l'Être-Suprême, elle serait induite dans une profonde erreur. Nous ne devons pas tromper la jeunesse. Mademoiselle a passé l'âge où l'on dit aux jeunes personnnes que le petit frère a été trouvé sous un chou.

— Vous voulez me faire dire des sottises, reprit-elle en souriant et montrant les plus belles dents du monde, je ne suis pas assez forte pour lutter contre vous, je vous prie de me laisser continuer avec Joséphine. Que te disais-je?

— Que si je me marie, j'aurai des enfants, dit la jeune personne.

— Eh bien! je ne veux pas te peindre les choses en noir, mais il est extrêmement probable que chaque enfant te coûtera une dent. A chaque enfant, j'ai perdu une dent.

— Heureusement, lui dis-je, que chez vous cette misère a été plus que petite, elle a été minime (les dents perdues étaient de côté). Mais remarquez, mademoiselle, que cette petite misère n'a pas un caractère normal. La misère dépend de l'état de situation de la dent. Si votre enfant détermine la chute d'une dent, d'une dent cariée, vous avez le bonheur d'avoir un enfant de plus et une mauvaise dent de moins. Ne confondons pas les bonheurs avec les misères. Ah! si vous perdiez une de vos belles *palettes*... Encore y a-t-il plus d'une femme qui échangerait la plus magnifique incisive contre un bon gros garçon?

— Eh bien! reprit-elle en s'animant, au risque de te faire perdre tes illusions, pauvre enfant, je vais t'expliquer une petite misère, une grande! Oh! c'est atroce! Je ne sortirai pas des chiffons auxquels monsieur nous renvoie...

Je proteste par un geste.

— J'étais mariée depuis environ deux ans, dit-elle en continuant, et j'aimais mon mari; je suis revenue de mon erreur, je me suis conduite autrement pour son bonheur et pour le mien; je puis me vanter d'avoir un des plus heureux ménages de Paris. Enfin, ma chère, j'aimais le monstre, je ne voyais que lui dans le monde. Déjà, plusieurs fois, mon mari m'avait dit: — Ma petite, les jeunes personnes ne savent pas très-bien se mettre, ta mère aimait à te fagoter, elle avait ses raisons. Si tu veux me croire, prends modèle sur madame de Fischtaminel, elle a bon goût. Moi, bonne bête du bon Dieu, je n'y entendais point malice. Un jour, en revenant d'une soirée, il me dit: — As-tu vu comme madame de Fischtaminel était mise? — Oui, pas mal. En moi-même, je me dis: Il me parle toujours de madame de Fischtaminel, il faut que je me mette absolument comme elle. J'avais bien remarqué l'étoffe, la façon de la robe et l'ajustement des moindres accessoires. Me voilà tout heureuse, trottant, allant, mettant tout en mouvement pour me procurer les mêmes étoffes. Je fais venir la même couturière. — Vous habillez madame de Fischtaminel? lui dis-je. — Oui, madame. — Eh bien! je vous prends pour ma couturière, mais à une condition : vous voyez que j'ai fini par trouver l'étoffe de sa robe, je veux que vous me fassiez la mienne absolument pareille à la sienne. J'avoue que je ne fis pas attention tout d'abord au sourire assez fin de la couturière, je le vis cependant, et plus tard, je me l'expliquai. Pareille, lui dis-je; mais à s'y méprendre !

— Oh ! dit l'interlocutrice en s'interrompant et me regardant, vous nous apprenez à être comme des araignées au centre de leur toile, à tout voir sans avoir l'air d'avoir vu, à chercher l'esprit de toute chose, à étudier les mots, les gestes, les regards! Vous dites : Les femmes sont bien fines ! Dites donc : Les hommes sont bien faux !

— Ce qu'il m'a fallu de soins, de pas et de démarches pour arriver à être le sosie de madame de Fischtaminel !... — Enfin, c'est nos batailles à nous, ma petite, dit-elle en continuant et revenant à mademoiselle Joséphine. Je ne trouvais pas un certain petit châle de cou, brodé : une merveille ! enfin, je finis par découvrir qu'il a été fait exprès. Je déniche l'ouvrière, je lui demande un châle pareil à celui de madame de Fischtaminel. Une bagatelle ! cent cinquante francs. Il avait été commandé par un monsieur qui l'avait offert à madame de Fistchtaminel. Mes économies y passent. Nous sommes toutes, nous autres Parisiennes, extrêmement tenues en bride à l'article toilette. Il n'est pas un homme de cent mille livre de rente à qui le whist ne coûte dix mille francs par hiver, qui ne trouve sa femme dépensière et ne redoute ses chiffons ! Mes économies, soit ! me disais-je. J'avais une petite fierté de femme qui aime : je ne voulais pas lui parler de cette toilette, je voulais lui en faire une surprise, bécasse que j'étais ! Oh ! comme vous nous enlevez notre sainte niaiserie !...

Ceci fut encore dit pour moi qui n'avait rien enlevé à cette dame, ni dent, ni quoi que ce soit des choses nommées et innomées qu'on peut enlever à une femme.

— Ah ! il faut te dire, ma chère, qu'il me menait chez madame de Fischtaminel, où je dînais même assez souvent. J'entendais cette femme disant : — Mais elle est bien, votre femme ! Elle avait avec moi un petit ton de protection que je souffrais; mon mari me souhaitait d'avoir l'esprit de cette femme et sa prépondérance dans le monde. Enfin ce phénix des femmes était mon modèle, je l'étudiais, je me donnais un mal horrible à n'être pas

moi-même... Oh! mais c'est un poëme qui ne peut être compris
que par nous autres femmes! Enfin, le jour de mon triomphe
arrive. Vraiment le cœur me battait de joie, j'étais comme un enfant! tout ce qu'on est à vingt-deux ans. Mon mari m'allait venir
prendre pour une promenade aux Tuileries; il entre, je le regarde toute joyeuse, il ne remarque rien... Eh bien! je puis
l'avouer aujourd'hui, ce fut un de ses affreux désastres... Non,
je n'en dirai rien, monsieur que voici se moquerait.

Je protestai par un autre geste.

Ce fut, dit-elle en continuant (une femme ne renonce jamais à
ne pas tout dire), de voir s'écrouler un édifice bâti par une fée.
Pas la moindre surprise. Nous montons en voiture. Adolphe me
voit triste, il me demande ce que j'ai ; je lui réponds comme nous
répondons quand nous avons le cœur serré par ces petites misères : — Rien ! Et il prend son lorgnon, et il lorgne les passants le
long des Champs-Elysées, nous devions faire un tour de Champs-
Élysées avant de nous promener aux Tuileries. Enfin, l'impatience
me prend, j'avais un petit mouvement de fièvre, et quand je rentre, je me compose pour sourire. — Tu ne m'as rien dit de ma
toilette ? — Tiens, c'est vrai, tu as une robe à peu près pareille à
celle de madame de Fischtaminel. Il tourne sur ses talons et s'en
va. Le lendemain je boudais un peu, vous le pensez bien. Arrive,
au moment où nous avions fini de déjeuner dans ma chambre au
coin de mon feu, je m'en souviendrai toujours, arrive l'ouvrière
qui venait chercher le prix du petit châle de cou, je la payai; elle
salue mon mari comme si elle le connaissait. Je cours après elle
sous prétexte de lui faire acquitter sa note, et je lui dis : — Vous
lui avez fait payer moins cher le châle de madame de Fischtaminel.
— Je vous jure, madame, que c'est le même prix, monsieur n'a
pas marchandé. Je suis revenue dans ma chambre, et j'ai trouvé
mon mari sot comme...

Elle s'arrêta, reprit : — Comme un meunier qu'on vient de
faire évêque. — Je comprends, mon ami, que je ne serai jamais
qu'à peu près pareille à madame de Fischtaminel. — Je vois ce
que tu veux me dire à propos de ce châle ! Eh bien, oui, je le lui
ai offert pour le jour de sa fête. Que veux-tu ? nous avons été
très-amis autrefois... — Ah! vous avez été jadis encore plus liés
qu'aujourd'hui? Sans répondre à cela, il me dit : — *Mais c'est
purement moral.* Il prit son chapeau, s'en alla, et me laissa seule

sur cette belle déclaration des droits de l'homme. Il ne revint pas pour dîner, et rentra fort tard. Je vous le jure, je restai dans ma chambre à pleurer comme une Madeleine, au coin de mon feu. Je vous permets de vous moquer de moi, dit-elle en me regardant, mais je pleurai sur mes illusions de jeune mariée, je pleurai de dépit d'avoir été prise pour une dupe. Je me rappelai le sourire de la couturière ! Ah ! ce sourire me remit en mémoire les sourires de bien des femmes qui riaient de me voir petite fille chez madame de Fischtaminel; je pleurai sincèrement. Jusque-là je pouvais croire à bien des choses qui n'existaient plus chez mon mari, mais que les jeunes femmes s'obstinent à supposer. Combien de grandes misères dans cette petite misère ! Vous êtes de grossiers personnages ! Il n'y a pas une femme qui ne pousse la délicatesse jusqu'à broder des plus jolis mensonges le voile avec lequel elle vous couvre son passé, tandis que vous autres... Mais je me suis vengée.

— Madame, lui dis-je, vous allez trop instruire mademoiselle.

— C'est vrai, dit-elle, je vous dirai la fin dans un autre moment.

— Ainsi, mademoiselle, vous le voyez, dis-je, vous croyez acheter un châle, et vous vous trouvez une petite misère sur le cou ; si vous vous le faites donner...

— C'en est une grande, dit la femme comme il faut. Restons-en là.

La morale de cette fable est qu'il faut porter son châle sans y trop réfléchir. Les anciens prophètes appelaient déjà ce monde une vallée de misère. Or, dans ce temps, les Orientaux avaient, avec la permission des autorités constituées, de jolies esclaves, outre leurs femmes ! Comment appellerons-nous la vallée de la Seine entre le Calvaire et Charenton, où la loi ne permet qu'une seule femme légitime !

## L'AMADIS-OMNIBUS.

Vous comprenez que je me mis à mâchonner le bout de ma canne, à consulter la corniche, à regarder le feu, à examiner le pied de Caroline, et je tins bon jusqu'à ce que la demoiselle à marier fût partie.

— Vous m'excuserez, lui dis-je, je suis resté chez vous, malgré vous peut-être ; mais votre vengeance perdrait à être dite plus tard, et si elle a constitué pour votre mari quelque petite misère, il y a pour moi le plus grand intérêt à la connaître, et vous saurez pourquoi...

— Ah! dit-elle, ce mot : *c'est purement moral*, donné comme excuse, m'avait choquée au dernier point. Celle consolation de savoir que j'étais dans son ménage un meuble, une chose ; que je trônais entre les ustensiles de cuisine, de toilette et les ordonnances de médecin ; que l'amour conjugal était assimilé aux pilules digestives, au sirop de mou de veau, à la moutarde blanche ; que madame de Fischtaminel avait à elle l'âme de mon mari, ses admirations, et charmait son esprit, tandis que j'étais une sorte de nécessité purement physique ! Que pensez-vous d'une femme ravalée jusqu'à devenir quelque chose comme la soupe et le bouilli, sans persil, bien entendu? Oh! dans cette soirée, je fis une catilinaire...

— Dites une philippique.

— Je dirai tout ce que voudrez, car j'étais furieuse, et je ne sais plus tout ce que j'ai crié dans le désert de ma chambre à coucher. Croyez-vous que cette opinion que les maris ont de leur femme, que le rôle qu'ils nous donnent, ne soient pas pour nous une étrange misère ? Nos petites misères, à nous, sont toujours grosses d'une grande misère. Enfin il fallait une leçon à mon Adolphe. Vous connaissez le vicomte de Lustrac, un amateur effréné de femmes, de musique, un gourmet, un de ces ex-beaux de l'empire qui vivent sur leurs succès printaniers, et qui se cultivent eux-mêmes avec des soins excessifs, pour obtenir des regains.

— Oui, lui dis-je, un de ces gens pincés, corsés, busqués à soixante ans, qui abusent de la finesse de leur taille, et sont capables d'en remontrer aux jeunes dandies.

— Monsieur de Lustrac, reprit-elle, est égoïste comme un roi ; mais galant, prétentieux, malgré sa perruque noire comme du jais.

— Il se teint aussi les favoris.

— Il va le soir dans dix salons ; il papillonne.

— Il donne d'excellents dîners, des concerts, et protege des cantatrices encore neuves...

— Il prend le mouvement pour la joie.

— Oui, mais il s'enfuit à tire-d'aile dès que le chagrin point quelque part. Vous êtes en deuil, il vous fuit. Vous accouchez, il attend les relevailles pour venir vous voir : il est d'une franchise mondaine, d'une intrépidité sociale qui méritent l'admiration.

— Mais n'y a-t-il pas du courage à être ce qu'on est ? lui demandai-je.

— Eh bien ! reprit-elle après avoir échangé nos observations, ce jeune vieillard, cet Amadis-Omnibus, que nous avons nommé entre nous le chevalier *Petit-Bon-Homme-vit-encore*, devint l'objet de mes admirations.

— Il y avait de quoi ! un homme capable de faire à lui tout seul sa figure et ses succès !

— Je lui fis quelques-unes de ces avances qui ne compromettent jamais une femme ; je lui parlai du bon goût de ses derniers gilets, de ses cannes, et il me trouva de la dernière amabilité. Moi, je trouvai mon chevalier de la dernière jeunesse ; il vint me voir ; je minaudai, je feignis d'être malheureuse en ménage, d'avoir des chagrins. Vous savez ce que veut dire une femme en parlant de ses chagrins, en se prétendant peu comprise. Ce vieux singe me répondit beaucoup mieux qu'un jeune homme, j'eus mille peines à ne pas rire en l'écoutant. « Ah ! voilà les maris, ils ont la plus mauvaise politique, ils respectent leur femme, et toute femme est, tôt ou tard, furieuse de se voir respectée, et sent l'éducation secrète à laquelle elle a droit. Vous ne devez pas vivre, une fois mariée, comme une petite pensionnaire, etc. » Il se tortillait, il se penchait, il était horrible ; il avait l'air d'une figure de bois de Nuremberg, il avançait le menton, il avançait sa chaise, il avançait la main.... Enfin, après bien des marches, des contre-marches, des déclarations angéliques...

— Bah !

— Oui, *Petit-Bon-Homme-vit-encore* avait abandonné le classique de sa jeunesse pour le romantisme à la mode ; il parlait d'âme, d'ange, d'adoration, de soumission, il devenait d'un éthéré bleu-foncé. Il me conduisait à l'Opéra et me mettait en voiture. Ce vieux jeune homme allait là où j'allais, il redoublait de gilets, il se serrait le ventre, il mettait son cheval au grand galop pour rejoindre et accompagner ma voiture au bois ; il me compromettait avec une grâce de lycéen, il passait pour fou de moi ; je me posais en cruelle, mais j'acceptais son bras et ses bouquets. On causait de nous. J'étais enchantée ! J'arrivai bientôt à me faire surprendre par mon mari, le vicomte sur mon canapé, dans mon boudoir, me tenant les mains et moi l'écoutant avec une sorte de ravissement extérieur. C'est inouï ce que l'envie de nous venger nous fait dévorer ! Je parus contrariée de voir entrer mon mari, qui, le vicomte parti, me fit une scène : — Je vous assure, Monsieur, lui dis-je après avoir écouté ses reproches, que c'est *purement moral*. Mon mari comprit, et n'alla plus chez madame de Fischtaminel. Moi, je ne reçus plus monsieur de Lustrac.

— Mais, lui dis-je, Lustrac que vous prenez, comme beaucoup de personnes, pour un célibataire, est veuf et sans enfants.

— Bah !

— Aucun homme n'a plus profondément enterré sa femme ; Dieu ne la retrouvera pas au jugement dernier. Il s'est marié avant la révolution, et votre *purement moral* me rappelle un mot de lui que je ne puis me dispenser de vous répéter. Napoléon nomma Lustrac à des fonctions importantes, dans un pays conquis : madame de Lustrac, abandonnée pour l'administration, prit, quoique ce fut purement moral, pour ses affaires particulières, un secrétaire intime ; mais elle eut le tort de le choisir sans en prévenir son mari. Lustrac rencontra ce secrétaire à une heure excessivement matinale et fort ému, car il s'agissait d'une discussion assez vive, dans la chambre de sa femme. La ville ne demandait qu'à rire de son gouverneur, et cette aventure fit un tel tapage que Lustrac demanda lui-même son rappel à l'Empereur. Napoléon tenait à la moralité de ses représentants, et la sottise selon lui devait déconsidérer un homme. Vous savez que l'Empereur, entre toutes ses passions malheureuses, a eu celle de vouloir moraliser sa cour et son gouvernement. La demande de Lustrac fut donc admise, mais sans compensation. Quand il vint à Paris, il y reparut dans son hôtel, avec sa femme ; il la conduisit dans le monde, ce qui, certes, est conforme aux coutumes aristocratiques les plus élevées ; mais il y a toujours des curieux. On demanda raison de cette chevaleresque protection. — Vous êtes donc remis, vous et madame de Lustrac, lui dit-on au foyer du théâtre de l'Impératrice, vous lui avez tout pardonné. Vous avez bien fait. — Oh ! dit-il d'un air satisfait, j'ai acquis la certitude... — Ah ! bien, de son innocence, vous êtes dans les règles. — Non, je suis sûr que c'était purement **physique.**

Caroline sourit.

— L'opinion de votre adorateur réduit cette grande misère à n'en être, en ce cas, comme dans le vôtre, qu'une très-petite.

— Une petite misère ! s'écria-t-elle, et pour quoi prenez-vous les ennuis de coqueter avec un monsieur de Lustrac, de qui je me suis fait un ennemi ! Allez ! les femmes payent souvent bien cher les bouquets qu'on leur donne et les attentions qu'on leur prodigue. Monsieur de Lustrac a dit de moi à monsieur de Bourgarel (1) : — Je ne te conseille pas de faire la cour à cette femme-là, elle est trop chère...

---

## SANS PROFESSION.

Paris, 183...

« Vous me demandez, ma chère maman, si je suis heureuse avec
» mon mari. Assurément monsieur de Fischtaminel n'était pas
» l'être de mes rêves. Je me suis soumise à votre volonté, vous le
» savez. La fortune, cette raison suprême, parlait d'ailleurs assez
» haut. Ne pas déroger, épouser monsieur le comte de Fischtami-
» nel doué de trente mille francs de rente, et rester à Paris, vous
» aviez bien des forces contre votre pauvre fille. Monsieur de Fisch-
» taminel, enfin, est un joli homme pour un homme de trente-six
» ans; il est décoré par Napoléon sur le champ de bataille, il est
» ancien colonel, et sans la Restauration, qui l'a mis en demi-
» solde, il serait général : voilà des circonstances atténuantes.

» Beaucoup de femmes trouvent que j'ai fait un bon mariage,
» et je dois convenir que toutes les apparences du bonheur y sont...
» pour la société. Mais avouez que, si vous aviez su le retour de
» mon oncle Cyrus et ses intentions de me laisser sa fortune, vous
» m'auriez donné le droit de choisir.

» Je n'ai rien à dire contre monsieur de Fischtaminel : il n'est
» pas joueur, les femmes lui sont indifférentes, il n'aime point le
» vin, il n'a pas de fantaisies ruineuses ; il possède, comme vous

---

(1) Le même Ferdinand de Bourgarel, que la politique, les arts et les amours ont eu la douleur de pleurer récemment, selon le discours prononcé sur sa tombe par Adolphe.

» le disiez, toutes les qualités négatives qui font les maris pas-
» sables; mais qu'a-t-il? Eh bien, chère maman, il est inoccupé.
» Nous sommes ensemble pendant toute la sainte journée !..
» Croiriez-vous que c'est pendant la nuit, quand nous sommes
» plus réunis, que je puis être le moins avec lui. Je n'ai que so:
» sommeil pour asile, ma liberté commence quand il dort. Non,
» sette obsession me causera quelque maladie. Je ne suis ja-
» mais seule. Si monsieur de Fischtaminel était jaloux, il y aurai
» de la ressource. Ce serait alors une lutte, une petite comédie ;
» mais comment l'aconit de la jalousie aurait-il poussé dans son
» âme ? il ne m'a pas quittée depuis notre mariage. Il n'éprouve
» aucune honte à s'étaler sur un divan et il y reste des heures
» entières.

» Deux forçats rivés à la même chaîne ne s'ennuient pas ; ils
» ont à méditer leur évasion ; mais nous n'avons aucun sujet de
» conversation, nous nous sommes tout dit. Enfin il en était, il y
» a quelque temps, réduit à parler politique. La politique est
» épuisée, Napoléon étant, pour mon malheur, décédé, comme on
» sait, à Sainte-Hélène.

» Monsieur de Fischtaminel a la lecture en horreur. S'il me
» voit lisant, il arrive et me demande dix fois dans une demi-
» heure : — Nina, ma belle, as-tu fini?

» J'ai voulu persuader à cet innocent persécuteur de monter
» à cheval tous les jours, et j'ai fait intervenir la suprême consi-
» dération pour les hommes de quarante ans, sa santé ! Mais il
» m'a dit qu'après avoir été pendant douze ans à cheval, il éprou-
» vait le besoin du repos.

» Mon mari, ma chère mère, est un homme qui vous absorbe,
» il consomme le fluide vital de son voisin, il a l'ennui gourmand :
» il aime à être amusé par ceux qui viennent nous voir, et après
» cinq ans de mariage nous n'avons plus personne : il ne vient
» ici que des gens dont les intentions sont évidemment contraires
» à son honneur, et qui tentent, sans succès, de l'amuser, afin
» de conquérir le droit d'ennuyer sa femme.

» Monsieur de Fischtaminel, ma chère maman, ouvre cinq ou
» six fois par heure la porte de ma chambre, ou de la pièce où je
» me réfugie, et il vient à moi d'un air effaré, me demandant :
» — Eh bien! que fais-tu donc, ma belle? (le mot de l'Empire)
» sans s'apercevoir de la répétition de cette question, qui pour

« moi devient comme la pinte que versait autrefois le bourreau
» dans la torture de l'eau.

» Autre supplice! Nous ne pouvons plus nous promener. La
» promenade sans conversation, sans intérêt, est impossible. Mon
» mari se promène avec moi pour se promener, comme s'il était
» seul. On a la fatigue sans avoir le plaisir.

» De notre lever à notre déjeuner, l'intervalle est rempli par
» ma toilette, par les soins du ménage, je puis encore supporter
» cette portion de la journée; mais du déjeuner au dîner, c'est
» une lande à labourer, un désert à traverser. L'inoccupation de
» mon mari ne me laisse pas un instant de repos, il m'assomme
» de son inutilité, son inoccupation me brise. Ses deux yeux ou-
» verts à toute heure sur les miens me forcent à tenir mes yeux
» baissés. Enfin ses monotones interrogations :

» — Quelle heure est-il, ma belle? — Que fais-tu donc là? —
» A quoi penses-tu? — Que comptes-tu faire? — Où irons-nous
» ce soir? — Quoi de nouveau? — Oh! quel temps! — Je ne
» vais pas bien, etc., etc. Toutes ces variations, de la même
» chose (le point d'interrogation), qui composent le répertoire
» Fischtaminel, me rendront folle.

» Ajoutez à ces flèches de plomb incessamment décochées un
» dernier trait qui vous peindra mon bonheur, et vous compren-
» drez ma vie.

» Monsieur de Fischtaminel, parti sous-lieutenant en 1809,
» dix-huit ans, n'a d'autre éducation que celle due à la discipline,
» à l'honneur du noble et du militaire; s'il a du tact, le senti-
» ment du probe, de la subordination, il est d'une ignorance
» crasse, il ne sait absolument rien, et il a horreur d'apprendre
» quoi que ce soit. Oh! ma chère maman, quel concierge accom-
» pli ce colonel aurait fait s'il eût été dans l'indigence! je ne lui
» sais aucun gré de sa bravoure, il ne se battait pas contre les
» Russes, ni contre les Autrichiens, ni contre les Prussiens : il se
» battait contre l'ennui. En se précipitant sur l'ennemi, le capi-
» taine Fischtaminel éprouvait le besoin de se fuir lui-même. Il
» s'est marié par désœuvrement.

» Autre petit inconvénient : monsieur tracasse tellement les do-
» mestiques, que nous en changeons tous les six mois.

» J'ai tant envie, chère maman, d'être une honnête femme,
» que je vais essayer de voyager six mois par année. Pendant

» l'hiver, j'irai tous les soirs aux Italiens, à l'Opéra, dans le monde;
» mais notre fortune est-elle assez considérable pour fournir à de
» telles dépenses ? Mon oncle de Cyrus devrait venir à Paris, j'en
» aurais soin comme d'une succession.

» Si vous trouvez un remède à mes maux, indiquez-le à votre
» fille, qui vous aime autant qu'elle est malheureuse, et qui
» aurait bien voulu se nommer autrement que

» NINA FISCHTAMINEL. »

Outre la nécessité de peindre cette petite misère qui ne pouvait être bien peinte que de la main d'une femme, et quelle femme ! il était nécessaire de vous faire connaître la femme que vous n'avez encore vue que de profil dans la première partie de ce livre, la reine de la société particulière où vit Caroline, la femme enviée, la emme habile qui, de bonne heure, a su concilier ce qu'elle doit au monde avec les exigences du cœur. Cette lettre est son absolution.

## LES INDISCRÉTIONS.

**Les femmes sont,** — ou chastes, — ou vaniteuses, — ou simplement orgueilleuses. — Toutes peuvent donc être atteintes par la petite misère que voici :

Certains maris sont si ravis d'avoir une femme à eux, chance uniquement due à la légalité, qu'ils craignent une erreur chez le public, et ils se hâtent de marquer leur épouse, comme les marchands de bois marquent les bûches au flottage, ou les propriétaires de Berry leurs moutons. Devant tout le monde, ils prodiguent à la façon romaine (*columbella*) à leurs femmes des surnoms pris au règne animal, et ils les appellent : — ma poule, — ma chatte, — mon rat, — mon petit lapin ; ou, passant au règne végétal, ils les nomment : — mon chou, — ma figue (en Provence seulement), — ma prune (en Alsace seulement),

Et jamais : — Ma fleur ! remarquez cette discrétion ;

Ou, ce qui devient plus grave ! — Bobonne, — ma mère, — ma fille, — la bourgeoise. — ma vieille ! (quand la femme est très-jeune.)

Quelques-uns hasardent des surnoms d'une décence douteuse, tels que : — Mon bichon, — ma niniche, — Tronquette!

Nous avons entendu un de nos hommes politiques le plus remarquable par sa laideur appelant sa femme : — *Moumoutte!...*

— J'aimerais mieux, disait à sa voisine cette infortunée, qu'i me donnât un soufflet.

— Pauvre petite femme, elle est bien malheureuse! reprit la voisine en me regardant quand Moumoutte fut partie ; lorsqu'elle est dans le monde avec son mari, elle est sur les épines, elle le fuit. Un soir, ne l'a-t-il pas prise par le cou en lui disant : — Allons, viens, ma grosse !

On prétend que la cause d'un très-célèbre empoisonnement d'un mari par l'arsenic, provenait des indiscrétions continuelles que subissait la femme dans le monde. Ce mari donnait de légères tapes sur les épaules de cette femme conquise à la pointe du Code, il la surprenait par un baiser retentissant, il la déshonorait par une tendresse publique assaisonnée de ces fatuités grossières dont le secret appartient à ces sauvages de France, vivant au fond des campagnes, et dont les mœurs sont encore peu connues malgré les efforts des naturalistes du roman.

Ce fut, dit-on, cette situation choquante qui, bien appréciée par des jurés pleins d'esprit, valut à l'accusée un verdict adouci par les circonstances atténuantes.

Les jurés se dirent :

— Punir de mort ces délits conjugaux, c'est aller un peu loin ; mais une femme est très-excusable quand elle est si molestée !...

Nous regrettons infiniment, dans l'intérêt des mœurs élégantes, que ces raisons ne soient pas généralement connues. Aussi Dieu veuille que notre livre ait un immense succès, les femmes y gagneront d'être traitées comme elles doivent l'être, en reines.

En ceci, l'amour est bien supérieur au mariage, il est fier des indiscrétions, certaines femmes les quêtent, les préparent, et malur à l'homme qui ne s'en permet pas quelques-unes !

Combien de passion dans un *tu* égaré!

J'ai entendu, c'était en province, un mari qui nommait sa femme : — Ma berline... Elle en était heureuse, elle n'y voyait rien de ridicule ; elle l'appelait — son fiston !... Aussi ce délicieux couple ignorait-il qu'il existât des petites misères.

Ce fut en observant cet heureux ménage que l'auteur trouva cet axiome.

### AXIOME.

Pour être heureux en ménage, il faut être ou homme de génie marié à une femme tendre et spirituelle, ou se trouver, par l'effet d'un hasard qui n'est pas aussi commun qu'on pourrait le penser, tous les deux excessivement bêtes.

L'histoire un peu trop célèbre de la cure par l'arsenic d'un amour-propre blessé, prouve qu'à proprement parler, il n'y a pas de petites misères pour la femme dans la vie conjugale.

### AXIOME.

La femme vit par le sentiment, là où l'homme vit par l'action.

Or, le sentiment peut à tout moment faire d'une petite misère soit un grand malheur, soit une vie brisée, soit une éternelle infortune.

Que Caroline commence, dans l'ignorance de la vie et du monde, par causer à son mari les petites misères de sa bêtise (relire LES DÉCOUVERTES), Adolphe a, comme tous les hommes, des compensations dans le mouvement social : il va, vient, sort, fait des affaires. Mais pour Caroline, en toutes choses il s'agit d'aimer ou de ne pas aimer, d'être ou de ne pas être aimée.

Les indiscrétions sont en harmonie avec les caractères, les temps et les lieux. Deux exemples suffiront.

Voici le premier. Un homme est de sa nature sale et laid; il est mal fait, repoussant. Il y a des hommes, et souvent des gens riches, qui, par une sorte de constitution inobservée, salissent des habits neufs en vingt-quatre heures. Ils sont nés dégoûtants. Il est enfin si déshonorant pour une femme de ne pas être uniquement l'épouse de ces sortes d'Adolphe, qu'une Caroline avait depuis longtemps exigé la suppression des tutoiements modernes et tous les insignes de la dignité des épouses. Le monde était habitué depuis cinq ou six ans à cette tenue, et croyait madame et monsieur d'autant plus séparés qu'il avait remarqué l'avènement d'un Ferdinand II.

Un soir, devant dix personnes, monsieur dit à sa femme : — Caroline, passe-moi les pincettes. Ce n'est rien, et c'est tout. Ce fut une révolution domestique.

Monsieur de Lustrac, l'Amadis-Omnibus, courut chez madame de Fischtaminel, publia cette petite scène le plus spirituellement qu'il le put, et madame de Fischtaminel prit un petit air Célimène pour dire :—Pauvre femme, dans quelle extrémité se trouve-t-elle !

— Bah ! nous aurons le mot de cette énigme dans huit mois, répondit une vieille femme qui n'avait plus d'autre plaisir que celui de dire des méchancetés.

On ne vous parle pas de la confusion de Caroline, vous l'avez devinée.

Voici le second. Jugez de la situation affreuse dans laquelle s'est trouvée une femme délicate qui babillait agréablement à sa campagne, près de Paris, au milieu d'un cercle de douze ou quinze personnes, lorsque le valet de chambre de son mari vint lui dire à l'oreille : — Monsieur vient d'arriver madame.

— Bien, Benoît.

Tout le monde avait entendu le roulement de la voiture. On savait que monsieur était à Paris depuis lundi, et ceci se passait le samedi à quatre heures.

— Il a quelque chose de pressé à dire à madame, reprit Benoît.

Quoique ce dialogue se fît à mi-voix, il fut d'autant plus compris que la maîtresse de la maison passa de la couleur des roses du Bengale au cramoisi des coquelicots. Elle fit un signe de tête, continua la conversation, et trouva moyen de quitter la compagnie sous prétexte d'aller voir si son mari avait réussi dans une entreprise importante ; mais elle paraissait évidemment contrariée du manque d'égards de son Adolphe envers le monde qu'elle avait chez elle.

Pendant leur jeunesse, les femmes veulent être traitées en divinités, elles adorent l'idéal : elles ne supportent pas l'idée d'être ce que la nature veut qu'elles soient.

Quelques maris, de retour aux champs, font pis : ils saluent la compagnie, prennent leur femme par la taille, vont se promener avec elle, paraissent causer confidentiellement, disparaissent dans les bosquets, s'égarent et reparaissent une demi-heure après.

Ceci, Mesdames, sont de vraies petites misères pour les jeunes femmes ; mais pour celles d'entre vous qui ont passé quarante ans, ces indiscrétions sont si goûtées, que les plus prudes en sont flattées ; car,

**Dans leur dernière jeunesse, les femmes veulent être traitées en**

mortelles, elles aiment le positif : elles ne supportent pas l'idée de ne plus être ce que la nature a voulu qu'elles fussent.

### AXIOMES.

La pudeur est une vertu relative : il y a celle de vingt ans, celle de trente ans, celle de quarante-cinq ans.

Aussi l'auteur disait-il à une femme qui lui demandait quel âge elle avait : — Vous avez, madame, l'âge des indiscrétions.

Cette charmante jeune personne de trente-neuf ans affichait beaucoup trop un Ferdinand, tandis que sa fille essayait de cacher son Ferdinand I$^{er}$.

## LES RÉVÉLATIONS BRUTALES.

Premier genre. — Caroline adore Adolphe ; — elle le trouve bien, — elle le trouve superbe, surtout en garde national. — Elle tressaille quand une sentinelle lui porte les armes, — elle le trouve moulé comme un modèle, — elle lui trouve de l'esprit, — tout ce qu'il fait est bien fait, — personne n'a plus de goût qu'Adolphe, — enfin, elle est folle d'Adolphe.

C'est le vieux mythe du bandeau de l'amour qui se blanchit tous les dix ans et que les mœurs rebrodent, mais qui depuis la Grèce est toujours le même.

Caroline est au bal, elle cause avec une de ses amies. Un homme connu par sa rondeur, et qu'elle doit connaître plus tard, mais qu'elle voit alors pour la première fois, monsieur Foullepointe, est venu parler à l'amie de Caroline. Selon l'usage du monde, Caroline écoute cette conversation, sans y prendre part.

— Dites-moi donc, madame, demande monsieur Foullepointe, quel est ce monsieur si drôle qui vient de parler cour d'assises devant monsieur un tel dont l'acquittement a fait tant de bruit ; qui patauge, comme un bœuf dans un marais, à travers les situatio critiques de chacun. Madame une telle a fondu en larmes parce a raconté la mort d'un petit enfant devant elle, qui vient perdre un il y a deux mois.

— Qui donc ?

— Ce gros monsieur, habillé comme un garçon de café,

comme un apprenti coiffeur... tenez, celui qui tâche de faire l'aimable avec madame de Fischtaminel...

— Taisez-vous donc, dit à voix basse la dame effrayée, c'est le mari de la petite dame à côté de moi !

— C'est monsieur votre mari? dit monsieur Foullepointe, j'en suis ravi, madame, il est charmant, il a de l'entrain, de la gaieté, de l'esprit, je vais m'empresser de faire sa connaissance.

Et Foullepointe exécute sa retraite en laissant dans l'âme de Caroline un soupçon envenimé sur la question de savoir *si son mari est aussi bien qu'elle le croit*.

Second genre. — Caroline, ennuyée de la réputation de madame la baronne Schinner, à qui l'on prête des talents épistolaires, et qualifiée de la *Sévigné du billet*; de madame de Fischtaminel, qui s'est permis d'écrire un petit livre in-32 sur l'éducation des jeunes personnes, dans lequel elle a bravement réimprimé Fénelon, moins le style; Caroline travaille pendant six mois mois une nouvelle à dix piques au-dessous de Berquin, d'une moralité nauséabonde et d'un style épinglé.

Après des intrigues, comme les femmes savent les ourdir dans un intérêt d'amour-propre, et dont la ténacité, la perfection feraient croire qu'elles ont un troisième sexe dans la tête, cette nouvelle, intitulée LE MÉLILOT, paraît en trois feuilletons dans un grand journal quotidien. Elle est signée : Samuel Crux.

Quand Adolphe prend son journal, à déjeuner, le cœur de Caroline lui bat jusque dans la gorge; elle rougit, pâlit, détourne les yeux, regarde la corniche. Dès que les yeux d'Adolphe s'abaissent sur le feuilleton, elle n'y tient plus : elle se lève, elle disparaît, elle revient, elle a puisé de l'audace on ne sait où.

— Y a-t-il un feuilleton ce matin? demande-t-elle d'un air qu'elle croit indifférent et qui troublerait un mari encore jaloux de sa femme.

— Oui ! d'un débutant, Samuel Crux. Oh ! c'est un pseudonyme ; cette nouvelle est d'une platitude à désepérer les punaises, si elles pouvaient lire... et d'une vulgarité !... c'est pâteux ; mais c'est...

Caroline respire. — C'est?... dit-elle.

— C'est incompréhensible, reprend Adolphe. On aura payé quelque chose comme cinq à six cents francs à Chodoreille pour insérer cela... ou c'est l'œuvre d'un bas-bleu du grand monde qui promis à madame Chodoreille de la recevoir, ou peut-être est-ce l'œuvre d'une femme à laquelle s'intéresse le gérant... une pareille stupidité ne peut s'expliquer que comme cela... Figure-toi, Caroline, qu'il s'agit d'une petite fleur cueillie au coin d'un bois dans une promenade sentimentale, et qu'un monsieur du genre Werther avait juré de garder, qu'il fait encadrer, et qu'on lui redemande onze ans après... (il aura sans doute déménagé trois fois, le malheureux). C'est d'un neuf qui date de Sterne, de Gessner. Ce qui me fait croire que c'est d'une femme, c'est que leur première idée littéraire à toutes consiste toujours à se venger de quelqu'un.

Adolphe pourrait continuer à déchirer LE MÉLILOT, Caroline a des tintements de cloche dans les oreilles, elle est dans la situation d'une femme qui s'est jetée par-dessus le pont des Arts, et qui cherche son chemin à dix pieds au-dessous du niveau de la Seine.

AUTRE GENRE. — Caroline a fini par découvrir, dans ses paroxismes de jalousie, une cachette d'Adolphe, qui, se défiant de sa femme et sachant qu'elle décachète ses lettres, qu'elle fouille ses tiroirs, a voulu pouvoir sauver des doigts crochus de la police conjugale sa correspondance avec Hector.

Hector est un ami de collège, marié dans la Loire-Inférieure.

Adolphe soulève le tapis de sa table à écrire, tapis dont la bordure est faite au petit point par Caroline, et dont le fond est en velours bleu, noir ou rouge, la couleur est, comme vous le verrez, parfaitement indifférente, et il glisse ses lettres à madame de Fischtaminel, à son camarade Hector, entre la table et le tapis.

L'épaisseur d'une feuille de papier est peu de chose, le velours est une étoffe bien moelleuse, bien discrète... Eh bien, ces précautions sont inutiles. A diable mâle, diable femelle; l'enfer en a de tous les genres. Caroline a pour elle Méphistophélès, ce démon qui fait jaillir du feu de toutes les tables, qui, de son doigt plein d'ironie, indique le gisement des clefs, le secret des secrets !

Caroline a reconnu l'épaisseur d'une feuille de papier à lettre entre ce velours et cette table : elle tombe sur une lettre à Hector au lieu de tomber sur une lettre à madame de Fischtaminel, qui prend les eaux de Plombières, et elle lit ceci :

« Mon cher Hector,

» Je te plains, mais tu agis sagement en me confiant les difficul-
» tés dans lesquelles tu t'es mis à plaisir. Tu n'as pas su voir la

» différence qui distingue la femme de province de la Pari-
» sienne. En province, mon cher, vous êtes toujours face à face
» avec votre femme, et par l'ennui qui vous talonne, vous vous
» jetez à corps perdu dans le bonheur. C'est une grande faute : le
» bonheur est un abîme, on n'en revient pas en ménage quand on
» a touché le fond.

» Tu vas voir pourquoi ; laisse-moi prendre, à cause de ta femme,
» la voie la plus courte, la parabole.

» Je me souviens d'avoir fait un voyage en coucou de Paris à
» Ville-Parisis : distance, sept lieues ; voiture très-lourde, cheval
» boiteux ; cocher, enfant de onze ans. J'étais dans cette boîte mal
» close avec un vieux soldat. Rien ne m'amuse plus que de souti-
» rer à chacun, à l'aide de ce foret nommé l'interrogation, et de
» recevoir au moyen d'un air attentif et jubilant la somme d'ins-
» truction, d'anecdotes, de savoir, dont tout le monde désire se
» débarrasser ; et chacun a la sienne, le paysan comme le banquier,
» le caporal comme le maréchal de France.

» J'ai remarqué combien ces tonneaux pleins d'esprit sont dis-
» posés à se vider quand ils sont charriés par des diligences ou
» des coucous, par tous les véhicules que traînent les chevaux, car
» personne ne cause en chemin de fer.

» A la manière dont la sortie de Paris s'exécuta, nous allions
» être pendant sept heures en route : je fis donc causer ce caporal
» pour me divertir. Il ne savait ni lire ni écrire, tout était inédit.
» Eh bien ! la route me sembla courte. Le caporal avait fait toutes
» les campagnes, il me raconta des faits inouïs dont ne s'occupent
» jamais les historiens.

» Oh ! mon cher Hector, combien la pratique l'emporte sur la
» théorie ! Entre autres choses, et sur une de mes questions rela-
» tives à la pauvre infanterie, dont le courage consiste bien plus à
» marcher qu'à se battre, il me dit ceci, que je te dégage de toute
» circonlocution :

» — Monsieur, quand on m'amenait des Parisiens à notre 45°,
» que Napoléon avait surnommé *le terrible* (je vous parle des
» premiers temps de l'Empereur, où l'infanterie avait des jambes
» d'acier, et il en fallait), j'avais une manière de connaître ceux
» qui resteraient dans le 45°... Ceux-là marchaient sans aucune
» hâte, ils vous faisaient leurs petites six lieues par jour, ni plus ni
» moins, et ils arrivaient à l'étape prêts à recommencer le lende-

» main. Les crânes qui faisaient dix lieues, qui voulaient courir à
» la victoire, ils restaient à l'hôpital à mi-route.

» Ce brave caporal parlait là mariage en croyant parler guerre,
» et tu te trouves à l'hôpital à mi-chemin, mon cher Hector.

» Souviens-toi des doléances de madame de Sévigné comptant
» cent mille écus à monsieur de Grignan pour l'engager à épouser
» une des plus jolies personnes de France ! — « Mais, se dit-elle,
» il devra l'épouser tous les jours, tant qu'elle vivra ! Décidément,
» cent mille écus, ce n'est pas trop ! » Eh bien ! n'est-ce pas à
» faire trembler les plus courageux ?

» Mon cher camarade, le bonheur conjugal est fondé comme
» celui des peuples, sur l'ignorance. C'est une félicité pleine de
« conditions négatives.

» Si je suis heureux avec ma petite Caroline, c'est par la plus
» stricte observance de ce principe salutaire sur lequel a tant in-
» sisté la *Physiologie du Mariage*. J'ai résolu de conduire ma
» femme par des chemins tracés dans la neige jusqu'au jour heu-
» reux ou l'infidélité deviendra très-difficile.

» Dans la situation où tu t'es mis, et qui ressemble à celle de
» Duprez quand, dès son début à Paris, il s'est avisé de chanter à
» pleins poumons, au lieu d'imiter Nourrit qui donnait de sa voix
» de tête juste ce qu'il en fallait pour charmer son public, voici je
» crois, la marche à tenir pour... »

La lettre en était restée là ; Caroline la replace en songeant à
faire expier à son cher Adolphe son obéissance aux exécrables préceptes de la *Physiologie du Mariage*.

## PARTIE REMISE.

Cette misère doit arriver assez souvent et assez diversement
dans l'existence des femmes mariées pour que ce fait personnel
devienne le type du genre.

La Caroline dont il est ici question est fort pieuse, elle aime
beaucoup son mari, le mari prétend même qu'il est beaucoup trop
aimé d'elle ; mais c'est une fatuité maritale, si toutefois ce n'est
pas une provocation : il ne se plaint qu'aux jeunes amies de sa
femme.

Quand la conscience catholique est en jeu, tout devient excessivement grave. Madame de *** a dit à sa jeune amie, madame de Fischtaminel, qu'elle avait été forcée de faire à son directeur une confession extraordinaire, et d'accomplir des pénitences, son confesseur ayant décidé qu'elle s'était trouvée en état de péché mortel. Cette dame, qui tous les matins entend une messe, est une femme de trente-six ans, maigre et légèrement couperosée. Elle a de grands yeux noirs veloutés, une lèvre supérieure bistrée ; néanmoins, elle a la voix douce, des manières douces, la démarche noble, elle est femme de qualité.

Madame de Fischtaminel, de qui madame de *** a fait son amie (presque toutes les femmes pieuses protégent une femme dite légère en donnant à cette amitié le prétexte d'une conversion à faire), madame de Fischtaminel prétend que ces avantages sont, chez cette Caroline du Genre Pieux, une conquête de la religion sur un caractère assez violent de naissance.

Ces détails sont nécessaires pour poser la petite misère dans toute son horreur.

L'Adolphe avait été forcé de quitter sa femme pour deux mois, en avril, précisément après les quarante jours de carême que Caroline observe rigoureusement. Dans les premiers jours de juin, madame attendait donc monsieur, elle l'attendait donc de jour en jour. Elle atteignit, d'espoirs en espoirs,

> Conçus dès le matin et déçus tous les soirs.

jusqu'au dimanche, jour où le pressentiment, monté au paroxisme, lui fit croire que le mari désiré viendrait de bonne heure.

Quand une femme pieuse attend son mari, que ce mari manque au ménage depuis près de quatre mois, elle se livre à des toilettes infiniment plus minutieuses que celles d'une jeune fille attendant son premier promis.

Cette vertueuse Caroline fut si complétement absorbée dans ces préparatifs entièrement personnels, qu'elle oublia d'aller à la messe de huit heures. Elle s'était proposé d'entendre une messe basse, mais elle trembla de perdre les délices du premier regard si son cher Adolphe arrivait de grand matin. Sa femme de chambre, qui laissait respectueusement madame dans le cabinet de toilette où les femmes pieuses et couperosées ne laissent entrer personne, pas même leur mari, surtout quand elles sont maigres, sa femme de chambre l'entendit plus de trois fois s'écriant : — Si c'est monsieur, avertissez-moi.

Un bruit de voiture ayant fait trembler les meubles, Caroline prit un ton doux pour cacher la violence de son émotion légitime.

— Oh! c'est lui! Courez, Justine! dites-lui que je l'attends ici. Caroline se laissa tomber sur une bergère, elle tremblait trop sur ses jambes.

Cette voiture était celle d'un boucher.

Ce fut dans cette anxiété que coula, comme une anguille dans sa vase, la messe de huit heures. La toilette de madame fut reprise, car madame en était à se vêtir. La femme de chambre avait déjà reçu par le nez, lancée du cabinet de toilette, une chemise de simple batiste magnifique, à simple ourlet, semblable à celle qu'elle donnait depuis trois mois.

— A quoi pensez-vous donc, Justine? Je vous ai dit de prendre dans les chemises sans numéro.

Les chemises sans numéro n'étaient que sept ou huit, comme dans les trousseaux les plus magnifiques. C'est des chemises où brillent les recherches, les broderies; il faut être une reine, une jeune reine, pour avoir la douzaine. Chacune de celles de madame était bordée de valencienne par en bas, et encore plus coquettement garnie par le haut. Ce détail de nos mœurs servira peut-être à faire soupçonner dans le monde masculin le drame intime que révèle cette chemise exceptionnelle.

Caroline avait mis des bas de fil d'Écosse et de petits souliers de prunelle à cothurne, et son corset le plus menteur. Elle se fit coiffer de la façon qui lui seyait le mieux, et mit un bonnet de la dernière élégance. Il est inutile de parler de la robe du matin. Une femme pieuse qui demeure à Paris et qui aime son mari, sait choisir, tout aussi bien qu'une coquette, ces jolis petites étoffes rayées, coupées en redingote, attachées par des pattes à des boutons qui forcent une femme à les rattacher deux ou trois fois en une heure avec des façons plus ou moins charmantes.

La messe de neuf heures, la messe de dix heures, toutes les messes passèrent dans ces préparatifs qui sont pour les femmes aimantes un de leurs douze travaux d'Hercule.

Les femmes pieuses vont rarement en voiture à l'église, elles ont raison. Excepté le cas de pluie à verse, de mauvais temps intolérable, on ne doit pas se montrer orgueilleux là où l'on doit s'humilier. Caroline craignit donc de compromettre la suavité de sa toilette, la fraîcheur de ses bas, de ses souliers. Hélas! ces prétextes cachaient une raison.

— Si je suis à l'église quand Adolphe arrivera, je perdrai tous les bénéfices de son premier regard : il pensera que je lui préfère la grand'messe...

Elle fit à son mari ce sacrifice en vue de lui plaire, intérêt horriblement mondain : préférer la creature au Créateur! un mari à Dieu! Allez écouter un sermon, et vous saurez ce que coûte un pareil péché.

— Après tout, la société, se dit madame d'après son confesseur, est basée sur le mariage, que l'Église a mis au nombre des sacrements.

Et voilà comment l'on détourne au profit d'un amour aveugle, bien que légitime, les enseignements religieux. Madame refusa de déjeuner, et ordonna de tenir le déjeuner toujours prêt, comme elle se tenait elle-même toujours prête à recevoir l'absent bien-aimé.

Toutes ces petites choses peuvent faire rire; mais d'abord elles arrivent chez tous les gens qui s'adorent, ou dont l'un adore l'autre; puis, chez une femme aussi contenue, aussi réservée, aussi digne que cette dame, ces aveux de tendresse dépassaient toutes les bornes imposées à ses sentiments par le haut respect de soi-même que donne la vraie piété. Quand madame de Fischtaminel raconta cette petite scène de la vie dévote en l'ornant de détails comiques, mimés comme les femmes du monde savent mimer leurs anecdotes, je pris la liberté de lui dire que c'était le Cantique des cantiques mis en action.

— Si monsieur n'arrive pas, dit Justine au cuisinier, que deviendrons-nous?... Madame m'a déjà jeté sa chemise à la figure.

Enfin, Caroline entendit les claquements de fouet d'un postillon, le roulement si connu d'une voiture de voyage, le bruit produit par l'allure des chevaux de poste, les sonnettes!... Oh! elle ne douta plus de rien, les sonnettes la firent éclater.

— La porte! ouvrez donc la porte! voilà monsieur!... Ils n'ouvriront pas la porte!... Et la femme pieuse frappa du pied et cassa le cordon de sa sonnette.

— Mais, madame, dit Justine avec la vivacité d'un serviteur qui fait son devoir, c'est des gens qui s'en vont.

— Décidément, se dit Caroline honteuse, je ne laisserai jamais Adolphe voyager sans que je l'y accompagne...

Un poète de Marseille (on ne sait qui de Méry ou de Barthélemy) avouait qu'à l'heure du dîner, si son meilleur ami ne venait pas exactement, il attendait patiemment cinq minutes ; à la dixième minute, il se sentait l'envie de lui jeter la serviette au nez ; à la douzième, il lui souhaitait un grand malheur ; à la quinzième, il n'était plus le maître de ne pas le poignarder de plusieurs coups de couteau.

Toutes les femmes qui attendent sont poëtes de Marseille, si l'on eut comparer toutefois les tiraillements vulgaires de la faim au ublime Cantique des cantiques d'une épouse catholique espérant es délices du premier regard d'un mari absent depuis trois mois. Que tous ceux qui s'aiment et qui se sont revus après une absence mille fois maudite veuillent bien se souvenir de leur premier regard : il dit tant de choses que souvent, quand on se retrouve devant des importuns, on baisse les yeux !... On se craint de part et d'autre, tant les yeux jettent de flammes ! Ce poëme, où tout homme est aussi grand qu'Homère, où il paraît un Dieu à la femme aimante, est pour une femme pieuse, maigre et couperosée, d'autant plus immense, qu'elle n'a pas, comme madame de Fischtaminel, la ressource de le tirer à plusieurs exemplaires. Son mari, pour elle c'est tout !

Aussi, ne soyez pas étonnés d'apprendre que Caroline manqua toutes les messes et ne déjeuna point. Cette faim de revoir Adolphe, cette espérance contractait violemment son estomac. Elle ne pensa pas une seule fois à Dieu pendant le temps des messes, ni pendant celui des vêpres. Elle n'était pas bien assise, elle se trouvait fort mal sur ses jambes : Justine lui conseilla de se coucher. Caroline, vaincue, se coucha sur les cinq heures et demie du soir, après avoir pris un léger potage ; mais elle recommanda de tenir un bon petit repas prêt à dix heures du soir.

— Je souperai vraisemblablement avec monsieur, dit-elle.

Cette phrase fut la conclusion de catilinaires terribles intérieurement fulminées : elle en était aux plusieurs coups de couteau du poëte marseillais ; aussi cela fut dit d'un accent terrible. A trois heures du matin, Caroline dormait du plus profond sommeil quand Adolphe arriva, sans qu'elle eût entendu ni voiture, ni chevaux, ni sonnette, ni porte s'ouvrant !...

Adolphe, qui recommanda de ne point éveiller madame, alla coucher dans la salle d'ami. Quand le matin Caroline apprit le retour de son Adolphe, deux larmes sortirent de ses yeux : elle courut à la chambre d'ami sans aucune toilette préparatoire; sur le seuil, un affreux domestique lui dit que monsieur, ayant fait deux cents lieues et passé deux nuits sans dormir, avait prié qu'on ne le réveillât point : il était excessivement fatigué.

Caroline, en femme pieuse, ouvrit violemment la porte sans pouvoir éveiller l'unique époux que le Ciel lui avait donné, puis elle courut à l'église entendre une messe d'actions de grâces.

Comme madame fut visiblement atrabilaire pendant trois jours Justine répondit à propos d'un reproche injuste, et avec la finesse d'une femme de chambre : — Mais cependant, Madame, Monsieur est revenu !

— Il n'est encore revenu qu'à Paris, dit la pieuse Caroline.

## LES ATTENTIONS PERDUES.

Mettez-vous à la place d'une pauvre femme, de beauté contestable, — qui doit à la pesanteur de sa dot un mari longtemps attendu, — qui se donne des peines infinies et qui dépense beaucoup d'argent pour être à son avantage et suivre les modes, — qui se dévoue à tenir richement et avec économie une maison assez lourde à mener, — qui par religion, et par nécessité peut-être, n'aime que son mari, — qui n'a pas d'autre étude que le bonheur de ce précieux mari, — qui joint, pour tout exprimer, le sentiment maternel *au sentiment de ses devoirs*. Cette circonlocution soulignée est la paraphrase du mot amour dans le langage des prudes.

Y êtes-vous? Eh bien! ce mari trop aimé a dit par hasard, en dînant chez son ami monsieur de Fischtaminel, qu'il aimait les champignons à l'italienne.

Si vous avez observé quelque peu la nature féminine dans ce qu'elle a de bon, de beau, de grand, vous savez qu'il n'existe pas pour une femme aimante de plus grand petit plaisir que celui de voir l'être aimé gobant les mets préférés par lui. Cela tient à l'idée fondamentale sur laquelle repose l'affection des femmes : être la source de tous les plaisirs de l'être aimé, petits et grands.

L'amour anime tout dans la vie, et l'amour conjugal a plus particulièrement le droit de descendre dans les infiniment petits.

Caroline a pour deux ou trois jours de recherches avant de savoir comment les Italiens accommodent les champignons. Elle découvre un abbé corse qui lui dit que chez Biffi, rue Richelieu, non-seulement elle saura comment s'arrangent les champignons à l'italienne, mais qu'elle aura même des champignons milanais. Notre Caroline pieuse remercie l'abbé Serpolini, et se promet de lui envoyer en remercîments un bréviaire.

Le cuisinier de Caroline va chez Biffi, revient de chez Biffi, montre à madame la comtesse des champignons larges comme les oreilles du cocher.

— Ah! bon! dit-elle, et il vous a bien expliqué comment on les accommode?

— Ce n'est rien du tout pour nous autres! a répondu le cuisinier.

Règle générale, les cuisiniers savent tout, en fait de cuisine, excepté comment un cuisinier peut voler.

Le soir, au second service, toutes les fibres de Caroline tressaillent de plaisir en voyant une certaine timbale que sert le valet de chambre. Elle a véritablement attendu ce dîner, comme elle avait attendu monsieur.

Mais entre attendre avec incertitude et s'attendre à un plaisir certain, il existe pour les âmes d'élite, et tous les physiologistes comprennent parmi les âmes d'élite une femme qui adore un mari, il existe entre ces deux modes de l'attente la différence qu'il y a entre une belle nuit et une belle journée.

On présente au cher Adolphe la timbale, il y plonge insoucieusement la cuiller, et il se sert, sans apercevoir l'excessive émotion de Caroline, quelques-unes de ces rouelles grasses, dodouillettes, que pendant longtemps les touristes qui viennent à Milan ne savent pas reconnaître, et qu'ils prennent pour un mollusque quelconque.

— Eh bien! Adolphe?
— Eh bien! ma chère?
— Tu ne les reconnais pas?
— Quoi?
— Tes champignons à l'italienne.
— Ça, des champignons? je croyais... Eh! oui, ma foi, c'est des champignons..

— A l'italienne !

— Ça ! c'est de vieux champignons conservés, à la milanaise... je les exècre.

— Qu'est-ce donc que tu aimes ?

— Des *fungi trifolati*.

Remarquons, à la honte d'une époque qui numérote tout, qui met en bocal toute la création, qui classe en ce moment cent cinquante mille espèces d'insectes et les nomme en *us*, de façon à ce que, dans tous les pays, un *Silbermanus* soit le même individu pour tous les savants qui recroquevillent ou decroquevillent des pattes d'insectes avec des pinces, qu'il nous manque une nomenclature pour la chimie culinaire qui permette à tous les cuisiniers du globe de faire exactement leurs plats. On devrait convenir diplomatiquement que la langue française serait la langue de la cuisine, comme les savants ont adopté le latin pour la botanique et l'entomologie, à moins qu'on ne veuille absolument les imiter, et avoir réellement le latin de cuisine.

— Hé ! ma chère, reprend Adolphe en voyant jaunir et s'allonger le visage de sa chaste épouse, en France nous appelons ce plat, des champignons à l'italienne, à la provençale, à la bordelaise. Les champignons se coupent menu, sont frits dans l'huile avec quelques ingrédients dont le nom m'échappe. On y met une pointe d'ail, je crois...

On parle de désastres, de petites misères !... ceci, voyez-vous, est au cœur d'une femme ce qu'est pour un enfant de huit ans la douleur d'une dent arrachée. *Ab uno disce omnes*, ce qui veut dire : Et d'une ! cherchez les autres dans vos souvenirs ; car nous avons pris cette description culinaire comme prototype de celles qui désolent les femmes aimantes et mal aimées.

## LA FUMÉE SANS FEU.

La femme pleine de foi en celui qu'elle aime est une fantaisie de romancier. Ce personnage féminin n'existe pas plus qu'il n'existe de riche dot. La fiancée est restée ; mais les dots ont fait comme les rois. La confiance de la femme brille peut-être pendant quelques instants, à l'aurore de l'amour, et elle s'éteint aussitôt comme une étoile qui file.

Pour toute femme qui n'est ni Hollandaise, ni Anglaise, ni Belge, ni d'aucun pays marécageux, l'amour est un prétexte à souffrance, un emploi des forces surabondantes de son imagination et de ses nerfs.

Aussi, la seconde idée qui saisit une femme heureuse, une femme aimée, est-elle la crainte de perdre son bonheur ; car il faut lui rendre justice de dire que la première, c'est d'en jouir. Tous ceux qui possèdent des trésors craignent les voleurs ; mais ils ne prêtent pas comme la femme, des pieds et des ailes aux pièces d'or.

La petite fleur bleue de la félicité parfaite n'est pas si commune, que l'homme béni de Dieu qui la tient, soit assez niais pour la lâcher.

#### AXIOME.

Aucune femme n'est quittée sans raison.

Cet axiome est écrit au fond du cœur de toutes les femmes, et de là vient la fureur de la femme abandonnée.

N'entreprenons pas sur les petites misères de l'amour ; nous sommes dans une époque calculatrice où l'on quitte peu les femmes, quoi qu'elles fassent ; car, de toutes les femmes, aujourd'hui, la légitime (sans calembour) est la moins chère. Or, chaque femme aimée a passé par la petite misère du soupçon. Ce soupçon, juste ou faux, engendre une foule d'ennuis domestiques, et voici le plus grand de tous.

Un jour, Caroline finit par s'apercevoir que l'Adolphe chéri la quitte un peu trop souvent pour une affaire, l'éternelle affaire Chaumontel, qui ne se termine jamais.

#### AXIOME.

Tous les ménages ont leur affaire Chaumontel. (Voir LA MISÈRE DANS LA MISÈRE.)

D'abord, la femme ne croit pas plus aux affaires que les directeurs de théâtre et les libraires ne croient à la maladie des actrices et des auteurs.

Dès qu'un homme aimé s'absente, l'eût-elle rendu trop heureux, toute femme imagine qu'il court à quelque bonheur tout prêt.

Sous ce rapport, les femmes dotent les hommes de facultés surhumaines. La peur agrandit tout, elle dilate les yeux, le cœur : elle rend une femme insensée.

— Où va monsieur? — Que fait monsieur? — Pourquoi me quitte-t-il? — Pourquoi ne m'emmène-t-il pas?

Ces quatre questions sont les quatre points cardinaux de la rose des soupçons, et régissent la mer orageuse des soliloques. De ces tempêtes affreuses qui ravagent les femmes, il résulte une résolution ignoble, indigne, que toute femme, la duchesse comme la bourgeoise, la baronne comme la femme d'agent de change, l'ange comme la mégère, l'insouciante comme la passionnée, exécute aussitôt. Toutes, elles imitent le gouvernement, elles espionnent. Ce que l'État invente dans l'intérêt de tous, elles le trouvent légitime, légal et permis dans l'intérêt de leur amour. Cette fatale curiosité de la femme la jette dans la nécessité d'avoir des agents, et l'agent de toute femme qui se respecte encore dans cette situation, où la jalousie ne lui laisse rien respecter,

Ni vos cassettes, — ni vos habits, — ni vos tiroirs de caisse ou de bureau, de table ou de commode, — ni vos portefeuilles à secrets, — ni vos papiers, — ni vos nécessaires de voyage, — ni votre toilette (une femme découvre alors que son mari se teignait les moustaches quand il était garçon, qu'il conserve les lettres d'une ancienne maîtresse excessivement dangereuse, et qu'il la tient ainsi en respect, etc., etc.), — ni vos ceintures élastiques ;

Eh bien! son agent, le seul auquel une femme se fie, est sa femme de chambre, car sa femme de chambre la comprend, l'excuse et l'approuve.

Dans le paroxisme de la curiosité, de la passion, de la jalousie excitée, une femme ne calcule rien, n'aperçoit rien, ELLE VEUT TOUT SAVOIR.

Et Justine est enchantée ; elle voit sa maîtresse se compromettant avec elle, elle en épouse la passion, les terreurs, les craintes et les soupçons avec une effrayante amitié. Justine et Caroline ont des conciliabules, des conversations secrètes. Tout espionnage implique ces rapports. Dans cette situation, une femme de chambre devient la maîtresse du sort des deux époux. Exemple : lord Byron.

— Madame, vient dire un jour Justine, monsieur sort effectivement pour aller voir une femme...

Caroline devient pâle.

— Mais que madame se rassure, c'est une vieille femme...

— Ah ! Justine, il n'y a pas de vieilles pour certains hommes, les hommes sont inexplicables.

— Mais, madame, ce n'est pas une dame, c'est une femme, une femme du peuple.

— Ah! Justine, lord Byron aimait à Venise une poissarde, c'est la petite madame Fischtaminel qui me l'a dit.

Et Caroline fond en larmes.

— J'ai fait causer Benoît.

— Eh bien ! que pense Benoît?...

— Benoît croit que cette femme est une intermédiaire, car monsieur se cache de tout le monde, même de Benoît.

Caroline vit pendant huit jours dans l'enfer, toutes ses économies passent à solder des espions, à payer des rapports.

Enfin, Justine va voir cette femme appelée madame Mahuchet, elle la séduit, elle finit par apprendre que monsieur a gardé de ses folies de jeunesse un témoin, un fruit, un délicieux petit garçon qui lui ressemble, et que cette femme est la nourrice, la mère d'occasion qui surveille le petit Frédéric, qui paye les trimestres du collége, celle par les mains de qui passent les douze cents francs, les deux mille francs perdus annuellement au jeu par monsieur.

Et la mère ! s'écrie Caroline.

Enfin, l'adroite Justine, la providence de madame, lui prouve que mademoiselle Suzanne Beauminet, une ancienne grisette devenue madame Sainte-Suzanne, est morte à la Salpêtrière, ou bien a fait fortune et s'est mariée en province, ou se trouve placée si bas dans la société qu'il n'est pas probable que madame puisse la rencontrer.

Caroline respire, elle a le poignard hors du cœur, elle est heureuse ; mais si elle n'a que des filles, elle souhaite un garçon. Ce petit drame du soupçon injuste, la comédie de toutes les suppositions auxquelles la mère Mahuchet donne lieu, ces phases de la jalousie tombant à faux sont posés ici comme étant le type de cette situation dont les variantes sont infinies comme les caractères, comme les rangs, comme les espèces.

Cette source de petite misère est indiquée ici pour que toutes les femmes assises sur cette plage y contemplent le cours de leur vie conjugale, le remontent ou le descendent, y retrouvent leurs aventures secrètes, leurs malheurs inédits, la bizarrerie qui causa leurs erreurs et les fatalités particulières auxquelles elles doivent un instant de rage, un désespoir inutile, des souffrances qu'elles pouvaient s'épargner, heureuses toutes de s'être trompées !...

Cette petite misère a pour corrollaire la suivante, beaucoup plus grave et souvent sans remède, surtout lorsqu'elle a sa cause dans des vices d'un autre genre et qui ne sont pas de notre ressort; car, dans cet ouvrage, la femme est toujours sensée vertueuse... jusqu'au dénoûment.

## LE TYRAN DOMESTIQUE.

— Ma chère Caroline, dit un jour Adolphe à sa femme, es-tu contente de Justine?

— Mais, oui, mon ami.

— Tu ne trouves pas qu'elle te parle d'une façon qui n'est point convenable?

— Est-ce que je fais attention à une femme de chambre? il paraît que vous l'observez, vous?

— Plaît-il?... demande Adolphe d'un air indigné qui ravit toujours les femmes.

En effet, Justine est une vraie femme de chambre d'actrice, une fille de trente ans frappée par la petite vérole de mille fossettes où ne se jouent pas les amours, brune comme l'opium, beaucoup de jambes et peu de corps, les yeux chassieux et une tournure à l'avenant. Elle voudrait se faire épouser par Benoît, elle a dix mille francs; mais à cette attaque inopinée, Benoît a demandé son congé. Tel est le portrait du tyran domestique intronisé par la jalousie de Caroline.

Justine prend son café, le matin, dans son lit, et s'arrange de manière à le prendre aussi bon, pour ne pas dire meilleur, que celui de madame. Justine sort quelquefois sans en demander la permission, elle sort mise comme la femme d'un banquier du second ordre. Elle a le bibi rose, une ancienne robe de madame refaite, un beau châle, des brodequins en peau bronzée et des bijoux apocryphes.

Justine est quelquefois de mauvaise humeur et fait sentir à sa maîtresse qu'elle est aussi femme qu'elle, sans être mariée. Elle a ses *papillons noirs*, ses caprices, ses tristesses. Enfin, elle ose avoir des nerfs !... Elle répond brusquement, elle est insupportable aux autres domestiques, enfin ses gages ont été considérablement augmentés.

— Ma chère, cette fille devient de jour en jour plus insupportable, dit un jour Adolphe à sa femme en s'apercevant que Justine écoute aux portes ; et, si vous ne la renvoyez pas, je la renverrai, moi !...

Caroline, épouvantée, est obligée, pendant que monsieur est dehors, de chapitrer Justine.

— Justine, vous abusez de mes bontés pour vous : vous avez ici d'excellents gages, vous avez des profits, des cadeaux : tachez d'y rester, car monsieur veut vous renvoyer.

La femme de chambre s'humilie, elle pleure ; elle est si attachée à madame ! Ah ! elle passerait dans le feu pour elle, elle se ferait hacher; elle est prête à tout faire.

— Vous auriez quelque chose à cacher, madame, je le prendrais sur mon compte.

— C'est bien Justine, c'est bien ma fille, dit Caroline effrayée ; il ne s'agit pas de cela ; sachez seulement vous tenir à votre place.

— Ah ! se dit Justine, monsieur veut me renvoyer... Attends, je vais te rendre la vie dure, vieux pistolet !

Huit jours après, en coiffant sa maîtresse, Justine regarde dans la glace pour s'assurer que madame peut voir toutes les grimaces de sa physionomie ; aussi Caroline lui demande-t-elle bientôt : — Qu'as-tu donc Justine ?

— Ce que j'ai, je le dirais bien à madame, mais madame est si faible avec monsieur...

— Allons, voyons, dis ?

— Je sais bien, Madame, pourquoi monsieur veut me mettre lui-même à la porte : monsieur n'a plus confiance qu'en Benoît, et Benoît fait le discret avec moi...

— Eh bien ! qu'y a-t-il ? A-t-on surpris quelque chose ?

— Je suis sûre qu'à eux deux ils manigancent quelque chose contre madame, répond la femme de chambre avec autorité.

Caroline, que Justine observe dans la glace, est devenue pâle ; toutes les tortures de la petite misère précédente reviennent, et Justine se voit devenue nécessaire autant que les espions le sont au gouvernement quand on découvre une conspiration. Cependant les amies de Caroline ne s'expliquent pas pourquoi elle tient à une fille si désagréable, qui prend des airs de maîtresse, qui porte chapeau, qui fait l'impertinente...

On parle de cette domination stupide chez madame Deschars, chez madame de Fischtaminel, et l'on en plaisante. Quelques femmes entrevoient des raisons monstrueuses et qui mettent en cause l'honneur de Caroline.

AXIOME.

Dans le monde, on sait mettre des paletots à toutes les vérités, même les plus jolies.

Enfin l'*aria della calumnia* s'exécute absolument comme si Bartholo le chantait.

Il est avéré que Caroline ne peut pas renvoyer sa femme de chambre.

Le monde s'acharne à trouver le secret de cette énigme. Madame de Fischtaminel se moque d'Adolphe, Adolphe revient chez lui furieux, fait une scène à Caroline et renvoie Justine.

Ceci produit un tel effet sur Justine, que Justine tombe malade, elle se met au lit. Caroline fait observer à son mari qu'il est difficile de jeter dans la rue une fille dans l'état où se trouve Justine, une fille qui, d'ailleurs, leur est bien attachée et qui est chez eux depuis leur mariage.

— Dès qu'elle sera rétablie, qu'elle s'en aille! dit Adolphe.

Caroline, rassurée sur Adolphe et indignement grugée par Justine, en arrive à vouloir s'en débarrasser ; elle applique sur cette plaie un remède violent, et elle se décide à passer par les fourches caudines d'une autre petite misère que voici :

## LES AVEUX.

Un matin, Adolphe est ultra-câliné. Le trop heureux mari cherche les raisons de ce redoublement de tendresse, et il entend Caroline, qui d'une voix caressante lui dit : — Adolphe?

— Quoi! répond-il effrayé du tremblement intérieur accusé par la voix de Caroline.

— Promets-moi de ne pas te fâcher.

— Oui.

— De ne pas m'en vouloir...
— Jamais! Dis.
— De me pardoner et de ne jamais me parler de cela...
— Mais dis-donc!...
— D'ailleurs, tous les torts sont à toi...
— Voyons!... ou je m'en vais...
— Il n'y a que toi qui puisses me faire sortir de l'embarras où je suis... et à cause de toi!...
— Mais voyons...
— Il s'agit de...
— De?
— De Justine.
— Ne m'en parle pas, elle est renvoyée, je ne veux plus la voir, sa manière d'être expose votre réputation...
— Et que peut-on dire? que t'a-t-on dit?

La scène tourne, il en résulte une sous-explication qui fait rougir Caroline dès qu'elle aperçoit la portée des suppositions de ses meilleures amies, enchantées toutes de trouver des raisons bizarres à sa vertu.

— Eh bien, Adolphe, c'est toi qui me vaux tout cela! Pourquoi ne m'as-tu rien dit de Frédéric...
— Le Grand? le roi de Prusse?
— Voilà bien les hommes!... Tartufe, voudrais-tu me faire croire que tu aies oublié, depuis si peu temps, ton fils, le fils de mademoiselle Suzanne Beauminet!
— Tu sais...
— Tout!... Et la mère Mahuchet, et tes sorties pour faire dîner le petit quand il a congé.

Quelquefois, l'Affaire-Chaumontel est un enfant naturel, c'est l'espèce la moins dangereuse des Affaires-Chaumontel.

— Quels chemins de taupe vous savez faire, vous autres dévotes! s'écrie Adolphe épouvanté.
— C'est Justine qui a tout découvert.
— Ah! je comprends maintenant la raison de ses insolences...
— Ah! va, mon ami, ta Caroline a été bien malheureuse, et cet espionnage dont la cause est mon amour insensé pour toi, car je t'aime... à devenir folle... Non, si tu me trahissais, je m'enfuirais au bout du monde... Eh bien, cette jalousie à faux m'a mise sous la domination de Justine... Ainsi, mon chat, tire-moi de là!

— Que cela t'apprenne, mon ange, à ne jamais te servir de tes omestiques si tu veux qu'ils te servent. C'est la plus basse des rannies. Etre à la merci de ses gens.

Adolphe profite de cette circonstance pour épouvanter Caroline, car il pense à ses futures Affaires-Chaumontel, et voudrait bien ne plus être espionné.

Justine est mandée, Adolphe la renvoie immédiatement sans vouloir qu'elle s'explique. Caroline croit sa petite misère finie. Elle prend une autre femme de chambre.

Justine, à qui ses douze ou quinze mille francs ont mérité les attentions d'un porteur d'eau à la voie, devient madame Chavagnac et entrepend le commerce de la fruiterie. Dix mois après Caroline reçoit par un commissionnaire, en l'absence d'Adolphe, une lettre écrite sur du papier écolier, en jambages qui voudraient trois mois d'orthopédie, et ainsi conçue :

*Madam !*

*Vous êt hindigneuman trompai perre msieu poure mame deux Fischtaminelle, ile i vat tou lé soarres, ai vous ni voilliez queu du feux; vous n'avet queu ceu que vou mairitte j'ean sui contant, ai j'ai bien éloneure de vou saluair.*

Caroline bondit comme une lionne piquée par un taon ; elle se replace d'elle même sur le gril du soupçon, elle recommence sa lutte avec l'inconnu.

Quand elle a reconnu l'injustice de ses soupçons, il arrive une autre lettre qui lui offre de lui donner des renseignements sur une Affaire-Chaumontel que Justine a éventée.

La petite misère des Aveux, souvenez-vous en, mesdames, est uvent plus grave que celle-ci.

## HUMILIATIONS.

A la gloire des femmes, elles tiennent encore à leurs maris, quand leurs maris ne tiennent plus à elles, non-seulement parce qu'il existe, socialement parlant, plus de liens entre une femme mariée et un homme, qu'entre cet homme et sa femme ; mais encore, parce que la femme a plus de délicatesse et d'honneur que l'homme, la grande question conjugale mise à part, bien entendu.

### AXIOME.

Dans un mari, il n'y a qu'un homme ; dans une femme mariée il y a un homme, un père, une mère et une femme.

Une femme mariée a de la sensibilité pour quatre, et pour cinq même, si l'on y regarde bien.

Or, il n'est pas inutile de faire observer ici que, pour les femmes, l'amour est une absolution générale : l'homme qui aime bien peut commettre des crimes, il est toujours blanc comme neige aux yeux de celle qui aime, s'il l'aime bien. Quant à la femme mariée, aimée ou non, elle sent si bien que l'honneur, la considération de son mari sont la fortune de ses enfants, qu'elle agit comme la femme qui aime, tant l'intérêt social est violent.

Ce sentiment profond engendre pour quelques Carolines des petites misères qui, par malheur pour ce livre, ont un côté triste.

Adolphe s'est compromis. N'énumérons pas toutes les manières de se compromettre, ce serait tomber dans des personnalités. Ne prenons pour exemple que de toutes les fautes sociales, celle que notre époque excuse, admet, comprend et commet le plus souvent, *le vol* honnête, la concussion bien déguisée, une tromperie excusable quand elle a réussi, comme de s'entendre avec qui de droit pour vendre sa propriété le plus cher possible à une ville, à un département, etc.

Ainsi, dans une faillite, pour se *couvrir* (ceci veut dire récupérer sa créance), Adolphe a trempé dans les actes illicites qui peuvent mener un homme à témoigner en cour d'assises. On ne sait même pas si le hardi créancier ne sera pas considéré comme complice.

Remarquez que dans toutes les faillites, pour les maisons les plus honorables, *se couvrir* est regardé comme le plus saint des devoirs ; mais il s'agit de ne pas laisser trop voir, comme dans la prude Angleterre, le mauvais côté de *la couverture*.

Adolphe embarrassé, car son conseil lui a dit de ne paraître en rien, a recours à Caroline ; il lui fait la leçon, il l'endoctrine, il lui apprend le Code, il veille à sa toilette, il l'équipe comme un brick envoyé en course, et il l'expédie chez un juge, chez un syndic. Le juge est un homme en apparence sévère, qui cache un libertin; il garde son sérieux en voyant entrer une jolie femme, et il dit des choses excessivement amères sur Adolphe.

— Je vous plains, madame, vous appartenez à un homme qui peut vous attirer bien des désagréments; encore quelques affaires de ce genre, et il sera tout à fait déconsidéré. Avez-vous des enfants? pardonnez-moi cette question; vous êtes si jeune, qu'il est bien naturel... Et le juge se met le plus près possible de Caroline.

— Oui, monsieur.

— Oh! bon Dieu! quel avenir! Ma première pensée était pour la femme; mais maintenant, je vous plains doublement, je songe à la mère... Ah! combien vous avez dû souffrir en venant ici... Pauvres, pauvres femmes!

— Ah! monsieur, vous vous intéressez à moi, n'est-ce pas?...

— Hélas! que puis-je? fait le juge en sondant Caroline par un regard oblique. Ce que vous me demandez est une forfaiture, je suis magistrat avant d'être homme...

— Ah! monsieur, soyez homme seulement...

— Savez-vous bien ce que vous dites-là... ma belle dame!...

Là, le magistrat consulaire prend en tremblant la main de Caroline.

Caroline, en songeant qu'il s'agit de l'honneur de son mari, de ses enfants, se dit en elle-même que ce n'est pas le cas de faire la prude, elle laisse prendre sa main, elle résiste assez pour que le galant vieillard (c'est heureusement un vieillard) y trouve une faveur.

— Allons! allons! belle dame, ne pleurez pas, reprend le magistrat, je serais au désespoir de faire couler les larmes d'une si jolie personne, nous verrons, vous viendrez demain soir m'expliquer l'affaire, il faut voir toutes les pièces, nous les compulserons ensemble...

— Monsieur...

— Mais il le faut...

— Monsieur...

— N'ayez pas peur, belle dame, un juge peut savoir accorder ce qu'on doit à la justice, et... (il prend un petit air fin) à la beauté.

— Mais, monsieur..

— Soyez tranquille, dit-il en lui tenant les mains et les pressant, et ce grand délit, nous tâcherons de le changer en peccadille. Et il reconduit Caroline atterrée d'un rendez-vous ainsi proposé.

Le syndic est un jeune homme gaillard, qui reçoit madame Adolphe en souriant. Il sourit à tout, et il la prend par la taille en souriant avec une habileté de séducteur qui ne permet pas à Caroline de se révolter, d'autant plus qu'elle se dit : « Adolphe m'a bien recommandé de ne pas irriter le syndic. »

Néanmoins Caroline, ne fût-ce que dans l'intérêt du syndic, se dégage et lui dit le : — « Monsieur!... » qu'elle a répété trois fois au juge.

— Ne m'en voulez pas, vous êtes irrésistible, vous êtes un ange, et votre mari est un monstre; car dans quelle intention envoie-t-il une syrène à un jeune homme qu'il sait inflammable?

— Monsieur, mon mari n'a pu venir lui-même ; il est au lit, bien souffrant, et vous l'avez menacé d'une si terrible façon, que l'urgence...

— Il n'a donc pas d'avoué, d'agréé...

Caroline est épouvantée de cette observation, qui dévoile une profonde scélératesse chez Adolphe.

— Il a pensé, monsieur, que vous auriez des égards pour une mère de famille, pour des enfants...

— Ta, ta, ta, répond le syndic. Vous êtes venue pour attenter à mon indépendance, à ma conscience, vous voulez que je vous livre les créanciers ; eh bien ! je fais plus, je vous livre mon cœur, ma fortune; il veut sauver son honneur, votre mari; moi je vous donne le mien...

— Monsieur, dit-elle en essayant de relever le syndic qui s'est mis à ses pieds, vous m'épouvantez !

Elle joue la femme effrayée et gagne la porte, en sortant de cette situation délicate, comme savent en sortir les femmes, c'est-à-dire en ne compromettant rien.

— Je reviendrai, dit-elle en souriant, quand vous serez plus sage.

— Vous me laissez ainsi... prenez garde! votre mari pourra bien s'asseoir sur les bancs de la Cour d'assises ; il est le complice d'une banqueroute frauduleuse, et nous savons de lui bien des choses qui ne sont pas honorables. Ce n'est pas sa première incartade ; il a fait des affaires un peu sales, des tripotages indignes, vous ménagez bien l'honneur d'un homme qui se moque de son **honneur comme du vôtre.**

Caroline, effrayée de ces paroles, lâche la porte, la ferme et revient.

— Que voulez-vous dire, monsieur? dit-elle furieuse de cette brutale bordée.

— Eh bien! l'affaire...

— Chaumontel?

— Non, cette spéculation sur les maisons qu'il faisait bâtir par des gens insolvables.

Caroline se rappelle l'affaire entreprise par Adolphe (voyez JÉSUITISME DES FEMMES) pour doubler ses revenus; elle tremble. Le syndic a pour lui la curiosité.

— Asseyez-vous donc là. Tenez, à cette distance je serai sage, mais je pourrai vous regarder...

Et il raconte longuement cette conception due à Du Tillet le banquier, en s'interrompant pour dire : — Oh! quel joli pied, petit, menu... MADAME seule a le pied aussi petit que cela... *Du Tillet donc transigea...* — Et quelle oreille... vous a-t-on dit que vous aviez l'oreille délicieuse? — *Et Du Tillet eut raison, car il y avait déjà jugement.* — J'aime les petites oreilles... laissez-moi faire mouler la vôtre, et je ferai tout ce que vous voudrez. — *Du Tillet profita de cela pour faire tout supporter à votre imbécile de mari...* — Oh! la jolie étoffe, vous êtes divinement mise...

— Nous en étions, monsieur?...

— Est-ce que je sais ce que je dis **en admirant une tête raphaélesque comme la vôtre?**

Au vingt-septième éloge, Caroline trouve de l'esprit au syndic : elle lui fait un compliment et s'en va sans connaître à fond l'histoire de cette entreprise qui, dans le temps, **a dévoré trois cent mille francs.**

Cette petite misère a d'énormes variantes.

EXEMPLE : Adolphe est brave et susceptible; il est à la promenade aux Champs-Élysées, il y a foule, et dans cette foule certains jeunes gens sans délicatesse se permettent des plaisanteries à la Panurge : Caroline les souffre sans avoir l'air de s'en apercevoir pour éviter un duel à son mari.

AUTRE EXEMPLE : Un enfant du genre Terrible, dit devant le monde :

— **Maman, est-ce que tu laisserais Justine me donner des gifles?**

— Non, certes...

— Pourquoi demandes-tu cela, mon petit homme, dit madame Foullepointe.

— C'est qu'elle vient de donner un fameux soufflet à papa, qui est bien plus fort que moi.

Madame Foullepointe se met à rire, et Adolphe, qui pensait à faire la cour à madame Foullepointe, se voit plaisanté cruellement par elle après avoir eu (voir les DERNIÈRES QUERELLES) une première-dernière querelle avec Caroline.

## LA DERNIÈRE QUERELLE.

Dans tous les ménages, maris et femmes entendent sonner une heure fatale. C'est un vrai glas, la mort de la jalousie, une grande, une noble, une charmante passion, le seul véritable symptôme de l'amour, s'il n'est pas toutefois *son double*. Quand une femme n'est plus jalouse de son mari, tout est dit, elle ne l'aime plus. Aussi, l'amour conjugal s'éteint-il dans la dernière querelle que fait une femme.

### AXIOME.

Dès qu'une femme ne querelle plus son mari, le minotaure est assis dans un fauteuil au coin de la cheminée de la chambre à coucher, et il tracasse avec le bout de sa canne ses bottes vernies.

Toutes les femmes doivent se rappeler leur dernière querelle, cette suprême petite misère qui souvent éclate à propos d'un rien, ou plus souvent encore à l'occasion d'un fait brutal, d'une preuve décisive. Ce cruel adieu à la croyance, aux enfantillages de l'amour, à la vertu même, est en quelque sorte capricieux comme la vie. Comme la vie, il n'est le même dans aucun ménage.

Ici peut-être l'auteur doit-il chercher toutes les variétés de querelles, s'il veut être exact.

Ainsi, Caroline aura découvert que la robe judiciaire du syndic de l'Affaire-Chaumontel cache une robe d'une étoffe infiniment moins rude, d'une couleur agréable, soyeuse; qu'enfin Chaumontel a des cheveux blonds et des yeux bleus.

Ou bien Caroline, levée avant Adolphe, aura vu le paletot jeté sur un fauteuil à la renverse, et la ligne d'un petit papier parfumé, sortant de la poche de côté, l'aura frappée de son blanc, comme un rayon de soleil entrant par une fente de la fenêtre dans une chambre bien close ; — ou elle aura fait craquer ce petit billet en serrant Adolphe dans ses bras et lui tâtant cette poche d'habit ; — ou elle aura été comme instruite par le parfum étranger qu'elle sentait depuis quelque temps sur Adolphe, et elle aura lu ces quelques lignes :

« *Haingra, séjé ce que tu veu dire avaic Hipolite, vien, e
» tu vairas si jen thême.* »

Ou ceci :

« Hier, mon ami, vous vous êtes fait attendre, que sera-ce
» demain ? »

Où ceci :

« Les femmes qui vous aiment, mon cher monsieur, sont bien
» malheureuses de vous tant haïr quand vous n'êtes pas près d'elle ;
» prenez garde, la haine qui dure pendant votre absence pourrait
» empiéter sur les moments où l'on vous voit. »

Ou ceci :

« Faquin de Chodoreille, que faisais-tu donc hier sur le boule-
» vard avec une femme pendue à ton bras? Si c'est ta femme,
» reçois mes compliments de condoléance sur tous ses charmes qui
» sont absents, elle les a sans doute mis au **Mont-de-Piété** ; mais
» la reconnaissance en est perdue. »

Quatre billets émanés de la grisette, de la dame, de la bourgeoise prétentieuse ou de l'actrice parmi lesquelles Adolphe a choisi *sa belle* (selon le vocabulaire Fischtaminel).

Ou bien Caroline, amenée voilée, par Ferdinand, au Ranelagh, a vu de ses yeux Adolphe se livrant avec fureur à la polka, tenant dans ses bras une des dames d'honneur de la reine Pomaré ; — ou bien Adolphe se sera pour la septième fois **trompé de nom** et aura, le matin en s'éveillant, appelé sa femme Juliette, Charlotte ou Lisa ; — ou bien un marchand de comestibles, un restaurateur, envoie en l'absence de monsieur des notes accusatrices qui tombent entre les mains de Caroline.

## PIÈCES DE L'AFFAIRE-CHAUMONTEL

**A LA PARTIE FINE.**

#### DOIT A PERRAULT M. ADOLPHE.

*Livré chez madame Schontz, le 6 janvier 18..,*
    un pâté de foie gras. . . . . . . . . . . . .    22 fr. 50 c.
Six bouteilles de divers vins. . . . . . . . . . .    70 »
*Fourni à l'Hôtel du Congrès, le 11 février, n° 21,*
    un déjeuner fin, prix convenu. . . . . . . . .    100 »
                    Total. . . . . . . . .    192 fr. 50 c.

Caroline étudie les dates et retrouve dans sa mémoire des rendez-vous relatifs à l'Affaire-Chaumontel. Adolphe avait désigné le jour des Rois pour une réunion où on devait enfin toucher la collocation de l'Affaire-Chaumontel. Le 11 février, il avait rendez-vous chez le notaire pour signer une quittance dans l'Affaire-Chaumontel.

Ou bien... Mais vouloir formuler tous les hasards, c'est une entreprise de fou.

Chaque femme se rappellera comment le bandeau qu'elle avait sur les yeux est tombé ; comment, après bien des doutes, des déchirements de cœur, elle est arrivée à ne faire une querelle que pour clore le roman, pour mettre le signet au livre, stipuler son indépendance, ou commencer une nouvelle vie.

Quelques femmes sont assez heureuses pour avoir pris les devants, elles font cette querelle en manière de justification.

Les femmes nerveuses éclatent et se livrent à des violences.

Les femmes douces prennent un petit ton décidé qui fait trembler les plus intrépides maris. Celles qui n'ont pas encore de vengeance prête pleurent beaucoup.

Celles qui vous aiment pardonnent. Ah ! elles conçoivent si bien, comme la femme appelée ma Berline, que leur Adolphe soit aimé des Françaises, qu'elles sont heureuses de posséder légalement un homme dont raffolent toutes les femmes.

Certaines femmes à lèvres serrées comme des coffres-forts, à teint brouillé, à bras maigres, se font un malicieux plaisir de promener leur Adolphe dans les fanges du mensonge, dans les contradictions ; elles le questionnent (VOIR LA MISÈRE DANS LA MISÈRE) comme un magistrat qui questionne le criminel, en se réservant la jouissance fielleuse d'aplatir ses dénégations par des preuves directes à un moment décisif. Généralement, dans cette scène capitale de la vie conjugale, le beau sexe est bourreau là où, dans le cas contraire, l'homme est assassin.

Voici comment : Cette dernière querelle (vous allez savoir pourquoi l'auteur l'a nommée *dernière*) se termine toujours par une promesse solennelle, sacrée, que font les femmes délicates, nobles, ou simplement spirituelles, c'est dire toutes les femmes, et que nous donnons sous sa plus belle forme.

— Assez, Adolphe! nous ne nous aimons plus; tu m'as trahie, et je ne l'oublierai jamais. On peut pardonner, mais oublier, c'est impossible.

Les femmes ne se font implacables que pour rendre leur pardon charmant : elles ont deviné Dieu.

Nous avons à vivre en commun comme deux amis, dit Caroline en continuant. Eh bien! vivons comme deux frères, deux camarades. Je ne veux pas te rendre la vie insupportable, et je ne te parlerai jamais de ce qui vient de se passer...

Adolphe tend la main à Caroline : celle-ci prend la main, la lui serre à l'anglaise. Adolphe remercie Caroline, entrevoit le bonheur : il s'est fait de sa femme une sœur, et il croit redevenir garçon.

Le lendemain, Caroline se permet une allusion très-spirituelle (Adolphe ne peut pas s'empêcher d'en rire) à l'Affaire-Chaumontel. Dans le monde, elle lance des généralités qui deviennent des particularités sur cette dernière querelle.

Au bout d'une quinzaine, il ne se passe pas de jour où Caroline n'ait rappelé la dernière querelle en disant : — C'était le jour où j'ai trouvé dans ta poche la facture Chaumontel; Ou : — C'est depuis notre dernière querelle... ; ou : — C'est le jour où j'ai vu clair dans la vie, etc. Elle assassine Adolphe, elle le martyrise! Dans le monde, elle dit des choses terribles.

— Nous sommes heureuses, ma chère, le jour où nous n'aimons plus : c'est alors que nous savons nous faire aimer... Et elle regarde Ferdinand.

— Ah! vous avez aussi votre Affaire-Chaumontel, dit-elle à madame Foullepointe.

Enfin, la dernière querelle ne finit jamais, d'où cet axiome :

**Se donner un tort vis-à-vis de sa femme légitime, c'est résoudre le problème du mouvement perpétuel.**

## FAIRE FOUR.

Les femmes, et surtout les femmes mariées, se fichent des idées dans leur *dure-mère* absolument comme elles plantent des épingles dans leur pelote ; et le diable, entendez-vous ? le diable ne les pourrait pas retirer ; elles seules se réservent le droit de les y piquer, de les dépiquer et de les y repiquer.

Caroline est revenue un soir de chez madame Foullepointe dans un état violent de jalousie et d'ambition.

Madame Foullepointe, la *lionne*... Ce mot exige une explication. C'est le néologisme à la mode, il répond à quelques idées, fort pauvres d'ailleurs, de la société présente : il faut l'employer pour se faire comprendre, quand on veut dire une femme à la mode. Cette lionne donc monte à cheval tous les jours, et Caroline s'est mis en tête d'apprendre l'équitation.

Remarquez que, dans cette phase conjugale, Adolphe et Caroline sont dans cette saison que nous avons nommée LE DIX-HUIT BRUMAIRE DES MÉNAGES, ou qu'ils se sont déjà fait deux ou trois DERNIÈRES QUERELLES.

— Adolphe, dit-elle, veux-tu me faire plaisir ?
— Toujours...
— Tu me refuseras ?
— Mais, si ce que tu me demandes est possible, je suis prêt...
— Ah ! déjà... Voilà bien le mot d'un mari... si...
— Voyons ?
— Je voudrais apprendre à monter à cheval.
— Mais, Caroline, est-ce possible ?

Caroline regarde par la portière, et tente d'essuyer une larme sèche.

— Ecoute-moi ? reprend Adolphe : puis-je te laisser aller seule au manége ? puis-je t'y accompagner au milieu des tracas que me donnent en ce moment les affaires ? Qu'as-tu donc ? Je te donne, il me semble, des raisons péremptoires.

Adolphe aperçoit une écurie à louer, l'achat d'un poney, l'introduction au logis d'un groom et d'un cheval de domestique, **tous les ennuis de la *lionnerie* femelle.**

Quand on donne à une femme des raisons au lieu de lui donner ce qu'elle veut, peu d'hommes ont osé descendre au fond de ce petit gouffre appelé le cœur, pour y mesurer la force de la tempête qui s'y fait subitement.

— Des raisons ! Mais si vous en voulez, en voici, s'écrie Caroline. Je suis votre femme : vous ne vous souciez plus de me plaire. Et la dépense donc ! Vous vous trompez bien en ceci, mon ami !

Les femmes ont autant d'inflexions de voix pour prononcer ces mots : *Mon Ami*, que les Italiens en ont trouvé pour dire : *Amico* ; j'en ai compté vingt-neuf qui n'expriment encore que les différents degrés de la haine.

— Ah ! tu verras, reprend Caroline. Je serai malade, et vous payerez à l'apothicaire et au médecin ce que vous aurait coûté le cheval. Je serai chez moi claquemurée, et c'est tout ce que vous voulez. Je m'y attendais. Je vous ai demandé cette permission, sûre d'un refus : je voulais uniquement savoir comment vous vous y prendriez pour le faire.

— Mais... Caroline.

— Me laisser seule au manége ! dit-elle en continuant sans avoir entendu. Est-ce une raison ? Ne puis-je y aller avec madame de Fischtaminel ? Madame de Fischtaminel apprend à monter à cheval, et je ne crois pas que monsieur de Fischtaminel l'accompagne.

— Mais... Caroline.

— Je suis enchantée de votre sollicitude, vous tenez beaucoup trop à moi, vraiment. Monsieur de Fischtaminel a plus de confiance en sa femme que vous en la vôtre. Il ne l'y accompagne pas, lui ! Peut-être est-ce à cause de cette confiance que vous ne voulez pas me voir au manége, où je puis être témoin du vôtre avec la Fischtaminel.

Adolphe essaye de cacher l'ennui que lui donne ce torrent de paroles, qui commence à moitié chemin de son domicile et qui ne trouve pas de mer où se jeter. Quand Caroline est dans sa chambre, elle continue toujours :

— Tu vois que si des raisons pouvaient me rendre la santé, m'empêcher de souhaiter un exercice que la nature m'indique, je ne manquerais pas de raison à me donner, que je connais toutes les raisons à donner, et que je me les suis données avant de te parler.

Ceci, mesdames, peut d'autant mieux s'appeler le prologue du drame conjugal, que c'est rudement débité, commenté de gestes, orné de regards et autres vignettes avec lesquels vous illustrez ces chefs-d'œuvre.

Caroline, une fois qu'elle a semé dans le cœur d'Adolphe l'appréhension d'une scène à demande continue, a senti sa haine *de côté gauche* redoublée contre son gouvernement. Madame boude, et boude si sauvagement, qu'Adolphe est forcé de s'en apercevoir, sous peine d'être *minautorisé*, car tout est fini, sachez-le bien, entre deux êtres mariés par monsieur le maire, ou seulement à Gretna-Green, lorsqu'un d'eux ne s'aperçoit plus de la bouderie de l'autre.

### AXIOME.

Une bouderie rentrée est un poison mortel.

C'est pour éviter ce suicide de l'amour que notre ingénieuse France inventa les boudoirs. Les femmes ne pouvaient pas avoir les saules de Virgile dans le système de nos habitations modernes. A la chute des oratoires, ces petits endroits devinrent des boudoirs.

Ce drame conjugal a trois actes. L'acte du prologue : il est joué. Vient l'acte de la fausse coquetterie : c'est un de ceux où les Françaises ont le plus de succès.

Adolphe vague par la chambre en se déshabillant; et pour un homme, se déshabiller, c'est devenir excessivement faible.

Certes, à tout homme de quarante ans, cet axiome paraîtra profondément juste :

### AXIOME.

Les idées d'un homme qui n'a plus de bretelles ni de bottes ne sont plus celles d'un homme qui porte ces deux tyrans de notre esprit.

Remarquez que ceci n'est un axiome que dans la vie conjugale. En morale, c'est ce que nous appelons un théorème relatif.

Caroline mesure, comme un jockey sur le terrain des courses, le moment où elle pourra distancer son adversaire. Elle s'arrange alors pour être d'une séduction irrésistible pour Adolphe.

Les femmes possèdent une mimique de pudeur, une science de voltige, des secrets de colombe effarouchée, un registre particulier pour chanter, comme Isabelle au quatrième acte de *Robert le Diable* : « *Grâce pour toi! grâce pour moi!* » qui laissent les entraîneurs de chevaux à mille piques au-dessous d'elles. Comme toujours, le Diable succombe. Que voulez-vous ? C'est l'histoire éternelle, c'est le grand mystère catholique du serpent écrasé, de la femme délivrée qui devient la grande force sociale, disent les fouriéristes. C'est en ceci surtout que consiste la différence de l'esclave orientale à l'épouse de l'Occident.

Sur l'oreiller conjugal, le second acte se termine par des onomatopées qui sont toutes à la paix. Adolphe, de même que les enfants devant une tarte, a promis tout ce que voulait Caroline.

---

TROISIÈME ACTE. — (Au lever du rideau, la scène représente une chambre à coucher extrêmement en désordre. Adolphe, déjà vêtu de sa robe de chambre, essaye de sortir et sort furtivement sans éveiller Caroline, qui dort d'un profond sommeil.)

Caroline, extrêmement heureuse, se lève, va consulter son miroir, et s'inquiète du déjeuner. Une heure après, quand elle est prête, elle apprend que le déjeuner est servi.

— Avertissez monsieur !

— Madame, monsieur est dans le petit salon.

— Que tu n'es ben gentil, mon petit homme, dit-elle en allant au-devant d'Adolphe et reprenant le langage enfantin, câlin, de la lune de miel.

— Et de quoi ?

— Eh bien ! de n'avoir permis que ta Liline monte à dada...

---

OBSERVATION. — Pendant la lune de miel, quelques époux, très-jeunes, ont pratiqué des langages que, dans l'antiquité, Aristote avait déjà classés et définis (voir sa Pédagogie). Ainsi donc on parle en *youyou*, on parle en *lala*, on parle en *nana*, comme les mères et les nourrices parlent aux enfants. C'est là une des raisons secrètes, discutées et reconnues dans de gros in-quarto par les Allemands, qui déterminèrent les Cabires, créateurs de la mythologie grecque, à représenter l'Amour en enfant. Il y a d'autres raisons que connaissent les femmes, et dont la principale est, selon elles, que l'amour chez les hommes est toujours petit.

---

— Où donc as-tu pris cela, ma belle? sous ton bonnet?
— Comment?...

Caroline reste plantée sur ses jambes ; elle ouvre des yeux agrandis par la surprise. Epileptique en dedans, elle n'ajoute pas un mot : elle regarde Adolphe. Sous les feux sataniques de ce regard, Adolphe accomplit un quart de conversion vers la salle à manger ; mais il se demande en lui-même s'il ne faut pas laisser Caroline prendre une leçon, en recommandant à l'écuyer de la dégoûter de l'équitation par la dureté de l'enseignement.

Rien de terrible comme une comédienne qui compte sur un succès, et qui *fait four*.

En argot de coulisses, faire four c'est ne voir personne dans la salle ni recueillir aucun applaudissement, c'est beaucoup de peine prise pour rien, c'est l'insuccès à son apogée.

Cette petite misère (elle est très-petite) se reproduit de mille manières dans la vie conjugale, quand la lune de miel est finie, et que les femmes n'ont pas une fortune à elles.

Malgré la répugnance de l'auteur à glisser des anecdotes dans un ouvrage tout aphoristique, dont le tissu ne comporte que des observations plus ou moins fines et très-délicates, par le sujet du moins, il lui semble nécessaire d'orner cette page d'un fait dû d'ailleurs à l'un de nos premiers médecins. Cette répétition du sujet renferme une règle de conduite à l'usage des docteurs parisiens.

Un mari se trouvait dans le cas de notre Adolphe. Sa Caroline, ayant fait four une première fois, s'entêtait à triompher, car souvent Caroline triomphe! Celle-là jouait la comédie de la maladie nerveuse (voyez la PHYSIOLOGIE DU MARIAGE, Méditation XXVI, paragraphe *des Névroses*). Elle était depuis deux mois étendue sur son divan, se levant à midi, renonçant à toutes les jouissances de Paris. Pas de spectacles.... Oh! l'air empesté, les lumières! les lumières surtout!... le tapage, la sortie, l'entrée, la musique... tout cela, funeste! d'une excitation terrible!

Pas de parties de campagne... Oh! c'était son désir; mais il lui fallait (*desiderata*) une voiture à elle, des chevaux à elle...

Monsieur ne voulait pas lui donner un équipage. Et aller en *locati*, en fiacre... rien que d'y penser elle avait des nausées !

Pas de cuisine... la fumée des viandes faisait soulever le cœur de madame. Madame buvait mille drogues que sa femme de chambre ne lui voyait jamais prendre.

Enfin une dépense effrayante en effets, en privations, en poses, en blanc de perle pour se montrer d'une pâleur de morte, en machines, absolument comme quand une administration théâtrale répand le bruit d'une mise en scène fabuleuse.

On en était à croire qu'un voyage aux eaux, à Ems, Hombourg, à Carlsbad, pourrait à peine guérir madame ; mais elle ne voulait pas se mettre en route sans aller dans sa voiture. Toujours la voiture !

Cet Adolphe tenait bon, et ne cédait pas.

Cette Caroline, en femme excessivement spirituelle, donnait raison à son mari.

— Adolphe a raison, disait-elle à ses amies, c'est moi qui suis folle ; il ne peut pas, il ne doit pas encore prendre voiture ; les hommes savent mieux que nous où en sont leurs affaires...

Par moments cet Adolphe enrageait ! les femmes ont des façons qui ne sont justiciables que de l'enfer. Enfin le troisième mois, il rencontre un de ses amis de collége, sous-lieutenant dans le corps des médecins, ingénu comme tout jeune docteur, n'ayant ses épaulettes que d'hier et pouvant commander feu !

— Jeune femme, jeune docteur, se dit notre Adolphe.

Et il propose au Bianchon futur de venir lui dire la vérité sur l'état de Caroline.

— Ma chère, il est temps que je vous amène un médecin, dit le soir Adolphe à sa femme, et voici le meilleur pour une jolie femme.

Le novice étudie en conscience, fait causer madame, la palpe avec discrétion, s'informe des plus légers diagnostics, et finit, tout en causant, par laisser fort involontairement errer sur ses lèvres, d'accord avec ses yeux, un sourire, une expression excessivement dubitatifs, pour ne pas dire ironiques. Il ordonne une médication insignifiante sur la gravité de laquelle il insiste, et il promet de revenir en voir l'effet. Dans l'antichambre, se croyant seul avec son ami de collége, il fait un haut-le-corps inexprimable.

— Ta femme n'a rien, mon cher, dit-il ; elle se moque de toi et de moi.

— Je m'en doutais...

— Mais, si elle continue à plaisanter, elle finira par se rendre malade : je suis trop ton ami pour faire cette spéculation, car je veux qu'il y ait chez moi, sous le médecin, un honnête homme...

— Ma femme veut une voiture.

Comme dans le SOLO DE CORBILLARD, cette Caroline avait écouté à la porte.

Encore aujourd'hui, le jeune docteur est obligé d'épierrer son chemin des calomnies que cette charmante femme y jette à tout moment ; et, pour avoir la paix, il a été forcé de s'accuser de cette petite faute de jeune homme en nommant son ennemie afin de la faire taire.

## LES MARRONS DU FEU.

On ne sait pas combien il y a de nuances dans le malheur, cela dépend des caractères, de la force des imaginations, de la puissance des nerfs. S'il est impossible de saisir ces nuances si variables, on peut du moins indiquer les couleurs tranchées, les principaux accidents. L'auteur a donc réservé cette petite misère pour la dernière, car c'est la seule qui soit comique dans le malheur.

L'auteur se flatte d'avoir épuisé les principales. Aussi les femmes arrivées au port, à l'âge heureux de quarante ans, époque à laquelle elles échappent aux médisances, aux calomnies, aux soupçons, où leur liberté commence ; ces femmes lui rendront-elles justice en disant que dans cet ouvrage toutes les situations critiques d'un ménage se trouvent indiquées ou représentées ?

Caroline a son Affaire-Chaumontel. Elle sait susciter à son mari des sorties imprévues, elle a fini par s'entendre avec madame de Fischtaminel.

Dans tous les ménages, dans un temps donné, les madame de Fischtaminel deviennent la providence des Carolines.

Caroline câline madame de Fischtaminel avec autant de soin que l'armée d'Afrique choie Abd-el-Kader, elle lui porte la sollicitude qu'un médecin met à ne pas guérir un riche malade imaginaire. A elles deux, Caroline et madame de Fischtaminel inventent des occupations au cher Adolphe quand ni madame de Fischtaminel ni

Caroline ne veulent de ce demi-dieu dans leurs pénates. Madame de Fischtaminel et Caroline, devenues par les soins de madame Foullepointe les meilleures amies du monde, ont fini même par connaître et employer cette franc-maçonnerie féminine dont les rites ne s'apprennent dans aucune initiation.

Si Caroline écrit la veille à madame de Fischtaminel ce petit billet :

« Mon ange, vous verrez vraisemblablement demain Adolphe, ne
» me le gardez pas trop longtemps, car je compte aller au bois
» avec lui sur les quatre heures; mais, si vous teniez beaucoup à
» l'y conduire, je l'y reprendrai. Vous devriez bien m'apprendre
» vos secrets d'amuser ainsi les gens ennuyés. »

Madame de Fischtaminel se dit : — Bien ! j'aurai ce garçon-là sur les bras depuis midi jusqu'à cinq heures.

### AXIOME.

Les hommes ne devinent pas toujours ce que signifie chez une femme une demande positive, mais une autre femme ne s'y trompe jamais : elle fait le contraire.

Ces petits êtres-là, surtout les Parisiennes, sont les plus jolis joujoux que l'industrie sociale ait inventés : il manque un sens à ceux qui ne les adorent pas, qui n'éprouvent pas une constante jubilation à les voir arrangeant leurs pièges comme elles arrangent leurs nattes, se créant des langues à part, construisant de leurs doigts frêles des machines à écraser les plus puissantes fortunes.

Un jour, Caroline a pris les plus minutieuses précautions, elle écrit la veille à madame Foullepointe d'aller à Saint-Maur avec Adolphe pour examiner une propriété quelconque à vendre, Adolphe ira déjeuner chez elle. Elle habille Adolphe, elle le lutine sur le soin qu'il met à sa toilette, et lui fait des questions saugrenues sur madame Foullepointe.

— Elle est gentille, et je la crois bien ennuyée de Charles : tu finiras par l'inscrire sur ton catalogue, vieux don Juan ; mais tu n'auras plus besoin de l'Affaire-Chaumontel : je ne suis plus jalouse, tu as ton passe-port, aimes-tu mieux cela que d'être adoré ?... Monstre ! vois combien je suis gentille...

Dès que monsieur est parti, Caroline, qui la veille a pris soin d'écrire à Ferdinand pour venir déjeuner, fait une toilette que dans ce charmant xviii° siècle, si calomnié par les républicains, les humanitaires et les sots, les femmes de qualité nommaient leur habit de combat.

Caroline a tout prévu. L'Amour est le premier valet de chambre du monde : aussi la table est-elle mise avec une coquetterie diabolique. C'est du linge blanc damassé, le petit déjeuner bleu, le vermeil, le pot au lait sculpté, des fleurs partout!

Si c'est en hiver, elle a trouvé des raisins, elle a fouillé la cave pour y découvrir des bouteilles de vieux vins exquis. Les petits pains viennent du boulanger le plus fameux. Les mets succulents, le pâté de foie gras, toute cette victuaille élégante aurait fait hennir Grimod de la Reynière, ferait sourire un escompteur, et dirait à un professeur de l'ancienne Université de quoi il s'agit.

Tout est prêt. Caroline, elle, est prête de la veille : elle contemple son ouvrage. Justine soupire et arrange les meubles. Caroline ôte quelques feuilles jaunies aux fleurs des jardinières. Une femme déguise alors ce qu'il faut appeler les piaffements du cœur par ces occupations niaises où les doigts ont la puissance des tenailles, où les ongles roses brûlent, et où ce cri muet râpe le gosier : — Il ne vient pas !...

Quel coup de poignard que ce mot de Justine : — Madame, une lettre !

Une lettre au lieu d'un Ferdinand ! comment se décachète-t-elle ? que de siècles de vie épuisés en la dépliant ! Les femmes savent cela ! Quant aux hommes, quand ils ont de ces rages, ils assassinent leurs jabots.

— Justine, monsieur Ferdinand est malade !..... crie Caroline, envoyez chercher une voiture.

Au moment où Justine descend l'escalier, Adolphe monte.

— Pauvre madame ! se dit Justine, il n'y a sans doute plus besoin de voiture.

— Ah çà ! d'où viens-tu ? s'écrie Caroline en voyant Adolphe en extase devant ce déjeuner quasi-voluptueux :

Adolphe, à qui sa femme ne sert plus depuis longtemps de festins si coquets, ne répond rien. Il devine ce dont il s'agit en retrouvant écrites sur la nappe les charmantes idées que, soit madame de Fischtaminel, soit le syndic de l'Affaire-Chaumontel, lui dessinent sur d'autres tables non moins élégantes.

— Qui donc attends-tu ? dit-il en interrogeant à son tour.

— Et qui donc? ce ne peut être que Ferdinand, répond Caroline.
— Et il se fait attendre...
— Il est malade, le pauvre garçon.

Une idée drôlatique passe par la tête d'Adolphe, et il répond en clignant d'un œil seulement : — Je viens de le voir.

— Où?
— Devant le Café de Paris, avec des amis...
— Mais pourquoi reviens-tu ? répond Caroline, qui veut déguiser une rage homicide.
— Madame Foullepointe, que tu disais ennuyée de Charles, est depuis hier matin avec lui à Ville-d'Avray.
— Et monsieur Foullepointe ?
— Il a fait un petit voyage d'agrément pour une nouvelle Affaire-Chaumontel, une jolie petite... difficulté qui lui est survenue ; mais il en viendra sans doute à bout.
— Adolphe s'est assis en disant : — Ça se trouve bien, j'ai l'appétit de deux loups...

Caroline s'attable en examinant Adolphe à la dérobée : elle pleure en dedans; mais elle ne tarde pas à demander d'un son de voix qu'elle a pu rendre indifférent : — Avec qui donc était Ferdinand?

— Avec des drôles qui lui font voir mauvaise compagnie. Ce jeune homme-là se gâte : il va chez madame Schontz, chez les lorettes, tu devrais écrire à ton oncle. C'était sans doute quelque déjeuner provenu d'un pari fait chez mademoiselle Malaga..... Il regarde sournoisement Caroline, qui baisse les yeux pour cacher ses larmes. Comme tu t'es faite jolie ce matin, reprend Adolphe. Ah ! tu es bien la femme de ton déjeuner... Ferdinand ne déjeunera certes pas si bien que moi... etc.

Adolphe manie si bien la plaisanterie, qu'il inspire à sa femme l'idée de punir Ferdinand. Adolphe, qui se donne pour avoir l'appétit de deux loups, fait oublier à Caroline qu'il y a pour elle citadine à la porte.

La portière de Ferdinand arrive sur les deux heures, au moment où Adolphe dort sur un divan. Cette Iris des garçons vient dire à Caroline que monsieur Ferdinand a bien besoin de quelqu'un.

— Il est ivre? demande Caroline furieuse.
— Il s'est battu ce matin, madame.

Caroline tombe évanouie, se relève et court chez Ferdinand, en dévouant Adolphe aux dieux infernaux.

Quand les femmes sont les victimes de ces petites combinaisons, aussi spirituelles que les leurs, elles s'écrient alors : — Les hommes sont d'affreux monstres !

---

## ULTIMA RATIO.

Voici notre dernière observation. Aussi bien, cet ouvrage commence-t-il à vous paraître fatigant, autant que le sujet lui-même si vous êtes marié.

Cette œuvre, qui, selon l'auteur, est à la PHYSIOLOGIE DU MARIAGE ce que l'Histoire est à la Philosophie, ce qu'est le Fait à la Théorie, a eu sa logique, comme la vie prise en grand a la sienne.

Et voici quelle est cette logique fatale, terrible. Au moment où s'arrête la première partie de ce livre, plein de plaisanteries sérieuses, Adolphe est arrivé, vous avez dû vous en apercevoir, à une indifférence complète en matière matrimoniale.

Il a lu des romans dont les auteurs conseillent aux maris gênants tantôt de s'embarquer pour l'autre monde, tantôt de bien vivre avec les pères de leurs enfants, de les choyer, de les adorer ; car, si la littérature est l'image des mœurs, il faudrait admettre que les mœurs reconnaissent les défauts signalés par la PHYSIOLOGIE DU MARIAGE dans cette institution fondamentale. Plus d'un grand talent a porté des coups terribles à cette base sociale sans l'ébranler.

Adolphe a surtout beaucoup trop lu sa femme, et il déguise son indifférence sous ce mot profond : l'indulgence. Il est indulgent pour Caroline, il ne voit plus en elle que la mère de ses enfants, un bon compagnon, un ami sûr, un frère.

Au moment où finissent ici les petites misères de la femme, Caroline, beaucoup plus habile, est arrivée à pratiquer cette profitable indulgence ; mais elle ne renonce pas à son cher Adolphe. Il est dans la nature de la femme de ne rien abandonner de ses droits. DIEU ET MON DROIT.... CONJUGAL ! est, comme on sait, la devise de l'Angleterre, surtout aujourd'hui.

Les femmes ont un si grand amour de domination, qu'à ce sujet nous raconterons une anecdote qui n'a pas dix ans. C'est une très-jeune anecdote.

Un des grands dignitaires de la chambre des pairs avait une Caroline, légère comme presque toutes les Carolines. Ce nom porte bonheur aux femmes. Ce dignitaire, alors très-vieillard, était d'un côté de la cheminée et Caroline de l'autre. Caroline atteignait à ce lustre pendant lequel les femmes ne disent plus leur âge. Un ami vint leur apprendre le mariage d'un général qui jadis avait été l'ami de leur maison.

Caroline entre dans un désespoir à larmes vraies ; elle jette les hauts cris, elle rompt si bien la tête au grand dignitaire, qu'il essaye de la consoler. Au milieu de ses phrases, le comte s'échappe jusqu'à dire à sa femme : — Enfin, que voulez-vous, ma chère, il ne pouvait cependant pas vous épouser !

Et c'était un des plus hauts fonctionnaires de l'Etat, mais un ami de Louis XVIII, et nécessairement un peu Pompadour.

Toute la différence de la situation d'Adolphe et de Caroline existe donc en ceci : que si monsieur ne se soucie plus de madame, elle conserve le droit de se soucier de monsieur.

Maintenant, écoutons ce qu'on nomme le *qu'en dira-t-on?* objet de la conclusion de cet ouvrage.

# COMMENTAIRE

## OU L'ON EXPLIQUE LA FELICHITTA DES FINALES.

Qui n'a pas entendu dans sa vie un opéra italien quelconque ?... Vous avez dû, dès lors, remarquer l'abus musical du mot *felichitta*, prodigué par le poëte et par les chœurs à l'heure où tout le monde s'élance hors de sa loge ou quitte sa stalle.

Affreuse image de la vie. On en sort au moment où l'on entend la *felichitta.*

Avez-vous médité sur la profonde vérité qui règne dans ce *finale*, au moment où le musicien lance sa dernière note et l'auteur son dernier vers, où l'orchestre donne son dernier coup d'archet, sa dernière insufflation, où les chanteurs se disent : « Allons souper ! » où les choristes se disent : « Quel bonheur, il ne pleut pas !... » Eh bien ! dans tous les états de la vie on arrive à un moment où la plaisanterie est finie, où le tour est fait, où l'on peut prendre son parti, où chacun chante la *felichitta* de son côté.

Après avoir passé par tous les *duos*, les *solos*, les *strettes*, les *coda*, les morceaux d'ensemble, les *duettini*, les *nocturnes*, les phases que ces quelques scènes, prises dans l'océan de la vie conjugale, vous indiquent, et qui sont des thèmes dont les variations auront été devinées par les gens d'esprit tout aussi bien que par les niais (en fait de souffrances, nous sommes tous égaux !) la plupart des ménages parisiens arrivent, dans un temps donné, au chœur final que voici :

L'ÉPOUSE, *à une jeune femme qui en est à l'été de la Saint-Martin conjugale*. — Ma chère, je suis la femme la plus heureuse de la terre. Adolphe est bien le modèle des maris, bon, pas tracassier, complaisant. N'est-ce pas, Ferdinand ?

(Caroline s'adresse au cousin d'Adolphe, jeune homme à jolie cravate, à cheveux luisants, à bottes vernies, habit de la coupe la plus élégante, chapeau à ressorts, gants de chevreau, gilet bien choisi, tout ce qu'il y a de mieux en moustaches, en favoris, en virgule à la Mazarin, et doué d'une admiration profonde, muette, attentive pour Caroline.)

LE FERDINAND. — Adolphe est si heureux d'avoir une femme comme vous ! Que lui manque-t-il ? Rien.

L'ÉPOUSE. — Dans les commencements, nous étions toujours à nous contrarier ; mais maintenant nous nous entendons à merveille. Adolphe ne fait plus que ce qui lui plaît, il ne se gêne point ; je ne lui demande plus ni où il va ni ce qu'il a vu. L'indulgence, ma chère amie, là est le grand secret du bonheur. Vous en êtes encore aux petits taquinages, aux jalousies à faux, aux brouilles, aux coups d'épingles. A quoi cela sert-il ? Notre vie, à nous autres femmes, est bien courte ! Qu'avons-nous ? dix belles années ! Pourquoi les meubler d'ennui ? J'étais comme vous ; mais un beau jour, j'ai connu madame Foullepointe, une femme charmante, qui m'a éclairée et m'a enseigné la manière de rendre un homme heureux... Depuis, Adolphe a changé du tout au tout : il est devenu ravissant. Il est le premier à me dire avec inquiétude, avec effroi même, quand je vais au spectacle et que sept heures nous trouvent seuls ici : — Ferdinand va venir te prendre, n'est-ce pas ? N'est-ce pas Ferdinand ?

LE FERDINAND. — Nous sommes les meilleurs cousins du monde.

LA JEUNE AFFLIGÉE. — En viendrais-je donc là ?

LE FERDINAND. — Ah ! vous êtes bien jolie, madame, et rien ne vous sera plus facile.

FERDINAND.

Cousin d'Adolphe, jeune homme à jolie cravate, à cheveux luisants, à bottes vernies.

(VIE CONJUGALE.)

L'ÉPOUSE, *irritée.* — Eh bien, adieu, ma petite. (*La jeune affligée sort.*) Ferdinand, vous me payerez ce mot-là.

L'ÉPOUX, *sur le boulevard Italien.* — Mon cher (*il tient monsieur de Fischtaminel par le bouton du paletot*), vous en êtes encore à croire que le mariage est basé sur la passion. Les femmes peuvent, à la rigueur, aimer un seul homme, mais nous autres!... Mon Dieu, la Société ne peut pas dompter la Nature. Tenez, le mieux, en ménage, est d'avoir l'un pour l'autre une indulgence plénière, à la condition de garder les apparences. Je suis le mari le plus heureux du monde. Caroline est une amie dévouée, elle me sacrifierait tout, jusqu'à mon cousin Ferdinand, s'il le fallait... oui, vous riez, elle est prête à tout faire pour moi. Vous vous entortillez encore dans les ébouriffantes idées de dignité, d'honneur, de vertu, d'ordre social. La vie ne se recommence pas, il faut la bourrer de plaisir. Voici deux ans qu'il ne s'est dit entre Caroline et moi le moindre petit mot aigre. J'ai dans Caroline un camarade avec qui je puis tout dire, et qui saurait me consoler dans les grandes circonstances. Il n'y a pas entre nous la moindre tromperie, et nous savons à quoi nous en tenir. Nos rapprochements sont des vengeances, comprenez-vous? Nous avons ainsi changé nos devoirs en plaisirs. Nous sommes souvent plus heureux alors que dans cette fadasse saison, appelée la lune de miel. Elle me dit quelquefois : — Je suis grognon, laisse-moi, va-t'en. L'orage tombe sur mon cousin. Caroline ne prend plus ses airs de victime, et dit du bien de moi à l'univers entier. Enfin! elle est heureuse de mes plaisirs. Et, comme c'est une très-honnête femme, elle est de la plus grande délicatesse dans l'emploi de notre fortune. Ma maison est bien tenue. Ma femme me laisse la disposition de ma réserve sans aucun contrôle. Et voilà. Nous avons mis de l'huile dans les rouages; vous, vous y mettez des cailloux, mon cher Fischtaminel. Il n'y a que deux partis à prendre : le couteau du More de Venise, ou la besaiguë de Joseph. Le costume d'Othello, mon cher, est très-mal porté ; ce n'est plus qu'un turc de carnaval; moi, je suis charpentier, en bon catholique.

CHOEUR, *dans un salon au milieu d'un bal.* — Madame Caroline est une femme charmante!

UNE FEMME A TURBAN. — Oui, pleine de convenance, de dignité.

UNE FEMME QUI A SEPT ENFANTS. — Ah! elle a su prendre son mari.

UN AMI DE FERDINAND. — Mais elle aime beaucoup son mari. Adolphe est, d'ailleurs, un homme très-distingué, plein d'expérience.

UNE AMIE DE MADAME FISCHTAMINEL. — Il adore sa femme. Chez eux, point de gêne, tout le monde s'y amuse.

MONSIEUR FOULLEPOINTE. — Oui, c'est une maison fort agréable.

UNE FEMME DONT ON DIT BEAUCOUP DE MAL. — Caroline est bonne, obligeante, elle ne dit de mal de personne.

UNE DANSEUSE *qui revient à sa place*. — Vous souvenez-vous comme elle était ennuyeuse dans le temps où elle connaissait les Deschars?

MADAME FISCHTAMINEL. — Oh! elle et son mari, deux fagots d'épines... des querelles continuelles. (*Madame Fischtaminel s'en va.*)

UN ARTISTE. — Mais le sieur Deschars se dissipe, il va dans les coulisses; il paraît que madame Deschars a fini par lui vendre sa vertu trop cher.

UNE BOURGEOISE, *effrayée pour sa fille de la tournure que prend la conversation*. — Madame de Fischtaminel est charmante ce soir.

UNE FEMME DE QUARANTE ANS, *sans emploi*. — Monsieur Adolphe a l'air aussi heureux que sa femme.

LA JEUNE PERSONNE. — Quel joli jeune homme que monsieur Ferdinand! (*Sa mère lui donne vivement un petit coup de pied.*) — Que me veux-tu, maman?

LA MÈRE. — (*Elle regarde fixement sa fille.*) On ne dit cela, ma chère, que de son prétendu, monsieur Ferdinand n'est pas à marier.

UNE DAME TRÈS-DÉCOLLETÉE, *à une autre non moins décolletée*. — (*Sotto voce.*) — Ma chère, tenez, la morale de tout cela, c'est qu'il n'y a d'heureux que les ménages à quatre.

UN AMI, *que l'auteur a eu l'imprudence de consulter*. — Ces derniers mots sont faux.

L'AUTEUR. — Ah! vous croyez?

L'AMI, *qui vient de se marier*. — Vous employez tous votre encre à nous déprécier la vie sociale, sous le prétexte de nous éclairer!... Eh! mon cher, il y a des ménages cent fois, mille fois plus heureux que ces prétendus ménages à quatre.

L'AUTEUR. — Eh bien ! faut-il tromper les gens à marier, et yer le mot ?

L'AMI. — Non, il sera pris comme le trait d'un couplet de vaudeville !

L'AUTEUR. — Une manière de faire passer les vérités.

L'AMI, *qui tient à son opinion.* — Les vérités destinées à passer.

L'AUTEUR, *voulant avoir le dernier.* — Qui est-ce qui ne passe pas ? Quand ta femme aura vingt ans de plus, nous reprendrons cette conversation. Vous ne serez peut-être heureux qu'à trois.

L'AMI. — Vous vous vengez bien durement de ne pas pouvoir écrire l'histoire de ménages heureux.

FIN DES PETITES MISÈRES DE LA VIE CONJUGALE.

# TABLE DES MATIÈRES.

## SCÈNES DE LA VIE PARISIENNE.

Splendeurs et Misères des Courtisanes (4ᵉ partie).
La Dernière Incarnation de Vautrin............................. 1

## SCÈNES DE LA VIE POLITIQUE.

L'Envers de l'Histoire contemporaine (2ᵉ Episode).
L'Initié.................................................... 151

## SCÈNES DE LA VIE DE CAMPAGNE.

Les Paysans................................................. 219

## ÉTUDES ANALYTIQUES.

Petites misères de la Vie conjugale........................... 50

PARIS. — IMPRIMERIE DE E. MARTINET, RUE MIGNON, 2.

# ŒUVRES COMPLÈTES
## DE
# VICTOR HUGO
### ÉDITION DE LUXE
### 18 VOLUMES PAPIER CAVALIER VÉLIN

ORNÉE DE 100 GRAVURES SUR ACIER ET SUR BOIS D'APRÈS TONY JOHANNOT, RAFFET
GAVARNI, GÉRARD-SÉGUIN, BEAUCÉ, ETC., ETC.

**PRIX : 108 FRANCS**

CONTENU DE L'ÉDITION

## POÉSIE

Odes et Ballades

Les Orientales

Les Feuilles d'Automne
Les Chants du Crépuscule

Les Voies intérieures
Les Rayons et les Ombres

Les Contemplations (1830-1843)

## ROMAN

Han d'Islande

Bug-Jargal
Le dernier jour d'un condamné
Claude Gueux

Notre-Dame-de-Paris

## DRAME

Cromwell

Hernani
Marion Delorme
Le Roi s'amuse

Lucrèce Borgia
Marie Tudor
Angelo

Ruy-Blas
Les Burgraves

## ŒUVRES DIVERSES

Littérature et Philosophie
Mêlées

Le Rhin
Lettres à un ami

PARIS. — IMPRIMERIE DE E. MARTINET, RUE MIGNON, 2

www.ingramcontent.com/pod-product-compliance
Lightning Source LLC
Chambersburg PA
CBHW050052230426
43664CB00010B/1293